东阳年鉴

DONG YANG YEARBOOK

2017

总第14卷

中共东阳市委员会
东阳市人民政府　主办
东阳市人民政府地方志办公室　编

方志出版社

图书在版编目(CIP)数据

东阳年鉴. 2017 / 东阳市人民政府地方志办公室编. — 北京：方志出版社，2018. 9
ISBN 978-7-5144-3346-3

Ⅰ. ①东… Ⅱ. ①东… Ⅲ. ①东阳-2017-年鉴
Ⅳ. ①Z525.54

中国版本图书馆CIP数据核字（2018）第227053号

东阳年鉴(2017)

编　　者: 东阳市人民政府地方志办公室
责任编辑: 李　静

出 版 人: 冀祥德
出 版 者: 方志出版社
地址　北京市朝阳区潘家园东里9号（国家方志馆4层）
邮编　100021
网址　http://www.fzph.org
发　　行: 方志出版社图书经销中心
电话（010）67110500
经　　销: 各地新华书店
印　　刷: 金华市曙光印务有限公司

开　　本: 889×1194　1/16
印　　张: 30.75　　16 彩页
字　　数: 995千字
版　　次: 2018 年 9 月第1版　　2018 年 9 月第1次印刷
印　　数: 0001～1200 册

ISBN　978-7-5144-3346-3　　定价：280.00 元

东阳市地方志编纂委员会

《东阳年鉴（2017）》编辑部

主　　编： 张忠鸣

副 主 编： 陈双佳　张　敬

执行主编： 张　勤

编　　辑： 严研虹　王凯婷　楼亚迪　张　勤　许慧扬　卢　焕　徐丽萍　张煊煊

类目英译： 唐艳芳

地　　址： 浙江省东阳市江北街道翠竹路9号404室

邮　　编： 322104

电　　话： 0579-86623273

编辑说明

一、《东阳年鉴（2017）》全面、系统记述2016年东阳市的自然、政治、经济、文化、社会等方面情况，是自1997年创刊以来连续出版的第14卷。以马克思列宁主义、毛泽东思想、邓小平理论、“三个代表”重要思想、科学发展观、习近平新时代中国特色社会主义思想为指导，坚持辩证唯物主义和历史唯物主义的立场、观点和方法，全面客观真实地记载2016年度全市人民在市委、市政府的领导下所取得的新成就、新经验以及遇到的新情况和新问题，着重反映各行各业年度大事、要事、新事、特事，着力体现年度特点和东阳特色。

二、《东阳年鉴（2017）》按年度编纂，收录时限为2016年1月1日至2016年12月31日。作为背景资料，有些条目内容和数据酌情上溯或下延。收录范围以东阳现有行政区域为界，凡在全市范围的机关、团体、企事业单位等不论其归属，一般均记述在内。

三、本年鉴采用分类编辑法，分类目、分目、条目三个层次，部分类目增设子分目，以条目为主要载体。不同层次的标题用不同的字号、字体区别，条目标题用【 】括注。全书设类目31个、分目204个、子分目34个、条目1510个；有表格73个，图片211张，字数995千字。为便于检索，目录集于书首，设类目英译；书后设数字索引、主题词索引和表格索引。

四、本年鉴文体，以记述为主，说明为辅，两者结合。文字、称谓、数字、计量、纪年、表格、图片、标点符号等均按国家有关标准规定使用。本年鉴中的“省”“市”分别指“浙江省”“东阳市”，其他省、市则冠以地名。

五、本年鉴刊用的稿件均由各部门、各镇乡街道提供，并经各单位主要领导审定和档案、保密部门审核。所刊载的综合性数据均由市统计局提供，条目中酌用各单位提供的数据。主要组织机构及主要负责人名录由市委组织部提供。本着文责自负的原则，条目撰稿人在文后署名。部分图片选自有关资料及网站，敬请作者与编辑部联系。

六、本年鉴随书配套出版电子版（光盘）。本年鉴内容在东阳市人民政府门户网站（http://www.dongyang.gov.cn/）上公布。

2018年6月

2016年1月7日，浙江省委常委、组织部部长廖国勋（前排左二）调研得邦照明股份有限公司（市委办提供）

2016年1月24日，位于江北街道华店工业园区的“陆光正非遗精品馆”开馆（周晓刚/摄）

2016年1月27~30日，中国人民政治协商会议第十三届东阳市委员会第五次会议召开（包康轩/摄）

2016年1月28~31日，东阳市第十四届人民代表大会第五次会议召开（孙振华/摄）

2016年3月5日，在黉门广场举办“志愿在路上 青春不打烊”公益集市活动（包康轩/摄）

2016年3月9日，横店城市风貌综合提升工作誓师大会在东阳剧院召开（市委办提供）

2016年3月14日，以“新消费 我做主”为主题的“3·15”国际消费者权益日宣传咨询服务活动在恒业太平洋广场举行（包康轩/摄）

2016年3月19日，东阳市“春之韵”乡村休闲旅游节开幕式在湖溪镇象田油菜花基地举行（包康轩/摄）

2016年3月28日，中共中央宣传部副部长王世明（前排左四）调研东阳中国木雕城（市委办提供）

2016年4月13日，全省农村文化礼堂建设工作现场会在东阳市召开（市委办提供）

2016年4月26日，3000名工匠在东阳市花园红木家具城广场上展示传统红木家具的榫卯、雕刻及刮磨等制作特色工艺（周晓刚/摄）

2016年5月12日，中共东阳市委书记黄敏（前排左一）考察第二污水处理厂管网建设工程（市委办提供）

2016年5月23日，东阳市G20杭州峰会维稳安保“百日攻坚”誓师大会在市行政中心广场召开（包康轩/摄）

2016年6月12日，建设中的东阳市第二高级中学新校区（包康轩/摄）

2016年7月19日，浙江省粮食产业“机器换人”现场会与会代表在城东街道寀卢村观摩粮食生产的机械化作业（包康轩/摄）

2016年7月20日，浙江省副省长熊建平（前排右二）在横店镇调研小城镇环境综合整治工作（市委办提供）

2016年8月23日，浙江省政协主席乔传秀（左二）到中国木雕博物馆调研东阳市木雕文化及产业发展情况（市委办提供）

2016年9月8日，360余名游泳爱好者参加“畅游东阳江 保护母亲河”活动（市委办提供）

2016年9月30日，在革命烈士陵园举行公祭仪式（包康轩/摄）

2016年10月10日，建设中的东阳市体育馆（包康轩/摄）

2016年10月12日，中共浙江省委书记、省人大常委会主任夏宝龙（前排右二）考察横店镇圆明新园——春苑（市委办提供）

2016年10月30日，第三届"文荣奖"颁奖典礼在横店镇举行（柴澎勇/摄）

2016年11月10日，第十一届中国（东阳）木雕·竹编工艺美术博览会在东阳中国木雕城开幕（包康轩/摄）

2016年11月16日，东阳市第七届运动会在吴宁一中开幕（市委办提供）

2016年11月19日，中共浙江省委副书记袁家军（前排左五）调研南马镇花园村（市委办提供）

2016年11月29日，2016年度“最美东阳人”颁奖典礼在市广播电视台演播大厅举行（包康轩/摄）

2016年12月26~27日，中国共产党东阳市第十五次代表大会召开（包康轩/摄）

2016年12月30日，东阳市2017迎新年文艺晚会在东阳剧院举行（周晓刚/摄）

目　录

地情概览

中国共产党东阳市委员会

东阳市人民代表大会

东阳市人民政府

政协东阳市委员会

纪检监察

民主党派 人民团体

法治 军事

社会事务

农林 水利

工　业

商　贸

建筑　房地产

旅游　影视

财政 税收

经济管理与监督

金　融

城乡建设　环境保护

交　通

通　信

教育　体育

科学技术

文化 传媒

医疗卫生

街道镇乡

人物和表彰

附 录

索 引

Contents

特　载

2016年6月22日，东白山（许秀成/摄）

扛起使命 赶超发展
为率先高水平全面建成小康社会而努力奋斗

——在中国共产党东阳市第十五次代表大会上的报告(摘要)

中共东阳市委书记 黄 敏

2016年12月26日

图1 2016年12月26日,中共东阳市委书记黄敏在中国共产党东阳市第十五次代表大会上做报告(包康轩/摄)

一、过去五年的工作

市第十四次党代会以来,在中央、省委和金华市委的正确领导下,市委团结带领全市各级党组织和广大党员干部群众,主动适应从严治党新要求、经济发展新常态,深入实施“强市名城”发展战略,顺利完成了市第十四次党代会确定的主要目标任务,经济社会各项事业发展取得了新进展。

五年来,综合实力显著增强。我们坚持科学发展主题,全力打好东阳人经济回归、“四换三名”“四破攻坚”等转型升级系列组合拳,呈现赶超发展态势。预计2016年实现地区生产总值495亿元,财政总收入92.4亿元,其中一般公共预算收入55.9亿元,年均分别增长8.8%、17.6%和17.9%,一二三产的比例由4.9∶51.7∶43.4到3.5∶47.4∶49.1。工业经济提质增效。磁性电子、生物医药、装备制造等主导产业加快升级,“两化”融合深入推进,信息经济综合评价位居全省前列,低效用地、闲置土地清理和亩产税收规范工作成效初显。规上企业达540家,规上工业总产值超500亿元,国家级高新技术企业达52家。木雕红木产业规范提升,木雕小镇入围全省第二批特色小镇,木材交易中心组建成立,中国木雕博物馆建成开馆,成功举办世界工艺文化节,被授予“中国红木(雕刻)家具之都”“世界木雕之都”称号。建筑业稳中有进。荣获“中国建筑之乡”、省首批建筑强市称号;成立建筑产业发展联盟,大力开展建筑业招商和营改增;预计2016年产值突破2300亿元,连续八年居全国县(市)级首位。现代服务业繁荣发展。圆明新园(春苑、夏苑)建成开园,影视产权交易中心挂牌成立,影视文化产业实验区成为国家级文化和科技融合示范基地,卢宅保护利用项目有序推进,东白山获批省级旅游度假区,预计2016年旅游人次突破2000万。商贸服务业、金融服务业等快速发展。现代农业扎实推进。建成粮食生产功能区和现代农业园区15333.3公顷(23万亩),“二综、二区、十一园”通过省级验收,农业领域“机器换人”走在全省前列,被评为全国粮食生产先进县(市)。

五年来,城乡面貌明显改善。我们坚持“两山”理念,全面掀起环境革命,东阳城乡更加美丽宜居。治污拆违净气成效显著。“五水共治”强势发力,六大重污染行业有效整治,废塑行业完成清理，一批重大污水处理设施建成运行，垃圾河、黑臭河和全流域劣Ⅴ类地表水全面消灭，成功捧得省首批“大禹鼎”。“三改一拆”重拳出击，违法用地高发态势得到有效遏制，累计完成“三改”1662.6万平方米、拆违1047.4万平方米。节能减排纵深推进，黄标车全面淘汰，城乡“双禁”成效明显，城市空气优良率达92.3%，成功创建省级生态市、省级环保模范城市。城乡品质不断提升。城区、横店及重点镇的控规编制稳步推进，红椿巷旧城改造成效显现，黉门广场、江滨景观带等成为新亮点，城市管理更加有序，列入全省首批美丽县城试点县(市)，成功创建国家卫生城市。举全市之力开展横店城市风貌综合提升，初步改变了“美丽的景区、破烂的镇区”形象。启动小城镇环境综合整治。农村“三整一拆”、生活垃圾分类减量化处理全面推开，精品线、精品村建设扎实推进，获评省美丽乡村创建工作先进县(市)。基础设施日益完善。甬金铁路、金义东城际轻轨前期工作基本完成，杭温高铁通过工可评审，东永高速、画南下线、怀万线等建成通车，37省道、40省道改建进展顺利，城乡公交一体化改造基本完成。城乡供水、供电和通信等设施不断健全，市第二自来水厂一期完成建设，电网变电总容量实现翻番，城区重点公共区域免费Wi-Fi实现全覆盖。

五年来，民生福祉持续提升。我们始终坚持以人为本，全市新增财力三分之二以上用于民生事业，切实保障和改善民生。社会事业协调发展。推动教育云规模化应用，调整学校建设投入机制，建成新东阳二中、开发区初中，获评全国义务教育发展基本均衡县(市)。医药卫生体制改革深入推进，分步调整城区医疗资源布局，提升公共卫生服务水平，获评省级卫生强县(市)。落实全面放开二孩政策，摘掉“出生人口性别比重点管理县(市)”帽子。农村文化礼堂实现“建、管、用、育”一体化，推进体育设施向社会开放，基层公共文化服务体系更加完善。社会保障体系逐步健全。就业形势保持稳定，城镇登记失业率始终控制在4%以内。“4600元以下”贫困现象全面消除，城乡居民医保、基本养老保险参保率均达98%，机关事业单位养老保险实现并轨。居家养老服务照料中心实现全覆盖。社会治理全面加强。“法治东阳”“平安东阳”扎实推进，“六五”普法成效明显，安全生产、食品药品监管、信访维稳等工作不断强化，立体化社会治安防控体系进一步健全，“处非”工作依法有序推进，成功夺得平安银鼎。国防动员和国防后备力量建设持续加强。老龄、残联、红十字会、关心下一代、慈善等工作取得新成绩。

五年来，发展活力不断释放。我们坚持问题导向、效果导向，以全局观念和系统思维谋划推进各领域改革。政府自身改革有力有序。深化“四张清单一张网”改革，整合成立卫计局、市场监管局，调整完善经济开发区管理体制，理顺建设、交通管理体制，组建城投、交投集团。创新机制助推产业发展。成立转升办、木雕红木办、文旅办等重点工作办公室，完善横店影视文化产业实验区、建管局工作机制，牵头谋划产业发展。重点领域改革成效明显。资源要素配置市场化改革、投融资管理体制改革、农村“三权”改革、户籍制度改革等稳步推进，司法体制改革、公车改革取得阶段性成效，横店镇国家中小城市综合改革、流通业综合改革等“国字号”“省字号”试点落地生根。

五年来，党的建设全面加强。我们坚持全面从严治党，切实履行管党治党责任，有序推进民主政治建设，为经济社会发展提供坚强保障。思想建设持续深化。认真学习贯彻习近平总书记系列重要讲话精神，扎实开展党的群众路线教育实践活动、“三严三实”专题教育、“两学一做”学习教育。深入开展“去陋扬善”社会主义核心价值观宣传教育，抓好舆论阵地建设，牢牢把握意识形态工作领导权、主导权和话语权。队伍建设扎实有力。坚持好干部标准，深化干部人事制度改革，建立能上能下机制，扎实开展镇乡街道全科干部队伍建设，选派干部参与急难险重工作，在一线锻炼培养干部。坚持党管人才原则，统筹推进各类人才队伍建设，引进国家和省“千人计划”10名，入选省领军型创新创业团队2个。基层组织基础不断夯实。开展“基层组织建设年”“五星争创”等活动，扎实推进党建示范带和党建示范点创建，整转软弱落后村(居)党组织86个。推行农村党员和村干部积分制管理，选派“第一书记”、党委群众工作员，加强不守规矩村干部教育管理。党风廉政建设严抓严管。完成纪委“三转”，市纪委内设机构调整和派驻机构改革。切实抓好省委巡视组反馈问题整改。持续深入纠“四风”，“三公”经费支出大幅下降，干部作风明显好转。以零容忍的态度惩治腐败，立案查处党员干部违纪违法案件884件。创新开展农村基层巡察和“正风除霸”，推动全面从严治党向基层延伸。

回首五年的实践，我们深刻体会到：

——越是任务艰巨，越要发挥党的领导核心作用，凝心聚力同奋斗，和衷共济干事业。我们始终坚持党的领导核心地位不动摇，在市委“一线指挥部”的带领下，市四套班子团结一心、以上率下，广大党员干部群众锐意进取、扎实苦干，汇聚了同心同德干事创业的强大合力。实践证明，只要我们更好地发挥党委总揽全局、协调各方的作用，把全面从严治党落到实处，就必定能够开创东阳发展新局面。

——越是形势复杂，越要保持推动发展的连续性，咬定青山不放松，一张蓝图绘到底。我们保持专注发展的定力，从“强市名城”到“影视旅游名城、经济文化强市、生态宜居东阳”，一脉相承、一以贯之；始终抓牢发展第一要务，注重发展质量和效益，打好“拆、治、归”转型升级组合拳，经济社会步入快速发展轨道。实践证明，只要站位高、格局大、立于实，朝着既定的方向迈进，一任接着一任干，美好的蓝图就必定能够在东阳大地绘成现实。

——越是竞争激烈，越要高扬改革创新的主旋律，善学善思善谋划，敢闯敢试敢担当。我们坚持把改革创新作为发展第一动力，着力处理存量与增量、供给侧与需求端的关系，以改革的办法突破制约瓶颈，以创新的实招激发干事创业活力。实践证明，只要直面矛盾不回避，敢于破除体制机制障碍，且工作且改革，向存量要空间，向改革要发展，就能不断释放改革红利，为赶超发展提供强大动力。

——越是矛盾叠加，越要坚持以人民为中心的发展思想，一切为了人民，一切依靠人民。我们高度关注群众的就医就学、衣食住行、安居乐业，全力以赴解决好群众最关心、最根本、最迫切的问题，坚持不懈为民办实事、做好事、解难事，群众的幸福感和获得感明显提升。实践证明，只要我们坚持发展为了人民、发展依靠人民、发展成果由人民共享，就必定能够筑牢党的执政根基，赢得人民群众的真心拥护。

在充分肯定成绩的同时，也必须清醒地看到，东阳的发展还面临着一些问题和不足：工业仍然是“短板”，产业集聚度不高，科技创新能力不强；制约发展的体制机制障碍在某些领域还比较突出，活力还不充分；城市总体规划落后，重点发展板块不突出，城区和横店辐射带动力不强，集镇建设整体滞后；资源约束趋紧，生态环境治理任务依然繁重；基本公共服务供给不足，金融、安全生产、社会治安等领域潜在风险隐患较多，保持社会稳定面临新的挑战；基层组织的战斗堡垒作用还比较薄弱，党员干部能力水平和法治意识有待提高，担当精神有待强化，等等。对此，我们将高度重视，采取有力措施，认真加以解决。

二、今后五年工作的指导思想、目标要求

当前，东阳正进入全新的发展阶段，全市上下必须对面临的形势和任务有清醒的认识：东阳正进入机遇叠加的重要阶段，抢抓机遇不容错失。国家“四个没有变”的发展大势，供给侧结构性改革持续深化，“一带一路”国家战略加快实施，为我们提供了良好的宏观环境和发展机遇；高铁、城际轻轨、通用机场等重大交通设施全面建设，高铁经济时代即将开启，城区横店一体化、东义同城化持续推进，为我们提供了有力的支撑。只要我们把宏观形势把握好，把叠加机遇利用好，把独特优势发挥好，就能迎来更好的发展。东阳正进入转型升级的攻坚阶段，面对挑战不容退缩。今后五年是经济转型发展、产业提质增效、发展动能转换的关键时期，还有不少短板需要补齐、不少难题需要破解、不少障碍需要攻克。我们要增强“不进则退，慢进也是退”的危机感，补齐短板、厚植优势，在总量、均量、速度、质量等各方面进一步领先，牢牢把握发展主动权。东阳正进入赶超发展的关键阶段，扛起使命不容迟疑。中央赋予浙江向世界展示中国方案、中国道路、中国智慧之鲜活样本的崇高使命。省委要求金华扛起改革发展大旗、加快推进浙中崛起，努力打造全省高质量发展的重要增长极。金华已明确当前及今后一个时期的总体目标是“全面小康、浙中崛起”，工作要求是“走在前列、共建金华”，发展路径是推进县域经济向都市区经济转型，战略举措是共建共融共享共赢。对东阳来说，必须要找准历史方位，坚定发展信心，扛起崇高使命，把赶超发展、争先晋位体现在各个领域、各个层面、各个阶段，力争走在金华最前列。

今后五年工作的指导思想：高举中国特色社会主义伟大旗帜，深入学习贯彻习近平总书记系列重要讲话精神，全面贯彻落

实中央、省委、金华市委的决策部署，紧紧围绕“四个全面”战略布局、五大发展理念、“八八战略”和“走在前列、共建金华”总要求，落实全面从严治党，坚持赶超发展主基调，坚定转型升级不动摇，着力强化“城区横店一体化、影视旅游全域化”双引擎带动作用，全力打造“影视旅游名城、经济文化强市、生态宜居东阳”，率先高水平全面建成小康社会，为建设“两富”“两美”现代化东阳打下更加坚实的基础。

具体的奋斗目标是：

——经济实力更加雄厚。经济增速高于全省平均水平、保持金华前列，经济总量位居全省县市上游水平。科技创新能力显著提升，工业化和信息化融合水平明显提高，先进制造业加快发展，服务业比重稳步上升，影视文化旅游、建筑、木雕红木等优势产业对经济贡献度持续提升，农业现代化取得新进展。地区生产总值、一般公共预算收入、固定资产投资年均分别增长8%、15%、20%以上。规上工业总产值突破1000亿元，创建省级工业强市。

——城乡发展更加协调。东义加速融合，城区横店一体化加快推进。城乡空间布局进一步优化，城区首位度和辐射带动能力不断提升，中心镇承载力明显增强，工业经济型、生态经济型镇乡齐头并进，美丽乡村建设和“六城同创”深入推进。城乡基础设施进一步完善，国省道、高速、铁路、通用航空一体的现代综合交通体系基本形成。

——生态环境更加优美。资源节约型和环境友好型社会建设取得重大进展，生产方式和生活方式绿色化水平加快提升，生态文明制度体系更加健全。污染物排放得到有效控制，全市流域水质稳定达到Ⅲ类水，$PM_{2.5}$浓度明显下降。生态文明建设主要指标进入全省先进行列，让天更蓝、地更净、水更清、山更绿。

——人民生活更加幸福。中国梦和社会主义核心价值观更加深入人心，东阳人文精神广泛弘扬，市民综合素质普遍提高。民主法治建设更加健全，社会治理体系和治理能力更加现代化。人民群众享有稳定的工作、优质的教育、满意的医疗、齐全的文体设施、可靠的社会保障、优美的生活环境。城镇居民人均可支配收入和农村居民人均可支配收入年均分别增长8%和8.5%。

——党的建设更加严实。落实全面从严治党责任，党的建设制度化水平显著提高。思想理论建设扎实推进，党员干部的思想政治素质明显增强。党内民主机制更加健全，党员民主权利得到充分保障。干部队伍建设不断加强，重才、聚才、用才的机制更加完善。基层党组织战斗堡垒作用充分发挥，党员教育管理服务全面加强。党风廉洁建设和反腐败斗争取得新成效。

三、全力打造“影视旅游名城、经济文化强市、生态宜居东阳”

推进赶超发展，任务艰巨而繁重。必须立足东阳发展实际，突出重点，抓住关键，攻坚突破，推动东阳经济社会发展不断迈上新台阶。

1.坚持厚植优势，推动转型升级新突破。始终把发展作为第一要务，注重发展质量和效益，补齐发展短板，提升产业发展水平。

坚持工业强市战略不动摇。坚定不移抓好实体经济，继续做大做强磁性电子、生物医药、装备制造、针织服装等主导产业，积极培育节能环保、新材料、新能源等新兴产业，大力推动金银丝、渔具、箱包、缝配等块状经济转型升级。提升经济开发区工业主平台承载力，打造一流产业新城。加快老工业园区改造提升，着力打造一批“企业集中、产业集聚、土地集约”的小微园。深入实施企业亩产税收规范工作，既营造公平税负环境，又通过设立产业发展基金，扶持产业做大做强。深化“四换三名”“两化”融合和“三强一制造”行动，推进“两化”深度融合国家综合性示范区建设。实施大企业、大集团和高成长企业培育计划，打造一批百亿级、五十亿级大企业；积极推动工业企业兼并重组、股份制改造和上市，形成资本市场东阳板块。着力构建“亲”“清”新型政商关系，开展企业精准帮扶活动，营造扶工兴工浓厚氛围。

全力发挥影视旅游全域化引擎作用。围绕打造引不走永不落幕的影视之都、影视各要素的集聚地和总枢纽，加快推进影视产业园、圆明新园（秋苑、冬苑）、梦上海等项目建设；充分发挥腾讯众创空间、影视产权交易中心作用，拓展剧本创作、编剧、后期制作等影视产业链；培育一批影视文化高新技术企业和上市企业，办好中国（东阳）影视产业发展大会，提升整体影响力；完善“横漂”管理服务，支持横店影视学院专升本。把旅游业作为支柱产业培育，加快东白山、卢宅保护利用等旅游项目开发建设，支持花园村创建国家AAAAA级旅游景区，积极培育特色小镇、文化街区、乡村休闲等个性化旅游产品，打响影视文化、木雕文化、休闲度假三大旅游品牌，实现由观光式向体验式、互动式转型，创建国家全域旅游示范市。

推动建筑大市向建筑强市转变。坚持“应对、争利、做强”，继续做好建筑业招商和营改增工作，大力提升建筑业发展水平。加快组建采购、财务、劳务等联盟，降低发展成本，推动抱团发展。支持建筑企业专业资质扩容晋升，鼓励建筑企业向市政、交通、港口等专精特领域拓展。鼓励企业主动融入“一带一路”建设，大力拓展国外市场。加快建筑产业化基地建设，推动建筑业向工业化、智能化发展。规范企业融资行为，鼓励兼并重组，培育建企“航母”和龙头企业。

规范提升木雕红木产业。围绕“更好的工艺、更优的设计、更多的选择、更高的性价比”要求，推动产业更加有序、更高水平发展，努力实现“买红木到东阳”目标。持续开展行业专项整治，组建木雕红木企业联盟，扩大企业诚信联盟覆盖面，引导企业分工协作、诚信经营，培育扶持一批龙头和规上企业。高标准建设木雕小镇，加快木材交易中心运行，统筹推进创意设计研发中心、知识产权维权援助中心、质量监督检验中心等平台建设，推动企业联盟标准上升为浙江制造标准。促进木雕红木产业与建筑装潢、家居装饰等行业跨界融合，做大做强木雕红木产业。进一步明晰专业市场发展定位，引导差异化经营、错位化发展。

着力推动其他服务业发展。深化“商贸兴市”战略，以白云专业市场集群为重点，瞄准更高定位，完善物流园等配套设施，提高辐射力，打造“时尚城市”“世界工艺品之都”。培育互联网经济，加快电子商务集聚区、重点专业市场网上平台建设，推进跨境电商发展；推动“农村淘宝”项目建设，完善农村电商网点布局，让传统艺术品和特色农产品全面“触网”。加快发展会展经济、金融服务和总部经济等生产性服务业，大力发展健康养老、教育培训、体育健身等生活性服务业，推动向专业化、精细化和高品质转变。科学谋划经营性土地出让，有序化解房地产库存，促进房地产市场平稳健康发展。壮大流通主体，培育大型流通企业，扶持中小流通企业发展。

全面提升农业现代化水平。深化农业供给侧结构性改革，把增加绿色优质农产品供给放在突出位置，狠抓农产品标准化生产、品牌创建、质量安全监管。坚守耕地红线，提升农业“两区”水平，稳定发展粮食生产，保障“米袋子”“菜篮子”安全。全面建成“三位一体”农民合作经济组织体系，培育家庭农场，推动农业规模化集约化经营。加快农业“接二连三”步伐，引导社会工商资本投向现代农业，进一步做大火腿、香榧、茶叶、席草、中药材等特色农业，推进休闲农业、观光农业等发展。壮大“粮二代”队伍，大力培育农业企业家和新型职业农民。力争进入全省基本实现农业现代化县（市）第一方阵。

*2.坚持改革创新，大力培育发展新动能。*进一步深化改革，积极实施创新驱动，以项目建设为抓手，加快动能转换，释放经济活力。

深化改革再攻坚。有力有序推进经济、文化、社会等8个领域的改革，确保在重要领域和关键环节取得新突破。继续推进政府自身改革，深化“四张清单一张网”，打造镇乡街道“四个平台”服务体系。深化资源要素市场化配置改革，创新投融资体制，推进PPP模式，吸引社会民间资本参与基础设施建设。深化农村“三权”改革，完善户籍制度改革，推动城乡资源要素合理流动。强化改革“落地”导向，完善改革工作常态化推进机制，确保改一个成一个。

强化科技创新驱动。加大创新主体培育，支持科技人员创业，实施高新技术企业、科技型中小微企业倍增计划，加快创新型企业培育步伐。推动科技孵化中心扩容提档升级，鼓励企业共建研发平台和技术创新战略联盟，支持大型工业企业研发机构建设。加快小微园、“两创”园建设，发挥科技大市场功能，促进科技成果转化。培养引进一批企业经营管理人才、科技领军人才和具有工匠精神的高技能人才，形成创业创新人才聚集的“洼地”。全面落实科技项目、人才奖励扶持政策，设立科技创新引导基金，引导企业加大科技创新投入和高新技术产业投资。科技综合实力迈入全省先进行列。

力促项目建设新突破。建立完善市镇两级“项目库、招商库、土地库”，力争项目库投资规模达2000亿元，招商库规模达1500亿元。继续实施东阳人经济回归工程，立足产业基础、资源优势、发展方向，编好“招商地图”，实行区域招商和产业链招商相结合，实现定向招商、精准招商。优化金融生态环境，大力发展直接融资，支持中小企业拓展融资工具，缓解融资难问题；强化项目包装，积极向上争取国家专项建设基金、政策性银行资金支持；完善土地、人才等要素保障机制，确保项目早落地、早投产、早见效。

3.坚持城乡一体，构建区域融合发展新格局。坚持区域协同、城乡协调并重，不断增强发展的整体性和协调性。

优化城乡空间布局。坚持以规划为龙头，逐步推进多规融合，形成城区、横店“双城”集聚带动，社区型、中心镇型、工业型、生态型镇乡街道梯度分明、高度融合的城乡空间布局。加快市域总体规划修编，编制综合交通、海绵城市、地下空间利用等专项规划，有效发挥规划的引领作用。突出“三乡一城”特色，加快中心城区的总体城市设计，抓好重点区域详细城市设计，打造城市亮点。加快推进城区和镇乡控制性详细规划全覆盖，城区小区根据控规编制修建性详细规划，推动城乡集聚发展。做好市域村庄布局规划修编，优化村庄体系和村落空间布局，着重保护传统村落，延续历史文脉。

加快基础设施建设。以“一轴二心三环四体系”建设为重点，加快推进杭温高铁、甬金铁路、金义东城际轻轨、义东永高速、横店通用机场等重大交通项目建设，打造综合交通枢纽，努力实现各类交通“零换乘”，形成内畅外联的综合交通体系。加快国道省道新建、改建步伐，加大公路“二改一”“白改黑”和山区公路的提升改造力度，形成顺畅快捷的市域公路骨架网络。大力推进中小河流综合治理、农田水利、农村饮用水提升等工程建设，完善电力、燃气、信息网络等城乡基础设施。

强化城区横店一体化引擎作用。按照省委夏宝龙书记提出的“打造‘中国横店’‘中国第一镇’‘浙江首个不夜城’”的要求，加快横店小城市培育，深入推进横店城市风貌综合提升，在拆、改、亮上继续加大整治力度，进一步提高城市品位。编制《城区横店一体化发展规划》，完善城区与横店交通路网，适时调整优化行政区划，拓展发展空间。结合综合交通枢纽建设，高标准打造“高铁新城”，带动南市街道、城东街道等区域发展。增强城区和横店产业互补，推动影视旅游要素“对流”，实现影视旅游全域化发展。

推进区域联动发展。抓住金华全力打造“综合交通廊道、金义科创廊道、浙中生态廊道”契机，积极谋划、主动对接，加快融入金义都市区。深入推进东义同城化，坚持规划共绘，推进东义交通、供电、供气等基础设施共建，深化东义“双城游”合作，推动东义专业市场错位发展，促进教育、医疗等社会民生事业共享，形成同城化发展格局。对接“义甬舟”海陆联运大通道，推进东阳无水港与金义综合保税区、宁波舟山港的联动发展。开展与长三角区域城市的合作交流，承接产业和要素转移，在更高层次上参与区域分工合作。

4.坚持生态优先，全面展现环境革命新成效。按照“三个不带入”要求，持续加强生态建设，推动绿色低碳发展，打造生态宜居东阳。

全面提升城乡面貌。推进美丽城区建设。以注重功能性、体现系统性为要求，深入开展城区风貌提升，加快老城区慢城建设，提升南山森林公园、北山生态休闲区品质，全面建成江滨景观带，推进城中村、旧住宅区改造，加快断头路打通、主次干道改造、慢行系统、停车场、街心公园、地下管网等项目建设；建立“业态准入、门前绿化、店招规范、常态保洁”严管机制，实现精细化、长效化管理，提升城市宜居品质。推进美丽城镇建设。以小城镇环境综合整治为抓手，全面落实“一加强三整治”，进一步提升南马、巍山、歌山、千祥等中心镇的功能，完善六石、湖溪、画水等集镇的基础设施，加快虎鹿、东阳江、马宅、佐村、三单等集镇建设，提升小城镇生产、生活、生态质量。推进美丽乡村建设。认真贯彻落实省委袁家军副书记提出的“东阳要为全省三农工作提供样板”“花园村要向世界名村看齐”等要求，更加重视抓好“三农”工作。从进一步改善农村环境面貌入手，深化“三整一拆”、生活垃圾分类减量化处理，加快精品线、精品村建设。加大土地流转力度，推进传统农业提质增效；大力发展农村新业态，打造美丽经济，实现农民就地就业。完善农村基础设施，提升农村公共服务水平，健全农村社会治理体系，推动城乡统筹发展。

持续改善生态环境。持之以恒推进“五水共治”，深化“河长制”“排长制”，推进截污纳管、排污口整治和河塘清淤、污泥处置利用，加快城镇污水处理设施扩容，完善农村治污设施运维管护机制，持续改善流域水质。纵深推进“三改一拆”，全面开展“除隐患、保安全、促转型”治危拆违攻坚战，从快从严拆除存量违章，严控新增违法建设，做好拆后土地规划利用，有效改善居住环境。深入开展大气治理十大专项行动，建成生活垃圾焚烧设施，推进餐厨垃圾集中处理，全面提升大气环境质量。深化土壤污染防治行动，推进土壤修复工作，抓好农田土壤污染治理，基本消除重金属污染隐患。大力推进绿化工作，全面实施“双十双二十”工程，严格落实“绿色图章”等绿化管理制度，人均公共绿地面积达15平方米以上，实现“绿满东阳”。

发展绿色低碳经济。积极推进经济生态化，大力推广使用天然气、太阳能等，实现城区与主要工业功能区供气全覆盖。大力发展生态产业，重点发展绿色照明、节能建材等生态环保产业，推动节能环保低碳产业成为新增长点。健全用能权、用水权、排污权、碳排放权交易制度，实施最严格的生态环境保护制度，加强环境监管机制创新，严厉查处各类环境违法行为，倒逼产业转型升级。

5.坚持共建共享，提升百姓生活新品质。注重保基本、均衡性、普惠化，让发展成果更多更公平惠及全市人民。

提升城乡居民生活水平。大力推动创业就业，形成政府激励、社会支持、劳动者勇于创业的新机制，扶持青年群体、农村转移劳动力、就业困难人员等重点人群就业。持续增加城乡居民收入。完善居民收入与经济同步增长机制，增加工资性、经营性、财产性、转移性收入。完善强农惠农富农政策，扶持山区镇乡加快发展，进一步壮大村级集体经济，保障农民收入稳定增长。加大产业开发、就业帮扶和政策兜底工作力度，确保低收入群体收入增幅高于全市平均水平。强化住房保障力度。探索农房改造新方法、新途径，实施农村建房用地指标专项专用，优先解决无房户危房户居住问题；推动住房租赁市场发展，落实公共廉租房保障。

完善城乡公共服务。着力提升社会保障水平。加快市民卡工程建设，逐步提高社保统筹层次，建成覆盖城乡居民的一体化社保体系。健全养老服务、社会救助体系，重视老年人、残疾人权益保障，大力发展社会福利和慈善事业。全面实现教育现代化。大力推进学前教育公益化、普惠化和优质化，优化义务教育资源均衡配置，扶持东阳中学等高中优质特色发展。提高中职教育发展水平，支持高职院校更高层次发展。大力支持民资兴办优质教育，提供更多选择性教育资源。加快健康东阳建设。深化医药卫生体制改革，优化城区公立医院布局，鼓励支持民营医院发展，深化“双下沉、两提升”工作，加快建立“分级诊疗、双向转诊”体系，努力打造浙中最重要的医疗中心。坚持和完善人口和计划生育目标管理责任制，加强计划生育服务管理。加快市体育中心建设，培育“体育+”产业基地和品牌赛事，推进全民健身，创建省体育强市。加快文化事业发展。推进市民文化活动中心、基层综合文化服务中心等建设，完善文化传播教育体系，进一步扩大公共文化供给。

创新社会治理。健全民主政治。进一步加强和改进党对人大、政协工作的领导，积极支持市人大及其常委会依法行使职权，充分发挥人民政协政治协商、民主监督、参政议政作用。坚持走军民融合发展之路，切实加强人武工作，争创全国双拥模范城市。全面落实党的民族、宗教、对台、侨务政策，用心做好老干部和关心下一代工作，增强工青妇等人民团体的政治性、先进性、群众性，凝聚起推进赶超发展的强大合力。推进依法治市。加快法治政府建设，实现政府活动全面纳入法治轨道。深化司法体制改革，规范司法权力运行，不断提升司法公信力。精心组织“七五”普法，让法治精神浸润人心。深化平安创建。加强基层社会治理，推进“两网”深度融合，完善矛盾纠纷多元化化解机制，健全立体化社会治安防控体系，依法规范信访秩序，严格落实安全生产责任制，切实抓好“处非”工作，加强食品药品安全监管，确保社会稳定，争创平安金鼎。

四、推动全面从严治党迈上新台阶

立足新方位，扛起新使命，实现新跨越，关键在党，关键在人。我们要把全面从严治党的要求贯穿于各项工作中，充分发挥党的领导核心作用，团结带领全市上下只争朝夕、久久为功，形成敢想敢拼、善作善成的攻坚合力，营造心齐气顺、风正劲足的良好氛围，为“影视旅游名城、经济文化强市、生态宜居东阳”提供坚强保证。

1.把思想建党作为首要任务，凝聚强大精神力量。筑牢理想信念基石。抓好思想教育这个根本，牢固树立“四个意识”，坚定“四个自信”，坚决维护以习近平同志为核心的党中央权威，坚决贯彻落实上级党委的重大决策部署，在大是大非面前头脑清醒、旗帜鲜明，坚守好县市一级党的思想阵地。要加强学习，像做课题一样研究工作，把中央的理念贯彻到位，把上级的精神落实到位，融会贯通，成为专家。严肃党内政治生活。以党章为根本遵循，坚持党的政治路线、思想路线、组织路线、群众路线，不折不扣执行民主集中制、民主生活会、“三会一课”等制度，推动党内政治生活规范化、制度化、常态化。加强舆论宣传引导。牢固树立阵地意识，以高度的清醒和自觉，一刻也不放松不削弱意识形态工作，严格落实意识形态工作责任制，牢牢把握工作主动权。弘扬“崇文重教、精工善艺、大气包容、创新图强”的东阳人文精神，广泛开展社会主义核心价值观宣传教育，形成奋发向上的强大力量。

2.把干部队伍作为关键抓手，铸就发展中流砥柱。着力打造“狮子型”团队。市四套班子领导要以“赶考”的精神状态、强烈的使命担当，齐心协力、以上率下，开创改革发展新局面。镇乡街道和部门领导班子要树立走前列的意识，弘扬苦干实干精神，比学赶超，勇争一流，干好东阳事业。树立干事创业用人导向。突出公道正派、崇尚实干、注重实绩、群众公认导向，选优配强领导班子特别是“一把手”。坚持以实绩论英雄、凭德才用干部，把“拆、治、归”和基层一线作为锻炼和考察干部的大赛场，以事择人，人岗相适，让有为者有位。建立容错免责机制，旗帜鲜明激励干部改革创新，为敢于担当的干部担当，为敢于负责的干部负责。落实干部关爱举措，加大对乡镇干部和农村干部的关心关爱力度。重视培养选拔优秀年轻干部、女干部、党外干部。健全从严管理机制。加强日常管理监督，严格执行提醒、函询和诫勉、个人有关事项报告等制度，持续推进党员干部不守规矩专项整治，营造从严从紧的大环境。坚决整治“为官不为”问题，畅通干部能上能下、能进能出通道。

3.把夯实基层作为固本之举，打造坚强战斗堡垒。优化基层骨干队伍。抓好村级组织换届，进一步选优配强村干部队伍。深化农村党员、村干部积分制管理，积极探索农村党员干部能上能下的新方法新路子。完善农村党日活动、党员联系服务群众、民主评议等制度，增强党员意识。夯实基层组织基础。严格落实基层党建责任制，深入实施“整乡推进、整县提升”工程，大力推进软弱落后村（居）党组织整顿，提升镇乡街道党（工）委书记抓基层党建的能力和水平。规范村级议事规则，完善“三务”公开，强化村务监督，全面推进依法治村。按照“成熟一个、推进一个”的要求，继续做好行政村区域调整后续完善工作。丰富基层党建内涵。进一步加大两新组织党建工作力度，建设一批区域性、实体化的党群服务中心，发挥两新党组织实质性作用。大力推进“党建+”工作新模式，充分发挥党建在推动中心工作中的基础性作用。落实党代表任期制，健全完善党代表提案制和党代表建言献策、调研视察、列席党内重要会议等制度，切实发挥党代表作用。

4.把党风廉洁作为根本目标，营造良好政治生态。全力压实“两个责任”。细化责任清单，各级党委（党组）要切实扛起全面从严治党的主体责任，党委（党组）书记履行“第一责任人”责任，班子其他成员履行“一岗双责”；各级纪委要担负起监督责任，聚焦主业主责，敢于执纪问责。严格责任追究，对落实“两个责任”不力以及在党内政治生活和党内监督中失职失责的，既要追究当事人责任，又要严肃追究相关领导责任。严肃党的纪律。抓好党的十八大以来出台的一系列管党治党制度特别是《准则》《条例》的落实，引导党员干部增强纪律观念、底线意识。加大对党章党规党纪及上级重大决策部署执行情况的监督问责力度，确保政令畅通、决策落地。驰而不息改进作风。坚持越往后执纪越严，继续高标准从严执行中央八项规定，紧盯重要节点和隐形“四风”问题，持续正风肃纪，使良好的作风常态化长效化。依托木雕家训馆、农村文化礼堂家训长廊等阵地，重视家庭、家教、家风建设，以良好家风带动作风持续好转。坚决有效惩治腐败。推进监察体制改革，深化市委巡察制度，综合运用监督执纪“四种形态”，抓早抓小、动辄则咎，保持惩治腐败的高压态势，营造山清水秀的政治生态。

名词解释：

1.强市名城：现代化工业强市、文化和影视名城。

2.四换三名：“四换”即腾笼换鸟、机器换人、空间换地、电商换市，“三名”即名企、名品、名家。

3.四破攻坚：破僵尸企业、破围墙圈地、破低效用地、破既得利益。

4.“两化”融合：信息化和工业化高层次的深度结合，以信息化带动工业化、以工业化促进信息化，走新型工业化道路。

5.二综、二区、十一园：2个省级现代农业综合区、2个主导产业示范区、11个特色农业精品园。

6.机器换人：以现代化、自动化的装备提升传统产业，推动技术红利替代人口红利。

7.“两山”理念：“绿水青山就是金山银山”的发展理念。

8.五水共治：治污水、防洪水、排涝水、保供水、抓节水。

9.三改一拆：旧住宅区、旧厂区、城中村改造和违法建筑拆除。

10.双禁：在市政府划定的区域内，任何单位和个人禁止销售、禁止燃放烟花爆竹。

11.三整一拆：整乱堆乱放，整空心空地，整管线立面，拆乱搭乱建。

12.“4600元以下”贫困现象：家庭人均纯收入低于4600元的贫困现象。

13.“六五”普法：中央宣传部、司法部关于在公民中开展法治宣传教育的第六个五年规划（2011～2015年）。

14.四张清单一张网：行政权力清单、政府责任清单、投资负面清单、财政专项资金管理清单及政务服务网。

15.农村“三权”：农民土地承包经营权，农户宅基地用益物权，农民对集体资产股份的占有、收益、有偿退出及抵押、担保、继承权。

16.三严三实：严以修身、严以用权、严以律己；谋事要实、创业要实、做人要实。

17.两学一做：学习中国共产党党章党规，学习贯彻习近平总书记系列重要讲话精神，做合格党员。

18.千人计划：海外高层次人才引进计划。

19.第一书记：由上级党委选派、任命的公职人员下村任职所担任的职务。

20.三转：转职能、转方式、转作风。

21.四风：形式主义、官僚主义、享乐主义和奢靡之风。

22.“三公”经费：政府部门人员因公出国（境）经费、公务车购置及运行费、公务招待费。

23.拆、治、归：三改一拆、五水共治、浙商回归。

24.四个没有变：经济发展长期向好的基本面没有变，经济韧性好、潜力足、回旋空间大的基本特质没有变，经济持续增长的良好支撑基础和条件没有变，经济结构调整优化的前进态势没有变。

25.“一带一路”：丝绸之路经济带和21世纪海上丝绸之路。

26.“四个全面”战略布局：全面建成小康社会、全面深化改革、全面依法治国、全面从严治党。

27.五大发展理念：创新、协调、绿色、开放、共享。

28.六城同创：全国文明城市、国家卫生城市、全国环境保护模范城市、国家园林城市、国家级生态市、国家级森林城市。

29.三强一制造：浙江省提出“打造标准强省、质量强省、品牌强省和浙江制造”。

30.三位一体：生产合作、供销合作、信用合作一体的农民合作经济组织体系。

31.接二连三：转变农业发展方式，促进农业与二、三产业融合发展。

32.四个平台：综治工作平台、市场监管平台、综合行政执法平台、便民服务平台。

33.“两创”园：创业、创新企业园区。

34.三乡一城：教育之乡、建筑之乡、工艺美术之乡、影视文化名城。

35.一轴二心三环四体系：以G351国道作为城市主轴线，连接东阳城区主中心和横店镇区副中心，通过“十三五”交通建设，基本形成东阳城区主中心、横店镇区副中心、高速公路三大快速交通环线，努力构建综合交通、智慧交通、绿色交通、平安交通四大体系。

36.二改一：二级公路改为一级公路。

37.白改黑：水泥路面改为沥青路面。

38.“义甬舟”海陆联运大通道：以宁波舟山港、义乌陆港、甬金高速、金甬舟铁路为支撑，着力建成集江、海、河、铁路、公路、航空等六位一体的多式联运的综合枢纽。

39.三个不带入：决不把脏乱差、污泥浊水、违章建筑带入全面小康。

40.一加强三整治：加强规划设计引领、整治环境卫生、整治城镇秩序、整治乡容镇貌。

41.大气治理十大专项行动：清洁能源、工业大气污染防治、机动车污染防治、扬尘控制、绿色出行、餐饮油烟整治、垃圾禁焚、烟花禁燃、干洗业废气整治、农业农村废气整治。

42.“双十双二十”工程：“双十”指创建10个省级森林城镇和改造提升10大绿色精品线通道；“双二十”指打造东阳江江滨景观带公园（改造提升）、南山公园、北山休闲公园、猴塘公园等20个精品公园，改造提升高速公路出口、东阳主要入境口、入城口等20个重要节点精品绿地。

43.绿色图章：绿化规划审批专用章，城市绿化管理部门对建设工程附属绿化项目规划方案进行严格审核的签章。

44.双下沉、两提升：推动城市优质医疗资源下沉和医务人员下基层、提升县域医疗卫生机构服务能力和群众就医满意度。

45.分级诊疗、双向转诊：“分级诊疗”指按照疾病的轻、重、缓、急及治疗的难易程度进行分级治疗，常见病、多发病在基层医院治疗，疑难病、危重病在大医院治疗；“双向转诊”指构建畅通的绿色转诊通道，实现不同级别和类别医疗机构间有序转诊。

46.两网：平安建设信息系统与网格化管理。

47.四个意识：政治意识、大局意识、核心意识、看齐意识。

48.四个自信：中国特色社会主义道路自信、理论自信、制度自信、文化自信。

49.三会一课：定期召开支部党员大会、支部委员会、党小组会，按时上好党课。

50.“三务”公开：党务公开、村务公开和财务公开。

51.四种形态：经常开展批评和自我批评、约谈函询，让“红红脸、出出汗”成为常态；党纪轻处分、组织调整成为违纪处理的大多数；党纪重处分、重大职务调整的成为少数；严重违纪涉嫌违法立案审查的成为极少数。

政府工作报告

——在东阳市第十五届人民代表大会第一次会议上(摘要)

东阳市人民政府代市长 姚澈扬

2017年2月14日

图2 2017年2月14日,东阳市人民政府代市长姚澈扬在东阳市第十五届人民代表大会第一次会议上做政府工作报告(孙振华/摄)

一、过去五年工作简要回顾

过去的五年,面对严峻复杂的国内外形势,全市上下在上级党委、政府和市委的正确领导下,坚持稳中求进工作总基调,紧紧围绕“强市名城”发展战略,积极适应经济发展新常态,坚持改革创新、真抓实干,顺利完成了市十四届人大一次会议上确定的主要目标任务,地区生产总值从336.8亿元增加到499.7亿元,年均增长8.9%;财政总收入从41亿元增加到92.4亿元,一般公共预算收入从24亿元增加到56.3亿元,年均分别增长17%和17.7%,增幅均居金华首位;全市社会消费品零售总额达250.5亿元,年均增长12.9%;外贸出口总额达734.5亿元,年均增长8.8%;城镇居民人均可支配收入达44542元,农村居民人均可支配收入达24556元,年均分别增长9.3%和10.6%;金融机构存、贷款余额达1012.1亿元、725.4亿元,年均分别增长13.6%和14.5%;三次产业比例由4.9∶51.7∶43.4调整为3.7∶46.3∶50,产业结构更趋优化,开创了我市经济社会赶超发展的新局面。

(一)发展方式积极转变

工业经济稳步增长。规上工业产值达589.7亿元,年均增长10.3%;新增规上企业289家、亿元以上企业20家;连续两年获金华市工业经济考核一等奖。磁性产业集群居全国领先地位,生物医药、装备制造、针织服装等主导产业提质升级。省级园区和镇乡工业功能区整合提升,低效用地清理、老工业园区改造、亩产税收清理规范等扎实推进。横店镇居全省百亿级工业强镇第4位。横店东磁、联宜电机成为省“三名”培育试点企业。成功申报省智能制造示范区和首批两化深度融合国家示范区。完成企业股改44家,新增上市企业3家、新三板挂牌12家。新引进商业银行7家,新设新型金融机构8家;南华基金管理公司总部迁至横店;农信联社成功改制为农商银行。持续开展“走企连心精准服务”活动,建立市领导企业现场办公制度。使用财政资金转贷总额达94.8亿元。市总部中心建成投用。

建筑业转型提升。成立产业发展联盟,推进营改增和招商工作,建筑业意向回归项目产值超100亿元,拥有特级资质企业6家、一级资质企业67家。累计完成建筑业产值10034亿元,连续八年蝉联全国县市级首位,上缴税收41.1亿元。获鲁班奖12只;

荣获“中国建筑之乡”、省首批建筑强市称号。

商贸服务业集群发展。金华一百入驻东阳，新光太平洋建成开业，红椿巷商圈初步形成。木雕城二期市场、银泰城、浙中奥特莱斯主体工程完工，国际会展中心投入使用，红星美凯龙落户东阳，白云专业市场群更加集聚。新西门菜场、中心粮库二期建成投用，创建省三星级以上文明规范市场5家，改造提升农贸市场43家。木雕红木产业规范提升，木雕小镇被评为省行业标杆小镇，获得“世界木雕之都”称号。成功举办2014世界工艺文化节和5届东博会、2届红博会。外贸出口争先晋位。电子商务迅猛发展，跻身中国电商百佳县(市)第18位。

影视文化旅游融合发展。影视文化产业实验区累计拍摄影视剧2.7万集，实现营业收入636.2亿元，上缴税费69.7亿元；新引进影视企业、艺人工作室820家；建成圆明新园等4座影视基地和18座高科技摄影棚，成为国家级文化和科技融合示范基地。成功举办三届横店影视节和首届中国(横店)影视产业发展大会；“横漂”管理创新受到中宣部肯定。花园村成为国家4A级旅游景区，东白山、落鹤—社姆山分别获批省级旅游度假区和风景名胜区。共接待国内外游客8019.4万人次，年均增长13.9%；实现旅游总收入594.9亿元，年均增长18.8%。

现代农业加快发展。建成粮食生产功能区和现代农业园区15333.3公顷(23万亩)，“二综二区十一园”通过省级验收。大力培育“粮二代”，主要粮食作物耕种收综合机械化率达78.1%，设施农业钢架大棚面积达170万平方米。财政支持粮食综合改革试点及农业领域“机器换人”工作走在全省前列。被评为全国粮食生产先进市、省首批农产品质量安全放心市。

（二）发展活力日益提升

综合改革不断深化。被列为省级资源要素市场化配置改革试点、土地管理相关审批权限先行委托下放市。建立工业企业综合效益评价体系和主要污染物排放、用能有偿使用和交易制度。横店镇国家中小城市综合改革、省级金融创新示范市等试点稳步推进。教育云规模化应用试点全国领先，公立医院综合改革不断深化。完成农村股份制改革和林权股份制改革试点，农村土地承包经营权、宅基地使用权等确权登记发证工作扎实推进。司法体制改革取得阶段性成效。

政府职能加快转变。成立浙江省横店影视文化产业实验区；整合成立市卫计局、市场监管局和不动产登记机构。“四张清单一张网”、综合行政执法改革深入推进，减少行政权力事项2239项；实现行政审批“一站式”网上运行，办事承诺期限平均缩短至5个工作日；完成非行政许可审批事项清理。理顺“大文化”、经济开发区、部分事业单位及横店镇城市管理体制；东义融合、城区横店一体化机制不断健全。推进国有资产整合重组，组建城投、交投集团。

创新能力稳步提升。研发投入占GDP比重达2.18%，比2011年提高0.15个百分点。新增国家高新技术企业32家、省级企业研究院4家。市科技孵化中心入孵企业14家。新增授权专利9541件；获国家科学技术奖2项、省科学技术奖11项；新增中国驰名商标2件、省著名商标24件、省名牌产品26只；成为国家传统知识知识产权保护示范市。

（三）城乡建设步伐加快

城镇建设扎实推进。市域总体规划修编和总体城市设计取得阶段性成果，“多规融合”体系扎实推进；迎宾大道以西区域与横店镇区已批及在编控规覆盖率达80%；完成户外广告、给水排污等多个专项规划编制。红椿巷区域旧城改造基本完成，黉门广场、江滨景观带等成为城市新亮点。全面启动城区风貌提升工作，完成人民路等23条主干道综合提升改造，新建停车位1269个，城区空闲地清理利用121处；实行城区环卫保洁“一把扫帚”机制，成功创建国家卫生城市，通过省示范文明城市复评。投用公共自行车6600辆；治堵保畅工作考核连续三年列金华市首位。被列为全省首批美丽县城试点市。小城镇环境综合整治扎实开展，南马、巍山、歌山、千祥等镇区基础设施进一步完善。

新农村建设迈上新台阶。市域村庄布局规划启动修编，农村建房实行带图审批。打造精品村40个；218影视旅游、东阳江山水生态、三宅古建文化等8条精品线建设顺利推进。实施农房连片改造项目260个，改造农民住房1.2万户。创建省级以上美丽宜居示范村17个。获评省美丽乡村创建工作先进县市。农村垃圾分类处理、农药废弃包装物回收处置扎实推进，农村生活污水治理实现行政村全覆盖，连续两年获评省农村生活污水治理优胜市。

基础设施建设全面推进。完成交通基础设施投资65亿元。

杭温高铁、金甬铁路、金义东市域轨道交通获工可批复；横店通用航空机场一期加快推进；37省道、40省道改建进展顺利，东永高速、画南下线、怀万线建成通车；完成公路“白改黑”65.5千米。市第二垃圾填埋场一期和垃圾填埋气发电项目建成投运。水利工程共投入15.7亿元，全面开展中小河流治理，完成水库除险加固31座、山塘整治174座、灌区渠系改造335.3千米；市第二自来水厂一期及管道工程建成投用。新建、扩建110千伏以上变电站9座，电网容量实现翻番。“西气东输”天然气管网开工建设。新建重点公共区域Wi-Fi热点4646个。

（四）生态环境持续改善

治污拆违立说立行。完成废塑、电镀、印染、化工等重点行业整治提升，关停污染企业780家。完成市污水处理公司、横店污水处理厂提标改造，市第二污水处理厂一期建成试运行；建成城镇污水管网252千米。完善“河长制”，全面消灭垃圾河、黑臭河和全流域劣Ⅴ类水质，两江流域Ⅲ类水比例持续提高，获省“五水共治”优秀县（市）“大禹鼎”。“拆违建、促转型”深入推进，拆除违法建筑1053.6万平方米、“三改”1693.4万平方米，分别占金华市下达任务的260%、294%，709个自然村（小区）通过市级“无违建”验收。国土卫片执法违法耕占比降至4.9%。

大气防治重拳出击。大气治理“十大行动”全面开展。建立大气污染排放源清单。完成磁性行业“煤改气”整治企业83家、炉窑247条，拆除烟囱116条；整治淘汰高污染燃料锅炉562台；在省内率先实行全区域全时段黄标车禁行，淘汰黄标车12612辆。渣土车整治、建筑工地扬尘治理扎实开展，城乡烟花爆竹“双禁”成效明显。通过清洁生产阶段性审核验收企业80家；建成公共充电桩80个。城市空气优良率达92.3%。

生态建设全域推进。深入开展“四边三化”和森林城镇、村庄创建活动，创建省级森林城镇5个、村庄11个，完成平原绿化2133.3公顷（3.2万亩）。理顺绿化管理机制，创新森林消防工作，“森林东阳”建设成效显著，森林覆盖率达59.3%，成为省级森林城市。创建国家级生态乡镇10个、省级生态乡镇（街道）5个、绿色社区2个。积极倡导生态节地葬法，新建生态公墓630处。成功创建省级生态市。

（五）社会事业全面进步

社会事业加快发展。完成东阳二中、开发区初中等重大项目建设。创建省一、二级特色示范高中6所、义务教育标准化学校115所，建成塑胶运动场93个、体艺馆19个，食堂改造40个。高考成绩保持全省前茅，成功创建全国义务教育发展基本均衡市。多元化办医体系初步形成，公共卫生服务不断增强，成为省级卫生强市。实施全面两孩政策，出生人口性别比重点管理县成功“摘帽”。完成市体育馆主体工程，体育设施普遍向社会开放；“横店马拉松”知名度不断提升；荣获“全国老年气排球之乡”等称号，成为省体育强市。中国木雕博物馆建成开馆，卢宅保护利用项目一期顺利推进。农村文化礼堂实现“建、管、用、育”一体化。蔡宅等8个村列入中国传统村落名录，虎鹿镇、李宅村获批省级历史文化名镇名村。市档案馆晋升为国家二级馆。工青妇、人民武装、双拥、民宗、侨台、外事、地方志、气象、供销、残疾人、慈善、红十字、关心下一代等工作不断加强。

社会保障惠及全民。财政民生支出达205.3亿元，占市公共财政支出的78.4%，基本完成历年十大民生实事。新增就业7.1万人、再就业2.4万人，城镇登记失业率控制在4%以内。完善被征地农民保障政策；城乡居民医保、基本养老保险参保率均达98%，基本实现社会保障全覆盖。在省内率先实施城乡统一基本医疗保险制度，建立大病医疗商业补充保险制度；建成社保卡“就诊一卡通”系统。健全低保标准动态调整机制，建立精准扶贫机制，人均收入4600元以下现象全面消除。建成安置房24万平方米，低保住房困难家庭得到有效保障。多元化社会养老服务体系基本形成，每百名老人拥有养老机构床位数4.1张，建成居家养老服务照料中心396家。

社会治理不断创新。“六五”普法成效明显，市、镇、村三级法律顾问体系基本建成；市公共法律服务中心建成启用，成立金华市首家社区矫正工作协会。突出道路交通、消防、建筑施工等重点行业领域安全监管，创建安全生产标准化企业975家，小微企业安全生产委托管理试点扎实推进，连续两年列金华市安全生产目标责任制考核第一名。“处非”工作依法有序推进，企业欠薪处置、食品药品监管、信访维稳等工作有效加强。社会治安防控体系进一步健全，人员密集场所动态视频、监测探头全覆盖，连续保持命案和五类恶性案件100%侦破率。社会应急管理进一步创新，组建应急联动队伍40余支。成功夺得“平安银鼎”。

（六）自身建设不断加强

依法行政积极推进。自觉接受市人大依法监督和市政协民主监督，共办理人大代表建议和政协提案2680件。政府常务会议学法、行政负责人出庭应诉、重大决策和规范性文件合法性审查等制度不断健全，被评为金华市依法行政优秀县市。设立市政府顾问团，科学化、民主化决策机制不断完善。加强与群团组织、民主党派、工商联及无党派人士的沟通联系。

作风建设切实加强。党的群众路线教育实践、“两学一做”学习教育等系列活动深入开展，中央“八项规定”和党风廉政建设“一岗双责”等制度有效落实，干部队伍建设不断加强，工作作风和办事效率有效改善。“8890”便民服务平台高效运行。完成公务用车改革和机关单位办公用房清理落实，“三公”经费比2012年下降58.7%。

各位代表，2016年是“十三五”规划的开局之年。基本实现了全年预期目标，地区生产总值同比增长7.5%；财政总收入和一般公共预算收入同比分别增长13.8%和16.8%；社会消费品零售总额同比增长8.9%；城乡居民人均可支配收入同比分别增长8%和9.5%。主要经济指标增幅均居金华市前列。

稳增长调结构。完成工业转型升级等5个“十三五”配套规划编制。成立企业帮扶办，出台企业减负担、优环境政策，加大技改奖补力度，全力扶持实体经济发展。第三产业对GDP增长的贡献率达63.9%。建立招商引资项目库。横店影视产权交易中心获批，文创体验中心建成，腾讯众创空间落户横店。抓改革增活力。完成县域经济体制综合改革、产业转升机构组建等143项改革事项。户籍制度改革取得阶段成果。商事登记制度改革不断深化，新注册企业1952家、个体工商户8092户。土地使用监管机制不断健全。抓整治优环境。以治水、治污、拆违为抓手，持续推进城乡环境革命；横店城市风貌综合提升工作受到省委领导肯定。成功创建省环保模范城市。惠民生促和谐。建立无房户、危房户数据库，实行宅基地指标单列、“一户一核”制度。省教育现代化市创建工作扎实推进，教育基本建设投入机制等改革措施落地。分级诊疗体系和双向转诊服务机制不断完善，影像和心电诊断数据实现互认共享。城乡居民低保标准实现一体化。建立基层治理“四个平台”；圆满完成G20杭州峰会安保工作。

过去的成绩值得肯定，但我们更不能忽视发展中的矛盾和问题，主要表现为：产业集聚度不高，平台建设仍需持续发力；城乡规划总体滞后，城区风貌提升和集镇建设受限较多，公共服务设施提升空间不足；体制机制性瓶颈仍未完全破解，改革举措落地较难；金融、安全生产、社会治安等领域潜在隐患较多，社会维稳大局面临新的挑战；少数干部担当意识弱化、执行力不强，“中梗阻”现象依然存在等等。对于以上问题，我们将在今后的工作中切实加以解决。

二、今后五年的发展目标和主要任务

根据市第十五次党代会精神，今后五年政府工作的指导思想是：高举中国特色社会主义伟大旗帜，深入学习贯彻习近平总书记系列重要讲话精神，全面贯彻落实上级和市委的决策部署，紧紧围绕“四个全面”战略布局、五大发展理念、“八八战略”和“走在前列、共建金华”总要求，坚持赶超发展主基调，坚定转型升级不动摇，着力强化“城区横店一体化、影视旅游全域化”双引擎带动作用，全力打造“影视旅游名城、经济文化强市、生态宜居东阳”，率先高水平全面建成小康社会，为建设“两富”“两美”现代化东阳打下坚实基础。今后五年政府工作的主要目标和任务是：

——扛起使命，赶超发展，让东阳综合实力更强。坚定不移抓好经济工作，致力扩大有效投资，全力打造“实力东阳”，力争地区生产总值、一般公共预算收入、固定资产投资年均分别增长8%、15%、20%以上，增速和总量跨入全省县市上游行列。推动金融生态优化和融资创新，争创省特色金融强市，力争2021年末贷款余额达1000亿元，股份制企业达110家，上市挂牌企业达200家，直接融资比例达40%以上。大力实施东阳人经济回归工程，引进特别重大产业项目5个以上，浙商回归到位资金230亿元以上。大力推进“金义科创廊道”建设，新增国家高新技术企业80家、省科技型中小微企业200家，争取成为国家创新型试点城市。大力培育龙头骨干企业，新增百亿级工业企业2–3家、五十亿级企业3家，规上工业总产值突破1000亿元，进入全省“工业强市”行列。

——扛起使命，赶超发展，让东阳发展质量更优。坚定不移打好转型升级组合拳，全力打造“活力东阳”。深入实施工业转型升级和主导产业发展“十三五”规划，加快构筑“5+5+5”先进制造业体系。巩固扩大影视产业先发优势，到2021年实验区年营业总收入达370亿元，致力打造“引不走永不落幕的影视之都、影视各要素的集散地和总枢纽”。做深做透“旅游+”文章，力争年接待游客超3000万人次，争创国家全域旅游示范市。深化建筑业招商和营改增工作，到2021年建筑业年总产值达3000亿元，加快向“建筑强市”跨越发展。推动木雕红木产业规范提升，到2021年规上总产值达60亿元，“买红木到东阳”的品牌形象深入人心。加快专业市场集群转型提升、商贸服务业繁荣发展。全面提升农业产业化水平，力争进入全省基本实现农业现代化县(市)第一方阵。

——扛起使命，赶超发展，让东阳城乡环境更美。坚定不移打好环境革命攻坚战，全力打造“美丽东阳”。深入推进城区风貌提升，争创国家森林城市、国家园林城市、国家环保模范城市、全国文明城市和国家级生态文明示范市。扎实开展小城镇和农村环境综合整治，完善城乡生活垃圾分类处理，完成农村生活污水治理工程建设，全面提升镇村风貌。大力推进“综合交通廊道”建设，加快“三铁一机一高”等重大项目建设，致力构建综合交通体系。大力推进“浙中生态廊道”建设，积极推行清洁生产，加快建设“美丽城防”，打造两江“清水走廊”，全市水系水质稳定保持Ⅲ类水；深入推进“双城双创”三年绿化行动，森林覆盖率达61%以上，大气质量明显好转，生态环境明显改善。

——扛起使命，赶超发展，让东阳人民生活更好。坚定不移加大民生投入，让人民群众有更多的获得感，全力打造“幸福东阳”。大力支持创业促进就业，新增就业4.8万人。认真实施收入翻番计划，多渠道增加居民收入。完善社会保障体系，争取由制度全覆盖扩展到人群全覆盖。加大公共服务基础设施建设，争创省教育现代化市，推动教育优质均衡发展，继续保持全省领先地位；深化医药卫生体制改革，完善公立医院布局，提升医疗卫生服务能力，打造浙中最重要的医疗中心之一；广泛开展全民健身和群众文化活动，全力打造“健康东阳”，人均预期寿命达80岁以上。加强和创新社会管理，全力打造“平安东阳”。争创国家农产品质量安全县、省食品安全市、省双拥模范城。

三、2017年的目标任务和主要工作

今年是新一届政府的开局之年，也是实施“十三五”规划的重要一年。当前，世界经济复苏进程缓慢，外部需求持续低迷；国内经济发展进入新常态，稳增长是今年经济工作的主基调。面对复杂的国际国内形势，我们需要采取更加务实的举措，付出更多艰辛的努力。今年政府工作的指导思想是：深入贯彻落实上级精神和市委的决策部署，主动扛起使命，致力赶超发展，坚定不移打好“拆治归”转型升级组合拳，积极推进“三条廊道”建设，全面做好稳增长、促改革、调结构、惠民生、防风险各项工作，促进我市经济平稳健康发展和社会和谐稳定。综合考虑各方面因素，建议今年我市经济社会发展的主要预期目标为：地区生产总值增长8%左右，一般公共预算收入增长12%，城镇居民人均可支配收入增长8%，农村居民人均可支配收入增长8.5%，全面完成上级下达的节能减排任务。围绕以上目标，今年重点要抓好以下五个方面的工作：

（一）全力以赴扩大有效投资，促进实体经济平稳增长

更加重视实体经济发展，更加注重扩大有效投资，坚定信心，聚焦实业，努力保持经济持续快速发展的良好态势。

强机制促招商。做好“梧桐引鸟”文章，充实市镇两级“项目库、招商库、土地库”，完善“招商专员”等工作机制，深入开展“乡情招商”“精准招商”和东阳人经济回归工程，加强与复星集团等知名东商的战略合作，吸引更多在外东阳人的智力、资本和项目回归，争取引进内资52亿元以上，浙商回归到位资金36亿元以上。举办首届世界东阳人大会。深化县域经济体制综合改革，激发发展活力。主动接轨“一带一路”、长江经济带、义甬舟开放大通道，引进外资3000万美元以上。

抓项目扩投资。以十大重点工程为抓手，实施一批基础设施、产业转型、社会民生类建设项目，保持政府投资适度规模，努力扩大有效投资。完成固定资产投资339.9亿元，同比增长15%以上。完善“三包四联”、分类管理等重大项目推进机制，着力破解政策处理和要素保障难题，推动金甬铁路、金义东市域轨道交通、杭温高铁等重大项目加快建设。进一步放开民间投资市场准入，大力推广政府和社会

资本合作(PPP)模式,加快投资项目在线审批监管平台建设,积极引导民间资本稳健扩大投资。

优服务增信心。做好“精准养鸟”文章,创新支持经济发展方式,修订完善经济政策,提高财政扶持资金使用绩效;设立政府产业基金,用市场化的方式促进特色产业和重点企业做大做强。深入开展企业走访帮扶活动,帮助企业破解难题提振信心,构建“亲”“清”政商关系。用足用好税收优惠政策,清理规范涉企收费,降低企业生产经营成本。全力防范化解“两链”风险,扎实开展企业分类帮扶,高效运作好政府转贷资金,组建政策性担保公司。

重挖潜强保障。加大实体经济信贷投入,新增贷款50亿元以上,不良率控制在2%以内。大力发展直接融资,完成股改12家、上市2家、挂牌25家。整合盘活存量国有资产,提高平台投融资能力。深化农村土地综合整治,垦造耕地120公顷(1800亩)以上,建设高标准农田1733.3公顷(2.6万亩);盘活存量建设用地83.3公顷(1250亩),消化批而未供土地210公顷(3150亩),城镇低效用地开工63.3公顷(950亩)。竣工投运110千伏金宅变,开工建设110千伏后岑山变和湖溪变。加快推进“西气东输”天然气管网建设。

(二)致力推进产业转型升级,提高经济发展质量和效益

深入推进供给侧结构性改革,坚定不移打好转型升级组合拳,推动经济发展质量和产业素质持续提升。

培育发展先进制造业。做好“整治赶鸟”文章,开展“低小散”块状行业和“四无”生产经营单位大整大拆行动,淘汰清退一批落后产能、僵尸企业。做好“腾笼换鸟”文章,深入开展企业亩产税收清理规范,推行资源要素差别化配置,腾退提升一批低效企业。坚持一手抓新兴产业培育,一手抓传统产业改造提升,做强磁性电子等主导产业,发展节能环保等新兴产业,壮大千祥箱包、歌山渔具等块状经济。提升主平台能级,推动经济开发区和横店电子产业园区争创省级高新园区;继续开展老工业园区(区块)改造提升,加快微创园和科技孵化中心建设。支持企业提升创新能力,新增国家高新技术企业18家,培育省级企业研究院和高新技术研发中心各2家,参与制定国家和行业标准4项以上。引导企业加大技改投入,实施重点技改、两化融合项目80项,完成工业投资110亿元以上。推进重点行业“机器换人”,承办省磁性材料行业现场会。建立“三名”企业培育库,培育百亿企业1家、亿元企业5家,完成“小升规”45家、“个转企”280家;争创中国驰名商标1只、浙江名牌2只;重视“企二代”“创二代”培养,提升企业家素质。

扶持壮大影视文化旅游业。推进全产业链招商,依托腾讯众创空间,大力招引泛娱乐企业,打开实验区发展新空间。完善扶持政策,优化全程服务,引导更多企业进入上市和高新企业行列;加快推进影视产业园建设,推动影视企业实质性落地。鼓励外景基地多样化、全域化发展,丰富拍摄场景资源。拓展剧本创作交易和电影审片业务。加强“横漂”管理服务,办好横店影视节。高质量编制全域旅游发展规划,促进旅游与影视文化、木雕红木等产业融合发展,加快“梦上海”、卢宅、东白山等重点旅游项目建设,丰富影视游体验功能,提升木雕红木游内涵品质,补长生态休闲游发展短板,培育民宿等新兴业态。支持花园村争创国家AAAAA级旅游景区。力争年接待游客2200万人次以上,实现旅游收入180亿元以上。

转型提升建筑业。继续做好建筑业招商和营改增工作,促进建筑企业和项目经理回归。加快建材集采平台建设,鼓励企业抱团发展。支持企业走专业化道路,提升在基础设施领域的施工能力。引导企业完善内部管理,规范融资行为,通过兼并重组做大做强。推进建筑产业化基地建设,大力发展装配式施工,抢占住房装修市场,推动东阳木雕古建走向全国市场。完成建筑业总产值2400亿元、对外承包工程营业额2.5亿美元,争创“鲁班奖”1只、省级文明标化工地40只。

规范提升木雕红木产业。打造东永二线、后葛线“红木走廊”,完善木雕小镇建设。推进木材交易中心、质量监督检验中心、知识产权维权援助中心建设,筹建中国(东阳)家具研究院。引导木雕红木市场差异化经营、错位化发展,办好第十二届东博会和第三届红博会。继续开展行业专项整治,推广联盟标准,建立诚信“黑名单”,重视宣传营销,提升产品质量和行业美誉度,完成木雕红木企业“小升规”23家。大力弘扬工匠精神,支持传承创新、跨界融合,鼓励精品创作。

繁荣发展商贸服务业。推进商贸服务业重点项目建设,加快打造红椿巷等核心商务区,提升商业街区特色品位。完善白云专业市场集群配套,加快综合物流

园项目前期工作；推动国际汽车城二期等项目建设，建成银泰百货、浙中奥特莱斯。开展城区农贸市场“双体系”建设，改造集镇农贸市场2家。建成市中心粮库三期。积极培育品牌展会，举办各类展会20个以上，办好第九届休闲购物节。加快发展电子商务，建成农村电商网点55家。促进外贸平稳增长，推进进口木材转关转检。大力培育总部经济、健康养老等新兴服务业，促进房地产市场平稳健康发展。

积极发展现代农业。深入推进农业供给侧结构性改革，扩大绿色优质农产品供给，推进国家农产品质量安全示范县创建。建设粮食生产功能区1133.3公顷（1.7万亩）。完成农村土地承包经营权确权登记颁证，加快农村土地流转，大力培育新型农业经营主体，新增省示范性家庭农场5家、省级以上林业龙头企业3家。组建镇级农民合作经济组织联合会，扶持发展农业社会化服务和农产品精深加工，争创省农业领域“机器换人”示范市。实施水库除险加固2座、山塘整治14座、农田渠系改造40千米、高效节水灌溉改造133.3公顷（2000亩），争创省首批水利工程标准化管理示范县。

（三）坚持城乡统筹发展，全面提升环境质量

深入推进环境综合整治，促进城乡风貌同步提升，加快城乡一体化进程，让城乡居民共享文明宜居的生活环境。

打造美丽城镇。加快市域总体规划修编，做好城市总体设计和重要板块设计，编制海绵城市等专项规划，完成迎宾大道以西区域控规全覆盖。高起点、高标准谋划“高铁新城”建设，致力打造城区横店一体化核心。继续开展城区风貌提升三年行动，实施中山路、汉宁路等道路改造，打通环城东路等断头路；建设慢行系统7条；推进重要节点景观改造。加快南山森林公园建设，实施南大门广场改造。大力推进拆围透绿和空闲地利用，建设塔脚小区等10个以上街心公园，提升节庆广场等8个区块绿化。抓好“城中村”改造。深化精品严管街创建，提升城市精细化管理水平，确保通过国家卫生城市复审，力争取得全国文明城市创建提名。启动老东中体育馆和老东二中停车场建设，投放公共自行车1000辆。继续推进“美丽城镇”建设和小城镇环境综合整治，加快推进全市镇区控规全覆盖，打造“一镇一公园、一镇一慢道、一镇一街景”，提升洁化、序化、绿化、美化水平。深化横店小城市培育，巩固城市风貌综合提升成果，提高产城融合发展水平，打造“中国横店”“浙江首个不夜城”。加快推进南马、巍山、歌山、千祥等中心镇总体规划修编和中心镇培育项目建设，支持画水镇争创金华市级中心镇、湖溪镇创建国家卫生镇。鼓励引导虎鹿、东阳江、马宅、佐村、三单大力发展乡村旅游等生态经济。

建设美丽乡村。加快市域村庄布局规划修编，更新完善农房设计通用图集，大力推广“东派民居”，加强村庄风貌管控，创建美丽乡村精品村10个。办好乡村休闲旅游节，打造产业植入示范村10个、省休闲观光农业示范点3个，争创省、市级农家乐集聚村各1个。深化农村环境革命，实现“三整一拆”、农村生活污水治理、农村垃圾分类处置自然村全覆盖，创建省级美丽宜居村6个。扎实开展治危拆违行动，完成农村D级危房和城镇危旧房治理改造，解决无房户危房户居住问题。大力实施“双城双创”三年绿化行动，平原绿化造林800公顷（1.2万亩）以上，建成珍贵彩色林2533.3公顷（3.8万亩）以上，完成8条市级精品线和18条镇级精品线建设，为创建国家森林城市打好基础。继续推进“三沿五区”坟墓治理。着力提升城乡联通水平，完成37省道、40省道改建工程，启动39省道改建工程和南上湖至郭宅公路建设。实施省（县）道“白改黑”56.7千米，完成农村公路改造提升22千米、大中修74.4千米，新增农村港湾式停靠站100个。

深化环境治理。持之以恒抓治水，力争两江全流域基本达到Ⅲ类水体，争创“清三河”达标市，再夺“大禹鼎”。完成市污水处理公司四期土建工程，完善市第二污水处理厂管网配套，推进市第三污水处理厂建设前期。继续开展城区“六类”服务业水污染整治。完成城区3个小区雨污分流改造和9口水塘治理。建成巍山、南马、画水三个工业区污水处理厂，镇级截污率达85%以上。实施南江、北江流域综合治理四大工程建设。清淤河道79千米、池塘552口。治理农村河道30千米。完成中小河流治理和重点县项目区主体工程建设。健全生态保护补偿机制，加强饮用水水源地保护，改善20个村8000人的饮水条件。坚持不懈抓治气，深化大气治理“十大行动”，大力推广清洁生产和清洁能源，推进开发区集中供热，启动横店热电“低排放”改造，巩固扩大“双禁”成果，严格黄标车区域限行，强化扬尘长效治

理，全面淘汰改造高污染燃料锅炉，建设化工行业泄漏检测修复体系，深入开展重污染行业挥发性有机物专项整治，力争城市空气环境质量继续保持金华前列。加大力度抓治土，扎实推进“两区”土壤污染防治三年行动。推行危险废物分级管理；加快对关停企业潜在污染场地和持久性污染源的排查治理。启动市餐厨垃圾处理中心和生活垃圾焚烧设施建设。深化“三改一拆”，力争拆除违法建筑180万平方米，完成旧住宅区改造80万平方米、旧厂区改造40万平方米、城中村改造80万平方米，争创“基本无违建市”。

（四）提升公共服务水平，共享和谐幸福生活

持续加大民生投入，切实办好本次大会确定的十大民生实事，提高公共服务普惠性、均等化、可及性，让人民群众共享小康社会建设成果。

提升社会保障水平。加大就业创业支持力度，积极发展众创平台，以创业带动就业，新增城镇就业1.2万人以上。推行大病医保商业补充保险市级统筹，全面推广医保按病种支付。启动市民卡工程。推进居家养老服务照料中心规范化建设，创建三星级照料中心20家。完善社会救助体系，动工建设市救助站和救灾物资储备中心。推进精准扶贫，扶持山区基础设施建设和村民增收，完成农民素质培训6800人次；继续实行下山移民脱贫。加强重度残疾人、低收入弱势群体生活保障。完成市公共租赁住房（一期）项目建设。

大力发展社会事业。通过省基本实现教育现代化市评估验收。加快巍山二小、南市中心幼儿园等项目建设；推进基础教育优质均衡发展，补齐学前教育短板，鼓励东阳中学特色优质发展，继续整合优化中职教育资源。支持广厦建设学院、横店影视学院提升发展和花园外国语学校建设。拓展教育云应用。开工建设市中医院迁建工程，做好江北综合医院建设前期工作。完善分级诊疗制度，提升基层卫生院医疗服务能力。加强计划生育服务管理，加大出生人口性别比治理。加快推进市民活动中心建设，新建农村文化礼堂15个；加强历史文化村落保护。建成市体育馆，启动游泳馆建设。大力开展群众性健身运动，培育提升“横店马拉松”等品牌赛事，促进体育健康产业发展。大力支持工青妇等人民团体开展工作，积极发展广电、邮政、科普、气象、档案、地方志等社会事业，进一步抓好国防动员、民宗、人防、统计、侨台、外事、慈善、红十字、关心下一代等工作。

加强社会综合治理。深入开展“七五”普法，完善公共法律服务体系，健全矛盾纠纷多元化预防化解机制。创新基层治理方式，规范“四个平台”建设，实行“三调联动”，推进“两网融合”，提升基层社会治理水平。抓好村级组织换届选举，推进基层民主自治。狠抓社会治安突出问题整治，保持打黑除恶高压态势，加大涉众犯罪打击力度，加强互联网综合治理。推进“信用东阳”建设，加大守信激励和失信惩戒力度，严厉打击恶意逃废债和非法金融活动，改善金融生态环境。推进餐桌治理三年行动，完善可追溯机制，强化食品安全全程管控，切实保障“舌尖上的安全”，争创省食品安全市。加强重点行业领域安全隐患排查治理，推广企业安全生产标准化建设和小微企业安全生产托管，切实保障安全生产。深化“平安东阳”创建，争取十二连冠夺金鼎。

（五）切实加强自身建设，打造人民满意的政府

以推进“四张清单一张网”改革、建设网上政府为切入点和着力点，全力建设勤政廉政、务实高效的服务型政府。

坚持依法行政，打造“法治政府”。认真执行市人大及其常委会的决议、决定，主动接受市人大工作监督、法律监督和市政协民主监督，广泛接受社会监督。严格执行重大行政决策程序规定，坚持政府常务会议学法制度，推进行政复议体制改革，加强行政规范性文件合法性审查。开展“一主两配”综合行政执法改革，建立社会特约监督员队伍，全面推行“两随机一公开”，切实加强行政执法全过程监管。

坚持为民执政，打造“民本政府”。认真办理和落实市人大代表建议意见和政协提案，对重点建议提案实行市政府领导领办下的部门承办制。深化“互联网+政务服务”，加快网上政府建设，推行“淘宝式”全流程网上办理，推进政务服务网向镇村延伸，建立完善窗口办事一次性书面告知制度，朝着“最多跑一次”的方向努力。加大政府购买公共服务力度。继续办好《行风热线》《每周聚焦》《市民问政》等栏目。

坚持科学理政，打造“高效政府”。围绕锻造“东阳铁军”，正确处理“不作为与不乱为”“规范运作与提升效能”“谨慎用权与不敢担当”“倾心服务与审批管理”的关系，加强学习型、研究型干部队伍建设，做到“敢担当、愿

奉献、有作为”。健全完善督查督办机制，加大对重点工作、重大工程和重要民生实事跟踪督查，确保政令畅通、落实到位。健全行政问责和容错免责机制，加大奖勤惩庸治散力度，着力破解“中梗阻”，不断激发干事创业的热情，凝聚争创一流的强大合力。

坚持从严治政，打造“廉洁政府”。严格落实党风廉政建设“一岗双责”，强化监察、审计等监督。推进政务公开，加强对重点领域和关键环节监控。驰而不息抓作风建设，严格执行八项规定，坚持不懈反“四风”。完善职务犯罪预防机制，以零容忍态度惩治贪腐，严肃查处各类违纪违法案件。

名词解释：

1.多规融合：是指通过多部门沟通协调，促进发改、国土、环保、文化、教育、体育、卫生、绿化、交通、市政、水利、环卫等规划的相互协调和融合，实现同一城市空间实体的多专业规划协调统一，以及城市空间功能布局优化和各行各业持续协调发展。

2.河长制：是指由各级党政主要负责人担任“河长”，负责辖区内河流的污染治理。“河长制”是从河流水质改善领导督办制、环保问责制所衍生出来的水污染治理制度，目的是为了保证河流在较长时期内保持河清水洁、岸绿鱼游的良好生态环境。

3.四边三化：是指在公路边、铁路边、河边、山边等区域开展洁化、绿化、美化行动。

4.社保卡“就诊一卡通”：是指以社会保障卡为载体，以公民身份号码为索引，实现持卡人身份识别、跨机构就医、查询个人健康信息、费用结算和数据交换等功能，该卡在全市所有医疗机构通用。

5.“8890”便民服务平台：是指由政府主办的非应急公益服务平台，为市民提供咨询、求助、投诉等非应急社会治理类服务。

6.走在前列、共建金华：是指金华市委六届十一次全会提出的，力争通过五年的努力，全面或超额完成市“十三五”规划确定的各项目标任务，努力打造全省发展新的重要增长极，确保与全省同步高水平全面建成小康社会的目标。

7.“5+5+5”先进制造业体系：是指壮大磁性电子、机械装备、医药化工、针织服装、木雕红木家具五大优势产业；培育通用航空、现代建筑、节能环保、新材料、新能源五大新兴产业；发展金银丝、箱包、渔具、缝配、塑料塑胶五大特色块状产业。

8.三铁一机一高：“三铁”是指东阳市境内规划建设的金甬铁路、金义东市域轨道交通、杭温高铁，“一机”指横店通用航空机场，“一高”指规划建设的义东永高速公路项目。

9.美丽城防：是指通过建设一批水安全、水资源、水环境、水生态类项目，以水系肌理为主，梳理防洪排涝、水资源配置、生态建设、城乡规划建设、社会经济发展肌理，将全市河道、水系建成“水中航道、生态廊道、景观廊道、产业廊道”。

10.双城双创：是指创建国家森林城市、国家园林城市。

11. 三条廊道：是指综合交通廊道、金义科创廊道、浙中生态廊道。

12.义甬舟开放大通道：是指浙江省“十三五”规划的“义甬舟”开放大通道平台，即为加快义乌、宁波、舟山三地的物流、交通大通道建设，形成三地更为紧密的经济贸易联系，加快建设浙江海上丝绸之路，进一步提振浙江外贸经济，形成国际化、全球化贸易大通道。

13.农贸市场“双体系”：是指农贸市场追溯体系、快速检测体系。

14.高铁新城：是指根据市域总体规划，依托高速铁路场站的规划建设，统筹考虑周边区域的发展，除交通枢纽外，配齐卫生、教育、市民活动中心等高端公共设施，打造全市最高端的重点开发版块，使之成为城区横店一体化的核心，全市公共配套最齐、最高端的宜居宜业新城，影视、文化、商务、旅游、休闲养老养生等产业的发展平台，全市人口集聚的重要版块。

15.市民卡：是指在政府主导下推行的集社会保障、公共服务、小额支付、金融支付功能为一体的智能IC卡，广泛应用于办理社会事务、享受公共服务、电子身份标识、日常消费支付、商业功能加载等领域，是实现“一卡在手、出门无忧”的载体和基础。

16.三沿五区：“三沿”是指沿铁路、沿公路、沿通航河道两侧;“五区”是指水源保护区、文物保护区、风景旅游区、住宅区和开发区。“三沿五区”是解决市域内墓地等政策问题上适用的一类简称。

17.清三河：是指治理黑河、臭河、垃圾河。

18.城区“六类”服务业水污染整治：是指在城区范围内开展宾馆、酒店餐饮、美容美发、洗浴、洗车、洗衣等六类城市服务业水污染专项整治工作。

19.三调联动：是指人民调解、司法调解、行政调解有机结合，综合运用法律、政策、行政等手段和教育、协商、疏导等办法，充分发挥调解在维护社会稳定中的重要作用，把矛盾化解在基层、解决在萌芽状态，最大限度地减少不和谐因素，促进社会和谐稳定的一种长效机制。

20.“一主两配”综合行政执法改革：是指以综合行政执法改革为主抓手，同步推进建设整合全市政务投诉举报统一受理平台和行政执法协调机制两项配套工程。

21.两随机一公开：是指随机抽取检查对象，随机选派执法人员，及时公布查处结果。

专 辑

2016年5月15日，横店镇全貌（看横店公众号提供）

“两学一做”学习教育活动

·概述·

【概况】 2016年2月，中共中央办公厅印发《关于在全体党员中开展“学党章党规、学系列讲话，做合格党员”学习教育方案》，要求各地区各部门贯彻执行。5月4日，中共东阳市委办公室印发《关于在全市党员中开展“学党章党规、学系列讲话，做合格党员”学习教育的实施方案》的通知，要求党员以个人自学、集中学习讨论、讲好党课、召开专题组织生活会、开展“找问题、补短板、谋发展”活动、开展“走前列、当先锋”、坚持领导带头等方式方法开展学习教育，围绕“两学一做走前列，赶超发展当先锋”主题，以党支部为基本单位，以“三会一课”(定期召开支部党员大会、支部委员会、党小组会，按时上好党课)等党组织生活为基本形式，落实民主评议等党员日常教育管理制度。

·学党章党规　学系列讲话·

【概况】 领导干部“领学”，在市级党员领导干部中开展“一月一主题”集中学习活动，每月一主题，由1名市委常委导学，安排2名市级领导谈心得体会。镇乡街道和机关部门开展“一周一讲堂”集中学习活动，利用“周一夜学”，每周安排1名班子成员轮流为全体党员干部辅导领学。基层党组织利用每月集中党日活动，组织党员开展学习。编印《导学》专刊12期，对基层党支部学习教育及时指导。组织“书记培训班”3期，培训基层党组织书记5600余人次，成立助学团50余个，为基层党组织提供助学服务2300余人次；以“两学一做”学习教育、庆祝建党95周年、学习贯彻十八届六中全会精神为主题，开展学习教育巡回宣讲280余场，参加学习教育的党员干部6.2万余人次。“百千万党课”行动中，各级领导、驻村干部、基层书记开展各级各类党课1万余场次。对年老体弱党员、流动党员及居住分散、文化程度不高等特殊群体的党员，采取送学上门、返乡大补课、学习教育与传统乡土民俗文化相结合等措施。

【季度专题讨论】 党支部每季度开展一次主题讨论，6月开展“讲政治、有信念，做政治上的‘明白人’”主题讨论，7月开展“讲奉献、有作为，做事业上的‘领路人’”主题讨论，9月开展“讲道德、有品行，做人格上的‘高尚人’”主题讨论，10月开展“讲规矩、有纪律，做规矩上的‘老实人’”主题讨论。

【应知应会测试】 组织“两学一做”应知应会内容测试。各部门单位、镇乡街道党组织结合“周一夜学”“集中党日活动”，在6月20日前完成对全市6万余名党员的“两学一做”内容测试。

【掌上课堂】 设立“东阳远教”公众号，推送“微聚焦、微动态、微党课、微故事、微感言”等“两学一做”相关信息内容1000余条，供基层党员学习。在“东阳发布”微信公众号推出“两学一做”学习教育知识有奖问答系列活动。活动分两期，每期20道题目，涵盖党章党规、习近平总书记系列重要讲话、时政热点等内容。两期微竞赛参赛党员群众6万余人次，获奖40人。

【“两学一做”学习教育培训会】 6月22日，全市举办“两学一做”学习教育培训会，各镇乡街道“两新”党(工)委书记、组织委员、组织员，各村(小区)党组织书记，各镇乡街道下辖“两新”党组织书记，市委直属“两新”党组织书记，全市新社会组织党组织书记等900余人参加培训。

图3　6月22日，东阳市“两学一做”学习教育培训会在市行政中心报告厅召开(市委组织部提供)

图 4　7 月 4 日，市委书记黄敏（头排中）到市经信局（转升办）讲党课（市委组织部提供）

【领导讲党课】　6 月 19 日，市委书记黄敏到横店镇柏塔村为全体党员干部上“两学一做”专题党课。6 月 21 日，市委书记黄敏参加市委办党支部会议，为全体党员干部上“两学一做”主题党课。7 月 4 日，市委书记黄敏到市经信局（转升办）讲党课。各级党员领导干部包括农村“两富”局级指导员到所联系的基层单位党支部进行“两学一做”专题授课，要求党员以问题为导向，联系实际，结合中心工作，发挥党员先锋模范作用。

【返乡“游子”党员补课】　中秋假期，以送学上门、专题辅导和结对帮扶等形式，为 520 余名返乡“游子”党员补课。返乡党员参与无偿献血、环境卫生大扫除、房前屋后乱堆乱放清理等志愿活动 30 余场。部分党支部组织座谈会、联谊会，返乡党员为家乡发展提供建设性建议。

【专题组织生活会召开】　围绕“两学一做”学习教育要求，重点围绕党章和党的纪律要求、习近平总书记系列重要讲话精神，全市各基层党组织和 6 万余名党员查摆自身存在的问题，剖析原因，抓好整改落实，开展党性体检、民主评议活动。列出具体问题及措施并整改到位。

【“我是党员”主题演讲电视大赛】　11 月，启动“我是党员”主题演讲电视大赛。12 月 6 日，“我是党员”主题演讲电视大赛开讲，通过选拔赛、初赛、复赛，15 名选手入围决赛。组织全市党员收看电视转播、微信展播，引导全体党员立足岗位、争当先锋，全面喊响践行“我是党员”。

·做合格党员·

【概况】　落实党员示范岗、党员责任区，落实党员挂牌上岗、亮明身份制度，抓好机关效能建设制度、“8890”志愿服务制度中争当先锋；全市党员全部上牌亮相。围绕环境革命、横店城市风貌综合提升、护航 G20 杭州峰会、平安东阳创建、防台救灾等市委市政府中心工作，开展各类志愿服务活动 2012 次，参与人数 29758 人。横店城市风貌综合提升工作中，抽调 230 余人组成 11 个专项组集中办公，实行 25 个区块责任包干，开启“白加黑”“5+2”工作模式，为城镇环境综合整治建立样本。培育公益大巴、“百万寒衣送温暖”、关爱农民工子女等志愿服务品牌 10 余个。

【“两份清单”梳理整改】　7 月 10 日前，全市 2000 余个党支部

图 5　12 月 5 日，在东阳图书馆报告厅举办“我是党员”主题演讲电视大赛（黄鸣 / 摄）

围绕"五个是否"▲梳理完成短板清单，在公开栏公开；全体党员围绕"五个着力解决"▲"五个能否"▲梳理完成问题清单，两份清单明确具体整改措施和整改期限。

▲"五个是否"：党组织核心作用是否明显、推动工作是否有利、队伍管理是否严格、活动开展是否正常、服务群众是否高效。

▲"五个着力解决"：着力解决一些党员理想信念模糊动摇的问题；着力解决一些党员党的意识淡化的问题；着力解决一些党员宗旨观念淡薄的问题；着力解决一些党员精神不振的问题；着力解决一些党员道德行为不端的问题。

▲"五个能否"：能否坚守共产党人信仰信念宗旨；能否正确处理公与私、义与利、个人与组织、个人与群众的关系；能否努力追求高尚道德、带头践行社会主义核心价值观、保持积极健康生活方式；能否自觉做到党规党纪面前知敬畏守规矩；能否保持良好精神状态、积极为党的事业担当作为。

【"问题诊疗式"季度专题讨论】 开展"问题诊疗式"季度专题讨论，提出"规定＋自选"模块，要求各党支部组织好市里规定的季度讨论主题，利用每月党日活动，分析新情况新问题。在"问题诊疗式"专题讨论中，党员在参加党组织专题讨论前，针对自身存在的不足及工作遇到的问题进行挖掘，确保问题不漏死角。全市各级党组织开展"诊疗式"专题讨论规定动作平均4次，主要对照"四讲四有"合格党员标准进行自我剖析自我净化，自选动作1万余场次，涉及思想作风、文化生活、家风建设、中心工作推进等各个领域。

【防汛救灾践行"两学一做"】 6月28日，全市普降大暴雨，受灾人口32876人，倒塌房屋184间。各基层党组织和广大党员把防汛救灾一线作为开展"两学一做"学习教育的主要战场，防汛救灾行动中转移人口1769人，抢修公路通讯67条次。

【金华市先进典型事迹巡回报告会】 7月22日，金华市先进典型事迹巡回报告会在市行政中心报告厅举行。报告金华市科技局原党组书记、局长，金华市政协原副秘书长徐东成、永康市石柱镇塘里村党支部书记孙朝厅、金华市公交集团营运二公司驾驶员戴燕飞、婺城公安分局乾西派出所教导员童备、金华开发区攻坚克难党员干部群体等人（团队）的先进事迹。全市各部门单位主要负责人，各镇乡街道党（工）委书记、组织委员、宣传委员及各行政村党组织书记近500人参加。

【外地市场党组织助力"美丽乡村"建设】 6月29日，市两新工

图6　7月22日，金华市先进典型事迹巡回报告会在市行政中心报告厅举行（市委组织部提供）

委组织外地市场党组织在巍山镇市前村大会堂举行庆祝建党95周年暨践行“两学一做”助力“美丽乡村”主题活动。通过重温入党誓词、讲授专题党课、开展党员心得体会交流、组织爱心捐款等活动，参与市委、市政府中心工作。各外地市场党组织新老党员50余人参加活动，募集“美丽乡村”建设捐款7万余元。

【农村干部监管机制完善】 为解决农村干部管理中监管力量不足、监管手段不够等问题，以农村党员干部积分制管理、农村基层巡察、村务监督委员会、规范村级组织运行为核心举措，强化村干部管理、查处不正之风和腐败问题。全市28名村干部被确定为不合格干部，其中8名被免职或主动辞职；130名农村党员干部进行党纪立案，其中9名采取刑事强制措施、5名实施行政处罚。

【个人重大事项申报】 对全市3.1万名农村党员实施个人重大事项申报，明确党员个人申报事项为是否存在违法用地和违章建筑、是否存在违规排放、是否支持环境革命等3大块7小项内容。排查出农村党员干部违建违排问题1366起，完成整治1334起，督促1223名党员干部主动拆违13.4万平方米。46名农村党员干部因漏报瞒报被扣分；10名党员因拒不承诺整改被确定为后进党员，组织关系被迁入镇乡街道后进党员帮教支部进行整转帮教。

【“我为东阳发展献一策”征集活动】 8月，全市开展“我为东阳发展献一策”征集活动。全市各级党组织结合周一夜学、每月党日活动，搭建建言平台。全市党员立足工作实际，从市、镇、村三个层面，建言献策，内容涵盖产业转型、文化旅游、道路交通、生态环境、美丽乡村、教育医疗等多个方面，收集书面意见和建议200余条。

图7　6月，市国税局党员干部在家训铭牌前重温入党誓言（张向平/摄）

【“环境革命　书记论剑”论坛】 创建“环境革命　书记论剑”电视栏目，邀请“走在前列”的基层书记，围绕中心工作共议发展举措，录制以环境整治、环境美化、五水共治、垃圾分类、党员积分制管理、村企共建等为主题推动环境革命的节目。

【“学传统家风、立时代新风”主题活动】 围绕“学家训、立家规、树家风”开展讨论，全市15220户家庭、6万余名党员参与活动，从中评选出现代好家规450条。东阳木雕家训馆网上展馆作为常驻展馆入驻中央纪委网站，展示宣传东阳家风家训。组织在职党员、入党积极分子、退休党员、新提拔党员领导干部等实地践行东阳家规家训。举办各类党员干部廉政教育活动20余次、8万余人次到家训馆接受家规家训教育。设立村级家规家训文化馆，展示本地历代传统好家训。“东阳远教”公众号刊登传统家规家训和传统家训故事30余则，浙江新闻客户端展播全市党员家风好故事70余则。

【建立“党员好故事·先锋档案”机制】 通过日常评议、及时记录、公开表彰，开展“走前列、当先锋”讲述党员好故事活动，挖掘党员好典型，讲好先锋故事。全市每个支部每季度至少讲述1名党员发挥先锋模范作用的事例，并纳入党员积分制管理的考核加分项。建立“日常评议、及时记录、公开表彰”三步走的“先锋档案”机制。全市基层党组织讲述记录身边党员好故事3000余则，经各级各类媒体表彰宣传的党员好故事400则。

（许红樯　王凯婷）

横店城市风貌综合提升工作

【概况】 横店城市风貌综合提升工程是由市委、市政府实施的2016年度十大重点工程之一。2015年10月19日，根据省委书记、省人大常委会主任夏宝龙的指示和要求，横店镇启动横店城市风貌综合提升行动，重点实施镇容镇貌整治、镇区设施功能提升、影视文化景观建设三大工程。2016年2月22日，市委、市政府印发《关于成立市横店城市风貌综合提升工作领导小组的通知》，决定成立市横店城市风貌综合提升工作领导小组指挥部。由市委书记黄敏任组长，市长朱建军任总指挥，指挥部下设综合协调组、环境卫生整治组、环境秩序组、环境风貌提升组、重大项目组、交通秩序整治与执法保障组、宣传组、督查考核组、资金保障组、集团工作组、影视产业提升组11个工作组（含指挥部办公室），抽调230余人集中横店办公。2016年3月9日，召开千人誓师大会。2016年9月13日，召开横店城市风貌综合提升阶段性工作总结交流座谈会，横店城市风貌综合提升工程完成项目149个，继续实施项目27个，开展项目前期工作14个。整个活动基本达到预期目标，取得阶段性成果。

【规划编制】 根据横店城市功能定位、文化特色、建设管理等因素，制订城市规划，邀请浙江省城乡规划设计研究院、浙江南方建筑设计有限公司等专业团队和横店本地设计人员组建规划设计团队，进行城市总体设计；邀请圆明新园（万花园）的总设计师张先春参与横黄线沿线公交驿站等方案的设计，使沿线景观体现中国元素，整体设计凸显影视特色。

完善城区交通路网，构建横店城市交通立体式综合枢纽，加快建设城市旅游环线与城市外环快速通道。完善专项规划，对城区道路、供水供气排水、公共交通等基础设施进行系统性规划设计，对重要节点、街区编制详细城市设计方案。至8月末，委托浙江南方建筑设计院完成星梦山景观等设计69项，委托省规划院、深圳交通研究中心、市规划建筑设计院等专项规划设计166项，镇区控规实现30平方千米全覆盖。

委托专门机构编制横店城市地下管网规划，召集供电、电信、移动等管线部门召开协调会，根据道路“白改黑”、人行道绿化、地下管网“同步规划、同步设计、同步实施”要求，组织精干力量，推进地下管网改造工程，完成地下管网铺设10.5千米；实施杆线清理整治，拆除迁移杆线866根。

建立健全设计方案审批和规划联合会审制度，对所有建设项目按设计方案施工，不符合的一律不许动工，已动工的暂停施工。指挥部领导及相关工作组对所有项目规划方案进行一次或多次论证，召开论证会40余次。

【重大项目建设】 按照“先地面后立面，先专线后支线，先硬件后软件”的工作流程，实施道路“白改黑”、地下管网、园林绿化、农房立面“四大工程”建设。

至4月10日，完成横店国际马拉松全线道路“白改黑”18.3万平方米。至5月1日，完成万盛街电影主题街区、218省道里坞段降坡等重点工程；至8月末，完成都督路、九龙路、长征路、影视大道等20余条镇区主次道路改造，完成道路“白改黑”64万平方米。

提升旅游专线风貌，围绕旅游专线、旅游支线的绿化、美化和亮化工程，完成横黄线、高速出口、镇北路等绿化提升工程和“穿越千年”绿化景观项目，完成“口袋公园”（规模很小的城市开放空间，常呈斑块状散落或隐藏在城市结构中）20余个，园林绿化面积29万平方米，其中集团工作组改建明清宫苑东南侧公园5.93万平方米。

完成人行道改造提升25千米、面积15万平方米，铺设城市绿道彩色沥青10万平方米，实现慢行系统全覆盖；实施都督路、九龙路、古民居路、东溪路等亮化美化工程，更换路灯125盏，安装果壳箱550个；启动江滨公园慢行系统骑行道前期项目。

争取国家专项基金2.7亿元，争取省“美丽乡村”建设补助资金2000万元，向省农业发展银行申请贷款10亿元；加快项目资金和预算审核进度，简化办事流程，保障预算审核质量；实施项目会审制度，把关招标控制。

【环境整治】 完成里坞、巨樟、迎宾大道和雅堂等路段农房立面改造面积7.3万平方米；完成横店“万盛映象”电影主题街区改造；完成横店国际马拉松线、

横店城市风貌综合提升后的

图 8　6 月 14 日，横店镇区绿道（图片来源于《横店城市风貌综合提升资料汇编》）

图 9　6 月 14 日，横店镇毛里塘景观小品（图片来源于《横店城市风貌综合提升资料汇编》）

图 10　6 月 14 日，“大水法”特色小品（图片来源于《横店城市风貌综合提升资料汇编》）

图 11　6 月 22 日，梦幻谷景区（图片来源于《横店城市风貌综合提升资料汇编》）

图 12　6 月 26 日，“穿越千年”景观点（图片来源于《横店城市风貌综合提升资料汇编》）

图 13　7 月 27 日，迎宾大道（图片来源于《横店城市风貌综合提升资料汇编》）

图 14　8 月 8 日，3D 墙绘（图片来源于《横店城市风貌综合提升资料汇编》）

图 15　8月8日，秦王宫景区周边农房正面改造完工（图片来源于《横店城市风貌综合提升资料汇编》）

图 16　8月12日，烽火长城景观（图片来源于《横店城市风貌综合提升资料汇编》）

图 17　8月12日，春秋唐苑景点入口（图片来源于《横店城市风貌综合提升资料汇编》）

图 18　8月12日，影视大道绿化（图片来源于《横店城市风貌综合提升资料汇编》）

图 19　8 月 12 日，横店镇雅堂村正面改造完工（图片来源于《横店城市风貌综合提升资料汇编》）

图 20　8 月 12 日，横店镇“影视名城休闲小镇”景观石（图片来源于《横店城市风貌综合提升资料汇编》）

图 21　8 月 12 日，横店镇万盛街“花样年华”特色小品（图片来源于《横店城市风貌综合提升资料汇编》）

◀

图 22　8 月 17 日，清明上河图景区（图片来源于《横店城市风貌综合提升资料汇编》）

图 23　8 月 18 日，横店镇里坞村口（图片来源于《横店城市风貌综合提升资料汇编》）

◀ 图 24　8 月 24 日，“古城幽静”3D 墙绘（图片来源于《横店城市风貌综合提升资料汇编》）

▶ 图 25　8 月 24 日，横店镇石水古村景观（图片来源于《横店城市风貌综合提升资料汇编》）

旅游专线沿线围墙修复、彩绘102处2.63万米；完成古民居路“古城幽静”3D画整体改造3600余平方米；以“影视宣传”“海底世界”“森林公园”等为主题，打造最美“横店墙”。

实施景区主入口农房立面改造。按照景区年代及风格需求，进行个性化设计并组织实施。横店集团出资完成清明上河图、梦幻谷、秦王宫、广州街香港街、华夏文化园沿影视大道等6大景区主入口周边农房立面改造6.9万平方米，春秋唐园景区周边农房立面改造工程在前期筹备阶段。景区主入口停车场新建、改造5万平方米，建成启用良渡、后里等停车场。

通过改造一批主题街区、打造一批特色村落、塑造一批亮点景观，形成“一步一景、移步换景、城景合一”的风景，在高速出口设置“影视名城、休闲小镇”景观石，打造里坞农家乐、毛里塘景观小品、“大圣归来”“古城幽静”3D小品景观、石水吉景观、烽火长城景观、“横漂”广场、万盛南街“花样年华”“黄金时代”“小城故事”景观、横黄线公交驿站、大水法、印象尚伦等特色小品。

确立“宣传+劝导+整治+巩固”方式，开展占道经营、流动摊贩、乱搭乱建、户外广告、建筑工地、“十小”行业▲、文化经营场所、汽修店、洗车店、客运秩序专项整治工作，开展集中整治441次，检查“十小”行业单位7710家次，检查车辆2.1万辆次，清理拆除各类横幅广告5760处、占道经营2040处、人行道接坡6420米、水龙头及水槽2040处，取缔落地灯箱318个；拆除乱搭乱建4070平方米，查处流动摊贩105起、市容秩序案件112起；创建餐饮示范户74家、副食示范户48家；40家“四小”行业▲单位实现量化分级升级，工地达到市级安全文明生产标准化工地要求；取缔马路市场9个，规范提升6个。

▲“十小”行业：食品加工小作坊、小食杂店、小餐饮店、小药店、小农资店、小菜场、小音像店（包括网吧）、小美容美发店、小客运、小液化气供应点。

▲“四小”行业：小旅馆、小理发店、小浴池、小歌舞厅。

【交通秩序整治】 实施慢行、智慧交通、导视、停车四大系统建设。对镇区12个路口的交通信号灯、人行横道灯、管网线路进行提升改造，重新规划道路交通标线1053平方米，清除标线407平方米；7条道路施划停车泊位690个；在镇区外围道路设置限速、限行及禁止停车标志牌85套137块；29条道路设置指路标志牌111套，重新设计68套；都督路、华夏大道安装中间隔离护栏3600余米；安装城市导视系统旅游专线导向牌243块，建成36个公共自行车站点，投放公共自行车1500辆，实现同城互通。

建设智慧交通体系，安装高点球机29个，设置诱导显示屏16块，建造12个路口的电子警察，更换并加装流量检测设备信号控制机37台，在镇区景区37个停车场安装诱导系统，实时检测进出车辆信息，智能指挥平台整合所有交通电子设备，将信号控制、交通监控、交通执法、车辆管理、信息发布等功能融合于一体，实施统一调度指挥。建设治安防控体系，在镇区范围内加装天网二号点位130个、高清视频监控点位47个。

组织交警开展交通秩序的治堵保畅通行动，开展渣土车、散装建筑材料车综合整治，组织开展专项集中整治51次，整治违法停车13850辆，查扣无牌无证车辆405辆，查处闯禁货车96辆、非法营运三轮车315辆、醉酒驾车63人、酒后驾车234人，查处各类渣土运输违法车辆132辆次。

【区块共建】 把横店镇区划分为25条主要道路及共建区块，建立“一周一活动、一月一集中整治、月月考核排名通报”制度，区块工作实绩列入2016年度部门工作考核内容；制定《责任领导分区块联系横店风貌提升工作考核办法》，印发通报6期；组织巡查劝导1300次，参与共建人员42万人次，发放各类宣传资料2.5万份。

印发《关于开展小区环境卫生综合整治达标考核验收工作的通知》《开展“三最两美一特色”月度竞赛的通知》，把横店城市风貌综合提升工作与镇、村（小区）干部评优评先等挂钩，对考核验收达标的村（小区）予以奖励，对风貌提升不力的两名小区书记做出免职处理。各村（小区）清运垃圾杂物15.6万吨，整治空闲地39.7万平方米，绿化18万平方米，拆除违建19.7万平方米，清理河道53.7千米、池塘58口，清淤13.7万立方米。

横店镇组织18名年轻干部组成“青年突击队”，对旅游专线、支线分区域分项目进行包干；交警部门组织“文明交通、你我同行”宣传劝导活动，分发宣传资料7万余份，纠正乱停乱放电动自行车5800余辆次；横店集团动员全体干部员工开展助力横店城市风貌综合提升志愿活动300余次、1万余人次，组织横店城市风貌综合提升万人签名活动；横店镇教育处组织500余名教职工上街集中开展文明劝导，各学校开展“美化小家、带动社区”“小手牵大手、和谐建家园”等活动，做横店城市风貌综合提升的践行员、传播员和监督员；各村(小区)建立宣传栏，组建村级志愿者队伍，团组织、民兵、妇联、老年协会等社团组织全民参与。

横店城市风貌综合提升区块划分

表1

序号	整治区块	区域范围	涉及村(小区)
第一类区块(12个)			
1	迎宾大道	高速横店出口—都督路	里坞、巨樟、淮泗、洪塘头、王潭村(马宅镇)
2	都督路	218省道—九龙路	马祖、建新、毛里塘
3	长征路、金佛庄路	康庄路—影视大道(包括秦王宫广场以南部分)	良渡
4	影视大道	横黄线—镇北路	群峰、任湖田、里家塘、黄珊庄
5	218省道	渡槽—十里街	苦竹岭、张山坞、姜山贝、龙山凤、后一、后二、东朱
6	华夏大道	影视大道—218省道	方家、双白、禹山脚、金马、维田、后溪头、后大路
7	横黄线	影视大道—圆明新园(景区周边)	中兴联、官桥、荷栖泽
8	万盛街	218省道—金佛庄路(包括万盛映象主题街区)	横店
9	秦王宫、清明上河图景区周边	秦王宫、清明上河图景区周边村(小区)、停车场等	横山
10	都督路	218省道—新40省道	中湖头、夏溪滩、半傍山
11	九龙路	都督路—康庄路	东一
12	禹阳路	万盛北街—218省道	厉宅
第二类区块(13个)			
13	康庄路	东磁大桥—金佛庄路	花厅
14	218省道	万盛北街—迎宾大道	湖头陆、禹周、上城、文南、塘溪、赵宅
15	兴盛路 度假村路	都督路—万盛街 都督路—度假村门口	郭新宅
16	秦清路 国防路 清明上河图路	清明上河图路—国防路 雅堂广场—影视大道 雅堂广场—影视大道	杨店
17	医学路 大智街 兴盛路	都督路—秦清路 雅堂广场—江南路 万盛南街—雅堂广场(含兴盛西路)	雅堂
18	十里街	218省道—横店大桥	联三、四联
19	明清宫街	218省道—横店大桥	下校头、后里
20	江南路	都督路—影视大道	上湖田、上城头
21	明清宫苑景区周边	明清宫景区周边村(小区)、停车场等	岩前、杨塘下

续表 1

序号	整治区块	区域范围	涉及村(小区)
22	华夏文化园景区、摄影棚、展厅周边	华夏文化园景区、摄影棚、展厅周边村(小区)、停车场	楼下陈、后明
23	江滨路	218 省道—影视大道	荆浦
24	后葛线	218 省道—高塘村	澄塘、琴塘、三湖口、天桥山、马山前、殿山下
25	江南西二路	江南一镇—圆明新园(路西)	金宅、荷叶塘、路西

【产业植入提升】 构建泛娱乐众创平台,签约腾讯众创空间(横店)战略合作协议;加快建立横店影视产权交易中心、影视后产品开发设计平台;占地 3600 平方米的文创体验中心营业;推行精准招商,天健影视、金利华电气入驻园区,与北京中关村客商洽谈,推进数字博览园项目落户东阳;设立海峡两岸(横店)影视剧版权交易中心;完成投资约 30 亿元的横店影视产业园项目建设选址工作;梦上海、万花园·夏苑、万花园·秋苑等重大项目进展顺利,万花园·夏苑、万花园·秋苑年内建成开放。

成立产业植入组,以 18 个村(小区)为首批重点实施点,打造“一村一品”特色精致产业。成立民宿产业协会,探讨扶植民宿产业发展的政策、措施,推进特色村产业植入工作;完成零星应急工程改造 12 项,发动农户连片种植荷花 10 余公顷、水稻 50 余公顷、向日葵 6.67 公顷。尚伦庄村“花润拾五”主题公园建成并对外开放;雅堂村建立横漂管理服务机制、横漂服务站,总投资 400 万元的“红人—雅堂”项目动工建设;杨店村与红点影视进行合作,丰源影视、成名影视、探索者影业等 9 家影视企业进驻杨店村。

【风貌提升工作制度创新】 建立完善工作目标责任制、市领导督查机制、指挥部周例会制度、问题交办销号制,建立会议、通报、签到、请销假、值班等工作制度,明确职责分工,落实工作任务;开展重点督办事项专项督查,实地督查、实地核实。建立任务交办单制度、问题交办销号制,将交办事项完成一项销号一项。下发问题交办单 182 份,涉及各类整改问题 1229 项,完成整改 918 项,整改率 95.3%。坚持改革创新、常态管理,推进横店城市大部制改革,市政府常务会议通过《关于深化横店镇行政管理体制改革加强横店镇城市管理工作实施意见》。

【风貌提升工作宣传活动】 新闻媒体组织东阳日报社、东阳广播电视台、横店集团报社记者分组对 25 个区块共建专题采访报道。发表评论员文章、广播宣讲、《市民问政》5 期,发布专刊、专栏 28 期;刊发播出区块工作、典型人物事迹、“三最两美一特色”“高温下的风貌提升者”“横店十八变”等 21 期、动态新闻 700 余条;发布动态手机短信 75.6 万条,编发《工作简报》30 期;7 月 24 日,《浙江日报》头版头条刊发《扮靓屏幕外的风景——环境整治倒逼横店转型升级》文章,被全国各大网站转载。集中编辑、推送、转发专题报道、动态新闻、图片 790 余条;在“今日横店”“看横店”微信公众号平台推送动态信息 400 余条,点击率超 10 万人次;开展“助力横店风貌提升从我做起”网上签名活动;“东阳发布”微信公众号开设“聚焦横店风貌提升”专栏。

组织举办“聚焦大提升、展示新风貌——我的横店我的家”摄影、微电影大赛,横店集团开展风貌提升主题演讲比赛,制作工作纪实画册 3000 本,制作纪录片《蝶变》,利用万盛街、康庄街大型 LED 屏滚动播放横店城市风貌综合提升工作剪影,发放倡议书 7.5 万份,印发宣传手册 500 份,设计制作黑板报、宣传窗 600 余块,悬挂横幅 700 余块,张贴 KT 板标语 1000 余块,悬挂灯杆飘旗广告 300 余块;开设村(小区)“红黑榜”评议活动。

【领导调研】 2016 年 4 月 13 日,省委常委、宣传部部长葛慧君从后岑山开始,沿 218 省道进入镇区。通过万盛街、度假村路、都督路、九龙路、古民居路、金佛庄路、长征路、影视大道、横黄线检查调研横店风貌综合提升工作。12 月 13 日,葛慧君再一次沿着旅游专线考察，从长征路口，再到梦幻谷景区周边360度提升改造工程，参观尚伦庄，了解横店镇环境整治提升情况。

7月20日，省政府副省长熊建平到横店镇考察横店城市风貌综合提升工作。熊建平从诸永高速横店出口开始，沿着旅游专线，察看风貌提升工作情况。在金佛庄路与长征路路口，熊建平观看大型3D墙绘《大圣归来》；考察尚伦庄；听取东阳市环境革命和横店城市风貌综合提升工作的总体情况汇报。

8月23日，省政协主席乔传秀到东阳，对文化旅游产业进行调研。乔传秀从诸永高速横店出口开始，沿着旅游专线，从入城口改造、道路"白改黑"、慢行系统建设、城市导视系统建设、立面改造、景区360度提升到产业植入、长效机制建立，考察横店城市风貌综合提升工作；调研横店圆明新园建设。

图26　10月11日，省委书记、省人大常委会主任夏宝龙（前中）到横店镇调研

10月11日，省委书记、省人大常委会主任夏宝龙到东阳专题调研小城镇环境综合整治工作。夏宝龙考察横店镇的多个整治改造点，了解环境综合整治和改造提升情况；到东阳市横店交警中队考察智能交通系统。到横店镇尚伦庄村，了解村庄环境整治提升和农家乐发展、农民增收等情况。

"横店城市风貌综合提升"微电影大赛获奖名单

表2

奖　项	作品名称	创作者
一等奖	《红叶》 《临时演员》	胡兴顺 陈佳琪
二等奖	《韶颜倾横城》 《手有余香》	陈瑞洁 廖慧鑫
三等奖	《在横店》 《在路上》 《行走之圆明新园》	田金华 楼　雁 虞　婷
优秀奖	《净土》 《戏子》 《在路上—致青春》 《鹦鹉》 《日记》 《寻人启事》 《那些年我们作过的死》	齐　铖 林　光 蒋茗茗 徐治敏 蔡韩雅 林雯雯 厉豪贤

【"横店城市风貌综合提升"微电影大赛】 2016年3月31日，横店城市风貌综合提升工作指挥部联合中共东阳市委宣传部、浙江省横店影视文化产业试验区管委会、横店镇人民政府、东阳市广播电视台、横店集团、浙江横店影视职业技术学院开展以"营造影视文化氛围 打造绿色环保环境"为主题的微电影大赛，作品要求与横店城市风貌综合提升工作结合，通过微电影展现风貌提升中各类健康向上的精神风貌，体现横店"影视名城·休闲小镇"的人文景观。7月25日，评选产生一等奖2人，二等奖2人，三等奖3人，优秀奖7人。

（陈六华　严研虹）

大事记

2016 年 11 月 12 日，第十一届中国（东阳）木雕•竹编工艺美术博览会（周晓刚/摄）

1月

7日 东阳市委十四届九次全体（扩大）会议暨市政府第八次全体会议在市行政中心召开。会议审议通过《中共东阳市委关于制定东阳市国民经济和社会发展第十三个五年规划的建议》。

8日 东阳籍科学家潘建伟领衔的“多光子纠缠及干涉度量”项目获国家自然科学奖一等奖。19日，东阳籍科学家潘建伟团队成果第九次入选中国十大科技进展新闻。

10日 第二届中国农村博物馆年会暨村庄文化交流会在南马镇花园村举行。

11日 由东阳籍学者黄长征领衔的世界首座3.4兆瓦模块化大型海洋潮流能发电机组总成平台在舟山市岱山县下海安装。

14日 实施一对夫妇可生育两个孩子政策。

是日 东阳市西门菜场、西牌楼菜场、横店镇后明菜场和横店菜市场被省商品交易市场及农贸市场提升发展工作领导小组认定为2015年度省放心农贸市场示范单位。

24日 东阳市首家以“非遗”命名的精品馆——陆光正大师非遗精品馆开馆。

26日 东阳市举行政银企对接洽谈会。17家银行和30余家企业签订合作协议，授信总额50余亿元。

27～30日 中国人民政治协商会议第十三届东阳市委员会第五次会议举行。

28～30日 东阳市第十四届人民代表大会第五次会议举行。

29日 横店影视城演员公会成立。该演员公会是国内唯一专门为群众演员、特约演员提供服务的社会公益组织。

是月 虎鹿镇创建浙江省森林城镇。

是月 东阳市6座水电站通过省安全生产标准化三级达标验收。

是月 东阳市2015年度保护发展森林资源目标责任制考核获国家优秀等次。

2月

2日 东阳市制定《关于调整完善我市被征地农民基本养老保障政策的通知》，新政完善被征地农民基本养老保障，自2016年3月3日起执行。

是日 花园村入选浙江旅游总评榜“最受欢迎乡村旅游目的地”。

15日 横店城市风貌综合提升工作组进驻横店镇开展工作。

17日 东阳市建筑产业发展联盟成立，遵循“政府引导、企业自主，自愿参与、合作互助，责权清晰、行业自律，自建自营、自主发展”的原则，由中天建设集团有限公司董事长楼永良任理事长。

19日 市妇女儿童医院院长郭兰中携“无中医不保健”的中西医结合“东阳模式”，出席第一届中国妇幼健康科技大会暨“首届妇幼健康科学技术奖”颁奖会。

23日 全市干部大会暨农业农村工作会议召开。

24日 全国小城镇房价排行榜出炉。东阳市以均价8129元/平方米排名全国第45位。

3月

1日 金华市委书记赵光君到横店圆明新园、中国木雕博物馆，对影视文化产业发展、横店城市风貌综合提升工作、木雕红木产业发展进行实地调研。

2日 市政府与中船第九设计研究院进行政企战略合作洽谈签约，建立长期战略合作关系。

5日 东阳市首家民资管理公司——花园民间资本管理股份有限公司成立。

13日 由市委宣传部、市旅游局主办，浙江东阳远东影视传媒有限公司承办的“2016世界旅游小姐中国直选赛区”启动新闻发布会在黉门里文化创意园举行。

14日 东阳市开通东阳汽车东站至湖溪镇象田首条“美丽乡村”旅游专线。

15日 全市工业经济与科技创新大会在东阳剧院召开。

18日 浙江师范大学附属东阳花园外国语学校开工奠基仪式举行。

24～25日 为配合全国人大常委会做好《电影产业促进法》立法调研及省人大常委会的《公共文化服务保障条例》立法调研，全国人大常委、省人大常委会副主任姒健敏带领省人大调研组到东阳市调研。

28日 中央宣传部副部长王世明到东阳市对挖掘优秀传统文化资源进行调研。

30日 市妇女儿童医院成为首批省级儿童早期发展示范基地。

31日 东阳市连续十年获“平安县市”称号。

是月 东阳木雕家训馆作为常驻展馆入驻中央纪委网站网上展馆栏目。

4月

1日 建筑产业发展联盟授牌暨战略合作协议签约仪式在歌山镇凤凰谷举行，第一批20家企业签订战略合作协议。

是日 《东阳市违法用地监管责任追究实施办法》施行。

10日 举办2016“中行杯”横店马拉松比赛，1.5万余名选手参赛。

11～13日 全国政协原副主席、太湖世界文化论坛名誉主席张梅颖到东阳市对挖掘民间文化、筹办世界民间文化发展(东阳)高峰论坛进行考察。

12日 市政府发布《东阳市国民经济和社会发展第十三个五年(2016～2020年)规划纲要》。

是日 中国工艺美术系列专题片《指尖上的中国——东阳木雕》在中国木雕博物馆开机。

12～13日 全省农村文化礼堂建设工作现场会在东阳市召开。

15日 浙江省中小企业协会第二届一次会员代表大会暨“互联网+企业转型峰会”在杭州市召开。南马镇花园村党委书记、花园集团董事长兼总裁邵钦祥当选新一届理事会会长。

17日 东阳籍运动员任梦茜在2016年全国田径大奖赛首站比赛中获女子撑竿跳项目金牌。

22日 陆光正工作室、冯文土工作室、徐经彬工作室、何福礼工作室、黄小明工作室入选省首批工艺美术大师示范工作室。

23日 为期8天的第二届中国(东阳)木雕·红木家具交易博览会在中国木雕城开幕。

是日 东阳籍运动员王丽丽在意大利瓦雷泽举行的世界杯赛艇女子A级单人艇1000米比赛中获冠军，获取里约热内卢残奥会入场券。

26日 花园红木家具城千名木工、千名刮磨工、千名雕刻工公开展示传统红木家具的榫卯、雕刻及刮磨等制作特色工艺。

27日 东阳市工艺美术界32名大师在凤凰卫视向全球华人展示“工匠精神”。

29日 东阳市4家影视企业入选2015~2016年度国家文化出口重点企业名单。分别是华谊兄弟传媒股份有限公司、新丽传媒股份有限公司、东阳长城影视传媒有限公司、千乘影视股份有限公司。

5月

1日 “营改增”首张发票在市办税中心国税窗口开出。

5～6日 省耕地保护目标责任考核组到东阳市对全市耕地保护目标责任工作进行考核。东阳市连续18年实现耕地占补平衡。

6日 东阳市人民检察院与东阳市逸云工艺品有限公司携手建立的首家未成年人观护帮教基地挂牌成立。

是日 金丽温省级天然气管道金衢段配套管道工程东阳支线项目开工建设。东阳支线西起画水镇，与义乌段相接，途经南市街道、城东街道，终点在吴宁街道，全长25千米。

7日 东阳市举行“百万浙商走进圆明新园”启动仪式。

9日 东阳市被国家安监总局确定为2016年工贸行业企业安全生产标准化样板地区，是全省唯一成为样板地区的县市。

12日 在中宣部召开的“以新发展理念引领文化改革发展”座谈会上，光明日报社和经济日报社联合发布第八届“中国文化企业30强”名单，华谊兄弟传媒股份有限公司入选。

13日 全国政协常委、省工商联主席、正泰集团股份有限公司董事长兼总裁南存辉到东阳文化大讲堂作《坚定信心、合作发展》专题报告。

15日 第二届“中国旅游产业杰出贡献奖”(飞马奖)揭晓，横店集团创始人徐文荣入选。

17日 全国综合医院中医药工作经验交流视频会议召开。全国唯一一家出席会议的妇幼保健机构——市妇女儿童医院做经验交流。

20日 东阳市首家非影视类企业——浙江正蓝节能科技股份有限公司在“新三板”挂牌。

是日 东阳市响铃枣业入选第二批国家林业重点龙头企业。

22日 2016年“牛师傅杯”全国钓鱼邀请赛在市垂钓中心举行。

23日 阿里巴巴“农村淘宝”项目启动暨第一批合伙人招募大会在市行政中心举行。

25日 《人民日报》头版头条刊发《浙江城乡加快“无缝对接”》文章，横店镇成为城乡一体化发展典范。

是日 东阳市入选2015年度中国“电商百佳县”，排名第18位。

28日 “檀公馆杯”奇思妙想2016浙江行暨东阳市青年创

业大赛决赛在东阳中国木雕城二期落幕。浙江永尔佳环保科技公司的“关于农村生活污水处理、工业废水处理、餐饮业油水分离”的项目获奖。

是月 “第三届亚太地区手工艺大师”中国地区评审结果出炉，中国工艺美术大师吴初伟获“亚太地区手工艺大师”称号。这是继陆光正、冯文土之后，东阳市第三位获此称号的工艺美术大师。

是月 东阳市首获省传统村落保护一事一议奖补资金300万元。

6月

2日 东阳市委十四届十次全体(扩大)会议暨市政府第九次全体会议召开。市委书记黄敏做工作报告，审议通过《中共东阳市委关于补短板抓落实的若干意见》。

6日 东阳义乌双城旅游线路开通，义乌东阳横店游客接待中心投入运行。

12日 东阳市看守所、拘留所迁建项目在城东街道东屏村动工。

16日 市委办、市府办印发《关于调整东阳市铁路建设工作领导小组的通知》，成立市铁路建设工作领导小组，下设办公室(简称“市铁办”)，全程负责杭温高铁筹备的前期工作。杭温高铁在东阳市境内的线路长度39.77千米，站点设在南市街道槐堂村附近。

18日 温州东阳商会成立。

21日 东阳籍科学家陆朝阳入选《自然》杂志“中国科学之星”。

24日 横店影视制作有限公司出品的3D动画电影《西游记之大圣归来》获中国电影华表奖。

27日 国家工商总局公示2014～2015年度“守合同重信用”企业名单，东阳市首次公示企业2家(歌山建设集团有限公司、浙江新东阳建设集团有限公司)，申请继续公示企业4家(中天建设集团有限公司、海天建设集团有限公司、野风集团有限公司、浙江联宜电机有限公司)。

30日 陆光正等7名亚太级、国家级工艺美术大师受聘为东阳市“美丽乡村”建设艺术顾问。

是月 在中国浙江投资贸易洽谈会上，东阳市签下中船九院政企合作项目，该项目与浙江黉门泰宝健康产业投资有限公司合作，在东阳市打造一个集康复中心、养生中心、健康管理于一体的复合型休闲健康养老文化产业园。

是月 浙江中元磁业股份有限公司、浙江东阳星座魔山影视传媒股份有限公司、浙江东白山风电股份有限公司3家企业在“新三板”挂牌。

7月

1日 南马镇花园村党委被授予全国先进基层党组织。

是日 东阳市实施货运受理环节实名制和查验制。

4日 东阳市大清翰林古典艺术家具有限公司、盛世九龙堂红木家具有限公司、卓木王红木家具有限公司3家企业在第四届中国红木家具精品品鉴会上获奖。

5日 东白山风电股份有限公司在北京产权交易所上市。

12日 东阳市妇女儿童医院推出全国首家mini双通道(微信和支付宝)缴费机。

14日 东阳市举行微联盟成立大会，上百名互联网微传播领域(含微博、微信公众号、APP客户端)管理者和运营者代表参加大会，通过章程和选举办法，选举产生第一届理事会成员。

15日 中国电子元件行业协会在山东省青岛市召开常务理事会，选举横店东磁股份有限公司董事长兼总经理何时金任磁性材料与器件分会理事长。

18日 国家体育总局公布参加里约奥运会中国体育代表团名单。东阳籍撑竿跳运动员任梦茜入选。

19～20日 全省粮食产业“机器换人”现场会在东阳市召开。

20日 全省“四边三化”行动工作会议在东阳市召开。

25日 东阳市设立首批红木家具消费教育基地。

27日 吴宁一中王飞翔获2016年全国中学生田径锦标赛300米栏冠军。

28日 阿里巴巴“农村淘宝”东阳服务中心运营，首批30家村级服务站开业。

8月

1日 横店圆明新园推出全国首创智能门票。

10日 横店圆明新园与山水盛典文化产业有限公司签订全国首创实景电影演出的合作协议。

12日 东阳市发放年度首笔失业人员生育补助金。

15日 东阳市5家企业(东阳市标君工艺品有限公司、东阳市黄秀皮塑有限公司、东阳市蓝坤塑胶有限公司、浙江三强塑胶有限公司、东阳市金天塑胶有限公司)集体挂牌浙江股权交易中心“创新板”。

18日 2016中国铜加工产业年会在南马镇花园村开幕。

23日 省政协主席乔传秀到东阳市对文化旅游产业和木雕红木产业发展进行调研。

25日 2016中国民企500强揭晓，广厦控股集团有限公司、中天发展控股集团有限公司、浙江海天建设集团有限公司、花园集团有限公司、歌山建设集团有限公司5家企业列入。

30日 东阳市不动产登记中心成立，市不动产登记中心授牌暨不动产权证书首发放仪式在市行政服务中心举行。

31日 由金华市市场监管局、东阳市市场监管局设立的“创客服务全程通”(创客通)金华东阳市县联动站点揭牌仪式分别在花园集团和横店集团举行。

是月 浙江“最美山峰”“最美峡谷”评选出炉，东白山入选“浙江最美山峰”，被评为“浙江十大名山”。

9月

1日 东阳市对城区4所初中的学区进行适当调整，调整后的各学区划分界线以城区主要道路、路段为学区分界线。

8日 2016年“畅游东阳江·共护‘母亲河’”活动在城区艺海大桥与江心岛之间的水域举行。

10日 中医药+妇幼健康“东阳模式”创新发展高峰论坛暨全国妇幼保健机构中医药专修学校第二期院长研修班在市妇女儿童医院开班。

12～14日 中央电视台中文国际频道(CCTV-4)《远方的家》百集特别节目《一带一路》连续3天播出东阳专题片。

13日 横店城市风貌综合提升阶段性工作总结交流座谈会在横店镇召开。

是日 全市建筑业招商和营改增工作推进会在市行政中心召开。

是日 “寻脉·思行·创制”2016中国的椅子原创设计大赛暨新闻发布会在东阳中国木雕城举行。

16日 横店—杭州火车东站旅游专线开通。

20日 全市农村生活污水治理和垃圾分类减量化处理推进会举行。

22～23日 由东阳籍企业家、上海复星集团董事长郭广昌带队的复星集团考察团到东阳市考察。

23日 最高人民检察院反贪污贿赂总局三局副局长张远煌到横店集团对非公有制企业职务犯罪预防工作开展情况进行调研。

25日 中国村社发展促进会特色村工作委员会、《中国村庄》杂志、“名村影响力”研究评价课题组评出“中国十大国际名村”，东阳市南马镇花园村入选。

26日 东阳汽车客运西站至横店圆明新园景区的旅游公交专线开通。

28日 全市镇乡街道总工会规范化建设现场会及企业工会直选工作部署会在歌山镇召开。

30日 东阳手机台“歌画东阳”上线启用，“歌画东阳”将广播、电视、网站等媒体功能信息整合在移动客户端。

是日 市委书记黄敏带领四套班子领导，驻东部队官兵、军队离退休干部、烈属、各界干部群众、公安干警、少先队员代表等200余人参加公祭活动。

10月

1日 市领导带队检查巍山镇岭典村岭腰、罗店村炼仙坞和佐村镇前塘村黄庄3处地质灾害点。

11～12日 省委书记、省人大常委会主任夏宝龙到东阳市专题调研小城镇环境综合整治工作。

12日 在澳大利亚布里斯班举行的第十届世界水大会上，由东阳人包进锋执掌的中国民营高科技企业——浙江开创环保科技股份有限公司凭借其工业园区废水零排放工程项目获国际水协会(IWA)颁发的“2016年度全球水领域创新大奖——设计规划奖”。

是日 北京东阳商会成立。

13日 横店镇入选国家住房和城乡建设部公布的第一批中国特色小镇名单。

19～20日 东阳市举办横店城市风貌综合提升媒体集中采风活动，新华社、《文汇报》、中新社、《中国经济导报》、中央人民广播电台、《半月谈》、澎湃网、腾讯网、《浙江日报》等30余家媒体记者参加。

20～21日 省爱卫办组织病媒生物控制水平评估组对东阳市城区蚊虫密度控制水平进行现场考核。东阳市通过评估组蚊虫密度控制C级水平考核。

29日 中国影视文化产业发展大会在东阳市举行。会上，浙江横店影视产权交易中心揭牌。

11月

1日 东阳市全面取消“农业户口”与“非农业户口”性质划分，统一登记为居民户口。

2日 全市绿化工作暨国家森林（园林）城市创建动员大会召开。

10~13日 第十一届中国（东阳）木雕·竹编工艺美术博览会在东阳中国木雕城举行。

是日 东阳木材交易中心投入运行。

15日 第九届长三角投资发展论坛·长三角产业升级与中国制造2025战略峰会在苏州市举行，东阳市入选“长三角最强中国制造”县市（区）。

18~20日 省委副书记袁家军到东阳市城东街道单良村、巍山镇王宅村和南马镇花园村调研“三农”工作。

24日 东阳市入选2017年省智能制造试点示范市县。

28日 蒙古国东阳商会成立。

29日 2016年度“最美东阳人”颁奖典礼在东阳市广播电视台演播大厅举行。评选出张正良、张永进、张黎云、李金龙、陈立军、徐宏泰、徐晓群、楼跃进、潘大弟、中医院集体签下器官捐献志愿书的53名医务人员为2016年度“最美东阳人”个人和集体。

是日 东阳市开通金华市同城互认联网结算定点医疗机构7家。

是月 东阳教育云应用案例入选国家层面智慧城市发展报告。

是月 东阳市农村饮用水安全工程水质检测中心竣工验收并投入使用。

12月

1日 东阳市实施个体工商户“两证整合”登记制度改革。

是日 东阳市实行职工医保个人账户家庭共济，个人账户历年结余资金，可用于支付参保人员配偶、子女、父母的医疗保障费用，实行家庭成员之间共济互助。

是日 东阳市制订《关于统一城乡居民最低生活保障标准的通知》，实行低保标准城乡一体化。

是日 东阳城区第三期公共自行车76个站点开通，新投放公共自行车2000辆。至此，全市有6600辆公共自行车投入运行。

3~8日 首届中国工美行业艺术大师评审会在东阳市举行，全国各地（包括香港、澳门和台湾地区）346名大师申报参与评审会，参评作品1038件（套）。

5日 市农民合作经济组织联合会（农合联）成立。

6日 2016中国—东盟文化产能（电影）合作研修班在东阳市举办。

8日 全省人大财经工作座谈会在南马镇花园村举行。

9日 上海市第一人民医院东阳分院在市人民医院成立。

10日 2016中国名村影响力排行榜发布，南马镇花园村位居第三。

12日 第一届全国文明家庭表彰大会在北京市召开。周晓光家庭被评为2016年全国文明家庭。

21日 东阳市通过创建“浙江省环境保护模范城市”考核验收。

是日 在第九届浙商年会上，东阳市明堂红木家俱有限公司获“G20浙商功臣奖”，总经理张向荣获“2016浙商工匠精神奖”。

26~28日 中国共产党东阳市第十五次代表大会召开。市委书记黄敏代表中共东阳市第十四届委员会向大会作题为《扛起使命、赶超发展，为率先高水平全面建成小康社会而努力奋斗》的报告。大会选举产生中共东阳市第十五届委员会和纪律检查委员会。黄敏当选市委书记。

是年 东阳市开展城区风貌提升工作和横店城市风貌综合提升工作。

是年 东阳市开展公车改革工作，完成两批公车拍卖。

是年 东阳市完成建筑业总产值2229亿元，建筑业产值获全国县级市第一，连续八年位居全国县级市首位。

（东　鉴）

地情概览

2016 年 8 月 15 日，东阳江城区段（孙振华/摄）

基本地情

【市名由来】 东阳市位于浙江省中部，“东阳”作为县名由来已久。东阳建县始于公元195年（东汉献帝兴平二年），时称“吴宁县”，取“吴地安宁”之义，治所在水门村（也作大门村）。三国吴宝鼎元年（266年），分会稽郡西部置东阳郡，治所在长山县（今金华）。《方舆胜览·婺州》载：以郡“在金华山之阳，瀔水之东，因名东阳”。东阳一名始此，隶扬州。吴宁县遂属东阳郡。唐武德四年（621年），罢郡置州，改会稽郡为越州，东阳郡为婺州。垂拱二年（686年），析义乌县东冲要地及废吴宁县故地置东阳县。唐《元和郡县志·婺州》《旧唐书·地理志·婺州》均有“取旧东阳郡名”之记载。县治即今吴宁街道。属婺州，隶江南道。1988年5月25日，经国务院批准，东阳撤县建市。

【市树市花】 1992年2月28日，市九届人大常委会第十三次会议通过审议，命名樟树为市树，月季为市花。樟树又称香樟树，别名：香樟、樟木、瑶人柴、栳樟、臭樟、乌樟，属樟科、属常绿大乔木，高10~55米左右，直径可达3米，树冠广卵形；树冠广展，枝叶茂密，气势雄伟，四季常青，是南方城市绿化树、行道树及庭荫树。月季又称月月红，蔷薇科，常绿、半常绿低矮灌木，四季开花，一般为红色或粉色、偶有白色和黄色，可作为观赏植物，也可作为药用植物，亦称月季花。用于园艺栽培和切花。

【历史沿革】 东阳地域，春秋之时属越。战国，楚败越，又属楚。秦灭楚，于吴越故地置会稽郡。翌年推行郡县制，东阳属会稽郡诸暨、乌伤县之一部分。

汉高祖六年（前201年）改会稽郡为荆国，十二年（前195年）更名吴国，景帝四年（前153年）复名会稽郡，新莽时改诸暨为疏虏，乌伤为乌孝，至东汉建武初（25年）始复旧名，东阳先后分属之。东汉兴平二年（195年），析诸暨置吴宁县，为东阳建县之始，属会稽郡。

三国吴宝鼎元年（266年），分会稽郡西部置东阳郡，治所在长山县（今金华），以郡“在金华山之阳，瀔水之东，因名东阳”。东阳之名始此。吴宁县遂属东阳郡。两晋不变。南朝宋、齐因之。梁、陈两朝，吴宁县未变，所隶之州、郡历有变更。

隋开皇九年（589年），废金华郡置婺州，废吴宁县入诸暨，分五乡入乌伤。同年改长山县为吴宁县，开皇十二年（592年）又改名东阳县，十八年（598年）再改金华县，与现东阳市之“吴宁”“东阳”先后异地同名。大业三年（607年），改婺州为东阳郡。今东阳地属之。

唐武德四年（621年），罢郡置州，改东阳郡为婺州。垂拱二年（686年），析义乌县（唐武德七年改乌伤县为义乌县）东冲要地及废吴宁县故地置东阳县，取郡名为县名。县治在今吴宁街道，属婺州，隶江南道。天宝元年（742年），改婺州为东阳郡，东阳县属东阳郡。乾元元年（758年），再改东阳郡为婺州，东阳县属婺州。大历十二年（777年），升东阳为望县。

五代，东阳县隶吴越国，仍属婺州。吴越王钱镠与淮南杨氏交恶，以“淮寇未平，耻闻逆姓”为由，于后梁开平四年（910年）奏改东阳县为东场县。后晋天福四年（939年），于婺州置武胜军节度，东场县属之。

北宋太平兴国三年（978年），吴越纳土归宋。淳化元年（990年），改婺州武胜军为婺州保宁军节度。咸平二年（999年），复东场县为东阳县，属婺州。此后，虽然所隶州郡之名有金华、婺州之异，及路、府、州之变，但东阳之名因仍未变。

民国28年（1939年）4月7

图27 江北街道王户口村古樟（周晓刚/摄）

日，置磐安县，安文、大盘等地划归磐安。1958年11月，磐安县撤销，全境并入东阳县。1983年7月，析置磐安县，原磐安县地及玉山入磐安。1988年5月25日，撤销东阳县改置东阳市(县级)。

（东　鉴）

行政区划

【概况】 2016年，东阳市有11个镇，1个乡，6个街道办事处，行政村347个，城市社区14个，农村社区29个。命名商住区11个，景观塔1个，启用路名2条，道路起止点变更1条。

【商住区命名】 2月17日，由东阳市正和置业有限公司开发的位于千祥镇丰实实业有限公司以东、农商银行千祥支行以南、千祥西路以西、祥丰实业有限公司以北，占地面积1420.5平方米，总建筑面积5634.51平方米的商住区命名为“祥丰雅苑”。

3月31日，由东阳市新悦房产开发有限公司开发的位于白云街道焕山小区以东、兴平西路以南、东针路以西、汉宁西路以北，占地面积51224.25平方米，总建筑面积139403平方米的商住区命名为“凯悦花苑”。由东阳市金立房产开发有限公司开发的位于吴宁西路与红椿巷西北角，占地面积3593.5平方米，总建筑面积8385.91平方米的商住区命名为“红椿家园”。

4月20日，由东阳市新兴房产开发有限公司开发的位于白云街道白云社区东义路157号以南、金成铭座商住区东侧，占地面积5000平方米，总建筑面积11487平方米的商住区命名为“义东佳园”。

5月17日，由东阳市齐力置业有限公司开发的位于白云街道白云艺墅商住区以东、东义路以南、白云路以西、荷石塘村以北，占地面积12213.4平方米，总建筑面积101305.07平方米的商住区命名“大众华府”。

6月7日，由东阳市花园建达房地产开发有限公司开发的位于南马镇花园村217省道以东、南山路以南、南山村以西、花园大道以北，占地面积10116平方米，总建筑面积66085平方米的商住区命名“花园商业中心”。将由东阳市东凯置业有限公司开发的位于吴宁街道东岘社区佐店小区道路以东、城南东路以南、佐店小区道路以西、东岘峰山脚以北，占地面积7923平方米，总建筑面积10390平方米的商住区命名“东丽山庄”。

7月12日，由东阳市广达置业有限公司开发的位于江北街道人民北路以东、新联小区以南、花鸟市场以西、甘溪东街以北，占地面积6442平方米，总建筑面积20871.35平方米的商住区命名“汇豪名苑”。由东阳市蓝天白云置业有限公司开发的位于白云街道昆溪社区下昆溪小区、紫荆公馆以西、江南紫荆庄园以北，占地面积18913平方米，总建筑面积79956.07平方米的商住区命名“紫荆府”。

2016年年末东阳市驻村分中心、行政村及社区个数

表3　　单位：个

名　称	驻村分中心	行政村	社　区
全　市	58	347	43
吴宁街道	–	–	11
南市街道	3	27	–
白云街道	–	–	8
江北街道	2	3	10
城东街道	3	18	1
六石街道	3	22	1
歌山镇	3	21	–
巍山镇	6	29	2
虎鹿镇	4	18	–
佐村镇	5	25	–
三单乡	3	14	–
东阳江镇	3	27	–
湖溪镇	3	28	–
横店镇	6	17	10
马宅镇	3	17	–
千祥镇	4	33	–
南马镇	3	30	–
画水镇	4	18	–

图 28　北辰塔（图片来源于网络）

10月18日，由东阳市学仕置业有限公司开发的位于吴宁街道学士北路以东、学士华府商住区以南、东阳花鸟市场以西，东阳花鸟市场以北，占地面积9854.5平方米，总建筑面积46203.38平方米的商住区命名"学仕家园"。

12月1日，由东阳市含章房地产开发有限公司开发的位于吴宁街道环城东路以东、吴宁镇中体育馆以南、人民路以西、东街以北，占地面积19292.6平方米，总建筑面积90025.31平方米的商住区命名"涵园"。

【景观塔命名】 1月18日，把建于江北街道人武部靶场以东，浪坑水库副坝以南，浪坑水库库区以西，浪坑水库主坝以北金鸡笼山上高55.6米，建筑面积1022平方米的八面七层阁楼式景观塔命名为"北辰塔"。

【道路起止点变更】 把位于经济开发区道路"华店街"的起止点变更为：西起迎宾大道向东过锦溪路、福兴路至盘溪路。

【路名启用】 10月18日，启用定安街，西起艺海北路过学士北路、迎宾大道向东延伸；启用博士路：南起南山脚向北过城南东路、环城北路、兴平东路至东阳江。

（潘　婷）

人　口

【概况】 2016年，东阳市总户数316073户，比上年下降0.1%；总人口839515人，比上年增长0.4%。其中：男性人口424580人，占50.6%，女性人口414935人，占49.4%。人口性别比102.3（女为100）。年内出生人口9983

2016年年末东阳市人口构成

表4

项　目	单 位	2015年年末	2016年年末	比上年增%
总户数	户	316306	316073	-0.1
总人口	人	836397	839515	0.4
男	人	423516	424580	0.3
女	人	412881	414935	0.5
城镇人口	人	377918	382935	1.3
乡村人口	人	458479	456580	-0.4
0～17岁	人	137216	140515	2.4
18～34岁	人	182147	177924	-2.3
35～59岁	人	345219	344506	-0.2
60岁以上	人	171815	176570	2.8
老龄人口率	%	20.5	21.0	0.5

2016 年年末东阳市各镇乡街道人口情况统计表

表 5

名 称	总户数（户）	比上年增长（%）	总人口（人）	比上年增长（%）	男（人）	女（人）	性别比（女为 100）	60 岁以上人口(人)	老龄人口率（%）
全 市	316073	-0.1	839515	0.4	424580	414935	102.3	176570	21.0
吴宁街道	32063	-0.4	85236	0.04	41773	43463	96.1	14548	17.1
南市街道	16366	0.5	44849	0.7	23023	21826	105.5	9388	20.9
白云街道	15864	1.3	41057	1.8	20255	20802	97.4	6946	16.9
江北街道	24973	2.1	62893	1.3	31537	31356	100.6	11872	18.9
城东街道	15175	0.04	41812	0.4	20985	20827	100.8	8430	20.2
六石街道	15792	0.1	40261	0.5	20182	20079	100.5	8777	21.8
巍山镇	26389	-0.9	71142	0.02	35927	35215	102.0	16514	23.2
虎鹿镇	11224	-0.4	30726	0.1	15689	15037	104.3	6974	22.7
歌山镇	15503	-0.9	41853	0.1	21183	20670	102.5	9779	23.4
佐村镇	9313	-1.0	25296	-0.6	13256	12040	110.1	5649	22.3
东阳江镇	8149	-1.2	22425	-0.8	11500	10925	105.3	5351	23.9
湖溪镇	16434	-0.6	42094	0.05	21181	20913	101.3	10365	24.6
马宅镇	9855	-10.0	25406	0.4	12984	12422	104.5	5717	22.5
千祥镇	17788	-0.1	45553	0.05	23574	21979	107.3	10594	23.3
南马镇	22328	-0.4	60317	0.3	31258	29059	107.6	12978	21.5
画水镇	21050	-0.2	55013	0.6	28432	26581	107.0	11769	21.4
横店镇	33632	0.3	92177	0.8	45855	46322	101.0	18653	20.2
三单乡	4175	-0.6	11405	-0.2	5986	5419	110.5	2266	19.9

说明：老龄人口率为 60 岁及以上的人口占总人口的百分率

（方胜天　徐志琴　王昌喜）

人，出生率 11.89‰；死亡人口 6793 人，死亡率 8.09‰；人口自然增加 3190 人，人口自然增长率 3.8‰，比上年下降 1.62 个千分点。60 周岁以上老龄人口 176570 人，占总人口的 21%，比上年增加 0.5 个百分点。

地理位置

【概况】 东阳市位于北纬 28° 58′ 08″ ~29° 29′ 55″，东经 120° 04′ 17″ ~120° 44′ 03″。地处浙江省中部、金华市东部。东、东南与磐安县相邻，南、西南与永康市接壤，西、西北与义乌市相连，北与诸暨市毗邻，东北与嵊州市为邻。东阳市人民政府驻江北街道江滨北街 18 号，距金华市区 62.16 千米。辖区东西最大距离 71.6 千米，南北最大距离 56.1 千米，总面积 1746.81 平方千米。东阳境内以丘陵为主，占总面积的 54.19%，平原占总面积的 30.85%。会稽山、大盘山、仙霞岭延伸入境，形成三山夹两盆、两盆涵两江的地貌。地势东高西低，中部山峦自东向西，将境域分为南乡和北乡。境内最高峰东白山，主峰称太白峰，位于虎鹿镇北部边境会稽山脉，海拔 1194.6 米。全市最低点白云街道吴山村，海拔 67 米。境内主要河流东阳江、东阳南江主流走向从东向西，经婺江、兰江流入钱塘江。

（东　鉴）

气　象

图 29　6 月 29 日，因暴雨坍塌的虎鹿镇某农房（市气象局提供）

【概况】 气温比常年偏高，降水量偏多、降水日数偏多，日照时数比常年偏少。6 月 11 日至 7 月 1 日为梅汛期，受江淮梅雨带影响，6 月 15～16 日、6 月 25～26 日、6 月 28～29 日出现三次强降水过程。受强寒潮影响，1 月 21～26 日出现大范围雨雪、冰冻、极端低温等重大灾害性天气，年内有 5 个台风影响，未出现明显灾情。

年平均气温 19.0℃，较常年偏高 1.4℃，位居历史上有气象纪录以来第二位。年极端最低气温 -8.3℃，出现在 1 月 25 日，破近 25 年纪录；年极端最高气温 40.1℃，出现在 7 月 29 日。年内出现气温≥35℃以上的高温天气 47 天，比常年（29.3 天）偏多 17.7 天；气温≥37℃以上的高温天气 25 天；气温≤0℃以下的低温天气 10 天，比常年（25.0 天）偏少 15 天。12 月初冬季气温异常偏高，排名历史上有气象纪录以来同期第二位。

年雨量 1748.8 毫米，比常年偏多 24.7%。年内 1 月、4 月、5 月、6 月、9 月、11 月比常年偏多，其余各月均比常年偏少。

年雨日 166 天，比常年偏多 13.4 天，除 2～3 月、7～8 月雨日比常年偏少，其余各月雨日均比常年偏多。年内降水量≥10.0 毫米降水日数 52 天，比常年（45 天）偏多 7 天；降水量≥25.0 毫米降水日数 24 天，与常年（14 天）偏多 10 天；降水量 50 毫米以上暴雨日 5 天，比常年（3 天）偏多 2 天。

年日照小时 1571.2 小时，比常年（1771.4 小时）偏少11.3%。

【灾害天气】 6 月 29 日出现一次连续暴雨到大暴雨天气过程。全市受灾人口 32694 人，紧急转移安置人口 2079 人；农作物受灾面积 3530.53 公顷，其中：农作物成灾面积 2280.17 公顷，绝收面积 921.36 公顷；倒塌房屋 16 间，严重损坏房屋 18 间，一般损坏房屋 101 间。直接经济损失 4594.8 万元，其中：农业损失 2525.8 万元，基础设施损失 2016.5 万元，家庭财产损失 52.5 万元。

（蔡玉莲　许江锋）

2016 年月平均气温、雨量、日照一览表

表 6

要　素	1月	2月	3月	4月	5月	6月	7月	8月	9月	10月	11月	12月	平均／合计
平均温度（摄氏度）	5.8	8.8	13.0	18.5	22.6	26.2	31.2	30.4	25.1	21.7	14.3	10.3	19.0
降水总量（毫米）	124.9	30.2	72.3	256.6	281.0	359.9	62.3	117.8	283.1	50.9	79.8	30.0	1748.8
日照时数（小时）	64.9	159.3	137.9	95.8	129.3	129.3	217.2	253.8	113.5	47.5	86.2	136.5	1571.2

图 30　9 月 26 日，东阳江江滨市行政中心段（孙振华 / 摄）

2016 年东阳市发展综述

【概况】 东阳市辖 6 个街道、11 个镇、1 个乡，总面积 1746.81 平方千米。2016 年年末，总户数 31.61 万户，总人口 83.95 万人。年人口自然增长率 2.06‰。

2016 年，全市实现生产总值 506.49 亿元，按可比价计算，比上年增长 9.08%。其中，第一产业增加值 18.61 亿元，比上年增长 5.8%；第二产业增加值 239.62 亿元，比上年增长 7.3%；第三产业增加值 248.26 亿元，比上年增长 11.12%。三次产业比重由 2015 年的 3.8：48.1：48.1 调整为 3.7：47.3：49.0，第三产业比重比上年提高 0.9 个百分点。按户籍人口计算，全市人均生产总值 60387 元，比上年增长 8.64%。财政总收入 92.4 亿元，比上年增长 13.79 %，其中，一般公共预算收入 56.26 亿元，比上年增长 15.71%。一般公共预算支出 71.42 亿元，比上年增长 17%。完成固定资产投资（不含农户）295.64 亿元，比上年增长 16.3%。社会消费品零售总额 250.46 亿元，比上年增长 8.9%。举办第二届中国（东阳）木雕红木家具交易博览会和第十一届中国（东阳）木雕·竹编工艺美术博览会。进出口总额 183.5 亿元，其中，出口额 169.78 亿元；进口额 13.72 亿元。与 167 个国家和地区建立贸易关系，其中，出口超 10 亿美元的国家和地区 3 个，美国为第一大贸易伙伴。新批外商投资企业 6 家；合同利用外资 4314 万美元，比上年增长 49.3%；实际利用外资 2758 万美元，比上年增长 37.5%。拥有商品交易市场 91 个，商品交易市场成交额 317 亿元，比上年增长 40%。金融机构本外币存款余额 1012.06 亿元，比上年增长 12.5%，其中，人民币存款余额 993.86 亿元，比上年增长 11.3%。金融机构本外币贷款余额 725.35 亿元，比上年增长 3.3%，其中，人民币贷款余额 724.85 亿元，比上年增长 3.6%。挂牌企业 57 家（其中“新三板”挂牌 7 家）。保险机构保费收入 218642 万元，比上年增长 12.2%，其中，财产险保费收入 90874 万元，比上年增长 3.3%；人身险保费收入 127767 万元，比上年增长 19.5%。居民人均可支配收入 36461 元，比上年增长 8.6%。分城乡看，城镇常住居民人均可支配收入 44542 元，比上年增长 8%；农村常住居民人均可支配收入 24556 元，比上年增长 9.5%，农村居民收入的增幅高于城镇居民。

粮食作物播种面积 19807 公顷，比上年增长 4.1%；粮食产量 12.01 万吨，比上年增产 0.08 万吨，比上年增长 0.7%。农田有效灌溉面积 2.27 万公顷，节水灌溉面积 1.77 万公顷，旱涝保收面积 1.72 万公顷。农业机械总动力 50.07 万千瓦，比上年下降

0.3%。水稻机插面积4545.95公顷，比上年增长7.3%。东阳市获全省“美丽乡村”创建工作先进县（市）、全省农业工作先进县（市）、全省水利工作先进县（市）、全省农田水利标准化建设先进县（市）等称号，创建省级农产品质量安全放心示范县和首批浙江省农产品质量安全可追溯示范县，农业行政执法工作连续10年全省先进。

529家规模以上工业企业完成增加值128.49亿元，比上年增长6.3%。完成规模以上工业销售产值505.56亿元，比上年增长4.6%。规模以上工业实现出口交货值123.6亿元，比上年增长3.6%。内销产值381.96亿元，比上年增长4.9%，对销售的贡献率75.6%。规模以上工业新产品产值比上年增长41.9%，新产品产值率33.9%，比上年提高8.5个百分点。服装产量9729万件，比上年下降7.2%；木质家具产量9.43万件，比上年增长5.6%。2家企业通过工信部两化融合管理体系贯标评定，2家企业开展贯标，1家企业列入工信部两化融合管理体系贯标试点企业。

建筑业增加值53.76亿元，比上年增长3.4%。187家资质以上建筑企业完成总产值2386.76亿元，比上年增长7.1%，其中外省产值1759.11亿元，比上年增长4.6%，占建筑企业总产值的73.7%。建筑企业房屋建筑施工面积32950.4万平方米，比上年增长7%，其中，新开工面积10778.88万平方米，比上年增长6%；房屋建筑竣工面积8601.85万平方米，比上年增长21.5%。建筑业总产值连续八年获全国县（市）级第一，创建“鲁班奖”2个。

交通，公路客运量1751万人次，比上年下降7.4%；公路旅客周转量77387万人千米，比上年下降14.2%；公路货运量927万吨，比上年增长6%；公路货物周转量76532万吨千米，比上年增长7.6%。机动车辆快速增长，民用汽车拥有量209847辆，其中私人汽车198985辆，分别比上年增长16.1%和16.8%。

邮电业务收入11.34亿元，比上年增长5.6%。拥有本地电话用户13.61万户，其中，城市电话用户7.26万户，乡村电话用户5.76万户。移动电话用户数124.65万户，其中3G移动电话用户4.19万户，4G移动电话用户72.81万户。拥有互联网宽带接入用户28.69万户；行政村宽带覆盖率100%。

接待国内外游客2055万人次，比上年增长12.6%；实现旅游收入165.41亿元，比上年增长20.1%。其中：接待国内游客2051万人次，比上年增长12.6%；实现国内旅游收入164.11亿元，比上年增长20.1%。接待入境游客4.03万人次，比上年增长9.1%；国际旅游外汇收入2098万美元，比上年增长13.5%。

拥有高等院校2所，2016年招生数5468人，在校学生14934人，毕业生5087人。拥有普通高中12所，2016年招生数5802人，在校学生15659人；职业中学5所，2016年招生数2355人，在校学生6762人。初中毕业升高中段学校比例为98.6%。拥有初中33所，2016年招生数9859人，在校学生28329人。初中入学率、巩固率均为100%。拥有小学86所，2016年招生数11400人，在校学生68139人。小学学龄人口入学率、巩固率均为100%，小学毕业升初中比例100%，义务教育学龄人口入学率100%。拥有幼儿园180所，2016年招生数11227人，在园幼儿35444人；拥有省等级幼儿园167所，省等级幼儿园招生覆盖面92.8%。拥有特殊教育学校1所，2016年招生数25人，在校学生127人。

列入地市级以上科技项目67项，其中国家级1项、省级47项、地市级19项，到位上级科技资金1100.2万元。设立市级科技项目42项，其中工业类21项、农业类6项、社会发展类15项。拥有地市级以上独立研究开发机构80家，省级高新技术企业研发中心31家，其中国家级企业技术中心2家。认定地市级以上高新技术企业27家，累计103家。获科技进步奖35项，其中，地市级4项。科技成果鉴定25项。专利申请受理2644项，其中发明专利669项；专利申请授权1802项，其中发明专利152项。

拥有文化馆1个，组织文艺活动52次，举办训练班68次；公共图书馆1个，藏书37.55万册；文化艺术表演团体1个，演出场次297场；剧院1个、电影院7个。建成农村文化礼堂101家，创建并命名市级以上文化示范村（社区）58个。实施文化惠民工程，完成送戏下乡208场，送电影下乡7825场，“美丽非遗进文化礼堂”活动30场，送书11万余册，送展览讲座55场，骨干培训2万人次，文化走亲7场。深化文化事业单位改革，推动文化旅游融合发展，推出“文化节目进景区”活动，演出43场。文化市场健康平稳有序发展，出动检查1157人次，检查文化经营单位3203家次。数字电视21.02万户。广播综合覆盖率100%，电视综合覆盖率100%。

拥有档案馆1个，馆藏案卷数518796卷，其中中华人民共和国成立前6437卷、中华人民共和国成立后512359卷。开放各类档案30997卷。

参加地市级以上运动会获金牌49枚、银牌42枚、铜牌46枚，其中：省级比赛金牌9枚、银牌4枚、铜牌6枚。有二级运动员4人，向上级输送体育人才5人。销售体育彩票10039万元，比上年下降3.4%。举办第二届横店国际马拉松赛。

拥有医疗卫生机构536个，其中医院、卫生院（含社区卫生服务中心）29个，门诊部11个，妇幼保健院1个，疾病预防控制中心1个，卫生监督所1个，其他卫生机构3个，诊所、医务室、村卫生室、社区卫生服务站490个。拥有床位4696张，其中医院、卫生院床位4346张，妇幼保健院床位350张。有卫生技术人员6679人，其中执业医师2139人，执业助理医师394人，注册护士2376人。改善农村卫生服务，农村自来水普及率提高至98.13%，自来水受益人数67.79万人。

建成环境噪声达标区1个，面积25平方千米；烟尘控制区1个，面积25平方千米。城区拥有污水处理厂1座，污水处理厂日处理能力11.9万立方米，城市污水处理率95.85%。县级规范化合格饮用水源保护区3个，水质达标率100%；乡镇级8个，水质达标率80%以上。6个出境断面水质达标100%，18个镇乡交接断面水质达标率100%，6个市控以上地表水断面水质达标率100%。城区“双禁”范围扩大到吴宁街道、白云街道、江北街道所辖全部区域及上卢管理处所辖迎宾大道东侧绿化带以西区域。年平均气温19.0℃，比常年偏高1.4℃，年总降水量1748.8毫米，比常年偏多24.7%，年降水日数166天，比常年偏多13.4天。年日照时数1571.2小时，比常年偏少11.3%。环境空气质量持续改善，霾平均日数45天，PM2.5年均浓度为40微克/立方米，比上年下降9.1%；空气质量优良率（AQI指数）90.2%，比上年增长1.8%。生态公益林建设面积44086.53公顷，增加生态公益林优质林分141.93公顷，生态公益林优质林分面积累计37594.33公顷，占公益林总面积的85.3%。森林面积104803.2公顷，森林覆盖率60%，森林蓄积量501万立方米。发生各类事故70起，死亡52人。发生1起较大生产安全事故。发生道路交通事故64起，死亡42人。未发生列入统计口径的生产经营性火灾、水上交通、渔业船舶及铁路路外等事故。平安创建实现“十一连冠”。

城镇职工基本养老保险参保人数288078人，城镇职工基本医疗保险参保人数207953人，失业保险参保人数118727人，工伤保险参保人数220766人，生育保险参保人数116010人。城乡居民基本养老保险参保人数221038人，年内增加参保1185人。参保缴费人员104808人，扣缴保费收入3818.62万元。60周岁以上享受城乡居民基本养老保险金待遇人员105881人，发放率100%，发放金额21369.91万元。城乡居民基本医疗保险参保人数641900人。城乡基本医疗保险享受待遇439906人次。被征地农民基本养老保障参保30737人，年内增加参保9663人，享受待遇人员7829人，发放金额4517.65万元。拥有各类社会福利单位28个，床位5863张，收养各类人员2835人。农村“五保”对象集中供养率98%，城镇“三无”对象集中供养率100%。城乡居民最低生活保障标准统一调整为698元/月，低保对象8029人，发放低保救助金1959万元。筹集医疗救助资金1251.3万元，实际救助1072人次，发放救助金938万元。发放救灾款10万元，救济灾民650人。完善社区服务功能，建立镇乡街道社区服务中心（站）18个，建成社区居家养老服务照料中心399个，建立捐赠接收站（慈善超市）19个。抚恤优待对象7781人，发放抚恤金3566.98万元、义务兵优待金1308.05万元、困难补助经费15万元。退役义务士兵自主就业率100%，发放自主就业一次性经济补助金683.37万元。

（许飞翔）

组织机构及其负责人

中共东阳市委员会

书　记　黄　敏
副书记　朱建军（～2016.05）
　　　　姚激扬
　　　　李宝春（2016.12～）
常　委　黄　敏
　　　　朱建军（～2016.05）
　　　　姚激扬
　　　　卜亚男（女）（～2016.12）
　　　　李宝春
　　　　俞佩芬（女）（～2016.11）
　　　　王天仁
　　　　楼守威
　　　　李　强
　　　　胡勇春
　　　　陈　刚
　　　　李玉林（～2016.07）

孙富庆（2016.07~ ）
赵耀亮（2016.12~ ）
方雪飞(女)（2016.12~ ）

市委工作（派出）机构及直属单位

办公室
主　任　卢洪标
信访局
局　长　金国祥
组织部
部　长　陈　刚
常务副部长　许克宁
新经济与新社会组织工作委员会
书　记　李爱忠
宣传部
部　长　楼守威
常务副部长　陈远京
文化广电新闻出版局
局　长　马景斌
互联网信息办公室
主　任　陈汝宏
统战部
部　长　施侍良
政法委员会
书　记　卜亚男(女)
维护稳定工作领导小组办公室
主　任　韦上升
防范和处理邪教问题领导小组办公室
主　任　杨正明
社会治安综合治理委员会办公室
主　任　朱新康（2016.08~ ）
党　校
校　长　陈　刚
市直属机关工作委员会
书　记　吴月兰(女)
老干部局
局　长　张跃民
党史研究室
主　任　张忠鸣（2016.05~ ）
台湾工作办公室（市政府台湾事务办公室）
主　任　吕康银
机构编制委员会办公室
主　任　卢敏兴

中共东阳市纪律检查委员会

书　记　胡勇春
副书记　杜晓旺
　　　　俞益钟（2016.07~ ）

东阳市人民代表大会常务委员会

主　任　施侍伟
副主任　徐仲军
　　　　王玉才
　　　　韦上升
　　　　陈绍龙
　　　　徐立刚
　　　　楼美姣(女)
办公室
主　任　吴　刚
法制工作委员会
主　任　单健中
财政经济工作委员会
主　任　孙毓良
科教文卫工作委员会
主　任　杜珠芳(女)
城乡建设工作委员会
主　任　潘锡林
代表工作委员会
主　任　张　宇
农业农村工作委员会
主　任　吴荣斌

东阳市人民政府

市　长　朱建军（ ~2016.11）
代市长　姚激扬（2016.11~ ）
副市长　李宝春
　　　　王天仁
　　　　虞乐生(女)
　　　　陈　军
　　　　蒋银生
　　　　毕伟文（ ~2016.07）
　　　　蒋令树
　　　　次　央(女)（ ~2016.05）
　　　　王　华（ ~2016.12）
　　　　蒋震雷（2016.12~ ）
　　　　胡宏立（2016.12~ ）

市政府工作（派出）机构及直属单位

办公室
主　任　张望峰
法制办公室
主　任　俞益钟
金华市政府驻沪联络处东阳工作处
主　任　金晓明（2016.08~ ）
农业和农村工作办公室（城乡一体化办公室）
主　任　曹正标（ ~2016.06）
　　　　楼国民（2016.06~ ）
机关事务管理局
局　长　许朝对
发展和改革局（物价局）
局　长　桑国平
经济和信息化局
局　长　胡旭升
教育局
局　长　徐文金
体育局
局　长　金晓明
科学技术局
局　长　赵晓珍(女)
民族宗教事务局
局　长　张伟钢
公安局
局　长　李　强
监察局
局　长　杜晓旺
民政局
局　长　叶文明
司法局
局　长　胡锡炎
财政（地税）局
党组书记　沈银福（ ~2016.12）
　　　　　吕良勇（2016.12~ ）

局　长　沈银福
人力资源和社会保障局
局　长　黄正明
国土资源局
局　长　张龙明
住房和城乡建设局
局　长　蒋凯跃（~2016.05）
　　　　程晓忠（2016.05~）
规划局（人民防空办公室）
局　长　顾在响
人民防空办公室
主　任　顾在响
交通运输局
局　长　沈宇超（~2016.05）
　　　　李敢峰（2016.05~）
水务局
局　长　邢方锦
农业局
局　长　吴梦良
林业局
局　长　赵忠明
城市管理行政执法局
局　长　杜卫良
商务局
局　长　叶华龙
卫生和计划生育局
局　长　斯武民
审计局
局　长　卢一峰
环境保护局
局　长　马旭升
统计局
局　长　戚贤群
安全生产监督管理局
局　长　葛一军
市场监督管理局
局　长　韦力朝
经济合作交流办公室（招商局）
主　任　厉红亮
粮食局
局　长　徐强胜（~2016.02）
　　　　叶雪芳（女）（2016.02~）
建筑业管理局
局　长　葛德中
旅游局
局　长　吴高强（~2016.02）
　　　　马景斌（2016.02~）
供销合作总社
主　任　许基法
档案局
局　长　程国伟
浙江省横店影视文化产业实验区管委会
主　任　赵耀亮
浙江省横店影视文化产业实验区
党工委书记　黄阳明
浙江横店影视产业实验区管委会
办公室主任　单凯权（~2016.06）
东白山生态旅游区管委会办公室
主　任　倪新火（~2016.06）
东阳东白山省级旅游度假区管委会
主　任　吴梦良（2016.08~）
市政府外事办公室
主　任　杜安武（~2016.06）
　　　　洪志浩（2016.08~）
市政府侨务办公室
主　任　李荣跃
行政服务中心管委会
主　任　王显耀
东阳日报社
总　编　赵志强
广播电视台
台　长　贾志光（女）

省、金华市驻东阳市（共管）工作机构

东阳玉米研究所
所　长　蒋云才（~2016.12）
国税局
书　记　严剑平
局　长　黄碧波（~2016.01）
　　　　严剑平（2016.01~）
气象局
局　长　金　培
金华市出入境检验检疫局东阳办事处
主　任　陈国民（2016.01~）
供电局（公司）
局　长（经理）　汪志奕
党委书记　姜　勇
电信局（公司）
局　长（经理）　张　斌
邮政局（公司）
局　长（经理）　吕志勤
烟草专卖局（公司）
局　长（经理）
　　　　傅龙萍（~2016.03）
　　　　王世平（2016.03~）

东阳市人民法院

院　长　鲍大兵

东阳市人民检察院

检察长　胡宇翔

中国人民政治协商会议东阳市委员会

主　席　王正明
党组书记　王正明（~2016.12）
　　　　卜亚男（女）（2016.12~）
副主席　郭巧范（女）
　　　　施侍良
　　　　韦国锋
　　　　蔡捷飞
　　　　华伟跃
　　　　张卫伟
　　　　楼伟龙
秘书处秘书长　郭志明
办公室
主　任　张　艳（女）
经济科技工作委员会
主　任　厉锦文
提案与委员工作委员会
主　任　王文龙

资源环境与农业农村工作委员会
主　任　　董章奇
社会法制民族宗教与港澳台侨工作委员会
主　任　　徐卫东

东阳市人民武装部

部　长　　李玉林（ ~2016.07）
政　委　　孙富庆

群众团体

总工会
主　席　　华伟跃
党组书记、常务副主席　　陈金彪
共青团东阳市委员会
书　记　　许俊峰（ ~2016.08）
党组书记　许俊峰（ ~2016.08）
　　　　　赵　炜（2016.11~ ）
妇女联合会
主　席　　郭丽君(女)
工商业联合会
主　席　　蔡捷飞（ ~2016.12）
　　　　　楼永良（2016.12~ ）
党组书记、常务副主席
　　　　　杨竹山
科学技术协会
主　席　　斯群胜（ ~2016.04）
残疾人联合会
理事长　　许树峰
红十字会
专职副会长　胡德良

镇乡街道党政组织

浙江省东阳经济开发区
党工委书记
　　　　　吕金荣（ ~2016.05）
　　　　　卢洪标（2016.05~ ）
管委会主任
　　　　　卢洪标
管委会常务副主任
　　　　　吕金荣（ ~2016.06）
　　　　　吕良勇（2016.06~ ）
吴宁街道
党工委书记　程晓忠
人大工委主任
　　　　　陈日明（ ~2016.09）
　　　　　包振波（2016.09~ ）
办事处主任　施晓强

白云街道
党工委书记　钱喜讯
人大工委主任
　　　　　朱章星（ ~2016.09）
　　　　　陈国康（2016.09~ ）
办事处主任
　　　　　方　勇（ ~2016.06）
　　　　　赵军刚（2016.06~ ）
江北街道
党工委书记
　　　　　傅为民（ ~2016.05）
　　　　　黄文明（2016.05~ ）
人大工委主任　杜志赛
办事处主任
　　　　　赵　锋（ ~2016.06）
　　　　　马宗强（2016.06~ ）
六石街道
党工委书记
　　　　　郭锦明（ ~2016.05）
　　　　　滕恩良（2016.05~ ）
人大工委主任
　　　　　单俨彬（ ~2016.09）
　　　　　许希明（2016.09~ ）
办事处主任
　　　　　滕恩良（ ~2016.06）
　　　　　葛伟英(女)(2016.06~ ）
城东街道
党工委书记
　　　　　李敢峰（ ~2016.05）
　　　　　徐育阳（2016.05~ ）
人大工委主任
　　　　　张朝堂（ ~2016.09）
　　　　　徐晓乐（2016.09~ ）
办事处主任
　　　　　徐育阳（ ~2016.08）
　　　　　郭金刚（2016.08~ ）

南市街道
党工委书记　吴　滨
人大工委主任　周晓沸
办事处主任
　　　　　张志伟（ ~2016.08）
　　　　　胡洪仁（2016.08~ ）
横店镇
党委书记
　　　　　俞佩芬(女)（ ~2016.12）
　　　　　赵耀亮（2016.12~ ）
人大主席
　　　　　吴闪闪（ ~2016.08）
提名人大主席候选人
　　　　　朱跃军（2016.08~ ）
镇　长
　　　　　赵耀亮（ ~2016.12）
提名镇长候选人
　　　　　赵小仙(女)(2016.12~ ）
南马镇
党委书记
　　　　　张　雷（ ~2016.05）
　　　　　郭利群（2016.05~ ）
人大主席
　　　　　胡洪仁（ ~2016.08）
提名人大主席候选人
　　　　　郭孝杰（2016.08~2016.12）
人大主席
　　　　　郭孝杰（2016.12~ ）
镇　长
　　　　　吴盛龙（ ~2016.08）
提名镇长候选人
　　　　　单玲琳(女)(2016.08~2016.12）
镇　长
　　　　　单玲琳(女)(2016.12~ ）
巍山镇
党委书记
　　　　　楼国民（ ~2016.05）
　　　　　方雪飞(女)(2016.05~ ）
人大主席
　　　　　赵军刚（ ~2016.05）
提名人大主席候选人
　　　　　周　云（2016.08~2016.12）
人大主席
　　　　　周　云（2016.12~ ）

镇　长　申屠顺达

歌山镇

党委书记

韦朝阳（ ~2016.05）

赵　锋（2016.05~ ）

人大主席

厉新文（ ~2016.08）

提名人大主席候选人

赵镇洋（2016.08~ ）

镇　长

马伟大（ ~2016.01）

提名镇长候选人

陈巧锦(女)（2016.01~2016.12）

张巧玲(女)（2016.12~ ）

千祥镇

党委书记

徐春雷（ ~2016.05）

王鹤群(女)（2016.05~ ）

人大主席

申屠国锋（ ~2016.08）

提名人大主席候选人

葛颖强（2016.08~2016.12）

人大主席

葛颖强（2016.12~ ）

镇　长

王鹤群(女)（ ~2016.05）

提名镇长候选人

吕惠勇（2016.05~2016.12）

镇　长

吕惠勇（2016.12~ ）

湖溪镇

党委书记

方雪飞(女)（ ~2016.05）

王松明（2016.05~ ）

人大主席

张荣询（ ~2016.08）

提名人大主席候选人

王　征（2016.08~2016.12）

人大主席

王　征（2016.12~ ）

镇　长

王松明（ ~2016.05）

提名镇长候选人

杨松强（2016.05~2016.12）

镇　长

杨松强（2016.12~ ）

画水镇

党委书记

吕良勇（ ~2016.05）

何芳萍(女)（2016.05~ ）

人大主席

何小飞（ ~2016.08）

提名人大主席候选人

杜培根（2016.08~2016.12）

人大主席

杜培根（2016.12~ ）

镇　长

何芳萍(女)（ ~2016.05）

提名镇长候选人

程亚军（2016.05~2016.12）

镇　长

程亚军（2016.12~ ）

虎鹿镇

党委书记

史南京（ ~2016.05）

马红斌（2016.05~ ）

人大主席　黄跃龙

镇　长

马红斌（ ~2016.05）

提名镇长候选人

单凯权（2016.05~2016.12）

镇　长

单凯权（2016.12~ ）

东阳江镇

党委书记

黄文明（ ~2016.05）

胡利群（2016.05~ ）

人大主席

任伟军（ ~2016.08）

提名人大主席候选人

吴朝红（2016.08~2016.12）

人大主席

吴朝红（2016.12~ ）

镇　长

楼杰华（ ~2016.05）

提名镇长候选人

许俊峰（2016.05~2016.12）

镇　长

许俊峰（2016.12~ ）

马宅镇

党委书记

叶雪芳(女)（ ~2016.01）

韦　健（2016.01~ ）

人大主席

何富豪（ ~2016.08）

提名人大主席候选人

骆向荣（2016.08~2016.12）

人大主席

骆向荣（2016.12~ ）

镇　长

韦　健（ ~2016.01）

提名镇长候选人

应定国（2016.01~2016.12）

镇　长

应定国（2016.12~ ）

佐村镇

党委书记

赵小仙(女)（ ~2016.01）

蒋　明（2016.01~ ）

人大主席　俞建红(女)

镇　长

蒋　明（ ~2016.05）

提名镇长候选人

陈江炜（2016.05~2016.12）

镇　长

陈江炜（2016.12~ ）

三单乡

党委书记　马　刚

人大主席

马　刚（ ~2016.05）

提名人大主席候选人

李　阳（2016.08~2016.12）

人大主席

李　阳（2016.12~ ）

乡　长　郭立成

（吴　凯）

中国共产党东阳市委员会

2016 年 2 月 1 日，六石街道北后周村文化礼堂（何 文 /摄）

概述

【概况】 2016年,东阳市实现地区生产总值499.66亿元,比上年增长7.5%;财政总收入92.4亿元,其中一般公共预算收入56.26亿元,分别比上年增长13.8%和16.8%;社会消费品零售总额250.5亿元,比上年增长8.9%;城镇居民人均可支配收入44542元,农村居民人均可支配收入24556元,分别比上年增长8%和9.5%。

完成工业转型升级等5个“十三五”配套规划编制。全市完成工业投资93.98亿元,比上年增长4.4%,其中技改投资完成71.4亿元,比上年增长14.8%。50个市重点技改项目完成投资18.95亿元,其中设备投资14.25亿元,完成年度计划投资额的76.49%。12个镇乡街道工业功能区征用土地10.53公顷,完成基础设施配套投入2.41亿元。加快推进工业企业转型升级,深化老工业园区改造和低效用地清理,推进工业企业亩产效益评价制度,对全市503家规模以上企业分四类实行分类管理,完成旧厂区改造75万平方米、老工业园区(区块)改造92.5万平方米,盘活存量用地330.87公顷。加快推进总部型智慧企业建设,东磁“数字化”智能工厂建设项目初步完成集成管控平台一期建设,完成省智能制造示范区申报工作。3家企业列入省两化融合示范试点企业,14家企业列入金华市两化融合示范试点企业。木雕红木产业规范提升,木雕小镇入围全省第二批特色小镇,木材交易中心组建成立。成立建筑产业发展联盟,开展建筑业招商和“营改增”工作;完成建安产值2386亿元,连续8年居全国县(市)级首位。圆明新园(春苑、夏苑)建成开园,影视产权交易中心挂牌成立,影视文化产业实验区成为国家级文化和科技融合示范基地,推进卢宅保护利用项目,东白山获批省级旅游度假区,旅游人次突破2000万人。商贸服务业、金融服务业等快速发展。建成粮食生产功能区和现代农业园区15333.33公顷,农业领域“机器换人”走在全省前列,东阳市被评为全国粮食生产先进县(市)。

开展横店城市风貌综合提升工作,初步改变“美丽的景区、破烂的镇区”形象。启动小城镇环境综合整治,推进农村“三整一拆”、生活垃圾分类减量化处理,推进精品线、精品村建设。基本完成甬金铁路、金义东城际轻轨前期工作,杭温高铁通过工程可行性报告评审,东永高速、画南下线、怀万线建成通车,改建37省道、40省道,基本完成城乡公交一体化改造。健全城乡供水、供电和通信等设施,市第二自来水厂一期完成建设,电网变电总容量实现翻番,城区重点公共区域免费Wi-Fi实现全覆盖。

改革“四张清单一张网”,整合成立市卫生和计划生育局、市市场监督管理局,调整完善经济开发区管理体制,组建东阳市城市建设投资集团、东阳市交通投资建设集团,深化商事登记制度改革,注册企业1952家、个体工商户8092户。成立市转型升级办公室、市木雕红木办、市文旅委办公室等重点工作办公室,完善横店影视文化产业实验区、市建筑业管理局工作机制。完成县域经济体制综合改革、产业转升机构组建等143项改革事项。设立市农房改造工作办公室,建立无房户、危房户数据库,实行宅基地指标单列、“一户一核”制度,实施教育基本建设投入机制等改革措施。完善分级诊疗体系和双向转诊服务机制,共享影像和心电诊断数据,城乡居民低保标准实现一体化,建立基层治理“四个平台”(综治工作、市场监管、综合执法、便民服务)。推动其他重点领域改革,深化资源要素配置市场化改革、投融资管理体制改革、农村“三权”改革(农村土地所有权、承包权、经营权)、户籍制度改革、司法体制改革、公车改革、横店镇国家中小城市综合改革、流通业综合改革等重点领域改革。

改革干部人事制度,建立能上能下机制,开展镇乡街道全科干部队伍建设,选派干部参与急难险重工作。深化农村党员和村干部积分制管理机制,加强不守规矩村干部教育管理。严抓严管党风廉政建设。完成纪委“三转”(转职能、转方式、转作风)工作,完成市纪委内设机构调整和派驻机构改革。整改省委巡视组反馈问题。持续深入纠“四风”(四风指形式主义、官僚主义、享乐主义和奢靡之风),“三公”(公务用车、公务接待、公款学习考察及出国出境)经费支出大幅下降。立案查处党员干部违纪违法案件884件。创新开展农村基层巡察和“正风除霸”工作,推动从严治党向基层延伸。

(李　佳)

市委重大决策和活动

【改革深化】 建立用能总量核定和指标交易制度、完善公共资源交易中心功能、健全“多规融合”的城乡规划体制等21项改革。推进科技孵化器、小微园、“两创”园建设，理顺市科技孵化中心管理体制，增加2家省级研究院，全市专利申请量和授权量分别为2317件和1252件，分别比上年增长55.3%和12.2%。推进金融创新示范县市试点工作，增加股份制企业11家，“新三板”挂牌6家，区域资本市场挂牌11家。扩大开发区规划控制和管理范围，按照权责一致原则赋予开发区党工委人、事、财权。组建城投集团、交投集团，实施城乡建设和交通运输管理体制改革，理清住建局、交通局权力边界。改革乡镇规划经费投入保障机制、乡镇规划人员管理机制。深化横店镇中小城市综合改革试点工作，统筹谋划城区横店一体化发展。全市完成97.1%的村社股份制改革，量化资产总额89.31亿元。完成土地确权承包地测绘户数10.1万户，占总承包户数的53.9%，实测面积10333.33公顷，占总承包地面积的55.4%。农村宅基地使用权登记发证覆盖率94.4%。推进户籍制度改革，自11月1日起，实行城乡统一的户口登记制度。整合“五水共治”“三改一拆”“四边三化”等工作载体，推进环境革命。深化绿化管理体制改革，成立市绿化办，加强全市绿化统筹协调，实施绿色图章制度。完善农村住房机制，组建农房改造工作机构，建立实施无房户、困难户宅基地指标单列、“一户一核”制度，探索实施城区平面安置、农村地票安置、房票安置等新模式。实施城乡学校建设投入机制改革，深化集团化办学、课程改革。建立心梗、脑卒中急救网络系统，通过急救网络系统，救治心梗病人28例，脑卒中病人12例。创新基层公共文化服务体系，创新农村文化礼堂“建管用”一体化体制机制。东阳剧院以政府购买服务形式开设周末惠民剧场，演出100余场。推进养老机构建设，全市有养老机构28家，床位数6868张。探索人民调解市镇村联动工作机制，完善“处非”工作机构设置、程序规定、工作制度，全市信访量比上年有较大下降。深化“四张清单一张网”改革，权力清单和责任清单向镇乡街道、行政村延伸覆盖，组织6个街道、11个镇、1个乡、3个功能区完成权力清单编制工作。对19个部门开展部门权力事项库清理工作，完成152项权力事项动态调整。推进政府机构和事业单位改革，完善优化机关部门、镇乡街道机构设置和人员编制配备。实施横店镇“大部制”改革试点。开展农口、交通等系统事业单位职能综合、机构整合、人员融合改革，完成相关改革方案并启动实施。创新县级共青团组织设置，精减机关，解决共青团组织“四化”（工业现代化、农业现代化、国防现代化、科学技术现代化）问题。建立市领导联乡联村联重点“三包四联”考核机制。建立责任分解、监督检查、责任追究完整链条，完善纪检派驻机构改革机制建设，在重点部门实行痕迹管理。

【横店城市风貌综合提升】 3月9日，在东阳剧院召开横店城市风貌综合提升工作誓师大会。开展生活垃圾分类减量化处理工作，完成太阳垃圾处理房以及有机垃圾集中处理站建设。完成横店镇控制性详细规划纲要编制工作，完成横店地下管线普查及1：500地形图成果质量验收，整

图31　3月9日，横店城市风貌综合提升工作誓师大会在东阳剧院召开（市委办提供）

合“数字东阳”项目，建立横店的地形、规划、地下管线信息等共享数据库。按照“赏心悦目、无半点瑕疵”的标准，连接城区、29个景区与城市外环的旅游线路。对旅游专线、支线20余条道路实施地下管网、路面“白改黑”、绿化、立面四大工程，建设慢行道、智慧交通、导视、停车四大系统。对梦幻谷、秦王宫、圆明新园等景区周边360度环境风貌实行个性化、影视化改造提升。

【“双城双创”三年绿化行动】 11月，东阳市召开千人规模的全市绿化工作暨创建国家森林（园林）城市动员大会。组织实施“绿色图章”管理制度。完成南大门广场、歌山高速出口绿化提升工程，审核猴塘公园等重点绿化工程，节省项目资金700万元，审核南街广场、江北精品苗木基地、湖溪镇清济公园、千祥镇休闲公园等20余个公园的绿化方案。组织编制《东阳市国家森林城市规划》《东阳市绿化技术指南》。编制《东阳市植物绿化技术指南》。开展平原绿化工作，完成平原绿化333.33公顷。完成西山公园、儿童公园、南门广场停车场景观工程等11项绿化建设项目，规划实施巍山镇松毛山公园和入口公园、湖溪镇清济公园和环镇北路绿化工程、千祥镇休闲公园等公园。

【“十三五”规划】 《东阳市国民经济和社会发展第十三个五年（2016～2020年）规划纲要》是根据《中共东阳市委关于制定国民经济和社会发展第十三个五年规划的建议》编制，主要阐明市委战略意图，明确政府工作重点，引导市场主体行为，是未来五年东阳市经济社会发展的宏伟蓝图，是全市人民打造“影视旅游名城、经济文化强市、生态宜居东阳”的行动纲领。

（李　佳）

市委重要会议

【市委十四届九次全体（扩大）会议】 于1月7日召开。会议的主要任务是学习贯彻中共十八届五中全会、省委十三届八次全会及金华市委六届十次全会精神，总结2015年工作，部署2016年任务，研究谋划东阳市未来五年发展，审议通过《中共东阳市委关于制定东阳市国民经济和社会发展第十三个五年规划的建议》。市委书记黄敏做《以五大理念为引领 奋力开创东阳赶超发展新局面》报告。市委副书记、市长朱建军部署2016年工作。市委副书记姚激扬主持会议。市委委员、候补委员，市纪委委员，市人大正副主任，市政协正副主席，市人武部部长，副市级领导，镇乡街道、机关部门主要领导，市政府驻外工作机构负责人，市级老领导，各民主党派主要负责人，部分市党代表、市人大代表、市政协委员参加会议。

【市委十四届十次全体（扩大）会议】 于6月2日召开。会议的主要任务是落实中共十八大和十八届三中全会、十八届四中全会、十八届五中全会精神，研究东阳市补短板工作，审议通过《中共东阳市委关于补短板抓落实的若干意见》，动员全市上下为加快建设“影视旅游名城、经济文化强市、生态宜居东阳”，建成小康社会而努力奋斗。市委书记黄敏做《补短板 抓落实 率先高水平全面建成小康社会》报告。市委副书记姚激扬主持会议。市委委员、候补委员，市纪委委员，市人大常委会正副主任，市政协正副主席，市人武部部长，副市级领导，镇乡街道、机关部门主要领导，市政府驻外工作机构负责人，市级老领导，各民主党派主要负责人，部分市党代表、市人大代表、市政协委员参加会议。

【全市干部大会暨农业农村工作会议】 于2月23日召开。会议的主要任务是落实上级农村工作会议和市委全会精神，部署2016年“三农”工作任务，动员全市干部群众。市委书记黄敏做工作报告，市委副书记、市长朱建军主持会议。会议表彰各类先进集体和个人。市四套班子领导，市人武部部长，市法院院长，市检察院检察长，机关部门主要领导，农口部门和镇乡街道领导班子成员、行政村（社区）书记、主任在主会场参加会议。机关部门班子成员在副会场参加会议。镇乡街道全体机关干部、机关驻镇乡街道机构负责人及“大学生村官”在分会场参加会议。

【全市工业经济与科技创新大会】 于3月15日召开。市委副书记、市长朱建军做工作报告，市委常委、常务副市长李宝春主持会议。市委书记黄敏对供给侧改革、企业和企业家培育、主导产业转型升级、要素整合挖潜、精准服务、安全生产做重要讲话，围绕政企之间的“亲”“清”关系及打造“工匠精神”提出明确要求。市四套班子领导、人武部

图 32　3 月 15 日，在东阳剧院召开全市工业经济与科技创新大会（市委办提供）

部长、市法院院长、市检察院检察长和其他副市级领导，各镇乡街道党政正职、分管工业领导、经发办全体成员、全程代理员，市机关各部门、各单位主要领导，主要涉工部门中层以上干部，全市规模以上工业企业负责人、部分企业代表参加会议。

【中国共产党东阳市第十五次代表大会】　于 12 月 26 日召开，大会的主要任务是：高举中国特色社会主义伟大旗帜，学习贯彻习近平总书记系列重要讲话精神，贯彻中央、省委、金华市委的决策部署，回顾总结市第十四次党代会以来的工作，研究确定后五年的奋斗目标和主要任务，选举产生中共东阳市第十五届委员会和中共东阳市第十五届纪律检查委员会，动员全市各级党组织和广大党员干部群众，扛起使命、赶超发展，为率先高水平全面建成小康社会而努力奋斗。市委书记黄敏向大会做《扛起使命 赶超发展 为率先高水平全面建成小康社会而努力奋斗》的报告。市长姚激扬主持开幕式。市委委员、候补委员，市纪委委员，市人大正副主任，市政协正副主席，市人武部政委，副市级领导，镇乡街道、机关部门主要领导，市政府驻外工作机构负责人，市级老领导，各民主党派主要负责人，部分市党代表、市人大代表、市政协委员参加会议。

（李　佳）

市委办公室工作

【概况】　2016 年，市委办公室对接拟定各种会议方案 163 个，直接参与接待来宾 50 批，配合做好接待方案 95 个，接收办理上级来文 342 件、下级请示报告 38 个，印发市委、市委办文件 207 个，会议纪要 43 个。

【综合协调工作】　起草市委十四届十次全会报告、东阳市第十五次党代会报告、全市三级干部大会报告、全市绿化工作暨国家森林（园林）城市创建动员会报告等重要文稿，起草各类报告、讲话稿 260 余篇。《为“走在前列、共建金华”贡献东阳力量》《以走在前列为引领 谱写“五水共治”新篇章》等文章被《金华通讯》采用，《在“走在前列 共建金华”中展现东阳力量》《扛起使命 赶超发展 勇当“全面小康、浙中崛起”排头兵》等文章在《金华日报》《金华新闻网》刊出。

【调研工作】　完成木雕红木产业发展、农村公共服务、农村环境革命推进工作、农房保障、农村交通建设等多个课题的调研。起草《中国共产党东阳市委员会工作规则》《中共东阳市委关于补短板抓落实的若干意见》等多个重要文件。编发《今日东阳》11 期、《东阳政研》9 期，完成浙江卫视、《金华日报》、金华电视台、《金华通讯》等约稿各 1 篇，完成《浙江政策年鉴》《浙江概览》东阳部分的上报工作。

【督查工作】　围绕市委、市政府重大决策和重点工作，定期督办市委常委扩大会议等重要会议决策、市委市政府主要领导批示交办事项、“五水共治”“三改一拆”等重点工作，十大民生实事、十大重点工程、人大代表建议政协提案，省《今日聚焦》、金华市《正风问效》及东阳市《每周聚焦》栏目曝光报道问题等工作。组织开展专项督查 130 余次，编发督查情况专报 56 期、督查通报 61 期、督办通知书 17 期。牵头制定镇乡街道、市级机关部门（单位）年度目标责任制考核办法、考核细则并组织实施年度考评工作。

【信息工作】　强化信息目标考核，创新信息约稿制度，加强信息业务培训，刊发《一周要讯》40 期。做好信息报送工作，及时向上级党委反映工作动态。编发上报各类党委信息 860 余条，省委办、金华市委办采用 122 条。

【保密工作】 开展全市保密自查自评督查工作，开展机关、单位互联网门户网站等信息公开保密审查专项检查工作，完成党政专网延伸"红机"(党政专网电话)建设，完成电子政务内网市级节点建设，做好日常保密工作管理。

（李 佳）

信访工作

【概况】 2016年，东阳市信访局办理群众来信974件，其中国家局来信59件，省局来信91件，金华市局来信87件，东阳市来信466件，简单登记来信271件。网上信访674件，其中国家局网信74件，省局网信135件，金华市局网信6件，本级登记141件，省长信箱311件，重要网民留言7件。金华市长信箱交办64件，全部办结。接待群众来访2145批9366人次，集体访325批次6463人次。群众进京上访48批72人次，其中非正常上访1批1人次，到省上访126批243人次，到金华上访54批386人次。申请复查298件，撤回255件，复查33件，告知10件。

【护航G20杭州峰会】 成立G20杭州峰会维稳安保工作领导小组。领导小组下设指挥部，指挥部下设综合指挥部、安全防范部、信访工作部、舆情导控部。建立市级领导坐班接待信访制度。8月1日至9月10日，市级领导每天轮流在市群众来访接待大厅接待群众来访；各镇乡街道、市机关相关部门班子领导在单位开展轮班接访。7月1日起，启动情报信息每周会商研判机制，由常务副组长（市委副书记）召集，各工作部及相关部门汇报一周工作情况。全市18个镇乡街道及市机关相关部门成立G20杭州峰会信访维稳应急处置工作小组，由党委(党工委)书记或单位主要领导任组长。8月1日起，各镇乡街道、市机关相关部门启动信访维稳信息情况每日会商研判制度，解决每日重点突出情况，确保全市信息精准掌控。组建市民观察团(反映社会民生、公共事务类的信访人)，参与检查新农村建设情况。抽调市信访局、市公安局、镇乡街道干部组建驻北京、驻杭州、驻金华劝访组，其中驻北京6人，驻杭州14人，驻金华3人，后增加萧山服务区卡点小组3人，增配1辆警车。东阳市实现G20杭州峰会期间无到省、进京上访，无闹访缠访、扰序滋事的实战要求。

【"党建+信访"新模式】 探索"党建+信访"新模式，推行积分制管理。为农村党员干部的组织纪律、履职情况、"三改一拆"等中心工作中示范作用、信访维稳工作等内容设定分值(基础总分为100分)，实行量化考核(考核周期一年，每月考核一次)，明确结果的运用。把党员干部上访行为纳入党员干部积分制管理，明确党员干部应当通过正常途径反映诉求，不得怂恿、支持集体上访，不得串联、带头参与集体上访、越级上访和非正常上访。在党员积分制管理中，为制造信访问题的党员干部党员干部有违章建筑、违法用地或违法"一户多宅"被查处而未自行拆除的亮红灯；民主决策程序落实不到位，"五议两公开"▲公开不及时、不准确的；侵占集体资产或挪用集体资金，情节较轻未构成党纪处分的；工作互相扯皮、制造矛盾的；工作作风简单粗暴引起群众上访的等情况，都列入党员干部积分制管理扣分项目。明确党员干部化解矛盾纠纷的责任：每名党员干部要按照"网格化管理、组团式服务"要求，参与网格化管理工作，及时化解矛盾纠纷。如因为矛盾纠纷化解不及时、信访维稳工作不到位，引发上访的，予以扣分。主动调处邻里矛盾纠纷、化解信访问题的，予以加分奖励。

▲"五议"：村"两委"负责人建议、村支部会提议、村"两委"会商议、党员大会审议、村民代表会议或村民会议决议；"两公开"：决议公开，实施结果公开。

【信访积案化解】 通过领导包案促化解、部门协调促化解、加强督查促化解等方式化解积案30余件。省级挂牌信访积案按照"五个一"要求(一个案件、一名领导、一套班子、一个方案、一抓到底)，5件化解类案件全部化解。实施市领导"三包四联"工作考核意见，由市领导牵头负责39件重大疑难案件的调处化解，化解34件疑难积案。落实省交办的"三跨三分离"(三跨：跨地区、跨部门、跨行业；三分离：人事分离、人户分离、人事户分离)案件。

【社会力量参与信访工作机制】 建立社会力量参与信访工作机制。组建换届选举专项法律服务志愿者队伍，组织近80名律师、法律工作者，在全市、镇乡、村换届选举期间，协助审核换届选举文件，为换届选举提供法律意见，协助解决换届选举中的法律问题,减少换届选举信访问题的发生。通过提供法律咨询、参与信访接待、信访难题化解等方式协调化解换届选举中的相关信访问题和矛盾纠纷,把换届选举中的信访问题化解在基层。

【信访干部培训会】 9月30日,东阳市信访联席办举办信访干部培训会,全市18个镇乡街道和市民政局、市国土局等18个重点部门信访干部参加培训会。通过教员授课、差错辨析、答疑解惑等多种形式,使大家掌握信访事项网上办理的基本流程、办理要求和特殊情况处理方案。组织信访任务较重的镇乡街道、部门单位信访干部轮流到信访局顶岗学习,熟悉掌握办理流程。

【依法信访宣传】 8月1日,《浙江省信访条例》(简称《条例》)施行。9月21日,市信访局在《东阳日报》的第6、7版专门刊登《条例》和"十问十答"解读《条例》;在信访干部大会上组织学习《条例》;面向干部和群众发放宣传册1500余份。宣传引导群众理解《条例》精神,依法进行信访活动。

(金惠卿)

组织工作

【概况】 2016年,全市有基层组织2611个,其中,党委106个、党总支173个、党支部2332个;另有部门党委27个、各类党组26个,市委派出工委8个。党员62569人,其中女性13016人,少数民族61人;45岁及以下25665人,大专及以上18547人。发展党员930人,其中女性366人。

【乡镇换届】 建立乡镇党代表资格条件联审制度,市委组织部、市纪委、市人民法院等16个部门对照审查标准,审查2285人次,发现问题154人次。推行换届纪律承诺制,乡镇党委做出主体责任承诺,党代表候选人签订换届纪律承诺书。市委派出换届纪律巡回督查组和专项督查组,督促检查乡镇党委换届选风选纪情况,查处违反换届纪律案件2起。通过谈心谈话方式,分析研判镇乡街道领导班子。把握乡镇领导班子总人数,核定乡镇领导职数173人。抽调36人组成6个考察组,考察全市各镇乡街道领导班子及其成员。多层面开展署名推荐,推出镇乡街道党政正职配备人选,18个镇乡街道党政正职全部到位。注重选拔"三类人员"进乡镇领导班子,选拔出乡镇领导班子预备人选(乡镇事业身份15人、"省千名好支书"1人、"大学生村官"1人)。监督换届纪律,组建18个换届工作巡查组,重点巡查选风选纪问题。

【干部队伍建设】 完成2015年度领导班子和领导干部述职述廉述德述法及民主测评工作,36名党政正职和91名领导干部确定为优秀等次。开展省委第七巡视组反馈意见的整改工作,整改金华选人用人专项检查组的8个督办件的报告反馈。完成17名试用期满领导干部的考察和正式任职工作。制定《关于激励干部干事创业治理为官不为的若干意见》文件初稿。完成市公安局和市市场监管局向外县(市、区)公开选调13名公务员。完成2016年度公务员录用和机关部门面向镇乡公开选调一般干部工作。分析研判机关部门领导班子和领导干部,安排11个考察组开展市机关部门和市纪委派驻纪检组集中考察。开展市、镇(乡)两级人大代表换届考察审查工作。

抽调150余名机关干部参与横店城市风貌综合提升工作。配合开展提升建筑业发展"营改增"和招商工作,抽调70名机关干部参与指挥部4个工作组。选派干部到市转升办、市木雕红木办、市文旅办等机构接受锻炼,选派后备干部参加"五水共治""三改一拆"等全市重点工作,开展专项考察。选派3名年轻领导干部到金华市机关部门挂职锻炼。选派市交通局副总工程师作为第八批援藏专业技术人员。

【干部人事制度改革】 完善和落实公务员职务与职级并行制度,完成公务员职级晋升373人。建设和管理干部人事档案,完成3585卷档案的审核和认定工作。优化和完善公务员考核体系,制定《东阳市公务员平时考核工作实施办法(试行)》。完成市人民法院、市人民检察院两个单位的法官、检察官职务套改的审核和上报工作。会同市纪委、市财政局对18个镇乡街道、上卢管理处、4个机关部门的津补贴及差旅费管理执行情况进行专项检查。

【干部监督管理】 整治"三超两乱"("三超"是指超编制进人、超职数配备干部、超范围分设党政职务;"两乱"是指随意按年龄划线乱调整配备干部和违反规定程序乱进人)问题,全市整改消化超配职数9人。组织开展清理工作"回头看",清理应清未清人员2人。整治党员干部民间借贷，组织领导干部填报民间借贷有关事项报告表。开展选人用人问题自查工作，自查1名带病提拔干部的选任过程，检查试点单位的选人用人问题。开展领导干部个人有关事项报告和领导干部经济责任审计有关工作。落实干部日常监督管理，专项收集和汇总全市2012～2016年党员干部违法违纪受处理情况。加强出入境证照的管理工作。改造升级"12380"信访平台。

【干部教育】 联合中国传媒大学、上海交通大学、浙江大学等高校共同举办创新驱动发展专题研讨班、"城乡一体化"专题研讨班、影视高层次人才培训班、金融知识专题研讨班、政法干部专题研讨班等主体班次14期。印发《关于实施全市领导干部学分制管理办法的通知》，规范全市领导干部日常学习，对学习情况进行量化学分制考核。规范学历学位在职教育，完成43人的学历学位更改、审核、归档工作。完成东阳市参加省级、金华市级培训班学员选调98人。

【组织中青年干部培训班】 组织开展为期两个月的中青年干部培训。培训以问题为导向，采用研讨式、案例式、调研式、体验式等多种教学方式，内容涵盖党性教育、廉政教育、市情教育、"两学一做"等多个方面，培训对象为未参加过中青年干部培训班的镇乡街道、市机关部门单位优秀中层干部39人。培训期间，由专门人员全程对学员进行跟踪考核，对学员的表现进行量化评分，把考评情况纳进干部学习考核表，存入个人档案。

【基层党建工作】 6月2日，召开全市基层党建工作推进会。印发《2016年镇乡街道基层党建工作考核细则》，分市委组织部、镇乡街道党（工）委书记、镇乡街道组织建设办、镇乡街道干部、农村（社区）基层党组织五个层面制订基层党建工作任务清单，明确市、镇、村三级抓基层党建工作的责任目标。落实镇乡街道党（工）委书记抓基层党建"八个一"工作。坚持基层党建工作专项督查制度，每月定期开展督查并纪实性通报。定期召开全市基层党建工作例会。教育管理镇乡街道组工队伍，组织开展全市新任组织委员培训班，调整充实镇乡街道组织员队伍。结合"千名机关干部下农村调研"活动，调研组逐村梳理确定村级组织运行、党员干部队伍"不守规矩"、历史遗留问题和重点矛盾纠纷、创业承诺任务"四张清单"，理清村（居）存在问题并落实整改。完成2016年基层党组织星级评定工作，排摸确定41个软弱涣散村（居）党组织，由市级领导联系开展集中教育整顿。开展行政村区域调整后续完善工作，理顺村级组织运行机制。巩固37省道党建示范带创建成果，启动10个党建示范乡镇建设。

【党员干部队伍管理】 加强村干部教育培训，集中培训全市农村党组织书记。深化农村干部积分制管理办法和农村党员五星积分管理制度，确定后进干部39人，教育整转不合格党员226人。集中排查整治农村党员干部违建违排工作，建立农村党员干部个人重大事项申报制度，全市3.1万名党员围绕是否存在违法用地和违章建筑、是否存在违规排放、是否支持环境革命开展自查工作，督促1223名党员干部主动拆违13.4万平方米。启动"8890"党员志愿者服务联盟建设，完成市级总站建设和横店、巍山、南马3个分站建设。开展失联党员集中排查工作，找回失联党员932人，配套组织处理57人。

图33 6月2日，召开全市基层党建工作推进会（市委组织部提供）

【大学生村官管理】 实行大学生村官有序流动，其中考录公务员5人，考入事业单位6人，推荐期满大学生村官另聘为社区工作者1人。组织5名大学生村官参加金华市大学生村官培训，1名大学生村官参加中共中央组织部培训，落实大学生村官量化积分管理制度，执行13条加分清单和12条扣分清单，把积分与个人评先评优、选拔考录相挂钩。8月，组织开展大学生村官“农村淘宝”运营实践体验活动，全市20余名大学生村官进行为期2年的轮班运营活动。

【“两新”组织党建】 印发《关于进一步落实市委“两新”工委委员2016年度党建责任制的通知》。规范“两新”组织（新经济组织和新社会组织）党员活动日和党建督查日，每月定期开展督查。推进“两新”组织标准化建设，创建金华市级示范点7个。培育市级示范点43个。总结提炼建筑行业党建工作标准15条。推进木雕小镇党建工作，推动小镇党建工作与产业发展、文化传承有机融合。小镇入驻知名企业29家，省级以上工艺美术大师22人，其中党员大师8人。开展“红色CEO”（企业党组织书记）选聘工作，首批10名“红色CEO”一对一对口联系相关“两新”组织。集中整顿软弱涣散“两新”党组织，9家“两新”党组织因企业停产停业、组织工作处于停滞状态等原因予以撤销。

制定《关于组织红色志愿服务队的通知》，组建20支党员红色志愿者服务队，全市志愿者服务队开展各类志愿服务活动1006次，参与人数14879人，总服务时间25747小时。运行管理党群服务中心，15个党群服务中心开展座谈会、文体活动、文化交流等活动2000余场。

开展新生代出资人培训等活动20余场，开展市功勋企业家、经济建设杰出人物评选活动，评选功勋企业家25人、经济建设杰出人物29人。开展“两优一先”▲“千名好支书”“万名好党员”评选活动，全市“两新”领域获金华市级优秀共产党员2人、优秀党务工作者2人、先进基层党组织2个，获省级先进基层党组织1个、省“千名好支书”4人、省“万名好党员”11人。

▲“两优一先”：在基层党组织和党员中开展评选表彰出的优秀党务工作者、优秀共产党员和先进基层党组织。

【远程教育】 2016年，东阳市党建电视新闻题材被省党建频道采用18条次、金华台《先锋广角》采用35条次。制订党建电视栏目“以奖代补”制度，改版“时代先锋”栏目，增加党建新闻播报、先进人物宣传等板块。拍摄花园村党建宣传专题片，助推花园村“获全国先进基层党组织”称号。组织开展“环境革命 书记论剑”大型系列电视论坛、“我是党员”主题电视演讲比赛。与横店影视学院、“横漂”党支部建立长期合作，合作拍摄反映“横漂”党员工作学习的微电影《浮萍之根》。

【人才工作】 印发《2016年全市人才工作要点》《2016年全市人才（招才引智）工作考核细则》，明确各部门单位的工作重点和考核办法。制定《东阳市人才专项资金使用管理办法》。执行市委人才工作领导小组成员单位人才工作专项述职制度。部署高层次人才基本情况调查统计工作，抽样调查213家企业人才资源，排摸出硕士以上高层次人才343人。开展国家“千人计划”、省“千人计划”和金华市“双龙计划”申报工作，省“千人计划”入选1人、金华市“双龙计划”入选7人。会同市人力社保局等部门，组织相关企业到西安、湖南等省

图34 2月4日，市人才办召开全市拔尖人才座谈会（市委组织部提供）

市引才，引进各类人才近200人。组织横店东磁集团有限公司到美国、欧洲开展招才引智活动，初步达成合作意向项目2个。组织相关人才企业参加中国材料科学青年学者高峰论坛、第四届“千人计划”智汇金华信息网络峰会暨省海高会电子信息分会2016年会和第十八届“浙洽会”海外高层次人才智力项目洽谈对接活动。增加省级博士后科研工作站、省级重点企业研究院和省级企业研究院各1家。推进“三百”活动，组织开展“帮扶人才企业，走进园区小镇”、人才新政宣讲下乡等活动。实施“百博入企计划”，签约“百博入企计划”专家4人，考核入企挂职9名博士的日常表现，发放奖励资金55万元。2月4日，召开全市拔尖人才座谈会，表彰49名重新评审入选的“百人计划”拔尖人才人员。组织全市拔尖人才到陕西省延安市开展学习人才新政暨延安精神主题教育活动。东阳国际木雕产业基地被认定为金华市青年创客工场，基地总面积1400平方米，拥有工位200个，入驻项目29个。开展中央、省关于深化人才发展体制机制改革文件精神的学习活动，收集相关意见和建议54条。完善“店小二”人才服务体系。开展市人才广场改造提升建设。开展人才奖励政策兑现工作，向12家企业发放人才奖励资金268万元。

【影视人才工作】 制定《关于做好“横漂”管理服务工作的实施意见（试行）》《关于扶持影视文化产业发展的补充意见》等文件。投资200余万元建成影视文化人才书苑。选址横店镇雅堂村建设“横漂广场”。与腾讯公司合作打造横店腾讯娱乐梦工场暨腾讯众创空间，签约四方战略合作框架协议并挂牌。设立浙江横店影视产权交易中心。联合中国传媒大学开办影视高端人才专题研修班，组织49家影视企业负责人到北京开展为期一周的脱产学习。引导横店影视职业学院精细化办学，成立横店影视职业教育联盟，与韩国的又松大学、顺天乡大学建立交流合作关系，在东阳网传天下文化传媒有限公司设立校外实训基地。

（王航波）

宣传工作

【概况】 2016年，市委宣传部围绕浙江省基层宣传思想文化工作“四张清单”，开展对照自查和整改落实工作，开展基层宣传思想文化工作“十百千”培育工程（十百千农民致富工程）、“从严管理落实年”活动，组织开展“坚定清醒、勇于担当”主题教育实践活动，开展农村“两富”指导、扶贫结对、“五水共治”结对等各项活动。11月，组织“十佳记者”“飘萍新闻奖”“优秀新闻栏目”评选等活动。

【学习型党组织建设】 1月26日，印发《关于2016全市党员干部理论学习的意见》，要求全市党员领导干部做好带头示范作用。4月21日，印发《关于做好〈习近平总书记系列重要讲话读本（2016年版）〉等理论读物学习宣传工作的通知》，组织全市党员干部学习党中央治国理念和执政方略。6月14日，印发《关于在全市组织开展2016年党员读书月活动的通知》《认真组织学习贯彻习近平总书记“七一”重要讲话精神》《关于认真组织学习宣传〈胡锦涛文选〉的通知》《关于开展学习型党组织、学习型党员干部“双十佳”评选的通知》等系列文件，深化党员干部对重大理论和现实问题的认识。组织全市各党委（党组）中心组开展“两学一做”、习近平总书记系列讲话精神专题学习宣传活动，市委中心组和各局级中心组集中学习12次以上。编印《东阳理论学习》5期、《八面风论坛》3期、《市委中心组理论学习情况通报》4期、《党委（党组）中心组理论学习情况通报》3期，给各党委（党组）中心组发放理论学习资料1.9万余册。

【文化传播】 1月9日，市委宣传部联合卫生、文化、科技、司法、农业、林业、科协等10个部门，在南市街道开展文化、卫生、科技“三下乡”集中活动。7月，组织“党员读书月”活动，开展“月月读”、中心组集中学习、党员干部读书交流、红色图书展销、读书体会征评等活动。组织开展“信义金华”主题征文活动，报送金华市委宣传部21篇，9篇获奖。8月，举办“三严三实”红船精神专题学习研讨会。9～10月，在全市开展2016年“社会科学普及周”活动。10月，开展东阳市人文社会科学优秀成果评选活动，评出一等奖4项、二等奖6项、三等奖9项、优秀奖15项。邀请胡新民、潘建伟、南存辉、王均寅等在东阳文化大讲堂举办专题报告会。

【家训家风全域化工程】 推进中国木雕家训馆建设，推进农村文化礼堂家训家风教育点（馆、廊)建设。组织编写家训家风故事,组织全市中小学生收集身边好家训、家风故事;以村为单位,宣传、展示家训家风,编印家风故事。组织编写家风家训教育故事读本。推进家训家风故事传播,建设电视道德讲堂、农村道德讲堂,推进网上道德讲堂、学校道德讲堂建设,宣讲东阳好故事。

【农村文化礼堂建设】 4月12~13日,全省农村文化礼堂建设工作现场会在东阳市召开。省委常委、宣传部部长葛慧君一行参观蔡宅农村文化礼堂。6月,召开文化礼堂建设资料收集集中会审会。推进个性化建设,设立农村文化礼堂公益金,构建社会化运作机制,推动建立理事会。开展"十比十看"活动,举办各类文化下乡活动600余场。组织开展"学家训、立家训、树家风"活动,开展文化漂流、文艺会演、道德大讲堂以及"百姓、村官、专家、道德"4支乡音宣讲团走进农村文化礼堂等活动。2016年,建成农村文化礼堂15个。

【红军长征胜利80周年群众性主题教育活动】 印发《关于开展红军长征胜利80周年群众性主题教育活动的通知》,以"弘扬长征精神、决胜全面小康"为主题,部署安排全市纪念活动。组织开展纪念活动,在广大师生中开展长征故事汇、缅怀先烈、参观走访等活动;在部门单位组织开展"长征故事会"、唱红色歌曲、诵读红色诗篇、观影会等纪念活动。全市各级爱国主义教育基地举办"徒步长征路 重温革命情"庆红军长征胜利80周年徒步毅行、"致敬长征,筑梦未来"重走长征路等纪念活动。

【"小善大成"教育实践活动】 开展"知善""行善""扬善"系列活动。2月,组织各镇乡街道开展"最美媳妇""最美婆婆""最美教师"等各类"最美"人物评选活动,产生2016年度"最美东阳人"10人、提名奖9人。11月,举办2016年度"最美东阳人"颁奖典礼,编印《2016年度最美东阳人》书籍。每月向金华市文明办、省文明办推荐"金华好人""浙江好人"。东阳籍中科院院士潘建伟被当选2016"感动中国"十大年度人物,"市农商银行"红十字救援队、工商银行东阳支行员工陈贵松被评为"浙江好人"。

制定《东阳市道德模范奖励帮扶实施办法》,落实道德模范奖励帮扶有关政策。8月,在巍山镇王宅村举办"小善大成"道德讲堂进村进社区启动仪式,引导各镇乡街道在各自文化礼堂建设村和有条件的村开展"道德讲堂"活动,"小善大成"道德讲堂每周一晚7点播出,每周重播9次,全年播出99期。在《东阳日报》开设"小善故事汇"栏目,不定期常态化宣传报道群众身边的"小善"故事。开展"培育善文化,弘扬善能量"论文征评活动,评选出28篇优秀论文,印发《小善大成》优秀理论文章汇编。召开东阳市第三届道德论坛,研究讨论"善文化"的培育、激励机制。

【全国第十四个公民道德宣传日】 9月20日是全国第十四个公民道德宣传日,举办市民文明践行活动启动仪式,以发放倡议书、签名承诺、广场服务、上街宣传劝导、媒体宣传、设立不文明行为曝光台等形式,组织发动全市志愿者、机关干部、市民群众、中小学生在日常生活中践行文明旅游、文明出行、文明用餐,倡导相关部门工作人员在工作时践行文明服务。在全市公交车、出租车及私家车中开展"绿丝带"环保公益行动,倡导文明出行。

【群众性精神文明创建】 开展东阳市级文明村(社区)、文明单位、文明镇乡街道等文明创建活动,开展业务和实地指导,进行考评验收,对争创全国文明单位的两家单位(东阳农商银行和东

图35 4月12日,省委常委、宣传部部长葛慧君一行参观蔡宅农村文化礼堂(市委宣传部提供)

阳市供电局）进行创建工作指导。开展金华市级文明单位、文明村镇的复评工作，组织新创金华市级文明单位签订文明结对协议，开展文明结对活动。开展第三届文明示范窗口评选活动，表彰10个服务窗口。在G20杭州峰会期间，组织开展“迎接G20，我来答文明”微信竞赛活动。参与市五创办开展的“美丽县城”创建。

【未成年人思想道德建设】 完善未成年人学校、家庭、社会“三位一体”的道德教育体制，推进全市农村“春泥计划”工作，组织开展全市中小学生“文潭杯”社会主义核心价值观征文活动。优化未成年人成长环境，开办江北街道甘东的“四点半”学校，举办六石街道北后周非遗体验文化活动，设立横店湖口和湖溪清潭的奖学基金，绘制文化墙等特色活动。

【新闻宣传工作】 组织开展“贯彻落实市委全会精神”“市两会”“横店城市风貌整治提升”“环境革命”“五水共治”“三改一拆”“两学一做”“治国理政新理念新思想新战略”“建党95周年”等专题宣传活动。《东阳日报》、东阳广播电视台、《金报东阳》、东阳新闻网设立专栏、专版、专题，开展集中宣传活动。组织市各新闻单位落实“改进新闻报道密切联系群众”有关规定，指导东阳新闻网做大东阳侬社区论坛，做强“东阳发布”平台，做强《行风热线》《阳光行动》《市民问政》《每周聚焦》舆论监督类栏目。

【对外形象宣传工作】 在金华市级以上重点媒体刊发稿件3000余篇条，其中省级媒体1000余篇条、国家级媒体400余篇，CCTV-4《远方的家》特别节目《一带一路》在东阳拍摄3集专题片并连续播出，《人民日报》头版头条两次提到横店小城镇和影视产业发展的例子，在《浙江日报》上推出“东阳探索文化礼堂‘建管用’体制”“东阳横店镇推进环境综合整治启示”“徐文荣：老骥伏枥志在千里”3个专版，在《金华日报》推出3个专版的“东阳环境革命助推五水共治”专题报道和1个专版的“东阳元素为G20杭州峰会增添‘中国红’”专题报道。联系并接待丹麦、中国台湾中天、俄罗斯等电视台到东阳市拍摄《最大》《魅力东方·走进东阳》《这里是中国》等纪录片。组织浙江电视台钱江频道6期真人秀节目录制，展示东阳市木雕红木精髓；组织《金华日报》、金华电视台、浙江卫视等媒体对市委书记黄敏进行“一把手”专访活动；组织2016横店国际马拉松、全省文化礼堂东阳现场会、第二届红博会、花园红木展销会集中宣传活动；组织横店城市风貌综合提升摄影、微电影比赛；与东阳农商银行对接，在甬金高速东阳城区出口布置大型城市形象宣传广告牌；组织全省粮食产业“机器换人”现场会有关宣传工作；组织对外宣传东阳学习型团队、建筑联盟大会等亮点；组织G20杭州峰会东阳元素、东阳红木家具展暨中国红木大会、第八届全国红木家具经销商大会、第九届休闲购物节等集中宣传；组织横店城市风貌综合提升、横店圆明新园夏园开园、横店影视文化节等集中采访宣传活动活动；组织做好第十一届中国（东阳）木雕·竹编工艺美术博览会的集中宣传和第一届中国工艺美术行业艺术大师评审会前期准备工作。

【互联网信息宣传管理】 开展网络基础信息大排查、互联网网络信息安全专项整治工作，签订网站安全承诺书，对检测发现有安全漏洞、管理不规范的网站以及服务器在境外的网站进行关停或整改。建立舆情检索关键词库，对重点网络舆情进行督办，启动网络舆情应急响应机制。制订“五个十条”（《东阳市互联网信息服务管理制度》等五项制度），推进属地互联网管理制度化建设。成立东阳市微联盟，规范属地微传播领域网络信息服务和运营。建立东阳微联盟，加强对全市“两微”（微信、微博）平台信息发布的引导和管理。推动全市重点机关部门和镇乡街道建立信息发布机制和发布平台，整合各地各部门“两微”资源，建立网上东阳发布厅。建立网评员培训与考核机制。在全市建立“核心、骨干、基层”3支网军队伍，总人数5000人，完善网评员实战应急演练、网评工作联动、分组培训等机制。分析研判涉及东阳舆情350余起，编印《涉东网络舆情周报》34期，报送重大网络舆情专报13期，发送《网络舆情抄告单》40份，落实上级互联网管理要求和宣传工作提示3400余条。策划制作《世界无烟日》《第二届红博会》《东阳家训馆建设》《全省农村文化礼堂现场会》《首届乡村旅游节》《第十一届中国（东阳）木雕主编工艺美术博览会》《2016“最美东阳人”评选》《微力无穷 孝声回家》等30个专题。至年末，“东阳发布”微博粉丝人数超过 18 万人，微信关注人数 16.1 万人。

（蒋 亮）

统战工作

【概况】 市委统一战线工作部与市民族宗教事务局、市侨务办公室合署办公，内设 4 个科室和一下属市统一战线发展促进中心。全市有 6 个民主党派（农工、民革、民建、民盟、民进、九三学社），其中农工为市委会，民革、民建、民盟为基层委员会，民进、九三学社为支部委员会，成员数 501 人；已在市外各地建立东阳人联谊会、商会 32 家，市内有市党外知识分子联谊会（简称“市知联会”）、市新的社会阶层人士联谊会（简称“市新联会”）、市新生代创业创新人士联谊会（简称“市创联会”）、市网络界人士联谊会（简称“市网联会”）。市委统战部被东阳市委市政府评为 2016 年度先进集体。

【中共十八届五中全会精神专题学习会】 1 月 11 日，邀请省委宣讲团成员、省委党校巡视员、省委党校副校长郑仓元做中共十八届五中全会精神专题辅导，全市统一战线骨干成员，各镇乡街道统战委员及全体统战部机关成员近 200 人参加学习会。

【市委统战工作会议】 1 月 14 日，召开市委统战工作会议，邀请全市各民主党派负责人列席会议。会议主题是落实中共十八届五中全会精神和中央、省委及金华市委统战工作会议精神，落实《中国共产党统一战线工作条例（试行）》《中国共产党浙江省委员会统一战线实施细则（试行）》《中国共产党金华市委员会统一战线工作实施细则（试行）》精神，研究和部署统战工作，制定《中共东阳市委关于进一步加强新形势下统一战线工作的实施意见》。

图 36　1 月 14 日，市委统战工作会议召开（市委统战部提供）

【“同心”社会服务活动】 开展“同心·送温暖”、创建“同心·实践基地”等系列活动。2 月 1 日，组织全市各民主党派、无党派人士、工商联及有关统战团体开展“同心送温暖 走进马宅”活动，走访慰问 75 户特困户及贫困学生，捐助价值 8.1 万余元的慰问金和物品。5 月 30 日，召开全市统一战线“同心·实践基地”第三次推进会，创建能发挥自身优势服务社会的“同心·实践基地”。全市统战系统累计建立“同心·实践基地”15 个。

【多党合作、政治协商】 组织全市各民主党派、工商联、无党派人士围绕“五水共治”“三改一

图 37　2 月 1 日，全市统一战线“同心送温暖 走进马宅”启动仪式现场（市委统战部提供）

拆”“环境革命”等中心工作。市“两会”期间，各民主党派、工商联、无党派人士提交提案180余件，其中民建《关于加强市区行道树科学选择与管理的建议》《关于切实加强我市职业教育的建议》《关于加快义乌疏港高速公路东阳延伸段规划、立项和报批的建议》、台联《关于进一步加强农村食品安全监管，全面打造“健康东阳”的建议》、知联会《关于加强我市建筑垃圾处理，创造整洁有序生态环境的建议》、新联会《关于加速推行垃圾分类处理的建议》《关于持续推进“美丽乡村”建设的建议》《关于建立加大山区“保供水”投资力度的建议》、创联会《关于推进东阳发展绿色建筑行动的建议》9件建议被列为市重点提案和建议。

协助市委办制定《民主党派和无党派人士向市委提出重要建议“直通车”制度》，组织各民主党派、工商联负责人和无党派代表人士召开情况通报会、座谈会9次，协助各民主党派考察发展成员29人。

【换届工作】 根据《东阳市各民主党派关于加强组织建设若干问题座谈会纪要》精神，协助指导民革、民盟、民建、农工党、工商联和市知联会加强组织建设。年末，完成民革、民盟、民建、农工党、工商联的换届工作。

完成市人大、市政协换届准备工作，成立市人大、市政协换届领导小组，制定换届方案，召开征求意见会，提出市第十四届政协人事安排工作的意见，报市委常委会讨论通过。

【党外干部队伍建设】 1月22日，市委组织部、市委统战部召开第一次联席会议。市委常委、市委组织部部长陈刚，市政协副主席、市委统战部部长施侍良出席会议，市委组织部、市委统战部分管领导和相关科室负责人参加会议。会议通报东阳市非中共人士干部工作的开展情况，围绕领导重视程度、政策规定落实、选人用人视野等方面进行自查自纠，交流讨论非中共人士干部的发现、培养、使用、管理等方面，研制对策措施，形成会议纪要，建立“联席会议、沟通协调、联合考察、联合调训、挂职锻炼”五项工作机制。

【非公经济领域统战工作】 开展以“守法诚信”为重点的理想信念教育实践活动。开展法制宣传教育、守法诚信宣传等活动，组织开展学习贯彻习近平总书记重要讲话精神专题学习会、报告会，邀请南存辉、邵钦祥作辅导。组织非公人士到成都、阿里巴巴、娃哈哈集团和上海高新科技企业学习考察；组织在东阳异地商会结对贫困村，建立“商会+农村”的扶贫新模式；联合市红十字救援队发起“平安联你回家”大型公益活动。

【“东商回归”工作】 依托东阳人联谊总会平台，开展以“项目、人才、资金、存款”为主要内容的四大回归工作。与32家各地东阳人联谊会（商会）进行对接排摸，挖掘在外东阳人的项目、人才、资金、存款等回归信息，建立相关资料库。杭州东阳商会推动海天集团建设工程技术工业化项目回归，上海东阳商会推动复星集团和东阳市政府签订战略合作协议，温州东阳商会推动好项目与东阳市对接，厦门东阳人联谊会推动嘉柯德智能科技项目落户东阳等。年末，配合相关部门签约洽谈回归重大项目6个，协议资金100余亿元，实际到位资金39.32亿元，存款回归流量96.55亿元，存量11.9亿余元。

【北京东阳商会成立】 6月21日，市委统战部部长施侍良带领相关人员到北京市指导北京东阳商会筹建工作。9月22日，召开北京东阳商会第一次会员大会，选举产生北京东阳商会领导班子。10月12日，北京东阳商会获北京市民政局批准成立，是北京市民政局批准成立的第一家浙江籍县市级商会。12月18日，召开北京东阳商会成立大会庆典。北京东阳商会有会员单位157家，主要分布在建筑、红木家具、木雕古建、传媒影视、金融投资、市场商贸、缝纫配件、高科技等行业。北京鸿山泰投资有限公司董事长张旭明当选北京东阳商会会长。

【蒙古国东阳商会成立】 11月28日，蒙古国东阳商会成立仪式在蒙古国首都乌兰巴托举行，中国驻蒙古国大使邢海明、参赞孙维仁、参赞李雁军，东阳市政协副主席、市委统战部部长施侍良，蒙古国中华总商会会长刘文可，浙蒙商会会长薛化栋以及多家在蒙商会代表出席成立仪式。蒙古国中信建设工程有限公司董事长金锦明当选蒙古国东阳商会首任会长。

【“我为家乡作贡献”活动】 组织开展“我为家乡做贡献”活动，上海东阳商会慈善基金会动员会员为佐村镇养老院捐款200余万元。福州东阳商会利用“周日拍拍行”活动，通过“互联网+慈善”方式分别为东阳市白坦小学、溪口小学和磐安县方前小学捐款6万余元。郑州东阳商会参与家乡慈善活动，元宵节期间组织回乡会员到东阳市城北残疾人福利院送温暖、献爱心；5月，为江北街道上卢小学购买价值14万元的电教设备、器材等。

【“三个活动”跟踪服务】 开展“东阳籍回国创业创新高端人才家乡行”“海外东阳籍博士教授回家乡助发展”“双十服务”活动，梳理归类乡贤们提出的意见和建议、与企业交流合作中碰到的难题以及配套的优惠政策等问题，建立联系分工制度，把任务进行分解，责任落实到人，定期“会诊”，提出应对措施。

【港澳台海外统战工作】 春节前后走访慰问重点侨属58人，拜会回乡过节海外侨界人士5人，向重点华侨华人和港澳同胞寄送贺年卡和慰问信150余份。5月，走访慰问48户东阳籍海外博士教授家庭。9月，协助相关部门向海外200余名高端人才发送科技项目征集表，鼓励留学人员依托国外先进实验设备和前沿技术，以“人在国外、成果回流”的方式为东阳市发展服务。接待台湾到东阳5批63人次，办理到台湾21批172人次的申报工作，走访定居台胞、重点台属50余户，寄送贺年卡和慰问信200余封。组织医药卫生、城市建设与社会管理2个公务团组到台湾考察。10月23～25日，接待台湾中天电视台《魅力东方》栏目组，协助栏目组进行探访东阳市“三乡一城”文化的拍摄工作。

【宣传工作】 重视宣传信息工作，调整信息员队伍，选派信息员到上级机关挂职锻炼，利用微信群、统战网站等宣传渠道，收集统战相关信息，编印统战信息11期、东阳联谊动态20期、《东阳人》杂志8期；建立全员参与机制，指导各统战团体开展专题调研，撰写调研报告。

（胡自力）

侨务工作

【概况】 2016年，受理来信6件，接待来电来访15人次。对来信来访、来电来访及时登记，结案率98%；办理华侨回国定居3人，“三侨生”（归侨青年、归侨子女、华侨在国内的子女）子女升学加分身份认定4人，侨眷身份认定5人，走访涉侨企业7家，帮助协调解决难题5个。在东阳市人才广场建立“东阳市留学人员和家属之家”。

【留学人员和家属联谊会第四次代表大会召开】 9月13日，完成留学人员和家属联谊会的换届工作，召开东阳市留学人员和家属联谊会第四次代表大会。会议选举产生新一届领导班子。东阳市各界留学人员和家属代表、各镇乡街道统战委员180余人参加会议。

【蒙古国东阳商会与蒙古国立大学孔子学院达成战略合作协议】 11月28日，蒙古国东阳商会与蒙古国立大学孔院达成战略合作协议，举行蒙古国东阳商会“成就梦想”助学金发放仪式，蒙古国立大学10名学生获助学金4万元。在蒙古乌拉巴托市的东阳籍华侨企业家有30余人，在蒙古国600人，主要从事建筑、矿产、物流、贸易等领域。

2月10日，在东阳宾馆举行海内外博士教授新春座谈会，35名海内外专家学者、博士教授参加座谈会。

【“了解家乡 宣传东阳”活动】 7月13日，组织回乡留学生开展为期两天的“了解家乡 宣传东阳”活动。在英国、美国等国家留学的18名东阳学子参加活动，同时参与金华市侨联组织的“海燕寻梦 乐乐相约”活动。建立海外微信群13个，协助市科

图38 9月13日，东阳市留学人员和家属联谊会第四次代表大会召开（市侨办提供）

技局向海外海归200余名高端人才发送科技项目征集表，收集项目8个。

【“双十服务”活动】 通过走访企业、联系高端人才、牵线搭桥、跟踪服务等方式，助推全市企业转型升级。召开“服务10家企业、破解10个难题”活动推进会，把企业在人才、技术、项目、产品等方面的难题反馈给东阳籍海外人才，把国外收集到的相关信息及时反馈给企业。通过该活动，鼎坚玻璃、石金玄武岩纤维、横店东磁、海森药业等15家企业解决自洁净玻璃、高分子材料、复合材料等研发技术难题19项，引进1名海外高端人才入驻企业。

（郑　扬）

对台工作

【台联界提案工作】 1月28～31日，市政协台联界13名政协委员和10名列席委员参加市政协第十三届五次会议。市台联界政协委员提交提案19件，其中，界别团体提案2件、委员个人提案17件。台联界团体提案《关于加强农村医疗体系建设》、委员周桂良《关于推进城区和横店一体化发展》、委员金鸣军《关于尽快启用“两个总部基地”》等提案被市政协提案专刊发表。

【走访慰问活动】 开展走访慰问台胞、台属、台企活动，走访定居台胞、重点台属、台企100余户，向在台同胞寄送200余封贺卡和慰问信。办理市人民医院到台轮训及商务到台申报手续21批172人次，处理台胞台属房产纠纷、建房矛盾等10余起。利用《东阳台联》和“东阳台办·台联”网站（http//www.dydbtl.com/）进行涉台宣传，发行《东阳台联》季刊4期2400余份，“东阳台办·台联”网站点击率6万人次。

【“政协界别活动月”活动】 台联界政协委员参与市政协关于开展“建设美丽东阳委员携手同行”界别活动月活动的号召。3月22日，市政协台联界11名政协委员到六石街道张麻车、北后周、吴良等村（社区）及石马溪、鹤岩溪，考察监督“五水共治”工作。6月24日，市政协台联界委员到六石街道蟠松社区、枫树下村开展“两级政协联动、助推‘农村垃圾分类’工作‘百千行’”专项民主监督活动。

【东阳与台湾交流合作】 5月8～14日，东阳市医药卫生考察团15人在副市长蒋令树的带领下到台湾进行为期7天的交流考察。5月9～15日，以常务副市长李宝春为团长，市行政执法局、市建设局、市国土局、市民政局、市规划局、市人力社保局、市公安局、市交通局、市五创办等单位与部门负责人为团员的东阳市城市建设与社会管理考察团到台湾进行为期7天的交流考察。5月9～15日，浙江广厦建设职业技术学院院长徐征宇到台湾参访台湾国立勤益科技大学和朝阳科技大学。6月21日，台湾青创总会副会长王嘉年到东阳考察南马镇花园村。8月4日，台湾南投中小学校16人到东阳参访交流。10月23～25日，台湾中天电视台《魅力东方》栏目组到东阳拍摄系列宣传片，记录东阳市独特的木雕影视文化。11月11日，台湾木雕参展团与浙江广厦建设职业技术学院进行木雕参访交流。11月20日，金华旅台同乡会24人到东阳考察东阳中国木雕城及南马镇花园村。11月19～21日，台湾大仁科技大学国际暨两岸事务处副执行长郭瑞淑、主任叶心怡带领时尚美容应用系和社会工作系的16名学生，到横店影视职业学院与人物形象设计专业师生开展美容化妆主题的两岸交流活动。

【台湾木雕艺人参展第十一届中国（东阳）木雕·竹编工艺美术博览会】 11月10日，第十一届中

图39　11月11日，台湾木雕参展团参访浙江广厦建设职业技术学院（市台办提供）

国(东阳)木雕·竹编工艺美术博览会(以下简称"东博会")在东阳中国木雕城开幕。台湾木雕艺人参展团、文创交流团、台湾南投少数民族舞蹈队共27人参加。东博会期间,台湾木雕艺人及文创参展团考察东阳市木雕文化产业发展情况。在木雕城二期设立台湾木雕及文创作品展区,展出23件木雕作品及66件文创产品。东博会上,《纵横天下》《扭转乾坤》《排湾公主》等9件参展作品被收购,多件木雕及文创作品在东博会期间被销售。

【考察调研对台工作】 1月27日,金华市台办副主任邵芙春到东阳市走访慰问赵允成、陈康强、葛敦理、吴志祥等市重点台胞台属代表,送去慰问金。10月12日,金华市台办副主任张伟欣、秘书联络处处长梁永海到东阳调研涉台博览会准备情况。10月28日,市台联会白云分会21人,到宁海县台办台联学习考察。

【基层组织建设】 3月30日,市台联会巍山分会第二次代表大会在巍山镇政府五楼会议室召开。市政协副主席、统战部部长施侍良到会指导;市台办领导,巍山镇、虎鹿镇、佐村镇、三单乡等镇乡街道统战委员,市台联会常务会长、副会长应邀出席会议;巍山镇、虎鹿镇、佐村镇、三单乡54名台胞台属代表参加会议。大会审议通过《东阳市台联会巍山分会章程(修改草案)》《东阳市台联会巍山分会成立大会日程》《东阳市台联会巍山分会选举办法》,选举产生巍山分会第二届理事会成员23人。

(施良苗)

机关党务工作

【概况】 2016年,市直机关工委召开市直机关党建工作会议、党委书记党建述职会议各1次。组织参加全市入党积极分子培训16人,考试合格16人。收到党员关爱基金捐款167573元;收缴党费1348424.9元,补缴党费1652196.7元。年末,市直机关有党组织194个,其中直属机关党委、纪委10个,党总支9个,党支部175个;管理党员4657人。开展"点亮微心愿""百万寒衣送温暖""图书漂流活动"等志愿公益活动,"百万寒衣送温暖"活动收到捐款48049.9元,衣物8万余件。组织参加G20杭州峰会维稳安保"护航先锋行"活动。发出"做文明有礼浙江人"倡议书,发挥机关党员在G20杭州峰会维稳安保工作中的先锋模范作用。牵头做好城区机关部门、单位创卫考核工作。

【市直机关党建工作会议】 4月9日,召开市直机关党建工作会议。会议总结2015年机关党建工作,部署2016年工作重点:市直机关党建工作围绕"服务中心、建设队伍"两大核心任务,加强和改进思想政治工作,加强机关基层组织建设,加强机关党的作风建设和党风廉政建设,加强机关党的制度建设,加强组织领导,完善机关党的工作保障等六方面工作。

【党员学习教育】 给党组织分发学习读本582本,给党员分发学习读本14526本。连续第七年开展党员读书征文比赛,收到读书体会文章146篇。2015～2016年度调研文章获金华市机关党建优秀调研成果一等奖、二等奖、三等奖各1篇次。执行落实每月10号的市级机关"党员活动日"制度,督促各党组织以议政议事、组织生活、学习教育、为民服务等形式开展活动,及时督查通报。

组织开展"学传统家风、树时代新风""立岗位规范、立家风家规"活动,选送金华优秀家风家规50篇,15篇入选金华市直机关工委编印的《八婺好家风〈郑义门〉观后感》,其中10篇获得奖项。收到"两学一做"书法作品92幅,选送6幅参加金华市

图40 4月9日,市直机关党建工作会议召开(市机关工委提供)

书法作品展，获一等奖2幅、二等奖1幅、三等奖3幅。

【机关组织建设】 规范党组织设置，做好换届选举。开展发展党员工作，加强党员组织关系管理。完成10个直属机关党委、9个党总支、175个党支部年度“五星争创”星级评定、晋位升级工作；设立市华数广电网络有限公司1个直属机关党委和纪委，设立市华数广电网络有限公司城区、横店镇、巍山镇、南马镇、歌山镇、千祥镇、佐村镇和市建筑业管理局离退休干部、市供销合作总社机关退休干部、市非法集资案件处置领导小组办公室机关（功能性）、东阳老年大学学员（功能性）11个党支部；整建制转出市市场监督管理局机关第七党支部和市计划生育宣传指导站党支部；市市场监督管理局机关第九党支部更名为市市场监督管理局机关第七党支部；撤销市价格事务所党支部；144个党组织按期换届，其中，直属机关党委5个，党总支6个，党支部133个；届中调整1名直属机关党委书记、2名党支部书记；新任书记任职谈话54人；吸收预备党员29人，预备党员转正28人，接转党员组织关系836人次；排查出流动党员、失联党员、“口袋”党员41人；处理不合格党员4人，其中，撤销党内职务1人，党内严重警告1人，开除党籍2人。

【机关党建主体责任落实】 印发《部门直属机关党委责任清单》《部门直属机关党委书记责任清单》《市直机关党支部书记责任清单》3个责任清单；组织召开党组织书记培训会，对东阳市机关党代表选举办法、选举流程以及选举工作中需要注意的事项进行业务培训和讲解。召开全市党建工作会议1次、市直机关工委委员会议5次；10个机关党组织书记参加口头述职，7个机关党组织书记书面述职。市直机关工委书记谈话的党组织书记有54人。

【建党95周年纪念】 7月1日，组织63名机关新党员在市中国木雕家训馆八德讲堂举行入党宣誓活动并参观家训馆；开展“讲党课”和优秀党课教案评选活动；开展市直机关“党员读书月”读书征文活动；开展“微心愿”集中认领活动，机关内认领“微心愿”50余个；开展党员关爱基金捐款和走访慰问活动，收到捐款167573元，集中走访慰问困难党员12人。推评出市级先进基层党组织3个、优秀共产党员3人、优秀党务工作者3人。

【机关综合口党代表、人大代表选举】 开展中共十九大、省十四大和金华市第七次党代会代表候选人初步人选推荐工作。完成市直机关选举出席中共东阳市第十五次党代会代表工作，5个基层党委、9个党总支、133个党支部、2329名党员参加代表候选人提名推荐。12月9日，选举产生85名东阳市第十五次党代会代表。牵头组织机关综合口4个选区市人大代表选举工作。12月12日，选举产生出席东阳市第十五届人大一次会议代表11人。

（李　妍）

老干部工作

【概况】 2016年，全市离休干部108人，年龄最大96岁，最小82岁，其中享受县处级待遇49人、科局级59人。落实老干部“两项待遇”（政治待遇、生活待遇），加强党的建设，改进服务管理创新。

【离休干部政治待遇】 组织老干部学习中共中央办公厅、国务院办公厅印发的《关于进一步加强和改进离退休干部工作的意见》，学习《人民日报》刊发的《中

图41　9月19～20日，召开“走看促”活动暨“两学一做”学习教育专题党课读书会（市委老干部局提供）

组部负责人答记者问》。1月19日，召开全市经济社会发展情况通报会，市委副书记、市长朱建军向离退休干部通报全市经济社会发展情况。6月7日，召开全市离休干部大会，传达学习市委十四届十次全体（扩大）会议暨市政府第九次全体会议精神，邀请公安部门做防范通讯诈骗专题宣讲。9月19～20日，召开“走看促”活动暨“两学一做”学习教育专题党课读书会，邀请相关人员讲授习近平治国理政和“四个全面”战略布局，介绍东阳市文化旅游产业发展情况，组织老干部考察市企业总部中心、东阳江镇白泉村“美丽乡村”建设、横店城市风貌综合提升工作。举办8次离休干部集中学习会。为居住市内的离休干部征订《金报东阳》《浙江老年报》《健康与生活》，为居住市外的离休干部征订《东阳日报》，为离退休干部党支部征订《离退休干部党支部学习参考》。

【离休干部生活待遇】 完成张樟松等3人提高享受副厅局级医疗待遇，薛聪儒等90人提高享受按副厅局级标准报销医疗待遇工作。健全和完善离休干部“三个机制”，落实离休费和医疗费。加强老干部公特经费的收缴、管理和使用。利用老干部困难帮扶资金，帮扶老干部及遗属5人。坚持每周四局领导现场接访制度。局领导带队上门慰问离休干部570余人次。走访慰问异地安置省内市外离休干部9人。协调处理9名离休干部去世后的有关事宜。

【东阳老年大学】 定期召开任课教师和各班班长会议，分析存在问题，补长教学短板。建立老年大学学员临时党支部。2016年，老年大学增加4个班级，设舞蹈、书法、绘画等20门课程，学员总数1500人次。

【老干部活动中心】 按时开放阅览室、棋牌室、电脑室，到活动中心的老干部计1万余人次。有序向退休干部开放。3月31日，组织城区离休干部开展清明节扫墓活动。4月，开展“最美老干部、最美老伴、最美子女”评选活动，评选产生3名金华市级“最美”。活动中心征订《人民日报》《浙江日报》《老同志之友》《老年教育》等40余种报刊供老干部阅览。开展“两学一做”“五水共治”、横店城市风貌综合提升、城区风貌综合提升等宣传工作。

（叶园园）

党校教育

【概况】 市委党校与市行政学校、市干部教育培训中心实行“三块牌子、一套班子”的办学体制。下设办公室、行政科、培训科、教务科、教研室5个职能科室。在岗教职工23人，其中事业编制教师13人，研究生8人，高级讲师5人，中级讲师3人，馆员1人，助理讲师3人，助理经济师1人；参照公务员管理7人；机关工勤人员1人；编外人员2人。市委党校获金华市四星基层党组织、东阳市2016年度人口和计划生育目标管理责任制考核三等奖、2011～2015年全市法治宣传教育先进集体。

【干部培训】 市委党校举办入党积极分子培训3期950人次、承办部门办班29期16856人次、社会办班20期3845人次、对外省县市党政干部培训10期652人次。举办创新驱动发展专题研讨班、“城乡一体化”建设专题培训班、影视“高层次”人才培训班、政法系统干部培训班、优秀年轻干部培训班、金融知识专题培训班、中青年干部培训班、市管领导干部进修班、年轻干部论坛等主体班次21期2188人次。

【社会科研】 省委党校第十八批规划课题立项1项，金华市社科联课题立项并结题8项；选送省委党校理论研讨会论文2篇，其中《官方舆论与社会心态的弥合——“两个舆论场”视域下的中纪委网站网络舆论引导个案研究》获二等奖，选送金华市党校系统理论研讨会论文6篇，其中2篇获三等奖。完成东阳市关于农房保障、农村“环境革命”、农村公共服务3个市委市政府交办的重点课题，其中《关于我市农房保障工作的调研报告》获一等奖，《当前东阳农村推进“环境革命”工作存在的问题及建议》获三等奖，《关于进一步加强我市农村公共服务事业的调研报告》获优秀奖。

【理论宣讲】 参与全市各类干部教育活动，完成“两学一做”、中共十八届六中全会精神等各项宣讲任务，为机关、乡镇、农村、社区等宣讲80余场。

【函授教育】 有大专班1个函授班次，学员47人；年内毕业班1个，毕业学员38人；有校内外7名教师承担相关课程的授课任务。

（李立嘉）

史志工作

【概况】 2016年，市委党史研究室（市人民政府地方志办公室）审读《中国共产党东阳历史第二卷》征求意见稿第四稿，年末完成书稿前言、后记的初稿及30余张插图的初选工作。与江苏省委党史研究室协作，编写完成《雨花台烈士传丛书·金佛庄传》5万余字初稿。筛选2012~2016年间东阳市要闻图片50余张，供省委党史研究室编写的《建设“两富两美”，打造标杆省份》一书选用。开展新闻先驱邵飘萍烈士诞辰130周年暨牺牲90周年纪念活动。11月，《东阳年鉴(2015)》出版发行。《东阳年鉴(2016)》完成内文组稿、编辑、统稿和图片的搜集整理工作，筹备招投标工作。《东阳纪事—2016》改版。编写期刊《东阳史志》4期。推进革命遗址东白山革命游击根据地陈列馆建设，开展二轮修志专题调研、旧志点校本整理工作，举办纪念中国共产党成立95周年系列宣传活动，开展史志资料信息化建设。指导部门专业志、镇乡街道地情志、村志的编纂工作。

《东阳市抗日战争时期人口伤亡和财产损失课题调研集》在东阳市第四届人文社会科学优秀成果奖评选活动中获一等奖，并申报全国党史部门党史优秀科研成果奖。《东阳年鉴(2014)》在中国出版协会年鉴工作委员会主办的年鉴编校质量检查评比中获二等奖，在东阳市第四届人文社会科学优秀成果奖评选活动中获三等奖。东阳市革命烈士陵园申报第三批“浙江省党史教育基地”、中共东阳“一大”会址和纪念馆申报金华市党史教育基地。

【二轮修志专题调研】 2016年7月，市委党史研究室(市人民政府地方志办公室)主要领导进行调整，新任主任张忠鸣针对二轮修志进度缓慢的问题分析研究，对二轮修志的现状、取得的成果、目前的困难、下步如何开展进行专题调研。对2009年二轮修志工作开展以来形成的承编单位资料长编、编辑长编、志稿初稿、修志文件、工作总结、汇报文稿、领导讲话、会议要点、研究文稿等内容资料进行梳理；创建东阳市二轮修志专家人才库名单，整理东阳市地情资料书籍目录；邀请东阳市二轮修志工作的东阳社会各界人士，召开二轮修志工作推进座谈会，理清下步修志思路；外出学习交流地方志工作，到长兴、柯桥、平阳、象山、永康、义乌等地方志工作机构交流学习二轮修志方面的经验，结合东阳市二轮修志的实际形成二轮修志工作调研报告，制定《〈东阳市志〉编纂组织体系》《〈东阳市志〉工作流程表》。

【东白山革命游击根据地陈列馆三期布展工程】 东白山革命游击根据地陈列馆三期布展工程预算通过市财政局项目预算中心审核定案，落实经费来源。工程进行政府采购公开招标，制定工程采购项目招标文书，完成政府采购招标网上申报程序。

【旧志整理】 组织人员到浙江图书馆、浙江大学图书馆、南京图书馆、南京大学图书馆等地方，对道光《东阳县志》十二年木刻本、康熙《新修东阳县志》所缺18页及版面不清27页进行查阅。对浙江图书馆藏书道光《东阳县志》十二年木刻本进行全书影印，查清康熙《新修东阳县志》缺页及版面不清页29页。年末，完成道光《东阳县志》简体版的资料搜集整理、排版等工作。

【中国共产党成立95周年系列宣传】 协助金华市委党史研究室和金华广播电视总台联合推出“寻访红色记忆、红色地图”大型主题系列报道，提供邵飘萍纪念馆、故居、飘萍小学和金佛庄烈士陵园、故居等相关资料，协助取景拍摄。拍摄专题短片《一代报人邵飘萍 红色故事家乡颂》《金佛庄：弃笔从戎为救国 不幸血洒雨花台》；配合《东阳日报》庆祝中国共产党成立95周年特别报道，提供《寻访红色传奇，凝聚时代精神》《他们从延安走来——记投奔延安的东阳抗日志士》《从抗日烽火中走出的东阳女杰——蒋拥瑜》等党史素材；配合市纪委（监察局）开展廉洁从政宣传，提供邵飘萍、金佛庄、周冬火、陈茂贤等共产党员拒腐防变、清正廉洁的小故事素材。

【史志资料信息化】 开展史志资料信息化建设，校对和数据化处理《东阳年鉴》(1989~2011年)和《东阳市志》(1993年版)资料，共10本计838万字，刻成《二轮修志资料汇编(一)》光盘。

【《东阳年鉴(2015)》出版】 完成《东阳年鉴(2015)》审稿、排版、校对、出样、印刷、出版等工作。《东阳年鉴(2015)》是《东阳年鉴》编辑出版的第十二卷，由上海人民出版社于2016年11月出版，是国内外公开发行的地方性综合年鉴。是全面、系统记述2014年东阳市的自然、政治、经济、文化、社会等方面情况的年度资料性文献。全书采用分类编辑法，分类目、分目、条目三个层次，以条目为主要载体。全书设类目33个，分目226个，条目1306个，表格56个，图片66张，字数70万字，附有光盘版。设类目英译；书后设主题词索引和表格索引。

（许慧扬）

关心下一代工作

【概况】 东阳市关心下一代工作委员会设办公室、思想教育工作部、家庭教育工作部和科普文体工作部，有7名常年上班的驻委老同志，形成“五老”（老干部、老模范、老教师、老战士、老专家）“有事可谋，有人干事，有所作为，有好影响”的良好局面。组织“五老”宣讲团到社区校园进行社会主义核心价值观教育、普法教育、安全教育及家庭教育等宣讲活动。

【金华市关工委基层组织建设推进会】 9月22日，金华市关工委基层组织建设推进会在东阳市召开，金华市关工委主任黄友源、常务副主任林越华、专职副主任何若伟及金华各县市关工委主任参加会议。会议对关工委力量整合多元化、工作推进机制化、载体拓展信息化、志愿服务社团化等“四化”工作进行部署。东阳市关工委汇报近年开展活动情况。

【未成年人保护工作】 开展未成年人保护工作，全市有保护未成年违法犯罪嫌疑人合法权益工作志愿者63人，2016年，增加志愿者13人，参与未成年人犯罪讯问890次。4月，开展“关爱明天·普法先行”活动，全市12所中小学申请创建“零犯罪”学校。市关工委购买《全国青少年普法教育读本》发至各学校学习。

【青少年教育实践基地】 6月，东阳市卢宅文物保护管理所被命名为金华市青少年“快乐成长”教育实践基地，江北小学教育集团、千祥镇金村、三单乡中心学校被命名为第三批金华市青少年“快乐成长”实践体验基地，各实践基地定期开展宣讲、文娱、体育等活动。

图42 9月22日，金华市关工委基层组织建设推进会在东阳市召开（市关工委提供）

【爱心慈善基金】 9月6日，印发《关于发放2016年度中天爱心慈善基金助学金的通知》，“中天爱心慈善基金会”资助150名困难大学生，其中应届生85人，历届生65人，每人受助5000元计75万元。金华市关工委开展“福彩牵手·圆梦大学梦”活动，省福彩中心资助12名2016年考取高等院校的贫困应届新生，每人5000元计6万元。

【“2016年东阳市城乡少年手拉手夏令营”活动】 7月31日至8月6日，177名城乡小学生参加在三单乡举办的“2016年东阳市城乡少年手拉手夏令营”活动。按年龄分设4个营，所有营员统一着装、统一住宿、统一活动、统一管理。活动以体验生活、社会实践为主题。活动全程由50名辅导员跟踪指导服务。

【“希望之星”评选】 举办“希望之星”选拔赛，设绘画、书法、声乐、民乐、西洋乐、民族舞、体育舞等项目，报名参赛总人数2074人。7月2～4日，在江北小学举行声乐、器乐、舞蹈项目选拔赛。8月13～14日，在东阳电视台举行决赛，产生一等奖45人、二等奖94人、三等奖105人。10月15日，书画“希望之星”比赛在市第二实验小学举行，产生一等奖47人、二等奖66人、三等奖234人。12月31日，第五届“希望之星”表彰大会在市行政中心举行，表彰第五届“希望之星”102人，其中“文明之星”50人、“智慧之星”18 人、“科技之星”6 人、“技能之星”6 人、“艺术之星”14 人、“体育之星”8 人。

（米亚萍）

“五城同创”工作

【概况】 2016 年，东阳市通过省园林城市复评、省蚊虫密度控制水平 C 级评估认可、省环保模范城市考核。组织开展省级园林城市复评迎检工作。5 月，通过省住建厅的复评，组织开展复评意见整改工作。开展国家园林城市创建三年行动计划的准备工作。开展国家卫生城市复审准备工作，制订国家卫生城市复审迎检工作方案，分配落实复审迎检工作责任；巩固城区除“四害”工作成果，组织开展 3 次大规模的集中杀灭活动。10 月，通过省爱卫会的蚊虫密度控制水平 C 级评估认可。组织开展省级环保模范城市技术评估整改工作，创建省环保模范城市。参与横店城市风貌综合提升行动，协助横店镇开展村（小区）环境综合整治，每月组织开展横店镇 98 个村（小区）“三最两美一特色”的工作考核，参与横店镇 25 个共建区块的共建活动督查工作。制定《东阳市“美丽城镇”建设（2016～2017 年）行动方案》，谋划道路“白改黑”、地下管网建设、绿化提升、立面整治、农贸市场改造等项目 157 个，初步建立党委、市政府主要领导每周巡查制、道路共建制、督查通报制等制度。9~10 月，组织开展“美丽城镇”建设工作暗访与明察。

【创建“浙江省环境保护模范城市”考核验收】 东阳市开展创建“浙江省环境保护模范城市”活动，推进环境污染整治工作，实施节能减排、水污染综合治理、清洁空气、噪声环境整治、城乡环境优化“五大行动”。12 月 21 日，省环保厅副厅长卢春中带领省考核验收组到东阳市对“浙江省环境保护模范城市”创建工作进行考核验收。省考核验收组分别到横店镇、泗渡溪、市人民医院、市第二垃圾填埋场、广厦学院大气自动监测站、横锦水库、江滨人工湿地以及部分电镀、洗染企业等地，对横店城市风貌综合提升、工业企业、固废治理、环境质量、饮用水等方面的情况进行现场检查。考核组确认东阳市通过创建“浙江省环境保护模范城市”考核验收。

【城区风貌提升宣传工作】 建立 3 个微信工作群，刊出工作简报 5 期，《东阳日报》整版宣传 4 期，四分之一版 3 期，每周聚焦 5 期，金点子征集 22 篇，《金报东阳》专版（半版）4 期，宣传报道 216 篇，在电视台循环播出“美丽县城”、风貌提升宣传片和 6 条公益广告。制作《市民问政》栏目 1 期（分 2 期播出），11~12 月，在东阳电视台播出城区风貌提升内容，每周聚焦 4 期，结合城区风貌提升工作，宣传《阳光行动》栏目。编制、收集城市风貌提升和集镇风貌提升宣传标语近 100 条。发放“文明出行”倡议书 2 万余份。在市民广场公共广告栏制作发布公益广告 12 块。投放 500 辆公共自行车，在 10 余处公共自行车亭、15 处阅报栏制作发布城区风貌提升公益广告。在 30 条共建街沿街商户电子显示屏上发布城市风貌提升标语。在公交车亭、公共自行车亭发布环保模范城市公益广告 340 余块。投放高炮广告 6 块。

【“美丽县城”建设】 制定《深入开展“美丽县城”建设实施方案》。组织召开精品示范严管街工作部署会、推进会，城区共建街共建等工作会议。组织召开绿道建设论证会、南山森林公园规划论证会、街心公园规划论证会、停车系统规划论证会、城区风貌提升项目简易流程操作流程协调会、老东中体育馆地下停车场规划建设等专项工作会议 20 余次。组织召开停车场建设、街心公园建设、南大门改造提升等 30 余项工程项目设计论证会；组建 5 个工作小组对城区 30

图 43　9 月 27 日，市委书记黄敏（右三）检查城区风貌提升工作（市五创办提供）

条共建街、25个共建社区进行面上问题的排摸；到桐庐县、德清县、浦江县、诸暨市等县市及宁波海曙区对城市建设管理、治堵等方面进行工作考察和调研。调整、完善工作机构，实现“五城同创工作领导小组办公室”“美丽县城建设领导小组办公室”两办合二为一（实行两块牌子，一套班子），从镇乡街道、建设、交通等部门单位抽调4人，组建“美丽科”，完成中层干部新一轮的竞聘上岗。

【项目规划】 完成迎宾大道以西区域控规编制工作，编制城区停车系统、排水防涝、街心公园等专项规划，编制慢城、城区海绵城市、城区综合交通（绿道、停车、密路网、公共交通）等专项规划。建立工程项目评审制度，实行“有项目必设计，有设计必评审，无审批不动工”原则。制订三年行动方案，其中街心公园规划布局170个，建设66个，改造提升12个（2016年建设提升27个）；慢行系统建设7条（2016年建设4条）；道路白改黑38条、69千米（2016年建设4条5.99千米）；断头路打通26条、21.7千米（2016年打通8条、4.32千米）；改造地下管网（雨污分流）项目55个、235千米（2016年建设22个项目56.3千米）；“无围墙、无裸土”整治项目52个（2016年拆除51个，拆除围墙19101米）；停车场改造和建设13个。对2016年的项目制订工程形象进度表，实行挂牌作战。

【城区风貌提升项目】 完成人民路及严管区域停车系统规划设计、望江路以西区域江滨公园内的绿道建设规划设计和浪坑溪绿道建设规划设计；投资建设28个街心公园通过规划论证。实施道路优化工程，完成人民路改建工程、江滨南街路面改造一期工程、吴宁东路东延一期、振兴路东延一期工程及江滨景观带及周边亮化一期工程、艺海路路口拓宽工程、振兴路西延工程；完成东阳江江心岛改建工程，儿童公园、西山公园、博大世纪公园三大老旧公园改造工程；在人民路及严管区域的停车位施划停车泊位754个；完成新南路与吴宁西路交叉口、东阳大厦前、兴平路与学士路交叉口等停车场改建项目。组织开展“无裸土无围墙”百日攻坚活动，推进空闲地拆围透绿、提升绿化品质工作，拆除围墙19101米，整治空闲地51处，改建临时停车场7处。

【精品示范严管街创建】 制订城区精品示范严管街创建工作实施方案，确定人民路等19条严管街，明确各职能部门的职责，实行网格化严管。召开城区共建街共建活动工作会议，健全“共建牵头单位牵头负责，共建单位共同参与，城市管理职能部门执法保障，街道社区协同参与”的立体式工作机制，各共建单位重新确定联系领导和联络员，各城市管理职能部门在每条共建街上设立工作联络员，形成网格化管理。各共建单位每月上街开展共建活动2次，对城区30条共建街街容路貌、沿街商铺进行劝导、宣传、督导，职能部门按照职责进行管理和违法查处。

【常态化城市管理】 在白云街道区域实行环卫保洁市场化运作试点，开展城区生活垃圾分类工作试点；扩大城区停车收费区域范围，完成城区“双禁”扩面工作和卢宅石材加工搬迁工作；开展文明标化工地评选，规范城区渣土车运输管理，实现公司化运作；推进以清洁能源、工业大气污染防治、机动车污染防治、餐饮油烟整治、垃圾禁焚等为主的十大治气行动，治理“六类”行业污水。

【城市环境工作督查】 调整、完善11个考核体系标准，组织3次全市范围的工作考核，在《东阳日报》等新闻媒体上公示考核结果；制订城区3个街道“最美小区”“最差小区”“进步最快小区”考评办法。每周派出督查小组，巡查各职能部门的严管工作。整改晨查及市委书记黄敏督查发现的问题。发放履职通知书10期，需整改问题894项，整改完成880项，到期整改率98.4%。完成“8890”事件14项，投诉人满意率100%，完成领导批示、来信、来电、来访10件。巡查金华精品城市考核的问题，督查问题整改情况。

【第二十个省环卫工人节庆祝表彰大会】 10月25日，东阳市举行第二十个省环卫工人节庆祝表彰大会。吴宁街道、白云街道、六石街道、城东街道、横店镇、湖溪镇、南马镇7个镇乡街道被授予2016年度“东阳市市容环境卫生工作先进集体”称号，董樟永等37人被授予2016年度“东阳市优秀城市美容师”称号。全市城乡有2000余名环卫工人，保障城乡2955万平方米的清扫保洁面积。垃圾处理规范化、资源化，垃圾收集处置率100%。

（吕楚麟）

东阳市人民代表大会

2016年11月11日，东阳江镇天山村（吴立新/摄）

人大重要会议

【市十四届人大五次会议】 于2016年1月28～31日召开，应到代表286人，实到259人。会议听取和审查市人民政府市长朱建军所做的政府工作报告；审查、批准东阳市国民经济和社会发展第十三个五年规划纲要；审查、批准东阳市2015年国民经济和社会发展计划执行情况及2016年国民经济和社会发展计划；审查、批准2015年全市和市级预算执行情况及2016年全市和市级预算报告；听取和审查市人大常委会主任施侍伟所做的东阳市人民代表大会常务委员会工作报告；听取和审查市人民法院院长鲍大兵所做的东阳市人民法院工作报告；听取和审查市人民检察院检察长胡宇翔所做的东阳市人民检察院工作报告。

【市人大常委会会议】 2016年，市十四届人大常委会召开9次常委会会议。

市十四届人大常委会第三十一次会议于1月22日召开。会议听取和初审关于2016年政府投资重大项目计划情况的报告，并进行票决；听取和初审市人民政府工作报告（征求意见稿）、东阳市国民经济和社会发展第十三个五年规划纲要草案的报告、市人大常委会工作报告（征求意见稿）、市人民法院工作报告（征求意见稿）、市人民检察院工作报告（征求意见稿），关于东阳市2015年国民经济和社会发展计划执行情况及2016年国民经济和社会发展计划草案的报告，关于2015年全市和市级财政预算

图44 3月30日，市人大常委会组织代表考察东阳江流域水污染治理情况（市人大办提供）

执行情况及2016年全市和市级财政预算草案的报告，提请市十四届人大五次会议进行审查。会议审议提出市十四届人大五次会议议程（草案）、主席团和秘书长名单（草案）、议案审查委员会名单（草案）、财政预算审查委员会名单（草案），提请市十四届人大五次会议预备会议通过；审议提出市十四届人大五次会议日程（草案）、主席团常务主席名单（草案）、执行主席分组名单（草案）、副秘书长名单（草案），提请市十四届人大五次会议主席团第一次会议通过；审议通过市十四届人大五次会议各代表团召集人名单，各代表团正、副团长名单，列席人员名单，上主席台就座人员建议名单；审议通过东阳市第十四届人大常委会代表资格审查委员会关于补选市第十四届人民代表大会代表的代表资格审查报告。会议审议通过其他有关事项。

市十四届人大常委会第三十二次会议于2月19日召开。会议审议关于接受楼忠福辞去东阳市第十四届人大代表职务的议案，经表决，接受其辞去东阳市人大代表职务的请求，报东阳市人民代表大会备案。会议通过其他有关事项。

市十四届人大常委会第三十三次会议于3月30日召开。会议期间，市人大常委会组成人员及部分市人大代表，到江滨湿地公园、污水处理公司、皇野生态农业有限公司等地，对东阳江流域水污染治理进展情况进行专项实地考察。会议听取和审议市政府以及市农办、市经信局、市国土局、市建设局、市水务局、市农业局和市环保局等部门关于东阳江流域水污染治理专项工作评议报告，会议经过无记名投票，对专项工作评议涉及的有关部门进行满意度测评。会议通过《东阳市人大常委会2016年工作要点》。审议通过人事任免及其他有关事项。

市十四届人大常委会第三十四次会议于5月30日召开。会议听取和审议市政府及市农办、市环保局、市民政局等部门关于全市“四边三化”行动阶段性工作情况的报告，对市政府及12

图 45　5 月 30 日，市人大常委会组织代表评议"四边三化"行动专项工作（市人大办提供）

个部门"四边三化"行动专项工作进行评议，以投票方式进行满意度测评。会议听取和审议市政府关于食品安全工作情况的报告，听取和审议市政府关于把横店小城市建设项目购买服务款纳入财政预算的报告，听取和审议市人民检察院关于反贪反渎工作情况的报告，审议通过《市人大常委会关于街道财政监督工作意见》，审议通过接受代表辞职的议案，补选任建生为金华市人大代表。会议决定免去次央的市政府副市长职务，通过有关人事任免事项和其他事项。

市十四届人大常委会第三十五次会议于 7 月 29 日召开。会议听取和审议市政府关于 2016 年上半年国民经济和社会发展计划执行情况的报告；听取市政府关于 2015 年市本级财政决算报告，审查批准 2015 年市本级决算；听取和审议市政府关于 2016 年上半年财政预算执行情况的报告；听取和审议市政府关于 2015 年财政预算执行和其他收支情况审计工作报告。会议听取和审议市政府关于新增政府投资重大项目的报告；听取和审议市政府关于债务限额和新增债券预算调整的报告；听取和审议市政府关于东阳影视文化投资有限公司股权转让的报告；听取和审议市政府关于蔬菜产业发展情况的报告。会议决定免去毕伟文的市政府副市长职务，通过有关人事任免事项和其他事项。

市十四届人大常委会第三十六次会议于 9 月 30 日召开。会议听取和审议市政府关于市十四届人大五次会议代表建议意见办理情况的报告。会议听取和审议市政府关于学前教育发展情况的报告，提出加快推动学前教育发展的具体意见建议。会议通过有关人事任免事项，开展人大任命国家机关工作人员宪法宣誓。

市十四届人大常委会第三十七次会议于 11 月 9 日召开。会议以表决器表决的方式，审议通过市人大常委会关于市、镇（乡）两级人大换届选举工作的决定，审议通过市人大常委会关于成立市选举委员会的决定，审议通过市人大常委会关于新一届市人民代表大会代表名额分配的决定。会议通过其他有关事项。

市十四届人大常委会第三十八次会议于 11 月 21 日召开。会议通过人事任免事项，决定任命姚激扬为东阳市人民政府副市长，接受朱建军辞去东阳市人民政府市长职务，决定姚激扬代理东阳市人民政府市长职务。会上，姚激扬做任前表态发言，进行宪法宣誓，由施侍伟监誓。会议听取和审议"一府两院"关于人大年度审议意见落实情况的报告，听取和审议市政府关于审计查出问题整改落实情况的报告。会议批准市政府关于财政收支预算调整方案。会议通过其他有关事项。

市十四届人大常委会第三十九次会议于 12 月 5 日召开。会议审议通过关于调整市选举委员会组成人员的决定。会议决定任命蒋震雷、胡宏立为市政府副市长，决定免去王华的市政府副市长职务。会议通过其他有关事项。

人大重要活动

【专项工作报告审议】　市人大常委会听取和审议"一府两院"专项工作报告 18 个，做出决定、决议 7 个，提出审议意见 9 个；市人大常委会主任会议听取专题汇报 8 个，提出建议和意见 8 个。

市人大常委会听取和审议市政府关于食品安全工作情况的报告，建议政府不断完善监管体制，落实食品安全责任，努力实现食品全流程监管。市人大常委会听取和审议市政府关于蔬菜产业发展情况的报告，建议政府加快推进蔬菜产业发展，注重蔬菜地域品牌培育，搭建蔬菜产销服务平台，建立完善全程质量追溯信息系统。市人大常委会听取和审议市政府关于学前教育发展情况的报告，建议政府要强化责任，科学规划，加快推进基础设施建设，理顺公办幼儿园管理体制，发展普惠性幼儿园。

市人大常委会主任会议听取市政府关于金融工作情况的汇报，提出健全金融组织体系建设，促进多层次资本市场发展；处理好政银关系，引导协调银企关系；维护好金融生态环境等意见。市人大常委会主任会议听取市政府关于县乡道路建设完善情况的汇报，建议政府要城乡并重，牢固树立城乡交通均衡发展的理念；多方筹资，确保建养资金落到实处；理顺机制，落实好县乡道路的管养职责；积极创新，破解公路治超难题。市人大常委会主任会议听取市政府关于全民健身活动开展情况的汇报，提出提高思想认识、依法保障全民健身工作投入、加强体育场所设施的建设和管理、提高公共体育服务能力等建议和意见。市人大常委会主任会议听取市政府关于解决农民建房难问题工作情况的汇报，建议政府分轻重缓急有序推进，落实“一户一宅”推进旧村改造，继续推广农房集聚区项目建设，建立农民建房用地管理长效机制。市人大常委会主任会议听取市政府关于“谁执法谁普法”责任制落实情况的汇报，提出深化认识落实责任，完善责任、协调、督考和保障等“四个机制”，加强队伍建设，规范执法提升普法实效等建议。市人大常委会主任会议听取市政府关于近年来行政诉讼案件情况的汇报，建议政府转变理念，强化依法办事意识；完善机制，提高法律风险防范能力；着眼长远，加强政府法制队伍建设；严肃执纪，加大问责追责力度。

【人大专项工作评议】 开展东阳江流域水污染治理和“四边三化”行动的专项工作评议，分别于3月和5月组织代表对两项工作进行评议，200余名代表对市政府及相关部门单位的履责情况进行评价，做出总评结论，对进一步提升干部群众的思想认识、农村居民环保意识、政策协调和长效管理机制等方面提出评议意见，开展两个专项工作评议意见整改的跟踪监督工作。

【人大代表专题视察】 2016年，市人大常委会组织市人大代表专题视察5次，提出视察意见4个。

6月24日，市人大常委会组织部分市人大代表对东阳市饮用水源保护工作情况进行视察，建议政府健全机制，理顺水源保护工作体系。

7月15日，市人大常委会组织部分市人大代表视察农药废弃包装物回收处置工作情况。

7月25日，市人大常委会组织部分市人大代表视察市人民法院执行工作情况。

9月2日，市人大常委会组织部分市人大代表视察“美丽乡村”建设工作情况，提出因地制宜完善规划、稳步推进建设改造、整合资源加大投入、深入宣传营造氛围等视察意见。

【人大代表建议意见督办】 市人大常委会督办市十四届人大五次会议期间代表提出的297件建议和意见及7件旁听公民建议，代表建议办结率100%、满意率98%。对代表反馈不满意的由政府部门承办的5件建议和意见，进行二次交办。市人大常委会主任会议听取市十四届人大五次会议10件重点建议办理情况的汇报，组织相关部门通过约见及召开协调会等方法，形成协调会议纪要，明确办理时间表、路线图。

【财政专项资金使用绩效监督】 委托第三方对市政府“两化”融合专项资金及养老服务体系建设专项资金支出做出评价，市审计局对市污水处理有限公司三期工程绩效进行审计，市人大常委会主任会议听取财政支出(项目)资金绩效审计(评价)情况汇报，提出规范财政资金和项目管理，建立健全激励和约束机制，提高资金使用效益等意见和建议。

【市、镇(乡)两级人大换届选举】 11～12月，开展市、镇(乡)两级人大换届选举工作。通过研究和把握市、镇(乡)两级人大同步换届选举的新情况和新问题，指导和督查各选举单位依法开展选举工作。全市769975名选民依法参加选举，选民参选率95.2%，选举产生市人大代表284人、镇(乡)人大代表859人。

【东阳市人大代表】 2016年，东阳市第十五届人民代表大会代表284人：

机关、企事业单位(22人)

卜亚男(女)、王桂跃、韦莉莉(女)、韦赛芳(女)、包根潮、吴海尧何大福、应争先、应培新、沈伟新单健中、胡旭升、姚激扬、唐利民黄敏、黄阳明、龚迎华(女)、斯金

闪(女)、葛一军、程瑞东、楼永良、蔡志成

吴宁街道(22人)

王强、王天仁、韦红良、卢兵、卢永良、卢革芳(女)、包振波、汤光芒、许克宁、许宝鸿、张鹏丽、陈文尧、陈生良、金桂生、周聿忠、徐希超、徐征宇、蒋磊(女)、傅国政、楼正文、楼忠孝、潘红成

白云街道(15人)

王志东、韦上升、韦晓声(女)、吕航、李萍萍(女)、陈政、陈国康、陈尚进、金佳男、钱国潮、徐爱萍(女) 龚挺、楼江、楼永福、潘锡林

江北街道(16人)

王世明、王雨生、王晓刚、王淑婷(女)、韦飞红(女)、卢晓华、任建平、华岳土、杜文生、杜志赛、杜德明、金国平、徐成龙、黄文明 傅龙云、楼美姣(女)

六石街道、经济开发区(16人)

王式跃、王继新、卢威豪、卢春燕(女)、吕良勇、许磊、许希明、许钢红、吴子祥、吴台良、张鹏、邵文京、赵劲松、俞宏亮、鲍大兵、滕恩良

城东街道(14人)

王建中、卢志高、卢杨成、李群、李金强、张军生、金小华、单南平、赵炜、洪申明、徐仲军、徐育阳、徐晓乐、斯文兵

南市街道(15人)

厉冠军、乔冠男、杜加祝、杜勇华、吴滨、吴国飞、张卫勇、陆彩霞(女)、陈天德、陈绍龙、邵英雷、周晓沸、蒋文明、蒋军卫、蒋贤明

横店镇(26人)

厉宝平、厉国平、厉国新、包君进、朱红青、朱跃军、任元月、任新华、汤红明、许晓华、杨志海、何时金、张立红、张田芳(女)、张国民、张新兰(女)、陈军民、陈晓华、陈皖东、金征海、项昌文、赵耀亮、徐天福、徐永安、楼丽萍(女)、虞乐生(女)

南马镇(21人)

马文德、马世龙、马龙星、马焕政、王可法、方君明、厉红英、(女)申屠华帅、朱建平、李宝春、吴荣斌、张永进、张德明、邵君伟、邵钦祥、金振欣、金彩荣、胡德富、骆泽伟、郭孝杰、郭利群

巍山镇(23人)

方国权、方雪飞(女)、吕小华、吕荣惠(女)、朱益群、汤大明、许庆龙、李姝敏(女)、李晓强、吴永旦、吴顺华、吴康梅(女)、何谨(女)、张宇、陈刚、金海丹(女)、周云、胡国平、赵康、赵广洲、赵绍俊、戚美忠、楼仲世

歌山镇(13人)

王利扬、吴红良、何向阳(女)、应江妙、陈军、胡耀良、赵锋、赵镇洋、俞藩、俞秀明、徐月星、楼航峰、楼强辉

千祥镇(13人)

叶长青、卢大根、史德刚、吕大军、吕国水、吕荣刚、陈剑烽、陈鸿翔、陈斌帅、黄更生、黄学敏、黄泳钧、葛颖强

湖溪镇(13人)

王征、王松明、厉飞兴、吕向阳、杜金明、张耕、张立明、张寅初、张淑萍(女)、胡宇翔、施侍伟、郭向阳、蔡希新

画水镇(17人)

王伦花(女)、冯伟、许天金、许基平、杜培根、吴春敏、何芳萍(女)、陆枝高、钟永航、俞灿煌、钱军民、郭云飞、郭丽君(女)、郭婷婷(女)、黄新伟、蒋健、蒋德民

虎鹿镇(8人)

马红斌、刘晓锋、张美龙、曹德其、斯庆平、程文明、程海波、蔡淑贞(女)

东阳江镇(8人)

吕强、许赛男(女)、杜文辉、吴朝红、陈苏盈(女)、胡利群、施德全、徐立刚

马宅镇(9人)

韦健、朱克中、杜秀峰、吴高强、陈为大、陈芳苹(女)、胡进航、胡勇春、骆向荣

佐村镇(9人)

张海刚、金正楷、赵爱飞、俞建红(女)、徐顺福、蒋明、蒋炫绮(女)、蒋银生、楼春阳

三单乡(4人)

李阳、沈银福、单万荣、楼立峰

(陈　煌)

东阳市人民政府

2016 年 1 月 22 日，歌山画水公园（杜小敏/摄）

概　述

【概况】 2016年是"十三五"开局之年,全市实现地区生产总值506.49亿元，比上年增长9.08%,比2011年增长50.41%,人均生产总值60873万元。财政总收入92.4亿元，比上年增长13.79%；一般公共预算收入56.26亿元，比上年增长15.71%，分别比2011年增长125.48%和134.91%。完成固定资产投资295.64亿元,比上年增长16.3%,5年累计完成固定资产投资1100亿元；三次产业比重从2011年的4.9：51.7：43.4优化为3.7：47.3：49.0。实现工业增加值185.7亿元，比上年增长8.66%，比2011年增长35.32%。实现服务业增加值248.26亿元、社会消费品零售总额250.46亿元,分别比上年增长11.12%和8.9%,比2011年增长70.02%和65.96%。实现农业增加值18.61亿元，比上年增长5.8%,比2011年增长11.97%。接待游客2055万人次，实现旅游综合收入165.41亿元，分别比上年增长12.6%和20.1%，比2011年增长104.61%和159.87%。城镇居民人均可支配收入44542元,农村居民人均可支配收入24556元,分别比上年增长8%和9.5%,比2011年增长63.42%和83.21%。

完成工业转型升级等5个"十三五"配套规划编制。成立企业帮扶办，制定企业减负担、优环境政策,加大技术改造奖补力度,扶持实体经济发展。第三产业对GDP增长的贡献率63.9%。建立招商引资项目库。设立浙江横店影视产权交易中心有限公司,建成文创体验中心,腾讯众创空间落户横店镇。完成县域经济体制综合改革、产业转升机构组建等143项改革事项。户籍制度改革取得阶段成果。深化商事登记制度改革,新注册企业1952家、个体工商户8092户。健全土地使用监管机制。以治水、治污、拆违为抓手，推进城乡环境革命;横店城市风貌综合提升工作受到省委领导肯定。创建省环保模范城市。建立无房户、危房户数据库，实行宅基地指标单列、"一户一核"制度。推进省教育现代化市创建工作,教育基本建设投入机制等改革措施落地。完善分级诊疗体系和双向转诊服务机制,影像和心电诊断数据实现互认共享。城乡居民低保标准实现一体化。建立基层治理"四个平台"；完成G20杭州峰会安保工作。

【优秀传统文化资源挖掘调研工作】 3月28日，中宣部副部长王世明到东阳市调研优秀传统文化资源挖掘工作,对东阳市教育文化事业兴盛、能工巧匠辈出、影视文化产业繁荣表示肯定。王世明指出,优秀传统文化是社会主义核心价值观的重要源泉，要挖掘优秀传统文化内涵,发掘现代价值,打造特色文化品牌，提高文化竞争实力,推进优秀传统文化的创造性转化和创新性发展。

【"无违建先进市"创建】 坚持"标本兼治"理念,在推进"拆"的同时注重建章立制,制定《违法用地监管责任追究暂行办法》,从被动追责转为主动追责;落实巡查防控机制和两网化管理等长效制度；强化社会监督,5月,开通新建违法建筑即时举报平台,实行即时举报、即时交办、即查即拆。

【城区实行排水许可制】 6月，东阳市在城区范围内启动"六类"行业专项整治工作,规范废水污水排放，实施雨污分流;加强城市管网监管,确保城区雨水管网和污水管网不被错接与乱接，提升污水处理设施效能,改善城区水环境质量。通过整治，对城区注册的4200余家"六类"商家实行排水许可制。

【公务用车制度改革】 公务用车改革工作自3月启动至年末基本完成。明确82家参改单位。经市委组织部、市编办、市人力社保局3个单位联审,符合参改条件的公务员和参公事业人员3678人(不含2016年招录公务员119人)。经市财政局(国资)审核确认，参改车辆788辆,保留车辆451辆,移交封存车辆337辆。经市财政局(国资)、市人力社保局审核,参改司勤人员466人。公车拍卖公开透明,337辆公车均处置完毕。由市机关事务管理局负责筹建平台进行集中统一管理改革后留用的一般公务用车和综合行政执法车。　　(王海霞)

【第十一届中国(东阳)木雕·竹编工艺美术博览会】 11月10日,第十一届中国(东阳)木雕·竹编工艺美术博览会(以下简称"东博会")暨中国(东阳)木雕红木产业发展大会在东阳中国木雕城开幕。100余名国家级、省级工艺美术大师,20余个省市的工艺美术协会和红木家具行业代表及采购商代表参加。开幕式上,中国林业产业联合会副会长王满、市委书记黄敏为浙江东阳木材交易中心授牌，中国工艺美术协会副会长王志杰和中国轻工工艺品进出口商会副会长李文峰为东阳木雕红木家具行业诚信促进会授牌；东阳市人民政府与宁波舟山港集团股份有限公司签订战略合作协议。东博会展览面积45万平方米，设有木雕、根雕、红木家具、竹编竹雕等1200个标准展位。东阳市工艺美术行业协会组团的东阳木雕、竹编、竹根雕、红木家具等65家企业和大师工作室参加博览会，展位95个。有91件（套）作品获奖，其中：特等奖15个、金奖32个、银奖34个、铜奖10个。首次增加旅游文创产品展区、G20杭州峰会作品展、古建园林展区、跨界艺术展区以及非遗美食展区。举办2016“中国的椅子”原创设计大赛、“中国空间”中国（东阳）新中式室内设计论坛暨首届新中式创意设计大赛启动仪式等与“工匠精神”“原创设计”“国艺传承”相契合的主题系列活动。

图46　11月10日，第十一届中国（东阳）木雕·竹编工艺美术博览会开幕式上，中国林业产业联合会副会长王满（右一）、市委书记黄敏（右三）为浙江东阳木材交易中心授牌（包康轩/摄）

【中国影视文化产业发展大会】 10月29日，以“追梦寻梦二十年、共谋共创‘十三五’”为主题的中国影视文化产业发展大会在横店镇举行。全国政协委员、中国广播电影电视社会组织联合会副会长、国家新闻出版广电总局原副局长张丕民，中国电视艺术家协会副主席、国家新闻出版广电总局电视剧司原司长李京盛等出席会议，副市长陈军做《东阳影视文化产业发展报告》。会上，市委书记黄敏和横店集团董事长、总裁徐永安为浙江横店影视产权交易中心揭牌。

【中国—东盟文化产能（电影）合作研修班】 12月5日，由中国—东盟中心、国家新闻出版广电总局电影局、浙江省新闻出版广电局主办，东盟财经社、六石街道办事处、东阳市润哲文化产业投资有限公司承办的“2016中国—东盟文化产能（电影）合作研修班”在东阳市举行开班仪式，为期7天。研修班是为纪念中国—东盟建立对话关系25周年，迎接2017年东盟成立50周年和中国—东盟旅游合作年，通过政府引导、民间参与、企业投入，调动和利用中国—东盟文化产业资源，探索双方在大文化领域开展加强产能合作的交流活动。开班仪式上，六石街道办事处、东阳市润哲文化产业投资有限公司等与东盟各国相关机构和电影及其他文化企业签订合作意向书。与会各方对2017年的多项重大活动、合作事项等进行探讨，涉及2017年在第四届丝绸之路国际电影节期间举办第二届东盟电影周、迎接2017年中国—东盟旅游合作年共同摄制东盟文化旅游宣传片、纪念东盟成立50周年在东盟国家举办中国—东盟电影节等活动事项。

【建筑业实现全国“八连冠”】 2016年，东阳市建筑业实现逆势增长，完成建安产值2386亿元，比上年增加157亿元，比上年增长7%，连续8年居全国县市首位。至年末，东阳市拥有建筑企业275家，其中特级企业6家、一级资质企业67家。东阳市率先在全省成立建筑产业发展联盟，由中天建设集团董事长楼永良任理事长，市委市政府16个部门单位及众多建筑骨干企业共同参与。

【城乡户籍管理体制一元化】 11月1日起，东阳市取消“农业”与“非农业”户口性质划分，实行城乡统一的户口登记制度。户籍制度改革内容还包括调整完善户口迁移制度，建立完善居住证制度，健全人口信息管理制度，同步推进配套公共服务政策调整。

【花园村获“中国十大国际名村”】 9月24～25日，第十六届全国“村长”论坛在四川省彭州市龙门山镇宝山村举行。其间，由中国村社发展促进会特色村工作委员会、《中国村庄》杂志、“名村影响力”研究评价课题组评出的“中国十大国际名村”名单发布，江苏省江阴市华士镇华西村、山东省龙口市东江南山村和东阳市南马镇花园村镇列前三。

（严军飞）

重要政事

【环境革命推进】 2016年，环境革命从广度、深度、外延、内涵4个方面推进。全域推开，开展“美丽乡村”建设，重点推进“美丽集镇”“美丽城区”建设；深度延伸，推动“三改一拆”“五水共治”、绿化工作；外延拓展，推动传统农业提质增效，抓好产业植入，壮大集体经济；内涵丰富，提高文明素质，强化基层自治。开展城区风貌提升工作。8月，市美丽办（五创办）以“城区风貌综合提升”工作为主线，围绕“美丽县城”“美丽城镇”“各项城市创建”等工作目标，拟定三年行动计划，组建5个工作小组，对城区30条共建街、25个共建社区进行面上问题的排摸；明确以停车系统建设、交通循环系统建设、街心公园建设、南山北山森林公园、慢行系统、断头路打通、空闲地整治、显山露水项目、“白改黑”工程、停车场改造、城市管理、交通基础设施建设等为重点的工作内容。11月8日，全市环境革命工作推进会在市行政中心召开。会上，各项工作牵头领导汇报“三改一拆”、无违建创建、“美丽县城”和“美丽城镇”建设、“美丽乡村”建设、“五水共治”、7条市级精品线建设等前阶段工作进展情况、存在问题及下一步打算；通报“三改一拆”“五水共治”在金华市排名情况及各镇乡街道综合排名情况、“美丽乡村”建设、“美丽县城”建设及精品城市创建工作考核排名情况。

【农村文化礼堂建设】 4月12～13日，浙江省农村文化礼堂建设工作现场会在东阳市召开。会议期间，省市领导和与会代表实地考察东阳市江北街道甘东村文化礼堂、虎鹿镇蔡宅村文化礼堂、城东街道单良村文化礼堂。东阳市在农村文化礼堂建设过程中，注重将农村闲置的旧祠堂、旧会堂、旧学堂加以改建；建立文化服务供给菜单，提供非遗展演、戏剧教唱、音乐培训等近千项服务；设立家风家训馆（廊），培育弘扬社会主义核心价值观；将农村文化礼堂建设列入年度十大民生实事，作为新农村建设和“美丽乡村”建设考核的重要内容，对农村文化礼堂建设、管理、运行实行星级动态管理和定期考核。

【红木家具行业“百日整治”行动】 5月20日，东阳市召开红木家具行业“百日整治”行动动员大会。整治行动重点查处木雕红木家具行业中存在的掺杂掺假、以假充真、以次充好、虚假宣传广告、标识不规范等违法行为的生产企业、专业市场和销售经营户，形成统一对外宣传营销、统一标识标准、统一监管执法、统一督办考核、定期开展工作交流等机制。“百日整治”行动理出12块短板对症下药，打响“买红木到东阳”品牌。东阳市红木家具行业协会和东阳市南林木材科技服务中心协助市木雕红木办开展行业“百日整治”行动，南林木材科技服务中心抽调3名检测人员分别配合3个检查小组，对东阳城区、横店镇、南马镇等重点镇乡街道的红木家具生产企业进行走访和厂区材料检查。增加69家东阳红木家具生产企业加入《东阳市木雕·红木家具企业联盟标准》。立案查处各类违法案

图47 5月20日，全市红木家具行业“百日整治”行动动员大会召开（市红木家具行业协会提供）

件36件，罚款54.13万元，移送其他行政机关管辖3件，移送公安机关涉嫌犯罪案件1件。

【建筑产业发展联盟成立】 2月17日，成立建筑产业发展联盟。4月1日，东阳市建筑产业发展联盟授牌，首批20家企业签订战略合作协议。建筑产业发展联盟遵循“政府引导、企业自主，自愿参与、合作互助，责权清晰、行业自律，自建自营、自主发展”的原则，由中天建设集团董事长楼永良任理事长，市建管局以及海天建设集团、广厦建设集团、东阳三建、歌山建设集团等建企航母企业负责人任副理事长，市相关部门以及部分建筑业龙头企业、十强企业、十强专业企业负责人任理事。建筑产业发展联盟的工作职责是：整合全市建筑资源，搭建建筑企业之间沟通交流的平台，畅通建筑企业交流渠道，为上情下达、下情上传创造条件；以调研、座谈、参观学习、论坛等多种形式，分析判断建筑业形势，为全市建筑企业发展提供建设性的意见和建议；发挥东阳市建筑大企业较多、优质资源丰富的优势，营造强强联合、以大带小、以优扶弱的发展局面；协调沟通部门之间关系，引导或指导政府部门、行业协会围绕全市建筑企业的特点开展服务，为政府部门了解企业情况、解决实际问题提供帮助。

（严军飞）

市政府重要会议

【市政府全体（扩大）会议】 2016年1月7日，召开十四届政府第八次全体会议。会议的主要任务是：学习贯彻中共十八届五中全会、省委十三届八次全会以及金华市委六届十次全会精神，总结2015年工作，部署2016年任务，研究谋划东阳市未来五年发展，动员全市上下凝心聚力、开拓进取，开创东阳赶超发展新局面。

6月2日，召开十四届政府第九次全体会议。会议的主要任务是：学习贯彻落实中共十八大和十八届三中全会、十八届四中全会、十八届五中全会精神，按照省委十三届九次全会、金华市委六届十一次全会决策部署，研究东阳市补短板工作，动员全市上下为加快建设“影视旅游名城、经济文化强市、生态宜居东阳”，率先高水平全面建成小康社会而努力奋斗。

【市政府常务会议】 2016年，召开市政府常务会议15次。

1月20日，召开市十四届政府第六十二次常务会议。会议讨论关于《加快推进2016年度农业农村工作的若干意见》、调整东阳市被征地农民基本养老保障有关政策、《关于支持大众创业促进就业的实施意见》《“十三五”规划纲要》编制进展情况、2015年国民经济和社会发展计划执行情况与2016年国民经济和社会发展计划、《2016年政府投资项目和全市重点建设项目计划》《东阳市企业投资负面清单》《东阳市突发事件预警信息发布管理实施意见（试行）》《2016年东阳市重点工业技改、新建、续建项目方案及重大招商项目名单》《关于进一步促进建筑业持续健康发展的若干意见》《关于2015年全市和市级财政预算执行情况及2016年全市和市级财政预算草案》、东阳市振恒文体用品有限公司要求改变原工业用地为临时商业用途投资建设“振恒商务大楼”项目问题等12项议题。会议原则同意《关于加快推进2016年度农业农村工作的若干意见》，要求根据会议提出的意见和建议修改完善后提交市委常委会研究。会议原则同意《“十三五”规划纲要》、2015年国民经济和社会发展计划执行情况与2016年国民经济和社会发展计划、《2016年政府投资项目和全市重点建设项目计划》《2016年东阳市重点工业技改、新建、续建项目方案及重大招商项目安排计划》《关于进一步促进建筑业持续健康发展的若干意见》《关于2015年全市和市级财政预算执行情况及2016年全市和市级财政预算草案》，要求根据会议提出的意见和建议修改完善后提交有关层面研究。会议原则同意《关于支持大众创业促进就业的实施意见》《东阳市企业投资负面清单》，要求根据会议提出的意见和建议修改完善后下发执行。会议原则同意《东阳市突发事件预警信息发布管理实施意见（试行）》，要求根据会议提出的意见和建议修改完善后组织实施。会议原则同意关于东阳市被征地农民养老保障的政策调整方案。会议原则同意东阳市振恒文体用品有限公司相关地块地上建筑物改变为临时商业用途，要求做好临时改变建筑用途保证金和税收保证金收缴工作。

2月29日，召开市十四届政府第六十三次常务会议。会议讨论关于2015年东阳市市长质量奖评审、《关于组织开展“进千企、强信心、稳增长”活动的通知》《关于进一步加快工业经济发展的若干意见》《关于开展2016年工业竞赛活动的通知》、分解落实2016年工业经济有关目标任务问题、《关于深入开展招商引资活动的若干意见》《2016年度全市招商引资工作竞赛活动实施方案》《关于进一步做好2016年扩大有效投资工作的若干意见》《关于进一步提升科技创新能力的若干意见》《深入实施“三改一拆”行动、“无违建”创建工作的通知》、2016年“三改一拆”“无违建”创建工作考评及奖励补助、《东阳市农业“两区”土壤防治三年行动计划》《东阳江北江——白溪江流域综合治理规划》《东阳市南江流域综合治理规划》、横店控规全覆盖编制委托设计问题、城乡公交一体化改造工作问题、2015年政府特别奖评选工作问题17项议题。会议原则同意《关于组织开展“进千企、强信心、稳增长”活动的通知》《关于进一步加快工业经济发展的若干意见》《关于开展2016年工业竞赛活动的通知》、2016年工业经济相关目标任务分解方案、《关于深入开展招商引资活动的若干意见》《2016年度全市招商引资工作竞赛活动实施方案》《深入实施“三改一拆”行动、“无违建”创建工作的通知》、2015年度政府特别奖评奖结果，要求根据会议提出的意见和建议修改完善后再提交市委常委会研究。会议原则同意《关于进一步做好2016年扩大有效投资工作的若干意见》《关于进一步提升科技创新能力的若干意见》《东阳市农业“两区”土壤防治三年行动计划》，要求根据会议提出的意见和建议修改完善后下发执行。会议原则同意《东阳江北江——白溪江流域综合治理规划》《东阳市南江流域综合治理规划》，要求根据会议提出的意见和建议修改完善后下发实施。会议原则同意2015年东阳市市长质量奖评审结果。会议原则同意委托浙江省南方建筑设计有限公司进行横店镇城市设计。会议听取城乡公交一体化改造工作的情况汇报，要求有关部门要支持城乡公交一体化改造。

3月17日，召开市十四届政府第六十四次常务会议。会议讨论关于《东阳市全面开展县域经济体制综合改革的实施意见》、S217（39省道）东阳市十里头至官清段改建工程PPP模式初步实施方案、《东阳市公共自行车三期项目实施方案》《东阳市农村生活污水治理设施运行维护管理工作实施办法》《东阳市社会治安防控体系建设的实施意见》《关于深化殡葬改革促进殡葬事业科学发展的意见》、横店通用机场项目征地拆迁工作问题、调整东阳市社会保险计费依据问题、《东阳市人民政府办公室关于分解落实2016年若干重点工作任务的通知》《东阳市人民政府办公室关于分解落实2016年度十大民生实事和十大重点工程任务的通知》10项议题。会议原则同意《东阳市全面开展县域经济体制综合改革的实施意见》，要求根据会议提出的意见和建议修改完善后上报省政府审定。会议原则同意《东阳市社会治安防控体系建设的实施意见》，要求根据会议提出的意见和建议修改完善后提交市委研究。会议原则同意《东阳市公共自行车三期项目实施方案》，要求根据会议提出的意见和建议修改完善后组织实施，同意仍由杭州金通公共自行车科技股份有限公司作为单一来源采购供应商。会议原则同意《关于深化殡葬改革促进殡葬事业科学发展的意见》《关于完善社会保险费征缴暂行办法的意见》《东阳市人民政府办公室关于分解落实2016年若干重点工作任务的通知》《东阳市人民政府办公室关于分解落实2016年度十大民生实事和十大重点工程任务的通知》，要求根据会议提出的意见和建议修改完善后组织实施。会议原则同意《东阳市农村生活污水治理设施运行维护管理工作实施办法》，要求根据会议提出的意见和建议修改完善后下发执行。会议原则同意对S217(39省道)东阳市十里头至官清段改建工程拟采用PPP模式组织实施。会议原则同意横店通用机场项目一期征地拆迁工作涉及的房屋征收补偿和资金安排方案根据会议提出的意见和建议修改完善后组织实施。

4月5日，召开市十四届政府第六十五次常务会议。会议讨论关于调整非农建设占补平衡成本费收取标准问题、《“8890”虚拟养老院建设方案》《关于实现退役士兵自主就业一次性经济补助金城乡一体化的通知》《关于深化交通运输管理体制改革的实施方案》《关于完善纠纷多元化解机制的意见》《东阳市经济开发区管理体制调整实施方案》《东阳市财政扶持企业发展资金管理暂行办法》《东阳市国有资源有偿使用收入征收管理办法》《关于深化城乡建设管理体制改革的实施方案》《东阳市投融资管理体制改革方案》《东阳市国有企业采购管理办法

（试行）》、红海置业公司涉及广福东街地块置换问题12项议题。会议原则同意《关于完善纠纷多元化解机制的意见》《东阳市经济开发区管理体制调整实施方案》《关于深化城乡建设管理体制改革的实施方案》，要求根据会议提出的意见和建议修改完善后提交市委常委会研究。会议原则同意《"8890"虚拟养老院建设方案》《关于实现退役士兵自主就业一次性经济补助金城乡一体化的通知》《关于深化交通运输管理体制改革的实施方案》《东阳市投融资管理体制改革方案》，要求根据会议提出的意见和建议修改完善后组织实施。会议原则同意《东阳市财政扶持企业发展资金管理暂行办法》《东阳市国有资源有偿使用收入征收管理办法》，要求根据会议提出的意见和建议修改完善后下发执行。会议原则同意《东阳市国有企业采购管理办法（试行）》，要求根据会议提出的意见和建议修改完善后下发试行。会议原则同意调整非农建设占补平衡成本费收取标准。会议原则同意对红海置业公司涉及广福东街地块进行置换。

5月5日，召开市十四届政府第六十六次常务会议。会议讨论关于对东阳市1998年12月末前退休公务员进行困难补助问题、《关于加快推进残疾人全面小康进程的实施意见》、2016年审计项目计划安排和清理退出议事协调机构的请示、东阳市基本医疗保险有关政策调整问题、《东阳市临时救助办法》《东阳市"蓝色屋面"专项整治行动方案》《东阳市耕地保护奖补机制实施细则》、南市街道南峰宅里山出让地块上已建建筑物产权登记问题、横店镇小城市建设项目委托代建问题9项议题。会议原则同意《东阳市耕地保护奖补机制实施细则》，要求根据会议提出的意见和建议修改完善后再提交有关层面研究。会议原则同意《关于加快推进残疾人全面小康进程的实施意见》《东阳市"蓝色屋面"专项整治行动方案》，要求根据会议提出的意见和建议修改完善后下发实施。会议原则同意东阳基本医疗保险有关政策调整方案、《东阳市临时救助办法》，要求根据会议提出的意见和建议修改完善后下发执行。会议听取关于对东阳市1998年12月末前退休公务员进行困难补助的情况汇报，要求待条件成熟后对相关人员的合理诉求予以同步解决。会议原则同意关于2016年审计项目计划安排、清理退出议事协调机构的请示。会议原则同意由南市街道办事处提出处理南市街道南峰宅里山出让地块上已建建筑物产权登记问题的意见和建议。会议原则同意将市禹山投资有限公司的横店镇小城市建设项目委托横店风貌提升指挥部实施代建和管理。

5月27日，召开市十四届政府第六十七次常务会议。会议讨论关于《关于做好"横漂"管理服务工作的实施意见（试行）》《关于进一步降低企业成本优化发展环境的若干意见》《东阳市政府产业基金管理办法（试行）》《关于促进建筑业持续健康发展的若干意见》《东阳市综合交通运输发展"十三五"规划》《东阳市横店公共自行车项目实施建议方案》6项议题。会议原则同意《东阳市综合交通运输发展"十三五"规划》，要求根据会议提出的意见和建议修改完善后再提交有关层面研究。会议原则同意《关于进一步降低企业成本优化发展环境的若干意见》《关于促进建筑业持续健康发展的若干意见》，要求根据会议提出的意见和建议修改完善后下发执行。会议原则同意《关于做好"横漂"管理服务工作的实施意见（试行）》《东阳市政府产业基金管理办法（试行）》，要求根据会议提出的意见和建议修改完善后下发试行。会议原则同意《东阳市横店公共自行车项目实施建议方案》，要求根据会议提出的意见和建议修改完善后组织实施，同意项目采购参照东阳城区采购来源作为单一来源采购供应商，租车收费标准按照第二套方案执行。

6月12日，召开市十四届政府第六十八次常务会议。会议讨论关于《东阳市法治政府建设工作要点》《东阳市户籍制度改革工作方案》《东阳市双拥工作四年规划（2016～2019年）》《东阳市创建省级农产品质量安全放心县实施方案》《东阳市水利工程标准化管理实施方案》《东阳市影视拍摄外景地管理暂行办法》《东阳市食品加工小作坊整治提升实施方案》《关于进一步推进政府投融资工作实施意见》8项议题。会议原则同意《东阳市双拥工作四年规划（2016～2019年）》，要求根据会议提出的意见和建议修改完善后再提交有关层面研究。会议原则同意《东阳市法治政府建设工作要点》《东阳市户籍制度改革工作方案》《东阳市创建省级农产品质量安全放心县实施方案》《东阳市水利工程标准化管理实施方案》《东阳市食品加工小作坊整治提升实施方案》《关于进一步推进政府投融资工作实施意见》,要求根据会议提出的意见和建议修改完善后下发实施。会议原则同意《东阳市影视拍摄外景地管理暂行办法》,要求根据会议提出的意见和建议修改完善后下发执行。

7月7日,召开市十四届政府第六十九次常务会议。会议讨论关于《关于做好符合安排工作条件退役士兵安置工作的实施意见》《东阳市建筑业营改增推进工作考核办法》、阶段性降低社会保险费问题、《关于加强内部审计工作的实施意见》、浙江东阳中国木雕文化博览城有限公司资产重组及上市问题、《东阳市居住出租房消防安全综合整治奖励办法》6项议题。会议原则同意《关于做好符合安排工作条件退役士兵安置工作的实施意见(修改稿)》《东阳市建筑业营改增推进工作考核办法》、关于阶段性降低社会保险费的有关政策,要求根据会议提出的意见和建议修改完善后下发执行。会议原则同意《东阳市居住出租房消防安全综合整治奖励办法》,要求根据会议提出的意见和建议修改完善后下发试行。会议原则同意《关于加强内部审计工作的实施意见》,要求根据会议提出的意见和建议修改完善后组织实施。会议原则同意浙江东阳中国木雕文化博览城有限公司资产重组及上市工作方案,要求根据会议提出的意见和建议修改完善后报市委常委扩大会议研究。

7月22日,召开市十四届政府第七十次常务会议。会议讨论关于《关于进一步落实公路两侧绿化的实施意见》、学习《不动产登记暂行条例》、2016年政府投资建设项目计划增补情况问题、横店镇小城市建设项目(一期)政府购买服务有关事项、《东阳市临时改变房屋用途管理办法》《关于农房带方案审批、建设管理办法》、全市安全生产工作问题、金甬铁路周边土地开发问题、金义东轨道交通总体方案、《关于做好互联网金融风险专项整治工作的通知》、2016年度政府性债务和国有企业融资计划11项议题。会议原则同意《关于进一步落实公路两侧绿化的实施意见》《东阳市临时改变房屋用途管理办法》《关于农房带方案审批、建设管理办法》、金甬铁路周边土地开发工作建议、金义东轨道交通总体方案,要求根据会议提出的意见和建议修改完善后提交市委常委会研究。会议原则同意2016年政府投资建设项目增补计划、2016年度政府性债务和国有企业融资计划,要求根据会议提出的意见和建议修改完善后组织实施。会议原则同意《关于东阳市横店镇小城市建设项目(一期)政府购买服务有关事项的通知》《关于做好互联网金融风险专项整治工作的通知》,要求根据会议提出的意见和建议修改完善后下发执行。会议原则同意将安全生产标准化复评纳入政府购买服务范围的工作建议,市财政对3000元每家的复评费用给予保障。会议对《不动产登记暂行条例》进行学习。

8月2日,召开市十四届政府第七十一次常务会议。会议讨论关于生物医药科创园项目合作协议、东阳市污水处理有限公司四期工程建设和融资模式、东阳市公共Wi-Fi二期项目建设情况、《东阳市整合建立统一的公共资源交易平台实施方案》《东阳市政府投资项目前期工作管理办法》、东阳城区及乡镇控规全覆盖编制委托设计问题、《东阳市非物质文化遗产保护办法》《东阳市整合全市政务服务热线建设统一政务咨询投诉举报平台实施方案》《关于加快补齐农户安居短板的实施意见(试行)》《东阳市国有建设用地使用权转让和土地利用条件改变管理办法(修订稿)》《东阳市土地资源要素管理实施意见(暂行)》《东阳市"美丽城镇"建设(2016~2017)行动方案》12项议题。会议原则同意生物医药科创园项目合作协议、东阳市城区及乡镇控规全覆盖委托设计方案、《关于加快补齐农户安居短板的实施意见(试行)》《东阳市国有建设用地使用权转让和土地利用条件改变管理办法》《东阳市土地资源要素管理实施意见(暂行)》,要求根据会议提出的意见和建议修改完善后提交市委常委会研究。会议原则同意《东阳市公共无线局域网(Wi-Fi)二期建设实施方案》《东阳市整合建立统一的公共资源交易平台实施方案》《东阳市整合全市政务服务热线建设统一政务咨询投诉举报平台实施方案》,要求根据会议提出的意见和建议修改完善后下发实施。会议原则同意《东阳市政府投资项目前期工作管理办法》《东阳市非物质文化遗产保护办法》《东阳市"美丽城镇"建设(2016~2017)行动方案》,要求根据会议提出的意见和建议修改完善后下发执行。会议原则同意市污水处理有限公司四期工程在相关条件具备后开工建设。

8月25日，召开市十四届政府第七十二次常务会议。会议讨论关于《东阳市水利发展“十三五”规划》《关于引导农村土地经营权有序流转促进农业现代化建设的意见》《关于进一步加强企业风险化解工作的意见》《关于开展企业分类帮扶工作的意见》、设立浙江横店影视产权交易中心问题、东阳市社保基金保值增值运行方案、东阳市广瑞汽车销售服务有限公司补偿安置问题、安排省工业投资奖励用地指标问题、第一批无房户危房户建房及其他农房改造用地指标安排问题9项议题。会议原则同意《东阳市水利发展“十三五”规划》，要求根据会议提出的意见和建议修改完善后下发实施。会议原则同意《关于引导农村土地经营权有序流转促进农业现代化建设的意见》《关于进一步加强企业风险化解工作的意见》《关于开展企业分类帮扶工作的意见》，要求根据会议提出的意见和建议修改完善后下发执行。会议原则同意由市国投公司入股浙江横店影视产权交易中心。会议原则同意东阳市社保基金保值增值运行方案，要求根据会议提出的意见和建议修改完善后上报省财政厅社保基金运行中心。会议原则同意对东阳市广瑞汽车销售服务有限公司的补偿安置方案。会议原则同意省工业投资奖励用地指标安排、第一批无房户危房户建房及其他农房改造用地指标安排的建议。

9月8日，召开市十四届政府第七十三次常务会议。会议讨论关于《东阳市“十三五”金融业发展规划》《关于开展小额贷款保证保险试点工作的实施意见》《东阳市2016年深化政府购买服务改革试点工作实施方案》《关于进一步清理和规范低效工业企业的实施意见》《关于深化横店镇行政管理体制改革加强横店镇城市管理工作的实施意见》、影视产业扶持政策的补充意见6项议题。会议原则同意《关于深化横店镇行政管理体制改革加强横店镇城市管理工作的实施意见》，要求根据会议提出的意见和建议修改完善后提交市委常委会研究。会议原则同意《东阳市“十三五”金融业发展规划》，要求根据会议提出的意见和建议修改完善后下发执行。会议原则同意《关于开展小额贷款保证保险试点工作的实施意见》《东阳市2016年深化政府购买服务改革试点工作实施方案》《关于进一步清理和规范低效工业企业的实施意见》，要求根据会议提出的意见和建议修改完善后组织实施。会议原则同意对《关于进一步加快横店影视文化产业发展的若干意见》的补充意见。

10月14日，召开市十四届政府第七十四次常务会议。会议讨论关于全市“百日攻坚、百日招商、百日服务”竞赛活动、《东阳市工业转型升级“十三五”规划》《东阳市用能权有偿使用和交易管理办法》《东阳市水利工程管理和保护范围划定办法》《东阳市绿化质量管理暂行办法》《东阳市城市绿化管理办法》《东阳市居住证管理暂行办法》《东阳市户口迁移登记暂行条例》《东阳市居住证持有人特惠待遇管理暂行办法》、整合全市政务服务热线建设统一政务咨询投诉举报平台问题、湖溪广播转播台搬迁问题11项议题。会议原则同意《东阳市工业转型升级“十三五”规划》《东阳市水利工程管理和保护范围划定办法》《东阳市绿化质量管理暂行办法》《东阳市城市绿化管理办法》《东阳市居住证管理暂行办法》《东阳市居住证持有人特惠待遇管理暂行办法》《东阳市户口迁移登记暂行条例》，要求根据会议提出的意见和建议修改后下发执行。会议原则同意《东阳市用能权有偿使用和交易管理办法》，要求根据会议提出的意见和建议修改完善后下发试行。会议听取全市“百日攻坚、百日招商、百日服务”竞赛活动的工作部署。会议原则同意整合全市政务服务热线建设统一的政务咨询投诉举报平台。会议听取要求搬迁湖溪广播转播台的人大建议办理情况汇报，要求有关部门加强配合，推动搬迁相关工作。

12月1日，召开市十四届政府第七十五次常务会议。会议讨论关于《东阳市行政复议体制改革工作方案》《东阳市深化供销合作社和农业生产经营管理体制改革构建“三位一体”农民合作经济组织体系实施方案》《东阳市新型职业农民认定管理办法》《东阳市科技中小微企业风险资金池管理办法》、全市安全生产工作问题、《关于统一城乡居民最低生活保障标准的通知》、设立木雕小镇发展专项扶持资金问题、《关于打造“四个平台”推进基层治理体系建设的实施意见》《东阳市城乡公交专项资金管理暂行办法》、浙江筑工科技有限公司建筑工业化生产基地项目扶持政策、《关于推进基层综合性文化服务中心建设的实施方案》11项议题。会议原则同意《东阳市行政复议体制改革工作方案》，要求根据会议提出的意见和建议修改完善后上报金华市政府审定。会议原则同意《东阳市深化供销合作社和农业生产经营管理体制改革构建“三位一体”农民合作经济组织体系实施方案》《关于打造“四个平台”推进基层治理体系建设的实施意见》，要求修改完善后提交市委常委会研究。会议原则同意《关于统一城乡居民最低生活保障标准的通知》，要求根据会议提出的意见和建议修改完善后下发执行，同意将东阳市城乡居民最低生活保障标准统一提高为每月 698 元。会议原则同意《关于设立木雕小镇发展专项扶持资金的通知》，要求根据会议提出的意见和建议修改完善后下发执行。会议原则同意《东阳市新型职业农民认定管理办法》《东阳市科技中小微企业风险资金池管理办法》《东阳市城乡公交专项资金管理暂行办法》，要求根据会议提出的意见和建议修改完善后下发试行。会议原则同意关于浙江筑工科技有限公司建筑工业化生产基地项目的扶持政策，要求根据会议提出的意见和建议修改完善后组织实施。会议原则同意《关于推进基层综合性文化服务中心建设的实施方案》，要求根据会议提出的意见和建议修改完善后组织实施。会议听取关于全市安全生产工作情况的汇报，要求在年初开展全面的安全生产大检查大整治行动。

12 月 22 日，召开市十四届政府第七十六次常务会议。会议讨论关于《东阳市农业领域“机器换人”示范市推进计划（2016～2018 年）》《东阳市应对极端天气停课安排和误工处理实施意见》《东阳市教育发展“十三五”规划》、2016 年机关事业单位基本工资标准、《东阳市综合行政执法工作方案》《进一步加强体育工作的意见》《东阳市城市地下管线工程建设管理实施办法》《东阳市城区“六类”城市服务业排水工作管理办法》、南马巍山污水处理厂建设和融资模式问题、长松岗工业功能区 A12 和 A12-1 地块工业用地收回问题、给予南华基金管理有限公司有关财政扶持政策问题、东阳市住宅用地片区估评价结果、金义东城际铁路段线站位方案和铁路资本金问题 13 项议题。会议原则同意金义东城际铁路段线站位方案和铁路资本金建议方案，要求根据会议提出的意见和建议修改完善后提交市委常委会研究。会议原则同意《东阳市教育发展“十三五”规划》《东阳市综合行政执法工作方案》《进一步加强体育工作的意见》《东阳市城市地下管线工程建设管理实施办法》，要求根据会议提出的意见和建议修改完善后下发实施。会议原则同意《东阳市农业领域“机器换人”示范市推进计划（2016～2018 年）》，要求根据会议提出的意见和建议修改完善后下发执行。会议原则同意《东阳市城区“六类”城市服务业排水工作管理办法》，要求根据会议提出的意见和建议修改完善后下发试行。会议原则同意《东阳市应对极端天气停课安排和误工处理实施意见》，要求对误工处理相关规定暂缓实施，进一步明确文件的适用范围。会议原则同意 2016 年机关事业单位基本工资标准调整方案。会议原则同意南马、巍山污水处理厂项目及部分总管采用 PPP 投资模式建设，以公开招投标方式选定融资建设投资方。会议原则同意收回长松岗工业功能区 A12 和 A12-1 地块工业用地的意见。会议原则同意对南华基金落户东阳给予相应的财政政策支持。会议原则同意东阳市住宅用地片区评估评价调整更新方案。会议传达学习金华市委六届十三次全会精神。

【市政府市长办公会议】 2016 年 6 月 12 日，召开市十四届政府第六十三次市长办公会议。会议专题研究《东阳市市级机关事业单位房地产管理暂行办法》。会议原则同意《东阳市市级机关事业单位房地产管理暂行办法》，要求按照会议研究意见修改完善后下发执行，确保 2016 年 10 月末前基本完成权属登记（变更）工作。会议对有关副市长、市政府党组成员的分工进行调整。

（陈　侃）

民生实事工程

【市政府十大民生实事工程】 2016 年，东阳市政府十大民生实事工程及完成情况：

深化城乡生活污水治理。 完成主城区 3 个小区、艺海北路和增加截污点截污纳管改造工作。启动日处理 200 吨的污泥处理中心、日处理 150 吨的餐厨垃圾处理中心建设。从南山蓄水或从东阳江提水，利用 5 条小溪和南干渠引水综合治理城区水系，治理 8 口水塘。新建 43 个行政村污水治理工程，增加受益农户 1.79 万户。

责任单位：市农办、市建设局

完成情况：主城区 3 个小区

(北路小区、新世纪小区、兴宁小区)、艺海北路和增加截污点(东溪、雅溪等10个散点)截污纳管改造整治完成。污泥处理中心项目、餐厨垃圾处理设施项目处于规划选址阶段。从南山蓄水或从东阳江提水,利用5条小溪和南干渠引水综合治理城区水系,治理8口水塘。完成45个行政村污水治理工程,增加受益农户2.56万户。

推进大气污染综合防治。淘汰6T/H以下高污染燃料锅炉,吴宁街道、白云街道、江北街道禁止使用高污染燃料锅炉。推动"双禁"工作逐步向镇乡街道延伸。在建工地达到"七个100%"规范要求,创建绿色工地3家以上。建立健全城区道路科学洒水机制,道路机械化清扫率52%以上。PM2.5浓度比上年下降5个百分点以上。完成重污染行业挥发性有机废气治理。秸秆综合利用率88%以上。

责任单位:市农业局、市行政执法局、市环保局、市建管局

完成情况:淘汰锅炉636台。1月1日起,横店镇在中心镇区实施全年"双禁",对于其他区域的"双禁",市政府明确各镇乡街道可根据各自所辖区域实际制定相关政策,报市政府批准同意后组织实施。完善城区道路科学洒水机制,除常规作业外,对主干道、工程车出入频繁的路段、人流车流多的路段,增加洒水除尘作业频率。城区道路机械化清扫率54%。建筑工地施工环境、场容场貌继续改观,工地扬尘控制基本达到"7个100%"要求。创建绿色工地4家。PM2.5浓度40微克/立方米,比上年下降9.1%,空气优良率90.2%。完成印染、化工、电镀等重污染行业挥发性有机废气的治理。东阳市秸秆综合利用率93.14%。

推进城乡交通治堵工程。完成人民路、城南西路等道路"白改黑"项目建设,启动吴宁东路东延、乐园路西延等工程建设;增加公交首末站1个,增加公交车辆20辆,更新公交车辆20辆,增加公交站台10个,增加公交线路2条,增加公共自行车1000辆,建设、完善农村联网公路20千米;完成农村公路提升改造39千米、农村公路大中修65千米、农村安保工程26千米,增加农村港湾式停靠站100个,整治道路事故多发点段8个。

责任单位:市建设局、市交通局、市治堵保畅办

完成情况:人民路"白改黑"、吴宁东路东延、乐园路西延等项目完工。城南西路项目做前期工作。增加公交首末站1个;增加公交车20辆,完成车辆购置;增加公交站台10个;增加公交线路1条;增加公共自行车3600辆(其中城区2000辆,横店1600辆)。完成农村联网公路20千米、农村公路提升改造43千米、农村公路大中修74.8千米、农村安保工程26千米,增加农村港湾式停靠站100个、整治道路事故多发点段8个。

推进公共文化服务体系和市民休闲活动场所建设。制定《东阳市加快构建现代公共文化服务体系实施方案》《东阳市基本公共文化服务标准》。完善城乡公共文化设施建设,启动文化馆(群众文化活动中心)、非物质文化遗产馆建设。创建金华市文化示范村(社区)1~2个,创建以文化礼堂为代表的基层综合性文化服务中心70个。深化送文化下乡活动,送戏下乡90场,送电影下乡7200场。创新公共文化服务模式,创建"你点我送"服务品牌。开办"周末惠民剧场"。完成南大门广场、西山公园、博大世纪公园、儿童公园的改造提升工作,推进城市绿道建设,打造城市绿化精品。启动北山休闲区精品一条线建设;推进城市文化公园、南山森林公园第三期工程建设。

责任单位:市委宣传部(市文化局)、市建设局、市林业局

完成情况:制定《东阳市关于加快构建现代公共文化服务体系的实施方案》《东阳市基本公共文化服务标准》。征求相关单位对文化馆(群众文化活动中心)建设方案的意见;非物质文化遗产街区布展一期完成施工图。创建巍山镇王宅村、湖溪镇罗青村和千祥镇九峰一村(凌头村)3个金华市级文化示范村。创建70个基层综合性文化服务中心。完成送戏下乡245场,送电影下乡7810场。整合全市相关部门的下乡服务内容,制订含21类服务内容的农村文化礼堂服务菜单,下发到各镇乡街道。"周末惠民剧场"推出各类演出活动46场,受惠观众2万余人次。南大门广场施工图完成。西山公园、儿童公园、博大世纪公园改造提升工程完工。完成城市绿道建设50千米。北山休闲精品一条线建设启动。南山森林公园三期工程东岘峰至白石岗游步道连接工程完成预算审核。

推进城乡教育资源均衡发展。围绕创建"教育现代化市"目标,推进义务教育均等化。义务教育标准化学校占85%以上;中小学校塑胶跑道运动场地覆盖率95%以上;实施第二轮学前教育三年行动计划,等级幼儿园招

生覆盖面 90%以上；普惠性幼儿园覆盖面 75%以上；符合条件的学校体育场地设施闲时全面向社会开放；“美丽校园”创建比例 60%以上。

责任单位：市教育局

完成情况：创建标准化学校 117 所，占 98.32%。中小学校塑胶跑道运动场地覆盖率 100%；实施第二轮学前教育三年行动计划，等级幼儿园招生覆盖面 95.5%；普惠性幼儿园覆盖面 80.6%；符合条件的 115 所中小学体育场地设施闲时向社会开放；52 所学校完成“美丽校园”创建任务，全市“美丽校园”建成比例 76%。

推进城乡医疗资源共享。围绕建设“健康东阳”目标，推进基层首诊、双向转诊的分级诊疗工作，争取基层就诊率 65%；推行糖尿病、高血压的规范化诊治，治疗药品覆盖到基层；完成市影像诊断中心、市心电诊断中心建设；推进全市脑卒中、心肌梗塞的医疗急救网络建设，提升重性疾病救治成功率。

责任单位：市卫计局

完成情况：9 月，基层首诊、双向转诊的分级诊疗工作在医疗单位试运行，10 月 1 日开始实施，基层就诊率 65.2%。开展高血压、糖尿病规范诊治培训、进修学习、技能考核等工作。遴选并下发基层慢性病用药目录，其中必备药品 15 种，选备药品 64 种。市影像诊断中心和心电诊断中心投入使用。脑卒中、心肌梗塞的急救网络初步建立。

推进创业带动就业激发大众创业活力。实行“五证合一”登记制度，推进众创平台建设，完成 240 家农村（社区）电商服务站建设。落实税费优惠政策，实施创业融资帮扶制度，支持高校毕业生等群体创业。加大补贴力度，推进创业培训和实训，完成创业培训 500 人、电商服务站人员全员电子商务培训 1000 人和失业人员职业指导培训 3000 人。实施“小微企业三年成长计划”，组织小微企业专场培训 25 场，组织 450 家企业开展“双对接”活动，推动 50 家小微企业在“新三板”或区域资本市场挂牌，增加八大产业小微企业 420 余家。

责任单位：市人力社保局、市市场监管局

完成情况：实行营业执照、组织机构代码、税务登记证、社会保险登记证、统计登记证“五证合一”登记制度。开展多形式众创活动，举办首届东阳市青年创业大赛、“百人创业创新论坛”。认定横店镇官桥村农村淘宝服务站等 240 家服务站为东阳市首批农村电商服务站。制定《东阳市人民政府关于支持大众创业促进就业的实施意见》《东阳市创业担保贷款实施细则》，实施创业融资帮扶制度。加大创业培训补贴力度，完成创业培训 1400 人；完成农村电子商务培训 2690 人；完成失业人员职业指导 5429 人。组织小微企业专场培训 35 场，组织 537 家企业开展“双对接”活动，推动 58 家小微企业在“新三板”或区域资本市场挂牌，增加八大产业小微企业 1369 家。

提高社会保障水平。实行省市医保、市县医保定点医院、定点药店互认。最低生活保障标准和东阳市经济发展水平同步提高，年末实现低保标准城乡一体化。开展居家养老服务照料中心星级评定工作，创建三星级以上照料中心 20 家。建设“8890”虚拟养老院，入院老人 2 万人。

责任单位：市人力社保局、市民政局、“8890”便民服务中心

完成情况：实现省市医保、市县医保定点医院、定点药店互认。实现低保标准城乡一体化，统一调整为 698 元 / 月。创建三星级居家养老照料中心 25 家。建成“8890”虚拟养老院，入院老人 2.03 万人。

推广“互联网 + 政务”服务新模式和无线局域网市域重要场所全覆盖。建设政务服务网统一公共支付平台，推进城乡居民医保收费及教育收费电子化改革；推广“淘宝式”网上办理模式，推行会计从业资格证审批、港澳再次签注、机动车驾驶证申领、审验和补换证、机动车交通违法处理、城镇职工社会保险个人缴费证明等 50 项网上便民服务，实现相关证照网上认证、网上申报、网上签名、网上缴费、快递收件、快递送达的“淘宝式”网上办理模式。由政府出资购买无线宽带网络服务，实现免费开放无线 AP4500 个，基本实现市域重要公共场所、乡镇政府所在地全覆盖。

责任单位：市经信局、市财政局、市行政服务中心

完成情况：建成政务服务网统一公共支付平台。完成城乡居民医保收费及教育收费电子化改革。开通“淘宝式”全流程网上办理事项网上在线办理。建成免费开放无线 AP4646 个，实现市域重要公共场所、乡镇政府所在地全覆盖。

加强食品药品安全保障。健全完善食品药品安全基层监督网络。推进“餐桌安全治理三年计划”，城区农贸市场质量追溯

体系、快速检测体系建成率75%以上；小作坊建档率、登记率95%以上，监督抽检合格率93%以上；大型、特大型餐饮企业和学校食堂阳光厨房建设率45%以上。实施药品电子监管，市食品药品检测检验中心完成筹建并投入使用。实施第二轮农贸市场改造提升工作，完成横店花厅、黄田畈等3家菜场改造工作，创建省级放心农贸市场2家。

责任单位：市市场监管局

完成情况：印发《东阳市镇乡（街道）食安办规范化建设实施方案规范化建设方案》，完成第一批9个镇乡街道食安办规范化建设。城区依法设立8家农贸市场质量追溯体系、快速检测体系，建成率75%。经过整治提升，东阳市有食品生产加工小作坊144家，登记建档率100%，许可发证率97.2%，监督抽检合格率99.3%；大型及以上餐饮企业和中小学校、养老机构阳光厨房建设率54.5%。全市药品生产企业、药品经营企业、医疗器械生产企业加入智慧监管系统并开始运行。市食品药品检验检测中心对外开展食品检验工作。横店花厅、黄田畈等3家菜场完成改造提升，创建省级放心农贸市场2家。

（吴　婧）

重点工程

【市政府十大重点工程】 2016年，东阳市政府十大重点工程：

重大交通设施工程。完成甬金铁路工程前期，推进义东永高速、金义东城市轨道交通前期筹建工作；完成37省道过境公路，完成40省道全线路基隧道，39省道复线工程争取上半年开工建设、东阳市客运总站和江北公交枢纽站开工建设。

责任单位：市交通局、市铁办

生态环保治理工程。重点推进东阳市第二污水处理厂建设，完成配套管网并投入使用，江北污水处理厂开工建设；完成南马镇西区污水处理厂、画水镇竹溪污水处理厂工程（一期）、歌山镇污水处理厂改造提升工程等镇乡污水处理设施，管网同步建设投入使用。

责任单位：市建设局，江北街道、南马镇、歌山镇、画水镇

精品城市建设工程。继续完善红椿巷区域配套工程，基本完成区域内电力主干网管道建设；完成汉宁路、城南东路、江滨南街（望江路至兴平路段）等路面提升改造；江滨南街东延一期完成宕渣回填、学士北路北延完成路面硬化；完成城区东大门省道两侧环境整治、老城区二个小区标化改造、红椿巷A-13地块地下连通通道及景观工程等项目；完成江滨景观带及周边亮化工程二、四期、黉门广场周边建筑立面改造等立面美化项目；完成江心屿修复改造，推进节庆广场休闲浮桥项目。

责任单位：市建设局、市供电公司，吴宁街道、白云街道、江北街道、城东街道

商贸经济大道建设工程。中国服装服饰（品牌折扣）交易中心项目一期和东阳银泰城商贸综合体两个市场建成开业，木雕城二期完成B地块市场和三期高层，中汽·汽配城二期完成A地块多层市场主体；江滨南街西延路面完成硬化，城西客运站投入使用，开展世贸大道绿化精品提升前期工作。

责任单位：市交通局、市商务局，白云街道

影视文化旅游建设工程。万花园夏苑土建工程全部完成，布展、绿化等工程基本完成；秋苑建筑框架工程基本完成，开展布展、绿化等施工；冬苑三通一平全部完成，进入土建建筑框架施工；梦上海项目部分投入使用。推进东白山生态旅游区高山湿地公园景观建设，完成七夕文化园、东白山户外运动基地、太白峰二期项目前期审批。基本完成卢宅保护利用项目一期公建用房、旅游服务中心区域建设工程，推进卢宅保护利用项目回迁区一期五云堂遗址保护项目和非遗展馆布展工作。

责任单位：市委宣传部（市文化局）、横店影视文化管委会、市旅游局、东白山管委会，横店镇

公共服务基础设施工程。完成东阳二中迁建、体育馆建设；中医院迁建工程完成前期，争取开工建设，市红会医院迁建工程（东阳市江北综合医院）完成可研批复；推进浙江师范大学附属东阳花园外国语学校、横店文荣实验学校主体工程建设；游泳馆完成初步设计批复，公共租赁住房（一期）完成基础；完成东阳市九天谷未来健康生态园基础施工、东阳市红枫林养生中心一期主体框架建设。

责任单位：市教育局、市卫生局（市卫计局）、市体育局、市建设局

重大产业转型升级工程。横店集团东磁股份有限公司年产6.5亿颗18650型高容量锂离子动力电池投资项目厂房基础建设；浙江联宜电机有限公司新能源汽车驱动系统、消防机器人训练模拟两个项目厂房主体建设；

传感器工业园一期建设项目三栋传感器厂房开工建设;花园年产4000吨胆钙化醇杀鼠剂制剂设备安装、花园新材料年产1000万平方米多功能轻质复合墙板建设项目完成厂房主体,花园铜业有限公司年产10万吨高精度宽幅铜板带生产线项目完工;浙江金象科技有限公司超高纯气体精炼成套设备项目厂房外框、设备安装完成;浙江鸿鹄谷科技完成厂房主体;浙江欣旺科技材料有限公司年产10000吨GMT复合材料项目完成项目主体。

责任单位:市经信局,各镇乡人民政府、街道办事处

物流园区建设工程。国际物流园完成保税区域仓库、商检药品房、堆场及设施建设;白云商贸区仓储物流中心(东阳综合物流园)和石材物流园项目完成可研和项目初步设计文本。

责任单位:市交通局、市市场监管局、经济开发区,白云街道

特色小镇建设工程。东阳木雕小镇争创浙江省第二批特色小镇,年末前完成大师创意园和木雕产业园。

责任单位:经济开发区

横店镇风貌综合提升工程。完成镇区主要道路白改黑、主要道路街道景区周边绿化整改提升、万盛街及主要景区周边立面改造、镇区及景区周边洁化序化、集镇基础设施改造完善等工程。

责任单位:横店镇

(东　鉴)

市政府办公室工作

【应急管理工作】 2016年,遵循“预防为主,常备不懈”的方针,围绕确保“三个安全”以及消除应急工作“联而不动、不联不动、联而乱动”三个问题为中心,创新应急管理模式,健全应急管理机制,加强专业应急救援队伍建设,提升全市应急管理工作能力和应急救援水平。完善东阳市应急预案体系,对30余项修订时间较早或落后于当前实际的预案提出修订计划,修订《东阳市特种设备事故应急预案》《东阳市较大以上生产安全事故应急救援预案》《东阳市危险化学品事故应急救援预案》《东阳市矿山事故应急预案》《东阳市重特大环境污染事故应急救援预案》等预案。围绕G20杭州峰会、世界互联网大会等重大安保和重要敏感时段应急要求,组织开展医疗机构应急演练、出租房火灾救援应急演练、煤气站应急演练、危险化学品等应急事故处置演练。承办金华市级高楼层灭火救援暨全勤指挥部拉动演练。根据横店旅游旺季交通拥堵实际情况,运用智慧交通“1+6”模式的管控体系,制订交通、景区、治安等系列应急预案。借助政府应急联动指挥平台,完善职能部门应急联勤联动的响应组织架构,落实相关领域突发事件单位“一把手”负责制,实现“小事不出村,大事不出镇,矛盾不上交”的预期目标。完善东阳市“农商银行”红十字应急救援队,形成“多方共助、社会共赢”的民间应急救援运行体系。健全应急信息的预测预警和编辑报送工作机制。（楼永华）

【政府信息公开工作】 2016年,印发《东阳市人民政府办公室关于印发〈2016年东阳市政务公开工作要点〉的通知》,推进行政权力清单动态调整、行政处罚、财政资金、公共资源配置、重大建设项目、公共服务、国有企业、公共监管等重点领域的信息公开工作。利用浙江政务服务网东阳平台,向社会公布“四张清单”(行政权力清单、部门责任清单、企业投资负面清单、财政专项资金管理清单)。在浙江政务服务网东阳分厅公开“2016年度财政专项资金清单”。发挥政府网站以及报刊、广播、电视、政务微博、微信等传播政府信息的作用,确保公众知晓和获取公开的政府信息。在“东阳发布”“市民问政”平台上回复回应公众关注热点或重大舆情数185次,举办新闻发布会5次(其中主要负责人参加新闻发布会1次),微博微信回应事件数123次。全市各部门单位、各镇乡街道在东阳市门户网站发布政府信息7052条,其中,市政府部门6067条,镇乡街道985条。

开展行政权力事项运行流程标准化梳理工作。市编办起草《关于推进权力清单标准化建设工作的通知》,组织37个部门单位对入库入网的行政许可类事项的基本信息进行完善;完成3个功能区和18个镇乡街道的事项梳理工作,实行权力事项信息网上动态调整机制;组织各部门完成基本公共服务事项清单。清理规范证明类事项。市编办组织19家政府部门开展部门权力事项库清理工作,对无法律法规依据的权力事项,做好权力事项法律法规补充、权力事项转内部管理事项删除取消、仍需要行使权力事项提请省编委办补充法律法规依据等工作,完成152项权力事项的动态调整工作。

市统一行政权力运行系统完成办件214789件,其中行政许可事项增加办件40446件,其他权

力事项120075件，公共服务事项54268件。镇乡街道行政权力运行系统完成办件399件，含其他类权力事项办件390件。政务服务事项总量1133项，其中三星级以上（含三星级）事项535项，占47.22%。行政许可事项总量429项，其中四星级以上（含四星级）事项144项，占33.57%。至12月31日，政务服务网东阳分厅公开行政处罚结果信息28462条。

全市收到政府信息公开申请148件，各申请人通过当面申请91件，网络申请23件，信函申请34件。全市各部门办理依申请公开148件，答复率100%，其中属于主动公开、同意公开和部分公开的120件，占81%；不同意公开的5件，占3.38%；不属于行政机关公开的56件，占3.38%；申请信息不存在的9件，占6.08%；告知做出更改补充的5件，占3.38%；告知通过其他途径办理的4件，占2.7%。因政府信息公开申请行政复议1件，其中维持具体行政行为的1件。因政府信息公开申请行政诉讼1件，其中被依法纠错的1件。（陈娇燕）

【人大代表建议意见和政协提案办理】 市十四届人大五次会议和市政协十三届五次会议收到代表建议意见297件、政协提案251件，合计548件。297件建议意见中，有关农林水土方面77件，占25.9%；工业经济方面15件，占5.1%；城建环保方面31件，占10.4%；交通旅游方面63件，占21.2%；人劳民政方面25件，占8.4%；教科文卫体方面28件，占9.4%；财经商贸方面11件，占3.7%；政治法律方面43件，占14.5%；其他方面4件，占1.3%。251件政协提案中，有关工业经济、金融财贸、农林水利等经济建设方面78件，占31.1%；有关城市建设、环境保护等方面85件，占33.9%；有关科技、教育、文化、卫生、体育方面81件，占32.2%；有关民主法制、劳动保障、政协统战方面7件，占2.8%。

两会闭幕后，市人大、市政府、市政协联合召开建议提案交办会，把548件建议提案交由63个承办单位办理，各单位按照人大代表建议、政协提案办理的有关规定，在要求时间内办理完毕，书面答复代表、委员，办复率100%。2016年，市政府重视人大代表建议和政协提案的办理工作，把强化责任作为办理工作的重要保证。“两会”以后，市长朱建军部署建议办理工作，明确每件重点建议提案均成立办理工作小组，由1名市政府领导领办，责任部门主办，相关职能部门和镇乡街道会办。建议交办后，市政府各分管副市长把好分管部门办理进度和质量关，听取部门工作汇报，参与承办部门召开的各种座谈会、面商会，指导帮助解决一些实际问题，在正式答复代表委员前审阅答复件，确保办理质量。按照市政府的要求，各承办单位强化责任落实，建立主要领导负总责，班子成员分工督办，业务科室具体承办的工作机制，明确每件建议提案的责任领导、责任科室和人员。把规范程序作为办理工作的关键措施。市政府办公室发挥职能作用，会同市人大、市政协相关委办，通过上门走访、现场察看、跟踪督办、专题协调以及召开政府系统承办大户办理工作座谈会等方法，分析研究有关问题，督促加快办理进度，把督查贯穿于办理工作的全过程，因地制宜、因事制宜，采取各种办法，抓办理进度，抓薄弱环节，抓关键措施，确保办理工作落到实处。在建议提案办理过程中，市政府及各承办单位坚持统筹兼顾、突出重点，对建议提案提出的问题进行分析和研究，做到重点问题不绕道，难点问题不拖拉，热点问题不回避。

代表委员的建议提案得到落实。代表委员围绕全面深化改革、环境革命、城乡一体化进程、“美丽乡村”建设等方面提出建议，市政府及相关承办单位对有关建议提案进行分类梳理，通过办理工作，把代表委员的建议吸纳到“五水共治”“美丽县城”建设、空心村整治、横店风貌提升、小城市培育等重点工作中。如关于破解农民建房难问题，为解决农民建房指标安排随意、村干部滥用职权现象，使无房户、危房户建房问题得到解决，市政府常务会议通过《关于进一步规范农村宅基地管理破解农民建房难的实施意见》。代表委员在市人代会期间提出提振实体经济、扶持中小企业、改善融资环境等多个建议提案，市政府及市经信局、市财政局、市金融办等部门吸纳有关建议措施，制定《关于进一步降低企业成本、优化发展环境的若干意见》《东阳市政府产业基金管理办法（试行）》《关于进一步推动企业利用资本市场加快发展的意见》等政策，降低企业成本，鼓励企业兼并重组，促进经济结构优化和转型升级。代表委员围绕教育、医疗、就业、住房、交通治堵、社会救济等方面提出建议，在办理过程中，各承办单位把代表建议、政协提案当作完成2016年民生实事项目的强大推力以及作为改进部门作风、减轻企业或基层负担、改善人民福祉的第一手资料。对代表委员提出的问题,市政府及其各承办部门分类抓好落实,使建议尽快付诸实施,凡是符合政策有条件解决的都立即办理;因受条件限制一时不能解决的及时制订规划、计划,尽可能创造条件逐步加以解决;对一些暂时难以解决的问题,详细说明原因。2016年,代表建议所提问题已经解决或部分解决的195件,占65.6%;正在解决的61件,占20.5%;待创造条件解决的26件,占8.8%;暂时难以解决留作参考的15件,占5.1%。政协提案所提问题已经解决或部分解决的136件,占54.2%;正在解决的89件,占35.5%;待创造条件解决和留作参考的26件,占10.3%。（马　先）

【政务信息工作】 2016年,被评为全省政务信息工作先进单位二等奖、金华市政务信息工作先进单位一等奖。编发《东阳政务信息》35期,采用信息280余条,编发《专报信息》12期。上报信息1180余条(省、金华市不重复计算),被采用101条。上报信息被省府办采用信息29条,其中专报信息13条,动态信息16条,获省领导批示9条,发工作交流1条;被金华市府办采用信息72条,其中获金华市领导批示5条,发工作交流3条。“东阳市试水五种模式推动主要污染源减排的经验和困难”“东阳市民营建筑业‘营改增’面临的问题和建议”“东阳市构筑全方位屏障加强食品安全监管”“东阳市关于打造‘婺派民居’的思考和建议”“小财政撬动大文化 小舞台传递正能量——东阳市低价‘周末惠民剧场’复活闲置剧院”“东阳市立足农民需求大力推动农业‘机器换人’”“东阳市开展‘环境革命’大力补齐生态环境短板”“东阳市纵深推进环境整治实现横店城市风貌‘蝶变’”“东阳农商银行发挥金融力量稳健助推地方经济发展”等信息获省领导熊建平、袁家军、朱从玖、郑继伟、黄旭明等的批示肯定,其中“东阳市低价‘周末惠民剧场’复活闲置剧院”等信息在全省工作中被刊发交流。“找实短板精准发力 创新治理实现多赢——东阳市推行小微企业安全生产第三方托管服务见成效”“东阳市开展‘环境革命’力补生态环境短板”“农村生活污水‘尾水返田’工作的思考”等信息获金华市领导暨军民等的批示肯定,并在《金华政务信息(工作交流)》上予以刊发交流,“东阳市接待国内外游客突破1000万人次”的信息获金华市副市长孙荣燕的批示肯定。（郭　珊）

【对外联络工作】 对接东阳市政府·复星集团全面战略合作项目;配合市有关部门做好木材交易中心前期相关工作;加强与上海东阳人联谊会、商会的沟通联系,做好各项服务工作。（陈娇燕）

【接待工作】 2016年,东阳市委、市政府接待办公室接待国家部委、省、市、县各级领导和宾客386批13315人次。其中,接待国家级领导1批1人次、省部级领导26批36人次,海外考察团1批。

接待到东阳市考察、交流、参观等活动的外省市、兄弟县市及友好城市代表团100余批次。

接待在东阳市举办的大型活动6批次,分别有:中国共产党东阳市第十五次代表大会;第十一届中国(东阳)木雕·竹编工艺美术博览会;共青团浙江省委协办梦想足球场工艺项目启动仪式暨横店明星公益足球嘉年华;金华“五水共治”工作现场会;全省农村文化礼堂建设工作现场会;金华市全市城市工作座谈会。

接待到东阳市经贸考察、项目洽谈、经济合作等知名企业界人士27批次,主要有:中建基础设施勘察设计建设集团有限公司、中铁建七局、昆仑控股集团、中核新农科技有限公司、天津天一集团、京东商城、中信产业基金、中船集团及九院、上海复星集团、中青旅、温州青年企业家协会、兰州浙商集团等企业界人士。（张虎臣）

机关后勤工作

【概况】 2016年,市机关事务管理局对设施设备进行管理,维修、更换事业大院办公楼、西街街面房破损水管;维修翻新主楼公共场所墙面、吊顶、伸缩缝等破损地;大修主楼6台电梯,升级改造后地块地下停车场、主楼3个停车库停车系统;将主楼150盏楼梯灯更换成雷达微波LED吸顶灯;配合完成司法行政法律服务中心改造提升工程。完善安全应急处置预案、消防应急预案,定期组织应急情况处置演练;对来访人员、出入车辆进行登记管理和跟踪监督管理,配合有关部门维护上访秩序。机关食堂实施“6T”(“6个天天”要做到:

天天处理、天天整合、天天清扫、天天规范、天天检查、天天改进)管理,安装新的监控装置,改造厨房灶台和蒸鸡制间墙面,为机关干部职工提供就餐服务35万余人次,创新营销模式,实现营业收入809万元,比上年增长65%。会务中心提供大小会务服务1900场次,场租收入100万元,比上年增长18.8%;机关医务室接诊9000余人次。

【公务用车管理中心成立】 按照全市车改政策,成立公务用车管理中心,合理配置公务用车资源,落实车辆"三定点"管理规定。本着"集约管理、高效便捷、保障公务"的原则,为参改单位的公务用车提供"一站式、全天候"服务。公务用车改革后留下公务用车212辆(包括一般公务用车和综合行政执法车),至年末,有64家参改单位、17个临时机构通过电话等方式向平台提出派车预约申请,完成派车任务1700余次。派车准点率和服务满意度100%。

【公房管理工作】 推进市级党政机关办公用房"五统一"(统一权属登记、统一规划建设、统一调配使用、统一维修改造、统一物业管理)管理,制定颁布《东阳市市级机关事业单位房地产管理暂行办法》。完成对全市公有房产的摸底统计,有公有房产2946处,用地面积1897.28万平方米,建筑占地131.19万平方米。开展房产权属登记工作,测绘土地45.2万平方米,房屋57.9万平方米;制作土地证41本,面积3.8万平方米;房产证54本,面积2.7万平方米。开展房屋安全鉴定工作,完成29宗地、89幢房产安全鉴定,通知相关单位对8处D级危房、2处C级危房做警示牌。

【公共机构节能工作】 推进合同能源管理模式,开展绿色建筑行动,实施太阳能光伏、地源热泵等可再生能源应用工程。市行政中心大院的光伏电站(装机容量600千瓦/小时)进入设计论证阶段,首批新能源汽车充电桩建设完成选址工作,两个项目均为金华地区机关事业单位同类首个实施项目。落实水资源管理制度,推广应用节水新技术、新工艺、新产品,组织开展节水型单位创建活动。

(楼丽芳)

农业和农村工作

【概况】 2016年,全市推进农村生活污水治理、"美丽乡村"精品线、精品村建设、农民素质培训、"农家乐"培育等工作。铺设污水管网600余千米。启动8条"美丽乡村"精品线建设工程,完成"赤膊墙"(农户住宅未粉刷的红砖墙)整治60余万平方米。"农家乐"接待游客227万人次,营业总收入14828万元。培训农民1.65万人。

【农村生活污水治理】 2016年,完成43个行政村生活污水治理,新增受益农户17398户,累计完成363个行政村,实现行政村全覆盖。组织召开业务培训会,全市农村生活污水治理质量监管员、项目村负责人、镇乡街道分管领导等600余人参加,会议对农村生活污水治理质量管理和竣工验收进行培训。每季召开农村生活污水治理现场推进会1次,市委书记黄敏专题考察农村生活污水治理情况。下发整改通知书84份,通过微信播报问题102个,问题整改率100%。

【"美丽乡村"建设】 启动8条"美丽乡村"精品线建设工程,完成规划设计,项目工程完成50%左右。以贯穿东阳市境内的3条高速公路沿线"赤膊墙"整治为重点,开展"赤膊墙"整治工作,完成整治60余万平方米。创建东阳市级"美丽乡村"精品村10个、先进村60个。增加省级历史文化保护利用重点村1个(南马

图48 "美丽乡村"特色精品村——六石街道北后周村(市农办提供)

镇上安恬村)、省级历史文化保护一般村6个,有省级历史文化保护利用村落16个。巍山镇被命名为省级“美丽乡村”示范镇,六石街道北后周村、巍山镇王宅村和东莘桥头村3个村被命名为省级“美丽乡村”特色精品村。开展农村环境革命行动,推进“三整一拆”(整乱堆乱放、整空心空地、整管线立面、拆乱搭乱建)行动,1158个自然村启动整治工作,启动率98%,完成810个,占总数的70%左右。推进垃圾分类合格村创建活动,市垃圾分类办通过实地查看、走访农户、查阅资料等方式对自然村逐村进行考核验收,有521个自然村基本符合合格村标准通过验收,占全市总任务数的48.02%。

【低收入农户增收】 建立精准扶贫工作机制,推进低收入农户增收工作,扶贫小额信贷一般执行基准利率,最高授信由原来的5万元提高到20万元,给予实付利息的60%利息补助,发放扶贫小额信贷贷款4000余万元。对2015年“4600元以下”低收入农户数据进行核实更新。加强生态镇范围内的山区村基础设施建设,扶持山区基础设施建设项目23个。完成佐村镇流贵塘行政村曹家业自然村15户50人的下山移民工程。完善机关、企事业单位结对帮扶贫困村和低收入农户机制,建立村企融合发展、互助共赢的新型结对合作关系。

【“农家乐”经济发展】 至年末,东阳市有农家乐集聚村4个、农家乐特色点30个,其中省级特色点12个、金华市级特色点6个。发展农家乐星级经营户71户。2016年,接待游客227万人次,比上年增长23.4%;实现营业收入14828万元,比上年增长17.1%。

【农民素质培训】 推进农民素质提升培训工程,完成培训1.65万人,其中农村实用人才培训5500人,农民转移就业技能培训2000人,农民普及性培训9000人。

(任　翔)

市行政服务工作

【概况】 2016年,市行政服务中心管委会开展“提升五大理念、优化政务渠道、创新审批方式、便捷百姓办事”主题活动,改革行政审批制度,完善行政审批机制,优化行政服务环境。市行政服务中心受理事项441568项,办结事项441465项,办结率99.97%,办事群众对中心的满意度98%以上。实行食品流通与餐饮服务许可“二证合一”制度。对较为简单的农村私人建房审批事项做到“立等可取”或“当天办结”。9月,取消加工贸易合同审批和加工贸易保税进口料件或制成品转内销审批。10月1日起,外资企业设立、变更不涉及国家规定实施准入特别管理措施的改为备案。

【在线审批办理】 通过事项梳理、数据测试、信息补录等方式,对“淘宝式”办理事项和便民服务事项的行政审批全过程实行自动化、信息化控制。除公安部门的“淘宝式”办理事项按照其自行开发的公安服务在线平台统一进度外,东阳市其他10个部门的15项“淘宝式”办理事项和8个部门的21项便民服务事项均开通在线办理并完成流程测试。

【中介资源集聚】 1月20日,在浙江政务服务网上线中介超市模块。6月末,实现东阳市中介机构网上服务平台与金华市中介机构网上服务平台市县一体化建设。有47家涉批相关的中介机构入驻,涉及74个中介服务事项,包括环境影响评价、环保工程设计、工程咨询、人防设计等内容。举办2次针对涉批部门工作人员和中介公司人员的中介超市网上操作培训。

【行政审批服务】 整合前置审批等制度,完善模拟审批、并联审批、项目代办等审批模式。模拟审批方式有2个项目通过试运行,并联审批方式有23个项目实行联合会审。帮助业主单位共同准备资料、完备各项手续,签约3个代办项目,涉及投资额4450万元,完成代办行政审批和行政服务事项94项,完成500万元~1000万元政府投资项目联合审批“一表制”2项,投资额1765.5万元。7月29日,制订《东阳市投资项目竣工验收代办实施办法》,对固定资产投资项目竣工验收审批申报及相关业务实行无偿代办。

【便民体系建设】 全市大多数镇乡街道建立开放型窗口式的便民办事大厅,18个镇乡街道的“365”便民服务中心中达示范型的6个,标准型的5个,简易型的1个。390个行政村建有便民服务中心,达示范型的77个,占建成总数的19.7%。指导推进村(社区)便民服务中心建设,加强村级专职代办员队伍管理,全市有村级便民服务专职代办员347人。各镇乡街道“365”便民服务中心受理行政审批事项211321

件，办结 210444 件，办结率 99.58%。村级便民服务中心受理代办服务事项 201383 件，办结 201202 件，办结率 99.91%。

【工位号注册登记】 在特色小镇、众创空间、文化产业园等区域，对新兴行业创业者实施“工位号注册登记”模式，将统一办公场所中具体编号的办公位置（工位号）进行住所登记，节约小微企业设立时间和空间成本。

【不动产登记工作】 年初，完成不动产登记职责整合工作，完成国土、房管窗口办公场所整合和人员的合并工作，推动不动产统一登记制度的实施。至年末，办理不动产权证书 1050 本，配置不动产单元号 29387 个，查档 13483 个。8 月 30 日，东阳市不动产登记中心授牌暨不动产权证书首发放仪式在东阳市行政服务中心举行，颁发东阳市第一本房产、土地合一的不动产产权证，第一批业主陈国红等 6 人获颁东阳市第一批不动产权证。

【行政效能监督】 采用每日巡查与不定期多次巡查相结合的方式开展监督检查工作，重点对窗口工作人员的考勤、着装、请销假、服务态度等加大督查力度，对发现的问题及时做好记录。坚持推行月通报制度，与业务主管部门建立双向互动的窗口作风效能督查机制，每月以“抄告单”的形式反馈考核情况，确保中心窗口单位的服务质量。推行电话回访机制，对办事大厅的服务情况开展全方位的跟踪督查，电话回访 1274 次，满意件 1260 件。

（周洁倩）

公共资源交易管理工作

【概况】 2016 年，市公共资源交易平台受理各类招标、拍卖、挂牌等交易 775 个标次（地块），成交额 25.92 亿元，比保留价增加和预算价节约计 1.4 亿元，其中建设工程招标 372 个标次，成交额 13.11 亿元，比招标造价降低 0.8 亿元；组织政府采购 260 个标次，采购金额 3.28 亿元，比预算价节约 0.33 亿余元；组织国有建设用地使用权挂牌 129 次（地块），成交额 9.04 亿元，比保留价高出 0.09 亿元。国有房产租赁权及房产拍卖 14 次，竞投总价 0.48 亿元，比保留价增加 0.18 亿元。

【公共资源交易平台整合】 制订《东阳市整合建立统一的公共资源交易平台实施方案》，将各类公共资源纳入平台统一交易，推进公共资源交易法制化、规范化、透明化。6 月 30 日，金华市公共资源交易中心东阳市分中心更名挂牌成立，增挂“金华市政府采购中心东阳市分中心”的牌子。

【规范政府投资工程建设项目招投标】 执行《关于进一步规范政府投资工程建设项目招标投标活动的实施意见》，掌握招标工程建设项目的范围和额度标准，严格招标投标程序，规范招标投标操作办法，完善异议、投诉、举报处理机制。抓好省巡视组对东阳市招投标领域反馈意见的整改落实工作。按照《东阳市工程建设项目邀请招标监督管理办法》，把关邀请招标条件，不符合邀请招标条件的一律公开招标。邀请招标项目数量为零，所有工程项目均实现公开招投标。完善招投标网络数据库建设，更新 324 家投标企业资料数据库。组织各镇乡街道、机关各部门、招标代理机构召开招投标法规培训会议，对招投标中存在

图 49　授牌仪式结束后，陈国红（右一）获颁东阳市第一本不动产权证（市行政服务中心提供）

的问题进行分析阐述，宣传贯彻招投标的基础性法律法规，提升招投标工作人员的业务水平。

【政府采购工作】 PPP（政府和社会资本合作）社会资本模式采购首次进入东阳市平台。完成东阳市财政性资金竞争性存放项目招标3次，存款金额19.5亿元。政府采购向民生工程倾斜，完成市区第三期公共自行车系统（预算金额1400万元）、横店公共自行车系统（预算金额1050万元）项目招标，横店公共自行车系统与东阳公共自行车系统实现无缝链接，支持微信租用。

【竹溪污水处理厂PPP项目社会资本采购】 东阳市画水镇竹溪污水处理厂PPP项目社会资本采购首次进入中心采购，采购金额1507万元，4家社会资本参与竞争，经过资格预审，公开招标，深圳市碧园环保技术有限公司以3.2元/立方米中标。

【交易监管】 监督检查政府投资项目施工现场，对政府投资500万元以上建设项目采取不定期抽查、定期检查等方式到项目施工现场进行督查，重点对项目关键岗位人员的考勤情况、建设单位现场管理及施工进度情况进行检查，针对问题及时进行整改，确保关键岗位人员的到岗率。强化标后履约监管，对市重点工程和500万元以上工程在中标后召开施工（监理）现场关键岗位人员上岗前交接会议并实行押证管理、到岗考勤、变更核准，合同备案审查。组织召开关键岗位人员交接会议12个项目，施工合同备案审查105份。加强对市重点工程、民生工程及邀请招标项目的监管，制订合同履行综合监督检查计划和合同备案管理办法，建立500万元以上项目合同履行监督管理台账。加强对投诉举报案件的查处。做好在招标投标活动中的投诉处理工程，配合相关职能部门查处公共资源交易活动中的违法违规行为。受理工程招投标投诉11件，处理上级转办的投诉3件，直接受理查处8件，做到件件有处理有回复。

（朱康康）

外事工作

【概况】 2016年，市外事办办理因公出国（境）审核19批42人次，邀请外国人来华审核32批40人次，认证86批140本。

【省外侨办主任调研】 3月2日，浙江省外侨办主任金永辉等4人到东阳市调研，金华市县（市、区）外侨办主任参加座谈会。座谈会上，各市县对《浙江省外事侨务“十三五”发展规划（征求意见稿）》和做好全省外事侨务工作提出意见和建议。

【外宾到访】 3月24日，大韩民国驻沪总领事韩硕熙等4人到东阳市考察东阳中国木雕城、横店影视产业试验区、横店影视城。4月6日，德国迪恩市外办主任海尔穆特·戈尔戴茨等28人到东阳市考察中国木雕博物馆、秦王宫、清明上河图。8月8日，美国驻沪总领事馆高级商务专员聂民琨等2人到东阳市考察横店影视城，探讨影视产业合作的可能性。

【东阳市经贸代表团访问蒙古】 11月27~30日，市政协副主席、市海外联谊会会长施侍良率东阳市经贸代表团访问蒙古。代表团参加蒙古国东阳商会就职典礼和东阳商会华侨企业家座谈会，与蒙古国东阳商会签订贸易合作框架协议；拜访蒙古国中华总商会、驻蒙古国使馆，与蒙古国中华总商会签订长期合作备忘录。

图50 11月，东阳市经贸代表团访问蒙古（市外事办提供）

【东阳市友好访问代表团访问罗马尼亚、意大利】 4月17～24日，市委副书记姚激扬率东阳市友好访问代表团出访罗马尼亚、意大利。代表团访问中国驻罗马尼亚大使馆、穆列什盐矿市政府以及意大利罗马三市区政府，推介东阳市工业经济、影视文化、建筑项目，并与罗马尼亚普拉霍瓦省工商会签订合作备忘录，与穆列什盐矿市签订建立友好交流关系意向书，与意大利罗马三区市政府达成友好交流意向。

【东阳市招商代表团访问英国、丹麦】 5月22～28日，市政协主席王正明率东阳市招商代表团出访英国、丹麦。代表团访问英国中华总商会、伦敦华埠商会、丹麦维堡市政府和比隆乐高公司，为东阳市木雕小镇建设招商引资、招才引智。

（葛　爽）

民族宗教工作

【民族工作】 推进民族团结进步创建活动，加强民族团结示范点培育。白坦小学完成初步方案，在楼梯墙壁、走廊上绘制少数民族各类图案。开展民族团结进步创建活动进机关、进企业、进社区、进乡镇、进学校、进宗教场所“六进”工作。为16名少数民族学生出具少数民族成分证明，使少数民族学生享受到应有的优惠政策。开展兰溪市水亭畲族乡奎塘畈村结对帮扶工作，送去10万元帮扶金，主要用于浇筑通村公路、民族文化楼建设、民族文化风情广场建设等项目。

【宗教工作】 为民间信仰场所进行编号登记。组织镇乡街道统战干部、宗教团体、宗教代表人士、宗教场所负责人进行座谈和学习。开展民族宗教领域维稳工作，未发生安全责任事故。开展佛道教专项整治活动，对东阳市宗教活动场所（含民间信仰场所）内常住人员进行调查，调查登记163人。推进宗教活动场所视频监控安装工作。2月1日，东阳市佛教协会和基督教“三自”爱国运动两个团体的负责人带领相关人员冒雪驱车分别到马宅镇岩托下、钟山、屠粱等6个自然村，给村里的10户特困户送去慰问金1万元。5月，完成穆斯林在东阳临时聚会点的视频监控安装，会同公安、通讯部门对全市85处宗教活动场所进行实地勘察，制订安装方案。规范管理宗教场所的财务，1月和5月，组织团体和场所负责人参加政策法规和财务培训。开展“环境优美、活动有序、管理规范、品行端正”为主要内容的“生态寺观教堂”创建活动。宗教界为新农村建设和扶贫帮困捐款60余万元。

【基督教第七次代表会议】 10月10日，基督教第七次代表会议召开，全市73名基督教信徒代表参加会议。会议听取审议基督教第六届“三自”（自治、自养、自传）爱国运动委员会工作报告和财务报告，通过选举办法，选举产生东阳市基督教“三自”爱国运动委员会新一届领导班子。韦鲁萍当选东阳市基督教“三自”爱国会主任。

【中华慈孝文化节】 8月，天宝禅寺承办“中华慈孝文化节”，台湾新党主席及多名两岸知名人士参加，海峡两岸的各界人士共同向公众阐释“慈孝”文化，弘扬“慈孝”美德，倡导海峡两岸要从小事做起，弘扬尊老孝亲的传统美德，筑起中华民族和谐的大家庭。

（卢姜英）

档案工作

【概况】 2016年，接待查档人员8354人次，调阅档案12930卷次，复印21970页。全市档案在线登记率90%以上，进馆一级单位登记率100%，开始实施重点建设项目档案备份率。推进数字档案室的创建，在多种场合进行宣传推动，对创建规范化以上数字档案室的单位，当年档案年检予以免检。对开展数字化扫描加工的市公安局、市国土局等单位，配合督促外包加工单位加强档案安全管理，把好扫描质量关和存储数据格式的标准化，保障数字化成果的可用性。市卫生监督所、浙江英洛华磁业有限公司通过省级达标验收，横店影视制作有限公司和浙江横店染整有限公司通过东阳市级达标验收，东方红水库、凯文磁业等5家单位完成重点建设项目档案验收。宣传贯彻国家档案局10号令，帮助企业把归档范围和保管期限统一调整到国家标准上来，加强面对面指导，帮助企业搭建档案管理的框架，制订档案管理的规章制度和标准，推进企业档案规范化建设。指导做好土地确权登记颁证过程中形成的文字、图表、声像、数据等文件材料的收集、整理、鉴定、保管等工作。组织1期市直机关和镇乡街道档案员140余人参加的档案业务培训，着重对档案资料的收集与鉴定、档案实体规范化整理进行培训。

【档案工作会议】 5月19日，召开东阳市档案工作会议。全市各机关部门、单位，各镇乡街道和部分企业的档案工作分管领导、档案员170余人参加会议。金华市档案局副局长蒋伟良、东阳市副市长蒋令树出席会议并讲话。会议回顾总结“十二五”时期全市的档案工作，部署“十三五”时期全市的档案工作。

【档案宣传活动】 市政府分管副市长和市档案局相关负责人以“服务民生档案走进你我他”为主题共同参与制作《市民问政》访谈节目。节目谈及档案工作中的不足，并对档案工作提出展望和要求。在场的20余名市民代表对出生档案、房产档案、档案查询费用等方面提出问题，市档案局相关负责人对问题进行现场解答。组织开展“国际档案日”宣传活动，开展档案资料征集活动。发送国际档案日主题短信12000余条，电子屏幕滚动播放宣传标语16条，1500余人次参观展板。6月7日，市档案局在《东阳日报》和机关部门办公内网上分别发布公告，在全市范围内面向社会公开征集“国家领导人与东阳”“八婺金名片”“省级以上传统村落”等各种档案资料。5月31日，组织开展档案法律法规知识竞赛，全市各机关部门，镇乡街道和企事业单位70余名专（兼）职档案员参加知识竞赛。组织开展“馆校互动”活动，组织江北小学50余名学生参观“档案与民生”宣传画报、馆藏民生档案和各门类展厅，市档案局工作人员向学生们介绍家庭档案、出生证明、户口迁移、婚姻、建房等民生档案的收集、保管、查阅利用的全过程。利用全市农民信箱短信平台、市档案局LED电子屏幕和“档案与民生”宣传展板等多种媒介，全方位宣传档案工作。

【“五水共治”档案工作】 归档整理2015年度档案资料802件，其中永久201件，保管期限30年450件，保管期限10年151件。7月，收集整理“清三河”（治理黑河、臭河、垃圾河）达标县验收台账资料20册（2套）。10月，参与南市街道、画水镇、东阳江镇118个自然村的“农村生活污水治理工程”验收工作。11月，指导各单位开展2016年金华市“五水共治”年度考核台账准备，收集整理综合部分资料5册。

【档案数字化建设】 第二期投入专项经费300万元，增加和完善部分硬件设备，建设完成馆藏查阅系统、数字档案室系统和档案登记备份系统，完成300余万页馆藏档案的全文扫描、条目录入、质量检查等数字化工作。第三期投入200万元数字化经费实施招投标。

【村落文化档案收集】 对接“美丽乡村”、农村文化礼堂建设，以村庄沿革、家训族谱、村史村情、村庄记忆等档案因素丰富文化礼堂建设内容。9月下旬，对村落历史文化信息资源进行摸底调查，计划在2017年年初进行部署和试点培育，组织镇乡、村做好村落历史文化信息资源的采集、数字化加工、整理建库、实体建档和数据报送等工作。

【档案资源服务体系建设】 接收东阳市范围内12家医疗单位2007～2013年的出生医学证明档案。接收案卷900卷，案卷级目录900条，卷内文件级目录85335条，全文扫描后接收进馆。开展常规档案资料的接收工作，对市教育局、市总工会、市旅游局等5家单位保管年限满十年以上单位档案进行接收进馆。市委市政府当年度整理归档的文件、报刊、书籍等资料接收进馆。完善档案目录及全宗卷。开展国家重点档案（含抗战档案）、特种载体档案和中华人民共和国成立后重要档案的信息普查工作和全市“全国档案事业统计年报信息管理系统”年报的统计工作。完成抗战系列丛书《毒菌之殇》的定稿工作。

（朱晓凯）

电子政务工作

【概况】 2016年，市电子政务办会同市法制办开展全市统一的行政处罚系统建设。10月25日，召开推进会，组织技术培训。完成16458条行政处罚结果信息通过接口方式或手工填报方式报送至行政处罚结果信息数据库。会同市发改局开展投资项目在线审批监管平台的搭建及数据的对接工作，年末基本完成平台建设工作。实现市规划局自建审批系统、市卫计局健康东阳服务平台与政务服务网的数据对接。9月末，参与市规划局牵头召开的政务地理信息资源采集共享工作动员会暨技术培训会。至年末，报送政务地理信息5116条。基本完成覆盖省、市、县(市、区)、镇乡街道四级贯通的电子政务视联网建设工程，完成64个点视联网接入。通过市党政机关协同办公系统实现流转分发文件10889个，对移动办公平台的功能进行升级。利用技术手段对纳入全国政府网站普查范围的25个市政府部门网站进行日常运行维护管理，结合季度通报对网站运行维护进行监督。7月，完成政府网站集约化建设的政府采购工作，推进集约化工作。4月，编制《2016年浙江政务服务网东阳分厅建设工作要点》。7月，印发《2016年度浙江政务服务网东阳分厅建设工作考核办法》，将政务服务网建设工作纳入市委市政府对各部门和镇乡街道的年度绩效考核。

【市电子政务外网运行和维护】 市电子政务外网覆盖全市机关部门、镇乡街道和事业单位120余家。在电子政务外网上运行的应用系统有市党政机关协同办公系统、市政府督查督办系统、市统一行政权力运行系统、市财政集中支付系统、市国有资产管理信息系统、市人事工资管理系统、市数字民政系统、市“8890”便民服务应用系统等20余个，托管市卫计局、市民政局、市行政服务中心、市“8890”便民服务分中心、市网络新闻管理中心等单位的10余台服务器，避免重复建设，强化信息资源共享。对网络安全设备和VPN设备进行更新，对虚拟化存储进行扩容。完成G20杭州峰会和世界互联网大会期间网络和各应用系统的安保工作。

【统一行政权力运行系统】 至年末，市统一行政权力运行系统增加办件214437件，办件总量374086件。其中行政许可事项增加办件40484件，其他权利事项增加办件119685件，公共服务事项增加办件54268件。

【镇乡街道村(社区)服务网延伸工作】 完成各服务站点的内容建设，开展统一行政权力运行系统镇乡街道延伸工作。10月，组织18个镇乡街道的“365”便民服务中心负责人、民政和卫计业务经办人召开镇乡街道延伸工作部署会暨技术培训会。至年末，镇乡街道行政权力运行系统增加办件399件，主要集中在计划生育的独生子女父母光荣证和婚育情况证明事项。

【统一公共支付平台建设】 电子化收缴非税收入，把道路交通违法罚款、教育收费、城乡居民医疗保险等项目纳入统一公共支付平台。完成全省的教育收费和城乡居民医保收费的电子化改革试点工作。有37个单位纳入统一公共支付平台，完成支付772915笔，金额28959.5万元，主要包括：教育收费28293笔，金额5859.8万元；道路交通违法收费143777笔，金额1827.43万元；城乡居民医保收费600816笔，金额21272.2万元。

【统一互动平台工作】 统一互动平台实时受理、及时答复公众提交的咨询，受理公民、法人和其他组织对纳入浙江政务服务网服务事项的办事效率、服务态度等方面的来信投诉。7月，完成市“8890”便民服务平台与统一互动平台的数据对接。8月，统一互动平台的信件交办工作由市“8890”便民服务分中心处理。至年末，接收咨询和投诉信件907件，完成答复898件。

（张　瀚）

政协东阳市委员会

2016 年 4 月 24 日，清明上河图景区（看横店公众号提供）

政协重要会议

【市政协十三届五次会议】 2016年1月27～30日，市政协召开十三届五次会议。307名政协委员出席会议，251人列席会议。市委书记黄敏在开幕会上讲话，肯定市政协2015年的工作，希望市政协和广大委员紧紧围绕市委的总体部署，增强政治意识、大局意识和责任意识，发挥政协职能优势，推进强市名城“两美”东阳建设。王正明代表政协第十三届东阳市委员会常务委员会做工作报告。韦国锋代表政协第十三届东阳市委员会常务委员会做十三届四次会议以来提案工作情况的报告。郭巧范致闭幕词。委员们列席东阳市第十四届人民代表大会第五次会议，听取并讨论朱建军所做的《政府工作报告》及其他报告，围绕市委、市政府中心工作协商议政、建言献策，以提案形式提出意见和建议252件。大会期间，召开东阳人联谊会（商会）会长、秘书长会议。预备会上表彰2015年度先进界别、优秀政协委员、优秀提案领衔委员（团体）和文史工作先进个人。

【市政协常委会议】 1月29日，市政协召开十三届二十一次常委会议。会议协商市政协十三届五次会议选举办法（草案），听取增补政协第十三届东阳市委员会常务委员候选人建议名单的说明，协商市政协十三届四次会议总监票人名单（草案）和监票人名单（草案）。

1月29日，市政协召开十三届二十二次常委会议。会议审议通过市政协十三届五次会议选举办法（草案）、市政协十三届四次会议总监票人名单（草案）和监票人名单，增补政协第十三届东阳市委员会常务委员候选人名单。

1月30日，市政协召开十三届二十三次常委会议。会议审议通过政协第十三届东阳市委员会提案委员会关于十三届四次会议提案审查情况的报告（草案）；审议通过政协第十三届东阳市委员会第四次会议决议（草案），提交闭幕大会审议。

7月29日，市政协召开十三届二十四次常委会议暨第八届委员论坛。副市长李宝春通报全市上半年经济社会运行情况；15名委员围绕“走在前列 赶超发展”主题进行发言，20名委员进行书面交流；黄敏做重要讲话，王正明对发挥市政协优势，助推“走在前列，赶超发展”提出新的要求。

9月8日，市政协召开十三届二十五次常委会议。会议传达学习省政协相关会议精神，总结上半年市政协的重点工作，对下阶段工作进行谋划部署。

【市政协主席会议】 1月22日，市政协召开十三届三十四次主席会议，协商讨论有关市政协十三届五次会议准备事项。

3月4日，市政协召开十三届三十五次主席会议。会议讨论修改《关于加强人民政协协商民主的实施意见（代拟稿初稿）》；审议通过市政协2016年重点提案。

5月17日，市政协召开十三届三十六次主席会议。会议审议通过十三届五次会议重点提案的领导联系分工；审议通过市政协2016年界别活动月方案。

6月21日，市政协召开十三届三十七次主席会议。会议讨论第八届委员论坛文稿，对文稿提出修改意见。

8月1日，市政协召开十三届三十八次主席会议。会议讨论、研究第八届委员论坛表彰事项。

9月8日，市政协召开十三届三十九次主席会议。会议传达车改有关事项；确定十三届二十五次常委会议内容有关事项。

12月13日，市政协召开十三届四十次主席会议。会议听取委员换届工作情况汇报。

12月22日，市政协召开十三届四十一次主席会议。会议审议十四届政协委员推荐名单。

（张翠翠）

政协重要活动

【界别活动】 3月，组织市政协常委会组成人员、各界别召集人、市政协机关干部100余人，在东阳分会场学习省政协主席乔传秀在三级政协电视电话会议上的讲话，召开东阳市政协“五水共治”长效机制建设民主监督活动推进会，部署东阳市政协“五水共治”长效机制建设民主监督活动。以开展“五水共治”长效机制建设为主题，分专委会、联络组、界别3个层面成立18支治水民主监督小组，对两江流域内水环境治理效果较差的河流和群众关注度较高的治水工程进行跟踪监督，建立治水工作联系点32个，实地察看河（江、溪）325.8千米，实地察看污染企业25家，提出各类意见和建议98条，其中被党政部门采纳吸收86条；发现问题或隐患75个，整改到位65个。开展“农村垃圾分类”和“护航G20

委员在行动”两个专项民主监督活动。

3月22日，市政协台联界11名政协委员到六石街道张麻车、北后周、吴良等村（社区）及石马溪、鹤岩溪开展“五水共治”考察监督工作，实地察看张麻车、北后周、吴良等村庄建设美化情况。在考察过程中，发现张麻村小区段、市核心拉链厂存在污水直接排放问题，吴良村污水处理终端旁边沟渠水质受到污染。针对这些情况，委员们联系相关涉事单位，要求停止乱排行为。建议环保部门对东阳市核心拉链厂污水排放问题进行核查处理，对吴良村污水处理终端旁边沟渠水质污染问题进行整改。

6月20日，市政协农业界的委员们到千祥镇开展助推垃圾分类工作，对胡山村、下东陈村农户的垃圾分类桶逐户进行督查，走访部分农户，对垃圾分类的进展情况进行了解，察看2015年委员监督治水行动的成果，参观村里的环境革命推进情况，慰问下东陈村的部分困难群众。

【提案工作】 十三届五次会议以来，市政协各参加单位和广大政协委员提交提案252件，涉及“五水共治”“三改一拆”“城中村改造”等社会热点。通过公开征求提案线索、扩大重点提案遴选、逐步公开提案等方式，在市政协网站上公布收到的252件提案，推进提案工作各环节公开透明。明确《关于深入推进我市“美丽乡村”建设的建议》《关于在我市推行“多规融合”的几点建议》《关于把优化服务、善待企业落到实处的建议》等12件提案为2016年度重点提案，252件提案全部办复，解决城区公共区域Wi-Fi建设、东阳横店一体化

政协东阳市十三届五次会议重点提案

表7

案　由	领衔委员（团体）	主办单位	协办单位
关于横店万花园及东阳江滨、迎宾大道景观带等实行花木认种认养、万人众筹方面的建议	杜文康	市建设局	市林业局、横店镇
关于加快我市民宿产业发展的建议	楼红霞	市旅游局	市农办、市建设局、市规划局
关于加快我市中等职业教育发展的建议	农工党东阳市委会	市教育局	市人力社保局、市财政局
关于加强我市城乡建设规划的几点建议	陆菊花	市规划局	市农办
关于完善优秀教师引进和培养机制的建议	民进东阳市支部	市教育局	市人力社保局、市财政局
关于把优化服务、善待企业落到实处的建议	徐圣文	市经信局	市财政局、银监办
关于整合打造古城区文化旅游带的建议	王向东	市建设局	市规划局、市旅游局、市委宣传部（市文化局）
关于要求市编制办、人事局、财税局采取相应措施以缓解二孩政策带给学校教育教学压力的建议	叶为燕	市教育局	市编办、市人力社保局、市财政局
关于确保生活污水处理设施正常运转的建议	何月英	市建设局	市农办
关于在我市推行“多规融合”的几点建议	李中军	市规划委员会	市规划委员会成员单位、市国土局、市发改局
关于深入推进我市“美丽乡村”建设的建议	民革东阳市基层委员会	市农办	市水务局、市委宣传部（市文化局）
建立基于“8890”的虚拟养老院的建议	楼兰芳	市“8890”办公室	市民政局

建设、推进农村电子商务发展等问题。

【调研考察活动】 围绕农村环境综合整治、木雕红木小镇建设、学前教育等民生问题开展考察活动。4月27日，市政协农业农村委员会组织开展“美丽乡村”建设考察活动，察看S211精品线及上卢管理处界上虞小区、六石街道北后周村、巍山镇苹桥头村等地，了解各村“美丽乡村”建设情况，614个自然村启动“三整一拆”工作。5月19日，市政协教文卫体专委会组织部分市政协常委、委员和政协机关工作人员，专题考察东阳市乡村旅游发展情况，走访湖溪镇上红湖村和佐村镇厦城村岱溪，对如何加快发展乡村旅游进行座谈，提出意见和建议。10月26日，市政协城乡建设专委会对木雕红木小镇建设情况进行考察，考察国际物流园、木雕红木小镇大师路和卢光华创作室、胡先民工作室，市政协委员和工艺美术大师们通过座谈对如何推动木雕红木小镇建设提出意见和建议。

【第八届委员论坛】 7月，举办以“走在前列 赶超发展”为主题的第八届委员论坛，15名委员代表各自界别和党派团体，围绕“打造城区横店‘美丽通道’”“补齐工业短板”“做优做强东阳中学”等热点、难点、焦点议题做口头发言。20名委员以书面形式进行交流，把群众意见反馈给相关部门。委员提出的大量协商意见得到采纳和吸收。

【第八届界别活动月】 6月，举办以“美丽乡村·委员同行”为主题的第八届界别活动月，22个界别307名政协委员和部分列席人员到11个镇乡街道、18个村、22家企业、7所学校，收集各类意见和建议110余条。捐款捐物56万余元，参与委员300余人次，参与群众7000余人次。

【“法律咨询、法律服务、法律援助”活动】 10月20日，由市政协承办，市人民法院、市人民检察院、市公安局、市司法局协办的“法律咨询、法律服务、法律援助”活动启动仪式在江北节庆广场举行。市政协主席王正明及各副主席出席活动，市政协社会法制委员会全体成员、各界别召集人、联络员、市公安局、市人民检察院、市人民法院、市司法局、市公证处工作人员及无双律师事务所、新东阳律师事务所的律师和政协机关相关工作人员参加活动，活动现场为市民解答法律疑问，发放法律普及资料。

图51 7月29日，市政协十三届二十四次常委会暨第八届委员论坛在市行政中心举行（市政协办提供）

【文史资料整理】 市政协文史委编辑出版《东阳方言丛谈》《东阳传统器具（上）（下）》《东阳帮与东阳民居建筑体系》；重新整理修改并出版《东阳人联谊会（商会）纪事》相关稿件；与市委宣传部、市文明办共同编辑出版《东阳家训》。根据省政协要求，完成《古村落楹联》的征编任务；根据金华市政协《金华祠堂》征编委员会的要求，整理并上报东阳15个祠堂的文字资料和图片资料。10月，召开市政协文史工作会议，市政协主席王正明出席会议并指出，市政协文史资料工作要突出东阳市近现代历史特色，加强文史资料抢救性征集力度。

【《东阳市政协志》出版】 2016年12月，由《东阳市政协志》编纂委员会编纂，方志出版社出版的《东阳市政协志》，全书1063千字，计12章，结构上分章、节、目及附录，记述1956年3月至2016年8月东阳市（县）政协的工作；简要介绍1949年10月至1956年3月东阳县各界人民代表会议的有关工作，记录东阳市政协的发展历程。

【茶文化研究会活动】 4月，出版《东阳茶文化》，该书分别为相关的档案馆、博物馆和图书馆所收藏。开展“茶文化进学校”“茶文化进机关”以及各种茶艺技能培训等活动。

（张翠翠）

纪检监察

2016 年 7 月 9 日，江北街道塘下村荷塘（吴立新 /摄）

概　述

【概况】 2016年,东阳市镇乡街道设纪检监察组织18个，其中镇乡纪委12个，街道纪工委6个，配备镇乡专职纪检干部57人。市纪委(监察局)机关内设职能科室12个、派驻机构15个，有纪检监察干部79人。东阳市被金华市委评为2016年度党风廉政建设考核先进单位,市纪委(监察局)被金华市纪委评为党风廉政建设监督责任工作先进单位。

图52　2月19日,中国共产党东阳市第十四届纪律检查委员会第六次全体(扩大)会议在市行政中心三楼报告厅举行(市纪委[监察局]提供)

【市纪委十四届六次全会】 2月19日,中国共产党东阳市第十四届纪律检查委员会第六次全体(扩大)会议在市行政中心三楼报告厅召开。全会传达学习中央纪委十八届六次全会、省纪委十三届五次全会、金华市纪委六届六次全会和市委十四届九次全会精神，回顾总结2015年党风廉政建设和反腐败工作,研究部署2016年任务。审议通过市委常委、纪委书记胡勇春代表市纪委常委会所做的《坚持全面从严治党、把纪律挺在前面,坚定不移推进党风廉政建设和反腐败斗争》报告。

【严明政治纪律和政治规矩】 对东阳市各级党组织和党员干部遵守政治纪律和政治规矩的情况进行监督检查,推动廉洁自律准则、纪律处分条例、问责条例、党内政治生活若干准则、党内监督条例等党内法规的贯彻落实。推动G20杭州峰会维稳安保、“拆、治、归”(三改一拆、五水共治、浙商回归)等重点工作的进行。围绕市、镇两级换届工作,严明“九严禁”▲等纪律要求,严把党风廉政意见回复关,强化换届风气监督,对违纪行为露头就打,全市查处违反换届纪律案件4件。协助市委做好省委巡视反馈意见整改有关工作。基本整改完成巡视反馈的38个问题,建立健全长效机制34项。对市农业局开展党委巡察工作。

▲“九严禁”：严禁拉帮结派,对搞团团伙伙、结党营私的,一律给予纪律处分;严禁拉票贿选,对在民主推荐和选举中搞拉票、助选等非组织活动的,一律排除出人选名单或者取消候选人资格，并视情节给予纪律处分,贿选的依法处理;严禁买官卖官,对以谋取职务调整、晋升等为目的贿赂他人或者收受贿赂的，一律先停职或者免职,并依纪依法处理；严禁跑官要官,对采取拉关系或者要挟等手段谋取职务或者职级待遇的,一律不得提拔使用；严禁造假骗官,对篡改、伪造干部档案材料的,一律对相关人员给予组织处理或者纪律处分；严禁说情打招呼,对搞封官许愿或者为他人提拔重用说情打招呼的,对私自干预下级干部选拔任用的,一律记录在案,情节严重的严肃追究责任;严禁违规用人,对突击提拔调整干部、超职数配备干部和违反规定程序选拔任用干部的,一律宣布无效，并视情节对相关人员给予纪律处分;严禁跑风漏气,对泄露、扩散涉及换届人事安排等保密内容的，一律追究相关人员责任;严禁干扰换届,对造谣、诬告他人或者妨害他人自由行使选举权的,一律严厉查处,涉嫌违法犯罪的移送司法机关处理。

【“两个责任”▲落实工作】 抓全面从严治党政治责任,督促镇乡街道、部门单位党委(党组)向市委看齐,经常性研究党风廉政建设,推动形成“一级抓一级、层层抓落实”的工作格局。深化党委(党组)履行主体责任情况报告工作,镇乡街道、部门单位向市委、市纪委(监察局)提交履行主体责任书面报告。市纪委(监察局)面对面听取全市所有镇乡街道和部分部门单位党委（党组）主要负责人专题汇报，当面反馈问题，现场质询评议。加强监督检查，市委、市政府领导带队开展落实主体责任情况检查，发放整改意见书15份，督促整改问题38个。实施履行党风廉政建设“两个责任”▲全程纪实管理制度，开展专项抽查，确保全程留痕、倒查有据。严格责任追究，实行“一案双查”制度▲，使失责必问、问责必严成为常态。6家单位被“一票否决”，1家单位2人因“两个责任”履行不力受到责任追究。

▲“两个责任”：党风廉政建设责任制、党委主体责任。

▲“一案双查”制度：纪检监察机关在查处案件时，既要查清当事人的违纪问题，又要查清主管领导或分管领导的责任范围及责任。

【作风建设】 坚持越往后执纪越严，把顶风违纪行为作为执纪审查重点，紧盯重要时间节点和重点关键环节，严肃查纠“四风”（形式主义、官僚主义、享乐主义和奢靡之风）隐形地带、变种问题，全市查处违反中央“八项规定”▲精神问题42个，给予党纪处分3人，诫勉谈话12人。协调开展津补贴执行情况专项检查，对存在问题的6家单位进行处理；加强对公车改革纪律执行情况的监督检查，确保公车改革平稳有序。开展中央“八项规定”精神执行情况“回头看”工作，重点查找党的十八大以来落实中央“八项规定”精神各项制度规定的建设情况、适应情况和执行中存在的突出问题。

▲“八项规定”：中央政治局全体同志要改进调查研究，到基层调研要深入了解真实情况，总结经验、研究问题、解决困难、指导工作，向群众学习、向实践学习，多同群众座谈，多同干部谈心，多商量讨论，多解剖典型，多到困难和矛盾集中、群众意见多的地方去，切忌走过场、搞形式主义；要轻车简从、减少陪同、简化接待，不张贴悬挂标语横幅，不安排群众迎送，不铺设迎宾地毯，不摆放花草，不安排宴请。要精简会议活动，切实改进会风，严格控制以中央名义召开的各类全国性会议和举行的重大活动，不开泛泛部署工作和提要求的会，未经中央批准一律不出席各类剪彩、奠基活动和庆祝会、纪念会、表彰会、博览会、研讨会及各类论坛；提高会议实效，开短会、讲短话，力戒空话、套话。要精简文件简报，切实改进文风，没有实质内容、可发可不发的文件、简报一律不发。要规范出访活动，从外交工作大局需要出发合理安排出访活动，严格控制出访随行人员，严格按照规定乘坐交通工具，一般不安排中资机构、华侨华人、留学生代表等到机场迎送。要改进警卫工作，坚持有利于联系群众的原则，减少交通管制，一般情况下不得封路、不清场闭馆。要改进新闻报道，中央政治局同志出席会议和活动应根据工作需要、新闻价值、社会效果决定是否报道，进一步压缩报道的数量、字数、时长。要严格文稿发表，除中央统一安排外，个人不公开出版著作、讲话单行本，不发贺信、贺电，不题词、题字。要厉行勤俭节约，严格遵守廉洁从政有关规定，严格执行住房、车辆配备等有关工作和生活待遇的规定。

【木雕家训馆入驻中纪委官网“网上展馆”】 发挥家训家规在廉政文化建设中的作用，木雕家训馆入驻中纪委官网“网上展馆”。网上展馆打通线上线下交流平台，保留1400余平方米的展馆全景，以“小家训，大规矩”为标题，以“修齐治平”为主题，350余件实物可网上济览。展览分五大版块内容，第一单元“诗礼传家”，主述中国家训简史；第二单元“家成业就”，分修身有德、齐家有道、治国有方三部分展述；第三单元“风纪世家”，集中展示“东阳知名家训”；第四单元“家传户诵”，选撷传统家训故事，部分以漫画家训形式展出；第五单元“八德讲堂”，讲述中华民族传统文化之精髓，体现中华文明之基因。展出的家训木刻雕版，大多出自明、清时期的家族祠堂和住家厅堂，内容涉及孝、悌、忠、信、礼、义、廉、耻等方面。至年末，总计13万余人到木雕家训馆接受教育。《人民日报》《中国纪检监察报》等中央媒体对木雕家训馆进行报道。

【违法违纪案件查办】 建立“重点对象必谈、重要节点必谈、有廉政风险点必谈、有问题反映必谈”的“四必谈”工作机制。全市各级纪检监察组织受理信访举报400件次；处置反映问题线索388件；初步核实343件次；谈话函询44件次；了结203件次；立案232件；给予纪律轻处分70人、纪律重处分139人，其中乡科级14人；严重违纪涉嫌违法移送司法机关3人；为159名党员、干部澄清问题。市人民检察院立案侦查贪污贿赂等职务犯罪12件13人。市人民法院审结贪污贿赂等职务犯罪案件16件

22人。制定《关于在查办党员和国家工作人员涉嫌违纪违法犯罪案件中加强协作配合的实施办法》，健全协作配合机制。加强问题线索的集中管理和处置，强化执纪审理和申诉复查工作，组织开展党纪政纪处分决定执行情况专项检查。

【纪检监察体制改革】 推动市纪委（监察局）回归主业聚焦主责，组织开展议事协调机构清理工作，市纪委（监察局）参与的议事协调机构削减至13个。健全完善“一书四报告”制度▲，制定《市纪委派驻机构工作规定（试行）》等规范性制度，定期召开派驻机构问题线索汇报会，建立健全派驻监督问题线索处置机制，发挥派驻机构监督作用。15家派驻机构办理重要信访109件，立案18件，参与驻在部门“三重一大”事项▲监督330次，提出意见和建议106条。《浙江日报》等媒体对东阳市派驻机构履职的有关做法进行报道。贯彻中央关于开展国家监察体制改革试点的重大决策部署，成立以市委主要领导为组长的试点工作小组，落实“各级纪委书记、副书记提名和考察以上级纪委会同组织部门为主”的精神，制订并落实镇乡纪委书记、副书记，市纪委（监察局）派驻纪检组组长、副组长提名考察办法。

▲“一书四报告”制度：“一书”工作责任书，年初要求各派驻机构梳理年度工作重点制成工作责任书，各派驻机构负责人“签字背书”，年终总结考核时进行比对。“四报告”：月度小结报告、专项工作报告、年度工作报告、部门廉情报告，要求派驻机构将履行工作职责情况、党风廉政建设责任制落实情况、领导班子成员个人重大事项情况、自身建设情况和其他需要报告的事项分别纳入各报告范围。

▲“三重一大”事项：重大决策、重要人事任免、重大项目安排和大额资金使用。

【基层侵害群众利益问题整治】 开展反映农村基层党员干部问题线索“大起底”活动，筛查出可查性较高的线索进行重点查办。加强线索核查，建立纪检监察室分片联系制度，对农村基层巡察工作及时对接指导，加强跟踪督办，实现无缝对接。全市立案查处农村党员184人，其中村两委干部46人。发挥镇乡纪委对村（居）务监督委员会业务指导作用，完善每月工作例会、每半月约谈等工作制度，推动村（居）务监督委员会有效履职、规范履职。全市村（居）务监督委员会通过监督纠正不合理开支等问题173个。

【纪检监察干部队伍建设】 开展“两学一做”学习教育活动，强化纪检监察干部“四个意识”▲。推进市、镇两级纪委换届工作，加大交流力度，选优配强市纪委（监察局）领导班子。利用“周夜学”“月论坛”平台，通过以会代训、顶岗锻炼、专题培训等方式，提升纪检监察干部的业务能力。组织全体纪检监察干部收看《永远在路上》《打铁还需自身硬》等电视专题片。

▲“四个意识”：第一时间学习领会上级重要精神、第一时间贯彻落实上级重要部署、第一时间报告重要情况、第一时间总结重要工作。

（方鹏航　龚俊琳）

民主党派　人民团体

2016年2月2日，东阳江镇白泉村渡口（孙振华/摄）

中国国民党革命委员会东阳市基层委员会

【概况】 2016年，中国国民党革命委员会东阳市基层委员会（以下简称"东阳民革"）发展党员8人，外地转入1人，有党员104人，设总支1个，支部8个。东阳民革是浙江省统一战线教育培训实践基地，是浙江省民革系统和金华市统战系统唯一的教育基地。东阳民革获评2012～2016年度民革浙江省先进基层组织，在"凝心聚力共建金华"趣味运动会上获"同心同行"第一名、"同心同向"第二名和团体总分第三名。主委卢海岩获2016年度"民革全国祖统工作先进个人"称号。

【中国国民党革命委员会东阳市基层委员会第九次党员大会】 9月13日，召开中国国民党革命委员会东阳市基层委员会第九次党员大会，大会审议通过民革东阳市基层委员会第一届委员会工作报告，选举产生民革东阳市基层委员会第二届委员会领导班子，卢海岩当选主委，卜卫良、陈巧锦当选副主委，委员8人。

【民革参政议政】 东阳民革有市级以上人大代表4人，其中人大常委1人、人民政府副市长1人、政协副主席1人；市级以上政协委员13人，其中政协常委2人。有6名东阳民革党员被政府部门聘为特邀监督人员。东阳民革在两会上提交团体提案12件、个人提案8件，团体提案《关于深入推进市"美丽乡村"建设的建议》被评为年度优秀提案。参加中共东阳市委、东阳市人民政府召开的有关重大事项的市委扩大会、民主协商会、决策征求意见会、全市领导干部大会等会议，就政府工作报告和东阳市经济社会发展的重大问题提出意见和建议。东阳民革党员中行风监督员参与市纪委、市人民法院、市财政局、市建设局等各项民主监督活动，参与"特邀人员看效能""党外人士看环境"等活动。

【民革社会活动】 春节前到马宅镇开展"同心送温暖"活动，给5户困难家庭送上慰问金。5月31日，到南市街道复夏小学，给学校捐赠价值近万元的图书和文体用品，给孩子们送去礼物和节日祝福。东阳民革党员将捐赠的7.74万元现金和价值16.68万元的物资送到遂昌县北界镇政府，支持遂昌苏村抗灾自救工作。东阳民革多次组织党员到湖溪镇象田村助推环境革命活动，为象田村"美丽乡村"建设献计献策，将象田村建成东阳民革的第四个"同心实践基地"。由东阳民革出资捐建的30余套仿古路灯在使用中。

【祖国统一工作】 东阳民革组织党员参加两岸形势报告会，了解台海形势。有34名党员与台湾保持联系，通过各种形式和渠道宣传"一国两制"和平统一祖国的方针政策和东阳市社会经济发展形势，为东阳市的祖国统一联谊和招商引资工作发挥作用。东阳民革发挥党员特长，关心在东阳投资办厂的台湾商人，了解企业生产情况，协调解决企业面临的困难与问题，为他们提供税收和法律等咨询服务，促进台湾企业健康持续发展。卢海岩撰写《关于推动两岸一家亲系列活动的建议》《纪念孙中山先生诞辰150周年、共同推进祖国和平统一大业》等6件事关祖国统一工作的提案。11月12日，东阳民革党员参加民革金华市委会主办的"先行杯""同心同行共筑中国梦"毅行活动，共同缅怀中国民主革命的先行者孙中山先生。

【文化活动】 东阳民革通过召开民革市委扩大会议、读书会、支部活动和自主学习等形式，在全体党员中开展"六学"（学党

图53 5月31日，东阳民革为南市街道复夏小学捐赠价值近万元的图书和文体用品（东阳民革提供）

图 54　12 月 18 日，东阳民革在东阳中学体育馆举办首届趣味运动会（东阳民革提供）

章、学党史、学中共十八届四中五中全会精神、学习近平总书记系列讲话精神、学中央统战工作会议精神、学身边的榜样）知识活动。春节期间，东阳民革走访慰问民革老领导和老党员，代表组织给他们送去节日祝福以及慰问品。3 月 8 日，给党员做“养生保健知识”讲座。为纪念孙中山 150 周年诞辰，12 月 18 日，在东阳中学体育馆举办东阳民革首届趣味运动会。推进东阳民革“党员之家”建设。4 月，东阳民革参加丙申年黄帝故里拜祖大典，近万名海内外华夏儿女参加大典。

【民革思想政治工作座谈会】 10 月 12 日，民革中央副主席修福金到东阳市视察指导工作，在东阳市召开民革思想政治工作座谈会，金华市政协副主席、民革金华市委会主委刘净非，东阳市政协副主席、中共东阳市委统战部部长施侍良，东阳市人大常委会副主任、民革金华市委会副主委王玉才，金华民革各基层组织负责人以及金华部分民革党员出席座谈会。会上，民革中央副主席修福金结合调研所见的民革党员之家，强调加强思想政治工作是建设民革党员之家的题中之意，并对东阳民革“党员之家”建设提出意见和建议。

【东阳民革与民革郑州市郑东一支部成为友好基层组织】 11 月 6 日，东阳民革主委卢海岩与民革河南省郑州市郑东一支部主委赵洁在市行政中心西二楼会议室签署协议，双方成为友好基层组织。民革郑州市委会主委、郑州市副市长刘东，民革金华市委会主委、金华市政协副主席刘净非，东阳市统战部部长施侍良等参加活动。

（朱建华）

中国民主同盟
东阳市基层委员会

【概况】 2016 年，中国民主同盟东阳市基层委员会（以下简称“东阳民盟”）发展盟员 5 人，有盟员 116 人，其中女盟员 58 人，占 50%；本科以上学历占 78.4%，硕士研究生 4 人；高级职称 48 人，占 41.3%；60 岁以上 24 人。盟市委网站（http://www.mmdyzz.com）上有文章 700 余篇，阅读量 145 万余人次。建立东阳民盟 QQ 群和微信群，通过网络信息平台开展各项工作，对《东阳盟讯》第十七期进行改版。东阳民盟被评为浙江省先进盟组织、金华市思想建设和宣传工作先进集体。胡龙品、张丽青、范赛红分别被评为金华市思想建设和宣传工作先进个人。

【“党盟同心·实践基地”揭牌】 6 月 27 日，“党盟同心·实践基地”揭牌仪式在吴宁四校举行。中共吴宁四校党支部和民盟东阳市基层委员会教育综合支部成立“党盟同心·实践基地”，“党盟同心·实践基地”是金华地区首创，也是东阳市“同心·实践基地”工作向基层支部延伸的范例，是东阳民盟的第二个“同心·实践基地”。基地建立后，以“同心”的精神、“同心”的作为，解决学校及师生的问题，合力为教育发展献计献策，推进东阳市“同心·实践基地”的创建工作。

【民盟参政议政】 东阳民盟向政协提交大会团体提案 6 件、委员个人提案 12 件，每件提案都进行面商和具体落实。9 月 21 日，东阳民盟开展“美丽乡村 产业植入”调研活动，组织骨干盟员到横店镇金马村、中兴联村、尚伦庄村开展调研活动并形成报告，通过“直通车”制度将调研报告送达市委主要领导决策参考。7 月，在政协论坛上，周晓玫代表东阳民盟做《探索打造东阳标准 科学推进治污清淤》报告，在市政协第八届委员论坛上获一等奖。

图 55　8 月 30 日，中国民主同盟东阳市基层委员会第九次盟员大会在东阳宾馆召开（东阳民盟提供）

【中国民主同盟东阳市基层委员会第九次盟员大会】　8 月 30 日，中国民主同盟东阳市基层委员会在东阳宾馆召开第九次盟员大会，选举产生中国民主同盟东阳市基层委员会第九届委员会，虞乐生当选主委，胡龙品、陈侃侃当选副主委。会上，东阳民盟第八届委员会主委何飞龙对东阳民盟过去 5 年工作做总结报告。新班子形成后，对 3 个教育支部进行重新调整，强化 3 个支部的班子配备，组建宣传、参政议政、社会服务和老龄委 4 个工作委员会，分工合作。

【盟务活动】　组织盟员到绍兴市、建德市等地考察学习“美丽乡村”建设。4 月 12 日，全国政协原副主席、民盟中央第一副主席张梅颖到东阳市调研，与东阳民盟的班子成员进行座谈。4 月 21 日，东阳民盟邀请浙江大学生态规划与景观设计研究所所长、浙江大学教授严力蛟到东阳江镇白泉村进行实地指导，推进“美丽乡村”建设。5 月 13 日，组织骨干盟员到某部队开展“军事日”活动。10 月，胡龙品、周晓玫到重庆市南岸区委员会党校学习。组织第三届“趣味运动会”。举行重阳节座谈会，为 3 名 70 岁、80 岁的盟员庆祝生日，送上生日蛋糕和慰问金。组织老盟员参观 G20 峰会后的杭州，了解改革开放后城市建设的成就。

【民盟社会服务】　4 月 12 日，在春蕾小学金村校区开展“同心·实践基地”活动之书法培训，给老师送上毛笔、墨汁和字帖。12 月 6 日，开展“春蕾同心实践基地”助学活动，资助一批品学兼优的孩子，邀请东阳市红十字应急救援队给孩子们做安全知识讲座。春节前夕，组织盟员到马宅镇马宅村开展送温暖活动，对 5 户因病因灾等原因致贫的贫困户进行走访慰问，送上慰问金和慰问品，在马宅镇张塘村开展写春联送文化活动，送出春联 180 余幅。

【盟员获奖】　何飞龙获 2016 年全国优秀施工企业家，胡龙品、周晓玫被评为浙江省先进盟员，周晓玫作品《为谁夜行》在司法部、全国普法办主办的主题征集活动中获一等奖，卢伟红获 2016 年中国狮子联会浙江管理委员会杰出会员，马春兰获 2016 年全国创新作文优秀指导教师，李倩倩的论文《“问题串”设计及生物学概念的有效生成》获浙江省优秀教育教学论文评比三等奖。

（胡龙品）

中国民主建国会东阳市基层委员会

【概况】　2016 年，中国民主建国会东阳市基层委员会（以下简称“东阳民建”），有会员 89 人，其中企业界人士 61 人；本科及以上学历 50 人（其中硕士 6 人）；中级及以上职称 61 人（其中高级职称 19 人）。有金华市人大代表 1 人、金华市政协委员 2 人；东阳市政协委员 13 人（其中政协副主席 1 人、政协常委 3 人），政协列席人员 13 人。东阳民建被民建浙江省委会评为全省社会服务先进集体。

图 56 12 月 19 日，中国民主建国会东阳市基层委员会第五次会员大会在东阳大厦召开（东阳民建提供）

【中国民主建国会东阳市基层委员会第五次会员大会】 12 月 19 日，中国民主建国会东阳市基层委员会第五次会员大会在东阳大厦召开，选举产生中国民主建国会东阳市第五届基层委员会领导班子，胡永明当选主委，任海燕、吴群刚、卢春燕当选副主委，完成东阳民建的政治交接工作。

【民建调研活动】 3 月 26 日、6 月 25～26 日、11 月 5～7 日、5 月 19～24 日，分别组织会员到浦江县、桐乡市乌镇、江西省以及泰国等地开展考察“美丽乡村”建设、旅游发展、环境革命等活动。4 月 8 日，对接市财政（地税）局、市国税局，组织会员开展税企业交流活动，调研和了解有关税收政策，特别是“营改增”后对企业在税收方面的影响。4 月 21 日，联系和配合民建金华市委会调研组，到东阳市开展民营企业发展短板调研工作。6 月 20 日，组织会员在市政协主席会议室召开铁路规划建设学习研讨会。

【民建参政议政】 “两会”期间，提交有关创业创新、优化服务、交通建设、建筑违章、医疗保障、市场整治、特色小镇、影视旅游、民间借贷等提案 20 件，其中团体提案 2 件。徐圣文获“十三届优秀政协委员”称号，吴群刚、杜文康、李玉鹏获“2015 年度优秀政协委员”称号；徐圣文提交的“关于加强市区行道树科学选择与管理的建议”、吴群刚提交的“关于切实加强东阳市职业教育的建议”、杜文康提交的“关于加快义乌疏港高速公路东阳延伸段规划、立项和报批的建议”等被评为“2015 年度优秀提案”。在市政协论坛上，会员曹靓娴代表党派做《东阳木雕旅游下一站在哪儿？》的大会发言。调研文章《东阳木雕旅游下一站在哪儿？》《培育发展东阳三大特色新兴产业 促使工业经济转型升级的几点建议》分别获论坛一等奖和二等奖。报送调研文章 2 篇、思想理论和经验汇报材料 5 篇、会务信息 22 篇。

【民建组织交流】 5 月 14～15 日，东阳民建和民建金东区总支部在东阳市横店镇开展为期 2 天的交流学习活动，交流期间，民建东阳市基层委员会第二支部与民建金东区总支部第二支部结为友好支部。6 月 28 日、9 月 18～19 日，东阳民建和民建龙游县基层委员会分别开展互访交流活动。

【民建社会活动】 1 月 18 日，民建东阳市基层委员会第四支部联合市文化志愿者服务总队，分别到东阳市亲乐园和喜洋洋康乐园等养老中心为 200 余名老年朋友进行现场演出，送上新春祝福。2 月 1 日，开展“同心·送温暖”活动，走访慰问马宅镇下瑶、石六、后鲁 3 个自然村的 5 户因病致贫的农户。7 月 22 日，到湖溪镇清潭村开展助推环境革命活动。8 月 19 日，在清潭村开展“同心·实践基地”创建启动仪式活动，出资 6 万余元帮助清潭村安装 LED 彩屏的公开信息发布平台，清潭村是东阳民建创建的第二个“同心·实践基地”。9 月 7 日，到东阳技校为 35 名学子发放第三届“思源奖学金”。

（吴群刚）

中国民主促进会东阳市支部委员会

【概况】 2016年,中国民主促进会东阳市支部委员会(以下简称“东阳民进”)发展会员7人,转入会员1人,有会员30人,设有主委1人、支委2人。会员中有东阳市政协委员3人,列席委员6人;会员吴国平是民进中央文化艺术专委会委员,6名会员是民进金华市委会专门工作委员会委员。

【民进参政议政】 在市政协十三届五次会议上,向大会提交党派团体提案和个人提案10件。团体提案《大力发展文化创意产业》在大会提案工作报告中得到肯定,结对白云初中开展“同心实践”活动在大会报告中受到表扬;团体提案《关于完善优秀教师引进和培养机制的建议》和主委楼红霞个人提案《关于加快东阳市民宿产业发展的建议》被列为市政协年度重点提案;主委楼红霞被评为市政协十三届优秀政协委员。

【民进社会服务】 2月1日,东阳民进到马宅镇下陈、寺后山、胡前山等村开展“同心·送温暖”活动。3月31日,东阳民进邀请结对共建村斯光村两委会领导、农家乐业主和佐村镇分管领导到浙江工业大学艺术学院进行座谈,到桐庐县参观学习“美丽乡村”建设先进经验。6月23日,东阳民进在白云初中开展第三届“同心助学 爱心育人”主题活动暨第二届“民进杯”美术比赛获奖作品颁奖活动,向53名外来务工子弟发放2万元助学金,向76名“民进杯”美术作品获奖学生颁发奖品。7~8月,东阳民进组织会员到佐村镇斯光村开展“美丽乡村”共建调研活动,为斯光村争取森林村庄、新农村改造、体育设施等项目资金。9月7日,与市教育局联合开展“中小学生走进大师工作室”系列活动。10月,组织全体会员为遂昌县受灾地区捐款献爱心,将10700元捐款转给丽水市光彩事业促进会,用于灾区救援和建设。10月9日,支部第二个“同心实践基地”在佐村镇斯光村挂牌成立,向斯光村居家养老中心捐赠1台价值5000元的空调。12月,支部牵头“一点公益”组织,为斯光村捐赠价值12万元的道路亮化设施。

图57 3月31日,组织佐村镇分管领导、斯光村两委会领导和农家乐业主到浙江工业大学艺术学院进行座谈(东阳民进提供)

【民进专题调研】 组织会员外出学习,多次到佐村镇斯光村开展实地调研、召开座谈会听取民声民意。会员吴晨辉撰写的调研文章《打造宜游乡村 发展美丽经济》在市政协第八届委员论坛上交流,获论坛优秀论文评比二等奖。

【民进交流活动】 3月,与民进金华市委会直属一支部到东白山开展调研活动。4月,组织会员与结对支部民进浙江工业大学支部以及民进桐庐县支部进行交流。8月,组织全体会员到磐安县与民进金华市委会直属三支部开展联谊交流。9月10日,组织教师会员与主管部门领导进行座谈交流。11月,组织会员到江苏省南京市、镇江市、无锡市参观历史文化遗址。

(吴晨辉)

中国农工民主党东阳市委员会

【概况】 2016年,中国农工民主党东阳市委员会(以下简称“农工党市委会”)发展党员10人,至年末全市有农工党党员148人。党员中有金华市政协委员1人,东阳市政协委员12人,其中市政协副主席1人、常委3人,8人被聘为政府部门特约监督员。下辖机关、直属、经济科技、东阳中学、东阳二中、市人民医院一、

图 58 9 月 21 日，中国农工民主党东阳市第七次党员大会在市行政中心二楼会议室召开(农工党市委会提供)

市人民医院二、市人民医院三、医务和联合 10 个支部委员会。经济科技支部、市人民医院三支部被评为金华市 2016 年度先进基层组织，直属支部、市人民医院二支部被评为东阳市先进基层组织。

【中国农工民主党东阳市第七次党员大会】 9 月 21 日，中国农工民主党东阳市第七次党员大会在市行政中心二楼会议室召开，听取和审议农工党东阳市第六届委员会工作报告，选举产生农工民主党东阳市第七届委员会。农工党东阳市第七届一次市委会会议召开，审议通过第六次党员大会决议，选举楼伟龙为主任委员，王正平、卢秀忠、楼满良、蒋英为副主任委员，任命蒋君霞为第七届市委会秘书长。

【农工党参政议政】 在“两会”上提交集体提案 8 件、个人提案 20 件，其中，农工党市委会集体提案《关于加快市中等职业教育发展的建议》被市政协评为优秀提案。陈方华被评为 2016 年度优秀政协委员。委员论坛调研课题《关于进一步推进美丽乡村建设的建议》和吴伟强的《“大奔户”岂能占住廉租房》获市政协委员论坛优秀论文一等奖。

【农工党社会服务】 开展南马镇“五水共治”“垃圾分类”民主监督活动。实地察看河流 20 余千米，对 6 个村的“垃圾分类”进行暗访、监督。组织接待浙江省温州市、淳安县，江苏省宜兴市 3 批农工界调研组成员，对东阳古建筑群保护和木雕产业发展、“引水工程生态补偿机制”、东阳中医药产业发展等课题进行调研。5 月，结对帮扶佐村镇西营村，开展送医送药活动，整治村容村貌，查找村庄环境革命薄弱点，邀请专家对村庄规划进行指导。6 月，农工党市委会在全市中青年党员中开展助推“美丽乡村”建设捐款活动，收到捐款 5.27 万元，筹集特别党费 4.73 万元。5 月 30 日，农工党市委会组织专家团到“同心·实践基地”——市特殊教育学校开展义诊活动，市政协副主席楼伟龙参加活动，为孩子们送去价值 5000 余元的体育用品以及劳动技能培训器械，经济科技支部向学校捐赠价值 6000 余元的书籍。两次联手市教育局开展对重残儿童的“送医教上门”活动，指导家长做好孩子的康复训练和护理注意事项。11 月，在中天国际小学开展青春期知识讲座。开展送医送药送健康活动，4 次组织医疗专家团队到巍山镇、佐村镇、虎鹿镇等山区农村开展义诊活动，赠送价值 3.5 万余元的药品。春节前夕，农工党市委会到马宅镇马宅村开展“同心·送温暖”活动，为贫困户送上价值 5000 元的油、米等慰问品和慰问金。9 月末，遂昌县苏村发生山体滑坡灾害，农工党市委会捐赠 1.44 万元党费支持遂昌县苏村抗灾工作。

【农工党基层支部活动】 各基层支部组织党员到基层参加社会公益、调研社情民生等活动。市人民医院一支部、二支部和三支部多次联合巍山医院、东阳市党外知识分子联谊会巍山分会到偏远山区送医送药；直属支部与宅口中心小学贫困学生结对助学，与金华口腔医院联合义诊；经济科技支部多次到农村调研，帮助山区农民解决困难；机关支部、直属支部助力横店城市风貌综合提升。机关支部、直属支部、经济科技支部、市人民医院三支部共同参与东城植树造林活动。医务支部与联合支部党员参与重走长征路活动，纪念红军长征胜利 80 周年。

（蒋君霞）

九三学社东阳支社

【概况】 2016年，九三学社东阳支社（以下简称“支社”）吸收社员2人，预备社员2人，入社积极分子2人。支社有社员16人，其中中级、高级职称15人，占93.8%。制订完善会议、财务、考核等规章制度。组织开展“三八节健康骑行”、重阳节慰问、生日祝贺、茶文化培训、手机摄影培训、慰问退休社员等活动。社中央常委、中科院院士、中国科学技术大学常务副校长潘建伟，社中央常委、社会服务部部长徐国权，社中央青工委委员陆朝阳先后到东阳市指导支社工作。

主委徐巧英被评为九三学社金华市社会服务工作先进个人，撰写的《提案的味道》被金华市政协提案文集录用，代表九三学社在东阳市政协第八届委员论坛中发言，获一等奖。副主委舒理建主持完成的盐酸左氧氟沙星项目获2016年度金华市科学技术二等奖。副主委舒理建、委员张扬明被评为东阳市科技拔尖人才。委员张扬明书法作品被评为浙江省第四届温泉杯书法大赛银奖、浙江省楹联书法展铜奖、美术作品被评为浙江省群星大展获奖作品，入选浙江省美术写生创作奖。社员郭昕昕当选金华市青年企业家协会副秘书长，获创联会2016年特别贡献奖，管理的浙江宝森波纹管有限公司获实用新型专利两项。社员包云娟被评为东阳市公共卫生工作先进个人、东阳市知联会工作先进个人。

【九三学社参政议政】 2016年，提交市政协团体提案1件（《关于加强东阳市人工湿地建议和管理的建议》）、人大建议2件（《关于加快提升城区污水处理能力的建议》《关于推进市工业园区集中供热的建议》）、金华市政协提案1件（《关于农村截污纳管工作的三点建议》），《关于农村截污纳管工作的三点建议》被列为金华市政协重点提案。发布信息50余条，上报金华市委会、市委统战部、市政协信息15条，在《东阳日报》发表支社活动信息3篇。

组织社员调研歌山渔具产业、工业园区集中供热和横店严济慈陈列馆的保护开发，考察东阳市人工湿地和东白山高山湿地建设，考察湖州梁希纪念馆及新农村建设情况。《把东阳打造成全国渔具产业集散中心的几点建议》在市政协第八届委员论坛中获一等奖。

【九三学社社会服务】 2月1日，参加全市统一战线举办的“同心送温暖走进马宅”活动。7月18～19日，组织开展首届科技夏令营，选拔一批优秀学生到中国科学技术大学上海研究院探密量子科学，组织参观上海科技馆。10月9日，在马宅镇雅坑村举行“同心实践基地”揭牌仪式，挂牌成立九三学社东阳市支社首个“同心实践基地”。组织社员到马宅镇雅坑村慰问老人，为退休社员送节日问候。支社多次探望院士潘建伟、教授陆朝阳的父母，鼓励社员通过各种渠道帮扶弱势群体。11月11日，支社联合市知联会、虎鹿镇政府开展“送医送药送健康”下乡活动。

（马　康）

图59　7月18～19日，组织开展首届科技夏令营活动（支社提供）

市总工会

【概况】 2016年，东阳市建立独立基层工会24家，吸收工会会员1561人。全市有基层工会2447家，其中独立基层工会2231家，联合工会216家，会员数262999人。

【“垃圾分类 美丽工厂”劳动竞赛】 在全市各级工会组织开展“垃圾分类 美丽工厂”建设“美丽乡村”劳动竞赛，制订实施方案和宣传方案，建立领导小组，组织阶段培训，建立示范点，在得邦照明有限公司召开现场会，并在全市推广垃圾分类经验。

【职工职业技能素质提升】 举办木雕和红木家具设计职业技能大赛和东阳市红木家具行业工匠精神“双十佳”评选活动。在全市卫生系统举办基层卫生综合技能大赛，408名医务人员参赛，其中6名选手参加金华市比赛，2名选手参加浙江省比赛，六石服务中心的陈雯获全国比赛第一名。举办“横漂”才艺大比拼技能大赛，提升“横漂”新文艺工作者的演艺技能，加强对“横漂”人员的服务管理。

【劳动模范评选】 东阳中学校长吴海尧获全国五一劳动奖章，18人被评为金华市劳动模范。五一期间，市总工会组织全市各级劳动模范参加疗休养，在《东阳日报》开设五一劳动节工会特刊，弘扬“劳模光荣 工人伟大”的时代精神。

【工资集体协商】 开展工资集体协商要约行动，指导培训工资协商指导员300余人，全市工资协议续签率100%。开展工资集体协商规范化企业创建活动，197家企业完成规范化建设，完成金华目标任务的103%。

【维权帮扶活动】 开展“春送岗位、夏送清凉、秋送助学、冬送温暖”为载体的送温暖帮扶活动。市本级介绍就业2000人次；高温慰问一线职工2164人次，送慰问物资26万元；资助困难职工孩子就学96人，发放助学金33.9万元；走访慰问困难职工422人，发放慰问款50余万元。

【职工医疗互助保障】 开展第三期在职职工医疗互助保障工作，全市有818家单位55188名职工投保。至10月末，有1145人次提出给付申请，发放互助保障金112.28万元。

【基层工会规范化建设】 在歌山镇总工会召开全市镇乡街道总工会规范化建设现场会，在野风集团工会召开企业工会主席直选现场会，完成7家镇乡街道总工会规范化建设和10家基层工会主席直选。推进“职工之家”规范化建设，全市有全国模范职工之家4个、模范职工小家3个、优秀工会工作者3人，省级模范职工之家14个、优秀工会工作者9人。

【职工文化生活】 在横店古民居剧院举办“劳动创造美”文艺晚会，邀请横店城市风貌建设者、企业职工、外来务工人员等1500余人参加观看。5月，组织全市500人分10个培训点举办太极拳培训。11月12日，歌山镇总工会在野风集团党群活动中心举办主题为“爱在金秋”的2016歌山镇青年职工交友联谊会，机关、企事业单位的200名单身青年职工参加，联谊会现场有击鼓传花、无敌风火轮、扇子舞、珠行万里、真情告白等7项活动。开通“青年职工幸福手牵手”QQ群，举办春夏秋冬四季主题活动，723人参加。

【全省基层群众性职工文体活动经验推广现场会】 11月2日，在东阳市横店镇召开全省基层群众性职工文体活动经验推广现场会（浙西片区）。会议介绍东阳市职工文体活动开展情况，全市建有全国职工培训基地2家、全国工会职工书屋示范点4个、省级工会职工书屋示范点46个、职工电子书屋122家、省级农民工文化家园2家、金华市级农民工文化家园11家。会后，金华市、丽水市、衢州市等地的与会代表观看职工文体活动汇报演出。11月3日，代表们到歌山镇总工会、横店集团得邦照明股份有限公司，考察总工会建设和企业文化建设。

（杜娅玲）

共青团东阳市委员会

【概况】 2016年，东阳市有团员51324人，基层团（工）委96个。落实团干部“基层联系点”制度。团市委机关干部到基层调研45次，解决实际问题5个。加强镇乡团干部考核管理，通过动态评价机制客观评估工作实绩。

【共青团基层基础建设】 建设市、镇、村三级青少年综合服务平台。市青少年综合服务中心被认定为首批省级“示范性青少年综合服务平台”，5月，完成民政注册工作。3月16日，团中央统战部副部长王阳到东阳市调研青少年综合服务平台建设工作，实地察看东阳市青少年综合服务中心场地、设计、挂牌等情况，听取共青团东阳市委书记许俊峰对中心建设和运营情况的介绍，对中心的特色工作、工作模式、服务项目等进行重点调研。指导建成南马镇“花青社”、蔡宅村“青春驿站”等18个镇、村级青少年综合服务站（点）。开展联谊交友、文化沙龙、素质拓展等服务活动80余次。建立“两新”组织团组织9个。整顿软弱涣散团组织，清理“空壳”团支部2个，整改“后进”团委、团支部5个。

【共青团改革】 启动共青团改革创新工作，拓宽干部来源，从社会组织、新媒体从业人员、“横漂”等群体中选拔优秀青年代表成为体制外委员、常委、副书记候选人，成立“专、兼、挂”结合的干部队伍。11名常委候选人中体制外占比45.5%，增设体制外副书记候选人2人（非公企业、社会组织各1人）。优化组织设置，针对重要任务、项目，组建若干工作组，整合专兼职干部组团开展工作。组织活动请青年一起设计，部署任务请青年一起谋划，评选先进请青年一起参与，突出青年主体地位。落实“1+100”团干部直接联系青年制度（每名专职团干部、挂职团干部、县级及以上团的领导机关兼职干部，要经常性直接联系不少于100名不同领域的团员青年）、以奖代补等制度，向11个基层团组织发放“创新奖”“实事奖”等奖励补助4.3万余元。

图60 8月7日，“相约七夕 牵手浪漫”单身青年联谊活动在东阳龙景雷迪森庄园酒店举行（团市委提供）

【青少年思想道德建设】 开展“忆峥嵘岁月 悟长征精神”“弘扬大陈岛垦荒精神，争做三爱三有小公民”等主题教育实践活动。借助微博、微信、青年之声等新媒体平台，开展“我为青春代言”“你扫雪我晒图”等活动。制作微电影《奋斗的青春最美丽》，在腾讯视频点击量1万余次。

【青少年关爱行动】 举办第十届“超级童声”少儿歌手大赛、“校园金话筒”小主持人大赛、“未来工程师”设计与技能竞赛等品牌活动41次。开设儿童画、书法等兴趣培训班12个及少儿合唱团、摄影社等社团5个。开展“流动少年宫”“爱心传递，播撒书香”图书漂流等“三下乡”活动37次。启动东阳市青少年“三禁三自”（禁黄禁赌禁毒、自爱自重自强）主题教育活动，成立“三禁三自”平安志愿者总队，开展禁毒广场宣传、校园“禁毒”巡讲等活动9场次。在中高考期间开展“爱心送考”大型公益活动、“助力高考 清凉一夏”志愿服务等活动。建立法律援助中心团市委工作站、青少年“心灵花园”体验中心等阵地，提供心理咨询、法律援助等关爱服务10次。

【青年创业创新行动】 举办“檀公馆杯”青年创业大赛活动，挖掘“餐饮业油水分离”“全程机械化大型农业综合服务”等优秀创业项目20个，评选“青年创业致富带头人”10人。3月11日，举办“信心 创新 机遇”青年企业家论坛、青年创业创新论坛等活动。建立“丰收驿站”12个、青年

图61 3月11日，举办以“信心 创新 机遇”为主题的青年企业家论坛（团市委提供）

图 62 6 月 4 日,“环境革命毅起来”第三届东阳青年毅行活动在市节庆广场启动(团市委提供)

就业创业见习基地 4 个、“青年电商创业基地”和“青年创业园”各 1 个,为青年提供信息支持、资源对接、就业创业培训等服务。

【志愿服务行动】 4 月 6 日,联合市志愿者协会在横店影视学院实验剧场举行 2016 横店国际马拉松志愿者誓师大会,500 余名志愿者代表参加大会。招募 2229 名志愿者服务 2016 横店国际马拉松。在劳动节、国庆节等长假期间,组织 1200 余名志愿者参与横店景区交通劝导。3 月 5 日,在黉门广场举办“志愿在路上 青春不打烊”公益集市活动,副市长蒋令树出席启动会议,200 余名志愿者参加活动。举办“平安东阳 青春守护”志愿巡防、“情系异乡人 温暖回家路”2016 年春运车站志愿服务等活动。选送的农商银行红十字应急救援队《爸妈,我们回家——关爱阿尔茨海默症患者》项目获第三届中国青年志愿服务项目大赛银奖、2016 年浙江省青年社会组织志愿服务项目大赛金奖。

【助推生态文明建设】 6 月 4 日,在市节庆广场举办“环境革命毅起来”第三届东阳青年毅行活动,副市长蒋银生做重要讲话并宣布活动启动,2600 余人参加毅行活动。9 月 8 日,联合市“五水共治”工作领导小组办公室开展“畅游东阳江 保护母亲河”活动,分管“五水共治”的市领导以及各镇乡街道干部、志愿者 360 余名游泳爱好者参加畅游东阳江活动。动员青年社会组织、镇乡年轻干部、大学生村官等群体开展“环保进美丽象田”“美丽乡村我代言”、小景观创作大赛等活动 117 次。

(蔡 甜)

市妇女联合会

【概况】 2016 年,东阳市有镇乡街道妇联(妇工委)18 个,全市机关(系统、单位)妇委会 31 个,集团妇联 4 个,女职工委员会 1 个。建立东阳妇女干部、机关妇工委等微信工作群。建立“东阳妇联”官方微信公众号,每周至少发布 2 期动态。举办东阳市妇女干部培训班,特设妇联组织参与社会管理的新形势与新要求、反家庭暴力法解析、女干部心理压力调适等课程。举办“巾帼心向党 扬帆新征程”学习教育活动之“党史故事接力传播”活动,利用微信公众号、工作群发布文字、图片、音频视频等全媒体形态呈现的党史故事 14 期,发动妇女群众“线上学党史”。建立妇联系统网宣员队伍,发挥妇女一线宣传作用。

【“参与垃圾分类 助推环境革命”现场推进会】 5 月 17 日,召开“参与垃圾分类 助推环境革命”现场推进会,组织全市各镇乡妇联主席(街道妇工委主任)、市妇联全体机关干部以及歌山镇各村妇代会主任参观歌山镇林头村和虎鹿镇葛宅村,观摩林头村垃圾分类分拣比赛和垃圾分类减量化处理,听取经验介绍。葛宅村制订垃圾分类“四个一”(一人监管、一册登记、一纸提示、一月评比)制度,开展环境革命“七步走”(摸清底子、发放通知、上门指导、由易到难、攻难克坚、区块推进、重点帮扶)活动。林头村制订“美丽乡村”环境卫生公约,动员推进垃圾分类、环境整治等工作。林头村在农户一次垃圾分类的基础上,在垃圾集中分类点进行二次垃圾分类,实现垃圾分类减量 70%以上。

【助推垃圾分类、“美丽乡村”建设】 市妇联利用周末、春节、三八妇女节等节假日组织巾帼志愿者开展“美家美院,清洁家园”活动,将 3 月定为全市“垃圾分类 巾帼同行”践行月。各级妇联举办垃圾分类培训班、垃圾分类知识竞赛、垃圾分类演练培训、

图 63　3 月 3 日，市妇联在黉门广场开展庆“三八”维权周咨询活动，宣传《中华人民共和国反家庭暴力法》、垃圾分类等知识（市妇联提供）

上门监督指导、街头宣传、巡回展览、文艺会演、发放宣传单等活动 243 场次，参与活动 25860 余人，发放垃圾分类宣传单 26 万份。组织各镇乡街道妇联主席、垃圾分类示范点妇代会主任到桐乡市、浦江县学习考察垃圾分类、“美丽乡村”建设。不定期在微信公众号、微信工作群等平台发布国内外可借鉴的优秀案例和东阳市妇联组织的创意之举，拓展妇联干部建设“美丽乡村”的视野和思维。市妇联定期到虎鹿镇葛宅村、歌山镇林头村、东阳江镇紫阳村指导工作，下拨经费 10 万元助推垃圾分类、“美丽乡村”建设，改建公共休闲区域、道路两侧绿化带。开展“美丽庭院”评选活动，确定镇乡街道级“美丽庭院”400 户，市级“美丽庭院”25 户。

【特色家庭创建】 市妇联开展“平安家庭”“绿色家庭”“最美家庭”“文明家庭”“最美母亲”等特色家庭创建活动。林国松、张金祥家庭被评为金华市“最美家庭”，徐燕、吕珍光被评为金华市“最美母亲”。在省妇联和省文明办联合开展的第十届“文明家庭”评选活动中，东阳市孙炎明、吴兆震、张为民、张坚伟、陆润德、林国松 6 户家庭被评为浙江省“文明家庭”。通过村、镇、市层层推荐审核，评选出金华市“平安家庭”20 户。卜巧兰等 4 户家庭被评为金华市“绿色家庭”，郭良君、张园姣家庭被评为浙江省“绿色家庭”。至年末，全市有省级“绿色家庭”21 户，金华市级“绿色家庭”119 户。

【关爱帮扶】 春节、三八妇女节期间，市妇联开展温暖妇女“春风”行动，走访慰问退位妇代会主任、女教师、女支部书记等 33 名妇女代表，送鲜花 17 束，寄慰问信 50 余封，发放慰问金 1.84 万元。“六一”期间，市领导带队到市福利院、市特殊教育学校、佐村镇宅口小学、三单乡中小学等地进行走访慰问，为农村留守儿童、孤残儿童、山区学生送去少儿读物、牛奶、文具、生活用品等儿童节礼物。走访慰问贫困妇女儿童 60 人，发放慰问金、助学金 8.94 万元，各级妇联组织慰问学校 36 所，捐赠物资 19.28 万元。

【维权工作】 组织市公安局、市人民法院等 16 家部门单位，开展庆“三八”维权周咨询服务活动，通过现场咨询、发放资料、展板宣传等形式，向市民宣传《中华人民共和国反家庭暴力法》《中华人民共和国婚姻法》《中华人民共和国妇女权益保障法》等知识，为群众解答家庭暴力、法律维权、儿童保护等方面的问题，现场发放宣传资料 2000 余份、环保宣传袋 300 余个。通过《行风热线》栏目为妇女群众答疑解惑。开展“平安建设”工作，依托三级妇女儿童维权服务机构，开展妇女群众来信来访接待调处工作、矛盾纠纷化解工作。接待群众来信来访 98 件，调解率 100%。发放平安宣传品 3500 份、宣传单 21 万份。

【公益服务】 启动 2016 年“百千万女性健康工程”、妇女“两癌”免费检查活动。市妇联、妇保院为全市各行政村女性“两委”干部、村民代表、农村社区妇女干部等 5504 人购买女性安康团体疾病保险。在看守所“妇女引航站”举办女性健康检查、心理压力疏导等活动，将温暖送达“灰色地带”。联合妇保院为 200 名 60 岁以下贫困妇女免费进行宫颈癌 HPV 检测（HPV 测试对宫颈癌具有高度的敏感性，检出率接近 100%）及乳腺彩超检查工作。举办“女性健康万里行”女性健康知识讲座，邀请浙江省立同德医院妇科专家吕雯到佐村镇、马宅镇，为山区妇女传授女性健康知识，受益妇女400余人。

【来料加工】 东阳市来料加工协会有会员67人。组织协会理事成员到平湖等地学习围巾加工的先进技术，组织来料加工经纪人协会理事到义乌国际商贸城二区浙江省妇女来料加工推广中心、浙江妇女创客园学习考察，助力东阳市来料加工业电商化发展。举办为期一周的来料加工电子商务培训班，课程包含网店开设、商品拍摄、网店装修、网店运营、网店推广、跨境电商等内容，50名女性创业者参加培训。开展来料加工技能培训班，完成培训人数601人。加大扶持力度，贴息贷款、山区经纪人交通补助等项目补助49.28万元，发放来料加工经费3.7亿元。

【东阳市来料加工经纪人协会换届大会暨经纪人培训班】 9月30日，在市委党校召开东阳市来料加工经纪人协会换届大会暨经纪人培训班，市来料加工经纪人协会会长厉志洪代表第二届理事会做工作报告，市来料加工经纪人协会秘书长陈华通报财务运行情况，各镇乡妇联主席、街道妇工委主任、市来料加工经纪人协会会员、经纪人等130余人参加会议，金华市妇联副主席刘艾春出席会议。会议选举产生东阳市来料加工经纪人协会第三届理事会，产生会长1人，常务副会长1人，副会长4人，理事16人，常务副会长兼任秘书长。

【巾帼创业】 开展SYB（创办你的企业）大学生创业培训，首批94人参加培训，通过半个月的学习实践，初步掌握创业者所需的经济实务知识。举办巾帼文明岗创建工作培训班，全市各级巾帼文明岗负责人170余人参加培训。市妇联对申报岗位逐一走访检查，为11家新晋省级、金华级巾帼文明岗授牌。开展“巾帼建功”和“双学双比”主体活动，推荐花园集团邵君芳为省级“巾帼建功标兵”，推荐洪妙兰、蔡淑贞为金华级“巾帼建功标兵”；通过申报、审核、实地走访，确定东阳市“碧得丰”粮食专业合作社等4个基地为“双学双比”示范基地，发放奖励经费5.5万余元。启动小额贷款贴息补助工作，为从事农业生产、来料加工、电子商务等方面的创业妇女（困难群体和大学生创业者优先考虑）实行小额贷款贴息补助，通过实地考察确定补助基地9个，补助金额6.7万元。

（陈玲玲）

图64 9月30日，在市委党校召开东阳市来料加工经纪人协会换届大会暨经纪人培训班（市妇联提供）

市科学技术协会

【概况】 2016年，市科学技术协会（以下简称“市科协”）下属学会、协会29个，会员8790人；镇乡科普协会12个，会员1920人；街道科普协会6个，会员1610人；农技协会10个，会员1690人。开展院士专家工作站建设活动，实施《全民科学素质行动计划纲要》，组织开展科技活动周、全国科普日、青少年科技创新大赛等科普宣传活动。扶持培育省级科技示范户6家、金华市级科技示范户11家、市本级科技示范户82家。创建金华市级科普示范基地1家。

【全国科普日活动】 9月21日，市科协在黉门广场举办以“创新放飞梦想，科技引领未来”为主题的2016年全国科普日广场宣传活动，组织医学会、农学会、林学会、建材协会等20余个学会、协会，70余名专业技术人员开展科普咨询服务、科普展览、科普资料及实物赠送等活动。发放科普资料73种5700余份，展出科普展板140余块，3000余名市民参加广场科普活动。开展15项科普活动，在“东阳发布”微信公众平台上推出“全国科普日·我也来科普”知识竞赛。开展送科普设施进社区、送健康下乡活动。在全国科普日活动期间,联合盘古机器人在浙江广厦建设职业技术学院举办东阳市第二届青少年科技展,活动采用科普展示与参与互动的形式,现场展示小型机器人、3D 打印机、飞艇等。

图 65　4 月 15 日,中国工程院院士舒兴田(左四)到浙江花园生物高科股份有限公司院士专家工作站考察指导(市科协提供)

【院士专家工作站建设】 普洛康裕院士专家工作站被评为全国示范院士专家工作站,是金华市首家也是唯一的 1 家。得邦照明院士专家工作站创建省级院士专家工作站,浙江石金玄武岩纤维股份有限公司创建金华市级院士专家工作站。全市创建金华市级及以上院士专家工作站 9 家,其中省级院士专家工作站 6 家,数量位居全省各县市前列。全市院士专家工作站引进院士 14 人,开展科研项目 67 项,获授权专利 151 件,实现经济收入 17.1 亿元,利税 3.5 亿元。对全市建站满一年的 8 家院士专家工作站进行考核,表彰东阳市优秀院士专家工作站,安排 30 万元对考评优秀的工作站进行奖励。推进"院士专家信息库""科技成果库""企业技术需求库"等建设,推动工作站长效发展。

1 月,市科协主管领导到浙江日升昌药业有限公司院士专家工作站与教授张乐帅及团队就工作站合作项目的研发进展进行交流。邀请中国工程院化工、冶金与材料工程学部副主任舒兴田到浙江花园生物高科股份有限公司院士专家工作站考察,就维生素 D_3 生产工艺及其他化工技术科研转化等问题进行交流。5 月 24 日,新华网浙江频道记者到浙江普洛康裕制药股份有限公司院士专家工作站,对院士专家工作站以及进站的创新团队专家就院士专家工作站的建立和发展过程、企业建立院士专家工作站的初衷目标、建站后给企业带来的改变、获得的成果(经济和社会效益)以及如何做到"引来一名院士,开发一批项目,带动一个团队"等问题进行调研采访。6~7 月,院士徐更光事迹展先后在东阳中学、东阳二中、市行政中心、城东街道单良村和巍山镇王宅村文化大礼堂展出。10 月 13 日,金华市科协主席楼余产到普洛得邦制药、英洛华磁业院士专家工作站调研,对申报创建院士专家工作站的浙江石金玄武岩纤维股份有限公司进行调研指导。

【科普宣传】 与东阳日报社合作,在《东阳日报》上开设《科普之窗》专栏。专栏每月 2 期,内容以生活中的科普知识为主。与市广播电视台合作,在手机客户端"歌画东阳"中开设科协站点,定期推送"科普大篷车"视频节目,更新其他科普知识内容。结合农村文化礼堂建设,建立 4 个村、社区的标准科普画廊。对全市的标准画廊进行维护和更新,扩大科普宣传的渠道和范围。与市气象局配合,在城区的 20 块电子显示屏上宣传科普知识,每季度更换一次。城区和农村统一制作的 24 座高标准科普宣传栏做到统一标准、统一内容,每季度更新一次。组织参与送科技下乡服务活动 8 次,配送各类科技书 4000 余册、科普挂图 20 余套。刊出《东阳新科技专刊》10 期,印发 5 万份。组织科技人员举办《营养与健康》等知识讲座,向社区居民赠送科普丛书。

【农民素质培训】 举办各类培训班 78 期,培训 5000 余人次。开展早点制作与加工、会计等培训,为农民转移就业和致富服务。围绕东阳市传统产业茶叶、甘蔗、果蔬、畜牧等开展农村实用人才培训,依托基地协会等技术力量强的单位组织培训,发挥基地、协会的技术优势、场地优势,提高培训的效果,推动农业科技的普及和产业的发展。

【学术交流】 组织全市各学会、协会的科技人员开展多种形式的学术交流活动。市建材协会开展学术性调研，连续22年被评为全国建材行业先进单位。市医学会多次开展以专科为重点的学术活动，获市级以上科技奖11项。市水果行业协会开展精品果园和水果产业园区建设，开展专业技术培训活动。市农学会推广农业新品种新技术，成果获多项省科技奖。制定《东阳市科协学会活动经费补助暂行办法》，鼓励学会开展学术交流、科学普及、决策咨询等活动。参加第13届金华市青年科技奖推荐申报工作，吴江伟、何耀耀获金华市青年科技奖。市农机协会第四届理事会完成改选工作。

【青少年科技活动】 举办东阳市第31届青少年科技创新大赛，收到科技小发明、小论文、科技实践活动报告、科幻画、机器人创新和科技创意作品950余件，评出一等奖38个、二等奖69个、三等奖117个、优秀组织奖9个。选送51件作品参加金华市级大赛。选送11件优秀作品参加浙江省第30届青少年科技创新大赛，获二等奖5个、三等奖5个。吴宁五校、白云中心小学和六石街道吴良小学被确立为2016年全国青少年科学调查体验活动推广试验单位。

【科普特色学校】 开展科普特色学校创建活动，对3所满三年的科普特色学校进行复评，新创建3所科普特色学校。举办科技教师业务培训班，提高科技教师指导学生科技活动水平。营造良好的科普特色氛围，建设科普师资队伍。9月20日，开展中科院老科学家进校园活动，邀请中国科学院大气物理所研究员、博士生导师、中国科学探险协会主席高登义到吴宁一校、吴宁三中、六石小学等9所中小学校做题为《南极和北极》的科普讲座。

（朱金灵）

东阳市工商业联合会（总商会）

【概况】 2016年，东阳市工商业联合会（总商会）（以下简称“市工商联”）有主席1人，副主席21人，常委43人，执委89人，政协委员30人。有基层商会13个，在东阳异地商会9个，东阳市同心商家联合会1个，会员企业1050家。市工商联被评为2016年度全省工商联系统先进单位。

【东阳市工商业联合会（总商会）第十次会员代表大会】 12月16日，东阳市工商业联合会（总商会）第十次会员代表大会在市行政中心召开。黄敏、姚激扬、施侍伟、王正明、陈刚、胡宏立、施侍良、蔡捷飞等市领导出席会员代表大会。金华市工商联副主席许国鲜到会祝贺并讲话。会议听取和审议东阳市工商业联合

图66 12月16日，东阳市工商业联合会（总商会）第十次会员代表大会在市行政中心召开（市工商联提供）

图 67 5 月 26 日，东阳市政协工商联界到四川省广元市青川县观音店乡进行实地考察（市工商联提供）

会（总商会）第九届执行委员会工作报告。会议选举产生市工商联（总商会）第十届执行委员会，楼永良当选主席。

【实地考察青川县观音店乡】 5 月 26 日，市政协工商联界委员及非公经济人士到四川省广元市青川县观音店乡进行实地考察，了解观音店乡经济发展和援建项目管理使用情况，参观由东阳市援建的观音店乡中心小学、卫生院、太平窝集中安置点及场镇供水设施。在观音店乡政府会议室召开交流座谈会，观音店乡党委书记何智慧介绍观音店乡的发展状况，与会人员对观音店乡今后的发展提出意见和建议。东阳市政协工商联界捐赠观音店乡扶贫帮困资金 10 万元。

【专题学习会】 3 月 31 日，市工商联在南马花园大厦召开专题学习会，东阳市工商联常执委、工商联界政协委员、各镇乡基层商会、在东阳异地商会、东阳市同心商家联合会等 100 余人参加专题学习会。金华市工商联副主席、花园集团总裁邵钦祥结合企业发展实践做辅导报告。

【扶贫帮困】 1 月 11 日，花园集团有关人员到丽水市景宁畲族自治县东坑镇何村村开展第二次结对帮扶活动，送上 5 万元捐助款，通过春节前采购当地 2 万余斤冬笋的方式支持何村村产业经济发展。2 月 1 日，市工商联与各民主党派、统战团体给马宅镇下陈村、和协村、张塘村等 15 个行政村的 75 户贫困农户送温暖，为贫困农户送去 9 万余元慰问金以及棉被、棉衣、油等生活用品。

【“五水共治 委员同行”民主监督活动】 3 月 22 日，市政协工商联界 20 余名政协委员到横店镇，对“五水共治”工作开展考察活动。委员们到上城溪、南江等河流进行考察，对横店镇“五水共治”工作成果给予肯定，并提出意见和建议。考察横店城市风貌综合提升工作，对市工商联共建道路——江滨路进行考察。

【东阳市同心商家联合会】 3 月 16 日，东阳市同心商家联合会党支部组织全体成员在党员活动室举办第二期读书会，联合会党支部邀请上海杰出实战创业家刘亚运到现场指导讲课，讲课内容为网络营销 24 式。全体联合会成员以及部分企业员工代表 50 余人参加读书会。4 月 21 ~ 22 日，东阳市工商联组织同心商家联合会到杭州市、上海市进行考察学习。考察团考察杭州娃哈哈集团，听取娃哈哈的创业历程介绍，参观娃哈哈机械设备制造车间和饮料包装车间。考察团到阿里巴巴总部感受阿里巴巴“自由、开放、包容、平等”的企业文化。考察团在上海东阳商会的协助下，考察上海鲁班软件科技有限公司和鲁班金融信息服务有限公司，听取相关经验介绍，进行座谈交流。

【助推横店城市风貌综合提升工作】 横店城市风貌综合提升工作是东阳市委市政府的一项重点工作，全镇区分 25 个区块，明确责任领导和共建单位。4 月 27 日，市政协副主席、工商联主席蔡捷飞带领 22 区块（江滨路）的共建单位到江滨路开展集中整治行动，制订行动方案，明确任务，分解责任，多次带队对责任区块开展工作巡查，对责任区块内的经营户进行文明劝导，建立“每周一巡查，每月一整治，每月一例会”制度。协调城市管理职能部门、横店镇政府、横店集团、村（小区）按职责分工在规定时间内整改落实巡查中发现的问

图 68　4 月 13 日，东阳市在黉门广场举行“平安东阳‘联’你回家”公益项目启动仪式（市工商联提供）

题，实行问题销号机制，一时不能解决或需要协调的事项，提交横店城市风貌综合提升指挥部。市工商联动员和引导非公企业和非公经济人士参与横店城市风貌综合提升工作，组织市工商联界政协委员对整治工作进行考察。在集中整治行动中，工商联会员企业浙江联宜电机股份有限公司等企业、中国狮子联会东阳百合服务队等志愿队参与其中，沿路开展清扫垃圾、清理绿化带和文明劝导等工作。

【“平安东阳‘联’你回家”大型公益活动】 4 月 13 日，东阳市举行“平安东阳‘联’你回家”大型公益活动启动仪式。活动由东阳市红十字救援队发起，市工商联冠名赞助，引进“平安云”智能定位系统，为全市的痴呆（精神）患者提供无偿或低价的终端设备，利用“平安云”专业智能定位软件，建立科技化、智能化、信息化的保障平台，从根本上解决人员走失后不能高效及时寻回的社会难题。市工商联界政协委员、工商协会代表、红十字救援队以及贫困痴呆（精神）患者及家属代表等参加启动仪式，现场免费发放首批智能定位器 100 余套。

【东阳衢州商会成立】 5 月 20 日，东阳市衢州商会第一次会员大会暨成立大会在南马镇花园大厦举行。市政协副主席、工商联主席蔡捷飞，衢州市委统战部副部长、工商联党组书记周建华等参加成立大会。东阳衢州商会有会员 103 家，第一次会员大会选举产生理事 30 人，谢有锋当选为东阳衢州商会会长。10 月 9 日，市工商联组织东阳衢州商会到湖溪镇南塘村给 80 岁以上老人送节日祝福。南塘自然村有 1100 余人，60 岁以上老人有 250 余人，其中 80 岁以上老人有 62 人。

【两个商会党支部成立】 6 月 29～30 日，东阳丽水商会、东阳萧山商会相继召开党支部成立大会，市委“两新”工委、市工商联、市社会组织联合党委负责人到会为商会党支部授牌授印。金东木、孔祥洪分别当选东阳丽水商会、东阳萧山商会党支部书记。

【东阳市丽水商会会员大会举行】 1 月 10 日，东阳市丽水商会举行第一届第二次会员大会暨丽水投资环境和旅游推介会。据不完全统计，在东阳经商、创业和工作的丽水籍人士超过 10 万人，集中在房地产、餐饮住宿、超市、木雕、园艺、服装贸易等多个行业和领域。东阳市丽水商会自 2014 年 9 月成立以来，发挥其联系政府、联络社会各界的桥梁纽带作用，助推东阳、丽水两地经济发展。

（斯媛媛）

法治　军事

2016 年 12 月 26 日，巡特警大队在市民兵训练基地开展防暴盔甲队集结拉练（徐　丹/摄）

法治政府建设

【概况】 2016 年，制订《2016 年法治政府建设工作要点》，对各部门进行落地督促。在东阳政务服务网上公开行政处罚结果 13531 件、复议决定书 15 件。组织 6 期常务会议学法。参与综合执法改革、行政审批体制改革、“四张清单一张网”建设等工作。全市镇乡街道、部门签订行政机关合同 315 件，履行完毕 245 件，重大合同报备 4 件。召开 4 次府院联席会议，建立行政纠纷预防和化解机制，完善与法院的案件信息通报制度。建立东阳市首支特邀执法监督员队伍，发布工作规则。全年行政诉讼案件 101 件，行政负责人出庭应诉率 100%，通报和追责行政败诉案件 1 件。

【行政复议】 东阳市人民政府法制办公室（市行政复议局）收到行政复议案件 53 件，不予受理 17 件，审结 36 件，举行听证 16 件。其中维持具体行政行为 17 件，驳回复议申请 9 件，确认行政行为违法 1 件，经调解后当事人撤回复议申请 9 件。启动行政复议体制改革，将集中行使行政复议权、改革方案上报上级政府审批。

【政府法制机构建设】 完成市法律服务中心 3 名事业编制人员的落实工作。各镇乡街道、部门重视法律服务队伍建设，落实 1～2 名专职或兼职法制工作人员，有 11 个单位落实公职律师制度，市政府法制办所有工作人员取得公职律师资格。

【行政规范性文件合法性审查】 审查行政规范性文件合法性 82 件，其中以市政府或市府办名义发文的规范性文件 49 件，部门报备的规范性文件 1 件，提出具体修改意见及建议 785 条，被接受 781 条，参加规范性文件征求意见会 31 次。受理公民行政规范性文件异议审查申请 1 件。

【执法案卷评查工作】 组织全市执法案卷评查工作 2 次，抽查案卷 24 卷。参加省、金华市执法案卷评查工作 2 次，审查案卷 48 卷。开展对人力资源和社会保障领域行政执法专项监督检查。

【行政执法人员管理】 组织 4 批次 448 人次的申领执法证件前的综合法律知识培训考试，考试合格率 99%。对各单位有执法证件的管理人员进行业务轮训，首次对镇乡街道、部门的持证率进行考核。

（郑津远）

政法工作

【概况】 2016 年，落实重点项目风险稳定评估，打击相关领域违法犯罪行为，组织开展法律研究、咨询和宣传工作，出动保障警力 3305 人次，打击阻碍中心工作推进的违法犯罪人数 5 人。法院制订 22 条意见提升服务中心大局能力。市人民检察院落实《充分发挥检察职能服务“十三五”规划加快东阳赶超发展的意见》《贯彻落实依法保障和促进非公有制经济健康发展实施方案》两个文件精神服务推动全市经济转型升级。公安机关推进“正风除霸”专项行动，查处涉恶涉霸案事件 18 起 21 人。打击涉众型经济犯罪和合同诈骗、职务侵占等犯罪行为，查处非法吸收公众存款案 16 起 4.9 亿元，查处各类恶意逃废债案件 12 起。实施户籍制度改革，建成金华市首家五星级公共法律服务中心，开通建立东阳市公共法律服务网，构建网上网下一体化的法律服务网络。

G20 杭州峰会维稳安保工作期间，全市开展督导检查 60 余次，整改问题隐患 800 余处，113 件上级交办的信访积案化解率 84%。G20 杭州峰会期间各类警情发案比上年大幅度下降，其中刑事案件发案比上年下降 35.8%，黄赌警情比上年下降 61.2%，盗窃警情比上年下降 33.1%。创新探索律师参与维稳工作、党建 + 信访、分级会商研判、“一事双责、条块同责”、协同督导、市民观察团等经验做法。

【社会综合治理】 完善每月平安形势分析推进会、每月模拟评分、督查暗访、工作约谈等工作制度。开展“平安宣传月”活动，通过组织播放《平安公益宣传片》、开通固定电话彩铃、发送平安宣传短信、推送各类平安微信、微博信息等动员广大群众参与平安建设。各镇乡街道利用各类活动机会，开展“平安就在身边——义务治安巡逻”、各类安全防范、学法守法用法、送戏下乡等平安活动。推动“互联网 +”的应用，规范镇乡街道综治委（办）、社会服务管理中心（综治工作站）建设，搭建社会治理综合指挥平台，推进“网格化管理”“平安建设信息系统”两网融合，全市划分网格 1312 个，开通平安建设信息系统固定终端 600 余个、移动终端（平安通）1359 个。完成 18 个镇乡街道社会治理综合指挥平台建设，开通平安浙江公众号（微信号：pinganzhejiang999）和APP，事件流转处理6502件，基层社会治理“一张网”建设框架初步形成。创新社会治理模式，探索重点区域挂牌整治、交叉暗访打击、重大案件挂牌督办等整治模式，防范形成治安难点热点。推广应用民宿、农家乐手机APP旅客登记系统，落实寄递物流、瓶装燃气、散装汽油、手机管理、出租屋、农家乐与民宿、客运购票“六大实名制”工作。推动政府购买服务模式，把教育学习、社区服务、帮困扶助等非执法类社区矫正工作委托社区矫正工作协会完成。

【法治东阳建设】 推动司法人员分类管理和员额制度，首批32名入额检察官，51名入额法官完成遴选。市人民检察院开展保障律师会见和文明办案两个专项整治活动，政法委牵头组织案件评查、涉法涉诉信访改革专项执法检查。市人民法院推行网上立案和自助立案，实行裁判文书上岗，在市人民法院官网设置“庭审录像点播”栏。推广市人民检察院刑事检察办案区规范化建设“东检模式”、司法警察履职机制改革、远程提审系统应用等工作。市公安局创新可视化扁平化智能化指挥调度机制、警力动态管理调整机制等做法。落实司法为民，完善涉民生案件“绿色通道”和快速处理机制，审结各类民生案件3100余件。在浙江联宜电机股份有限公司等3家单位设立未成年人观护帮教基地。强化法律援助三级网建设，农村社区法律顾问覆盖面100%，在青少年活动中心和市人民检察院分别成立法律援助工作站，组织“温情手牵手、法援面对面”等活动，办理援助案件584件。深化《生活与法》《东阳老娘舅》等平台，开展法律宣传，为群众提供法律服务。

【防范和打击邪教】 加强阵地建设。在市镇村三级建立反邪教主题公园、“一墙一窗”宣传橱窗及校园、广场反邪教长廊等阵地，把反邪教教育内容纳入农村文化礼堂建设中，利用村居文化礼堂专场演出反邪教节目，整合乡村各类文化建设资源力量。强化基层党员干部的学习教育，把反邪教学习活动纳入党员干部远程教育网，在党校开设反邪教讲座。2016年，发放相关宣传资料12万余份。开展打击专项整治行动，重点打击邪教公开滋事、诬告滥诉等捣乱破坏活动。

【国家安全工作】 重新调整全市基层国家安全小组，完善国家安全基层网络。开展基础调研，主要包括国内人员在境外情况、国内涉外人员情况、到境外留学人员情况、宗教活动场所情况、新疆维吾尔族人员情况等。

（贾芸芸）

公　安

·概述·

【概况】 2016年，市公安局开展“两学一做”“无限忠诚，走在前列”主题教育实践活动，完成G20杭州峰会安保等各项公安中心工作。出警114800起，其中应急联动6035起、刑事警情4070起、治安警情28352起、公民求助14965起。围绕“三改一拆”“四边三化”等市重点工作，出动警力5483人次，推进整改面积1882740平方米，化解矛盾纠纷268起，处置群体性事件苗头16起、“非吸”（“非吸”：向社会公众非法吸收的资金）等群体性事件19起。按照镇乡街道换届选举工作要求，开展现场保卫816次，查处涉选案件4起7人，其中打击违法犯罪嫌疑人5人。抓获“伊吉拉特”涉暴恐人员3人。侦破刑事案件8160起，抓获作案人员1792人、逃犯57人，4起命案和30起“五类恶性案件”（强奸、爆炸、绑架、放火、恐怖劫持）的破案率100%。侦破经济犯罪案件32起，抓获作案成员44人，挽回经济损失77140万元。侦破毒品犯罪案件59起，打击毒品犯罪89人，查处贩毒违法活动11起、吸毒262起354人，强制隔离戒毒77人。侦破食品药品环境犯罪案件31起，移送起诉78人。查处治安案件7076起，其中调解处理4357起，治安处罚3094人，行政拘留1776人。完成“东阳市第十五届党代表大会”等大型活动安全保卫16次。在3个重点时段、13个网格巡区，实行“24小时错时”巡防，盘查可疑人员279900余人次，抓获“两抢”（抢夺、抢劫）嫌疑人3人，其他嫌疑人12人，街道“两抢”案件发案率比上年下降44.83%。处理交通事故140起，死84人，伤100人，直接经济损失41.27万元。办结信访263件，办结率97%；化解信访积案23起，化解率57.5%；打击非法上访16人，其中刑事拘留3人、行政拘留13人。

【机构变动】 3月1日，撤销东阳市公安局交警大队直属中队、影视城中队、佐村中队。10 月，东阳市公安局经济犯罪侦查大队建筑业犯罪侦查中队更名为东阳市公安局经济犯罪侦查大队建筑业犯罪侦查中心。

【市公安局数字档案室建设】 11 月末，投入资金 300 万元，完成永久、长期（30 年）文书档案、专业（业务）档案、声像档案数字化加工 350 万页，其中行政审批科、南马派出所、画水派出所完成户籍档案数字化加工 120 万页。数字化加工率 90%。配有专职档案员 1 人、协管员 4 人，计算机 4 台、刻录机 1 台、打印机 2 台、扫描仪、复印机各 1 台、硬盘 30 块，建有《东阳市公安局电子文档管理制度》等 9 个数字档案管理制度。经浙江省公安厅、浙江省档案局联合考评，东阳市公安局数字档案室被评为 2016 年度全省公安机关示范数字档案室。

【西南政法大学首批实习生到市公安局实习】 7 月 5 日，首批 19 名西南政法大学的实习生到市公安局实习，为期 3 个月。市公安局组织欢迎会，政委陈华胜致辞欢迎，向老师和实习生介绍东阳市及东阳公安的相关情况，对实习工作提出要求。市公安局制订实习生安排方案和实习生管理细则，对实习工作进行管理。

【信访积案化解攻坚工作】 3 月 29 日，市公安局印发《2016 年开展信访积案、伤害积案化解攻坚活动的通知》，对 39 起信访积案实施化解攻坚。至 12 月 20 日，完成化解 23 起，化解率 57.5%，其中省公安厅交办 1 起，化解率 100%；金华市公安局交办 15 起，完成化解 11 起，化解率 73.3%；其他 23 起，化解 11 起，化解率 47.8%。获司法救助金 15.5 万元，化解信访积案 17 起。

·刑事侦查·

【概况】 2016 年，侦破刑事案件 8160 起，其中侦破年内案件 5376 起、年前案件 2784 起。抓获作案人员 1792 人、年前逃犯 57 人。4 起命案和 30 起“五类恶性案件”的破案率 100%。至 12 月 20 日，勘查现场 6161 起，其中刑事科学技术室勘查 4691 起、派出所勘查 1470 起。勘验刑事案件 4635 起、非刑事案件 1526 起。刑事案件勘验比 81.9%，盗抢骗刑事案件勘验比 113.6%。提取指印案件 1185 起，指印提取率 25.3%；提取足迹案件 1493 起，足迹提取率 31.8%；提取生物检材案件 1573 起，生物检材提取率 33.5%。足迹串并案件 125 起 28 串。指印比中案件 343 起，其中比中当年案件 267 起；生物检材比中案件 372 起，其中比中当年案件 223 起。比中案件占可勘刑事案件 15.2%。

图 69　7 月 5 日，首批 19 名西南政法大学的实习生到市公安局实习（市公安局提供）

【全省首家通过省级认定的县级公安鉴定机构】 10 月 28～30 日，由浙江省质量技术监督局评审专家金沪杭为组长的资质认定评审组一行 6 人，对市公安局刑事科学技术室开展刑事技术机构资质认定的现场评审工作。通过现场评审，评审组认为市公安局刑事技术科学技术室的管理体系运行有效，符合检验检测机构资质认定评审准则要求，对刑事科学技术室申请的 4 个专业 7 个类别 19 项检验检测项目资质进行现场评审认定。确认东阳市公安刑事技术机构的基本条件和技术能力符合法定要求，通过资质认定，成为全省首家通过省级认定的县级公安鉴定机构。

【公安局刑技室获全国示范刑事科学技术室】 6 月 24 日，全省公安机关刑事案件现场勘查“一长四必”（四必：“必勘、必采、必录、必比”）新机制建设现场会在市公安局召开。省公安厅相关部门、各市局、15 个县（市）局等领导参加会议，分组讨论《浙江省公安厅关于建设现场勘查“一长四必”新机制的意见》，向东阳市等7个县（市、区）公安局刑技室授予“全国示范刑事科学技术室（浙江）”牌匾。

【“利剑2016”专项行动】 2015年12月21日至2016年12月20日，开展打击以职业性、团伙性、系列性侵财犯罪为重点的“利剑2016”专项行动。组织“利剑2016”“春季攻势”（3月20日前）和9月20日开始的“利剑2016”百日攻坚行动，打击侵财犯罪嫌疑人815人，其中提起公诉781人，被判处五年以上刑期34人。抓获逃犯57人，破获跨区域系列侵财案件省内7起、外省10起。

【《打击整治农村黑恶势力专项行动实施方案》】 2月，制定《打击整治农村黑恶势力专项行动实施方案》，把暴力讨债，换届选举中的农村黑恶势力纳入工作视线。4月，抽调民警100余人次参加省公安厅指定管辖的温岭市陈某某为首的黑社会性质组织的侦破工作，采取强制措施71人。打掉“黑恶”犯罪团伙18个，破获案件82起，其中省公安厅认定“黑恶”团伙15个、“黑恶”线索案件31起。

【电动车物联网防盗系统安装】 4月1日起，市公安局推行安装电动车物联网防盗系统。至11月20日，设安装基站2760个，发放宣传资料22万余份，安装上牌电动车126142辆，实行与110、视频监控、打防控、流动人口等平台对接，统一管理，综合研判。2016年，盗窃电动车案件1071起，比上年1744起下降38.6%，其中安装有物联网防盗系统的电动车201辆，占盗窃总数的18.7%，追回142辆，追回率70.6%。通过物联网防盗系统布控52次，抓获犯罪嫌疑人56人，打击团伙4个，刑事拘留18人，行政拘留38人，教育释放16人。保险公司理赔金额124余万元。

【视频监控升级】 2016年，实行视频监控升级换代。至12月20日，完成城区1～4期建设的标清视频监控探头升级为高清视频监控探头1344个。市财政局拨款268万元，实施视频综合应用系统建设，拟2017年1月12日开标，合同工期3个月内完成。增建横店镇视频监控探头352个，659个横店在线视频监控探头与市视频实战平台对接。新建设技防村280个。通过视频监控效能作用，侦破案件697起，抓获嫌疑人969人，抓获逃犯57人。

【食品药品环境犯罪侦查】 3月，对全市20家疫苗接种门诊、8家接种点进行检查。4月，召开全市食品安全工作培训推进会，打击非法添加有毒有害物质、销售伪劣食品、非法屠宰等违法犯罪行为。开展“春雷斩污”执法检查和“畜禽养殖污染专项整治”活动，排查非法屠宰案、豆腐皮案、“问题小龙虾”等案件。侦破食品药品环境类刑事案件31起，侦破部督案件、省督案件各1起，打掉犯罪团伙3个，抓获犯罪嫌疑人90人，采取强制措施87人，移送起诉78人。

·社会治安·

【概况】 2016年，查处治安案件7076起，其中调解处理4357起，治安处罚3094人，行政拘留1776人。完成“东阳市第十五届党代表大会”等大型活动安全保卫16次。查处涉黄刑事案件47起，采取刑事强制措施115人，移送起诉110人；涉赌刑事案件56起，采取刑事强制措施185人，移送起诉195人。查处涉黄行政案件227起，行政拘留329人，罚款99人；涉赌行政案件515起，行政拘留293人，罚款843人。收缴电子游戏赌博机388台。

【缉枪治爆专项行动】 1月，市公安局印发《“两清理一排查”和缉枪治爆专项行动的通知》，部署推进缉枪治爆专项行动。4月，把专项行动的各项任务分解落实到各实战单位。8月，印发《浙江省公安厅关于彻底收缴非法枪支弹药和爆炸物品，严厉打击涉枪涉爆违法犯罪活动的通告》1200份，发动缉枪治爆宣传攻势，集中采取“深查缴、除祸患、严清网、控人头、打团伙、捣窝点、截渠道、强联控”等措施，保持缉枪治爆强劲势头。至12月20日，收缴仿真枪35712支，导火索16米，雷管61枚，小口径步枪1支，气枪18支，猎枪39支，其他枪支5支，军用子弹860发，铅弹84发、猎枪弹366发，其他子弹1071发，刀具118把，弩4把，航弹1枚，手榴弹5枚，影视烟火剂36千克。查处治安案件22起17人，刑事案件5起7人。查处违反“双禁”规定，燃放烟花爆竹案件10起10人，违规储存烟花爆竹案件1起1人，查缴烟花爆竹700余件。G20杭州峰会期间，清理烟花爆竹2万余件。市公安局获2016年度金华市公安机关缉枪治爆专项行动考核成绩第二名。

图 70 5 月 23 日，召开 G20 杭州峰会维稳安保百日攻坚誓师大会（市公安局提供）

【G20 杭州峰会维稳安保百日攻坚誓师大会】 3 月，市公安局成立 G20 杭州峰会安保工作领导小组，组建“一办十三组” G20 杭州峰会安保组织，印发《G20 杭州峰会安保基础大排查》《G20 杭州峰会安保隐患大治理》，全警参战，治理隐患，对重点人、重点物品、重点场所实行全方位管控。5 月 23 日，召开 G20 杭州峰会维稳安保百日攻坚誓师大会。落实机关、镇乡街道、集团企业的安保责任。8 月 1 日，实行邮件、快件 X 光安检和寄递实名制和开包验视制，对进入杭州市汽车开始实行安检和“人票证物”核查。8 月 29 日，启动社会治安防控一级响应。至 9 月 7 日，组织“清雷”集中行动 12 次；“一点通”采录“9 类 +X”（涉恐涉疆、国保重点、极端肇事、刑释解教、重点上访、高危流口、境外、吸毒、网上重点，其他可能危害安全）人员基本信息 1300 余人；抓获“伊吉拉特”人员 3 人，稳控重点对象 2409 人次，涉疆人数从 3 月 79 人降至 19 人；管控重点单位 1024 家、重点场所 117983 处，整改治安隐患 9 处、消防隐患 1171 处、其他安全隐患 778 处；查处涉枪案件 2 起，行政处罚 4 人，收缴枪支弹药等危险品 500 件；投入安检力量 11551 人次，其中警力 1128 人次、社会力量 10423 人次；检查车辆 7282 车次、人员 74211 人次，盘查可疑人员 15475 人次，查获违法犯罪嫌疑人 8 人、违禁品 106 件，劝返 5 人；增援杭州安保警力 95 人。

【成品油市场问题专项整治】 开展成品油市场突出问题集中专项整治。自 7 月 28 日省、金华市成品油市场专项整治工作会议后，东阳市成立由副市长为组长的领导小组，制定工作方案，实行市公安局牵头，市商务局、市市场监督管理局、市交通运输局、市质监局、市安监局等部门协同配合，历时 3 个多月整治，排查出无照无证非法经营加油站 40 个，其中取缔 13 个，查处非法成品油 60.62 吨，取缔无照无证无牌非法改装运输危险化学品流动车辆 2 辆。

【出入境管理】 办理出国境申请 57526 人次，其中出国 26433 人次，港澳旅游、商务、探亲 15589 人次，台湾旅游、商务、探亲 3404 人次，港澳再次签注 12100 人次。登记境外人员 12969 人次，其中外国人 7132 人次，中国港澳居民 2483 人次，中国台湾地区居民 3187 人次，华侨 167 人次。受理台湾居民签注延期、居留 48 人次。查处涉外案件 11 起，拘留审查 4 人、罚款 10 人，遣送、驱逐出境各 2 人。增加报备法定不准出境 1935 人，撤销报备 525 人，宣布作废出境证件 158 人 266 本。增加国家工作人员报备 1319 人，撤销报备 889 人。更新报备人员信息 81 人。至 12 月 20 日，全市登记居住的境外人员 388 人，来自 47 个国家和地区。重点敏感国家有 16 个 120 人。散居白云街道邻近义乌市一带有 213 人（其中来自重点敏感国家 104 人），其余大多在横店镇的宾馆居住。

·经济犯罪侦查·

【概况】 2016 年，侦破经济犯罪案件 32 起，抓获作案成员 44 人，挽回经济损失 77140 万元。7 月中旬始，破获地下钱庄案 5 起，捣毁犯罪窝点 5 个，抓获犯罪嫌疑人 8 人，涉案金额 10 余亿元。2015 年 12 月 21 日至 2016

年12月20日，破获侵犯知识产权和制售假冒伪劣商品犯罪案件15起，其中房某某、戴某某等人涉嫌销售假冒注册商标案被列入公安部“2016——云剑行动”督办案件，张某某、刘某某等人生产、销售假烟案被列入全国集群战役，采取强制措施29人，移送起诉27人。绩效排名列金华市第二。

【“猎狐2016”专项行动】 自公安部5月4日部署“猎狐2016”专项行动后，至12月20日，建立出逃境外经济犯罪嫌疑人“一人六表”基础台账9人，抓获逃至泰国、韩国、老挝的经济犯罪嫌疑人8人，其中联合当事国警方抓获1人、国边境口岸布控抓获2人、督促规劝回国投案自首5人。市公安局被评为2016年度全省公安机关“猎狐行动”成绩突出集体。

【金融领域违法犯罪专项行动】 年初，市公安局开展防范处置金融领域违法犯罪专项行动，强化金融领域的风险排查和稳控工作。立案侦查非法吸收公众存款案件16起，采取强制措施25人，涉案金额4.9亿元，挽回经济损失2.6亿元。查处恶意逃废金融债务12起，其中拒不支付劳动报酬8起，采取强制措施14人，追回经济损失650余万元。抓获金融领域逃犯22人（其中历年逃犯7人）。专项行动绩效列金华市第二。

【排查整治行动】 5月，市公安局成立排查整治专项行动领导小组和办公室，会同市金融办、企业帮扶工作领导小组等部门联合开展防范和打击金融投资领域违法犯罪排查整治行动。至11月30日，清理整顿投资公司57家、“两链”（资金链、担保链）风险企业17家、资金链断裂企业12家（在侦）；梳理并稳控群访闹访261人；劝说教育125人，训诫89人，行政拘留5人；约访企业33家，金融投资领域风险隐患排查整治绩效成绩列金华市首位。

【打击骗取出口退税、虚开增值税专用发票专项行动】 4～11月，市公安局与市国税局、市地税局联合开展打击骗取出口退税和虚开增值税专用发票专项行动。受理涉税案件22起，立破案件18起，抓获涉税案件嫌疑人26人，涉案价税5亿余元。其中立案侦查骗取出口退税案件6起，被列为公安部督办案件4起，抓获涉嫌骗取出口退税嫌疑人23人，逮捕17人，骗取出口退税9000余万元。9月，侦破翁某某等人虚开增值税发票案，翁某某以开办公司名义，领取市国税局空白增值税专用发票300份，在没有货物交易的情况下，以票面金额（不含税）6.8个百分点的价格出售给其他公司，涉开票企业4家，受票单位21家，涉案价税合计2400余万元。抓获犯罪嫌疑人3人，追缉刑拘在逃2人。破获公安部督办的全国首例利用白银制品骗取出口退税系列案，抓获并移送起诉犯罪嫌疑人24人。

·禁毒·

【概况】 2015年12月21日至2016年12月20日，开展“毒战”系列专项行动，组织“毒战”一号（2015年12月21日至2016年3月20日）、“毒战”二号（2016年3月21日至2016年6月20日）、“毒战”三号（2016年6月21日至2016年12月20日）三次集中统一行动，打击毒品犯罪嫌疑人89人，查处吸毒354人，强制隔离戒毒77人，经营确立省目标案件2起破3起（其中破上年省目标案件1起），侦破3～5人团伙14个、6人以上团伙3个，查处涉毒场所16家、毒驾19人。2016年8月18日，刑侦、技侦、禁毒、巡特警、吴宁派出所、横店派出所联合行动，在横店镇抓获涉毒犯罪嫌疑人6人，吸毒23人，缴获毒品30余克。2016年11月4日，在横店镇抓获涉毒犯罪嫌疑人3人，吸毒5人，缴获毒品34克。2016年10月20日，全省禁毒支队长座谈调研会在东阳市横店镇召开。会上，各地市禁毒支队长分析总结2016年禁毒工作情况及存在的问题，谋划2017年禁毒工作思路。1月，东阳市禁毒办公室被国家禁毒办评为全国学校毒品预防教育工作创新单位。

【东阳市“美沙酮治疗中心”成立】 6月，东阳市“美沙酮治疗中心”成立（位于中山路卫校街面），集毒品预防宣传、尿样检测、戒毒治疗、心理辅导、美沙酮服药、康复指导和救助服务等功能，实行“一站式”“全系列”社会化禁毒帮教服务。6月25日，市公安局在市节庆广场举办“参与禁毒、护航峰会、拒绝毒品、绚丽青春”为主题的“6·26”国际禁毒日宣传活动。

【吸毒人员分级分类管控】 对全市吸毒人员实行分级分类管控措施，年内在控吸毒1336人，其中东阳籍551人。G20杭州峰会期间，列入一级管控5人，二级管控78人，三级管控7人，拦截劝返赴杭涉毒38人次。核查涉毒前科流动人口1300余人。对监所、拘留所释放的涉毒人员实行无缝管控45人次。

·网络监控·

【网络舆情监控和打击网络犯罪】 2016年，按照G20杭州峰会网络安全保卫工作的“三张责任清单”（安保工作责任清单、重点工作责任清单、突破性工作责任清单），对全市互联网开展基础大排查，排摸重点网站175家，签订责任书175家；排查网上重点人员23人，其中三级重点人员6人；整改有漏洞隐患网站76家；完成非经营性上网场所的Wi-Fi上网安全审计系统建设547家（点位），其中城区275家、横店镇272个点位，实现横店镇五大景区Wi-Fi上网安全审计系统与金华市系统对接；在2015年完成“天网二号”系统350个点位建设的基础上，完成横店镇130个点位建设；收集上报舆情信息626篇，上报市府本地舆情85条，省公安厅采用50篇，处置涉警舆情58起，查办马某某等人网络煽动寻衅滋事案和冉某某等人政治谣言案，传唤教育网络编造谣言34人；抓获网络诈骗等犯罪嫌疑人195人，其中刑事拘留187人，CCIC逃犯27人，微信赌博团伙4个22人，网络贩卖公民个人信息7人。5～9月，开展网吧专项整治工作，检查网吧169家，检查率100%，实名登记率90%，查处违规网吧41家。

【打击防范通信网络诈骗犯罪】 年初，开展打击防范通信网络诈骗专项行动，联合银监、金融部门，实行刑警、网警、技侦、治安、派出所等多警种合成作战。至12月20日，打掉伪基站8个，缴获伪基站8套，摧毁通信网络诈骗团伙13个，抓获犯罪嫌疑人106人，其中全国7个重点整治地区22人，台湾地区2人，破获通信网络诈骗案件109起（其中协助外地破获65起），涉案价值3257余万元，追回赃款550余万元。

·道路交通管理·

【概况】 受理交通事故报警44946起，立案12348起。查处客车超员56起、载客汽车超员1201起、超限车辆234辆、卸货转运7397吨。查处渣土车超载360余辆、渣土车闯禁230辆、酒后驾驶1762人次、无证驾驶1955起、违法停车6.1万余辆、非机动车、行人违法10017起。处理交通事故140起，死亡84人，受伤100人，直接经济损失41.27万元。侦破死亡逃逸案件12起，破案率100%。追究酒驾刑事责任433人、交通肇事刑事责任106人，其中追究营运严重超员刑事责任1起（全省首例）。通过微信平台、支付宝“行吧—交通事故快处”平台快速处理轻微交通事故1857起。汽车上牌28083辆，摩托车上牌1428辆。组织科目一考试37136人、科目二考试57790人、科目三考试73189人，驾驶人接受再教育19286人。投入资金100余万元，完成监管平台建设，134辆危险品运输车安装监控。报废汽车87辆、摩托车2768辆。

【金华市小城镇交通秩序整治现场会】 11月25日，金华市小城镇交通秩序整治现场会在东阳市横店镇召开，省公安厅交通管理局、金华市公安局、金华市小城镇环境综合整治行动领导小组办公室、金华市公安局交警支队、金华市各县（市）局及交警大队等领导参加现场会并实地观摩横店镇交通管控云平台建设和交通秩序整治成果。自2015年10月始，东阳市成立以市委书记、市长等为正副组长的横店镇环境综合风貌整治领导小组，下设交通秩序整治与执法保障

图71 11月25日，金华市小城镇交通秩序整治现场会在东阳市横店镇召开（市公安局提供）

等11个专业工作组。至现场会召开时，投入资金3200余万元，建成智慧交通“1+6+3”模式的管控体系（1个智慧交通管控云平台、6大实战模块和稽查布控、勤务管理、车辆归属3大功能模块），安装路口信号控制系统36个、高点球机监控29个、电子警察14个、诱导屏16块，增加指路标志61套、路名标志21套、车道分道标志30套，改膜68套，改造人行道25千米，建立慢行交通“绿道”24千米，落实居民停车场8个、景区停车场2个，增加停车泊位6500个。印制道路交通整治通告15万余份、倡议书7.5万份、宣传手册5000份等，参加“文明交通、你我同行”劝导活动人数3600余人次，建立警企共建道路22条。合并镇区内横店交警中队和影视城交警中队，民警、协辅警由原来的9人、35人分别增加至12人、78人。把全区划分为4个警务区，增配警车GPS定位系统，实行网格化管理，每天16～23时保持16名民警和协辅警在重点路段执勤。开展道路交通专项整治51次，查处暴力阻碍执行公务案件8起，其中刑事拘留3人、行政拘留5人，查扣无牌无证车辆405辆，查处醉酒驾车63人、酒后驾车234人、货运闯禁96辆、非法营运三轮车315辆、违规非机动车1200辆次、违法停车16000余辆次。

·户籍 流动人口·

【户籍制度改革】 11月1日零时起，东阳市取消“农业户口”与“非农业户口”，统一登记为居民户口。东阳市户籍制度改革起步于2015年年末，成立以常务副市长为组长、16个机关部门为成员单位的市户籍制度改革领导小组，从市公安局抽调2人，市教育局、市卫计局各抽调1人，组建户籍制度改革办公室。5月24日，进入户籍制度改革实体化运作，召开各类专题会议4次，印制户籍制度改革宣传小册子3万份、宣传海报3000份。6月17日，市政府印发《东阳市户籍制度改革工作方案》，6月22日，召开户籍制度改革动员大会。6月部署户口清理整顿工作，至9月末结束，清理出死亡未注销1971人、失踪171人、入伍或出国未销255人、重复登记或无户口609人。登记落户八类无户口人员。梳理和研制配套政策召开专项会议6次、成员单位会议3次，下发实施户籍制度改革相关政策23项，未下发6项，其中涉及公安4项。10月30日，市政府印发《东阳市户口迁移暂行规定》；11月4日，市公安局印发《东阳市户口迁移登记实施细则》，实行城乡统一户口登记制度。

【流动人口排查】 3月，市公安局开展流动人口大排查。至11月20日，新登记流动人口559705人次，比上年增长8.9%；新登记出租房屋11158户。追究流动人口责任主体违规责任122人次、不按规定办理居住登记31人次，行政拘留42人，罚款57人。新列管流动高危人口747人、撤管350人，在册流动高危人口3874人。抓获流动人口逃犯24人，未执行法院判决临控流动人口4人。

【居住证制度改革】 12月1日，东阳市实施《东阳市居住证管理暂行办法》《东阳市〈浙江省居住证〉持有人特惠待遇管理实施细则(试行)》。流动人口在东阳市内居住半年以上，符合有合法稳定就业、合法稳定住所、连续就读条件之一的，可以依照规定申领“浙江省居住证”。依法办理“浙江省居住证”的流动人口除在证照办理、劳动就业、社会保障、子女入学、医疗卫生、计生服务、公共文体等方面享受普惠待遇外，还可以在办理出入境证件，换领、补领居民身份证，申领机动车驾驶证，机动车登记，单病种产分娩限价优惠和孕前优生检测，政府各类培训补助，报名参加职业资格考试、申请授予职业资格，办理生育服务登记和其他计划生育证明材料等方面享受特惠待遇。建立“浙江省居住证”持有人的积分管理制度。符合市政府规定条件、积分达到一定分值的持证人，可以享受积分入学、积分入住、积分入医、积分救助等优惠待遇。至12月31日，全市受理申领“浙江省居住证”1496人，发放“浙江省居住证”1402人。“浙江省居住证”每年签注一次。

·案例举要·

【非法猎捕珍贵、濒危野生动物团伙案】 市公安局经1个多月缜密侦查，分别于2015年12月4日、2015年12月11日、2016年1月18日组织3次集中收网行动，全案历经4个多月，移送起诉周某某(男，1956年4月生，市江北街道猴塘社区人)等非法猎捕珍贵、濒危野生动物团伙犯罪嫌疑人32人，查获领角鸮、领鸺鹠、红角鸮等国家二级珍贵保护动物96只，穿山甲15只，熊掌5只，国家一级珍贵保护动物野骆驼肉制品1件，青石雀、西沙雀等雀类47055只，禾花雀107只，斑鸠126只，夜鹭、白鹭、丘鹬、光椋鸟等野生鸟类56只。2016年12月19日，市人民法院对其中22名犯罪嫌疑人做出一审判决，被判处有期徒刑10年至12年6个月(并处罚金)5人、有期徒刑10个月至3年8人(其中并处罚金5人)，管制6个月至1年8个月7人(其中并处罚金1人)，拘役3个月(并处罚金)2人。其他犯罪嫌疑人另案处理。该案被评为金华市食品药品环境类典型案例二等奖。

【骗取国家出口退税案】 2016年5月3日，市公安局立案侦查高某某等人骗取国家出口退税案，查明：2012年8月至2015年1月，高某某（男，1966年6月生，浙江省仙居县南峰街道人）等30名犯罪嫌疑人，将原本无出口退税的白银和钯等原材料，经简单加工，以“高性能导线”“高保真音响线”名义出口香港，在香港熔化成银锭和钯片出售，骗取国家出口退税1.54亿元。2016年12月8日，高某某等12名犯罪嫌疑人被移送市人民检察院审查起诉(其余犯罪嫌疑人另案处理)。

【盗刷银行卡系列案】 2016年7月28日，市民王某某到市公安局报案称工商银行卡内169029元资金被人刷走。8月12日至9月11日，张某某(男，1985年9月生，广西壮族自治区玉林市玉州区沙田镇人）等10名犯罪嫌疑人被市公安局抓获归案。查明：张某某等10名犯罪嫌疑人把POS机改装后向社会推销安装，通过持卡人在POS机刷卡支付消费，获取银行卡信息，制作伪卡刷走持卡人银行卡内资金。张某某等10名犯罪嫌疑人作案79起，刷走79张银行卡内资金222万余元。11月14日，市公安局把张某某等10名犯罪嫌疑人移送市人民检察院审查起诉。

【开设赌场案】 2016年2月，市公安局在发现吕某某等人在东阳市与新昌县交界的偏僻山区开设赌场，聚众赌博。2016年3月10日，市公安局在佐村镇西塘村刘金氏柏杯公纪念堂附近山上抓获赌徒68人，缴获赌资300400元。2016年3月11日，市公安局决定立案，追缉余犯。2016年9月，全案侦破，移送起诉11人，行政处罚36人，罚没赌资及非法追缴所得人民币近50万元。经查，2015年9月16日起，犯罪嫌疑人吕某某（男，1968年2月生，浙江省新昌县七里街道人，初中文化）、袁某某(男，1978年6月生，浙江省嵊州市甘霖镇人，初中文化)等11人在东阳市佐村镇西塘村刘金氏柏杯公纪念堂附近山上开设赌场，专人负责望风、抽头、接送新昌县等地赌客，以牌九方式聚赌。袁某某等10名犯罪嫌疑人分别于2016年6月13日、2016年10月14日被移送市人民检察院审查起诉。犯罪嫌疑人吕某某由市人民法院另案处理。

（方胜天　徐志琴）

消　防

【概况】 2016年，市消防大队接警出动788次，出动官兵8466人次、车辆1378台次，抢救被困人员179人、疏散被困人员18人，抢救财产价值约4.2亿元，处置“4·5”巍山镇山头金村巍山派出所边厂房、“8·28”横店镇万盛街3号电器商铺、“10·2”诸永高速温州往杭州方向73K梨岭隧道处货车等火灾事件及“2·25”佐村镇上林口村新怀万线两车追尾翻车坠河、“9·25”横店镇南上湖梦上海项目工地坍塌事故。

【消防安全管理】 推进网格化消防组织实体化运作，加强对出租房、沿街合用性经营场所的检查，落实网格员、社区、街道三级督改。市消防大队窗口受理行政许可项目314个(其中设计审核75个、竣工验收58个、开业前消防安全检查181个)，备案项目418个（其中消防设计备案179个、竣工验收备案192个、设计复查15个、竣工复查32个)，满意率100%。推进居住出租房整治工作，全市排查出居住出租房16670家，其中存在隐患的出租房16665家，居住出租房整改10975家，提请市政府常务会议同意1450万元的出租房整治奖励补助方案。G20杭州峰会、第三届世界互联网大会及重大节假日期间，各网格员开展消防安全巡查工作。全市有政府专职消防队12支，志愿消防队43支，社区、重点单位微型消防站213个。

【消防宣传】 在出租房专项整治行动中，印发出租房宣传海报1000套，漫画手册2万本，印制1000余份电瓶车违规通告下发至各镇乡街道。市消防大队开展各类互动体验式活动350余次，开展消防安全培训180余场，发放消防宣传资料3万余份，发送消防安全警示手机短信2万余条。开展火灾疏散演练，组织消防应急疏散逃生演练300余次。

【消防安全检查】 1月12日，市委副书记、市长朱建军率市府办、市公安局、市安监局、市市场监督管理局、市供电公司、市消防大队等部门开展春节前安全生产大检查；1月13日，副市长王华率市府办、市公安局、市市场监督管理局、市安监局、市消防大队等部门开展春节前消防安全大检查；6月3日，副市长蒋令树带领市公安局、市教育局、市消防大队等11个部门开展高考期间考生驻地宾馆、酒店以及考点的消防安全检查；9月29日，副市长陈军率市市场监督管理局、市商务局、市安监局、市粮食局、市消防大队等部门开展国庆节前商贸线安全生产大检查；12月9日，市委副书记、代市长姚激扬率市公安局、市安监局、市消防大队等部门负责人到白云街道淘宝村开展消防安全检查。发挥“96119”（举报消防隐患电话）功能，举报处理查处率100%。开展消防产品专项整治、夏季消防安全、重大火灾隐患、居住出租房和区域性火灾隐患集中整治等专项行动。检查单位4759家，发现、督促整改火灾隐患7000余处，下发责令改正通知书4000余份，下发行政处罚决定书385份，下发临时查封决定书108份，责令“三停”（停产停业、停止施工、停止使用）单位77家，罚款100万余元，拘留75人。挂牌督办重大火灾隐患单位9家，全部完成整改；金华市级区域性火灾隐患南市街道完成整治，通过金华市的考核验收。G20杭州峰会期间，关停426家不放心场所、单位，关停查封居住出租房、九小场所（指小学校或幼儿园、小医院、小商店、小餐饮场所、小旅馆、小歌舞娱乐场所、小网吧、小美容洗浴场所、小生产加工企业的总称）、合用场所540家。

（应志登）

检　察

【概况】 2016年，市人民检察院有科局处室17个，在编人员104人，其中检察员54人，助理检察员16人，事业编制5人。实行导师辅导和辅岗训练制度，受辅导干警和辅岗人员办结审查起诉案件375件。制定《东阳市检察院2016年岗位练兵方案》，定期开展实战论辩、庭审观摩、新进干警接访实训等活动。

推进司法体制改革，启动检察人员分类管理和检察官入额遴选工作，制定《司法体制改革实施方案》《现任检察官入额实施办法》，通过考试考核等程序遴选产生首批31名员额检察官。开展职能划转、人员转隶等前期衔接工作。推进涉法涉诉信访改革，运用法治方式引导当事人依法维权，建立与上级检察院互联互通的远程视频接访系统。落实人民监督员制度改革各项要求，建立职务犯罪案件台账、监督事项告知等制度，4件拟作不起诉的职务犯罪案件接受人民监督员评议监督。

【刑事检察】 办理审查逮捕案件974件1320人，审查起诉案件1886件2527人。打击黑恶势力、严重暴力、多发性侵财犯罪，建立对黄赌毒、危险驾驶等犯罪的常态化打击整治机制；惩治电信网络诈骗，开展治理电信网络新型违法犯罪专项行动，批捕19人，起诉42人；打击非法集资等涉众型犯罪及合同诈骗、职务侵占等犯罪，批捕47人，起诉74人；深化知识产权检察，办理的一起网络侵犯知识产权案入选“全国检察机关保障和促进科技创新十大典型案例”。对认为不构成犯罪或者证据不足案件的犯罪嫌疑人做出不捕、不诉决定93人，严防冤假错案发生；落实宽严相济刑事政策，促成32件轻微刑事案件达成和解，对346名轻微犯罪人员做出不捕、不诉决定。

【职务犯罪惩防体系建设】 立案查办14件15人，其中贪污贿赂案件11件12人，现职要案1人，渎职侵权案件3件3人。推进惩防体系建设，受邀到市交通局、市环保局、市供电公司等10家单位开展预防职务犯罪宣讲。做好重大建设项目的专项预防，联合市纪委、市审计局等部门对2016年迁建的“东阳二中”项目开展专项督导工作。做好行贿犯罪档案查询和招投标监督工作，提供行贿犯罪档案查询2640次。

【诉讼监督】 立案监督、追捕追诉案件中判处有期徒刑以上刑罚19人，其中5人被判处五年以上有期徒刑。提出刑事抗诉2件2人，法院采纳改判2件2人；提出民事抗诉7件，法院改判7件；提出再审检察建议4件。建议司法机关收监执行2件2人，对28名犯罪嫌疑人进行羁押必要性审查后改变强制措施，强制医疗监督3人。参与破坏环境资源和危害食品药品安全两个专项立案监督，监督行政机关移送案件6件9人。在“平安护航G20杭州峰会”专项行动中，对特殊人群稳控、社区矫正监督、安全生产监管等环节安防漏洞，集中发出14份检察建议并督促消除隐患。

【不规范文明办案行为整改】开展保障律师会见权和文明办案两个专项整改活动，制订“两个专项活动”整改方案，通过办案部门自查自纠、召开座谈会、登门走访、发放征求意见函等方式杜绝不文明规范办案情况。推行限制律师会见反向审批制度，全年办理的15件职务犯罪案件全部允许律师会见，依法保障律师执业权利。监察部门定期对讯问同步录音录像、犯罪嫌疑人休息权保障、律师会见、审讯时限、法警执勤看管等执行情况开展专项督察，抽查案件4件，检查同步录音录像36份。

【首批未成年人观护帮教基地】9月13日，市人民检察院确定东阳市逸云工艺品有限公司、浙江联宜电机有限公司、东阳市大安安防科技工程有限公司为首批未成年人观护帮教基地。观护帮教基地为每一名符合条件进入帮教基地的涉罪未成年人制订“一对一”的观护帮教计划，记录每一天表现，每周一小结，每月一总结。帮教基地安排观护对象每周参加一次敬老、助残等爱心奉献活动。市人民检察院未检科干警定期到基地监督考察，了解观护对象的思想动态、工作和生活状况，帮助涉罪未成年人零障碍回归社会，贯彻对涉罪未成年人“少捕慎诉少监禁”的刑事政策。

【检务公开】 深化检察服务大厅建设，整合案件查询、律师接待、控申举报、信访接待、法律咨询、行贿犯罪档案查询等职能，控申举报接待室被省检察院评为“省级文明接待示范窗口”。深化案件信息公开，公开案件程序性信息6008条、终结性法律文书1156份。通过卷宗电子扫描、阅卷光盘刻录、微信平台服务等方式，保障律师执业权利。设立法律援助中心检察工作站，为申请援助的社会弱势群体提供司法服务。设立新媒体工作室，加强检察宣传工作，推送检察宣传信息63期，其中《我的法警兄弟》获全省检察机关“优秀新媒体作品奖”。

【依法保障和促进科技创新工作典型案例】 2016年7月14日，最高人民检察院召开新闻发布会，对外发布《关于充分发挥检察职能依法保障和促进科技创新的意见》，发布10起检察机关依法保障和促进科技创新工作典型案例。东阳市人民检察院办理的1起网络侵犯知识产权案——牛某等5人销售假冒注册商标的商品案入选典型案例。2014年5月，被告人牛某某建立3个QQ群买卖假香烟，通过QQ在网上联系并寻找买家，同时发展宋某、李某某、钟某某、许某某等人，帮助其在网上销售各类假冒香烟。他们通过QQ在网上寻找联系买家，由牛某某联系上家，让上家从福建省云霄县直接发货给买家。在两个多月的时间里，被告人牛某某买卖假冒“中华”“牡丹”“南京九五至尊”等品牌香烟，共计销售金额25万余元，非法获利4万余元。被告人钟某某、许某某、宋某、李某某各自从牛某某处购进8万余元至5万余元不等假烟，并予以销售，分别非法获利2万余元至5000余元不等。东阳市人民检察院以牛某某、钟某某、许某某、宋某、李某某5人涉嫌销售假冒注册商标的商品罪，分别于2015年2月、3月批准逮捕。市人民法院于2015年10月8日以销售假冒注册商标的商品罪对5人分别判处有期徒刑三年至九个月不等，各并处罚金人民币十四万元至三万元不等。

（赵玉华）

法 院

【概况】 2016年，东阳市人民法院内设14个业务部门、5个综合部门，下辖巍山、横店、南马3个人民法庭。全院行政编制166人，实有154人；事业编制19人，实有16人。35周岁以下干警111人，占比72.08%。新收各类案件33587件，结案32198件，比上年分别增长19.8%和21.64%。法官人均结案521.39件，居全省第1位。服务保障东阳市“十三五”规划的实施。助推全市“三改一拆”工作的实施，推进国土领域案件的“裁执分离”机制（指做出裁决的机关与执行裁决的机关分离，比如在国有土地上进行的房屋强制拆迁，2011年国务院颁布的《国有土地上房屋征收与补偿条例》，废除了行政强拆，改由行政机关先向法院提出申请，待批准后才能强拆），审查并裁定准予执行涉“三改一拆”非诉行政案件416件。助力“五水共治”工作，审查并裁定准予执行环保类非诉行政案件37件，审结污染环境罪3件4人。参与非法集资案件处置工作，成立法院处理非法集资案件工作领导小组，统筹部署各项工作。制定《专

图 72 7 月 27 日，召开司法体制改革工作动员部署会（市人民法院提供）

职人民调解员绩效考核办法》，由法院自行对驻法院调解员进行招录和管理，增加调解员 2 人，调整和优化驻法院人民调解委员会的人员配置。机制运行后，调解室调处案件 722 件，比上年增长 152%。

在司法体制改革前期，给全院干警发放司法体制改革问卷 166 份，及时掌握干警思想动态。针对实际情况，制订司法改革实施方案。7 月 27 日，召开司法体制改革工作动员部署会，对推进司法体制改革工作做出部署。9 月末，完成 54 名首批法官入额民主测评工作。

【刑事审判】 新收刑事案件 1523 件，审结 1612 件，比上年分别下降 16.09%和 6.87%，惩处犯罪分子 2054 人，其中判处五年以上有期徒刑 137 人，占比 6.67%。打击故意杀人、抢劫、贩毒、聚众斗殴等严重刑事犯罪和盗窃、抢夺等多发性严重危害社会治安的刑事犯罪，审结案件 650 件 802 人。审结危险驾驶、交通肇事、重大责任事故等危害公共安全犯罪案件 441 件 443 人。审结非法吸收公众存款、合同诈骗等破坏市场经济秩序犯罪案件 8 件 12 人。审结浙江宗苏食品有限公司及主要责任人非法吸收公众存款罪一案。审结贪污贿赂、渎职犯罪案件 16 件，判处罪犯 22 人。坚持罪刑法定原则，改判发回率 3.25%。对 454 名犯罪较轻、认罪悔罪态度好的被告人判处缓刑、管制、单处罚金等非监禁刑。重视发挥律师辩护作用，判处三年以上有期徒刑被告人的辩护率 100%，比上年增长 2.08%。

【民商事审判】 新收民商事案件 19869 件，审结 19960 件，分别比上年增长 14.43%和 27.04%，解决争议标的额 158.52 亿元。办案注重协调化解，调解结案 6004 件、撤诉 4448 件，调撤率 52.84%。审结婚姻家庭、劳动报酬、教育医疗等涉民生案件 1380 件。审结房地产、建设工程纠纷等案件 589 件。审结民间借贷、金融借款、保险纠纷、申请实现担保物权等商事案件 12413 件。审结知识产权案件 211 件，调撤率 87.68%。开展涉外商事审判工作，平等保护中外当事人合法权益，审结涉外、涉港澳台商事案件 34 件。

【行政审判】 新收行政诉讼案件 100 件，审结 93 件，其中行政机关败诉 8 件，和解、撤诉 27 件。受理审查非诉行政案件 617 件，执结行政案件 18 件，解决争议标的 14.26 万余元。完善府院联席会议常态化机制，连续六年发布行政审判白皮书。推进落实行政机关负责人出庭应诉制度，出庭应诉率 100%，比上年增长 21.26%。建立定期案例编报制度，编写 3 期。

【执行工作】 执行收案 11439 件，执结 9875 件，实际执结率 49.05%，到位执行款 12.66 亿元。发挥网上“点对点”查控优势，查询存款 30292 件次，查询房产、车辆 20554 件次，跨省实施网络冻结、扣划 50 余次。对拒不履行裁判义务的当事人采取司法拘留措施 909 人次；移送公安立案侦查 16 件 22 人；对 18 处房屋实施强制腾空措施。完善执行网络建设，完善 24 小时备勤、被执行人布控、被执行车辆协控等对接机制。布控被执行人 2085 人，协控到位 946 人，实际执结 233 件，到位标的额 4558.28 万元。完善网拍按揭贷款平台，通过平台拍卖房产 50 处，为买受人融资 2.02 亿元。完善失信被执行人曝光制度，曝光 4180 名失信人员名单。

【司法为民服务】 审理涉老案件，审结涉六十周岁以上老年人案件 1995 件，其中 33.6%的案件在 30 日内审结；执结涉老案件 369 件，执行到位金额 9368 万余元。开展涉民生案件专项执行行动，执结劳动报酬、赡养费、抚养费等案件470件，到位执行款982万元。为57名刑事被害人、申请执行人发放司法救助金33.29万元。运行“12368”诉讼服务平台，发送案件信息1.5万条；处理司法服务热线2861条，比上年增长12.28%，热线接通率99.34%；办结“8890”便民服务平台事项14件，平均办结天数3天。

【司法公开】 落实浙江法院阳光司法实施标准，对716条庭审视频进行网络录播；上网公布46655份生效裁判文书。加强官方网站的日常更新维护，发布各类信息150余条。开通官方微博、微信公众号发布各类微博、微信86条，3100余人关注。推开司法网拍，总成交额7.07亿元，为当事人节约佣金1581万元，网拍率100%。

【审判工作机制完善】 实现全员办案，中层副职以上干警及综合部门人员办结的案件数约占全院办案数的40%。2016年，法院院庭长办结各类案件2678件，比上年增长56.43%；中层副职以上干警办结案数11517件，约占全院结案总数的35.77%，比上年增长20.19%；综合部门人员办结案件800余件，比上年增长近90%。推进庭审记录改革，适用各类案件9856件，适用率81.49%。

【“向执行难宣战”新闻发布会】 5月24日，召开“向执行难宣战”新闻发布会，会上通报2015年执行工作开展情况，介绍在执行网络建设、执行指挥中心试点建设、执行公开等方面做出的努力和取得的成效，从执行工作“五个系统”建设、执行队伍建设、建立反消极执行的长效监督机制等方面对落实“用两到三年时间基本解决执行难问题”的目标做出具体部署。

【网上立案和自助立案】 推行网上立案和自助立案，开通律师服务平台，制作《网上立案须知》和操作视频等培训资料。开辟立案自助区，引导金融机构和有条件的市民选择自助立案。网上立案2516件，自助立案1763件，占全院同期同类立案的24%。

（虞天浩）

司法行政

【概况】 2016年，市司法局设办公室（法制科）、法制宣传教育科、基层工作管理科、社区矫正工作管理科（社区矫正执法大队）、律师公证管理科、“148”法律援助中心（行政审批科）6个科室。下辖直属司法所18家、公证处1家、律师事务所18家、法律服务所6家。全局有司法行政专编59人（包括工勤人员2人），编外工作人员5人。

【全省司法行政机关社区矫正教育管理工作现场会】 8月3日，全省司法行政机关社区矫正教育管理工作现场会在东阳市举行，学习全国社区矫正教育管理工作会议精神，总结推广金华市、东阳市社区服刑人员“三项教育”（入矫教育、中期教育、解矫教育）等经验。省各级司法行政机关启动实施由“浙江省关心桥教育公益基金会”资助的社区矫正专业社会组织——“关心桥驿站”建设的项目，增加6家试点单位，全省12家，为20名生活困难的青少年社区服刑人员及其家庭发放救济金2万元。

【服务中心工作】 印发《关于在全市司法行政系统开展法律服务“五水共治”“三改一拆”等中心工作的通知》。组织各类服务135次5032人次；开展法律服务“五水共治”“三改一拆”等中心工作的法治宣传教育活动43次，提供法律咨询2321人次，开

图73　8月3日，全省司法行政机关社区矫正教育管理工作现场会在东阳市召开（市司法局提供）

展企业“法律体检”95家，帮助修订、完善制度、合同、协议等272件，提供法律意见和建议131条。指导镇乡街道矫正办制订安保方案，与镇乡街道矫正办、村（居）社区矫正工作站逐级签署《安保工作责任书》。落实“三项教育”“社区矫正安全稳定排查月”安排部署，摸排社区服刑人员思想、家庭、工作、生活等情况，确定重点人员46人。执行“日报告”“周报告”制度。强化社区矫正信息平台巡查通报制度、“一案一查一通报”制度、集中点验制度和“日会商制度”。

图74　7月8日，东阳市公共法律服务中心试运行（市司法局提供）

【矛盾纠纷化解机制】　完成社区矫正战线重大峰会安保任务，成立G20杭州峰会矛盾纠纷排查化解工作领导小组，开展矛盾纠纷排查化解预防工作，做好矛盾纠纷动态分析并及时上报。围绕市、镇乡“两会”，村两委会的换届选举工作，制定《关于组建换届选举法律服务志愿者队伍的通知》，义务提供法律服务，参与矛盾纠纷化解。开展对东阳市太平洋百货公司延包、37度健身会馆腺病毒感染传播和鼎立控股集团股权纠纷案的法律援助和调解工作。

【东阳市公共法律服务中心试运行】　7月8日，东阳市公共法律服务中心（金华地区首家五星级公共法律服务中心）试运行，总面积1203平方米。中心试运行后，完成社区矫正入矫187人，解矫237人，迁出22人；人民调解窗口接待群众来访57人次；律师咨询窗口接待来电来访1337人次；法律援助窗口办理民事援助37件，刑事援助案件211件，挽回经济损失495.76万元；司法鉴定窗口接待群众咨询92人次；国内公证窗口接待咨询2934人次，办理公证2740起，领取公证书3942份。整合市司法行政系统各类公共法律服务资源，建成“东阳市公共法律服务网”，把线下法律服务资源择优架构到线上平台。

【基层司法所建设】　规范星级司法所创建活动，其中白云所、六石所、巍山所、东江所创建省三星级司法所。优化司法所人员配置，把司法行政专编的4名司法助理员，分别选派到4个司法所，其余司法助理员进行岗位调整；新任命7名司法所副所长和2名司法所所长。组织司法所所长参加省、金华市局培训9人次，局本级组织人民调解员培训100余人次，各镇乡街道组织辖区内人民调解员培训2864人次。

【人民调解】　将市民间纠纷调解委员会整合至市人民调解委员会，市民间纠纷调解委员会驻法院工作室更名为市人民调解委员会驻法院工作室；整合人民调解组织，市人民调解委员会、市医调会、老娘舅办公室进驻市公共法律服务中心统一办公。2016年，全市人民调解委员会接待法律咨询1928人次，受理矛盾纠纷741件，调处734件，调处成功率99.06%。建立健全“条块协同”排查机制、“定人包案”调处预防机制、内部资源整合机制、行政调解与人民调解衔接机制、定期汇报制度，开展矛盾纠纷排查，集中开展矛盾纠纷化解。推进矛盾纠纷多元化解机制建设，以市委办、市府办名义印发《关于完善矛盾纠纷多元化解机制的意见》，实现多部门联动调处。

全市各级人民调解委员会（不包括行业性专业性调解委员会）受理矛盾纠纷4363起，成功调处4347起，调处成功率99.63%，行业性专业性调解委员会受理矛盾纠纷15260起，成功调处13216起，调处成功率86.61%。

【社区矫正】　组织开展社区服刑人员入矫教育、中期教育和解

图 75　9 月 29 日，召开全市"六五"普法总结表彰暨"七五"普法动员大会（市司法局提供）

矫教育"三项教育"，至 12 月末，组织"三项教育"69 期 2382 人次。8 月 3 日，省司法厅在东阳市召开全省司法行政机关社区矫正教育管理工作现场会。改造升级社区矫正指挥中心，在各镇乡街道司法所安装监控、远程视频会议系统，配备司法 E 通 48 个，实现实时收集、分析、研判犯情和安全稳定形势。建立云总机后台管理系统，社区服刑人员通过云总机进行电话报告，司法所通过登录账号进行审核，推动司法所落实监管措施。通过"政府购买服务"方式，委托社区矫正工作协会完成教育学习、社区服务、日常走访和帮困扶助等非执法类的社区矫正工作。社区矫正工作协会设立教育学习、社区服务、青少年关爱、心理矫治和帮困帮扶五个专项工作小组，解决社区服务、教育矫正"两个八小时"和走访难等问题。2016 年，社区矫正工作协会开展教育学习活动 78 期 5894 人次、社区服务活动 147 期 5427 人次、关爱帮扶 5 人次，上门走访 1900 人次，心理测评 1471 人次，心理门诊 12 期，编印宣传资料 5600 份。

2016 年，全市社区服刑人员增加 405 人，减少 509 人（其中期满解矫 455 人，变更居住地 48 人，死亡 2 人，撤销缓刑 2 人，暂予监外执行收监 1 人，因漏罪收监 1 人）。全市在册社区服刑人员 484 人，其中管制 2 人，缓刑 413 人，假释 56 人，暂予监外执行 13 人。社区服刑人员中未成年人 7 人，患精神疾病 1 人，参与邪教类犯罪 2 人，重点人员 18 人。

【安置帮教】 完善归正人员二级核对制度，实现百分百建档。建立 10 个安置帮教基地，解决归正人员就业问题，落实重点帮教人员衔接工作，衔接率 100%。开辟刑释解教人员就业、劳动技能培训绿色通道，落实普惠政策和社会保险政策。接收刑释解教人员 556 人，归正 2073 人，2016 年重新犯罪 0 人，当年重新犯罪率 0%。到十里丰监狱开展超前帮教活动，与浙江省第五监狱签订联合帮教协议书。

【"七五"普法动员大会】 开展"七五"普法开局工作，印发《东阳市 2016 年普法依法治理工作要点》，明确各普法成员单位工作职责和分工。9 月 29 日，召开全市"六五"普法总结表彰暨"七五"普法动员大会，对"七五"普法工作进行部署和动员。开展"送法下乡"普法宣传活动，发放普法宣传册 300 余册。为 18 个镇乡街道便民服务中心、司法所及部分村（居）配备宣传栏 50 个，编印发放"七五"普法宣传折页 7 款 24000 套，发放宣传纸杯、袋子、纸巾等各类宣传品 4500 余份。完善"谁执法谁普法"责任机制，以市普法办普治领导小组名义制定印发《东阳市 2016 年普法依法治理工作要点》《关于落实"谁执法谁普法"责任制工作方案》，建立健全履职报告、情况通报、工作考核等相关制度。推进政府常务会议制度，组织市管干部、公务员参加 2016 年法律知识考试。

【基层民主法治建设】 推动基层依法治理，三单乡三单村、千祥镇胡山村、东阳江镇双合村创建成为金华市级民主法治示范村(社区),申报省级民主法治示范村(社区)2个。开展诚信守法示范企业、依法治校示范学校等创建活动。巩固完善村(居)法律顾问、企业法律顾问、政府法律顾问制度。开展普法宣传活动,将法治文化元素注入农村文化礼堂,全省2个法治文化建设示范点(东阳市南马镇花园村、浙江横店影视城禁毒馆)、1个“七五”普法联系点(东阳市南马镇花园村)获批。其中南马镇花园村以在一馆、一楼、一场、一院、一市、一池、一湖——村史馆、政法大楼、法治文化广场、影剧院、红木家具市场、露天舞池、吉祥湖融入法治元素。

【法律服务】 配齐全市农村法律顾问队伍,全市农村(社区)法律顾问覆盖面100%。4名律师被市政府聘请为常年法律顾问,全市18个镇乡街道均聘请常年法律顾问,33个有执法职能的行政机关均建立法律顾问制度。组建法律风险律师讲师团和专家律师团队,研究律师服务供给侧结构性改革的方式方法、服务领域、服务项目等问题。通过座谈交流、举办论坛、开展企业法律体检等方式了解帮助企业在供给侧结构性改革中的法律服务需求。组织企业法律顾问开展“法律服务月”活动,帮助企业分析规避潜在的法律风险。制订《2016年律师陪同市领导接待群众来访安排表》,选派12名资深律师在每月15日市级领导接待日免费协助接访。制定《关于建立律师参与信访维稳工作制度的实施意见》送审稿和起草情况说明,建立律师参与信访维稳工作机制。

【法律援助工作站】 加强法律援助“三级网络”建设,在团市委新建的青少年活动中心和市人民检察院成立法律援助工作站,扩大法律援助覆盖面。放宽法律援助审查标准,免于经济困难审查100件,对特殊群体实行“低门槛”援助,为176名未成年人、38名残疾人、27名老年人提供法律服务。接待群众来访来电17147人次,办理援助案件621件,其中刑事法律援助案件476件,民事法律援助案件143件,包括群体性案件50件,挽回经济损失近495.76万元。

【公证】 2016年,市公证处有工作人员20人,其中公证员7人。办结公证事项8260件,其中民事公证4452件,经济公证2624件,涉外公证1184件。业务收费478万元。2016年,市公证处开展“走进新农村、公证伴我行”的下乡服务和“关爱老年人,公证与您同行”主题宣传活动。把关质量,进行案卷内部自查和公证处之间的案卷互查。

(潘婷婷)

军 事

【概况】 2016年,东阳市人民武装部党委学习中共十八大和十八届三中全会、四中全会、五中全会、六中全会精神,按照聚焦改革强军主线,适应“三新”(新体制、新职能、新使命)形势变化,加强民兵预备役队伍和基层武装部规范化建设,推进军民融合,推动国防动员、国防教育、兵员征集、应急救援、维稳安保及拥军爱民等工作。

【思想政治建设】 市人武部组织开展“坚决服从改革大局、忠实履行职能使命”,围绕“新体制、新职能、新使命”“体制编制调整改革”专题教育实践活动,树立干部职工“听党指挥,能打胜仗,作风优良”的思想政治基础,遵守政治纪律、组织纪律、人事纪律、财经纪律、保密纪律,坚持安全“四不”(不发生重大安全问题,不发生事故案件、不发生政治性问题,不发生牵扯上级首长机关精力的问题)原则,开展“两学一做”学习教育活动,形成“学法规、用法规、守法规”“互帮、互学、互教”氛围。

【军事能力建设】 市人武部按照“按纲施训、按战训练”“分类组训、注重质量”原则,落实年度军事训练大纲和上级赋予的训练任务。坚持每月集中一周、每周训练2天、每天训练2小时,提高指挥防卫作战和遂行非战争行动能力。5月,组织市民兵应急连开展为期10天的建制训练。6月,选派2名民兵骨干参加全省跨区联训,组织3名海军预编人员参加回营训练。6月7日,组织市民兵应急分队参加省政府、省军区组织的全省“四队”兼备应急力量建设警棍盾牌、防爆队形、现场抓捕等科目操练。11月,组织全市新任专武部长开展为期5天的集中强化训练。

【双拥共建活动】 市人武部组织发动民兵参加创国卫、抢险救灾、森林灭火、社会维稳等工作。4月,组织民兵配合公安机关参加2016年横店马拉松赛事安全保卫工作;5~6月,组织各基层武装部拉动民兵参加地方“五城同创”活动。

【国防动员教育】 市人武部健全机构、组织领导、运行机制、规范到位、利用东阳红色资源载体、结合国防教育日(每年9月的第三个星期六)和国防教育宣传周,突出"党政机关工作人员、青少年学生、企事业员工、乡村街道社区居民"四类人员,融入民兵整组、训练演练、学生军训、征兵工作等实践活动。8～10月,组织国家国防动员委员会(八办)负责人,调查、核对全市国防潜力情况。基本理清七大类2万余条多项国防潜力数据指标,完善国防潜力信息数据库。

【服务保障】 市人武部坚持党委管财理财、"业务卡"支付、先审后批制度,控制一般性行政开支,减少公务接待,重点把服务保障聚集到大项任务和重点工作中,特别是值班室、作战室、器材室、兵器室、装备库、民兵应急连部等项目上。合理使用每一笔经费,把最大保障投入到民兵整组、军事训练、国防动员、征兵工作等工作中。维护军人及家(亲)属合法权益30余人次,为接待服务退役军人查阅档案1800余人次,协调规劝不合法申诉40余人次。

【省军区领导考察工作】 1月7日,省委常委、省军区政治委员到东阳市考察,参观市人武部后备力量建设图板展示、人武部装备库、作战值班室、兵器室和民兵应急连部等建设情况。1月20日,省军区后勤部部长到东阳市走访慰问东阳籍军级领导干部亲属。11月13日,省军区参谋长到横店国防科技园调研。12月8日,省军区副司令员周少锋到东阳市检查指导武装工作。

【党管武装工作会议】 3月16日,全市武装工作会议在市行政中心召开。市委常委、市人武部部长李玉林做工作报告,总结回顾2015年武装工作,部署2016年武装工作任务。市人武部政治委员孙富庆宣读2015年度武装工作先进单位和个人表彰通报。市委书记、市人武部党委第一书记黄敏肯定2015年全市党管武装和国防动员工作取得的成绩。六石街道、歌山镇党(工)委书记做党管武装工作述职。各镇乡街道党(工)委书记、全体专武干部、市国防动员委员会、市国防教育委员会全体成员参加会议。

【G20杭州峰会安保工作】 5月21日,全市民兵组织整顿点验暨G20杭州峰会安保誓师动员大会在横店国防科技园举行。各镇乡街道全体专武干部和部分重点应急分队民兵近千人参加现场整组点验、宣誓。7～9月,组织市民兵应急连开展执勤备勤常态化工作,出动民兵参与地方设卡、设点,车站安检、主要街面执勤巡逻,抓获犯罪嫌疑人3人,查扣汽车2辆,查获疑似毒品违禁品1份,完成G20杭州峰会期间安保任务。

【新兵征集】 市人民政府征兵办公室针对2015年征兵工作带来的新情况新问题,做到早发动、早宣传、早准备,开展宣传教育活动。印发《征兵宣传工作意见》《征兵宣传册》,编写《入伍手册》,派分管人员利用时间节点,利用各类媒体营造"爱军、拥军、参军光荣"的氛围,组织发表广播电视讲话、制作宣传图板横幅,体检关、政审关、调查关、审批关、廉洁关层层签订责任书,做到公开、公正、公平、择优征兵,完成夏秋季新兵征集任务,实现无一例责任退兵目标。

【市委常委议军会暨"军事日"活动】 11月22日,东阳市四套班子领导在市民兵训练基地训练场上集体参加"军事日"活动,组织《中华人民共和国反间谍法》违法案例,专门领域技术窃密典型案例等图片展,参观武装装备展示,观看民兵应急分队盾牌操演练,进行实弹射击训练。市委书记黄敏主持召开市委常委议军会议,落实党管武装制度,分析2016年全市武装工作情况。在议军会上,市委常委、市人武部政治委员孙富庆汇报全市武装工作情况。

(王秀文)

武警东阳市中队

【概况】 2016年,武警东阳市中队在支队党委和市委、市政府的领导下,落实科学发展观,树立"小中队大作为"理念,完成各项任务,实现部队安全发展、科学发展的目标。

【执勤工作】 定期召开中心会议,专题研究中心工作;盯住"不放心"问题狠抓整改,召开联席会议20余次。开展执勤隐患专项治理,担负临时押解勤务76次,押解人犯1560余人,出动兵力180余人次,实现连续18年执勤无事故,被支队评为执勤先进单位。

(李济民)

社会事务

2016 年 4 月 10 日，横店马拉松赛（胡天华/摄）

人力资源与社会保障

·概述·

【概况】 东阳市人力资源和社会保障局下设9个科室，下辖人才市场管理办公室、就业管理服务处、社会医疗保险管理处、社会养老保险管理处、农村社会养老保险管理处、劳动监察大队、劳动人事争议仲裁院、信息中心、人力资源市场公共服务中心、气瓶检验站10个下属单位。

东阳市人力资源和社会保障局被人力资源和社会保障部办公厅评为2016年度中国劳动保障宣传工作先进单位，被浙江省人力资源和社会保障厅评为全省人力资源社会保障宣传工作先进单位。东阳市劳动监察大队被省人力社保厅评为浙江省2016年度劳动保障监察工作目标管理成绩突出单位。东阳市劳动人事争议仲裁委员会被评为2016年度全省劳动争议案件处理工作优秀单位。

·人事管理·

【机关事业单位招聘】 2016年，招录121名公务员(含参照)。组织教育系统、卫生系统、机关幼儿园、法律服务中心、农技推广中心、红木家具产品质量检验中心、部分事业单位等公开招聘7次，拟聘用人员590人。组织卫生系统、教育系统自主招聘教师28人、医技人员94人，引进硕士毕业生42人。

【事业单位岗位管理和公务员日常管理】 制定《东阳市事业单位专业技术三级、四级岗位管理实施细则》，规范事业单位岗位聘用管理。教育系统小学、初中段岗位设置44家，其他事业单位岗位设置8家。为机关事业工作人员进行工龄认定206人次。制定《东阳市党政纪处分决定执行工作实施办法》，明确各相关单位在执行惩处工作的职责，加强工作落实力度。

【军转干部安置】 开展军队转业干部的安置和稳定工作，接收安置任务18人，其中计划安置14人(副团3人，营以下11人)，自主择业4人。

·工资福利·

【概况】 企业和机关事业单位退休人员首次实行同步调整，惠及全市79329名退休人员（其中企业72851人，机关事业单位6478人），企业退休人员基本养老金实现“12连涨”，月人均养老金水平比上年增长8.26%，机关事业单位月增加额316.93元，比调资前增长6.02%。年内121名公务员退休，275名事业单位人员退休。实施职务与职级并行制度，落实职级与待遇挂钩等工资政策，晋升职级并兑现工资两个批次298人，其中正处级41人、副处级159人、正科级55人、副科级43人。制订并兑现每人每月200元的乡镇工作补贴政策。增加人民警察和市人民法院、市人民检察院工作人员在法定工作日之外加班的补贴，每加班一天加发补贴200元，每加班半天加发补贴100元。综合管理部门人员发放加班补贴一般每月不超过4天；一线部门人员发放加班补贴一般每月不超过6天。法定工作日工作到22:00以后的，参照法定工作日之外加班半天发放补贴100元，发放次数一般每月不超过4次。

·就业创业·

【就业创业完成指标】 2016年，城镇增加就业12933人；失业人员再就业3519人，其中就业困难人员实现就业754人；城镇登记失业率2.83%，低于4%的控制目标。全市培养高技能人才2351人；培训农村电商人员2697人，完成目标任务2000人的135%；扶持电商创业人数391人，完成目标任务200人的196%；扶持电商创业带动就业人数1932人，完成目标任务1500人的129%。

【就业创业援助】 将东磁公司作为试点企业，开展转岗培训。组织东磁公司、联宜电机、普洛康裕、普洛医药4家企业进行岗前培训。为红木产业职业技能培训学校、横店影视学院、东阳汽校等企业和培训机构组织数控、茶艺、装饰美工、制图、精细木工、客房等19类技能培训。举办各类职业培训338余个班次，培训人员1.6万余人，其中岗前培训4015人，创业培训1400人，技能培训2589人，职业指导培训5429人，农村电子商务培训2697人。

开展“春风行动”就业推介活动，4400余家企业进行招工登记，提供招工岗位5.1万余个，4.1万余人进行登记求职。举办第三届大型公益性人力资源交流大会和镇乡招聘会，149家企业参会，提供职位4459个，达成意向465人。2月28日，与中国人寿东阳分公司在东阳剧院联合举办“大众创业万众创新”中国人寿保险创业促进就业论坛暨专场招聘会，提供800余个岗位，1100余人参加，达成意向500余人。组织东阳市农业投资开发有限公司等12家企业参加

2016中国(义乌)电商人才节校企合作洽谈会。

完成灵活就业人员社保补贴3276人、867万元；用人单位社保补贴登记申请155家、251人、138万元；发放个人培训补贴116人、6万元；创业担保贷款资格认定30人；创业担保贷款贴息5人、3.39万元；发放高校毕业生就业补助5人、1.5万元；发放公益性岗位补贴220万元；发放“就业创业证”1059本；灵活就业确认842人；困难人员认定1628人。5月，开始申报稳岗补贴，受理申报企业225家，其中符合补贴标准企业180余家，补贴金额780余万元，惠及职工4.1万人。

图76 9月24日，带领东阳市企业参加宁波市第十八届高学历人才开放式洽谈会（市人力社保局提供）

【支持大众创业促进就业】 制定《东阳市人民政府关于支持大众创业促进就业的实施意见》和《东阳市创业担保贷款实施细则》，实行营业执照、组织机构代码、税务登记证、社会保险登记证、统计登记证“五证合一”登记制度。实施创业融资帮扶，将小额担保贷款调整为创业担保贷款，发放创业担保贷款249万元。推动农村电商服务站建设，经评选推荐、资料审核、实地走访，认定横店镇官桥村农村淘宝服务站等240家为东阳市首批农村电商服务站。举办首届东阳市青年创业大赛，青年创客报送参赛项目132个。举办“百人创业创新论坛”，邀请知名专家到东阳市授课，与创业者进行面对面沟通。创建创业园区，浙江广厦建设职业技术学院被认定为东阳市大学生创业基地。

·人才交流·

【人才引进】 组织、参加各类人才招聘会31场，其中校园招聘会23场次，省级现场招聘会4场次，国内高层次人才洽谈会3场次，海内外高层次人才智力项目洽谈会1场次。引进各类人才823人。

图77 5月28日，联合团市委等部门举办的“檀公馆杯”奇思妙想2016浙江行暨东阳市首届青年创业大赛决赛在东阳中国木雕城二期举行（市人力社保局提供）

【高技能人才队伍建设】 推荐中天建设集团楼永良、陆光正创作室陆光正和横店集团东磁股份有限公司杨国武3名优秀人才作为东阳市国贴（享受国务院特殊津贴）和突出贡献中青年专家的候选人上报省人力社保厅，陆光正作为享受国务院政府特殊津贴的推荐人选由省人力社保厅上报人力社保部。推荐市陆光正创作室申报国家级技能大师工作室。开展“金蓝领”数控加工技术、焊接技术、服装设计与制造、轨道加工等13个工种的高技能人才国内、境外培训人员的推荐报送工作，其中东磁公司的孙祝兵入选2016年“工业4.0体系中的汽车制造与装备技术”到德国培训成员。17名候选人参加第二届东阳市首席技师的评选。举办家具设计师、精细木工技师、木雕工高技能人才3项高技能人才培训班和大比武。

【人才政策】 完善落实人才政策，为87名符合条件的人才发放安家、生活津贴57.75万元。完成“外国专家证”的发放、延期、注销等工作。增加2家（东阳市外国语小学、东阳花园外国语学校）外国专家单位资格认可的文教单位，外国专家业务总量23件，其中办理“外国专家来华工作许可证”5份，“外国专家证”办理8本、延期6本、注销4本。编制《2016～2017年东阳市紧缺人才薪酬指导价》《2016～2017年东阳市紧缺人才导向目录》。

·社会保障·

【社会保障政策调整】 制定《关于减轻企业负担系列办法专题会议纪要》，降低企业社会保险费最低申报比例。除事业单位和国有、城镇集体企业外的其他用人单位，基本养老保险费、基本医疗保险费、失业保险费、生育保险费暂按不低于用人单位上月全部职工工资总额的40%为计费依据申报缴纳。下浮和减缓社会保险费：失业保险单位费率由1.5%降为1%，个人费率仍按0.5%执行；对符合产业转型升级发展方向的企业临时性再下浮职工基本医疗保险费缴费比例，下浮幅度相当于企业单位缴费部分1个月的额度。

制定《关于调整完善我市基本医疗保险有关政策的通知》，维持城乡居民医疗保险个人缴费标准不变的同时，财政补助每人每年分别提高至650元、640元。改革城乡医保筹资方式，开启医保征缴“互联网+”时代，在原基础上参保居民可通过浙江政务服务网使用支付宝等工具进行网上支付缴费，还可采用社会保障卡与银行进行签约，统一由社会保障卡关联银行集中实行代扣代缴。7月11日，在东阳市三级以上医院内设立大病保险特殊药品调剂和费用结算专用窗口，市民在专用窗口可以买到19种大病及罕见病药品。参保人员在医院内购买大病及罕见病药品，费用不纳入医院药占比、均次费用和医保费用的控制考核。

制定《关于东阳市基本医疗保险试行按病种付费改革的通知》，扩大按病种支付的试点病，完善按病种付费的流程与监管。试行的单病种付费标准适用于东阳市参加职工基本医疗保险、城乡居民基本医疗保险的人员。实行“按病种付费”的有下肢静脉曲张、急性单纯性阑尾炎、结节性甲状腺肿、老年白内障、慢性扁桃体炎、腹股沟小儿包茎、乳房肿块等8个病种19种手术。全市2家三级医院、7家二级医院开展“按病种付费”试点工作。12月末，有3213人次按病种支付进行结算，涉及金额2010.99万元。

3月，调整被征地农民基本养老保障缴费、待遇发放标准。参保缴费仅设一档，缴费标准为东阳市上年年末城镇居民最低生活保障标准乘以72个月（2016年为664×72）；因经济困难、无力缴费的被征地农民，经申请，由社保经办机构给予被征地农民信息登记，达到待遇享受年龄时可享受东阳市上年末城镇居民最低生活保障标准60%的养老金（2016年为399元/月）。政策实施以来，办理不缴费参保信息登记6146人，历年放弃参加被征地农民基本养老保障的对象，申请待遇发放185人。

【社会保险】 至年末，东阳市职工基本养老参保人数28.81万人，城乡居民养老保险参保人数22.1万人，城乡居民医保参保人数64.19万人，职工医保参保人数20.8万人，失业保险参保人数11.87万人，工伤参保人数22.08万人，生育参保人数11.6万人，被征地农民基本养老保障参保人数30737人。

【特殊病种和慢性病种审批】 分4次组织专家对特殊病种、慢性病种的申请进行审批。慢性病种申报4151人，审批通过4070人；特殊病种申报2721人，审批通过2500人。

·劳动关系·

【规范劳动用工管理】 建立国企劳动用工备案制度，备案登记企业新进员工和进出增减情况。建立全员职工花名册，理清员工各类用工性质。开展国有企业员工工资分配制度、工资增长机制、工资总额管理情况调查，掌握全市国企工资管理现状。督促企业建立健全劳动合同管理制度，开展企业劳动合同专项检查。开展东阳市自来水有限公司、粮食收储有限公司公开招聘和录用工作。

【车改单位司勤人员安置分流审核】 开展机关公务用车制度改革司勤人员的安置工作，包括安置方式的审核以及解除合同司勤人员经济补偿金及一次性补助金额的审核。8月，开展车改单位司勤人员安置分流工作，完成安置司勤人员466人，核算经济补偿金及一次性补助金额552.05万元。

【劳动监察】 制定《东阳市劳动保障监察机构全力做好重大国

际峰会维稳工作实施方案》，落实实名制管理和两条线拨付制度，加强建设领域以及劳动密集型加工制造业、租赁场地生产经营企业、去过剩产能企业的劳动用工管理和欠薪防范处置，对暂时无法解决的隐患列出风险清单、制订稳控方案。至年末，受理投诉举报案件190起，办结190起，结案率100%，涉及民工1694人，追讨工资及押金2477.34万元；涉嫌拒不支付劳动报酬移送公安案件23件，公安立案18件，涉及人数451人，涉及金额1046.79万元，做出处罚案件27件，处罚金额36.3万元。

【劳动争议仲裁】 开展示范仲裁庭创建工作，东阳市仲裁庭被评为全省首批示范仲裁庭。全市处理劳动争议案件1879起，其中镇乡调解处理611起，企业解决578起，仲裁院立案受理305起，结案285起，结案率93.44%，调解266起，调解率93.33%，涉及劳动者327人，涉案标的5228万元，挽回经济损失3284万元；调处群体性案件385起，涉及劳动者7457人，涉案标的1.29亿元。

（司松松）

机构编制

【概况】 2016年，对12个部门要求增设机构和调整编制的情况进行梳理。新设事业单位1家（市妇幼保健计划生育服务中心），增加编制事业单位4家（统一战线发展促进中心、市林业种苗管理站、市卫生计生会计核算中心、市森林资源综合服务中心），撤销事业单位3家（东阳市人民政府驻上海工作处、市计划生育宣传技术指导站、市妇幼保健院），调整经费形式事业单位1家（市卫生计生会计核算中心）。

【机构编制工作】 市公共资源交易委员会办公室经金华市编制委员会批复，调整为与市行政服务中心管委会合署办公。深化横店镇行政管理体制改革，按照机构职能相近合一、行政事业人员统一管理的原则，将市属部门派驻机构与横店镇内设机构、事业单位进行“大部门”制改革，加强横店镇城市管理职能，调整优化横店镇人员结构和编制。撤销上卢管理处自设机构，相应调整经济开发区管理范围、职责范围以及机构设置，建立“一个发展平台、一个管理主体、一套班子队伍”的管理体制和“经济发展、财政管理、规划建设、组织人事管理”四个一体化的管理机制。理顺东阳市住房和城乡建设行政管理体制，市建设局回归“全市住房和城乡建设”的主业，剥离项目建设等具体事务；厘清市建设局与市建管局的职责边界，明确关于施工许可证核发、施工监管、项目前期工作等相关工作职责。深化交通运输管理体制改革，厘清市交通运输局与市交通投资建设集团有限公司责任边界，市交通运输局依法履行行政管理职能，强化市交通投资建设集团有限公司在投融资平台和项目建设、运营、管理等方面的主体地位。推进综合行政执法改革工作，涉及东阳市15个主管部门（单位），11支行政执法队伍，4家承担行政职能的事业单位以及529项行政处罚权纳入综合行政执法。

【权力清单、责任清单深化工作】 全市19家政府部门清理调整152项没有法律法规依据的权力事项，22项非行政许可审批事项清零，所有政府部门的2016年度重点工作目标列入部门责任清单对外公布。把推行权力清单、责任清单制度的范围扩大到镇乡街道，实现“两张清单”全覆盖，完成全市3个功能区、6个街道、11个镇、1个乡的权力清单、责任清单梳理编制和网上公布工作。配合市行政服务中心、市电子政务办公室开展浙江政务服务网建设和运行工作，实现审批类行政事项和处罚事项网上办理。

【事业单位分类改革】 按照“承担行政职能事业单位还政于政”的要求，将市森林消防指挥部办公室退出事业单位机构序列，将其工作职责划入市林业局，核销编制4人。优化整合妇幼保健和计划生育技术服务资源，撤销市计划生育宣传技术指导站、市妇幼保健院，组建市妇幼保健计划生育服务中心，核销事业编制53人。推动建设、交通、人事等系统的事业单位改革工作，撤并整合职能相近、职能弱化、设置重复分散、规模过小的事业单位。制定《东阳市不动产登记中心主要职责、内设机构和人员编制的规定》，厘清不动产登记中心职责边界、工作职责，对不动产登记的5个内设机构和4个派出机构进行优化设置，要求市不动产登记中心工作重心向窗口一线前移，服务群众下沉基层站所。8月30日，东阳市不动产登记中心挂牌成立，发放东阳市首批不动产登记证书。制定《东阳市整合全市政务服务热线建设统一政务咨询投诉举报平台实施方案》，以“12345”市长热线（“8890”便民服务热线）和浙江政务服务网为基础，除“110”“120”“119”等报警和紧急求助热线外，将全市32条非紧急类服务热线和举报投诉电话整合到“12345”市长热线。

【事业单位登记管理工作】 至3月31日，完成全市413家事业单位年度报告公示以及换证工作。6月，启动全市机关、群团统一社会信用代码赋码发证工作，有51个市级机关、群团申领“统一社会信用代码证书”。推进各类事业单位统一登记试点工作，浙江师范大学附属东阳花园外国语学校完成试点登记工作。

（张　飘）

民政管理

·概述·

【概况】 2016年，向上级争取资金9088.5万元，比上年增加14.5万元，民政事业经费支出18143.6万元，比上年增加2665.6万元。实施残疾人两项补贴政策，审批残疾人护理补贴对象6432人，残疾人生活补贴对象2148人。审定原国民党回乡务农抗战老兵88人；创建国家级综合减灾示范社区1个（湖溪镇南塘村综合减灾示范社区），金华市社会工作示范基地2个（吴宁街道西园社区、东阳市中医院）、精品社区1个（吴宁街道西街社区）。市救灾物资储备中心、市救助管理站两个重点新建项目，完成立项审批、用地预审意见、项目环评以及土地征用签约工作。办理社会团体、民办非企业单位成立登记34个，变更登记33个；遗体运回审批5个。

·社会福利·

【社会养老服务体系建设】 实施阳光养老服务补贴制度，建立完善养老服务需求评估制度，全市建有养老机构28所，增加机构床位200张，床位总数6868张，下拨养老机构床位补助、建设补助及专项奖励319.6万元。

【居家养老服务】 制定《东阳市居家养老服务照料中心星级评定办法》，创建星级居家养老服务照料中心26个，医养结合和家院互融养老服务机构2家（南市养老中心、喜洋洋康乐中心），增加民办养老机构1家（好孝心敬老院）。初步完成九天谷健康生态园基础建设，红枫林养生中心一期完成供地进行动工建设。至年末，全市建成居家养老服务照料中心399家，下拨居家养老服务运行补贴982.3万元、建设补助878万元、奖励补助84万元。

【“智慧养老”模式】 制定《东阳“8890”虚拟养老院建设方案的通知》，编制《东阳市“8890”虚拟养老院工作手册》，以“生活照料、家政服务、精神慰藉、健康服务、应急救助”为重点，组织吴宁街道、白云街道、江北街道相关负责人进行业务培训，“8890”虚拟养老院入住老人近万人。

【特困人员供养】 4月1日起，特困人员集中供养标准提高为925元/月，特困人员355人，其中集中供养351人（含户院挂钩8人），分散供养4人，供养率98%以上，发放特困供养金347.9万元，下拨特困人员供养对象春节慰问金6.57万元，发放慰问棉被、床单680床，特困供养人员管理经费补助103.14万元，医疗补助10.62万元。

【孤儿及困境儿童保障】 全市有机构供养孤儿19人、社会散居孤儿34人、其他困境儿童222人。除按城镇低保全额救助外，发放孤儿救助资金14.5万元。审批困境儿童80人，注销22人，下拨困境儿童福利金42.9万元。制定《加强农村留守儿童关爱保护工作的实施意见》，机构孤儿养育标准和社会散居孤儿养育标准分别为1600元/月和960元/月。

【老龄工作】 加强基层老年人协会、分会、活动小组规范化建设，开展基层老年人协会及分支机构规范管理及设施建设情况调查，创建规范化活动小组190个。争取到福彩公益金12万元，资助6个老年电大教学点建设，落实老年电大课本12874本。制发“老年人优待证”23606张，其中快速办理“老年人优待证”181张。推进“圣奥·独居老人暖巢行动”后续实施，组织“敬老月”活动，发放慈善助老慰问金25.85万元，惠及高龄老人、困难老人491人。

【金华市老年协会规范化建设现场会】 12月21～22日，金华市老年协会规范化建设现场会在东阳市召开，金华各县市老龄工作分管领导和老年人协会代表等70余人参加会议，会上介绍东阳市相关工作情况，东阳市有基层老年人协会18个、分会390个、活动小组891个。12月21日，与会人员到东阳市城东街道单良村实地参观，市民政局老龄工作分管领导，从理顺关系、加强班子建设、强化日常管理等方面介绍东阳市基层老年人协会、分会、活动小组规范化建设和管理情况。12月22日，省老龄办副主任周世平以“认真学习习总书记重要讲话精神，努力夯实基层老龄工作基础”为题，从人口老龄化的严峻形势、应对人口老龄化的部署要求等方面做辅导讲座。金华市老龄办主任胡群英对金华市2016年老龄工作进行总结，提出2017年老龄工作思路，部署近期相关工作。

【“访百岁老人·寻长寿秘诀”健康服务月活动】 6月2日至7月5日，市老龄办与市中医院联合开展“访百岁老人、寻长寿秘诀”健康服务月活动，邀请中医专家、新闻媒体记者等组成调查组，走访慰问分布在11个镇乡街道的22名百岁老人(其中男性5人、女性17人)，通过做常规体检、建健康档案、问百岁经历等方法，探寻百岁老人长寿秘诀。

【中福在线销售】 加强销售厅安全工作和规范化建设，推出“迎新年大派送”“五一抽奖大派送”、秋季大回馈等促销活动。红椿巷厅销售即开型彩票4451.95万元，比上年增长14.9%；横店厅销售彩票1650万元，比上年增加70万元。

【福利企业管理规范】 全市有福利企业36家，安置残疾职工991人，实现产品销售收入15.34亿元，各企业为残疾职工交纳五项社会保险1052万元，残疾职工参保率100%，享受地方财政社保补贴374万元，超比例安置残疾职工奖励55万元。

【福利院工作】 完成1号楼改造并投入使用；改造2号楼食堂、3号楼食堂，改善老人就餐环境；更换3号楼电梯、室外健身器材；完成停车棚、晒衣棚改建和3号楼屋面防漏改造项目；开展联欢活动10余次、老年健康知识讲座4次。在院老人250人，孤残儿童弃婴19人，新入院弃婴1人，办理市内送养1人，办理社会私自收养25人。收留走失儿童2人。

·社会救助·

【低保规范化建设】 全市低保对象5128人（包括重度残疾人低保750人），增加480人，注销330人。建立社会救助经济收入核定平台，提高核对准确性，建立社会救助联席会议制度和低保工作义务监督员制度，提高救助及时性。将东阳市城乡低保标准统一调整为698元/月，提高低保占比，推动精准扶贫，制定残疾人两项补贴政策，将符合条件的残疾人按照单人户纳入低保。发放低保救助金1958.9万元，春节慰问低保对象105.7万元。

【临时救助】 制定《东阳市临时救助办法》，扩大救助范围，从原有市区户籍人员一类对象扩大至四类对象，分别为：东阳市户籍人员、居住在东阳市并持有“浙江省临时居住证”满一年的人员或持有“浙江省居住证”、外出就学期间户口迁移至就学地的原东阳市户籍人员、在东阳市范围内遭遇溺水、交通事故、火灾等造成人身意外伤害的其他流动人员，确保救助全覆盖。提高救助标准，符合临时救助条件的家庭或个人，每人按当地月最低生活保障标准6倍以下给予临时救助，特别困难的，可提高至12倍。为提高救助水平和资金使用率，对其中因意外事故造成人员伤亡、财产损失和因重点特大疾病突然增加造成生活困难的两类情况，设置2000元的最低救助额。建立分级审批制度，提高资金使用效率，使困难群众及时得到救助，1500元以下的小额救助由乡镇人民政府、街道办事处直接审批，并报民政局备案。发放困难群众春节临时救助金50.7万元，全年临时救助3369人，发放临时救助金334.15万元。

【医疗救助】 按人均15元的标准筹集医疗救助经费，对1338名医疗救助对象发放救助资金948万元；资助参加特困供养对象基本医疗保险367人，支出资金21.65万元；制订罕见病全额保障文件，救助罕见病人1人；落实精神病人门诊全额保障工作，发放医疗救助资金280余万元，受益精神病群众1500余人。

【经济收入核查】 建立社会救助经济收入核定平台，入户调查全市救助家庭经济收入，走访调查45个村(居)社区486户低保对象，取消低保5户，上调低保金67户；对增加的513名低保申请对象进行比对调查，取消45户不符合对象；复查历年廉租房住户359户；核查新申请廉租房家庭经济状况80户、城镇公租房对象经济收入状况60户。

【防灾减灾工作】 举办“5·12”防灾减灾大型宣传活动，加强避灾场所标准化建设，印发《防灾减灾设施建设管理暂行办法》《避灾安置场所运行管理办法》，落实避灾点建设，申报避灾点25处，有市级避灾物资储备仓库1处、镇乡街道避灾中心18处、村级避灾点189处。

【流浪乞讨人员救助】 对流浪乞讨人员改被动求助为主动上街救助，救助流浪乞讨人员1255人，其中未成年人21人、老年人158人、中青年1076人。本省救助人员387人，外省救助人员868人，精神病人37人。流浪原因为临时困难和打工无着及职业乞讨为主。2016年，使用救助资金58.6万元。

图78 1月，海葬纪念碑建成并投入使用（市民政局提供）

·基层自治组织与社区建设·

【基层民主自治】 推进基层民主协商、基层社区减负、村（居）务公开、“三社（社区、社会组织、社会工作专业人才）联动”，提升社区服务水平。开展最美村规民约（社区公约）、最美家规家训组织申报工作。

【城乡社区建设】 开展城乡社区对口见学、示范社区创建、“传承优良家风、建设美好家园”活动，通过跨县市、跨乡镇或者跨村的形式组织外出学习交流，完成对口见学任务100%以上。指导创建精品社区、金华市社会工作示范社区、“三社联动”试点社区，建成社会工作示范基地4家，新创建2家。

·社会事务管理·

【殡葬管理】 实现灵堂布置、代位守灵等特需服务市场化运作、菜单式服务；火化遗体5767具，减免惠民殡葬费用397.75万元。安全行车48万千米，处理陈尸14具。投资140余万元，对安息堂、火化区、等候棚、办公大楼、食堂进行改造；投资7.92万元购置冷藏柜2组；投资12万元做好亮化工程。健全西甑山公墓经营管理制度，修订《东阳市西甑山公墓有限公司经营管理手册》，投入1.7万元对老墓区进行排查修补，销售213穴，营业收入288.79万元，比上年增长33.66%。制定《东阳市实施生态葬法减免和奖励办法》，对采取树葬、花葬、海葬等生态葬法的，免除安葬费用并给予每例3000元~6000元的奖励。1~12月，实施树葬3例、海葬8例，拨付生态葬法经费和奖励8万余元。

制定《东阳市“两路两侧”坟墓整治实施方案》，督促指导各镇乡街道开展坟墓整治工作。种植树苗12.6万余棵，绿化遮挡坟墓1.2万余穴，完成金华市“问题清单”12处，发放“两路两侧”坟墓整治补助资金1266.48万元。骨灰跟踪管理，推进生态墓地规范化建设，完成生态墓地规范化建设124处，下拨规范化建设补助资金572万元。

【海葬纪念碑建成并投入使用】 倡导节地生态葬法，投资55万元，在东阳市西甑山公墓的福海园墓区西北角建成海葬纪念碑并投入使用。纪念碑占地25平方米，高3.5米，由花坛与雕塑组成。花坛由半圆形中国黑花岗岩拼接构成，花坛上面采用中国黑花岗岩斜板做压顶，厚度6厘米，居民骨灰实行海葬后，把名字刻在该斜板上。雕塑由基座和浪花石雕构成，基座采用钢筋混凝土浇筑，外立面由中国黑花岗岩铺贴，浪花石雕由芝麻白大理石人工雕刻，雕塑整体形状似浪花，寓意着骨灰撒海和大海融为一体。

【骨灰盒首次公开招投标】 市民政局首次完成骨灰盒公开招投标工作。招标过程，经由“全程代理、全程监督、全程指导、全程回避”（中介公司全程代理、纪委派员全程监督、上级主管单位全程指导、民政有关人员全程回避）等措施，保证公开、公平、公正。招标分9个标段，有48家厂商500个样品竞标，通过对价格、宗教信仰、材质、款式等因素的考量，最终89个骨灰盒中标。

【婚姻登记】 办理结婚登记5476对，预约离婚2400对，实际办理1323对，未办理的占45%，补发婚姻证件2663本，查档1732份。完成1950～1990年婚姻登记档案的数据核对及导入工作；引导新婚夫妇自愿接受婚前医学检查，婚检率100%。

【第二次全国地名普查】 开展第二次全国地名普查工作，编制市政区图、城区图；制定《东阳市地名文化遗产保护实施办法》，聘请16名地名顾问，规范地名命名、更名工作；开展东磐线界线联检工作；开展道路和小区门牌整体性安装工作，更换朝阳新村门幢牌、单元牌、户牌352块，编排门牌2201户，制作安装门牌1236块，安装道路指示牌365块；命名住宅区11个、景观塔1个，启用新路名2条。

【公祭烈士】 9月30日，东阳市四套班子领导、驻东部队官兵、烈属代表、公安干警、部分机关干部、社会各界群众代表、少先队员等300余人在烈士陵园举行公祭活动，缅怀烈士的英名和壮举，向烈士纪念碑敬献花篮。清明节期间，接待社会各界人士1.7万人次。

【水库移民扶持解困工作】 印发《东阳市水库移民专项资金项目扶持管理实施细则》《关于安排水库移民后期扶持项目计划的通知》，开展大中型水库后扶移民人口年度复核工作，核减人口156人，直补人口21479人，发放移民后扶直补资金1279.62万元。落实水库移民项目97个，安排移民资金1898万元，其中结余资金1245万元，验收项目95个，下拨移民项目资金1371万元。完成7个村87户水库移民监测评估工作。

·“双拥”与优抚安置工作·

【拥军工作】 开展拥军活动，举办2016“印象象田”葵花节暨庆“八一”军民联欢会，向在部队立二等功的东阳籍军官家庭送喜报，举办“缘定东城、幸福双拥”军地联谊等活动。春节期间，走访慰问驻金华、驻东阳、驻义乌部队官兵，送去慰问金41.5万元，向46名现役军人发放立功奖金4.54万元，发放光荣家庭铜牌400块、慰问年画4.5万张。

图79 9月30日，在烈士陵园举行公祭活动（包康轩/摄）

【优抚服务社会化试点工作】 引导社会力量参与优抚服务促进优抚工作体制创新，依托市中医院和市义务工作协会以“群体服务+社区服务”模式，开展残疾军人及部分烈属基本医疗服务项目和“关爱老兵，情暖功臣”等社会化优抚服务项目。

【优抚工作】 发放重点优抚对象抚恤金、生活补助金3566.98万元，为1～6级残疾军人发放医疗费补助64.37万元，其他重点优抚对象住院医疗补助42.02万元，发放下岗志愿兵解困金88.5万元，救助优抚对象238人，发放救助金15万元。

【复退军人管理】 接收2016年秋季、冬季退役士兵315人，发放义务兵家庭优待金1378.05万元；接收符合安排工作条件退役士兵14人；完成自主就业退役士兵一次性经济补助城乡一体化工作，给312名退役士兵发放一次性经济补助683.37万元。开展退役士兵职业技能教育培训，报名参加培训102人，9人取得证书。制定对复退军人的各项优惠政策，落实属地管理原则，与重点人员面对面沟通，答复各类重点信访件32件。

【军休工作】 落实军休干部“两个待遇”（政治待遇和生活待遇）。开展军休干部的管理和服务工作，足额发放军休干部离退休费204.95万元，组织军休干部疗养、体检、户外等集体活动，落实走访慰问制度，重点关注空巢军休干部，走访慰问87人次，生病探望22人次，其他上门服务36户次。

【创建省级双拥模范城】 6月15日，召开创建省级双拥模范城动员大会。制定《东阳市双拥工作四年规划（2016～2019年）》，调整双拥工作领导小组。制订创建省级双拥模范城的实施规划，各镇乡街道把双拥工作当作“一把手”工程，开展1～2次双拥共建活动。将国防双拥教育延伸到学校和党政干部培训内容，在全社会营造双拥创建氛围。

（潘　婷）

残疾人工作

【概况】 市残疾人联合会有工作人员22人，内设综合办公室和组织宣教康复科，下设残疾人劳动就业服务所、残疾人福利基金会、残疾人用品用具供应服务站、残疾人康复中心4个事业单位及5个专门协会。各镇乡街道、村（社区）设有残联组织。东阳市人民政府残疾人工作委员会秘书处设在市残联，负责残工委日常工作。动态更新东阳市残疾人信息数据，核查残疾人17496人，其中应入户调查17040人、死亡436人、查无此人或已搬迁20人。入户调查16922人，调查率99.31%；电话调查118人，调查率0.69%。完成人员组织、业务培训、入户登记、调查信息数据审核录入、比对核对、上报等工作。加强动态更新工作人员调查信息数据保密教育工作，市、镇乡街道共同加强针对残疾人诈骗情况的警醒宣传工作，保障残疾人权益；收集整理动态更新资料。市残疾人联合会实行东阳市所有持证精神残疾人门诊服用抗精神病基本药物全额保障工作，从2015年7月该政策实施到2016年10月末，政府全额保障金额400余万元，全市有24982人次持证精神残疾人享受到优惠政策。建立和完善残疾人证办理制度，至10月末，核发“残疾人证”1585本。承办金华市康复工作现场会。开展残疾人安全行车、车辆维护保养知识培训，市残联、中国狮子联合会浙江艺都服务队、志愿者和残疾人300余人参加活动；为残疾人举办第三届“宏祥杯”象棋比赛；到横店镇开展“游新圆明园体验无障碍”活动，肢残人及家属、志愿者和媒体记者30余人参加；开展“中秋月·慈润情”中秋关爱残疾人活动，为托养所及特需儿童百名残疾人送上节日祝福、爱心苹果及中秋月饼。与市邮政报刊发行零售有限公司共同启动“助残公益报刊零售亭”项目；配合“8890”便民服务中心等部门开展无障碍电影首映活动。

【“微心愿征集圆梦月”活动】 开展特需儿童“微心愿征集圆梦月”活动，面向特教学校、残疾人康复中心儿童部及凝爱特需儿童幼儿园发放“微心愿”征集表，征集微心愿203个，以实物和捐款等方式被认领。

【残疾人补贴发放】 市残联党组理事会专题研究部署残疾人“两项补贴”（重度残疾人护理补贴和困难残疾人生活补贴）工作，召开专门工作会议，会同市民政局、市财政局印发《“两项补贴”实施办法》。至11月，6408名重度残疾人享受护理补贴，其中生活完全不能自理1236人（其中居家1001人）、生活基本不能自理2027人（其中居家1991人）、生活部分不能自理3145人（其中居家3145人）。1～10月发放补贴资金1312万元。

【残疾人劳动就业】 举办残疾人就业招聘会，联系18家企业到场招聘，为残疾人提供适合不同残疾人需求的岗位，150余名残疾人到场应聘，达成就业意向59人。开展残疾人就业登记、职业介绍、推荐就业等工作，开展残疾人就业创业帮扶

图80　6月，市残联工作人员为特需儿童开展“微心愿征集圆梦月”活动（厉蓉／摄）

计划情况调查、资金补助工作。完成残疾人就业任务133人;落实残疾人个体户养老保险补助政策,联同劳动、财政等部门落实残疾人个体户养老保险补助93人,补助资金232672元。为已安置残疾人就业的单位办理企业残保金退款审核107家,金额194万元。组织残疾人参加职业技能竞赛,叶晓芳代表中国参加第九届国际残疾人职业技能竞赛,获“木雕项目”铜牌;胡永清代表金华市参加浙江省残疾人工匠大赛,获“网页设计项目”第一名,被浙江省人力资源和社会保障厅授予“技术能手”称号。组织残疾人参加浙江省助残帮扶创业创新大赛,胡先民工作室“传承东阳木雕”和楼利民“野山户外旅游”两个项目入围浙江省助残帮扶创业创新大赛决赛。开展残疾人素质培训工程,完成残疾人素质培训552人次。组织残疾人开展职业技能培训。为残疾人集中举办电子商务、盲人按摩等培训班。组织各镇乡街道残联开展来料加工、工艺品制作、农产品加工和农作物、经济作物种植管理等技术培训。协同教育部门开展残疾学生义务教育工作,为残疾考生参加高考做好服务工作。开展“福彩牵手”残疾学生助学工作,开展残疾人大学生学费、住宿费补助工作。为763名残疾人学生和贫困残疾人家庭学生发放助学资金79万元。组织选送残疾人参加上级残联举办的盲人按摩、电子商务、手工编织、竹雕等培训。开展盲人医疗按摩师继续教育工作,提升按摩师职业技能。开展残疾人就业、培训实名制调查录入培训工作,完成率98%以上。

【康复工作】 完善康复政策,制定《东阳市残疾儿童基本康复服务与补贴制度实施办法》,扩大康复服务覆盖面。实施各项康复工程,至10月末,超额完成6项残疾儿童基本康复服务74例,其中:听力语言康复15例,人工耳蜗植入4例,普及型辅助器具矫形15例,脑瘫康复训练33例,肢体矫治手术1例,孤独症康复6例;超额完成6项残疾人助明助听助行行动513例,其中:白内障复明270例,助听器验配160例,助视器验配10例,假肢适配18例,髋或膝关节置换术10例,盲人定向行走45例;完成1项无障碍进家庭44户。为贫困残疾人免费发放轮椅60辆。做好脑瘫康复、聋儿语训及成人康复等工作品牌,开展各类特色康复治疗和功能训练工作。做强聋儿、智障儿、孤独症儿童的特需康复教育事业,改造建设使用面积850平方米的市凝爱特需儿童幼儿园。联合市中医院脑瘫康复部,扩建400余平方米的脑瘫康复治疗区,开设小班化教育课程。邀请康复专家免费上门对东阳市0~6周岁各类功能性障碍残疾儿童及高危新生儿集中开展康复鉴别、干预、评估及指导,为200余名脑瘫、智障、听障、孤独症的残疾儿童提供各类抢救性康复项目筛查,解答相关康复救助政策咨询。组织眼科专家集中下乡上门开展眼疾义诊和白内障复明手术对象筛查工作,为300余人做眼疾义诊。

【扶贫解困工作】 开展走访慰问贫困残疾人家庭、托养机构、自强创业残疾人等工作。对523户从事种养业的残疾人家庭进行生产状况调查,为359户具有一定规模的种养户给予农资补助,补助化肥53.5吨。发放无息小额扶贫贷款42户计43万元,为51户从事种养业、加工业、服务业的残疾人和残疾人扶贫基地发放贷款贴息35万元。加强扶贫基地建设,建立东阳市级扶贫基地2家,基地安置残疾职工42人,带动辐射150户残疾人家庭从事种养业、服务业、加工业。为残疾人提供生产技术、生产管理指导及“产、供、销”信息服务。为1417户低收入残疾人家庭、1613名残疾人建档立卡,一人一策落实帮扶措施。深化残疾人精准扶贫工作机制,巩固提升“消除4600”成果。春节期间,为790户贫困残疾人家庭、临时生活困难对象发放救助资金36.52万元。开展基层党组织帮扶结对活动;开展灾害预防救灾工作;开展1月寒流、6月水灾预防及灾后组织残疾人恢复生产工作,发放救灾补助款4.2万元。完成贫困残疾人安居工程71户,实施面积7956平方米,发放补助金48.55万元。落实廉租房残疾人家庭6户。

【信访维权工作】 走访残疾人家庭,了解残疾人需求,特别是为有上访诉求的残疾人解决具体困难。开展矛盾纠纷大排查,建立社区(村)、镇乡街道、残联三级信访网络组织,完善残疾人诉求表达机制,及时了解掌握辖区重点残疾人员情况,实时监控,开展信访维稳工作。1~11月,接待残疾人来信来访或来电75人次,法律援助2件,办理盲人免费乘车证6本,更换盲人乘车证磁卡58本。做到残疾人来信来访或来电的问题事事有登记、件件有回音。落实残疾人机动轮椅车燃油补贴政策，为330名下肢残疾人发放燃油补贴8.55万元。

（朱露萍）

慈善工作

【概况】 2016年，市慈善总会募集慈善资金968.92万元，救助支出537.02万元，受助困难群众1.8万人次。全市有6个镇级慈善协会，募集善款21.27万元。9月5日，组织开展第十次“慈善一日捐”活动，募集善款126.64万元。慈善创始基金投资收益和利息收入579.38万元。5月12日，在市行政中心二楼会议室召开二届五次理事会，审议通过2015年慈善工作报告、2016年慈善工作思路、2015年度慈善资金收支情况和2016年度慈善资金预算安排的报告。5月27日，联合市直机关工委、共青团东阳市委员会、市科学技术协会在东阳市春蕾学校白云分校共同主办“欢乐和谐庆六一 激情飞扬献爱心”文艺会演，会演包括舞蹈表演、乐器演奏、小品表演等15个节目，给学生们送上学习用品、图书等慰问品。

图81 8月26日，到画水镇给贫困大学生发放5000元的助学金（市慈善总会提供）

【慈善助困】 支出102.85万元，对全市因患大病和因灾害造成家庭经济困难的群众及机关企事业单位困难干部职工给予1000元～2000元不等的救助。

【慈善助学】 8月26日，开展“2016年困难学子圆梦行动”助学金发放活动。出资35万元，对全市70名贫困大学生给予每人5000元的助学金。与市教育局联合开展“精准扶贫”工作，出资21.7万元，对186名小学生给予每人500元的助学金，对124名中学生给予每人1000元的助学金。

图82 5月27日，在东阳市春蕾学校白云分校举办“欢乐和谐庆六一 激情飞扬献爱心”文艺会演（市慈善总会提供）

【慈善助老】 重阳节前夕，市慈善总会开展助老活动，给全市困难老人和百岁老人送祝福。出资33.15万元，对全市469名困难老人（含24名100虚岁老人）给予每人500元慰问金，对全市26名100周岁老人给予每人1000元慰问金，定向用于老年事业7.1万元。

【慈善助医】 助医支出145.14万元，主要用于无主病人救助、慈善血透优惠等医疗救助以及癌症康复俱乐部救助，近1万人次受惠。市慈善总会分别与市中医院、市人民医院、市广福医院签订协议，开展慈善血透项目，为尿毒症患者发放慈善血透优惠券，每名患者每年可节省医疗费5400元。市慈善总会救助尿毒症患者8946人次。

【慈善助孤】 5月28日，出资2.2万元，对全市22名散居孤儿给予每人1000元救助金。

【慈善基金定向捐赠】 东阳市华东暖通设备有限公司捐资设立500万元的“慈善年夜饭冠名基金”，每年出资25万元专项用于“慈善年夜饭”活动。海天建设集团有限公司捐资设立600万元的“海天教育教学慈善冠名基金”，每年出资30万元专项用于救助和奖励巍山高中师生；定向用于三单乡华阳村公益事业8万元。浙江国祥投资有限公司出资设立400万元的“吴苏伦慈善冠名基金”，每年出资25万元专项用于救助和奖励南马高中师生。浙江国祥控股有限公司定向捐赠40万元，专项用于南马镇下格村公益事业。浙江花园生物高科股份有限公司定向用于市红十字救援队10万元。浙江绿宇制冷配件有限公司定向用于东阳市红十字应急救援队10万元。戴忍明、程洪仁分别定向捐赠1.21万元、1万元，专项用于助医；恒丰银行定向捐赠10万元，专项用于三单中心学校；金华市烟草公司东阳分公司定向捐赠17.9万元，专项用于公益事业。

【慈善义工】 与市机关工委、市民政局、市行政执法局、共青团东阳市委员会、东阳日报社、市广播电视台和市义工协会连续第六年开展“百万寒衣送温暖”活动，市慈善总会现场资助爱心运费1万元，捐赠衣物8万余件32吨，各方爱心人士捐款4万余元，所捐衣物全部运往云南省怒江傈僳族自治州和四川省盐源县。12月17日，与义工协会联合开展东阳市第二届“慈善公益徒步”暨第三届“禁毒毅行”活动。

（葛　婷）

东阳义工协会

【概况】 2016年，组织开展各类活动230余场次，参加活动义工1.6万人次，活动时长6.4万小时，带动参与活动的市民、学生和社会爱心人士6万余人次，得到政府资助及奖励3.5万元，接收社会捐赠折价达240余万元。举办应急救护培训班2期，300余名义工获“红十字急救员证”。

【中共东阳市义务工作者协会党总支成立】 5月20日，经市委“两新”工委批准，成立中共东阳市义务工作者协会党总支，下设虎鹿、城东、横店服务中心、六石、画水、白云6个分会党员义工先锋队。

【义工活动】 在G20杭州峰会平安创建期间，城东分会、虎鹿分会组织义工持续参与安保工作。开展禁毒宣传活动，参加活动禁毒义工50余人，给市民及旅客送姜茶1600余杯，发放宣传资料1000余份。连续第六年举办“百万寒衣送温暖”活动，历时半个月，参加活动义工1000余人次。举办“一碗爱心粥”活动，参与义工2000余人次，服务社区居民3.5万余人次，投入资金3.4万元，接收社会捐赠1.15万元。开展“公益大巴士”活动16期，先后到城区及巍山镇、六石街道、南市街道、虎鹿镇，开展免费理发、磨刀、小家电维修、家庭应急自救培训、禁毒和消防宣传活动，免费为居民提供咨询、义诊、旧房用电安全检查等服务，参与义工900余人次，受益群众1.4万人次。开展“五城同创”“五水共治”、城区及横店城市风貌综合提升活动，开展“清除牛皮癣，美化村容村貌”“助力垃圾分类、共建美丽乡村”活动。开展全市居家养老照料服务中心督查工作，承接政府购买服务，分9个督查组，对全市居家养老照料服务中心运营情况进行督查4次，走访居家养老照料服务中心1494家次，行程2.2万千米，参与督查义工400余人次。在城南社区试点开展“关爱老兵，情暖功臣”优抚社会化综合服务活动，成立项目组，上门收集老兵基本信息，通过“老兵助老兵”“讲讲我的军旅故事”进校园、成立老兵义工服务队等活动，弘扬老兵的革命精神。1月16日，市慈善总会义工队开展“迎新春，送祝福”慈善义工送春联活动，设8个站点，为居民、村民送春联1600余幅、斗方3000个。2月11～25日，为李宅荷花灯展会指挥交通、维护秩序、奉送红枣茶，每天参加义工50余人，服务3000余小时。4月25日，举办“缘定东城，幸福双拥”东阳市第二届军地单身青年交友会，20名社会优秀单身女青年参加活动，给驻东阳部队官兵们创造与女生认识交流的机会。12月17日，1200余名爱心人士在节庆广场参加东阳市第二届“慈善公益徒步”暨第三届“禁毒毅行”活动。12月30日，在歌山镇木子渔具举行“关爱老兵、情暖功臣”城南社区退伍军人钓鱼比赛，35名老兵自愿报名参加活动。

【慈善导医义工驿站设立】 7月5日，在市人民医院门诊三楼设立慈善导医义工驿站，每天上下午都有 2～4 名义工参加服务，主要引导患者就诊，帮助患者节约就诊时间，陪同老弱患者就医，解答常见问题，告知相应手续流程，参与义工 580 余人，服务时长 1700 余小时。

【周芳良遗体捐赠暨告别仪式】 12 月 23 日，组织 70 余名义工为"轮椅义工"周芳良举办遗体捐赠暨告别仪式；12 月 24 日，联合市文明办、市民政局、市红十字会、市志愿者协会在黉门广场举办爱心接力"轮椅义工"周芳良——"器官捐献，生命接力"广场志愿宣传活动，现场 40 名义工填写中国人体器官捐献志愿登记表，10 名市民自愿参与捐献。

（周志伟）

社会组织

【概况】 全市有各类社会团体 178 个，民办非企业 273 个，办理社会团体、民办非企业单位成立登记 34 个，变更登记 33 个，统一信息代码换证 296 个。完成 2015 年度社会组织评估工作，4 家社会组织获 AAA 级以上评估等级。创建浙江省示范化社会工作基地 1 家。推行"八个同步"举措，加强社会组织党建工作，开展党支部的组建工作，获批总支 2 个、支部 10 个。印发《东阳市公益创投项目资金使用规范》，召开第二届公益创投项目负责人和财务人员汇报交流会，实施公益创投，发放福彩公益金 40 万元，资助创投项目 10 个，社会各界投入资金与物资 300 余万元，受益群众 12 万余人次；落实第三届公益创投项目 21 个，获公益创投资金补助 87 万元。开展孵化基地 3 家社会组织服务、管理工作。

完成 2015 年度社会组织年度检查工作。参加年检的社会组织有 405 个，其中民办非企业单位 240 个，社会团体 165 个。

【东阳市民办非企业单位年度检查】 对 2015 年 6 月 30 日前经市民政局核准登记的民办非企业单位实施年度检查，分两批公布年检结果。

第一批合格民办非企业单位（81 个）

东阳市横店疗养院
中福在线东阳福彩销售中心
东阳市喜洋洋康乐中心
东阳市横店共创共有共富共享工作中心
东阳市画水养老中心
东阳市南市养老中心
东阳市虎鹿敬老院
东阳市六石街道敬老院
东阳市夕阳红乐园
东阳市花园老年公寓
东阳市曜地残疾人托安养所
东阳市南马中心敬老院
东阳市湖溪老年公寓
东阳市精神残疾人托养所
东阳市歌山镇王村光长寿敬老院
东阳市千祥镇养老中心
东阳市东阳江镇养老中心
东阳市城东街道养老中心
东阳市湖溪镇养老中心
东阳市横店镇养老中心
东阳市巍山镇养老中心
东阳市南市街道敬老院
东阳市东阳江茜畴老年公寓
东阳市社会组织服务中心
东阳市郭宅康乐院
东阳市马宅敬老院
中福在线东阳横店福彩销售中心
东阳市老年电视大学
东阳市亲乐管家服务中心
横店集团医院
东阳市花园田氏医院
东阳市癌症康复俱乐部
东阳广福医院
东阳市喜洋洋医院
东阳亲和医院
东阳市昀辉堂中医门诊部
东阳医药门诊部
东阳玄草汇中医门诊部
东阳市木雕研究设计院
东阳市木雕技术研究开发中心
东阳市香榧研究所
东阳市磁性材料科技创新服务中心
东阳市艺海木雕竹编研究院
东阳市楼艺木雕研究所
东阳市黄派木雕研究所
东阳市东式红木家具研究所
东阳市南林木材科技服务中心
东阳市东磁技能培训学校
东阳市李宅技能培训学校
东阳市交通职业技能培训学校
东阳市联宜电机职业技能培训学校
东阳市普洛康裕职业技能培训学校
东阳市普洛医药科技职业技能培训学校
东阳市前程按摩职业培训学校
东阳市阳光职业技能培训学校
东阳市东峰制冷职业技能培训学校
东阳市营造职业技能培训学校
东阳市红木家具职业技能培训学校
东阳市金象科技职业技能培训学校
东阳市文化艺术服务中心
横店华夏文化园
浙江东阳海纳书画研究院
东阳市南风书画院
东阳市八华书画院

东阳横店万花园
东阳市江南美术馆
东阳市紫檀博物馆
东阳市明星书画院
东阳市黄花梨文化博物馆
东阳市岘南书画院
东阳市古艺家具木雕博物馆
东阳市张国维纪念馆
东阳市红栋红木家具珍藏馆
东阳市东白书院
横店圆明新园
东阳市雨花传统文化公益活动中心
东阳市横店之声合唱团
东阳市纵横棋院
东阳市红十字救援队
东阳市农商银行应急救援队
东阳市快乐老年旅游俱乐部

基本合格民办非企业单位（2个）

东阳市画人书画院
东阳市康乐山庄

不合格民办非企业单位(3个)

东阳市横店书画院
东阳市海峰艺术服装学校
东阳市蒋菊兰服装培训班

申请注销民办非企业单位（7个）

东阳市日升昌生物技术研究所
东阳市通达电脑职业培训学校
东阳市东新青少年体育俱乐部
东阳市西子服装职业培训学校
东阳市军民电脑职业培训学校
东阳市伟峰服装职业培训学校
东阳市横店街道天天青少年服务中心

已注销民办非企业单位(1个)

东阳市双岘路家家乐居家养老服务照料中心

第二批合格民办非企业单位（109个）

东阳市黎明文化补习学校
东阳市金灿文化补习学校
东阳市海燕舞蹈艺术培训学校
横店集团幼儿园
东阳市吴宁金星幼儿园
东阳市吴宁蓓蕾幼儿园
东阳市吴宁苗苗幼儿园
东阳市吴宁上大路幼儿园
东阳市东岘阳光幼儿园
东阳市解放幼儿园
东阳市野毛墩幼儿园
东阳市银河文化艺术培训学校
东阳市纯正教育培训中心
东阳市中天高级中学
东阳市奋进校外辅导站
东阳市博大幼儿园
东阳市正天文化补习学校
东阳市三木校外辅导站
东阳求是特色英语培训部
东阳市开开教育辅导站
东阳市春蕾学校
东阳市建工新村幼儿园
东阳市顺风高级中学
东阳市利民高级中学
东阳市横店高级中学
东阳市花园职业技术学校
东阳市海峡艺术学校
东阳市育英文化补习学校
东阳市吴宁江滨幼儿园
东阳市横店镇星光幼儿园
东阳市横店童星幼儿园
东阳市东景阳光幼儿园
东阳市吴宁蓝天幼儿园
东阳市金盾保安培训学校
东阳市横店镇柏塔幼儿园
东阳市江北湖塘幼儿园
东阳市创才幼儿园
东阳市东方红教育辅导站
东阳市贝贝佳音幼儿园
东阳市江北中心幼儿园
东阳市京都东方幼儿园
东阳市京都明珠幼儿园
东阳市文潭写作培训部
东阳市雨露幼儿园
东阳市智慧树幼儿园
东阳市书画艺术培训学校
东阳市南市大田头幼儿园
东阳市中天国际幼儿园
东阳市横店镇爱心学校
东阳市南马镇富国学校
东阳市江南名邸幼儿园
东阳市江北格林童话幼儿园
东阳市万博教育培训部
东阳市腾达文化培训中心
东阳市巍山镇怀鲁幼儿园
东阳市横店下里市幼儿园
东阳市大风车幼儿园
东阳市画水凯乐幼儿园
东阳市西庄幼儿园
东阳市响亮幼儿园
东阳市千祥镇阳光幼儿园
东阳市阳光文化辅导站
东阳市爱科思幼儿园
东阳市喜洋洋幼儿园
东阳市时代花园幼儿园
东阳市吴宁望江幼儿园
东阳市千祥镇蓝天幼儿园
东阳市白云新庄幼儿园
东阳市江北山口幼儿园
东阳市快乐大巴幼儿园
东阳市红果果幼儿园
东阳市永远小学
东阳市晨阳学校
东阳市建澜小学
东阳市中天国际初级中学
东阳市中天国际小学
东阳市画水镇吴宅1+1幼儿园
东阳市江北佳佳幼儿园
东阳市成长幼儿园
东阳市兰亭书画艺术培训学校
东阳市煊乐幼儿园
东阳市横店镇博士帽幼儿园
东阳市绿贝儿幼儿园
东阳市画水镇新苗幼儿园
东阳市文博教育培训中心
东阳市横店小太阳幼儿园
东阳市万禾腾飞幼儿园
东阳市红黄蓝幼儿园
东阳市蒋桥头兴圆幼儿园
东阳市启迪教育文化培训部
东阳市贝思德文化培训部

东阳市翰林写作培训部
东阳市黎明幼儿园
东阳市横店镇太阳城幼儿园
东阳市花园幼儿园
东阳市西门幼儿园
东阳市虎鹿镇小博士幼儿园
东阳市嘉依宝贝幼儿园
东阳市湖溪镇炉庄幼儿园
东阳市巍山镇白坦二村幼儿园
东阳市画水镇许宅幼儿园
东阳市巍山镇七彩阳光幼儿园
东阳市中天国际世纪花城幼儿园
东阳市城东湖店幼儿园
东阳市赫博英语培训部
东阳市城东街道李宅社区群英幼儿园
东阳市六石街道智慧星幼儿园
东阳市画水小脚丫幼儿园
东阳市幼学林幼儿园

基本合格民办非企业单位（15个）

东阳市前程文化补习学校
东阳市奋进外语培训学校
东阳市维多利英语培训学校
东阳市外国语培训学校
东阳市江北幼儿园
东阳市焕山幼儿园
东阳市江北新联育蕾幼儿园
东阳市青少年假日活动中心
东阳横店工业技术学校
浙江省横店航空体育运动培训学校
东阳市清塘幼儿园
东阳市吴宁童乐幼儿园
东阳市吴宁杨家幼儿园
东阳市吴宁健康成长幼儿园
东阳市腾飞校外辅导站

不合格民办非企业单位（18个）

东阳市横店集团职工培训中心
东阳市吴宁群乐幼儿园
东阳市康桥英语培训部
东阳市木雕技术学校
东阳市迎晖学生校外辅导站
东阳市人民高级中学
东阳市蓝天文化补习学校
东阳市新蓝天文化补习学校
东阳市金桥文化补习学校
东阳市顶呱呱校外培训部
东阳市吴宁南门幼儿园
东阳市灵通英语培训学校
东阳市韦斯特英语培训部
东阳市横店镇桥头园幼儿园
东阳市横店镇方家幼儿园
东阳东阳市横店贝贝巢幼儿园
市花园教育培训中心
东阳市横店地平线影视培训中心

已注销民办非企业单位（4个）

东阳市会计培训学校
东阳市吴宁育宝幼儿园
东阳市横店镇蓓蕾幼儿园
东阳市吴宁欢欢幼儿园

【东阳市社会团体年度检查】

对2015年6月30日前经市民政局核准登记的社会团体实施年度检查。

合格社团（155个）

东阳市机动车驾驶员协会
东阳市服装行业协会
横店经济发展促进会
东阳市影视旅游促进会
东阳市皮革行业协会
东阳市文化经营行业协会
东阳市美发美容行业协会
东阳市协税护税协会
东阳市农学会
东阳市总商会
东阳市教育学会
东阳市集邮协会
东阳市食品工业协会
东阳市民爆狩猎协会
东阳市个体劳动者协会
东阳市民营企业发展联合会
东阳市广告协会
东阳市企业家协会
东阳市海外联谊会
东阳市个体卫生工作者协会
东阳市医学会
东阳市思想文化研究会
东阳市建筑业协会
东阳市书法家协会
东阳市作家协会
东阳市摄影家协会
东阳市音乐舞蹈家协会
东阳市美术家协会
东阳市农机协会
东阳市汽车维修行业协会
东阳市建材工业协会
东阳市退离休教育工作者协会
东阳市老年人协会
浙江省东阳市佛教协会
东阳市基督教三自爱国运动委员会
东阳市黄埔军校同学会
东阳市会计学会
东阳市木材行业协会
东阳市天主教爱国会
东阳市花卉协会
东阳市水果行业协会
东阳市磁性材料行业协会
东阳市劳动模范协会
东阳市老年人体育协会
东阳市护理学会
东阳市中医学会
东阳市诗词楹联学会
东阳市工艺美术行业协会
东阳市留学人员和家属联谊会
东阳市社会福利企业协会
横店社团经济企业联合会
东阳市质量协会
东阳市畜牧行业协会
东阳市茶叶行业协会
东阳市慈善总会
东阳市价格协会
东阳市信息网络安全协会
东阳市种子产业协会
东阳市席草行业协会
东阳市政协之友联谊会
东阳市商标品牌协会
东阳市风景旅游业协会

东阳市商贸流通行业协会
东阳市药学会
东阳市水产行业协会
中国国际商会东阳市商会
东阳市老年书画研究会
东阳市粮食行业协会
东阳市香榧产业协会
东阳市台胞台属联谊会
东阳市城北工业新区商会
东阳市横店镇老年人协会
东阳市环境卫生协会
东阳市南市街道老年人协会
东阳市城东街道老年人协会
东阳市江北街道老年人协会
东阳市白云街道老年人协会
东阳市三单乡老年人协会
东阳市千祥镇老年人协会
东阳市马宅镇老年人协会
东阳市吴宁街道老年人协会
东阳市巍山镇老年人协会
东阳市六石街道老年人协会
东阳市画水镇老年人协会
东阳市吴宁商会
东阳市光彩事业促进会
东阳市歌山镇老年人协会
东阳市气排球协会
东阳市政协书画社
东阳市东阳江镇老年人协会
东阳市虎鹿镇老年人协会
东阳市广东从业商会
东阳市湖溪镇老年人协会
东阳市佐村镇老年人协会
东阳市南马镇老年人协会
东阳市卢宅历史文化研究会
东阳市钓鱼协会
东阳市抗癌协会
横店三农促进会
东阳市农民专业合作社联合会
东阳市婺剧促进会
东阳市观赏石协会
东阳市房地产业协会
东阳市上海商会
东阳市谱牒文化研究会
东阳市棋类促进会
东阳市志愿者协会
东阳温州商会
东阳市科技创新协会
东阳市红木家具协会
东阳市党外知识分子联谊会
东阳市白云商会
东阳市旧货流通行业管理协会
东阳横店收藏家协会
东阳市表面工程协会
东阳人联谊总会
东阳市电动车行业协会
东阳市来料加工经纪人协会
横店文化产业联合会
东阳市企业信用促进会
东阳市针织行业协会
东阳市足球协会
东阳市网球协会
东阳市历史文化研究会
东阳市网络文化协会
东阳市仙游商会
东阳市农业生产资料流通协会
东阳市缝制机械协会
东阳市福建闽北商会
东阳市冬泳协会
东阳市萧山商会
东阳市反邪教协会
东阳市马宅商会
东阳市武术协会
东阳市新的社会阶层人士联谊会
东阳市磐安商会
东阳市农产品经纪人协会
东阳市义务工作者协会
横店影视产业协会
东阳市汽车摩托车运动协会
东阳市茶文化研究会
东阳市乒乓球协会
东阳市电工协会
东阳市体育舞蹈协会
东阳市信息产业协会
东阳市家政服务行业协会
东阳市保安技术防范行业协会
东阳市南马仿古门窗协会
东阳市职工互助保障会
东阳市丽水商会
东阳市人民陪审员协会
东阳市画水商会
东阳市家庭装修行业协会
东阳市长跑协会
东阳市电子商务协会

申请注销社团(9个)

东阳市职工技术协会
东阳市化工学会
东阳市青年传统工艺促进会
东阳市千祥药材种植协会
东阳市化工制药行业协会
东阳市机电行业协会
东阳市档案学会
东阳市节能协会
东阳市古民居保护协会

已注销社团(1个)

东阳市蚕桑行业协会

（潘　婷）

农林　水利

2016 年 5 月 25 日，收割机在歌山镇王村光村附近的麦田里收割小麦（包康轩/摄）

农 业

·农业经济总情·

【概况】 2016年,集体经济总收入12.09亿元,其中经营收入4.2亿元,发包及上交收入1.25亿元,投资收益447.7万元,补助收入2.12亿元,其他收入4.48亿元;总支出3.18亿元,收益8.91亿元。年收入1000万元以上的村社24个,500万元~1000万元的村社28个,100万元~500万元的村社152个,50万元~100万元的村社112个,10万元~50万元的村社145个,10万元以下的村社49个。有经营收益的村350个,无经营收益的村160个。年末,村级集体资产总额108.08亿元,其中流动资产39.16亿元,农业资产2027.38万元,长期资产68.72亿元。村级集体负债总额5.31亿元,其中流动负债4.32亿元,长期负债9986.92万元。开展村级财务审计工作,完成农村财务清理和审计323个村(小区),审计资金总额16.91亿元,发现违规违纪金额1.92万元,受处分1人。

【村经济合作社股份制改革】 全市有村经济合作社510个,495个村社基本完成股份制改革,占村社总数的97.06%。共量化资产总额75.29亿元,其中经营性净资产49.22亿元。界定社员股东714424人,核发股份经济合作社证明书470份,产生董事会成员3581人,监事会成员2139人,股金分红总额1.39亿元。

【农村集体"三资"管理】 农村集体资产总额108.08亿元,其中货币资金26.88亿元,村级集体负债总额5.31亿元,核实所有者权益102.77亿元。集体所有农用地总面积117037公顷,其中耕地面积22013公顷,园地面积2814公顷,林地面积90481公顷,养殖水面面积1296公顷,其他433公顷。510个村经济合作社全部实行财务公开和会计电算化。配备村(组)会计(报账员)1117人(其中具有会计从业资格证301人),接受培训2182人次。

【农民专业合作社】 成立农民专业合作社66家,增加东阳市示范性合作社5家、规范化合作社4家,至年末,农民专业合作社有440家,其中规范化合作社109家。合作社联结基地面积6580公顷,带动非成员农户4.25万户,合作社统一组织销售农产品总值3.08亿元。

【家庭农场】 设立家庭农场90家,家庭农场总数为389家,增加省示范性家庭农场5家、金华市示范性家庭农场5家、东阳市示范性家庭农场15家。家庭农场中从事种植业303个、畜牧业8个、渔业15个、种养结合39个、其他24个。家庭农场经营土地面积3693.3公顷,家庭农场劳动力数量1721人,年销售农产品总值1.62亿元。拥有注册商标的家庭农场35个,通过农产品质量认证的家庭农场37个。

(吴海潮)

·农业法治·

【概况】 2016年,落实安全生产责任和平安创建措施,配合人大、政协议案的答复办理工作。推进"四张清单一张网"("四张清单"指政府权力清单、企业投资负面清单、政府责任清单、部门专项资金管理清单;"一张网"指政务服务网)工作,参照省农业厅、金华市农业局的相关清单,对东阳市农业局相关清单作相应的调整与修改。审核农业行政处罚案件,配合法律顾问审查经济合同和协议。完成案件审核30件,落实行政处罚信息公开23件,无案件要求行政复议和行政诉讼。

【农产品质量安全监管】 完善农产品质量安全追溯平台,开发农产品质量安全追溯APP,建设农产品质量安全(全程)可追溯示范基地3家。加强农业投入品监管力度,检查农资、农产品生产经营企业1990家次,出动执法人员2000人次,查办案件30起。为保障G20杭州峰会期间农产品质量安全,重点开展禁限用农药、兽药饲料、"瘦肉精"、生猪屠宰、病死动物、农资打假等专项行动。

(葛丰平)

·两区建设·

【现代农业园区】 2016年,园区建设基地13.3公顷,道路硬化3100米,铺设砂石路760米,搭建钢架大棚2.9万平方米。场内绿化1000平方米,墙面美化7100平方米,增加太阳能路灯20盏。 (何 琴)

【粮食生产功能区】 将粮食生产功能区建设任务分解落实到各镇乡街道,督促镇乡街道重视粮食功能区建设工作。建设粮食生产功能区23个,面积1200公顷。依法依规完成标准农田占补工作。 (胡红强)

·种植业·

【粮食】 全市早稻种植面积3213.3公顷,比上年增加693.3公顷，比上年增长27.5%。开展高产创建工作,全市建立水稻高产示范方33个，面积981.9公顷，其中省级千亩高产示范方5个，面积373.3公顷。支持联合社开展粮食加工服务,建成稻米加工流水线5条。

【蔬菜】 蔬菜播种面积7200公顷，总产量16.8万吨，总产值7.2亿元。有常年蔬菜基地28个,面积283公顷;高山蔬菜基地37个,面积268.7公顷,基地总面积551.7公顷,建设蔬菜基地41.3公顷。加强基地质量安全整治,在城东街道、横店镇、佐村镇等主要蔬菜种植区组织召开各类放心菜生产技术培训班10期，培训菜农1150余人次,发放技术资料4500份。对20个重点监管蔬菜基地进行不定期抽检,检查生产记录情况和农药使用情况。

【水果】 组织和参与镇乡村水果生产技术培训7期，参训530余人次。编发《果协通讯》5期1000余份,编发《浙江省梨标准化生产操作模式》《东阳市“冠强”牌葡萄标准化生产操作模式》《东阳市杨梅标准化生产操作模式》《东阳市草莓标准化生产操作模式》《东阳市桃标准化生产操作模式》等挂图8000余份。

(陆利华)

·农业机械·

【农机化投入】 2016年,农机总动力50.06万千瓦,农机原值6.7亿元，拥有大中型轮式拖拉机677台,联合收割机576台,粮食烘干机229台，插秧机207台，粮食生产耕种收机械化水平79.4%。办理购补农机具686台(套),受益农户427户,报废拖拉机、联合收割机195台。完成水稻机插作业面积2636.3公顷、油菜机收面积107.8公顷。使用农机购置补贴资金759.5万元,报废补偿资金44.3万元,作业环节补贴资金354万元,使用财政补贴资金1157.8万元。建立粮食烘干中心1家，增加烘干机42台,烘干粮食4万余吨。

【农机具、技术推广】 推广高速插秧机48台、大中型拖拉机67台、全喂入联合收割机19台、粮食烘干机42台、高新植保机械5台、茶叶加工机械166台、旋耕机83台。举办水稻育插秧技术、粮食烘干技术和高新植保机具演示培训班3期260人次。

【安全监理】 注册登记纯农田拖拉机64台，办理拖拉机驾驶员培训考试5期,核发拖拉机驾驶证57本，检验合格拖拉机1383辆，查处违法违章行为2616起。年内发生农机安全事故4起,死亡3人,受伤1人,农机事故死亡人数控制在政府和上级业务部门下达的控制指标以内,完成农机监理业务工作各项指标。

(叶 凯)

·畜牧业·

【概况】 2016年,畜禽饲养量总体呈下降态势。据畜牧兽医局统计,年末生猪存栏5.2万头,其中能繁母猪0.38万头，出栏10.8万头。存栏生猪50头以上的规模猪场留存88户，存栏生猪3.97万头。家禽存栏46.9万羽,出栏68万羽。存栏500羽以上蛋禽场45个，存栏18.94万羽;出栏2000羽以上肉禽场29个,出栏15.6万羽。山羊存栏1.04万只，出栏1.01万只。牛存栏930头,出栏670头。(杜敏凤)

【养猪场污染整治】 落实部门监管、镇乡属地管理、养殖户防治三大主体责任,建立网格化巡查长效机制。市农业局、市环保局、市公安局等部门联合对养殖场实施环保执法检查，对偷排、漏排等违法行为现场抽样取证,

图83 7月26日,市碧得丰粮食专业合作社里,农用车在运送种粮大户刚收割或刚烘干好的早稻(包康轩/摄)

立案查处排放污水检测不合格的案件9起,实行养殖场违法排污登报道歉制度。开展畜禽养殖污染扩面整治活动,对存栏生猪5头以上、牛5头以上的292个养殖场户进行整治,其中计划提升84家,整治137家,关停71家,至年末全部完成。完成12家存栏1500羽以上水禽场治理工作。（杜敏凤）

【畜产品安全生产】开展“三大一严”(廉政教育大宣讲、正风肃纪大督查、扶贫资金大检查、监督执纪严问责)专项行动。制订行动方案,张贴行动通告200余份,宣传畜产品安全知识,督查养殖场户建立规范养殖记录、科学合理使用投入物,规范养殖行为。与规模养殖场签订《东阳市畜产品质量安全承诺书》120份。市农业局有关部门开展饲料及饲料添加剂等投入品抽检工作,检查猪场14个,配合浙江省、金华市例行抽检畜产品安全问题116批次。（杜敏凤）

【畜牧业生态建设】皇野生态农业有限公司、森太农林果开发有限公司实施的“美丽生态牧场”项目建设通过金华市畜牧兽医局组织的创建验收,被授予“浙江省首批美丽生态牧场”称号。实施歌山生猪精品园提升工程、森太农林果开发有限公司“美丽生态牧场”和蜂业振兴计划项目,项目总投资751.52万元,省、市补助资金426万元。市良种场计划实施的“金华两头乌保种场提升和种质资源保护猪”项目,因实施地为禁养区需选址搬迁,考虑到种种不确定因素无法在项目实施期内完成建设,向金华市农业局、金华市财政局提交要求终止项目实施的报告。巍山百姓猪场标准化建设项目完成建设并通过市发改局组织的竣工初验;完成省市级现代农业发展资金储备项目的申报审核工作。姜山头禽业公司通过国家级畜禽标准化示范场复审。市农业产业化畜牧业项目发放扶持资金84万元。（杜敏凤）

【智慧畜牧监管新模式】探索“互联网+”模式在畜牧生产、动物防疫、畜产品安全监管工作中的作用,东阳市委托牧中(上海)物联网公司开发基于移动互联的监管系统——手机APP“动检通”,11月上线运行。分层次、分地区、分对象举办7期培训班,对官方兽医、屠宰场检疫申报人员、养殖场业主270人次进行使用方法培训。官方兽医到每个养殖场、屠宰场进行一对一的使用指导,确保操作到位、使用规范。建立“联场负责人—镇乡负责人—养殖户主”三方微信工作群,随时发现问题,随时指导整改工作机制,加强交流和指导。对生产记录不记或者记录不全的,依据《中华人民共和国畜牧法》《中华人民共和国农产品质量安全法》予以处罚,不予受理检疫申报或者检疫不合格不予出证。全员参与完善改进,在实践操作中发现漏洞及时提出建议,对“动检通”APP软件进行完善。全市畜禽规模养殖场、屠宰场和官方兽医通过1部智能手机即可完成生产记录、服务监管、动物检疫、数据统计、视频监控等工作。

【动物春秋集中强制免疫】免疫猪瘟30.18万头,使用猪瘟疫苗77.6万头份;免疫猪口蹄疫15.75万头,使用猪口蹄疫疫苗34.7万毫升;免疫蓝耳病13.67万头,使用蓝耳病疫苗17.5万头份;免疫家禽99.8万羽,使用禽流感疫苗85.1万毫升;免疫牛、羊1.26万头,使用牛羊口蹄疫疫苗3.11万毫升。

【动物疫病监测】开展免疫效价评估,组织开展对规模养禽场、活禽交易市场、农村散养户的高致病性禽流感和新城疫抗体的监测工作。全市监测样品3160份,其中牲畜口蹄疫704份,免疫合格率85.3%;H5亚型禽流感627份,免疫合格率93.6%;H7N9禽流感627份,全为阴性;猪瘟425份,免疫合格率80.1%;新城疫342份,免疫合格率90.6%;高致病性猪蓝耳病425份,免疫合格率89.6%;高致病性蓝耳病病原10份。检测“瘦肉精”尿样14861批次、盐酸克伦特罗5645批次、莱克多巴胺4662批次、沙丁胺醇4554批次,全部为阴性。

【兽医实验室考核】12月12日,省农业厅给东阳市动物疫病和畜产品质量检测中心实验室颁发为期五年的县(市)级“兽医实验室考核合格证”,具备承担动物疫病诊断、监测和检测等任务的资格。东阳市动物疫病和畜产品质量检测中心实验室通过系统规范实验操作和日常管理,增强内控管理能力和检测能力,保障东阳市动物疫病监测和畜产品质量检测能力。

（张晓航）

·玉米研究工作·

【概况】2016年,东阳玉米研究所进行中层干部竞聘、室主任与成员双向选择，整合研究力量，将成果研究室和常规研究室合并为旱杂粮研究室。改革内设管理机构，将原有的科研部和产业开发部合并为科技产业综合管理办公室。引进硕士 1 人，会计 1 人。举办玉米研究所青年学术论文报告和科研总结报告会。

【科学研究】 东阳玉米研究所到位科研经费 203.59 万元，在省级以上刊物发表论文 14 篇，通过浙江省品审会审定品种 2 个，获奖成果 1 项，通过鉴定成果 1 项，申请新品种权保护 3 项。完成国家和省的玉米区域试验、抗性鉴定和生产试验。首次承担国家区试的病虫害抗性鉴定，参与南方（秋季）鲜食玉米科企联合体。加强玉米种质资源引进、改良和创新，春秋套袋繁育特用、普通玉米自交系 1.3 万余份，鉴定组合 1 万余个；拓展旱粮作物研究，征集鉴定粟米、大豆、豇豆等多种资源。

【成果推广】 在金华市、衢州市、丽水市等地建立示范基地 7 个，对科研成果进行集成、示范和推广。举办各类技术培训 9 次，培训 1720 人次，科技下乡 12 次，发放各类技术资料 750 余份（册）。选派 3 名省科技特派员以点对点的方式开展科技帮扶工作。11 月 27 日，参与 2016 年浙江省首届农业科技成果投资路演暨秋季竞价（拍卖）会，自主选育的甜、糯玉米新品种——“浙甜 11”“浙糯玉 7 号”通过竞拍独家转让给浙江科诚种业股份有限公司，竞拍价 31 万元。

【平台建设】 3 月，对接浙江省农业科学院作核所与院相关学科，参与作核所水稻、玉米、油菜、蚕豆、番薯和大豆六大作物的示范、推广工作。创建示范基地，建立东阳市佐村生态综合利用示范基地、嵊州蓝城农业有限公司等示范基地 12 个，对省农业科学院、玉米研究所的农业科研新成果、新技术和新品种进行示范。

【条件保障】 12 月 28 日，玉米研究所种质资源库通过验收。农业部综合开发项目“浙江省东阳市杂交玉米浙玉糯系列原种扩繁基地建设”（合同经费 400 万元）完成田间给排水、蓄水池、田埂维修等工程的招标和建设。完成省旱粮示范基地东阳鲜食玉米示范基地建设。

（张衍千）

林 业

【概况】 2016 年，东阳市林业产业产值 170 亿元。浙江省人民政府森林消防指挥部森林消防培训基地落户东阳市，林业有害生物防控专项资金列入市政府 1 号文件。11 月 2 日，组织召开全市绿化工作暨国家森林（园林）城市创建动员大会，制订《东阳市“双城双创”三年绿化行动方案》，确定 2017 ~ 2019 年的重点绿化工程，具体落实到相关部门和镇乡街道。拆除违章建筑面积 4060 平方米，恢复苗圃用地 1000 平方米，修建污水沟 600 米。

【森林城市创建】 落实 800 万元专项资金，对创建森林系列进行奖补。创建浙江省森林城镇 1 个（歌山镇）、浙江省森林村庄 3 个（巍山镇王宅村、歌山镇上周村、千祥镇金村）、金华市森林村庄 7 个（城东街道东峰村、六石街道鹤峰村、虎鹿镇燕山村、湖溪镇郭上坞村和郭宅二村、佐村镇厦城村、东阳江镇五星村）、东阳市森林村庄 36 个。

【绿化造林】 3 月 15 ~ 31 日，组织开展“春季绿化造林月”服务指导活动。全市完成人工造林 167.7 公顷，占任务数的 109.4%；迹地更新 20.8 公顷，占任务数的 104%；森林抚育 1028.3 公顷，占任务数的 102.8%；平原绿化 177.1 公顷，占任务数的 102.2%；种植珍贵树种 30.2 万株，占任务数的 101.7%；完成四旁植树 28 万株，占任务数的 140%。

【平原绿化】 开展“珍贵树种进千村”“新植 1 亿株珍贵树种”活动，争取到省林业厅珍贵彩色树种赠苗支持，投资 958 万元，种植珍贵彩色树种 30.2 万株，营造珍贵彩色树种 241 公顷。编制《东阳市珍贵彩色健康森林建设规划》。建立大径材木材战略储备林 102.5 公顷。全市绿化苗木基地 933.3 公顷，比上年增加 133.3 公顷。

【生态公益林建设】 完成南马防军生态滑坡治理、横店万花园、马宅雷迪森庄园 3 个项目的公益林调整上报审批工作，调出公益林 9 公顷。在六石街道桐坑村补划省级公益林 9 公顷，及时更新数据库资料，完成公益林资金自查和市级绩效评估。完成 44080 公顷公益林矢量数据库调整完善工作。下发公益林补贴 1900 万元。

【南山森林公园】 投资 212 万元完成东岘峰爱国主义教育基

图 84　5 月 31 日，省林业厅厅长林云举（前排右一）到东阳市检查指导珍贵树种造林工作（市林业局提供）

地工程建设；投资 115 万元完成水竹坞水池工程建设；投资 273 万元完成白石岗题刻文物保护及周边游步道建设工程的 40% 工程量；完成皇坟岗、水竹坞古道连接工程的预算编制。

【省级湿地公园创建】 完成东阳江省级湿地公园追加立项、规划招标等工作，由中标单位——华东林业调查规划设计院规划编制。立足加强生物多样性保护、净化提高水质、保障生态安全、改善人居环境、促进“两美东阳”建设，创建浙江东阳东阳江省级湿地公园，规划总面积 742 公顷，规划投资额 1.4 亿元。

【省级自然保护区】 立足加强生物多样性保护、提升生态品质、优化人居环境，保护横锦库区水资源，推进东江源（暂名）省级自然保护区的创建工作，年末落实申报工作财政经费 210 万元。

【古树名木保护】 宣传落实《东阳市古树名木保护管理办法》，推行古树名木认种认管认养活动，建立古树名木管护制度，对古树名木逐棵确定管护责任单位或责任人，明确管护责任。投资 175 万元完成首期树龄 500 年以上及急需拯救的 70 株古树名木重点保护工程，按照“一树一策”原则进行规划设计，制订保护方案，采取保护措施。

【绿化管理体制改革】 成立市绿化办，实行实体化运作。多次召开座谈会，征求干部群众意见和建议，制定《关于深化绿化管理体制改革的工作方案》。经市全面深化改革领导小组第十一次会议审议，市委下发《关于进一步深化绿化管理体制的改革方案》，制定《东阳市建设工程绿化质量管理暂行办法》。初步建立市绿化专家库，落实绿化管理服务站全额事业编制 3 人。

【国有林场改革】 全面清退在编不在岗和未经有关部门批准使用的编外人员 20 人，编制《东阳市林业总场架构建设和内部运作机制改革》初稿。按照浙江省政府统一部署要求，完成《浙江省现代国有林场建设规划》编制汇总。

【龙头企业培育】 创建省级重点林业龙头企业 1 家（浙江响铃枣业有限公司），2 家森林食品基地通过省级复认（东阳市同福农林发展有限公司、东阳市梦的农庄有限公司）。有国家级林业龙头企业 2 家（浙江康大实业有限公司、浙江响铃枣业有限公司），省级林业龙头企业 27 家。国家级示范性林业合作社 1 家（东阳市西垣玉山香榧专业合作社）。

【特色产业】 下发产业化补助资金 343 万元，实施 36 个林业产业化项目。11 月 1～4 日，东阳市组织 18 家林业企业参展 2016 年第九届中国义乌国际森林产品博览会，展位 23 个，展出有香榧、南枣、苗木、竹制品、木雕工艺品、花卉盆景等森林产品。销售额 53.6 万元，接受客商订单 259 万元，东阳市林业局香榧展馆被授予“最佳展台奖”，东阳市“圣山”“森太”“梦的农庄”“纯香源”“西湾”“东康大王”6 个香榧商标获金奖，“合旺”商标被评为优质奖。全市有香榧基地 5500 公顷，青枣基地 1533.3 公顷，油茶基地 666.7 公顷。香榧干果产量 36 万千克，实现香榧产业综合年产值 1.5 亿元。10 月 15 日，浙江合旺香榧有限公司物流加工中心启用仪式暨新品推介会在东阳市举行，浙江省林业厅有关领导和全国各地 50 余家香榧企业代表共同见证合旺香榧销售联盟成立。

【科技兴林】 建设现代林业香榧干果项目，筛选确定 2016 年度376.7公顷香榧干果产业发展项目的建设单位。12月19～21日，在国家林业生物产业基地工作大会上交流推广东阳市“一亩山万元钱”香榧高效生态栽培模式以及香榧生物产业建设情况。邀请专家进行香榧栽培技术培训，发放《香榧栽培技术》，推广先进科技知识，提高林农科学种植、管理香榧的水平。开展林业科技培训1期，150余名林业基地业主参加培训。

【林业服务】 受理林业许可19538件，办结19538件；办理林权证变更、遗失补发、遗漏换发等14起、15本、31宗；完成林权流转、林权抵押贷款及其他资产评估5起、46宗，涉及179.3公顷，评估价值2150.8万元。增加林权抵押贷款3家（增加至12家），贷款发生额1945万元，贷款余额6035万元。

【森林资源二类调查】 1月6日，启动全市森林资源二类调查外业工作，把森林资源二类调查工作列入各镇乡街道保护发展森林资源责任制工作考核内容，动员全市林技人员参与，坚持“每周一督导，半月一汇总”，推进外业调查工作。6月，完成外业调查资料的收缴工作；10月末，完成内业工作；年末，通过省林业厅验收，完成森林资源管理一张图建设。东阳市森林资源二类调查外业工作的做法，在金华市森林资源二类调查现场会予以总结与推广。

【森林消防】 7月6日，浙江省人民政府森林消防指挥部东阳培训中心挂牌。举办全省各县市森林扑救骨干队员的业务培训。

图85 5月18日，浙江省林业厅副厅长俞坚（右三）到东阳市指导森林消防工作（市林业局提供）

2015～2016年度森林防火期接火灾报警226起，其中火情105起，一般火灾4起，较大火灾1起（马宅镇），过火面积23.8公顷，受害面积11.5公顷。实现“三无”（无重大火灾、无人员伤亡、无火烧连营）目标，达到省政府下达的两项指标，森林火灾发生率控制在每10万公顷森林面积20次以内，森林火灾受害率控制在0.8‰以内。

【林地现场核查】 开展各类现场核查及监管工作77件，按照国家林业局和省林业厅的要求，完成横店高尔夫球场占用国家公益林一案的督查整改工作。林木采伐蓄积量6401立方米。全市审批采伐林木6401立方米，审核审批占用林地32项16.71公顷，其中：长期占用25项，14.99公顷；临时占用1项，0.04公顷；林业生产设施占用6项，1.68公顷（林道3条长3.48千米、宽4.5米，占用林地1.57公顷；林业生产用房3处，占用林地0.11公顷），对审批后的林地使用情况进行专项监督检查。

【有害生物防治】 开展松材线虫病和松毛虫防治工作，施放白僵菌炮剂4000个，施挂80套新型诱捕器诱杀松褐天牛，人工喷撒噻虫啉粉剂9吨、BT粉剂10吨，预防和防治松材线虫病面积1542.9公顷；防治松毛虫面积760.5公顷。清理病死松树7500千克。

【林业执法】 开展“打击野生动物及制品网络犯罪和非法贸易活动”专项行动、“森林火灾案件大会战”“雷霆二号”林区禁种铲毒专项行动、“天网行动”、非法侵占林地专项整治行动和森林资源保护管理专项执法检查等行动，打击各种破坏森林资源和野生动植物资源的违法犯罪活动。受理森林案件57起，办结53起（其中：森林刑事案件22起，办结21起；林业行政案件35起，办结32起）。协助办理“温岭涉黑专案”中2起涉及非法收购珍贵、濒危野生动物制品案件。依法对运输的木材和采挖的树木实施检查，巡查83次，检查车辆94辆，检查木材294立方米。推进野生动植物保护工作，开展野生动植物保护宣传月暨东阳市第35届“爱鸟周”宣传活动，发放宣传册3000余本。查获、救助国家二级重点保护动物穿山甲1只、鬣羚(野山羊)1只、猫头鹰51只；省级重点保护动物豪猪4只、王锦蛇44条、眼镜蛇3条；省一般保护动物画眉53只、白鹭30只、刺猬6只、乌梢蛇37条。开展野生动物“清网行动”，没收并烧毁捕鸟网具46副。完成涉林信访件答复22件（答复率100%）；调解市内山林纠纷3起，协助省林业厅调解市际山林纠纷1起。

【食品安全】 完善市镇村（企）三级森林食品安全责任监管网络机制，开通24小时举报热线，实行24小时值班制度。组织食用林产品生产企业、农民专业合作经济组织和专业户的培训和指导，举办2期香榧无公害标准化栽培技术培训班，印发香榧栽培技术、香榧无公害标准化栽培模式图和毛竹林笋竹两用林标准化栽培模式图等320份，300余名从业人员受训。鑫峰农林开发有限公司等15家单位24个批次林产品通过省林产品质量安全监测抽检，合格率100%。开展全市可食林产品质量安全百日“三大一严”(廉政教育大宣讲、正风肃纪大督查、扶贫资金大检查、监督执纪严问责)行动，打击可食林产品种养殖环节非法添加和违规使用禁限用农(兽)药行为和违法经营利用野生动物，收购、贩卖、制作不明死因的野生动物及其制品的违法犯罪行为。

（陈杰辉）

水 利

·概述·

【概况】 2016年，东阳市农田水利建设增加旱涝保收面积266.7公顷，增加改善灌溉面积3713.3公顷，增加固定式喷微灌面积240公顷，整治山塘6座，改造渠道72.26千米，其中3333.3公顷以上灌区干支沟渠12.12千米。

【“强塘”工程】 完成东方红水库除险加固竣工验收前期工作，完成和平水库除险加固工程完工检查。完成2座水库的安全鉴定，完成3座水库除险加固工程的竣工验收。完成15座山塘的完工验收。横锦水库标准化管理创建工作通过浙江省水利厅组织的验收，9座小(1)型水库标准化管理创建工作通过金华市水利渔业局组织的验收，9座小(2)型和5座山塘标准化管理创建工作通过市水务局组织的验收。

【河道治理】 开展生态河道示范工程建设，前涨潭溪治理工程被评为2016年浙江省河道生态建设示范工程。推进中小河流治理项目和中小河流重点县项目，完成投资5.2亿元。全市2225千米河道实行全流域保洁。开展农村河道综合整治工程建设，完成河边绿化、洁化、美化43千米。制订上报防洪水实施方案。

【城乡供水】 提升城乡居民生活用水能力。东阳市农民饮用水工程改善和提升0.5万农村人口饮水条件，主要提升和改善歌山、佐村、画水等镇乡部分农民的饮水条件。东阳市农村饮水安全工程水质检测中心完成验收并开展水质巡检工作。

【防汛防旱工作】 降雨量1569.4毫米，比常年平均增长7.7%。经历4次强降雨，分别是5月7日、6月15～16日、6月28～29日、8月3日。其中6月28～29日影响最大。从6月28日15时到29日20时，全市普降大暴雨，降雨量99.74毫米。其中28日18.8毫米，29日80.92毫米。

图86 5月5日，市委书记黄敏(右三)检查防汛工作(市水务局提供)

南江湖溪测站132.5毫米、千祥127毫米、东阳水文125毫米，全市超100毫米的测站有27个。全年受到5个台风影响。

6月28日晚，市气象台发布雷电黄色预警信号；6月29日4时，发布暴雨黄色预警信号；6月29日6时，升级为暴雨橙色预警信号。6月29日上午8时20分，启动防汛三级应急响应。6月28～29日的强降雨造成城区内涝严重，全市多处受淹。全市损坏堤防122处，堤防决口4处，损坏机电泵站3处，公路中断48条次，供电中断13条次，通讯中断6条次。

【水土保持】 完成水土流失治理面积6.46平方千米。加强开发建设项目水土保持监督管理工作，审批开发建设项目水土保持方案16个，组织监督检查32次，征收水土补偿费20余万元。

【水利标准化管理】 东阳市列入标准化管理的水利工程177个，包含以下7大类：水库92座、山塘39座（5万立方米以上）、堤防6段、电站12座（1000千瓦以上）、灌区2个（3333.3公顷以上）、农村供水11座和水文站15个。按计划完成47个项目，创标费用1200万元，完成47个项目的管理手册编制、建立制度、确权划界、标识标牌、应急预案、产权登记、信息化平台建设、改造提升、人员培训等工作，组织迎接省市两地的标准化验收工作。

【水政渔政管理】 开展渔业“三打一严”和“春潮行动”联合执法，开展渔政执法（包括水产品质量安全）巡查165次，参检570人次。其中，110等举报处警39次。在东阳江禁渔区执法巡查72余次，立案23起，查处并阻止无证开采地下以及水事违法案件11起，到各镇乡和用水企业巡查206人次。全市有实时监控点25个和水量计时视频监控。对17个渔业产业化项目进行立项，年末全部完成验收；依法加强水资源管理，按照新水资源费征收标准，依法收取水资源费，征收东阳水资源费1233万元，征收义乌水资源公司水资源费845万元。协调发改、经信、环保等部门对水行政许可制度实行联合把关、联合审批。

（张安愉）

·横锦水库·

【概况】 横锦水库是一座以灌溉、防洪为主，兼发电、供水、养鱼等综合利用的大（2）型水库。控制流域面积378平方千米，总库容2.74亿立方米。至年末，降雨量1686.5毫米，比上年降低16.6%，与多年平均降雨量相比增长12.4%。完成发电量3827万千瓦时，发电收入2172万元，供水收入1337万元，总收入3558万元。年末职工人数114人。

【防汛抗台】 水量主要集中在6～8月。自6月13日入梅以来，由于受持续强降雨的影响，水库高水位运行。7月1日，达到2016年最高水位164.17米。6～8月的集中强降雨，使水库两次开闸泄洪，下泄水量1986万立方米。开展抗击台风工作。

【标准化管理】 7月，完成《横锦水库管理局管理手册》的编制；9月，完成信息化平台的建立；10月，按要求完成创建资料的整理；11月初，对照省厅水利工程标准化管理验收办法，进行创标自验，向省厅申请标准化管理验收。2016年，一级、二级电站争创部级安全生产标准化管理单位，10月24日，通过部级验收。

【渔政管理】 加强水上执法力度，与东阳江派出所水上执法中队联合开展渔政执法，通过视频监控、库面巡逻等方式，推进库面综合管理，打击偷捕、偷钓等涉水违法行为，形成水环境保护的法制管理机制，保证水体不受持续污染。没收游丝100余匹、鱼竿100余根，8人被市公安局予以行政拘留。

【渠道管理】 投入资金56.7万元，完成总干渠、南北干渠全线清淤、除草、维修工程。南北干渠的清淤工作结合各镇乡街道的“五水共治”活动，确保清淤质量。建立防汛灌溉值班制度，灌溉放水3698万立方米。横锦水库中型灌区节水配套改造工程系浙江省“五水共治”重点工程。省市五水共治办、省水利厅领导多次对横锦水库中型灌区节水配套改造工程进行督查。10月末，完成横锦水库灌区改造工程：管理房主体结顶，完成外墙铺贴装饰，进入室内装饰及水电安装各配套灌区信息化建设；各标段完成全部渠道边坡砼衬砌，计18.29千米。其中，一标段完成边坡3.94千米，压顶浇筑2.3千米，渠底砼约0.5千米；二标段完成边坡6.78千米，压顶浇筑5.5千米，渠底砼约4.3千米；三标段完成边坡7.57千米，压顶浇筑5.8千米，渠底砼约2.5千米；余下工程主要是渠底砼和放水涵管等附属工程；完成总投资额2200余万元。

图 87　8 月 20 日，东阳江派出所、横锦水库管理局的工作人员与市义工协会的志愿者们清理库区垃圾（胡扬辉 / 摄）

【饮用水源地环境保护】　加强饮用水源地环境保护。加强宣传，提高全民参与保护饮用水源安全意识。加大对“3·22”世界水日和第 29 届“中国水周”主题的宣传，在库区张贴标语和宣传画 80 余份。开展库区环境集中大整治活动，打捞清理库区垃圾，防止库面漂浮物、沿岸垃圾对水源的污染。实现安全供水 10262 万立方米，其中向东阳市供水 5271 万立方米，向义乌市供水 4991 万立方米。

【安全管理】　组织对职工的业务知识培训和安全知识学习。一级、二级电站分别组织技术知识和安全规范的考试、电站运行规程培训学习、电站特种行业技能培训、电站厂用电源自动投切设备操作培训等活动。开展以“强化安全发展理念、提升全民安全素质”为主题的安全生产月活动。对机组设备等水工建筑物进行检查、维修养护，确保安全发电供电。11 月，一级电站利用枯水期对 3 号机组进行大修，检修工作于 12 月上旬完成。一级电站连续安全运行 10900 天，二级电站安全运行 13058 天。

（杜英萍）

·南江水库·

【概况】　南江水库位于钱塘江流域金华江上游支流南江，坝址位于湖溪镇南江村上游 500 米处，距东阳市区 36 千米，是一座以防洪、灌溉、供水为主，结合发电、养殖等综合利用大（2）型水库。坝址以上集雨面积 210 平方千米，总库容 1.19 亿立方米。完成发电量 2111.5 万千瓦时，发电收入 1134.6 万元，供水收入 220.9 万元，其他收入 118.5 万元，经济总收入 1474 万元。年末，在职职工 68 人，退休职工 103 人。南江水库被评为东阳市级文明单位。

【防汛防台】　制定《汛情巡查责任制》等制度，落实水文值班报汛制度。降雨量 1692 毫米，入库径流量 2 亿毫米。汛前，组织局防汛领导小组对水库的大坝里外坡、启闭设施、溢洪道等关键部位水利工程进行汛前大检查，对检查中发现的 24 项防汛隐患进行分类分科室督办并落实整改，组织进行防汛隐患整改“回头看”，确保防汛责任落到实处。入梅以来，雨水偏多，南江水库水位一直处于高水位运行。6 月 29 日凌晨到 14 时降雨 104 毫米，14 时水库开闸泄洪，到 6 月 30 日 5 时 30 分闸门关闭，下泄流量 558 万立方米。

【标准化创建】　成立工作领导小组，细化创建任务，落实具体人员，明确责任目标。投资 150 余万元提升工程形象面貌、库区和灌区环境。11 月末，南江水库灌区工程标准化和东溪水库标准化完成验收，南江水库水利工程标准化各项工作迎接省水利厅验收。出资 8 万元委托浙江省工程管理局按照南江水库实际情况，编制南江水库制度手册、组织管理手册、操作手册和灌区操作手册，明确“事项—岗位—人员”对应表。理出管理事项 110 件、岗位 53 个。制订综合管理制度 12 项、操作流程 83 项、岗位职责 27 项。9 月，操作手册开始试运行。根据《浙江省水利工程标识标牌标准》对南江水库、灌区标识标牌、界桩等进行统计、招投标。投入资金 11.6 万元，安装水利工程标识标牌、规章制度牌等 193 块，库区安装界桩、碑记 96 块，南江灌区在渠首设置标识标牌、界桩 160 块。10 月末，标识标牌、界桩、碑记等完成制作安装。根据《浙江省水利工程安全管理条例》规定和南江水库管理实际，划定管理范围包括大坝及枢纽区、水库库区等，确定高程204.44米（原土地征用线）以上至移民线205.04米之间的范围为管理范围。委托编制《东阳市南江水库管理和保护范围划定方案》，邀请省水利厅水库管理总站的专家人员到现场进行踏勘、察看，对划界方案进行技术审核，由市政府召集相关部门和镇乡联席会议讨论通过，经市政府将划界限权方案报省政府批准。南江水库管理局通过政府采购和招标采购的方式，将杭州定川信息技术有限公司作为南江水库建设标准化运行管理平台，实现水库大坝安全监测及巡查管理、预警预报、调度运行、维修养护和监督检查、考核等标准化管理。

【安全灌溉】 对渠道启闭闸门、自动遥测设备进行养护保养。投入26万元对总干渠、干渠全线进行清淤，清淤土方量5083立方米。到各镇乡街道联系分干渠疏浚工作。大流量灌溉23天、小流量灌溉12次，合计灌溉水量4296万立方米。加强管理，加大强降雨时渠道及水工程的巡视检查力度，发现隐患及时处理，保证灌区农业丰收。

【电站安全运行】 电站安全发供电2111.5万千瓦时。5月，横南35千伏3633输电线路发生故障，南江水库管理局第一时间和市供电局沟通，配合供电部门进行抢修，48小时内恢复发电。投资4.8万元，对1号主变进行返厂大修，增加散热片的间距，增大油箱，确保安全运行。

【水资源保护】 增加警示牌30块，设有永久性警示牌72块，设立饮用水源保护界桩95块。开展洁水工作，投入人工656余工时，打捞清理垃圾622车、933吨，投入水资源保洁资金27万元。

【南江水库加固改造工程】 5月末，完成加固改造工程技术鉴定招投标（政府采购），委托东阳市档案馆整编工程档案。8月，南江水库加固改造工程完成审计。10月，各参建单位出工程报告初稿。

【南江水库中型灌区节水配套改造项目（2期）】 南江水库中型灌区节水配套改造项目(2期)于2013年立项，2014年6月完成招投标工作，2014年9月2日开工建设，工程概算总投资2698.5万元，其中中央财政资金1000万元，省财政配套资金1000万元，省水利资金79万元，东阳市财政配套资金600万元，东阳市水利资金19.5万元。批复同意主要建设内容为改造渠系18.08千米，配套改造渠系建筑物23座(处)、管理房600平方米等。2016年，完成南江水库中型灌区节水配套改造工程建设，上半年完成11座隧洞的施工和部分渠底砼施工。所有工程资料整理成册。

【联合执法】 加强水域巡查，开展联合执法。制止违法侵占水域事件9起、违法乱倒碴事件12次，处理水源污染事件10起。结合“周三巡库日”活动，组织市公安局、渔政、市环保局、当地政府等相关部门参加联合执法行动7次，对违法钓鱼人员进行法律、法规等政策宣传，发放宣传资料200余份，清理钓鱼船舶平台4个，劝离钓鱼人员357余人次，处理教育29人。

（陈　鲜）

渔　业

【概况】 推进“五水共治”四大工程建设，禁限养区划定整治434公顷，增殖放流2000万尾，结合“五水共治”推进省市渔业项目建设，夯实渔业生产基础设施，鼓励养殖户对渔业生产基础设施进行生态化改造，加快发展设施渔业，引导发展特色渔业，发展洁水渔业，推广稻鱼共生轮作。

（张安愉）

工 业

2016年6月18日，浙江联宜电机有限公司新厂区（看横店公众号提供）

概 述

【概况】 2016年,全市规模以上工业增加值128.49亿元,比上年增长6.3%,其中,轻工业59.62亿元,比上年增长3.1%;重工业68.87亿元,比上年增长9.2%。年末,规模以上工业企业529家,完成工业总产值549.76亿元、工业销售产值505.56亿元、主营业务收入498.55亿元、利税总额45.9亿元,分别比上年增长6.45%、4.59%、5.08%和15.97%。规模以上企业完成工业性投入128.94亿元,比上年增长0.8%,其中,技改投资完成104.8亿元,比上年增长14.3%。50个市重点技改项目完成投资25.4亿元,完成年度计划的102.6%,其中设备投资19.4亿元,占76.4%。"三改一拆"旧厂区改造完成75万平方米。4月29日,东阳市工业企业转型升级领导小组成立。领导小组下设办公室,作为领导小组的常设机构实行实体化运作。

年末,全市有市级以上企业技术中心109家,其中,国家级企业技术中心2家,开发省级新产品90个,4个产品获省优秀新产品奖,规模以上工业企业完成新产品产值188.77亿元,比上年增长16%,新产品产值率32%,比上年提高2.4个百分点。

工业园区及工业功能区挖潜配套完善及新开发面积计69平方千米,完成基础设施及配套设施投入12.17亿元,比上年增长25.7%;区内固定资产实际投资101.02亿元,比上年增长11.7%。全市工业园区及工业功能区企业完成工业总产值617.8亿元,比上年增长6.6%;出口交货值126.54亿元,比上年增长6.5%;主营业务收入491.82亿元,比上年增长2.9%;利税49.83亿元,比上年增长9.6%。

实施"两化"融合项目69个,验收"两化"融合项目55个,兑现补助资金1291万元,2家企业(横店集团得邦照明股份有限公司、横店集团东磁股份有限公司)通过国家"两化"融合管理体系评定,2家企业开展贯标,1家企业列入工信部"两化"融合管理体系贯标试点企业,3家企业(横店集团得邦照明股份有限公司、横店集团东磁股份有限公司、浙江凯文磁钢有限公司)列入浙江省"两化"融合示范试点,14家企业列入金华市"两化"融合示范试点,在2015年建成开放1000个AP点位(无线访问接入点)的基础上,二期主要对一期覆盖区域进行补充建设并向乡镇拓展,建成开放AP点位4649个。

推行用能权有偿使用和交易制度,制定《东阳市用能权有偿使用和交易管理办法》,首批44家重点用能企业和印染企业列入试点对象;完成集中供热规划编制工作;开展新能源汽车推广应用,制定《东阳市新能源汽车推广应用方案》;强制在印染、电镀、医药化工等重污染行业开展清洁生产审核。

开展企业帮扶活动,实施"进企连心精准服务",整理涉及资金、土地、两链风险、用工、税负等10大类155家企业187项具体问题,分解落实到30个牵头单位交办解决,部分通过市主要领导现场办公形式进行集中走访解决,形成专题会议纪要4份,明确各类办理事项25项。帮助企业解决贷款周转困难,为301家企业转贷797次,转贷资金周转总额54.62亿元。

在镇乡街道、经济开发区和涉工部门(单位)开展工业竞赛活动。经市工业竞赛活动考评工作领导小组考评,年度镇乡街道、经济开发区竞赛考评优胜奖:第一组:巍山镇、经济开发区、歌山镇;第二组:湖溪镇、南市街道、城东街道;第三组:佐村镇、虎鹿镇。年度涉工部门(单位)竞赛考评优胜奖:市经信局、市招商局、市财税局、市国税局、市统计局、市国土局。

2016年,市政府获金华市工业经济目标责任制考核、金华市工业投资和"机器换人"技术改造工作一等奖;东阳市被列入"长三角最强中国制造市"名单;东阳市在全省90个县(市、区)综合评价结果中排列第39位,在分档排名中排列第11位;东阳经济开发区列浙江省工业强区(开发区)综合评价第57位;横店镇列省工业强镇综合评价排名第13位。两个方案(东阳市"机器人用伺服电机智能制造新模式应用""高性能永磁磁瓦智能化生产工厂应用")列入浙江省智能制造新模式应用试点,两家基地(横店集团东磁有限公司管理学院、东阳市企业家协会)列入省企业经营管理人员培训基地,两家省级重点实验室(工程技术研究中心)(浙江联宜电机有限公司的浙江省小模数齿轮减速机构工程技术研究中心、浙江微度医疗器械有限公司的浙江省生物可降解医用材料工程技术研究中心)通过绩效考评。

2016 年东阳市规模以上工业企业主要经济指标

表 8

项 目	企业数（个）	工业增加值（亿元）		工业总产值（亿元）		销售产值（亿元）		工业投资（亿元）		工业用电量（万千瓦时）	
		累计	±%	累计	±%	累计	±%	累计	±%	累计	±%
经济开发区	61	9.44	11.8	44.28	12.3	40.45	11.5	27.51	13.1	9808	7.6
吴宁街道	11	5.17	6.0	29.47	5.0	29.07	5.7	0.89	629.7	1856	-4.3
白云街道	84	13.77	4.3	62.22	4.9	52.32	2.6	9.76	-1.5	8143	-2.8
江北街道	47	5.75	7.1	27.15	8.3	23.75	4.2	14.51	11.6	6944	4.3
城东街道	16	2.99	9.1	13.63	10.2	12.92	9.9	8.23	-0.4	4788	6.5
南市街道	30	4.52	8.2	21.54	9.3	19.66	8.7	6.60	4.3	3332	1.3
横店镇	76	50.70	5.3	200.60	5.8	192.03	4.8	18.81	-14.0	53134	2.7
南马镇	54	14.94	4.2	87.17	8.6	82.19	7.1	16.84	-1.7	12262	9.3
巍山镇	44	5.77	10.8	32.11	9.3	29.31	10.6	6.88	4.1	9942	16.0
歌山镇	31	5.74	11.1	27.54	11.0	22.95	8.5	6.36	2.3	15008	2.4
千祥镇	15	1.78	2.5	6.89	4.4	5.49	0.2	1.20	0.2	174	-1.6
湖溪镇	24	2.62	7.2	12.14	7.4	10.57	8.4	2.34	0.2	3183	6.4
画水镇	22	2.57	7.6	12.18	6.7	10.49	5.2	7.33	-18.9	2910	3.7
虎鹿镇	6	0.81	0.6	4.23	0.0	3.66	-1.6	1.00	0.0	232	14.4
东阳江镇	3	0.66	2.1	2.43	5.5	2.14	6.5	0.08	-15.0	158	1.6
马宅镇	5	0.62	7.8	2.79	6.0	2.79	6.0	0.34	37.9	241	9.2
佐村镇	3	0.64	4.9	3.37	4.4	2.40	-5.9	0.21	-21.9	326	1.6
三单乡	-	-	-	-	-	-	-	0.05	-	-	-
合 计	532	128.49	6.3	589.74	7.3	542.19	6.1	128.94	0.8	132443	4.3

2016 年东阳市工业重点技改项目

表 9

单位：万元

序号	项目实施企业	项目名称	总投资	设备投资	项目负责人	项目实施地
1	横店集团东磁股份有限公司	年产 1 亿支 18650 型高容量锂离子动力电池项目	41000	30800	何时金	横店
2	横店集团东磁股份有限公司	年产 500 兆瓦高效单晶电池片及 500 兆瓦高效组件技改项目	52020	32997	何时金	横店
3	横店集团东磁股份有限公司	永磁材料生产自动化、智能化、网络信息化融合提升改造示范项目	27255	25257	何时金	横店

续表 9

序号	项目实施企业	项目名称	总投资	设备投资	项目负责人	项目实施地
4	浙江省东阳市诚基电机有限公司	年产 5000 万只触觉反馈线性致动器技改项目	5000	3959	张义龙	横店
5	浙江英洛华新能源科技有限公司	新能源汽车驱动系统研发及产业化	20691	10527	许晓华	横店
6	浙江联宜电机有限公司	消防机器人及消防训练模拟产业化项目	18455	7684	许晓华	横店
7	浙江联宜电机有限公司	年产 6 万台工业机器人用伺服电机技术改造项目	2580	2100	许晓华	横店
8	横店集团得邦照明股份有限公司	年产 2.4 亿只 LED 照明系列产品和 2600 万只驱动器技术改造项目	8500	5000	倪 强	横店
9	中核苏阀横店机械有限公司	清洁核电阀门铸件产业化项目	6116	4074	张宗列	横店
10	浙江普洛康裕制药有限公司	固体制剂车间及仓储装备自动化技改项目	5050	4830	葛萌芽	横店
11	浙江普洛康裕制药有限公司	年产 20 吨盐酸屈他维林原料药生产线出口技改项目	2200	1910	葛萌芽	横店
12	浙江普洛得邦制药有限公司	年产 620 吨头孢类无菌原料药 GMP 生产线建设	6285	2880	马向红	横店
13	浙江普洛医药科技有限公司	年产 15 吨达诺沙星技改项目	3150	1585	何 春	横店
14	浙江英洛华磁业有限公司	高性能热变形磁环研发与产业化项目	9016	6560	魏中华	横店
15	浙江英洛华磁业有限公司	包覆式高性能钨锆活性破片产业化项目	2870	1589	魏中华	横店
16	横店集团浙江英洛华电子有限公司	年产 3.5 万套陶瓷阀门生产线	1520	1020	王平进	横店
17	花园新材料股份有限公司	年产 300 万平方米多功能轻质复合墙板项目	12780	6160	邵徐君	南马
18	花园金波科技股份有限公司	年产 5000 万只新型波纹管生产线技改项目	8500	3750	单钻锋	南马
19	浙江花园铜业有限公司	年产 1 万吨紫铜门带生产线技改项目	16660	11660	潘建锋	南马
20	浙江花园生物高科股份有限公司	年产 50 吨环保杀鼠剂原料药技术改造项目	5000	2000	邵钦祥	南马
21	浙江中元磁业股份有限公司	制备钕铁硼的节能技改项目	2255	655	任元月	横店
22	东阳市乔老爷铝业有限公司	年生产 5000 吨铝型材项目	5975	2450	胡珍娟	南市
23	东阳市华鑫塑胶有限公司	年产 1500 万米无毒环保塑料牛津布的生产线技改	3000	765	杜龙游	南市
24	浙江方维装饰材料有限公司	年产 2000 万米无纺布及 PVC 墙纸项目	2000	1171	陈天德	南市
25	浙江省东阳市铁锚科技有限公司	年产 19500 万只各系列换向器建设项目	5895	2066	周海春	巍山
26	浙江康峰化工有限公司	年产 1800 吨对氯三氟甲苯技改项目	1530	1180	吴永良	巍山

续表 9

序号	项目实施企业	项目名称	总投资	设备投资	项目负责人	项目实施地
27	浙江鼎坚玻璃有限公司	年产 370 万平方米 LOW-E 玻璃生产线改造项目	960	788	尧治荣	巍山
28	浙江省东阳市华侨制衣有限公司	年产 200 万套服装生产流水线	2400	1200	邵福贵	白云
29	浙江东峰制冷配件有限公司	年产 3000 万件制冷管路接头技改项目	700	520	许庆梅	白云
30	东阳市华能新型建材有限公司	利用污泥年产 30 万立方米烧结页岩保温空心砌块易地建设项目	7870	3000	王海眉	开发区
31	东阳市康恩贝印刷包装有限公司	年产 2300 吨包装材料生产线技改项目	1592	1230	章惠钧	开发区
32	浙江金象科技有限公司	年产 1500 只高纯气体焊接钢瓶建设项目	1500	1200	韦中总	开发区
33	浙江宝森波纹管有限公司	金属波纹管生产设备半自动化及自动化改造项目	1323	823	郭宝成	开发区
34	浙江海森药业有限公司	原料药上次 FDA 标准认证技改二期项目	2145	1225	王式跃	开发区
35	浙江中冷重工科技有限公司	年产 2000 套热交换器技改项目	2000	1400	关　旭	开发区
36	东阳市金茂塑胶有限公司	年产 1200 万米箱包革生产流水线技术改造项目	1500	800	周宝祥	开发区
37	浙江雪丽日用品有限公司	年产 600 万套餐具生产线项目	6060	2500	王晓康	江北
38	浙江北生药业汉生制药有限公司	年产 3000 万支奥扎格雷钠、年产 2500 万支多索茶碱、年产 500 万支左卡尼汀、年产 300 万支葛根素、年产 200 万支苦参素 5 个制剂生产线建设项目	2080	840	洪鸣新	江北
39	浙江普洛康裕生物制药有限公司	年产 100 吨关键医药中间体胸苷生产线技改项目	2000	1720	陆海平	歌山
40	东阳市金多儿洗衣厂	年产 3000 万米高档印花布、2000 吨针织布染色技改项目	4300	2228	蒋晓燕	歌山
41	浙江瑞邦科技有限公司	年产 1000 吨储能用磷酸铁锂材料生产线项目	1600	600	胡志平	歌山
42	东阳富仕特磁业有限公司	年产 1000 吨永磁铁氧体材料智能化生产线	1623	932	李凌峰	城东
43	东阳市日盛电池有限公司	年产 1.5 亿只电池零配件项目	1905	850	吴春萍	湖溪
44	东阳市科普电器有限公司	年产 1500 万只 LED 节能灯技改项目	1600	700	汤剑明	湖溪
45	浙江华洋缝制有限公司	缝纫机梭芯套数控化技术改造项目	2800	1000	徐凤南	虎鹿
46	浙江宇能实业有限公司	年产 500 万只不锈钢保温杯、85 万只不锈钢生产线项目	2330	935	施迎雪	画水

续表 9

序号	项目实施企业	项目名称	总投资	设备投资	项目负责人	项目实施地
47	东阳市明堂红木家具有限公司	红木家具自动化和半自动化生产线及中央吸尘器技改项目	2000	1337	方杨燕	横店
48	浙江恒成硬质合金有限公司	年产 50 吨军工配套高比重合金技改项目	2000	1100	金益民	白云
49	浙江中科磁业有限公司	液压机自动化改造项目	2000	1200	吴中平	横店
50	东阳市茂盛塑胶有限公司	年产 260 万平方米 PVC 地板技改扩建项目	4100	2026	蒋德军	横店
	合 计		333691	204783		

2016 年东阳市工业重点建设项目

表 10

序号	项目名称	项目实施企业	计划投资（万元）	项目实施地
1	太阳能蝶式发电设备	浙江七曜亿东新能源科技股份有限公司	60604	开发区
2	年产 2800 吨真空纯银膜及金银丝生产线建设项目	浙江飞翔线业有限公司	19490	开发区
3	年产 2000 吨高性能钕铁硼永磁铁氧气体	东阳市鸿铭磁业有限公司	18000	开发区
4	新型医疗用品系列生产线建设项目	东阳市银达医疗用品有限公司	6120	开发区
5	针织服装生产流水线项目	浙江同力服装有限公司	12000	白云
6	出口地毯流水线项目	东阳市福联科技有限公司	11000	南市
7	年产 800 平方米汽车地板项目	东阳市通达塑胶有限公司	6350	南市
8	年产 10000 吨 GMT 复合材料项目	浙江欣旺科技材料有限公司	22000	城东
9	年产 800 万套高档门锁系列产品项目	浙江远东五金科技有限公司	5000	江北
10	年产 40 万套交通设施系列产品建设项目	东阳市苏贞交通设施有限公司	5450	横店
11	年产 500 万平方米 PVC 地板建设项目	东阳市茂盛塑胶有限公司	5500	画水
12	年产 10000 吨化妆品级食品级白油生产线项目	浙江中祥石化科技有限公司	5500	画水
	合 计		177014	

2016 年东阳市工业重点续建项目

表 11

序号	项目名称	项目实施企业	2016 年计划投资(万元)	项目实施地
1	传感器工业园建设项目	浙江中感传感器科技有限公司	10000	开发区
2	年产 10 万件檀香精雕工艺品和 2 吨檀香精油项目	东阳市天栴檀香工艺品有限公司	8000	开发区

续表 11

序号	项目名称	项目实施企业	2016 年计划投资(万元)	项目实施地
3	5 亿产值高档针织产品生产项目	浙江芊佰佳实业有限公司	4200	开发区
4	年产 300 万件(套)婴幼儿服饰项目	东阳市天天乐童装厂	2800	开发区
5	年产 15280 万片纸尿裤生产线建设项目	东阳市凡爱服饰有限公司	1500	开发区
6	年产 5200 台高精度硬齿面重载齿轮箱项目	东阳市振宇机械有限公司	2500	南市
7	年产 5 万吨不锈钢基材真空离子镀膜	浙江鸿鹄谷科技有限公司	10000	南市
8	年产 1300 万条高档针织布料裤袜生产线建设项目	东阳市娇子针织有限公司	1000	南市
9	年产 650 万件新型织物开发生产项目	东阳市海派亚太服饰有限公司	1000	南市
10	年产 3500 吨 PET、PLA 片材环保包装材料	东阳市飞华环保科技有限公司	1500	巍山
11	年产 25 万吨系列彩涂门面板生产线建设	浙江首信工贸有限公司	5000	歌山
12	年产 220 万套汽车节温器、制动阀生产线	东阳市皓琛科技有限公司	1500	画水
13	年产 40000 只节能太阳能灯具、50000 台太阳能热水器	浙江敢为实业有限公司	1500	画水
14	年产 600 万平方米塑胶地板建设项目	东阳圣士鼎实业有限公司	1500	画水
	合　计		52000	

2016 年东阳市"两化"融合项目

表 12

序号	项目承建单位	项 目 名 称	项目建设周期	项目投资(万元)	项目负责人	项目建设地址	类型
1	东阳市万利电子有限公司	智能机械注塑生产线的自动化项目	2015.9 ~ 2016.11	150	汤剑刚	经济开发区	新建
2	浙江尚品无纺布有限公司	自动化无纺布袋生产线项目	2016.1 ~ 2016.3	190	陈宝良	经济开发区	新建
3	浙江康力博能源科技有限公司	智能配料调和系统和自动灌装系统建设项目	2015.8 ~ 2016.5	600	蒋　健	经济开发区	新建
4	浙江海森药业有限公司	海森药业管理信息化应用虚拟化整合项目	2016.1 ~ 2017.8	200	王式跃	经济开发区	新建
5	浙江海森药业有限公司	生产公用系统自动化改造项目	2015.4 ~ 2016.11	220	王式跃	经济开发区	续建
6	浙江思科国祥制冷设备有限公司	新旧 ERP 系统替换项目	2014.10 ~ 2016.6	60	陈俊健	经济开发区	续建
7	浙江省东阳市电磁器材厂	ERP 系统升级及生产工艺设备自动化改造项目	2016.1 ~ 2016.12	400	李　剑	城东街道	新建
8	浙江省东阳市江南电子器件厂	生产工序自动化和管理网络化项目	2015.2 ~ 2016.7	245	卢江波	城东街道	续建

续表 12

序号	项目承建单位	项目名称	项目建设周期	项目投资（万元）	项目负责人	项目建设地址	类型
9	浙江凯文磁业有限公司	高性能烧结钕铁硼信息化自动化项目	2014.3 ~ 2016.12	360	卢阳春	城东街道	续建
10	浙江同力服装有限公司	无线射频管理系统项目	2016.1 ~ 2017.7	220	龚松林	白云街道	新建
11	东阳市新东煌服饰有限公司	自动裁床机项目	2015.11 ~ 2016.12	130	陆军华	白云街道	新建
12	东阳市星榜文化创意有限公司	星榜文化管理网络和生产自动化建设项目	2015.11 ~ 2016.12	88	潘红光	白云街道	新建
13	浙江省东阳市华侨制衣有限公司	华侨制衣成衣定制智能制造系统项目	2016.1 ~ 2016.12	736	邵福贵	白云街道	新建
14	浙江恒成硬质合金有限公司	浙江恒成硬质合金有限公司企业 ERP 管理系统项目	2016.3 ~ 2017.3	50	金益民	白云街道	新建
15	浙江华恒温控器有限公司	温控器生产线自动化设备改造项目	2016.1 ~ 2016.12	150	楼向阳	白云街道	新建
16	东阳市御乾堂宫廷红木家具有限公司	第三方商品智能防伪与企业云管控平台项目	2015.1 ~ 2016.12	225.76	马海军	白云街道	续建
17	浙江卓诗琳服饰有限公司	一卡通管理控制系统项目	2015.3 ~ 2016.12	88	陈锦晓	白云街道	续建
18	东阳市金地子针织有限公司	电脑横编机自动化生产项目	2014.12 ~ 2016.10	121	郭慧琴	白云街道	续建
19	东阳市司尔飘时装厂	排版和裁剪自动化项目	2015.1 ~ 2016.12	121	吴康平	白云街道	续建
20	东阳市卓林服饰有限公司	管理信息化和生产自动化项目	2015.3 ~ 2017.3	130	卢忠汉	白云街道	续建
21	浙江嘉豪皮带有限公司	生产自动化、ERP 管理系统项目	2015.3 ~ 2017.3	150	高长良	白云街道	续建
22	东阳市永实饰品有限公司	注塑机机械手及平面打印管理控制系统信息化项目	2015.3 ~ 2015.12	130.5	林海银	白云街道	续建
23	东阳市东政电机有限公司	企业生产智能化管理平台建设项目	2015.4 ~ 2017.2	180	陈 政	白云街道	续建
24	浙江东峰制冷配件有限公司	数控技术加工优化项目	2015.1 ~ 2016.12	280	许庆梅	白云街道	续建
25	东阳市海派亚太服饰有限公司	生产自动化和管理智能化项目	2016.1 ~ 2017.2	200	孔玉芬	南市街道	新建
26	东阳市恒达木业有限公司	数控生产线自动化项目	2016.1 ~ 2016.12	400	陈国良	南市街道	新建
27	东阳市乔老爷铝业有限公司	铝型材自动化生产及管理网络化项目	2015.12 ~ 2016.12	560	胡珍娟	南市街道	新建
28	东阳市吉荣塑料实业有限公司	原材料车间自动化生产线项目	2016.1 ~ 2016.12	200	陈宝良	江北街道	新建
29	浙江炜晟包装有限公司	安防监控与印后自动化系统项目	2016.1 ~ 2016.9	240	王淑婷	江北街道	新建
30	浙江日升昌药业有限公司	浙江日升昌药业有限公司企业信息化建设项目	2015.9 ~ 2017.12	120.8	傅龙云	江北街道	新建

续表 12

序号	项目承建单位	项目名称	项目建设周期	项目投资（万元）	项目负责人	项目建设地址	类型
31	浙江志达服装有限公司	自动化织造无缝针织服装项目	2015.2～2015.11	162	朱志成	江北街道	续建
32	横店集团东磁股份有限公司	东磁外贸管理平台项目	2016.1～2016.12	100	何时金	横店镇	新建
33	横店集团东磁股份有限公司	横店东磁工厂数字智能化项目	2016.1～2016.12	1500	何时金	横店镇	新建
34	浙江东磁户田磁业有限公司	东磁户田粘结永磁铁氧体磁粉生产线自动化项目	2016.1～2017.12	600	小山阳介	横店镇	新建
35	浙江全方音响科技有限公司	全方音响终端产品生产线建设及 TV 喇叭流水线半自动化改造项目	2015.12～2016.12	248.28	廖剑波	横店镇	新建
36	东阳市横店友联磁业有限公司	磁性材料生产自动化和 ERP 管理系统应用项目	2016.1～2016.12	530	张升辉	横店镇	新建
37	浙江中科磁业有限公司	制造物联网项目	2015.12～2016.6	100	吴中平	横店镇	新建
38	东阳市中振永磁有限公司	高性能稀土磁钢成型和烧结技术改进项目	2016.1～2016.12	270	舒月庆	横店镇	新建
39	东阳市麦格电子有限公司	永磁铁氧体自动化生产线改造项目	2015.8～2016.10	360	金晓华	横店镇	新建
40	东阳市双洋红木家具有限公司	生产自动化、管理网络化及第三方商品防伪项目	2016.1～2016.12	220	王海洋	横店镇	新建
41	浙江联宜电机有限公司	企业智能制造系统研发及建设项目	2016.1～2017.10	2096	许晓华	横店镇	新建
42	横店集团得邦照明股份有限公司	供应链智能管控（SCM）和 SMT 车间智能管控项目	2016.2～2016.10	632	倪　强	横店镇	新建
43	浙江省东阳市诚基电机有限公司	基于云平台的数据中心建设项目	2016.1～2016.11	300	张义龙	横店镇	新建
44	浙江省东阳市江南铝材厂	铝型材生产自动化及 ERP 管理项目	2015.10～2016.12	90	张维军	横店镇	新建
45	横店集团控股有限公司	横店集团信息化管理平台项目	2016.1～2018.1	250	徐永安	横店镇	新建
46	横店集团得邦工程塑料有限公司	“两化”融合项目	2016.2～2017.2	418.5	杜国红	横店镇	新建
47	浙江普洛得邦制药有限公司	工业 EHS 监测控制系统提升项目	2015.12～2016.12	250	马向红	横店镇	新建
48	浙江普洛医药科技有限公司	重点车间区域视频监视监控系统及辅助提升项目	2015.11～2017.3	350	何　春	横店镇	新建
49	浙江普洛康裕制药有限公司	医药制造自动高架仓储系统建设项目	2016.1～2016.12	650	葛萌芽	横店镇	新建
50	浙江中元磁业股份有限公司	钕铁硼自动化生产线项目	2015.1～2016.6	352	任元月	横店镇	续建
51	浙江英洛华磁业有限公司	后道工序精细化管理系统项目	2015.1～2016.12	265.2	魏中华	横店镇	续建

续表 12

序号	项目承建单位	项 目 名 称	项目建设周期	项目投资（万元）	项目负责人	项目建设地址	类型
52	浙江全方音响科技有限公司	全方音响 ERP 升级项目	2015.4 ~ 2016.6	260	廖剑波	横店镇	续建
53	浙江中科磁业有限公司	年产 1 万吨铁氧体磁钢液压机自动化改造项目	2015.3 ~ 2016.8	550	吴中平	横店镇	续建
54	浙江省东阳市晓德电机磁钢有限公司	永磁铁氧体压制成型工艺自动化改造项目	2015.1 ~ 2016.10	372	胡晓德	横店镇	续建
55	浙江亚德工贸有限公司	ERP 信息化项目	2014.2 ~ 2016.7	151.37	金李军	横店镇	续建
56	中核苏阀横店机械有限公司	办公信息化生产自动化提升项目	2015.3 ~ 2016.12	590.62	张宗列	横店镇	续建
57	东阳市韦邦红木家具有限公司	韦邦红（ERP）管理系统项目	2016.1 ~ 2016.12	71	张梅仙	南马镇	新建
58	浙江广纳工贸有限公司	管理网络化 – 生产及财务管理网络化项目	2016.1 ~ 2016.12	60	王斌革	南马镇	新建
59	东阳市永福杯业有限公司	金工流水线及注塑机自动化改造项目	2015.1 ~ 2016.12	130	李福禄	南马镇	续建
60	浙江巍华化工有限公司	连续自动控制氯化生产对氯三氯甲苯中间体技术改造项目	2016.1 ~ 2016.12	260	吴顺华	巍山镇	新建
61	东阳市鑫辉金银线有限公司	自动化控制生产金银线项目	2015. 4 ~ 2016.6	120	吴鑫钢	巍山镇	续建
62	东阳市晶日金银线有限公司	自动化控制生产金银线项目	2015.3 ~ 2016.12	100	赵友红	巍山镇	续建
63	东阳市鑫烨线业有限公司	自动化控制生产金银线项目	2015.4 ~ 2016.12	100	吴建锋	巍山镇	续建
64	浙江康峰化工有限公司	绿色安全生产自动化“两化”融合项目	2015.4 ~ 2016.6	580	吴永良	巍山镇	续建
65	浙江朋诚科技有限公司	企业管理信息化（ERP 系统）及网络光纤化、无线化建设项目	2015.4 ~ 2016.6	100	王勇伟	巍山镇	续建
66	浙江普洛康裕生物制药有限公司	生物制药发酵工艺在线控制项目	2015.8 ~ 2016.10	200	陆海平	歌山镇	新建
67	浙江省东阳市定达皮具有限公司	机器生产控制自动化和企业管理信息化项目	2016.1 ~ 2016.12	150	吕大军	千祥镇	新建
68	浙江富凯美工贸有限公司	年产 200 万套不粘锅系列产品生产线自动化改造项目	2016.4 ~ 2017.12	500	陈　浩	湖溪镇	新建
69	东阳市强联磁性有限公司	磁性产品生产工序自动化项目	2015.1 ~ 2016.6	168	金宇鸿	湖溪镇	续建

【信息经济发展综合评价】 2月14日，浙江省信息化工作领导小组办公室、省经信委、省统计局印发《2015年浙江省信息经济发展综合评价报告》，东阳市基础设施89.53分、核心产业147.47分、个人应用82.44分、企业应用94.92分，信息经济综合评价总分106.59分，排名2014年全省各县（市、区）第13位。12月5日，浙江省信息化工作领导小组办公室、省经信委、省统计局印发《2016年浙江省信息经济发展综合评价报告》，东阳市以基础设施93.11分、核心产业142.29分、个人应用77.95分、企业应用95.9分，信息经济综合评价总分105.2

分，排名2015年全省各县（市、区）第13位。

【“两化”融合发展指数评价】 3月8日，浙江省经信委发布2015年浙江省区域“两化”融合发展水平评估报告，东阳市基础环境指数17.69、工业应用指数43.92、应用效益指数11.66，“两化”融合发展总指数73.27。

3月24日，浙江省经信委、省统计局发布2015年浙江省信息化发展指数评价报告，东阳市基础设施指数0.63、产业技术指数0.98、应用消费指数1.04、知识支撑指数0.93、发展效果指数1.08，2015年信息化发展总指数0.93。

【国家火炬计划项目10项】 4月29日，省科技厅转发科技部下达的2015年度国家星火计划火炬计划项目。浙江花园电子科技有限公司“年产5000万只新型波纹管”、横店集团东磁股份有限公司“年产3600吨高性能合金磁粉芯制粉产业化”、浙江普洛康裕制药有限公司“抗肿瘤药物乌苯美司开发及产业化”、浙江普洛得邦制药有限公司“头孢地尼原料药产业化”、浙江普洛康裕生物制药有限公司“吉他霉素开发及产业化”、浙江普洛医药科技有限公司“D(-)对羟基苯甘氨酸甲酯研发及产业化”、东阳市中洲钢带有限公司“基于冲压型高碳铬轴承钢薄钢带的产业化”、中核苏阀横店机械有限公司“高温高压石油炼化专用不锈钢铸件”、横店集团联宜电机有限公司“特种机器人用交流永磁伺服电动机”、浙江思科国祥制冷设备有限公司“SKZW2416组合式空调箱的研发”10个项目列为国家火炬计划项目。

【首届“金技杯”校企同台职业技能大赛获奖情况】 7月25日，金华市经信委、金华市人力社保局、金华市总工会公布首届“金技杯”校企同台职业技能大赛获奖选手名单。横店集团东磁股份有限公司的邹先凡获车工项目三等奖，横店集团东磁股份有限公司的虞正阳获钳工项目三等奖，横店集团东磁股份有限公司的杜玉林获维修电工项目二等奖，浙江金象科技有限公司的周海峰获焊工项目二等奖、金航获焊工项目三等奖。

【忠信堂萤石矿成为金华首家国家级绿色矿山】 9月1日，国土资源部公告国家第一批、第二批国家级绿色矿山试点单位建设进展情况评估结果。其中，浙江省东阳市矿业有限责任公司忠信堂萤石矿列入通过评估达到国家级绿色矿山基本条件的单位名单。忠信堂萤石矿于2012年列入第二批国家级绿色矿山试点单位，是金华市第一家达到国家级绿色矿山基本条件的单位。该矿总陆地面积绿化覆盖率65%以上。

【市长质量奖】 3月10日，根据《东阳市市长质量奖评审管理办法》，经企业自愿申报、专家组资料和现场评审、评审委员会表决、新闻媒体公示，市政府授予浙江东峰制冷配件有限公司、浙江思科国祥制冷设备有限公司、东阳市明堂红木家具有限公司2015年度市长质量奖（组织）；授予直流电机事业部（浙江联宜电机有限公司）团队贡献奖；授予何时金（横店集团东磁股份有限公司）个人贡献奖。

【东阳市级航母、巨人与小巨人工业企业】 3月11日，市委、市政府在有关部门考评基础上命名2015年度东阳市级航母企业、巨人企业与小巨人企业67家，其中航母企业1家、巨人企业3家、小巨人企业63家。工业企业中，横店集团东磁股份有限公司为航母企业；横店集团得邦照明股份有限公司和浙江普洛得邦制药有限公司、浙江横店影视城有限公司3家企业为巨人企业；浙江普洛康裕制药有限公司、浙江联宜电机有限公司、浙江同力服装有限公司、浙江凯文控股集团有限公司、浙江英洛华磁业有限公司、冀发集团有限公司、浙江新亚实业有限公司、浙江海森药业有限公司、浙江横店热电有限公司、浙江日升昌药业有限公司、浙江花园生物高科股份有限公司、浙江野风药业股份有限公司、浙江东峰制冷配件有限公司、浙江思科国祥制冷设备有限公司、浙江中元磁业股份有限公司、浙江花园铜业有限公司、浙江绿宇制冷配件有限公司、浙江伟成塑胶有限公司、浙江康峰化工有限公司、浙江南翔实业股份有限公司、浙江全方音响科技有限公司、花园新材料股份有限公司、东阳市华阳建材有限公司、浙江金路达皮具有限公司、浙江省东阳市定达皮具有限公司、浙江富新太阳能有限公司、浙江省东阳市华侨制衣有限公司、浙江恒成硬质合金有限公司、浙江省东阳市塑料有限公司、浙江中科磁业有限公司、浙江南方涂料工业有限公司、东阳市金茂塑胶有限公司、东阳市环球钢带有限公司33家企业为小巨人企业。

2016年东阳市工业企业及项目入选省级、金华市级技术创新和技术改造情况

表13

省市项目情况	东阳市入选企业和项目	时 间
2016年度省智能制造新模式应用试点	东阳市“机器人用伺服电机智能制造新模式应用”、东阳市“高性能永磁磁瓦智能化生产工厂应用”	3月22日
省技术改造重点项目计划	浙江普洛康裕制药有限公司“固体制剂车间及仓储装备自动化技改项目”、横店集团得邦照明股份有限公司“年产2.4亿只LED照明系列产品和2600万只驱动器技术改造项目”、横店集团东磁股份有限公司“永磁材料生产自动化、智能化、网络信息化融合提升改造示范项目”列入机器换人重点技术改造项目计划；横店集团东磁股份有限公司“年产1亿只18650型高容量锂离子动力电池技改项目”、浙江联宜电机有限公司“新能源汽车驱动系统研发及产业化”、花园新材料股份有限公司“年产300万平方米多功能轻质复合墙板项目”列入新兴产业重点技术改造项目计划；横店集团东磁股份有限公司“年产500MW高效单晶电池片及400MW太阳能组件技改项目”、浙江花园铜业有限公司“年产1万吨紫铜门带生产线技改项目”、浙江联宜电机有限公司“消防机器人及消防训练模拟产业化项目”列入产品升级和工业强基重点技术改造项目计划	4月12日
省重大工业项目计划，其中实施类重大工业项目计划293项，前期类重大工业项目计划110项	浙江花园铜业有限公司“年产10万吨高精度宽幅铜板带生产线项目”、浙江中感传感器科技有限公司“传感器工业园减少项目”、浙江昌兴铜业公司“年产10万吨高精度宽幅铜板带生产项目”、浙江金象科技有限公司“LED纳米管用高纯度氨气精炼、储运设备生产项目”、花园新材料股份有限公司“年产1000万平方米多功能轻质复合墙板建设项目”、浙江联宜电机有限公司“新能源汽车驱动系统研发产业化”和“消防机器人及消防训练模拟产业化项目”列入实施类重大工业项目计划；横店集团东磁股份有限公司“年产1.3亿颗18650型高容量锂离子动力电池投资项目”列入前期类重大工业项目计划	4月14日
省级企业研究院153家	浙江普洛得邦制药有限公司主办的生物与医药技术领域的浙江普洛得邦制药研究院	4月22日
省强制性清洁生产审核重点企业名单324家，其中水污染防治重点企业86家、大气污染防治重点企业126家、重金属污染防治重点企业112家、危险废物污染防治重点企业30家	浙江富新太阳能有限公司列入大气污染防治重点企业名单；东阳市大通电器厂、浙江南天投资有限公司列入重金属污染防治重点企业名单	5月6日
省时尚及丝绸、黄酒产业第二批重点培育企业、品牌名单（其中重点培育企业44家、品牌64个）	横店集团得邦照明股份有限公司列入重点培育企业名单，其品牌TOSPOL列入重点培育品牌名单	6月1日
2015～2016年度浙江省重点研发计划项目217个	浙江联宜电机股份有限公司的“机器人用伺服电机研发及其产业化”项目列入重点研发计划	6月8日
省“百项万亿”重大制造业项目计划178项（其中重大项目135项、重大平台43项）	浙江中感传感器科技有限公司“传感器及水下机器人项目”、横店集团东磁股份有限公司“节能汽车与家电用DM4748高性能永磁铁氧体磁体项目”	6月16日

续表 13

省市项目情况	东阳市入选企业和项目	时间
2016 年度重大制造业项目计划，其中“百项万亿”重大制造业项目实施计划 84 项，其他总投资 5 亿元以上重大制造业项目 205 项	浙江中感传感器有限公司的“东阳传感器工业园项目”列入“百项万亿”重大制造业项目实施计划；浙江鸿鹄谷科技有限公司的“年产 5 万吨不锈钢基材纳米真空离子镀膜生产项目”、浙江金象科技有限公司的“LED 纳米管用高纯氨气体精炼、储运设备生产项目”、横店集团东磁股份有限公司的“年产 500MW 高效单晶电池片和 500MW 高效组件技改项目”列入其他总投资 5 亿元以上重大制造业项目计划	6 月 23 日
2015 年度全省新上规企业“创业之星”205 家	东阳市奥隆机械设备有限公司、浙江广纳工贸有限公司、浙江俊超针织袜业有限公司、东阳市小太阳照明有限公司、浙江亚德工贸有限公司、东阳市欧帝尔体育用品有限公司	7 月 8 日
省高端装备制造业骨干企业 100 家，其中制造业企业 88 家，工程服务公司 12 家	横店集团东磁股份有限公司	7 月 12 日
2016 年度“浙江制造精品”名单 246 项	横店集团得邦照明股份有限公司的“LED 路灯”“LED 筒灯”、中核苏阀横店机械有限公司的“耐高温耐高压原油精炼加氢脱硫装置专用阀门件”、横店集团东磁股份有限公司的“DM4748 高性能永磁铁氧体材料”、浙江联宜电机有限公司的“城市轨道交通门用电机”“工业机器人用伺服电机”	8 月 25 日
省级“两化”融合示范试点企业名单（其中示范企业 74 家、试点企业 86 家）	横店集团得邦照明股份有限公司、横店集团东磁股份有限公司列入示范企业名单，浙江凯文磁钢有限公司列入试点企业名单	8 月 29 日
第一届浙江省企业管理创新奖获奖企业（其中综合奖 6 家、单项奖 18 家）	横店集团得邦照明股份有限公司、横店集团东磁股份有限公司	10 月 11 日
省高成长科技型中小企业 1431 家	花园金波科技股份有限公司、东阳市沃特塑胶有限公司、东阳市万利电子有限公司、东阳市凯捷高尔夫有限公司	10 月 14 日
首届浙江省专利奖获奖项目 45 项（其中金奖 15 项、优秀奖 30 项）	浙江巍华化工有限公司的“一种连续光引发氯化反应合成对氯三氯苄的工业化方法”（发明人：吴江伟、刘国平、陈静华、卜鲁周、王国荣、王国斌、李俊奇）获金奖	11 月 23 日
省专利示范企业 117 家，有效期 3 年	浙江金象科技有限公司	11 月 29 日
第十八届中国专利奖中国外观设计优秀奖 65 项	横店集团得邦照明股份有限公司的“射灯(LED-R 型)”（设计人：药左红、陆凌云、倪强、廖后彩）	12 月 8 日
省“隐形冠军”企业和列入“隐形冠军”培育企业名单（其中“隐形冠军”企业 20 家、列入“隐形冠军”培育企业 108 家）	花园药业股份有限公司列入“隐形冠军”培育企业	12 月 20 日
省级高新技术企业研究开发中心 401 家	浙江朋诚科技有限公司“朋诚有色金属材料省级高新技术企业研究开发中心”、浙江思科国祥制冷设备有限公司“思科国祥节能中央空调机组省级高新技术企业研究开发中心”	12 月 23 日
金华市第三批“机器换人”示范企业 40 家	浙江普洛康裕制药有限公司、花园金波科技股份有限公司、浙江英洛华磁业有限公司	1 月 18 日
2015 年度金华市技术创新能力十强企业	横店集团得邦照明股份有限公司、横店集团东磁股份有限公司	2 月 15 日

续表 13

省市项目情况	东阳市入选企业和项目	时 间
2015 年度金华市工业十强企业和金华市高成长标杆企业	横店集团东磁股份有限公司、横店集团得邦照明股份有限公司为金华市工业十强企业；浙江思科国祥制冷设备有限公司为金华市高成长标杆企业	2 月 15 日
第二批 15 家金华青年创客工场	东阳国际木雕产业基地	3 月 22 日
2016 年大企业大集团和高成长企业培育库	浙江南方涂料工业有限公司、横店集团得邦照明股份有限公司、浙江巍华化工有限公司、浙江同力服装有限公司、浙江普洛康裕制药有限公司、浙江全方音响科技有限公司、浙江思科国祥制冷设备有限公司、浙江花园铜业有限公司、横店集团东磁股份有限公司、浙江联宜电机股份有限公司、冀发集团有限公司、浙江普洛得邦制药有限公司、浙江英洛华磁业有限公司、横店集团家园化工有限公司、浙江雪舫工贸有限公司、浙江凯文磁钢有限公司、浙江新亚实业有限公司 17 家企业列入大企业大集团培育库名单；东阳市东政电机有限公司、浙江南翔实业股份有限公司、东阳市东艺工艺品有限公司、浙江恒成硬质合金有限公司、浙江华洋缝制有限公司、浙江金象科技有限公司、东阳市巍华制冷材料有限公司、浙江金多儿针织有限公司、花园金波科技股份有限公司、浙江日升昌药业有限公司 10 家企业列入高成长培育库名单	3 月 22 日
首批金华市“两化”融合咨询服务机构推荐名单 10 家	东阳市信息产业协会	4 月 13 日
金华市时尚及农产品产业重点培育企业和品牌名单（其中时尚产业重点培育企业 50 家、重点培育品牌 100 个，农产品重点培育企业 50 家、重点培育品牌 98 个）	横店集团得邦照明股份有限公司、东阳同力服装有限公司、浙江全方音响科技有限公司（英洛华电声）、浙江新亚实业有限公司、东阳市明堂红木家俱有限公司 5 家企业列入时尚产业重点培育企业名单；横店集团得邦照明股份有限公司的 TOSPO、浙江金路达皮具有限公司的金路达、浙江浩男服饰有限公司的浩男、浙江省东阳市定达皮具有限公司的定达、浙江月盈儿服饰有限公司的月盈儿、浙江新亚实业有限公司的 NA、横店集团浙江英洛华电声有限公司的 DY、东阳市东艺工艺品有限公司的东艺、施德泉、浙江大清翰林古典艺术家具有限公司的大清翰林、浙江万家宜家具有限公司的万家宜、东阳市御乾堂宫廷红木家具有限公司的御乾堂 12 个品牌列入时尚产业重点培育品牌	4 月 29 日
2016 年金华市“两化”融合重点项目	浙江巍华化工有限公司“连续自动控制氯化生产对氯三氟甲苯中间体技术改造”、浙江省东阳市华侨制衣有限公司“服装智能制造平台金属项目”、浙江联宜电机有限公司“企业智能制造系统研发及建设项目”、横店集团东磁股份有限公司“工厂数字智能化、东磁外贸管理平台项目”、浙江普洛康裕制药有限公司“医药制造自动高架仓储系统建设项目”、浙江普洛康裕生物制药有限公司“生物制药发酵工艺在线控制项目”、浙江康力博能源科技有限公司“智能配料调和系统和自动灌装系统建设项目”、东阳市乔老爷铝业有限公司“铝型材自动化生产及管理网络化项目”、浙江全方音响科技有限公司“终端产品生产及 TV 喇叭半自动化生产线建设”、横店集团得邦工程塑料有限公司“得邦塑料两化融合项目”、横店集团得邦照明股份有限公司“企业供应链管理及生产过程智能管理项目”、浙江省东阳市电磁器材厂“ERP 系统升级及生产工艺设备自动化改造项目”、浙江普洛家园药业有限公司“重点车间区域视频监视系统及辅助提升项目”、浙江省东阳市诚基电机有限公司“网络中心虚拟化服务器集群建设”、浙江普洛得邦制药有限公司“工业 EHS 监测控制系统提升项目”、横店集团控股有限公司“横店集团信息化管理平台”、浙江炜晟包装有限公司“安防监控与印后自动化系统”、东阳市东政电机有限公司“企业生产智能化管理平台建设项目”、浙江华恒温控器有限公司“温控器生产线自动化设备改造”、东阳市韦邦家具有限公司“ERP 项目”、浙江同力服装有限公司“无线射频管理系统”、浙江中科磁业有限公司“制造物联网项目”、浙江恒成硬质合金有限公司“ERP 项目”、浙江海森药业有限公司“管理信息化集成项目”、浙江日升昌药业有限公司“企业信息化建设项目”	5 月 27 日

续表 13

省市项目情况	东阳市入选企业和项目	时间
金华市 2016 年重点技术改造项目计划	横店集团东磁股份有限公司“年产 500 兆瓦高效单晶电池片和 500MW 高效组件技改项目”“年产 1 亿支 18650 型高容量锂离子动力电池”“永磁材料生产自动化、智能化、网络信息化融合提升改造示范项目”、浙江联宜电机有限公司“新能源汽车驱动系统研发及产业化项目”“消防机器人及消防训练模拟产业化项目”“年产 6 万台工业机器人用伺服电机技改项目”、浙江花园铜业有限公司“年产 1 万吨紫铜门带生产线技改项目”、花园新材料股份有限公司“年产 300 万平方米多功能轻质复合墙板项目”、浙江英洛华磁业有限公司“高性能热变形磁环研发与产业化项目”、横店集团得邦照明有限公司“年产 2.4 亿只 LED 照明系列产品和 2600 万只驱动器技术改造项目”、东阳市华能新型建材有限公司“利用污泥年产 30 万立方米烧结页岩保温空心砌块异地建设项目”、中核苏阀横店机械有限公司“清洁核电阀门铸件产业化项目”、浙江普洛得邦制药有限公司“年产 620 吨头孢类无菌原料药 GMP 生产线建设”、浙江雪丽日用品有限公司“年产 600 万套餐具生产线项目”、东阳市乔老爷铝业有限公司“年产 5000 吨铝型材项目”、浙江省东阳市铁锚科技有限公司“年产 19500 万只各系列换向器建设项目”、浙江普洛康裕制药有限公司“固体制剂车间及仓储装备自动化技改项目”“年产 20 吨盐酸屈他维林原料药生产线出口技改项目”、浙江省东阳市诚基电机有限公司“年产 5000 万只触觉反馈线性致动器技改项目”、东阳市金多儿洗衣厂“年产 3000 万米高档印花布、2000 吨针织布染色技改项目”、浙江普洛医药科技有限公司“年产 15 吨达诺沙星技改项目”、东阳市华鑫塑胶有限公司“年产 1500 万米无毒环保塑料牛津布的生产线技改项目”、浙江英洛华磁业有限公司“包覆式高性能钨锆活性破片产业化项目”、浙江华洋缝制有限公司“缝纫机梭芯套数控化技改项目”、浙江普洛得邦制药有限公司“年产 2000 千克头孢维新钠技改项目”、浙江省东阳市华侨制衣有限公司“年产 200 万套服装生产流水线技改项目”、浙江海森药业有限公司“原料药生产 PDA 标准认证技改二期项目”、浙江北生药业汉生制药有限公司“年产 3000 万支奥扎格雷钠等五个制剂生产线建设项目”、东阳富仕特磁业有限公司“年产 1000 吨高性能永磁铁氧体材料智能化生产线项目”、浙江宝森波纹管有限公司“金属波纹管生产设备半自动化及自动化改造项目”、东阳市日盛电池有限公司“年产 1.5 亿只电池零配件项目”、浙江普洛康裕生物制药有限公司“年产 100 吨关键医药中间体胸苷生产线技改项目”、冀发集团有限公司“年产 10 万台 72558E 斜断锯生产线技改项目”、东阳市科普电器有限公司“年产 1500 万只 LED 节能灯技改项目”、浙江金象科技有限公司 “年产 1500 只高纯气体焊接钢瓶建设项目”、 浙江中冷重工科技有限公司“年产 2000 套热交换器技改项目”、东阳市方维墙纸有限公司“年产 2000 万米无纺布及 PVC 墙纸”、东阳市康恩贝印刷包装有限公司“年产 2300 吨包装材料生产线技改项目”、横店集团浙江英洛华电子有限公司 “年产 3.5 万套陶瓷阀门生产线”、 浙江东峰制冷配件有限公司“年产 3000 万件制冷管路接头技改项目”、浙江鼎坚玻璃有限公司“年产 370 万平方米 LOW-E 玻璃生产线改造项目”、东阳市中信五金工具有限公司“理查德 600 万套蛋糕模生产流水线技改项目”、浙江瑞邦科技有限公司“年产 1000 吨储能用磷酸铁锂材料生产线项目”、东阳市金茂塑胶有限公司“年产 1200 万米箱包革生产流水线技改项目”、花园金波科技股份有限公司“年产 5000 万只新型波纹管生产线技改项目”	6 月 6 日
金华市 2016 年技术创新项目计划 82 个	横店集团得邦工程塑料有限公司“超低温增韧高铁专用料”、横店集团东磁股份有限公司“DMS121-F 高性能注塑铁氧体颗粒开发”、浙江普洛康裕制药有限公司“三唑基苯甲酸药物中间体(TA)”、浙江野风股份有限公司“甲基多巴新工艺的研制”、浙江凯文磁业有限公司“混合动力汽车用超高矫顽力烧结钕铁硼磁体”、浙江瑞邦科技有限公司“高性能纳米磷酸铁锂正极材料”	5 月 30 日

续表 13

省市项目情况	东阳市入选企业和项目	时 间
2016年第一批金华市高新技术企业130家	东阳市沃特塑胶有限公司、浙江鑫宁工贸有限公司、浙江省东阳市伟铭电子有限公司、东阳市陈氏塑胶有限公司、东阳市富士碳素制品有限公司、东阳市百连拉链有限公司、浙江永尔佳环保科技有限公司、浙江全方音响科技有限公司、浙江正消防火门窗有限公司、浙江微度医疗器械有限公司、浙江通达塑业有限公司、浙江南方涂料工业有限公司、东阳市盛林塑胶有限公司、东阳市高强织洗有限公司、浙江斯达克照明有限公司、浙江省东阳市荣盛橡胶制品有限公司、浙江华恒温控有限公司、东阳市航晓电器有限公司、东阳市波波雪靴有限公司、东阳市铭铄机械设备制造有限公司	6月1日
2016年度金华市工业自主创新产品与名优产品目录	冀发集团有限公司的“斜断锯”、横店集团东磁股份有限公司的“碱性锌锰电池”、浙江普洛医药有限公司的“L-丝氨酸”、浙江普洛得邦制药有限公司的“头孢地尼原料药”和“头孢克肟原料药”	6月20日
第十六批金华市专利示范企业57家	浙江联宜电机有限公司、浙江中科磁业有限公司、浙江中元磁业股份有限公司、浙江科冠聚合物有限公司、东阳市新和电子机械有限公司、浙江全方音响科技有限公司、东阳市沃特塑胶有限公司、浙江大清翰林古典艺术家具有限公司、浙江鑫宁工贸有限公司	7月1日
金华市第三批“三名”培育试点30家	浙江思科国祥制冷设备有限公司、浙江凯文磁钢有限公司、浙江海森药业有限公司、花园新材料股份有限公司	10月17日
2016年度金华市级工业设计中心17家，其中专业设计中心5家、企业设计中心12家	浙江省东阳市定达皮具有限公司工业设计中心列入企业设计中心名单	12月20日
2016年第二批金华市高新技术企业88家	东阳市中兴电机有限公司、东阳市白云包装材料有限公司、浙江绿宇制冷配件有限公司、东阳市科灵工贸有限公司、浙江澳亚织造股份有限公司、东阳市郎士服饰有限公司	12月12日

（陈毅军）

东阳经济开发区

【概况】 2016年，开发区规划控制范围明确为白云街道、江北街道、六石街道、城东街道行政管辖区域，托管六石街道、城东街道，撤销原上卢管理处，江北街道迎宾大道以东区域规划、基础设施建设和产业项目落地由开发区统一实施，总面积270平方千米，规划开发面积92平方千米。开发区内有工业企业2183家，其中规模企业214家，产值超亿元企业36家。全区完成规模以上工业增加值36.9亿元，比上年增长12.3%；完成规模以上工业总产值163.5亿元，比上年增长11.5%。增加省级以上高新技术企业7家，累计18家；省级以上专利示范试点企业1家；省级以上工业技术研发中心4家。

【东阳经济开发区】 开发区核心区块（六石、上卢）位于东阳市区中北部，是东阳市重点建设工业区块，处于杭州至永康、金华至宁波大通道的十字交叉口位置，北接甬金高速，东连诸永高速，距浙赣铁路和义乌机场20千米，区位优势明显。2016年，开发区核心区块（六石、上卢）63家规模企业完成工业总产值44.28亿元，比上年增长13.3%，完成规模以上工业增加值9.44亿元，比上年增长11.8%。完成固定资产投资38.65亿元，比上年增长26.8%，其中完成工业性投入27.51亿元，比上年增长13.1%。

完成国地税29012万元，比上年增长35%，其中国税16533万元，比上年增长21.6%；地税12479万元，比上年增长77.5 %。规模以上工业出口交货值8.03亿元，比上年增长17.65%；规模以上新产品产值11.81亿元，比上年增长30.8%；规模以上工业企业用电量9808万千瓦时，比上年增长7.6%。增加规模以上企业6家。

【白云商贸园区】 园区地处东阳市西部，东邻吴宁街道，西接义乌市江东街道，南与南市街道相连，北濒东阳江，与江北街道隔江相望，基本形成以生产经营电子机械类产品为主的西城工业园，以生产经营服装针织类产品为主的服装工业园，以生产经营工艺品类产品为主的小商品工业园。完成工业总产值180亿元，比上年增长8%，其中规模以上工业总产值62.2亿元，比上年增长5%；完成国地税9.72亿元，比上年增长41.2%；引进内资9.86亿元，外资703万美元，浙商回归12亿元，固定资产投资47.85亿元，其中工业性投入9.9亿元，培育"小升规"企业6家，培育商贸服务业"下升上"5家。"三改一拆"完成旧厂区改造15.4万平方米。

【江北高新产业园区】 该区地处东阳市西北部，东阳市政府所在地，东邻六石街道，南濒东阳江，与城东街道、吴宁街道、白云街道隔江相望，西接义乌市廿三里镇、华溪镇，北壤诸暨市岭北乡。初步形成以生物制药、纺织服装、塑料制品、工艺品等为主的工业体系。2016年，完成规模以上工业总产值27.15亿元，比上年增长8%，工业增加值5.4亿元；完成工业性投入14.5亿元，比上年增长11.6%；浙商回归2.78亿元，完成目标任务的102%，引进内资3.52亿元。

图88 12月14日，省委常委、宣传部部长葛慧君（左三）参观东阳木雕小镇（市经济开发区提供）

【领导考察东阳木雕小镇】 4月29日，文化部副部长项兆伦到东阳市考察东阳木雕小镇和北后周古村落。在走访胡先民艺术馆时，项兆伦指出，东阳木雕历史悠久，作为第一批经国务院批准入选的国家级非物质文化遗产，要通过建设木雕特色小镇，使东阳木雕在经济上有壮大，在文化上有传承，加强非物质文化遗产保护、保存工作，继承和弘扬优秀传统文化。

12月14日，省委常委、宣传部部长葛慧君到东阳木雕小镇考察。葛慧君听取木雕红木小镇规划、建设情况介绍，走访卢光华大师工作室、陈国华艺术馆，参观北后周村新农村建设情况。

（徐振亮）

浙江东阳横店电子产业园区

【概况】 园区完成工业总产值180.03亿元，比上年增长2.56%；规模以上工业企业实现产值155.19亿元，比上年增长2.53%；规模以上企业实现新产品产值94.44亿元，比上年增长8.26%；规模以上企业完成出口交货值45亿元，比上年增长10.59%；规模以上企业上缴税收7.8亿元，比上年增长2.4%；高新技术产业增加值33.11亿元，比上年增长3.7%。

增加企业4家、小上规企业1家、亿元产值以上的企业1家、5亿元产值以上的企业1家，拥有企业222家，规模以上企业52家，产值亿元以上企业19家，5亿元产值以上的企业4家，10亿元产值以上的企业2家。完成股改1家（浙江石金玄武岩纤维股份有限公司），区域资本市场挂牌14家，"新三板"挂牌上市2

家企业(浙江正蓝节能科技股份有限公司、中元磁业股份有限公司),园区直接上市或注资上市企业6家(浙江正蓝节能科技股份有限公司、中元磁业股份有限公司、横店集团东磁股份有限公司、普洛股份有限公司、浙江英洛华磁业有限公司、浙江联宜电机股份有限公司),横店集团得邦照明股份有限公司进入上市排队阶段,浙江中科磁业有限公司、浙江亚德工贸有限公司、东阳市明堂红木家俱有限公司、四达氟塑股份有限公司进入上市辅导期。

依托横店集团东磁股份有限公司、浙江英洛华磁业有限公司、横店集团得邦电子照明股份有限公司等骨干企业,发展电子信息、绿色照明等特色产业,逐步集聚以电子信息、绿色照明为主导产业的支柱企业;依托东阳市明堂红木家俱有限公司、东阳市新民红木家具有限公司、浙江省中信红木家具有限公司等家具制造龙头企业,推进园区红木家具中心、红木家具产业园建设;围绕产业结构调整,聚集一批中小企业,提供专业化产品、加工原材料和零配件供应等配套协作,形成产业链、企业群,完善产业结构,园区内企业实行专业化配套生产。2016年,园区内磁性电子产业工业总产值158.01亿元,占园区工业总产值的87.76%,比上年提高3.03个百分点。

引进专利技术20项。11月1日,横店集团东磁股份有限公司与国家ITS中心、德国INTIS公司、德国SOIMOVE公司签署《合作备忘录》;组织企业开展科技项目申报,增加金华市科学技术研究项目5项,增加省级新产品24只。重新评审获国家级高新技术企业1家(横店集团得邦工程塑料有限公司),增加金华市高新技术企业5家(东阳市沃特塑胶有限公司、浙江微度医疗器械有限公司、浙江省东阳市伟铭电子有限公司、浙江全方音响科技有限公司、浙江绿宇制冷配件有限公司),增加金华市创新型企业1家(浙江石金玄武岩纤维股份有限公司),园区的浙江绿宇制冷配件有限公司、浙江全方音响科技有限公司、东阳市顶峰磁材有限公司成为省科技型中小企业,东阳市沃特塑胶有限公司成为省高成长科技型中小企业。至年末,有国家级高新技术企业11家、金华市高新技术企业21家。增加省级企业研究院1家(浙江普洛得邦制药研究院)。全区有企业博士后科研工作站3个,企业技术研发中心17家,其中国家级1家、省级10家(含省级企业研究院1家)、金华市级6家。

依托横店集团东磁股份有限公司、浙江英洛华磁业有限公司、浙江联宜电机股份有限公司、中核苏阀科技实业股份有限公司等军民结合企业,发展军工企业。11月,横店电子产业园区成为浙江省第一批7个"省级军民融合产业示范基地"之一。

【科技创新】 在2016年度国家科学技术奖励大会上,横店集团东磁股份有限公司董事长何时金与浙江大学团队共同发明的"低功耗高性能软磁复合材料及关键制备技术"获国家技术发明奖二等奖。2016年,园区企业申请专利699件,获授权专利366件,其中发明专利77件。增加金华市级专利示范企业5家(浙江联宜电机股份有限公司、浙江中科磁业有限公司、浙江中元磁业股份有限公司、浙江全方音响科技有限公司、东阳市沃特塑胶有限公司)。有国家级知识产权示范单位3家,国家级知识产权优势单位2家,省专利示范企业7家,金华市专利示范企业22家。横店集团东磁股份有限公司入围浙江省知名企业、知名品牌、知名企业家的"三名"试点企业,总经理何时金获"2016中国优秀创新企业家"称号。

【品牌建设】 增加省著名商标1只(东阳市双洋红木家具有限公司),省名牌产品1家(横店集团得邦工程塑料有限公司),金华市著名商标3个(浙江石金玄武岩纤维股份有限公司、东阳市旭东工艺品有限公司、横店集团控股有限公司),金华市名牌产品3家(浙江石金玄武岩纤维股份有限公司、苏阳红红木家具有限公司、浙江联宜电机股份有限公司),东阳市知名商标4个(浙江样样红家具有限公司、东阳市盛泰御品红木家具有限公司、东阳市千百年红木家具有限公司、浙江中科磁业有限公司)。园区有中国驰名商标9个,省著名商标20个,省名牌产品27个,金华市著名商标22个,金华市名牌产品23个。横店集团东磁股份有限公司和浙江联宜电机股份有限公司被推荐参加金华市市长质量奖评审。

【重点项目建设】 列入市重点技改项目19项,计划总投资22.18亿元。其中,2016年计划投资15.25亿元,实际完成投资16.15亿元,完成年度计划的105.9%。横店集团控股有限公司下属企业申报7个项目（全市9个）被列入浙江省技术改造重点项目计划。旧厂区改造项目5个，完成旧厂房改造71475平方米，其中拆除旧厂房9933平方米，原地建造或闲地建造厂房61542平方米；亩产税收从3万元提高到5万元来确定低效用地企业，倒逼企业转型升级，促进土地的二次开发利用，增加工业性投入。上报市“两化”融合项目24项（其中新建18项，续建6项），计划总投资11374.06万元，完成投资7773.1万元，占总投资额的68.34%。其中浙江联宜电子股份有限公司申报的“企业智能制造系统研发及建设”项目拟列入省级“两化”融合项目，园区完成工业性投入18.96亿元。

【园区基础设施建设】 投资400万元完成红木园区人行道建设和纬九路、纬十一路、西环路人行道树种植，安装25个监控探头；投资900余万元完成红木园区、东磁光伏基地蒸汽管道建设工程建设；投资1500万元完成纬九路西延东段1.2千米道路硬化工程和路边人行道工程；投资500万元完成纬九路西延西段860米道路管网工程；投资300余万元完成纬一路东、纬二路东和纬三路的路面硬化工程；投资近700万元兴建园区一期的蒸汽管道，完成总工程的70%；投资近500万元兴建园区一期的济慈路、园五路的人行道。

【园区节能环保】 开展园区企业“三废”排放情况大检查，加大红木家具制造企业的烟气治理力度，整治淘汰高污染燃料锅炉59个，治理经八路排水口，投资100余万元完成提升泵建设和管道改进工作，通过金华市考核；邀请省经济信息化中心编制完成《横店电子产业园区循环化改造实施方案》，通过金华市发改局组织的专家评审，邀请东阳市环保局和金华市环科环境技术有限公司编制完成《横店电子产业园区工业污染专项治理方案》，初步通过东阳市环保局组织的专家评审；对园区可能产生环境污染的企业，实施污染物排放按规定申领排污许可证制度，实行全程监控，做到达标排放。

【引才招商工作】 上报洽谈项目44个，上报市评审工业项目2个，通过市评审工业项目2个，参加省政府在宁波市举办的接洽会，签约项目1项，完成镇签约39项，落地37项（含影视项目），引进大量高校人才，增加“省千人才”（浙江省“千人计划”人才）1人，金华市“双龙计划”项目6个，园区有“国千人才”（国家“千人计划”人才）1人，“省千人才”7人；园区实际引进内资6.67亿元，引进外资300万美元，完成浙商回归暨东阳人回归资金3.59亿元。

【园区安全管理】 园区划分为9个网格小组，建立企业安全生产信息网络，定期开展安全生产隐患排查，完成安全生产托管97家，辖区内未发生死亡安全生产责任事故；建立园区企业信息平台；开展节日慰问和“走企连心精准服务”活动，帮助企业解决各类难题95项。为园区企业调处劳资纠纷、工伤事故197起，涉及资金481.9万元，其中劳资纠纷132起，涉及资金310.82万元。工伤事故65起，涉及资金171.08万元。开展4次园区环境卫生大巡查大整治行动。

（徐永其）

战略性新兴产业

【概况】 2016年，全市2000万元以上战略性新兴产业企业67家，其中，新材料企业25家，实现工业总产值17.6亿元，比上年增长17.4%；新能源企业3家，实现工业总产值3.89亿元，比上年下降24.3%；节能环保企业15家，实现工业总产值43.99亿元，比上年下降2.5%；现代建筑企业24家，实现工业总产值21.36亿元，比上年增长22.1%。

7月15日，中国电子元件行业协会在山东省青岛市召开常务理事会，横店东磁股份有限公司董事长兼总经理何时金当选磁性材料与器件分会理事长。

【东磁磁性材料重点企业研究院为第一批新建省级重点企业研究院】 4月22日，浙江省科技厅、省发改委、省经信委、省财政厅公布2016年度第一批新建浙江省级重点企业研究院名单25家，其中，横店集团东磁股份有限公司主办的新材料领域的浙江省横店东磁磁性材料重点企业研究院列入2016年度第一批新建浙江省级重点企业研究院名单。

【企业挂牌上市】 5月20日，浙江正蓝节能科技股份有限公司在北京金融街全国中小企业股份转让系统挂牌上市。公司是一家集节能环保技术研发、系统集成、工程安装、系统运行、维护管理、设备租赁于一体的绿色科技企业，致力于为高校后勤部门提供改善在校学生日常生活的相关服务，建立起一整套专业化、规范化和标准化的服务流程。

6月3日，浙江东白山风电股份有限公司的挂牌申请获得批准，并于当日公开转让。公司是浙中地区唯一一家风力发电企业，第一期风电场2010年11月建成发电，发电1.2亿千瓦时，减少二氧化碳排放11.8万吨，节约标准煤4.8万吨。

【中国铜加工产业年会】 8月18日，由中国有色金属加工工业协会和金华市人民政府联合主办，东阳市人民政府和花园集团承办，花园铜业公司等协办的2016中国铜加工产业年会在南马镇花园村开幕。年会以“技术创新与资源整合”为主题，会议为期三天，由开幕式、创新交流大会主旨演讲、中国铜加工行业高校材料学院与研究院院长论坛、相关企业与高校材料学院及研究院对接会四部分内容组成。会议期间，召开中国有色金属加工工业协会七届二次理事会，确定中国有色金属加工工业协会徽标。

【第二届材料产业论坛主题会议】 7月，浙江省新材料产业协会一届三次常务理事会议暨第二届材料产业论坛主题会议在东阳市举行，全省科研院校、新材料领域专家学者以及科研人员，省新材料产业协会会员、单位负责人参加会议。中国钢研科技集团周少雄应邀在论坛会上做《“新材料技术”战略地位及先进功能与智能材料发展思考》主讲。

【东磁进入中国锂电池企业前十强】 8月31日，新华网联合唐宋大数据产业股份有限公司在北京发布《2016年中国锂电池企业综合实力排名》榜单，横店集团东磁股份有限公司以65.27总分列2016年中国锂电池企业综合实力排名第九。

【浙江省磁性材料产业知识产权联盟成立】 8月，浙江省磁性材料产业知识产权联盟发起单位成员会在浙江英洛华磁业有限公司召开。会上，通过联盟章程，产生联盟组织机构。横店集团东磁股份有限公司任理事长单位，浙江英洛华磁业公司任副理事长单位。联盟成员单位来自磁性材料企业、高校、科研院所等领域，有中国计量大学、浙江工业大学等成员单位31家。

（陈毅军）

优势支柱产业

【概况】 2016年，全市2000万元以上优势支柱产业企业187家，其中，装备制造企业105家，实现工业总产值130.78亿元，比上年增长6.2%；磁性电子企业59家，实现工业总产值153.32亿元，比上年增长4.3%；生物医药企业23家，实现工业总产值65.23亿元，比上年增长18.%。

10月，生化垃圾终端处理设施——东阳第二生活垃圾填埋场首个垃圾填埋气发电项目开始并网试运行。该项目每天可向国家电网输送“绿色电力”4.5万千瓦时。

11月11日，金华市市场监督管理局公布金华市第十届“大德杯”药品检验技能比武获奖名单（其中一等奖1个、二等奖3个、三等奖5个），浙江普洛家园药业有限公司的羊美珍获一等奖；浙江普洛康裕生物制药有限公司的应美俊和浙江普洛康裕制药有限公司的陈珊丹获三等奖。

【横店集团得邦照明股份有限公司】 2月1日，国家质量监督检验检疫总局授予第二批82家企业“中国出口质量安全示范企业”称号，横店集团得邦照明股份有限公司列入公布名单，获第二批“中国出口质量安全示范企业”称号。

3月23日，2015年度浙江省科学技术奖励大会在杭州市举行，291项科技项目成果获浙江省科学技术奖，其中一等奖28项、二等奖93项、三等奖170项，横店集团得邦照明股份有限公司与中国计量大学合作的“光色调控的高性能半导体照明关键技术及应用”项目获二等奖。4月25日，横店集团得邦照明股份有限公司参与制定的两项国家标准《GB/T19655-2016 灯用附件启动装置（辉光启动器除外）性能要求》《GB/T24826-2016 普通照明用LED产品和相关设备术语和定义》，由中国国家质量监督检验检疫总局和国家标准化管理委员会联合发布。7月8日，浙江省院士专家工作站建设协调小组办公室对拟认定的第七批省级院士专家工作站名单予以公示，横店集团得邦照明股份有限公司院士专家工作站列入公示名单。7月，市经信局对横店集团得邦照明股份有限公司承担的“具有检测有毒有害气体报警功能的智能LED面板灯”等7项产品进行鉴定验收，其中“基于温度智能控制的LED球泡灯”为省级重点高新技术产品，其余

6 项为省级工业新产品。经鉴定，“具有检测有毒有害气体报警功能的智能 LED 面板灯”等 5 项产品的技术处于国际先进水平，“新型一体化卡口式面盖的 LED 投光灯”“基于温度智能控制的 LED 球泡灯”的技术处于国内领先水平。8 月，横店集团得邦照明股份有限公司作为试点单位，开展“美丽工厂”建设。

【花园工贸集团有限公司】 5 月 6 日，“清华大学——花园工商管理高级研修班”开学典礼在花园大厦举行，集团下属企业 50 名年轻管理骨干参加为期一年的课程学习。6 月 6 日，花园药业股份有限公司举行挂牌仪式，成为花园工贸集团有限公司第四家完成股份制改造的企业。花园药业股份有限公司前身为浙江花园药业有限公司，是一家集产品研发、生产、销售于一体的现代化制药企业，公司有固体制剂和注射剂等多条生产线，通过新版 GMP 认证。11 月 10 日，花园工贸集团有限公司与民生证券股份有限公司签署战略合作协议。花园工贸集团有限公司聘请民生证券股份有限公司担任其资本运作的财务顾问，授权民生证券股份有限公司为花园工贸集团有限公司设计合适的资本运作方案和资本运作方式。

【横店集团东磁股份有限公司】 6 月 25 日，由中国企业文化研究会主办、天能集团承办的“民营企业文化创新与社会责任”——首届中国民营企业文化论坛暨天能集团现场会在浙江省长兴县举行，对民营企业文化建设进行总结表彰，横店集团东磁股份有限公司获“全国民营企业文化建设三十佳”称号。8 月 25 日，横店集团东磁股份有限公司举办拜师仪式，公司各部门挑选的 62 名导师制学员和销售工程师学员“拜师”58 名导师。10 月，横店集团东磁股份有限公司举行首期销售工程师开班仪式，培训班为期两年，学员们通过专业培训、英语自学和导师指导等方式，完成商务礼仪、参展攻略、大客户销售技巧、谈判技巧、国际观、合同管理、标准制作等课程的学习。11 月 5 日，横店集团东磁股份有限公司邀请贵州大学校长郑强到东阳市横店镇做“中国梦·中国企业家的创新之梦”主题演讲。11 月 7～8 日，国际电工委员会磁性元件与铁氧体材料技术委员会（IEC/TC51）2016 年会在德国慕尼黑召开，会上，专家们讨论通过 9 项新标准提案的 NP 文件，其中“电子设备用变压器和电感器——测量方法和试验程序”和“铁氧体磁心尺寸及表面缺陷极限导则第 X 部分：RM 磁心”两项标准由横店集团东磁股份有限公司负责制定。

【浙江普洛康裕制药有限公司】 6 月，国家发改委和中国农业发展银行下达国家专项建设基金 2016 年第二批投资计划，浙江普洛康裕制药有限公司的“制剂国际化发展能力建设”项目列入国家专项建设基金项目。项目主要内容包括制剂研发、产业化和国际销售渠道建设。10 月，中国科协联合中国工程院评选出“2016 全国示范院士专家工作站”110 家，浙江普洛康裕制药有限公司院士工作站名列其中，被评为“2016 全国示范院士专家工作站”。11 月 7 日，浙江省优秀科技工作者评审委员会办公室对 2016 年十佳浙江省优秀科技工作者、浙江省优秀科技工作者（86 人）予以公示，其中浙江普洛康裕制药有限公司的舒理建列入浙江省优秀科技工作者公示名单。

【横店集团联宜电机有限公司】 8 月，横店集团联宜电机有限公司作为试点单位，开展“美丽工厂”建设。12 月，横店集团联宜电机有限公司通过浙江省示范数字档案室测评，成为金华地区首家通过省级测评的生产型企业。

【普洛药业股份有限公司】 9 月 24 日，由中国药科大学、当代中医药发展研究中心、重庆市经济和信息化委员会指导，药智精英俱乐部主办，药智网承办的“2016 中国医药研发·创新峰会暨医药企业研发实力百强榜发布会”在重庆市举行，普洛药业股份有限公司入选全国药品研发实力百强名单，列第 71 位。11 月 24 日，由米内网主办，《医药经济报》、医师在线、《21 世纪药店报》协办的 2016“中国制药·品牌榜”在广州市发布，榜单包含医院终端、基层终端、零售终端和新锐品牌四个部分，227 个制药品牌上榜，其中，普洛药业股份有限公司旗下产品头孢克肟片（天立威）列入零售终端品牌榜。11 月 22～25 日，第 28 届全国医药经济信息发布会暨 2016 全国药店周第 11 届中国制药工业百强年会在广州市举行，会上发布 2015 年度中国制药工业百强榜单，普洛药业股份有限公司列入，列第 40 位。

【排污权竞拍】 8 月 2 日，金华市排污权储备交易中心进行

2016年第一期政府储备四项指标电子竞价。横店集团得邦照明股份有限公司、东阳市华能新型建材有限公司和东阳百应宠物食品有限公司3家企业通过资格审查并参加竞价。该次竞价的起拍价为化学需氧量4000元/吨、二氧化硫1000元/吨和氮氧化物1000元/吨。3家企业在该次竞价中的指标及竞价总量分别为化学需氧量2.32吨、二氧化硫2.05吨和氮氧化物0.46吨，竞拍到排污使用权，竞拍均价分别为化学需氧量7475元/吨、二氧化硫4267元/吨和氮氧化物4657元/吨。

【"磁化裂解装置"通过科技成果鉴定】 3月19日，中国环境科学学会组织鉴定委员会成员，对东阳市中洲钢带有限公司的"磁化裂解装置"技术设备进行鉴定。"磁化裂解装置"集空气磁化、热解气化、气体焚烧等技术于一体，实现含水率小于30%的有机废物安全处理。该技术设备在中洲钢带有限公司等国内3家公司试运行。鉴定委员会专家认为，该技术设备研究成果整体上达到国内领先水平，同意通过鉴定。是日，"磁化裂解装置"项目组召开项目落地签字仪式，该技术设备在歌山镇鑫源昊（浙江）环保能源科技有限公司落地实施。

【野风药业通过PMDA官方审计】 3月，浙江野风药业股份有限公司原料药卡比多巴通过日本PMDA官方机构的审计检查，获国际市场通行证。公司通过ISO9001、ISO14001、OHSAS18001体系认证，3个产品通过国内GMP认证，产品左旋多巴通过墨西哥官方认证。公司主打产品甲基多巴占据全球市场30%以上的份额。

【红太阳电声公司伊朗分公司成立】 2016年6月4日，红太阳公司soway品牌伊朗分公司Ideal Sound在伊朗首府德黑兰成立。红太阳电声公司于2008年成立，2011年，公司先后注册6个商标，在泰国建立直属贸易公司，在越南、哈萨克斯坦、俄罗斯、肯尼亚等国家建立品牌代理商。

【花园新材料股份有限公司入选中国纸包装工业纸箱彩盒50强企业名单】 9月1日，由上海华凝文化传媒有限公司、《纸包装工业》杂志主办的"2015～2016中国纸包装工业100强企业"评选活动颁奖会在河南省郑州市举行，花园新材料股份有限公司入选2015～2016中国纸包装工业纸箱彩盒50强企业名单。

【中国电子元件行业协会磁性材料与器件分会七届一次会员大会暨产业链科技报告会】 11月，中国电子元件行业协会磁性材料与器件分会七届一次会员大会暨产业链科技报告会在东阳市举行，会议选举产生新一届理事会成员。浙江省磁性材料产业知识产权联盟同期成立。中国电子元件行业协会磁性材料与器件分会自7月落户东阳市以来，首次在东阳市举办的全国性磁性材料企业会议。

【横店集团控股有限公司与中国信保浙江分公司签订全面战略合作协议】 12月6日，横店集团控股有限公司与中国出口信用保险公司浙江分公司的全面战略合作协议签约仪式在横店镇举行。中国信保浙江分公司相关负责人、横店集团控股有限公司相关负责人及下属19家有进出口业务的子公司负责人参加签约仪式。

【浙江英洛华装备制造有限公司获API20A证书】 12月，浙江英洛华装备制造有限公司获API颁发的API20A证书，成为全球第5家获该证书的企业。API是美国商业部和美国贸易委员会承认的石油机械认证机构，制定的石油化工和采油机械技术标准被多个国家采用，中东、南美和亚洲等国家的石油公司在招标采购石油机械时，佩有API标志的产品才有资格参加投标。拥有API标志的石油机械设备不仅被认为质量可靠还代表先进水平。API组织制定的API规范凭借其先进性、通用性、安全性以及美国石油产业在世界范围内的影响力，被世界各国采用。

（陈毅军）

优势传统产业

【概况】 2016年，全市2000万元以上优势传统产业企业182家，其中，针织服装企业145家，实现工业总产值79.66亿元，比上年增长0.7%；木雕红木家具企业37家，实现工业总产值28.9亿元，比上年增长20.3%。

【纺织业信息化管理】 浙江澳亚织造股份有限公司推进信息化管理，采用二维码监控生产流程管控生产成本。公司把二维码功能嫁接到生产流程上，所有产品从采购、生产、仓储到物流等流程都通过二维码进行监控、记录，减少人为操作的失误率。据统计，1 万套产品从原料到成品，重量误差不超过 0.1 千克，实现成本管控。

东阳市博弈针织有限公司对原有的 300 台袜机实施自动化系统改造，增加 200 余台先进袜机。经过改造的袜机，更换新款式时，只要在一台电脑上更新程序，就可覆盖所有袜机；在生产过程中，一旦出现故障，就会启动自动报警系统，在液晶显示屏上显示故障原因。公司通过改进工艺流程，缩短生产周期，避免成品堆积现象。

2 月，由东阳市针织行业协会 18 家会员企业组建的“淘依库”云商城平台上线。“淘依库”云商城是浙江双创互联网科技有限公司的一个网上营销平台。

3 月 26 日，浙江水中花针织内衣有限公司“内衣行业 + 互联网”商业论坛在东阳市举办。水中花公司创建于 1999 年，原生产基地位于东阳市城南西路，营销总部设在杭州市。2016 年，水中花公司整合生产、营销等资源，整体搬迁至长松岗工业功能区，利用“互联网 +”，对销售渠道、终端和消费者体验进行改革，扩大规模，提升实力。

【金华市印花行业协会成立】 9月 8 日，金华市印花行业协会在东阳市成立，100 余家印花厂家为成员单位。协会成立后，建立新印花市场秩序，建立市场诚信机制，通过市场催化剂作用加速淘汰高污染印花厂和小作坊，重塑行业品牌形象；对外参与国内国际交流，推广发扬印花文化。协会办公地点设在东阳市。

（陈毅军）

工艺美术协会

【概况】 2016 年，东阳工艺美术协会组团参加第六届中国（浙江）工艺美术精品博览会、“中国好手艺”浙江省首届工艺美术大师示范工作室精品展、第 11 届中国（义乌）文化产品交易会、浙江工艺美术精品展、第五届重庆文化产业博览会、“精工善艺”东阳工艺美术新生代艺术家作品展等各类展会，获奖项 235 个，其中：特等奖 31 个、一等奖（金奖）85 个、二等奖（银奖）90 个、三等奖（铜奖）12 个、优秀作品奖 17 个。10 月 24 日，东阳竹根雕入选第五批浙江省非物质文化遗产代表性项目。

何福礼、周桂新等大师举办个人作品展。陆光正大师工作室、冯文土大师工作室、徐经彬大师工作室、何福礼大师工作室、黄小明大师工作室被列入全省首批 30 家工艺美术大师示范工作室试点名单。陆光正、冯文土、吴初伟、卢光华、徐经彬、何福礼、黄小明、胡先民被评为东阳市“拔尖人才”。吴初伟获第三届“亚太地区手工艺大师”称号。浙江新东阳木雕有限公司入围第二批浙江省非物质文化遗产生产性保护基地公示名单，浙江新东阳木雕有限公司黄小明当选非遗保护协会理事，出席第三届联合国教科文组织的全国委员会地区间会议。王向东入选 2016 年度浙江省造型艺术青年人才培养“新峰计划”。东阳市明堂红木家俱有限公司张向荣获“2016 浙商工匠精神”和“G20 浙商功臣”两个奖项。陈一中获第一届“中国工美行业艺术大师”称号。至年末，全市有中国工艺美术大师 9 人（其中亚太地区手工艺大师 3 人）、浙江省工艺美术大师 36 人、金华市工艺美术大师 94 人。非物质文化遗产代表作传承人国家级 3 人、省级 4 人，浙江省民族民间艺术家 10 人；工艺美术专业技术人员 1453 人，其中高级工艺美术师 72 人、工艺美术师 380 人、助理工艺美术师 745 人、工艺美术员 283 人。陈国华艺术馆、徐经彬艺术馆、陆光正非遗精品馆、冯文土艺术馆开馆。有省级技能大师工作室 4 个、金华市级技能大师工作室 16 个、金华市教育名师工作室 6 个、金华市技能培训基地 3 个。陆光正技能大师工作室被省人力社保厅确定为省级“优秀工作室”。

2 月 4 日，国家行政学院、清华大学、暨南大学、中国传媒大学相关专家教授 7 人组成的课题组，发布《东阳木雕产业创意提升和跨界融合发展思路研究》课题调研成果。

12 月 3 日，第一届中国工美行业艺术大师作品评审会“中国好空间——大融合环境下工艺美术的传承与创新”论坛在东阳市举行。

【G20 杭州峰会“东阳元素”获好评】 9 月 4～5 日，G20 杭州峰会在杭州国际博览中心举行。东阳市有 8 家企业，21 名国家级、省级和金华市级工艺美术大师及企业提供 1270 余件木雕、竹编和红木家具等工艺品。东阳木雕、东阳竹编和红木家具等“东阳元素”受好评。主会场内亚太地区手工艺大师陆光正的大型木雕“锦绣中华”“和谐大花瓶”和 10 余名省级大师的“中华二十景”、主会议厅内明堂红木的超大会议桌及座椅等工艺获认可。

9月8日，东阳工艺美术协会对参与G20杭州峰会各场所装饰装潢设计、制作，完成各项工作任务的工艺美术大师、企业和个人进行通报表彰。陆光正、明堂红木被杭州国际博览中心授予G20杭州峰会服务保障突出贡献奖。徐志峰获浙江省G20杭州峰会工作先进个人。

【参与“美丽乡村”建设活动】 4月7日，召开东阳城市标志性作品创意设计座谈会。国家级、省级、金华市级工艺美术大师出席会议，讨论东阳城市标志性作品的创意，提出意见和建议，16名大师上交作品57件。创意设计作品主要用于全市交通主干道沿线和“美丽乡村”建设景观打造。6月30日，东阳市“美丽乡村”艺术顾问聘任会议在东阳市行政中心中型会议室召开。东阳市聘请7名亚太级及国家级工艺美术大师担任“美丽乡村”建设的艺术顾问，分别负责指导1条市级精品线建设；聘请32名省市级工艺美术大师担任艺术指导团成员，对精品线沿线节点进行景观设计。11月4～5日，浙江省政府召开美丽乡村和农村精神文明建设现场会，对浙江省“美丽乡村”建设突出贡献者进行表彰，中国木雕工艺大师陈国华获奖。

【东阳木雕小镇建设】 1月29日，省级特色小镇第二批创建名单公布，东阳木雕小镇等42个小镇入围。3月16日，《浙江日报》整版刊出《东阳木雕小镇：大师领航，木雕逢春》。《东阳日报》转载。3月29日，东阳木雕小镇等15家园区被认定为金华市第二批“金华青年创客工场”。7月7日，浙江省传统雕刻产业与特色小镇建设现场推进会在东阳市召开。东阳木雕小镇做情况介绍。与会代表参观考察木雕小镇和部分大师艺术馆、创作室。10月21日，东阳木雕红木小镇规划论证会召开。11月29日，全省经信领域行业标杆小镇现场推进会在诸暨市召开，公布东阳木雕小镇等13个特色小镇为经信领域省级行业标杆小镇。

【国家级非遗项目东阳木雕生产性保护研讨会】 1月24日，由浙江省文化厅、中国工艺美术协会主办，工艺美术行业协会承办的国家级非遗项目东阳木雕生产性保护研讨会在陆光正大师创作室举办，全国各地的专家学者和国家级工艺美术大师70余人参加会议。

【第一届“中国梦”檀香雕刻艺术创作大赛】 9月12日，工艺美术行业协会推荐部分大师参加第一届“中国梦”檀香雕刻艺术创作大赛。大赛邀请全国各地47名工艺美术大师，设计和雕刻68件檀香作品。东阳市的吴持群、李彬获金奖，俞祝江、蒋达成、卢红华获银奖，张能德、郭向华、周桂新获优秀奖。

【工艺美术人才培养】 4月26日，中国·花园红木家具展销会开幕。3000名木雕工匠在市花园红木家具城广场上同场献技，千名木工、千名刮磨工、千名雕刻工依次上场展示传统木雕、红木家具的榫卯、雕刻及刮磨制作工艺。6月23日，浙江省工艺美术行业协会和东阳市工艺美术协会共同主办的工艺美术大师资源整合与创新专题讲座在南市街道南湖公馆举行。10月27～30日，东阳市工艺美术协会举办为期4天的东阳木雕大师文创高级研修班。

【木雕工高技能人才提升培训暨创新比武大赛】 10月26日至12月10日，由工艺美术行业协会创办的市工艺美术木雕职业技能培训学校承办的木雕工高技能人才提升培训暨创新比武大赛举行。培训分创新大赛暨高

图89 4月26日，3000名木雕工匠在市花园红木家具城广场上同场献技（包康轩/摄）

级技师培训班、木雕修光培训班、竹雕工培训班、企业初中级工认定班和职称评定继续教育培训班5个班,182名选手报名,实际参加156人。市总工会给一等奖授予"技术标兵"称号,给二等奖、三等奖授予"技术能手"称号。成绩优秀并符合技师或高级技师评审条件的,推荐参加2016年度木雕工技师、高级技师评审。通过培训、比赛、考评,27人获推荐参加省木雕工高级技师资格评审,69人通过木雕工技师评审,56人通过木雕初级工、高级工资格认定。

【工艺美术大师指导精品线建设】 7月21日,冯文土等4名工艺美术大师沿211省道江北段至巍山镇八字墙村段进行察看,在多处节点现场指导,对211省道精品线建设提出意见和建议,建议设计单位进行改进。市政协领导一同察看指导。随后举行座谈会,各镇乡街道负责人汇报211省道精品线各段建设情况。4名工艺美术大师希望在精品线建设,特别在景观节点打造、路灯设计、公交站点设计中,要体现"三乡"文化,增加木雕元素。

【叶晓芳获第九届国际残疾人职业技能竞赛铜牌】 3月25~26日,第九届国际残疾人职业技能竞赛在法国波尔多市举行,中国队获8枚金牌、6枚银牌、6枚铜牌。东阳市六石街道的叶晓芳代表中国队参加木雕项目的比赛,获该项目的第三名。

【东阳工艺美术界首次组团赴香港参展】 4月27日,由浙江省委统战部、香港浙江省同乡会联合会主办的"美丽浙江·欣赏香港——浙江文化美食旅游节"在香港维多利亚公园开幕,在浙江工艺美术精品展区,浙江148名工艺美术大师创作的279件(套)作品参展。其中,东阳市工艺美术界32名大师50件木雕、竹编和竹雕精品参展。这是东阳工艺美术界首次组团到香港参展。

【东阳竹编】 2月19日,由上海朵云轩集团携手长三角20余个城市文广新局、上海对外文化交流协会和凤凰文化等机构共同发起主办的"江南百工·首届长三角非遗博览会"在上海朵云轩艺术中心开幕,近百个国家级、省(市)级非遗项目入选博览会参展。金华市5个非遗项目入选参展,东阳竹编参展者为东阳竹编国家级非遗传承人、中国工艺美术大师何福礼及其儿子何红兵。

8月,由浙江省职业技能教学研究所组织编写、金柏松编著的《东阳工艺竹编》教材由浙江科技出版社出版。教材以工艺竹编的技艺方法论述为重点,兼顾东阳工艺竹编的历史渊源、文化艺术源流、艺术特色论述,收录部分东阳工艺竹编精品佳作。全书31万字,配图566张,是中国竹编首本教材。

【草编墙纸非遗馆成立】 2015年8月,湖溪镇南塘村的浙江亚马逊工艺壁纸有限公司成立草编墙纸非遗馆,馆内陈列南塘历代草编墙纸织机、不同时期的商标、织机改造图纸、各种纱线和草丝整理工具等物品。南塘是中国墙纸的发源地。草布,就是草编墙纸的前身。南塘人以棉线为经、以草为纬,织成草布固定在房子的门窗上,起到遮阳、挡蚊、透光及隐蔽私人空间的作用。

【"雅景工艺"挂牌上市】 2016年3月28日,东阳市雅景工艺品有限公司在浙江股权交易中心"创新板"挂牌上市。东阳市雅景工艺品有限公司创办于1989年,2011年入驻画水镇竹溪工业功能区。公司占地1.34公顷,有员工近200人,是一家集框条生产、画面研发、油画生产、相框组装为一体的装饰画类综合性研发、生产企业。2016年,公司开发移动客户端APP"掌上艺术品",实现传统业务与互联网的融合。

【东阳首场个人综合雕艺专展】 5月29日,在东阳中国古建城三分堂艺廊,"炉火纯青·入目三分——刘向前雕刻艺术展"揭幕,这是东阳市首场个人综合雕艺专展,30余件展品涉及木、竹、核、玉四大雕刻领域。刘向前从事核雕创作15年,是东阳市核雕的非遗传承人。 (陈毅军)

【木雕高级工技能培训班开班】 5月19日,由市人力社保局、市东艺工艺品有限公司共同举办的木雕高级工技能培训班开班。木雕工和精细木工高级班培训采用理论和技能操作相结合的方式进行。理论培训主要传授木雕工和精细木工相关知识,采取集中授课方式进行;技能操作根据培训内容在原岗位进行实践操作。培训班结束后,进行理论及技能的双重考核,通过考核的学员可获得相应等级的技能职业资格证书。 (陈毅军)

【《东阳木雕·家具雕刻卷》教程出版】 10月,《东阳木雕·家具雕刻卷》由浙江科技出版社出版。是东阳木雕教程系列(出版综合卷、花卉卷)中的第三卷。

教程从东式家具的历史脉络开篇，依次为东式家具的艺术文化特征、品种品类、材料的基本常识、制作工艺的基本常识、技法应用、装饰性图像的文化解读、家具陈设空间和题材选择的文化解读、硬木雕刻、界画雕刻和丝翎檀雕、实例解说、精品欣赏等12章，35.7万字。全书配图约900张，教程编写历时3年，由东阳市艺海木雕竹编研究所所长金柏松、浙江省东艺工艺品有限公司董事长施德泉合著。（陈毅军）

【首届中国工艺美术行业艺术大师评审会】 12月3～8日，第一届中国工艺美术行业艺术大师评审会在东阳市举行。本次参评的传统工艺美术品种包括雕塑工艺品、漆器工艺品、抽纱刺绣工艺品、编织工艺品、地毯工艺品、金属工艺品、陶瓷工艺品、首饰工艺品、花画工艺品等11大类，全国各地（包括香港、澳门和台湾）346名大师申报参与评审会，参评作品1038件（套）。（陈田芳）

红木家具协会

【概况】 2016年，东阳市红木家具行业协会组织参加第35届国际名家具（东莞）展览会、第六届国际轻工消费品展览会暨第四届中国红木家具精品品鉴会、第二十二届中国国际家具展览会、第四届中国（深圳）国际红木艺术展暨中式生活博览会、“2016年中国台山传统家具文化节”、第二届中国（东阳）木雕·红木家具交易博览会等展会。1月29日，由中国轻工业信息中心与人民网舆情监测室联合举办的《中国轻工行业网络舆情报告2016》发布会暨品牌发言人年度峰会在北京市举行，会上给20家企业颁发“全国轻工行业新媒体传播创新奖”，浙江卓木王红木家俱有限公司获“全国轻工行业新媒体传播创新奖”。3月22日，东阳市红木家具行业协会举行第二届二次会员代表大会，对2015年度全市红木家具行业各类先进进行表彰。4月29日，东阳市木雕红木产业发展领导小组成立，领导小组下设办公室，作为领导小组的常设机构进行实体化运作。7月4日，在第四届中国红木家具精品品鉴会精品家具评比中，东阳市大清翰林古典艺术家具有限公司获“中国传统家具工艺创新贡献奖”，东阳市盛世九龙堂红木家具有限公司获“中国传统家具文化传承革新奖”，浙江卓木王红木家俱有限公司获“中国传统家具引领生活精英品牌奖”。

2016年，东阳市南林木材科技服务中心为全市红木家具企业及红木家具市场各经营销售专卖店认定红木家具40966套，制作相对应的家具认定证书，将证书信息上传至东阳市红木家具行业协会官网供消费者查询。

【第二届中国（东阳）木雕·红木家具交易博览会】 4月23～30日，第二届中国（东阳）木雕·红木家具交易博览会（以下简称“红博会”）在东阳中国木雕城国际会展中心举行。该届红博会由中国林产工业协会、东阳市人民政府主办，由东阳市红木家具行业协会、东阳中国木雕城承办。红博会，以品牌新品发布、经销商订货、消费者团购、知识产权保护专利产品展等形式展开。红博会设立2016中国红木家具知识产权专利产品展、2016东阳红木家具春季新品展、2016红木家具品牌新品发布暨招商发布会、中国红木家具东阳发展高峰论坛、2016东阳中国木雕城婺州名点名菜美食节以及2016“中国好声音”东阳赛区决赛暨“东阳红”演唱会等10余项重大活动。在展会上，不少商家推出“新中式”“新古典”风格的家具。

4月23日，“中国红木家具东阳发展高峰论坛”在东阳市举行。中国家具协会传统家具专业委员会主席、《中国传统家具》杂志主编邓雪松，中国美术学院设计艺术学院院长吴海燕分别做《从中国红木家具行业现状看东阳发展》《如何走发展创新之路》的演讲。与会人员分析东阳木雕·红木家具产业的现状，对新常态下东阳木雕·红木家具产业如何创新发展，做好产业优化、升级及“互联网+”在营销上的应用进行探讨。

【首届木雕红木家具行业弘扬工匠精神“双十佳”评选】 6月，启动首届木雕红木家具行业弘扬工匠精神“双十佳”（十佳企业、十佳员工）评选活动。东阳市荣轩工艺品有限公司、浙江大清翰林古典艺术家具有限公司、东阳市明清居红木家具有限公司、东阳市东艺工艺品有限公司、东阳市明堂红木家俱有限公司、浙江万家宜家具有限公司、东阳市双洋红木家具有限公司、东阳市旭东工艺品有限公司、浙江卓木王红木家俱有限公司、东阳市南马古艺福红木家具厂被评为东阳市红木家具行业首届传承工匠精神十佳企业。贾庆福（东阳市檀林阁红木家具有限公司）、叶洪军（东阳市南林木材科技服务中心）、张玉林（东阳市横店众博红木家具设计服务部）、周济宏（东阳市横店金象堂红木家具厂）、单茂洪（东阳市东木居明式家具有限公司）、陈晓鹏（东阳市凤凰于飞木雕工艺品有限公司）、王为权（东阳市王为权工艺品工作室）、朱利平（东阳市善工红木有限公司）、黄文才（浙江中信红木家具有限公司）、廖肇平（东阳市盛世九龙堂红木家具有限公司）被评为东阳市红木家具行业首届传承工匠精神十佳员工。

图 90　4 月 23 日，举办中国红木家具东阳发展高峰论坛（市红木家具行业协会提供）

【2016 年度中国红木家具“东作”设计创意比赛】　6 月，组织开展 2016 年度中国红木家具“东作”设计创意比赛。9 月 20～21 日，举行为期两天的现场创作比赛。11 月，2016 年度中国红木家具“东作”设计创意比赛经评选 6 件作品获奖。东阳市标君工艺品有限公司谢庆彪的《绿叶情贵妃椅》获一等奖；义乌年年红家具有限公司葛敏进的《巧夺天“宫”》、浙江横店影视职业学院田霖霞的《红袖添香》获二等奖；东阳市恒达木业有限公司陈安兵的《东方红日椅》、东阳市众博红木家具服务中心蒋昀洁的《羽归美人贵妃椅》、张晓峰的《江南映象衣帽架》获三等奖。

【中国传统家具设计创新论坛】　6 月 28 日，由市木雕红木产业管理办公室、红木家具行业协会主办的市红木家具行业设计师第四次会议暨中国传统家具设计创新论坛在海天大酒店二楼会议厅举行，160 余人参加。会上，南京林业大学家居与工业设计学院院长、博士生导师吴智慧，中国红木家具文化研究院院长、苏州教育学院艺术系教授濮安国，市红木家具行业协会设计专业委员会主任、南京林业大学家居与工业设计学院客座教授吴腾飞分别发表《设计—制造—消费与家具产业模式》《迎接红木家具设计的新时代——坚持传承，积极创新》《论中国传统家具设计创新——设计文化浅解》主题演讲，对中国传统家具设计创新进行探讨。

【2016 中国红木家具大会】　9 月 10～12 日，举办中国·东阳红木家具展览会、2016 中国红木家具大会暨第八届全国红木家具经销商大会（简称“一展两会”），大会由中国家具协会传统家具专业委员会、浙江省家具行业协会、浙江省工艺美术协会、东阳市人民政府联合主办，东阳市红木家具行业协会、东阳红木家具市场、东作云、红扬会展公司联合承办，全国各省市的行业协会领导、专家学者、品牌企业代表、经销商代表、新闻媒体等

图 91　7 月 16 日，东阳红木家具市场“东作”工坊开业（孙振华 / 摄）

8000余人参加。展会主会场展区面积2万平方米,分会场150万平方米,150余家企业参展。举办“新中式引领中国风”“东阳遇见米兰”两大主题会议。展会设立“大工匠杯”中国红木家具设计制作大奖,评选出特别金奖2个、金奖6个、精品奖10个。大会期间举行中国家具协会传统家具专业委员会主题会议和红木文化大讲堂。G20杭州峰会主会场会议桌椅供应商东阳市明堂红木家俱有限公司等东阳市木雕红木家具企业举行新品发布会。

图92 11月11日,举办2016“中国的椅子”木文化产业发展论坛(市红木家具行业协会提供)

【第六届中国木雕红木家具发展论坛】 11月11日,第六届中国木雕红木家具发展论坛在东阳市世贸君澜大酒店举行。国家林业局计财司副司长、全国木材行业管理办公室主任孙建,中国林业产业联合会副秘书长、中国林产工业协会秘书长石峰,东阳市领导李宝春、陈军,国内红木行业及相关行业的专家学者、企业代表等150余人参加论坛。论坛上,红木行业专家学者姜笑梅、周永东、方崇荣分别做题为《红木资源现状》《红木加工及处理技术》《木雕与红木家具市场现状及未来走向》的主题报告。第二届中国红木加工处理技术高峰论坛同期举行。

【“中国的椅子”木文化产业发展论坛】 11月11日,2016“中国的椅子”木文化产业发展论坛在东阳市中国木雕博物馆国际会展中心举行。该活动是第十一届中国(东阳)木雕·竹编工艺美术博览会的重要活动之一。论坛上,2016“中国的椅子”原创设计大赛专家评委吴海燕、台湾木工艺术大师黄俊傑、杭州潘功私塾装饰设计有限公司创始人潘功分别做题为《设计进化与东方出新》《顶真善念话木创》《再生十二生肖》的主旨演讲;相关专家学者、企业代表对“好的设计→好的产品→好的商业模式?”“如何打造‘产学研用’全链条的众创孵化空间?”等问题进行交流、研讨。“中国的椅子”原创设计大赛系列活动在中国木雕博物馆举行,大赛收到参赛作品1000余件。举行“致匠心”2016“中国的椅子”原创设计大赛颁奖典礼,6件作品获“东方匠星”TOP奖,30件作品获“东方匠星”入围奖。

【东阳市木雕·红木家具龙头骨干企业公布】 8月31日,东阳市政府公布2016年度东阳市木雕·红木家具龙头骨干企业评选结果,东阳市明堂红木家具有限公司、东阳市东艺工艺品有限公司、浙江中信红木家俱有限公司3家公司获2016年度东阳市木雕·红木家具龙头企业;东阳市明清居红木有限公司、浙江卓木王红木有限公司、东阳市陆光正创作室、浙江大清翰林古典艺术家具有限公司、东阳市新明红木家具有限公司、东阳市旭东工艺品有限公司、东阳市御乾堂宫廷红木家具有限公司、东阳市恒达木业有限公司8家公司获2016年度东阳市木雕·红木家具骨干企业。

【东阳红木家具亮相G20杭州峰会】 9月,二十国集团(G20)领导人第十一次峰会在杭州市举行,东阳市明堂红木家俱有限公司承接主会场会议厅超大会议桌及所有座椅的设计制作。直径21米的大圆桌由缅甸花梨(大果紫檀)制作;会议椅分为元首椅(首席)和部长椅(上宾),分别由紫光檀(东非黑黄檀)、缅甸花梨制作。中信红木、凤凰于飞红木、珍木居红木、善工红木、富泰隆红木等东阳红木家具企业参与承接G20杭州峰会主会场、萧山机场专用候机楼贵宾休息厅、杭州楼外楼饭店等重要场所的红木家具制作和供应。

【红木家具行业精细木工技能培训】 7～11 月，东阳市红木家具行业协会 2016 年度精细木工中级技能培训班连续开办五期，10 余家企业、200 余人参加。10 月 10 日，东阳市红木家具行业协会 2016 年精细木工高级技能人才培训班在浙江中信红木家具有限公司开班，75 人参加。10 月 20～21 日，举办为期两天的技能大比武，浙江豪族科技有限公司的应南昌、东阳市东邦恒轩红木家具有限公司的厉龙星、浙江中信红木家具有限公司的杨文中分别获技能比武前三名。11 月 8 日，东阳市精细木工技师培训班在浙江中信红木家具有限公司开班，全市近 50 家红木家具企业的 70 名具有精细木工高级工职称的木工参加培训。11 月 18～20 日，举办为期 3 天的创新技能大比武，浙江中信红木家具有限公司的陈元兴获一等奖和“技术标兵”称号；浙江卓木王红木家俱有限公司的郑天仁和东阳市明清居红木有限公司的方善斌获二等奖和“技术能手”称号；东阳市华典红木家具厂的卢德兴、东阳市苏阳红红木家具有限公司的朱伟强和浙江中信红木家具有限公司的孔爱民获三等奖和“技术能手”称号。

通过培训考核，70 人获精细木工技师职业资格证书，其中 11 人破格获技师职业资格证书；38 人获精细木工高级技能职业资格证书；198 人获精细木工中级技能职业资格证书。

【红木企业推广】 1 月 10 日，中央电视台发现之旅《工匠精神》栏目组到东阳市盛世九龙堂红木家具有限公司实地拍摄，这是全国入选该栏目的唯一一家红木家具企业。3 月，中央电视台中文国际频道《流行无限》栏目摄制组到浙江大清翰林古典艺术家具有限公司，专访中国木雕艺术大师、南京林业大学家居与工业设计学院兼职教授、浙江大清翰林古典艺术家具有限公司董事长吴腾飞。7 月 12 日，中央电视台中文国际频道《远方的家》栏目摄制组到东阳市明清居红木有限公司，采访中国传统工艺大师、红木家具设计大师、东阳市明清居红木有限公司董事长金彪云。9 月 26 日，由大成尚品古典红木家具(集团)有限公司与浙江电视台 6 频道共同主办的“东阳大成尚品·金斧头杯超级木工争霸赛”在大成尚品古典红木家具（集团）有限公司开赛，100 余人参加预选赛。12 月，总决赛在杭州海外海国际会展中心举行，陈峥嵘、何耀明、郭金贤分别获冠军、亚军、季军。

【红木企业获奖】 3 月，东阳市明堂红木家俱有限公司获东阳市市长质量奖，东阳市花园红木家具开发有限公司获服务型企业贡献奖，东阳市东艺工艺品有限公司、浙江大清翰林古典艺术家具有限公司、浙江卓木王红木家俱有限公司、东阳市御乾堂宫廷红木家具有限公司、东阳市国祥红木家具有限公司获品牌奖，东阳市瑞启富泰巄红木家具有限公司、东阳市天禧红木家具有限公司、东阳市铭华古典红木家具有限公司、东阳市富万家红木家私有限公司、东阳市富华红木家具有限公司获企业升级奖。

【首批红木家具消费教育基地】 7 月 25 日，东阳市消费者权益保护委员会设立首批红木家具消费教育基地。首批红木家具消费教育基地设于大明翰林、雍王府、国祥、陈家工艺 4 家红木家具企业，展示面积 1.6 万平方米，包括生产加工流水区、实物展示区和微信互联网平台展示区三部分，基地实行免费开放。

【第六届（2015）中国红木家具品牌大会】 1 月 12 日，由全国工商联民间文物艺术品商会、全联艺术红木家具专委会联合主办，《品牌红木》杂志及中国古典家具网两大红木媒体联合承办的第六届（2015）中国红木家具品牌大会在海南博鳌亚洲论坛国际会议中心举行。大会颁发大奖 14 项，52 家优秀企业和 37 名优秀个人获奖。其中，东阳市新明红木家具有限公司董事长张新民获“中国红木家具行业贡献终身成就奖”；东阳市明清居红木家具有限公司董事长金彪云获“中国艺术红木家具传承人”称号；浙江卓木王红木家俱有限公司董事长杜承三获“2015 年中国红木家具传承贡献奖”；浙江中信红木家具有限公司董事长李忠信、东阳市明堂红木家具有限公司总经理张向荣、东阳市御乾堂宫廷红木家具有限公司董事长马海军获“2015 年中国红木家具十大风云企业家”称号；浙江卓木王红木家俱有限公司总经理杜长江、东阳市双洋红木家具有限公司董事长王海洋、东阳市苏阳红红木家具有限公司总经理吴春飞、东阳市千百年红木家具有限公司董事长张海锋、东阳市富雅红木家具有限公司董事长蒋国生获“2015 年中国红木家具杰出青年企业家”称号；东阳市御乾堂宫廷红木家具有限公司总经理马姣姣、东阳市千百年红木家具有限公司营销总监谢纪征、东阳横店名贵木材中心总经理陈宇清获“2015年中国红木家具杰出职业经理人”称号；东阳市明堂红木家具有限公司、浙江中信红木家具有限公司、东阳市新明红木家具有限公司、东阳市明清居红木家具有限公司获“2015年中国红木家具十大影响力品牌”称号；浙江卓木王红木家俱有限公司、东阳市双洋红木家具有限公司、东阳市苏阳红红木家具有限公司、东阳市国祥红木家具有限公司、东阳市兴成红木家具有限公司获“2015年中国红木家具十大受欢迎品牌”称号；东阳市御乾堂宫廷红木家具有限公司、东阳市雅典家具有限公司、东阳市千百年红木家具有限公司获“2015年中国红木家具十大创新力品牌”称号；东阳中国木雕城获“2015年中国红木家具特别影响力专业市场”称号。 （陈毅军）

2016年度浙江省著名商标

表14

序号	企业名称	类别	商标名称
1	东阳市双洋红木家具有限公司	家具	双洋
2	浙江新东阳木雕有限公司	家具	黄小明
3	东阳市东艺工艺品有限公司	家具	东艺

2016年度浙江省名牌产品

表15

序号	企业名称	产品名称	商标
1	东阳市御乾堂宫廷红木家具有限公司	木雕红木家具	御乾堂

2016年度浙江省知名商号

表16

序号	企业名称	企业商号	商标
1	浙江万家宜家具有限公司	万家宜	–

2016年度金华市名牌产品

表17

序号	企业名称	产品名称	商标
1	东阳市御乾堂宫廷红木家具有限公司	木雕红木家具	御乾堂
2	东阳市恒达木业有限公司	木雕红木家具	清沁斋
3	东阳市苏阳红红木家具有限公司	木雕红木家具	盛世苏阳红
4	浙江浪人工艺品股份有限公司	木雕红木家具	雍王府
5	东阳市兴成红木家具有限公司	木雕红木家具	兴成

2016年度金华市专利示范企业

表18

序号	企业名称	法人代表	认定时间
1	浙江大清翰林古典艺术家具有限公司	吴腾飞	2016

（郑文婷）

【东作云战略合作项目】 3月26日，2016东作云“一带一路”全球招商加盟推介会在宁夏银川举行。中国家具协会专家委员会副主任陈宝光，中国家具协会传统家具专业委员会主席团主席、东阳市红木家具行业协会会长李黎明，中国明式家具研究所所长濮安国，东作云总经理曹伟等出席推介会。会上，与会人员围绕红木家具跨境商务对接、西部各省战略合作等问题进行探讨。

10月11日，东作云与宁夏县级广播电视台联盟达成战略合作协议。宁夏县级广播电视台联盟整合13个宁夏地方广播电视台的资源，播报和推介全区各县市的经济文化成果。

11月16日，东作云与美乐乐在美乐乐家居网成都总部签署战略合作协议，美乐乐家居网CEO高扬与东作云董事长李黎明代表双方签署协议。美乐乐是国内最具代表性的专业家居电商O2O平台，线上流量优势明显，是国内率先通过O2O模式发展的家居电商企业之一，在互联网营销、流量聚集、供货管理等方面具有优势。 （陈毅军）

【横店木材中心木材烘干处理系统建成】 8月，横店木材中心木材烘干处理系统（TECH—ZQ系列半自动干燥设备)第一期建成并投入使用。木材烘干处理系统有6个烘房，容积360立方米，采用横店热电厂的余热（蒸汽）供热，年可烘干处理木材2000余吨。（陈毅军）

特色块状经济

【概况】 2016年，全市2000万元以上特色块状经济企业104家,其中,皮具箱包企业23家,实现工业总产值12.77亿元,比上年下降14.2%;金银丝企业27家，实现工业总产值10.6亿元，比上年下降14%;缝纫配件企业4家，实现工业总产值1.66亿元,比上年增长15.3%;塑料塑胶企业45家，实现工业总产值39.9亿元,比上年下降5.2%;渔具企业5家，实现工业总产值4.03亿元,比上年增长6.5%。

3月11日,东阳市委、市政府表彰2015年度政府特别奖，其中,东阳市荣盛橡塑制品有限公司、东阳市吉荣塑料实业有限公司获亩产税收十强奖,每家奖励15万元。

8月15日,东阳市标君工艺品有限公司、东阳市黄秀皮塑有限公司、东阳市蓝坤塑胶有限公司、浙江三强塑胶有限公司和东阳市金天塑胶有限公司5家企业在浙江股权交易中心“创新板”集中挂牌。

【金银丝生产】 4月29日,市环保局组织专家对东阳市巍山镇白坦村真空镀膜厂涂膜废气处理进行方案论证。巍山镇白坦村有规模以上涂膜企业8家,金银丝厂120家。至年末,全村淘汰100余台小锅炉,实行金银丝边角料集中清运,消除过去烧废丝冒黑烟的现象。10月8日,由东阳市信息产业协会组织、起草、制定的《东阳市金银线团体标准》通过申报、审核、公示后备案,在全国团体标准信息平台发布。

【浙江金路达皮具有限公司】 8月,故宫博物院对2015年度至2016年度优秀文创产品研发单位进行表彰,浙江金路达皮具有限公司列入受表彰单位。浙江金路达皮具有限公司与故宫博物院从2014年开始合作，双方共同设计、生产故宫门拉杆箱、故宫门钉双肩包等产品,其中故宫门钉双肩包多次被国务院、外交部选为国礼,赠送外宾。9月28日,G20杭州峰会总结表彰大会在杭州国际博览中心举行,杭州市委、市政府对完成G20杭州峰会服务保障工作做出突出贡献的先进集体、先进个人、G20杭州峰会赞助企业等予以通报表彰。其中,浙江金路达皮具有限公司列入受表彰企业名单,浙江金路达皮具有限公司被冠名为“G20杭州峰会赞助商”,金路达皮具被冠名为“G20杭州峰会选用产品”。

（陈毅军）

供　电

【概况】 2016年,东阳市供电公司完成固定资产投资17222万元，其中电网投资15952万元。售电量40.46亿千瓦时，比上年增长8.43%;营业收入245524万元,比上年增长3.4%,实现利润2078.99万元，用电最高负荷80.54万千瓦。资产总额107247万元,资产负债率30.38%。全员劳动生产率68.96万元/人·年。

至年末,用工总量655人,其中职工318人。职工有高级职称15人,中级职称64人,初级职称139人；高级技师187人，技师72人,高级工14人,人才当量密度1.22。

推进电能替代工作，开展校园替代、横店影视城“以电代油”等示范项目,完成电能替代项目19个，实现替代电量0.95亿千瓦时。

市供电公司获“金华市模范集体”“金华市思想政治工作优秀单位”等称号。横店供电所被授予省公司标准化“五星供电所”(工人先锋号)称号,巍山供电所、南马供电所等5家班组被授予省公司2016年度“四星级班组”称号。横店供电营业厅被授予省公司“四星级供电营业厅”称号,东阳供电营业厅和巍山供电营业厅被授予省公司“三星级供电营业厅”称号。

【电网建设和新农村电气化建设】 年末，东阳市境内有500千伏变电所1座,主变压器2台,变电容量200万千伏安;220千伏变电所3座，主变压器7台，变电容量141万千伏安;110千伏变电所15座，主变压器30台,变电容量143万千伏安;35千伏变电所5座，主变压器10台，变电容量8.9万千伏安。500千伏线路4条;220千伏线路12条;110千伏线路30条，线路总长274.88千米;35千伏线路21条,线路总长190.88千米;10千伏线路349条,线路总长3822.33千米，电缆长度985.88千米;低压线路7323.16千米；配电变压器10130台,配电容量345.5万千伏安;10千伏开闭所85个,环网柜87个;发电企业36家,其中火电1家、光伏2家、小水电31家、风电1家、新能源1家,发电机装机容量111129千瓦。

110千伏官田变1号主变增容至5万千伏安,35千伏马宅变2号主变增容至1.6万千伏安,35千伏眠牛山变2号主变增容至1.6万千伏安,110千伏横店变1号主变增容至5万千伏安;220千伏石金变增加主变1台,容量24万千伏安;110千伏防军变投运,主变压器2台,变电容量10万千伏安;110千伏石防1443线投运,线路长度15.73千米;110千伏石军1444线投运,线路长度15.73千米;增加弘翔新能源发电厂,装机容量2134千伏安。

编制《东阳市"十三五"配电网规划》,"十三五"期间东阳市配电网总投资12.09亿元,其中110千伏电网投资3.64亿元,10千伏及以下电网投资8.45亿元。220千伏大坑输变电工程通过省公司可研评审,110千伏后岑山、湖溪输变电工程取得核准,110千伏临江输变电工程开展可研收资工作。5月,220千伏石金变完成扩建;7月,110千伏防军变竣工投运,增加变电容量10万千伏安;9月,110千伏金宅输变电工程开工建设。东阳市供电公司获"金华市电网建设工作先进单位"称号。

【供电用电】 2016年,东阳市供电量419340.27万千瓦时,售电量404565.23万千瓦时。全社会用电量413040.36万千瓦时,其中第一产业用电量1230.41万千瓦时,第二产业用电量275655.92万千瓦时,第三产业用电量58798.48万千瓦时,城镇居民生活用电量30769.87万千瓦时,农村居民生活用电量46585.68万千瓦时。全市用电户数383857户,其中城乡居民用电户341331户。最高供电负荷805400千瓦,负荷率82.02%,综合线损率3.52%。综合电压合格率99.94%,供电可靠率99.92%。供电成本每千千瓦时107.49元,平均售电价每千千瓦时473.89元,电费回收率100%。

【企业经营】 2016年,企业总产值244916万元,资产总额107247亿元,资产负债率30.38%,营业收入245524万元。营业成本242213万元,其中:购电成本198878万元,输配电成本43335万元。固定资产净值56263万元,利润总额2078.99万元。销售收入229677万元,销售成本226183万元,销售利润2552万元,上缴增值税8999万元。全员劳动生产率68.96亿元/人·年。

【电子账单替代纸质电费通知单】 加快"互联网+"营销服务应用,开展"电e宝"、APP等线下推广活动。6月,实现电子账单替代纸质电费通知单。电子服务渠道客户数15.6万户,订阅电子账单低压客户34.21万户,新装居民用户线上缴费比例141.32%(含预收电费)。优化互联网业务办理流程,实现高低压新装、居民峰谷申请等8类业务流程线上办理,线上办理3488笔,渗透率95.95%,初步实现"线上全天候受理、线下一站式办理"。

【"多表合一"采集建设推进】 推进"多表合一"采集建设。接入"多表合一"采集用户1260户。高效服务分布式光伏并网,增加并网容量11002千伏安,完成居民光伏工程1352户,光伏发电量971.53万千瓦时。

【科技创新和信息化应用】 2016年,申请发明专利26个、实用新型专利21个,授权发明专利7个、实用新型专利12个。科技成果——《配电网定相系统的研究与应用》在"百年金电"展厅进行展示。该项目代替传统的核相工具在全国推广应用。3个科技成果在省公司获奖,其中《基于三维仿真技术的变电检修现场工作交底系统》获二等奖。推广应用新技术、新设备,试点推广电缆温度在线应用、电缆中间接头熔接等新技术,尝试开展无人机线路巡检。

(陆俊英)

商 贸

2016年7月6日，人民路大桥（孙振华/摄）

商　务

【概况】 东阳市商务局是主管全市商贸流通、电子商务、对外贸易、服务贸易和对外经济合作的政府职能部门，内设办公室、商贸发展科、服务业发展科、外贸业务科、行政审批科，下属单位市商务综合行政执法大队、东阳市外贸出口产品检测中心，行政编制13人，事业编制9人。

【商贸服务业】 2016年，全市社会消费品零售总额250.46亿元，比上年增长8.9%；批发零售业商品销售额766.58亿元，比上年增长9.4%。第三产业增加值249.95亿元，比上年增长10%；第三产业固定资产投资164.93亿元，比上年增长35.2%，其中商贸服务业项目投资46.76亿元。举办消费促进月、东阳市第八届休闲购物节等活动，全年举办家装节、汽车展、红博会、东博会等各类展会20余个。

【电子商务】 2016年，全市实现网络零售总额73.97亿元，比上年增长40%。列全国“电商百佳县”第15位、“2016年浙江省各县(市、区)电子商务发展指数”第18位，被阿里巴巴评为“2016年中国跨境电商创业二十五佳县(市)”。浙江缝配城被评为“浙江省‘十二五’电子商务专业市场10强企业”，横店影视城被评为“浙江省‘十二五’电子商务模式创新10强企业”。南马镇防军村被评为“浙江省电子商务示范村”。浙江横店影视城有限公司、东阳市塑料有限公司、冀发集团有限公司、浙江金路达皮具有限公司、东阳市中汽市场管理有限公司被评为东阳市电子商务示范企业。南马镇被评为“淘宝镇”，南马镇花园村、防军村、东湖村、南湖村，歌山镇西宅村被评为“淘宝村”。“电子商务进万村工程”建成邮掌柜服务点421个、丰收驿站351个，“农村淘宝”项目启动，建成村级服务站46个。

【对外贸易】 2016年，外贸进出口总额185.22亿元，比上年增长9%，其中出口额171.5亿元，比上年增长8.1%，出口额列金华第三，分别比全省和金华市平均高3.85个百分点和1.88个百分点。全年增加有自营进出口权企业96家，年度有进出口实绩企业488家。2012～2016年，为企业申报省级以上扶持资金4185万元，市本级扶持资金1.25亿元。引导企业开拓市场，组织实施出口创新驱动拓市场示范点培育，发展高科技含量、高附加值的外贸产品。加快培育具有东阳市产业特色的出口基地。以东磁为核心的国家级磁性材料科技兴贸创新基地落户东阳市。

【对外经济合作】 2016年，全市完成对外承包工程营业额3.87亿美元，占金华全市对外承包工程营业额的96.8%，在外劳务人员2470人，雇佣第三国劳务人员862人，雇佣项目所在国劳务人员1150人。至年末，全市有对外承包经营权企业11家，有对外承包工程业务企业2家，在5个国家承接工程项目。企业参加区域合作活动，发展对外经济技术合作，华谊兄弟传媒股份有限公司、浙江唐德影视股份有限公司、中天建设集团有限公司等8家企业在韩国、日本、加拿大、泰国、香港等8个境外国家(地区)完成境外投资项目9个，中方投资额2.41亿美元。

(张国兴)

供销合作

【概况】 2016年，全市供销系统商品销售总额24.9亿元，比上年增长17.8%，报表体现利润总额1393.6万元，核销消化改制费用441.7万元，计1835.3万元，比上年增长23.6%，上缴财政税收1503万元。企业所有者权益1.07亿元，资产总额4.69亿元，固定资产原值1.46亿元，固定资产净值7741万元；市属公司产业活动单位338个，基层供销社经营网点112个，供销系统从业人员1458人。综合业绩考核获浙江省供销社考核优秀奖。

方圆进出口公司与相关客户结清往来账目，按程序办理好海关、国税、地税、外管等相关部门的注销手续，至年末，完成注销并做好资料、档案等重要材料的移交工作。

年末，由供销社牵头创办的农民专业合作社有44家，其中4家获国家级示范农民专业合作社，4家获省级示范性农民专业合作社，获绿色产品证书4个、产地证书15个；年内创办村级综合服务社7家。农民专业合作社农产品年产值1.37亿元。

4月，省公安厅治安总队副调研员赵卫健到市日用工业品总公司检查指导G20杭州峰会安保工作，重点检查公司烟花爆竹仓库，了解烟花爆竹仓储数量和储存方式、仓库温湿度记录表、产品运输流程等。

5月25日，市委书记黄敏带

图 93　5 月 25 日，市委书记黄敏(右三)到市供销总社调研(市供销总社提供)

队到市供销总社开展调研，走访市方圆农资配送中心、吴宁庄稼医院、市供销学校、方圆医药公司和防汛物资储备仓库。

【省供销社理事会主任邵峰到市供销总社调研】　4 月 14 日，省供销社党委书记、理事会主任邵峰到市供销总社开展调研。邵峰走访调研黄田畈供销社和润盛家超市、方圆农资配送中心、吴宁庄稼医院、市供销学校和新校址。在黄田畈供销社超市，调研组了解超市经营情况；在市供销学校，调研组对该校新校区设计方案提出意见。

【合作备忘录签订】　3 月 17 日，东阳市供销社和浙江经贸职业技术学院在杭州市签订“搭建校社合作平台，共同服务‘三农’发展”战略合作备忘录。浙江经贸职业技术学院是一所由浙江省供销社主管，以商贸流通类专业为主体的全日制公办高职院校，是浙江省和全国供销总社示范性高等职业院校。备忘录签订后，双方在推进供销社综合改革和“三位一体”农民合作经济组织体系建设中开展“双师”素质培养、学生实习、课题研究、项目开发、农民培训等方面合作，还在东阳市供销学校建设等方面开展合作。

【方圆农资】　2016 年，完成销售收入 5865 万元，销售化肥 2.14 万吨，销售农药 1217 吨，销售农膜 613 吨，实现利润 141.8 万元。2016 年，获中共金华市委组织部“五星基层党组织”、中国农资流通协会“红四方杯”2016 全国百佳(优秀)农资经销商和浙商资信评估有限公司颁发的“信用等级 AAA”企业。

公司筹备资金 2100 余万元，购进和落实优质化肥 15200 吨、农药 730 吨、农膜 350 吨。政府招标化肥 3600 吨（2300 吨有机肥和 1300 吨配方肥）。至年末，完成 1380 吨化肥配送任务。开展废弃农药包装物回收和集中处置工作，回收各类农药废弃包装物(瓶、袋、桶)322 万件，回收重量 74.55 吨，处置 69 吨，支付回收额 63 万余元。加强连锁店进货管理，提高公司商品配送率，为 28 个门店更换或添置柜台 64 个、货架 81 个，更换破旧连锁门店宣传牌 31 块。健全农资流通协会组织，由农资连锁总公司发起成立的农资流通协会有会员单位 130 家。2016 年，发放寄送病虫情报 9 期 900 余份，为连锁店销售提供配药依据。4 月，农资流通协会开展“农资放心店”评比，评出 28 家“农资放心店”。召集全市种养殖大户进

图 94　4 月 14 日，省供销社理事会主任邵峰(右五)到市供销总社调研(市供销总社提供)

行技术培训12期，600余人参加。举办现场观摩会10余场，发放资料6000余份，解答农民提问数百次，推广农药新品种20个、化肥新品种23个。以倪天良(庄稼医生、助理农艺师)为代表的技术人员，到田间地头200余次，为农户实地诊断开出防治配方；召开农资产品订货会15场，现场优惠供应各种化肥、农药。

【方圆医药】 2016年，方圆医药有限公司完成销售额7870万元，其中方圆大药房连锁有限公司完成销售477万元。方圆医药有限公司实现利润30万元，方圆大药房连锁有限公司实现利润40万元。上缴税费137.8万元，其中方圆医药有限公司108.9万元、方圆大药房连锁有限公司28.9万元。连续十三年获“东阳市超百万纳税企业”称号；公司有员工70人，具有执业药师职称12人，药师职称8人，从业药师职称2人；连锁门店89家，增加2家。通过金华市市场监督管理局的GSP飞行检查。增加供应商36家，增加品种2754个；举办知识培训和推广会7场，每场订货额均有数十万元，邀请陕西步长、葵花药业、山东保健等79家厂商到场。修订完善加盟制度，增开门店，扩大药品经营前沿阵地。增加门店适销品种，加强与南京同仁堂、贵州益佰、葵花药业、南京先声、武汉人福等企业合作，确定部分品种在东阳市范围内专供本公司连锁门店销售。落实新一轮连锁店责任制，35家门店收缴利润480余万元。

【废旧物资】 2016年，东阳市废旧物资总公司有收购网点47家，包括2家分拣中心。横店分拣中心占地1公顷，歌山分拣中心占地0.67公顷；对巍山收购点、歌山林头收购点、湖溪收购点、城区青春路收购点、商城收购点、城东收购点6个收购网点进行规范化改造提档，对收购网点标牌、标识、营业场所、环境进行统一改造；网点回收农村生活垃圾可利用物3600余吨，其中废钢1200余吨、废纸板1700余吨、废塑料400余吨、其他废旧物资300余吨，回收额300余万元。浙中再生塑料集散加工中心有租赁企业19家，其中红木家具厂3家、塑料厂12家、相框厂1家、红木锯板厂1家、超市1家、饭店1家，员工100余人，年综合产值5000余万元。

【废旧公司与德丰润鑫公司达成合作】 2月，东阳市废旧物资总公司与德丰润鑫(北京)生态科技开发有限公司签订合作协议，以原有的回收网络体系和市场份额折价入股(占股28%)，成立德丰润鑫(东阳)再生资源科技有限公司。经过双方互谈，结合东阳市市场实际，双方商定再生资源回收体系建设规划。

【农药废弃包装物集中回收处置试点工作启动】 4月25日，东阳市召开农药废弃包装物集中回收处置试点工作启动会议。宣传农药废弃包装物集中回收处置工作的意义和法律责任，对回收的农药废弃包装物严格按照危险废物进行监管，要求试点单位如实记录台账，集中委托有资质单位依法安全处置。实行回收的农药废弃包装物是指在东阳市范围内因农业生产产生的不再具有使用价值的农药包装物，包括用塑料、纸板、玻璃及金属等材料制作的与农业直接接触的瓶、桶、罐、袋等。根据市政府文件规定，农药废弃包装物回收实行全市统一补助标准。东阳市设立多个回收网点，实行“农户—回收网点—方圆农资连锁总公司统一收集—金华市莱逸园环保科技开发有限公司焚烧处置”的回收处置模式，具体为：回收网点负责收集农户及个人的各类农药废弃包装物，登记并按回收统一补助标准支付其费用；再由方圆农资连锁总公司从各回收网点不定期统一收集，委托金华市莱逸园环保科技开发有限公司焚烧处置。费用列入财政统一支出。5月，开展全市农药废弃包装物集中回收处置工作。

【防汛物资储备】 市供销社设立8个物资储备点，开展应急救灾物资的储备和供应工作，储备防汛麻袋2.3万只，加储木桩、抛绳、彩条布和编织袋等价值20余万元的应急物资。为完成市防汛救灾应急的需要，市供销社储备以下防汛物资：防汛编织袋5200只、1.5米木桩800根、3米木桩170根、彩条布10件2000平方米、手套500双、安全帽200个、救生衣200件、抛绳295条、铁锹200把、锄头100把、大榔头18把、救生圈50个、雨鞋200双、雨衣200件、手电筒190个、便携式工作灯50个、汽车防滑链20付。调进麻袋8000只、木桩70根、彩条布400平方米，调出麻袋6500只、编织袋4800只及防汛木桩110根。

【烟花爆竹批发业务】 日用工业品公司完成销售额556.61万元，实现利润13.45万元，收缴房屋租赁款94.58万元。多批次参加金华市安监局组织的安全管理员、技能操作员培训;对签订配送协议和安全责任书的91家配送零售店不定期进行督查,通过移动平台定期向经营者发送安全经营知识、操作规范要求等信息,建立健全流向登记制度,出资近万元向各零售店赠送安全工作规定宣传牌;投入10万余元购置配送车辆,做好配送工作;投资3万余元进行整修,确保相关设施符合安全标准化要求。提出"在相应递增原上缴利润指标和修订补充原实施办法的基础上,将第四轮经营责任制经营期顺延一年"的实施方案,在职工大会上审议通过。6月,停止购进和配送烟花爆竹;8月,对全市零售店库存烟花爆竹进行回收专库托管,做好G20杭州峰会安保工作。

【蚕桑业务】 开展"关注蚕宝宝成长历程 爱心领养蚕宝宝开心学知识"活动,通过微信公众号、蚕宝宝成长交流群宣传介绍养蚕技能、推介蚕丝被产品。增设蚕丝被以旧翻新业务,开展每月10日、20日、30日定期现场加工服务。实现蚕丝被销售额43.68万元,毛利润9.89万元。"东舒牌"桑蚕丝被销售展示厅开业两周年,组织开展周年店庆活动。店庆营业额5万余元。开展实景养蚕示范活动,扩大宣传和巩固客户群。

【方圆石化】 东阳市方圆石油化工有限公司(简称"方圆石化")销售总额9100万元,成品油销量11794吨,其中汽油销量6205吨,柴油5589吨(直销配送柴油2319吨,比上年增加686吨)。实现利润720万元,上缴税金487.9万元,比上年增加230.2万元。成品油市场价格进行调价15次,其中上调10次,下调5次。公司通过库存调节,创造调价增值230余万元。

给加油站点员工配发工作服,统一着装。投入46万元用于安全经营管理。组织相关人员下基层开展各种宣传教育活动、安全检查和隐患整治工作;发放加油站经营事故案例分析资料12期,组织和配合上级有关部门开展常规、专项安全检查30余次。组织信访、不安定因素、重大矛盾纠纷排查12次,整治安全隐患27项,检查部门198次;开展消防事故应急演练,提高员工处理事故的能力。

【市供销学校】 东阳市供销学校有全日制高中段教育以及与天津大学、郑州大学、宁波大学合作开设的高中起点专科、专升本远程教育和函授学历教育,有1200余名学员。2016年,市供销学校获浙江经贸学院拨款(杭州财政)580.9万元。2016年,招生计划任务数232人,实际报到注册259人;毕业生181人,高考上线26人,通过"2+3"模式进入大学就读13人;51人获收银员证书,13人获测量放线工证书,13人获英语初级证书。

【农民培训】 开展种养殖专业技能、农产品营销技能和农村劳动力素质提升等各类农民培训18期,参训人数2343人。其中,与浙江经贸学院合作举办浙江省农村实用人才和新型职业农民电子商务提升班1期,培训学员115人。超额完成市农办年初下达的培训2050名学员的目标任务。获市财政农民培训补助经费62.69万元。

【供销电商】 东阳市供销电子商务有限公司创立于2015年9月,注册资金500万元。主要经营网上销售农产品、日用百货、工艺电子产品、床上用品、食品、饰品、化妆品,提供网络技术服务及咨询、计算机技术培训、货物运输及仓储服务、货物进出口等业务,承接运营、美工等代理业务。

2016年5月,淘宝企业店铺"莱依坊"试运营。与市人力社保局和市民政局协作,在全市范围内举办两期培训,专门服务退伍军人电商创业,为期8天,120人参加;10月10日,举办大型创业创新论坛,150余人参加;培训江北街道、吴宁街道、白云街道、城东街道、横店镇、千祥镇、巍山镇、湖溪镇、虎鹿镇、马宅镇、歌山镇、佐村镇、画水镇13个街道镇乡2200余人,组建互动群,给农村电商创业者提供宣传交流平台。利用微信公众平台和粉丝群体,帮助李斌卖生姜。

【东阳市农民合作经济组织联合会成立】 12月5日,召开东阳市农民合作经济组织联合会成立大会,全市专业合作社、家庭农场和会员单位代表及领导小组成员单位分管领导150余人参加会议。会议审议通过市农民合作经济组织联合会(简称"农合联")有关章程和草案,选举产生第一届农合联理事会、监事会。召开第一次理事、监事会议,选举产生理事会、监事会领导机构,聘任供销社班子为理事会执行委员会班子。副市长虞乐生当选第一届理事会理事长,市供销社党委书记、主任许基法当选常

图 95　12 月 5 日，召开东阳市农民合作经济组织联合会成立大会（市供销总社提供）

务副理事长，市农办主任楼国民当选第一届监事会监事长。农合联吸收成员 128 人，其中团体会员 103 人、个人会员 25 人。

【市农村创业创新培训班开班】 11 月 11 日，由六石街道、市供销总社主办，市供销学校、六石供销社联合承办的东阳市农村创业创新培训班在六石街道二楼会议室开班。培训历时 9 天，六石街道各自然村、各行业的 140 余人参加。整个培训分为理论授课、实地参观教学、论文写作与实践指导四大部分。

（王江峰）

粮食流通

【概况】 2016 年，粮食供需平衡，粮食价格稳定。市内收购政策性粮食（订单内）20281 吨，比上年增长 57%，其中订单收购小麦 158 吨、早籼谷 15051 吨、晚籼谷 5072 吨；订单外收购粮食 2189 吨；市外收购储备粮源（小麦）4242 吨；完成省级、东阳市级储备轮换补库 16307 吨（省级 5000 吨、东阳市级 11307 吨），食用油 60 吨，通过网上公开拍卖轮换出库市级储备粮 11307 吨；销售粮食 17995 吨。国有粮食收储企业经营收入 5189.27 万元，实现利润 17.82 万元。增加储备粮 8200 吨(早籼谷 3544 吨、小麦 1600 吨、晚籼谷 3056 吨)。年末，市级储备规模累计增至 44200 吨。东阳市级储备晚籼谷 6615 吨，储备比例 14.97%。

【粮食收购工作调研】 8 月 4 日，浙江省粮食局党组书记、局长姚少平到东阳市调研早稻收购工作，走访市中心粮库、市碧丰粮食专业合作社、六石大米加工厂等地，实地考察早稻收购入库、大米加工销售情况，召开早稻收购工作座谈会。10 月 26 日，浙江省粮食局党组成员、总工程师叶晓云到东阳市调研秋粮收购工作，视察收粮点的秋粮收购入库情况，在市中心粮库召开由市粮食局、粮食收储公司、种粮大户代表参加的座谈会。

【早中稻订单合同签订】 开展送政策、送订单、送农技、送信息、送资金的“五送”惠农服务活动。提供产前服务，组织粮食系统干部职工 48 人次调研粮食生产种植情况，走访种粮大户和粮食专业合作社，宣传粮食收购政策，发布粮食产销信息。与 280 户种粮大户签订 17603 吨早稻谷订单收购合同，落实早稻订单种植面积 2833.3 公顷。建立订单农户粮食种植情况信息库档案，为种粮农户办理支付售粮款银行“一卡通”。为种植规模大、信誉好的 12 户种粮大户发放粮食收购预付定金 95 万元。

【储粮设备增添】 通过销粮腾库消化粮食库存，销售出库和加工转化粮食，定向调拨省储粮和出库中央储备玉米等途径，准备夏粮收购仓容 15000 吨，增加收储能力。投资 40 万元购置粮食除杂、输送 4 条设备流水线，粮食收购全程机械化，实现“机器换人”。

【夏粮收购前期准备】 抽调 14 人组成 3 个工作组开展监督检查，维护收购秩序。粮食收储企业安排 64 人在 8 个粮食收购点；实现粮食质检、过磅、入库、结算“一站式”收购服务；各收粮点悬挂宣传横幅 8 条、张贴标语 64 条；做到政策上榜、标准上墙、样品上柜；为售粮农民安排休息区，备好茶水和防暑药品。

【早稻谷订单收购】 7 月 13 日至 8 月 30 日，收购订单早稻谷 15051 吨，比上年增加 4520 吨，增长 42.9%，收购增量列金华市第一，收购总量列金华市第二。兑付粮食订单收购政府奖励金 903.06 万元，其中省级奖励 300 万元，东阳市级奖励 603.06 万元。

【粮食收购价格和政府奖励】订单粮食收购价格和政府奖励(补贴),每50千克(国标中等质量标准)订单收购价格:小麦135元(含政府补贴),早籼稻(圆粒型)133元,早籼稻(长粒型)131元,晚籼稻150元(含政府补贴)。订单早稻政府奖励标准:种粮大户、粮食专业合作社社员每投售50千克早籼稻奖励30元,每亩最高奖励240元。

【粮食最低收购价与执行时间】订单外投售的粮食由粮食收储企业按不低于最低收购价随行就市收购,每50千克粮食最低收购价为:小麦118元,早籼稻133元,晚籼稻138元,粳稻155元。小麦最低收购价执行时间为2016年6月1日至2016年7月31日;早籼谷最低收购价执行时间为2016年7月21日至2016年9月5日;中晚稻最低收购价执行时间为2016年10月31日至2017年1月31日。

【农户小型粮仓推广】6月13日,市粮食局、市财政局印发《东阳市农户科学储粮专项(小粮仓建设▲)实施方案》,采取中央补助、地方配套和农户自筹相结合的方式,投资180万元(中央补助54万元、省补助54万元、农户自筹资金36万元、地方财政配套36万元),落实推广农户小型粮仓3600套,完成省下达任务的100%。

▲小粮仓建设:按照2009年7月1日实施的国家《农户小型粮仓建设标准》(LS/T8005-2009)规定要求,经国家粮食局鉴定认可由专用彩钢板制作成小型粮仓,每套小型粮仓可储存粮食1000千克。

【储备粮储存安全管理】强化新仓建设、危仓改造、科技储粮、责任落实、监督问责制度,市中心粮库达到储粮三星级,3月通过浙江省粮食局专家组的考核复评。完成对一般维修的19700吨仓容、大修改造的26850吨仓容的“危仓老库”的维修改造,功能提升的5万吨仓容进入改造施工,年内投资264万元,完成维修工程量的21.5%。推进智能通风、环流熏蒸、粮情测控、谷物冷却、充氮气的储粮新技术。推行“谁储粮、谁负责、谁坏粮、谁担责”的责任制度,把安全储粮责任落到收储企业和仓库保管员。制定《2016年粮食收储企业经营目标责任制考核办法》《粮食收购质量考核办法》。建立地方储备粮季报制度,及时上报储备粮统计报表,加强储备粮数量和资金的监管。开展全国性粮食库存检查,按照粮食数量、质量、储粮安全和安全生产为重点的要求,以统计结报日3月31日为粮食检查时点,组织检查市级库存粮食37254吨。年末,东阳市被金华市粮食局授予2016年度“一符四无”粮仓市。

【粮食流通监管】根据《关于进一步加强和规范粮食流通监督检查行政执法工作的通知》,组织建立市粮食局粮食行政执法队伍,组成粮油实物检查组、统计账检查组、会计账检查组、仓储管理检查组、质量安全检查组5个专门检查组,落实检查组的工作职责。组织52人次针对粮食储存、加工、供应流通环节开展粮食行政执法检查。重视军粮供应工作,按国家《军粮质量管理办法》规定筹措供应部队需要的粮油品种,改进军粮供应服务质量。

【爱粮节粮宣传活动】10月14日,组织干部职工14人在巍山镇开展以“爱粮节粮,粮安东阳”为主题的第36个“气候在变化,粮食和农业也在变化”的世界粮食日和第26个全国爱粮节粮宣传周宣传活动,向当地市民发放主题宣传册,现场讲解储粮保粮技术。开展进农村、进社区、进学校“三进”活动,发放宣传资料2000余份。

【粮食安全检测】组织2016年收获粮食的质量和品质测报活

图96 位于歌山镇上周村的东阳市中心粮库(市粮食局提供)

动，早稻质量调查检测扦样6个镇、11个村、60户农户，晚稻质量调查检测扦样6个镇、30个村、80户农户，质量调查的检测项目有出糙率、整精米率、水分、杂质、不完善粒、黄粒米和谷外糙米；晚稻品质测报检测2个镇、60个村、260户农户，品质测报检测项目有出糙率、整精米率、水分、杂质、不完善粒、直链淀粉、食味品质、胶稠度；早稻重金属扦样5个镇、6个村、12户农户，晚稻农药残留、重金属、黄曲霉素B1检测5个镇、18个村、32户农户。开展全社会储粮专项调查和居民存粮专项调查，分析梳理社会化储粮的基本情况，推进城镇居民、单位食堂、粮食加工转化企业的社会化储粮工作。

【粮食安全责任制】 11月8日，调整市粮食安全工作协调小组成员，分管副市长任组长，以市府办、市粮食局等15个部门为成员单位，在市粮食局设办公室。粮食安全工作协调小组制订2016年度粮食安全市长责任制考核方案，把增强粮食可持续生产能力、增强种粮积极性、增加地方粮食储备能力、保障粮食市场供应、确保粮食质量安全、落实保障措施的6个方面81项考核内容细化落实到各成员单位，年末组织量化考核。11月18日，组织举办由粮食收储企业经理、财务、业务科长、各粮食应急供应点和应急加工企业负责人参加的粮食安全应急培训班，学习粮食应急管理知识与应急管理要求，观看粮食安全应急演练录像。

【巍山东粮广场复工建设】 巍山东粮广场项目是市“三改一拆”的重点工程。4月13日，市委常委、市委组织部部长陈刚、市政府副市长陈军召集市府办、市公安局、市国土局、市建设局、市国资办、市建管局、市粮食局、巍山镇政府、市城投公司、市粮食收储公司负责人，对巍山东粮广场建设问题进行专题协调，形成《巍山东粮广场建设有关问题协调会议纪要》。9月14日，停工两年的巍山东粮广场项目复工建设。

（古新民）

烟草专卖

【概况】 2016年，东阳市烟草专卖局（分公司）销售卷烟36659.11箱，比上年下降4%；实现税利4.09亿元，比上年增长8.42%；缴纳地方财政税费11558万元，比上年下降4.39%。10月12日，根据《关于调整市县两级机构、职能、岗位和编制的通知》，专卖监督管理科与内部专卖管理监督派驻工作组、专卖稽查大队实行合署办公，更名为专卖监督管理科（内部专卖管理监督派驻工作组、专卖稽查大队）。

【案件查处】 查获违法案件220起，比上年增长15.18%；查获卷烟12631.9条，比上年增长7.58%；涉案卷烟总值358.5万元，比上年增长2.5%。市场净化率考核100%。查办“3·9”卷烟销假案、“4·29”利用互联网（微信）销假案，其中“4·29”被批准为部督案。

【烟草专卖零售许可证】 受理烟草专卖零售许可证办理申请646户，比上年下降2.86%，其中准予许可625户，不予许可21户。延续698户，比上年下降40.69%；注销660户，比上年下降2.96%。至年末，辖区持证户4499户，比上年减少35户。

【卷烟零售点布局政策调整】 2016年12月27日，浙江省金华市烟草专卖局下发《关于印发金华市烟草制品零售点合理布局规定的通知》，自2017年1月25日起施行。2012年7月1日起实施的《金华市卷烟零售点布局管理规定》废止。

（张 玲）

盐业专营

【概况】 2016年，东阳盐业分公司推进产品结构调整，推广绿海多品种盐、蓝海星高附加值的多品种盐以及澳洲高端盐品，竹盐、低钠盐澳洲海盐等高端产品销量大幅度提升。小包装碘盐、工业用盐销量比上年减少。购进各类盐产品6785.17吨，销售各类盐产品6960.99吨，销售量比上年7246.59吨减少285.6吨，其中口食小包装碘盐销售3371.55吨，比上年3519.94吨减少148.39吨。2016年，东阳盐业分公司因周边县市冲销情况严重，小包装碘盐销量不能提高；印染企业经营困难，工业漂染用盐销售减少，影响企业效益，公司亏损6万元。

【盐产品市场监管】 开展食品加工用盐市场专项整治活动，打击涉盐违法犯罪行为，维护盐业市场流通秩序。落实盐产品分配调拨计划，完成小包装食盐生产供应和腌制加工用盐调运备库

图 97　5 月 13 日，市疾控中心和市盐务管理局工作人员在吴宁街道西门小广场向市民分发营养周宣传资料与加碘盐（包康轩 / 摄）

的落实，保障各类盐产品的有效供应。共同执法 187 人次，检查单位（户）1116 个，无盐业违法案件，盐业市场基本稳定。

【“5·15”防治碘缺乏病宣传活动】　5 月 13 日，市盐务局联合市疾控中心在吴宁街道西门小广场，开展以“坚持科学补碘，建设健康中国”为主题的防治碘缺乏病宣传活动，启动全民营养周宣传。现场发放科学补碘、营养周宣传资料 2000 余份，发放碘盐，讲解科学补碘、科学用盐等相关知识。

（龚　俏）

石油经营

【概况】　2016 年，销售汽、柴两大类成品油 255137.1 吨，其中汽油 176328.14 吨、柴油 78808.96 吨。中国石化销售有限公司浙江东阳石油支公司（简称“东阳石油”）销售汽、柴两大类成品油 187520 吨，其中汽油 127124 吨、柴油 60396 吨，占全市经营量的 73.49%（中石化歌山与怀鲁高速公路加油站，销售经营量不列入东阳经贸部门的数字统计）。东阳石油支公司经理吕文俊被评为东阳市“2016 年度十佳商贸服务业优秀经营者”，东阳市巨樟中石化加油有限公司被评为东阳市“2016 年度十佳商贸服务企业”，东阳石油党支部被评为中石化销售浙江石油分公司“优秀基层党组织”。

【油价调整】　2016 年，油价调整 15 次，从年初到年末，0 号柴油从 5.13 元 / 升上升到 6.08 元 / 升，92 号汽油从 5.54 元 / 升上升到 6.47 元 / 升，95 号汽油从 5.90 元 / 升上升到 6.88 元 / 升，98 号汽油从 6.46 元 / 升上升到 7.53 元 / 升。

【石油经营网点】　在营加油站（含加油点）69 座。其中，东阳石油加油站 33 座，中石化高速公路加油站 4 座，中石油高速公路加油站 6 座，方圆石化加油站及社会加油站点 26 座。东阳石油大寺下成品油配送库 1 座，批发单位东阳石油 1 家，管理公司 1 家（方圆石化）。东阳石油增加三联、白峰关、湖溪、满升、长征、维风 6 座 IC 卡联调站，白鹤、满升、长征站升级为站级发卡点。至年末，东阳石油拥有 IC 卡联调站 32 座，站级发卡点和充值点 19 个，98 号高标号汽油业务站 15 个。

（刘欢珍）

东阳中国木雕城

【概况】　2016 年，东阳中国木雕城市场成交额 101.72 亿元，上缴税费 5706.47 万元；获浙江省五星级文明规范市场、浙江省重点市场、金华市文化影视时尚产业十强企业及金华名牌产品等称号。举办第二届中国（东阳）木雕·红木家具交易博览会及第十一届中国（东阳）木雕·竹编工艺美术博览会（简称“东博会”）两次大型行业展会。东博会以“传承创新·跨界融合”为主题，增加 G20 杭州峰会元素主题展，推出 2016“中国的椅子”原创设计大赛、“中国空间”首届新中式室内设计论坛暨首届新中式室内设计大赛、互联网 + 红木家居暨“映像木雕城”APP 发布推介会、传承之上 心手之间——国艺手作跨界联展及传统国艺与当代生活跨界沙龙、第六届中国红木家具发展论坛等活动。东阳中国木雕城国际会展中心举办各类展会活动 23 场，涉及家装建材、汽车、动漫、营销、工艺品、红木家具、宴请婚宴等多门类，活动次数比上年增加 7 场，拓展宴请婚宴内容。10月29日，东义区域发展高峰论坛暨东阳中国木雕城与红星美凯龙签约仪式在东阳中国木雕城国际会展中心广场召开。

【物德工坊开馆】 11月，物德工坊对外开馆。物德工坊以“中国木文化工艺传承中心”为定位，整合东阳市25～30家一线独立匠人工坊入驻，采用创新型“匠人现场演示＋作品销售分成”的匠艺推广经纪人平台模式。东博会期间，开设以“百工巧匠 木艺传承”为主题的活态展区，全国各地23组匠人到现场集中展示木雕、竹编、砖雕、核雕等技艺。

【东曦会馆营业】 11月，东曦会馆于东博会期间对外开馆。东曦会馆以“中国当代家居创新中心”为定位，共3层，用40个场景区，结合VR（虚拟现实）来展现红木家具与经典、简约、禅意家居相融合的美学艺术生活，成为东阳中国木雕城文旅板块的创意客厅。和市图书馆合作，从静态家居陈列馆成为市图书馆供阅点。

图98 11月27日，永康市游客在东阳中国木雕城选购木雕工艺制品（孙振华／摄）

【古玩市场搬迁】 3月，古玩市场从东阳中国木雕城一期搬迁至平川路二期B区红木家具市场对面，有200余家古玩摊位，种类包括玉器、瓷器、古玩、字画、奇石等，每周四、周五开放，命名“平川集古玩市场”。

【旅游文化发展】 2016年，参与“金华嘉年华”杭州银泰旅游促销会、上海旅交会、2016“匠心独具浙江（精华）金华”北京推介会、2016“家＋礼包”杭州社区推介会、“金华休闲养生”旅游杭州推介会、“惠行高铁时代·畅游魅力金华”金华旅游江苏推介会、“影视名称·木雕之都·商贸中心·购物天堂”购物美食游安徽推介会。至年末，公司接待旅行社430家，增加139家；接待旅行团4268团次、游客23.54万人次。

图99 东曦会馆（东曦会馆网络供图）

【“国艺夏令营”小小传承人活动】 2016年，东阳中国木雕城联合东阳市非遗保护中心举办四期“国艺夏令营”小小传承人活动。活动期间，开展东阳竹编、米塑、面塑、针刺无骨花灯、中国结等项目学习体验，进行东阳蚌舞、东阳民歌、道情、哑背疯等10余项非遗展演。

【电子商务提升】 工行——“融e购”项目重点对50户商家及41户开店上线的商家进行日常运营维护，保障“融e购”平台的正常运营。组织筹办淘宝拍卖会15场，成交额145万余元，其中东博会、“双十一”进行线上线下的同步宣传。推进金华现代服务业项目“中国木雕城云市场”的项目申报，被上级主管单位认定为重点项目。推进阿里巴巴1688专业市场的试运营，完成26户市场商户的招商入驻上线开店工作。第十一届东博会期间，推出“映像木雕城”项目，引入混合现实（AR）及虚拟现实（VR）。

（陈小红）

检验检疫工作

【概况】 2016年，金华检验检疫局东阳办事处服务进出口企业300余家，完成货物检验检疫2284批、9718.6万美元。其中，出境货物检验检疫2226批、8629.8万美元，分别比上年增长22.1%、90%；入境货物检验检疫58批、1088.8万美元，分别比上年增加13.5倍、56.3倍。签发检验检疫证单2347份(不含包装鉴定)、证书78份（不含产地证书）。签发产地证书13210份、3.36亿美元，分别比上年增长41.28%、24.64%，其中签发普惠制证书和区域性优惠产地证书9809份、2.44亿美元，分别比上年增长48.55%和27.75%，按优惠税率5%折算，为东阳市出口生产企业减免给惠国关税1220万美元。加强与东阳市政府、金华检验检疫局本部的联系沟通，促成双方多次洽谈对接东阳国际物流园区检验检疫监管场所的建设、人员的配置以及经费的落实。

【检验检疫业务改革】 创新出口竹木草制品企业检验监管模式改革，组织召开出口竹木制品企业风险管理座谈会、席草行业检验检疫监管工作座谈会，设计席草产业发展调查问卷，建立辖区内18家企业风险管理体系，对出口报检做到“即报即放”，90%竹木草制品出口批次实现“即报即放”，出口每批货物可减少2个工作日。

召开东阳玩具行业品质提升座谈会，指导企业利用地方政府创新券等政策，出口玩具由传统“查验放行”的检验监管模式向采取“首件备案＋合格假定”的验证放行模式改革，优化诚信管理机制。做到“即报即放”，检验部门每年下厂检验监管的频次从10%下降到2%。

召开东阳新下放检验监管业务化工类出口企业座谈会，以公开课的形式对一般化工品、危险化学品、危险货物及其包装的检验要求和标准进行解读，讲解危险化学品基本安全知识、化学品事故的应急处理，分析不合格典型案例。

【检验检疫窗口服务】 推行“无纸化通关”，企业出口货物凭电子通关单即可报关出口。开展企业跨县市“通报通放”（可选择各县市任一报检点报检和放行）试点工作。推行“出口直放”，东阳办沪浙直放率98.62%，沪甬直放率96.69%。推广原产地“信用签证”工作，派企业参加局原产地“信用签证”集体签约仪式。

【质量月活动】 与市市场监督管理局和市消费者权益保护委员会联合开展“3·15消费者权益日”法制宣传活动，发放宣传资料200余册。2月，金华检验检疫局与浙江巍华化工有限公司联合举行出口危险化学品泄漏应急处置演练，开展辖区出口危险化学品检验监管工作。

【科技质检推进】 参与浙江省检验检疫局立项课题“红木种质资源和有害生物的本底调查”。完成金华检验检疫局政研课题“互联网技术下进口消费品检验监管新模式研究”。派工作人员参加全省系统动植物检疫现场实验室负责人培训，到江苏省交流学习植物检疫现场实验室建设，完成植物检疫现场实验室的建设。

（吴丹丹）

建筑　房地产

2016 年 1 月 22 日，卢宅肃雍堂甬道口牌坊(吴立新/摄)

建筑业

【概况】 2016年，完成建筑业总产值2386.76亿元，比上年增加157亿元，增长7%，建筑业总产值连续八年列全国县级市首位。有建筑企业275家，其中特级企业6家，一级企业67家。全市完成建筑业税收9.76亿元，占全市各行业总税收的11%，同口径比较增长26.5%，纳税超百万建筑企业92家，比上年增加6家。建筑业增加值对全市GDP的贡献率15%。

【建筑企业市场拓展】 建筑企业在省外实现产值1753亿元，占总产值的73.5%。年产值超过100亿元的企业6家，比上年增加2家；年产值超过50亿元的企业6家，比上年减少3家；年产值超过30亿元的企业8家，比上年增加3家。9家企业获对外承包工程经营资格，在罗马尼亚克什约瓦市承接1861套、21万平方米，造价1.7亿欧元的房建工程项目，首次进入欧美国家施工。海天建设集团进入美国建筑市场，首期签订工程项目4.3亿美元；歌山集团承接泰国希尔帕克恩艺术大学项目施工，完成营业额近2亿泰铢；东阳三建在阿尔及利亚完成建安产值3.1亿美元，承接完成住房发展改善局、阿尔及利亚司法部、机场候机厅、斯基克达污水处理厂等40余个工程项目，合同金额11余亿美元，完成境外承包工程营业额3.96亿美元。

【建筑业"营改增"和招商工作】 4月7日，500余名相关部门及建筑企业负责人在市行政中心三楼报告厅参加建筑业"营改增"业务培训会。5月，由市人大副主任徐立刚、副市长陈军带领市财税局、市国税局、市建管局的相关人员到郑州、武汉、广州、西宁、天津等地宣传"营改增"和招商的优惠政策，把"营改增"和招商政策送到各项目部，增强项目部和项目负责人对"营改增"和招商优惠政策的了解。10月8日，成立促进提升建筑业发展（"营改增"、招商）领导小组，市委书记黄敏任组长，市长朱建军任总指挥，市人大常委会主任施侍伟任副总指挥，指挥部下设综合协调组、政策服务组、"店小二"服务组、督考组4个工作组，各线的副市长担任各组组长，相关部门的主要领导担任副组长，具体负责"营改增"和招商工作。市委、市政府召开全市建筑业"营改增"工作推进会，组织3期"营改增"工作的培训。指挥部制订"营改增"和招商工作的考核细则，制作"营改增"和招商工作作战图，把任务分配到市级领导和各镇乡街道，市级领导分头联系走访61家一级以上建筑企业，落实"营改增"工作。各镇乡街道开展"营改增"和招商工作。利用中秋、国庆等节假日，与回东阳的项目经理和建筑能人沟通联系，探讨做好企业回归和项目回归工作。完成工商注册的企业数75家，其中劳务公司38家、建材商贸公司16家、建筑公司8家、租赁公司3家、房产公司2家、其他8家。

【建筑产业发展联盟开展服务】 2月17日，东阳市成立全省首个建筑产业发展联盟，由中天建设集团董事长楼永良任理事长，市委市政府16个部门单位及众多建筑骨干企业共同参与。4月1日，东阳市建筑产业发展联盟授牌，首批20家企业签订战略合作协议。每季举行一次联盟例会，市委书记、市长、分管市长固定参加例会，其他市领导和有关专家视会议主题邀请参加。每次例会确定不同的内容，共享企业克服困难的经验和提升行业发展的举措；通过联盟例会，听取企业的意见，及时解决企业发展中遇到的具体问题，为企业提供点对点的服务，签订战略合作协议。推进建材采购联盟的建立，与复星集团进行多次对接和商讨，征求特级企业和部分企业的意见和建议，形成初步方案。

【建筑业品牌建设】 承建工程创"鲁班奖"3项，分别是中天建设集团承建的广州新光城市花园B5-B6栋、B7-B8栋工程，复旦大学附属中山医院肝肿瘤及心血管病综合楼工程，歌山建设集团承建的温州中医院新院区建设工程。获浙江省建设工程"钱江杯"奖（优质工程）13项，其中承建10项、参建3项。获奖的承建工程中电力工程、市政工程各获1项"钱江杯"，市江滨景观带湿地公园工程获"钱江杯"奖。中天集团、广厦建设、海天集团、东阳三建分列"2015年度中国建筑业双200强企业"第10、28、77、108位。

【建筑业环境优化】 成立市公安局建筑业经济犯罪侦查中心、市人民检察院驻建筑业总部基地检察室、建筑业巡回法庭驻建筑业总部基地联络室，形成法务服务联动机制，维护民营建筑企业合法权益。将建筑业列入政府转贷资金帮扶范围，办理转贷企

图 100　12 月 21 日，市人民检察院检察官走访中天集团东方诚品项目部（包康轩 / 摄）

业 50 家次、8.95 亿元，帮助企业解决转贷困难。向省建设厅反映资质就位和企业外出承接业务中遇到的困难和问题，帮助企业降低成本。市公安局经济犯罪侦查大队建筑业中队打击建筑施工领域的经济犯罪活动，受理建筑业案件 25 起，涉案金额 18601 万元；立案侦查 25 起，破案 7 起，采取强制措施 7 人，移送起诉 5 人。

【首家建筑企业挂牌省股交中心】　宇华装饰集团有限公司是东阳市建筑装饰公司，借助 2016 年东阳市推进企业到省股交中心“创新板”挂牌的契机，主动对接资本市场，成为东阳市唯一一家挂牌“创新板”的建筑企业。

【新东阳建设集团晋升为特级资质建筑企业】2016 年，住建部核准 2016 年度第三批建设工程企业资质名单，浙江新东阳建设集团有限公司由建筑工程施工总承包一级晋升为特级，全市建筑工程施工总承包特级资质企业增加至 6 家。

【建筑业税收研判会】　12 月 16 日，东阳市召开建筑业税收研判会。研判会上，中天集团、海天集团、广厦建设等 9 家建筑企业负责人介绍企业生产经营情况，重点介绍“营改增”后税收完成情况及下一步工作计划。国税、地税、建管等部门负责人就如何做好下一步“营改增”工作提出建议。

【市建筑业“店小二”服务中心投入使用】　12 月 1 日，市建筑业“店小二”服务中心投入使用。市建筑业“店小二”服务中心位于市建管局二楼，进驻部门包括公检法和市财税局、市人力社保局、市商务局、市金融办、市建管局、市国税局、市市场监管局、民融中心，设建管服务、财税服务、综合服务、司法服务、金融服务 5 个窗口，为全市建筑企业提供 47 项服务。“店小二”服务中心负责引进企业的注册登记、资质审批、社会统筹、证书认定、司法维权等“一站式”服务。搭建金融机构与建筑企业之间的沟通平台和建筑企业专项融资平台，协调企业融资、开具保函、账号开设等工作中遇到的问题。建立资金供求信息库，民间资本管理公司可为建筑企业提供股权投资、项目投资等服务。“店小二”服务中心鼓励和引导企业对接多层次资本市场，推进建筑企业股改、兼并重组、上市挂牌等工作。

（李　葵）

房地产管理

【概况】　2016 年，东阳市实行不动产登记机构改革，自 8 月 25 日起，房产登记职能划归市国土局不动产登记中心。至 8 月 24 日，制作“房屋所有权证”13256 本，制作“房屋他项权证”7276 本，制作预告登记证明 4557 本。完成商品房网上备案 6765 宗。完成机关事业单位房屋测绘 159 处、72 万平方米，完成私房、商品房测绘 208 万平方米，其中商品房面积 190 万平方米。接收档案 30651 宗，整理档案 18539 宗，查阅档案 20833 宗。完成 58 幢丙类住宅的治理改造工作。通过政府采购保险加服务的模式，由保险公司对剩余危旧房进行监控，定期排查，维修加固。完成房屋安全鉴定 2536 户，鉴定面积 29 万平方米。完成 11 个新小区前期物业备案工作，配合街道社区指导 9 个小区完成业委会选举工作。

【不动产登记机构改革】　8 月 25 日，房产登记职能划归市国土局不动产登记中心，东阳市房地产管理局更名为东阳市房地产管理处。完成人员、设备及相关档案的交接、工作系统的兼容和相关

图 101　6 月 27 日，举行 2016 年度第二批公共租赁住房配租抽签仪式（市房管局提供）

数据的交换工作，完成二手房网签软件的开发测试、试运行工作。

【白蚁防治】 签订白蚁防治合同 328 个，完成白蚁防治签约面积 186 万平方米，旧房灭治 287 处，面积 11 万平方米。完成传统村落白蚁危害现状的调查，把相关情况和治理方案上报金华市白蚁防治站和市建设局。

【公共租赁住房保障】 建成的 664 套公共租赁住房分配完毕。根据国务院住房保障司及省厅关于《东阳市 2015 年保障性安居工程跟踪审计报告》相关问题进行整改，开展调查研究，明确公共租赁住房租金及各类保障人员租金档次。在《东阳日报》刊登《关于东阳市公共租赁住房保障扩面的公告》。建成新一期市公共租赁住房地下室，1 号楼开展主体 1 层支模施工，2 号楼 2 层施工，3 号楼 4 层施工。

（张　康）

住房公积金管理

【概况】 2016 年，全市住房公积金开户 51254 人，其中正常缴存 37064 人，封存 14190 人。增加开户单位 101 家，增加缴存职工 5914 人，净增 3101 人，归集 6.31 亿元，比上年增长 22.52%，归集到位率 99.77%。全市支取住房公积金 60729 人，支取金额 3.49 亿元，比上年增长 31.2%。增加 9 个楼盘的住房公积金贷款合作业务，向 1036 户家庭发放贷款 5.19 亿元，收回贷款 372 户、本金 1.83 亿元，本息回收率 99.995%，个人住房公积金存贷比为 96.9%，2016 年个人住房贷款发放总额占 2016 年净归集额的 85.94%。金华市住房公积金管理中心东阳分中心获“2016 年度金华市住房公积金管理机构工作目标考核优秀单位”。

【住房公积金政策调整】 根据《金华市市级行政事业单位账户管理和公款竞争性存放管理暂行办法的通知》，2016 年开始对住房公积金增值收益定期存款进行竞争性招标。自 2016 年 5 月 1 日起，个职人员住房公积金缴存登记时，不再提供东阳市城镇职工社会养老保险证明。自 2016 年 12 月 1 日起，对个人还贷提取保底金额进行调整：2015 年 10 月 1 日前申请住房公积金贷款的，还贷提取个人住房公积金账户保底金额不少于 100 元；2015 年 10 月 1 日（含）至 2016 年 11 月 30 日申请住房公积金贷款的，还贷提取个人住房公积金账户保底金额不少于 5000 元；2016 年 12 月 1 日（含）之后申请住房公积金贷款的，还贷提取个人住房公积金账户保底金额不少于 1.5 万元。

【信息化建设】 5 月，完成省政府要求的“互联网 + 政务服务”住房公积金在线查询项目，缴存职工通过政务服务网可以查询自己名下的住房公积金缴存明细、缴存余额等情况。12 月，完成新系统上线前的历史数据核对工作、旧系统数据向新系统数据转换准备工作。

（任妙旦）

旅游　影视

2016 年 10 月 29 日，横店影视节之皇宫汽车音乐节（柴澎勇/摄）

旅 游

图 102 5 月 6 日,举办文旅委成员单位第一次联席会议(市旅游局提供)

【概况】 2016 年,全市接待游客 2055.43 万人次,比上年增长 12.64%;旅游收入 165.41 亿元,比上年增长 20.09%。乡村旅游接待游客总人数 332972 人次。全市有 A 级景区 7 家,分别是横店影视城、横店明清民居博览城、华夏文化园、红色旅游城、东阳中国木雕城、花园村、红栋红木家具珍藏馆;星级宾馆饭店 12 家,旅行社 16 家。

4 月,成立文化旅游发展委员会,专职负责全市文化旅游工作的组织协调。5 月 6 日,文旅委成员单位第一次联席会议在市行政中心召开。文旅委各成员单位主要领导,各镇乡街道、上卢管理处主要负责人,市文化局、市旅游局、东白山管委办、卢宅管委办班子成员和机关干部等参加会议。

2016 年东阳市旅游景区(点)

表 19

名 称	地 址	等 级
横店影视城	横店镇	AAAAA
横店明清民居博览城	横店镇明清民居博览城景区康庄南街 188 号	AAAA
华夏文化园	横店镇华夏大道 566 号	AAAA
红色旅游城	横店镇	AAAA
东阳中国木雕城	世贸大道 188 号	AAAA
花园村	南马镇花园村	AAAA
东阳市红栋红木家具珍藏馆	东永路 168 号	AAA
三都胜境景区	城东街道和堂村	省级风景名胜区
社姆山风景区	江北街道社姆新村	省级风景名胜区
落鹤山风景区	六石街道鹤峰村	省级风景名胜区
旭东工艺品有限公司(紫檀博物馆)	横店镇昌盛路 65 号	省级工业示范基地

2016 年东阳市旅游星级饭店

表 20

名 称	地 址	星 级
浙江东阳世贸君澜大酒店	世贸大道 190 号	五 星
横店集团东磁股份有限公司东磁大厦	横店工业区	四 星
浙江横店国际会议中心大酒店有限公司	横店工业区	四 星

续表 20

名　称	地　址	星　级
东阳市华厦大酒店有限公司	南市路 359 号	四　星
东阳市花园大厦有限公司	南马镇花园工业区	四　星
东阳市横店影视城国贸大厦有限公司	横店康庄南路 18 号	四　星
东阳市丰景嘉丽大酒店	横店康庄南路 186 号	四　星
东阳市五洲大酒店有限公司	双岘路 36 号	三　星
浙江东阳国际大酒店有限公司	望江路 20 号	三　星
东阳市嘉华大酒店有限公司	人民路 199 号	三　星
东阳市横店影视城影星酒店有限公司	横店医学路 77 号	三　星
东阳市横店影视城旅游大厦有限公司	横店万盛街 1 号	三　星

2016 年东阳市旅行社一览

表 21

名　称	地　址	星　级
东阳市中国旅行社有限公司	环城北路 140 号	四　星
东阳市横店影视城旅行社有限公司	横店迎宾大道横店影视城游客中心	四　星
东阳市广厦旅行社有限公司	人民路儿童公园	三　星
东阳市春秋旅游有限公司	东针路 10–1 号	三　星
东阳市康嘉旅游有限公司	黉门前 29 号二楼	三　星
东阳市欣兴旅游有限公司	金玉巷 100 号	三　星
东阳市中青国际旅游有限公司	吉祥路 10 号	三　星
东阳市旅游有限公司	和平路 16 号	三　星
浙江省东阳市交通旅游有限公司	兴平东路 500 号一楼	—
东阳市青年旅行社有限公司	环城北路 127 号—吉祥路口	—
东阳市望之旅旅行社有限公司	树德路 175—2 号	—
浙江省东阳市花园旅行社有限公司	花园工业区花园大道 3 号	—
东阳市新概念旅游有限公司	环城北路 236 号	—
东阳市众旅旅游有限公司	人民路 119 号一楼	—
东阳市东红旅行社有限公司	树德路 6 号	—
东阳市畅旅旅行社有限公司	吴宁东路 176 号	—

【东阳市旅游基础信息数据库信息收集、采集工作】 9～12 月，开展东阳市旅游基础信息数据库信息收集、采集工作，实现百度、高德、腾讯地图的 API（应用程序接口）标注和省旅游基础数据库的对接。旅游基础数据库收录点位 2549 个，涵盖全市市域范围内景点景区、旅游饭店、旅

行社、餐饮场所、乡村旅游经营户、四季采摘点、民宿客栈、购物场所、休闲文娱场所、旅游厕所、其他公共服务等类别。

【花园旅游(东阳)专场推介会暨花园旅游业务恳谈会】 1月19日,由花园旅游发展公司主办的花园旅游(东阳)专场推介会暨花园旅游业务恳谈会在嘉华大酒店召开,市旅游局分管领导和相关科室人员,全市各旅行社负责人,以及金华双龙洞、东阳卢宅、东阳中国木雕城等景区负责人参加会议。花园旅游发展公司推介花园旅游的特色和亮点、景区价格体系和优惠政策以及特色旅游线路。推出金华人游花园、春季花园江南牡丹花节、童话剧《灰姑娘》、夏季荷花节、水世界嘉年华、秋季菊花节、初冬大型庙会等特色主题活动。

【旅游宣传】 通过传统媒体宣传、网络媒体宣传、各类展会宣传、节庆活动、专题报道、代理商踩线、专题推介、客源市场"专卖"等宣传促销手段,采用城市形象宣传与旅游主题宣传相结合、景区产品宣传与客源市场推介相结合的方法,提升东阳市旅游形象,打响"影视文化游、木雕文化游、明清古宅游、山水休闲游"等旅游品牌,提高"木雕之都·影视名城"的旅游城市总体形象。设计印制新版东阳旅游宣传折页,与浙江省电视台合作拍摄东阳市旅游宣传片《匠心东阳》。完成2016年东阳市旅行社地接数据统计工作,地接3万余人。组织参加金华市夏季、秋季、冬季旅游产品发布会,金华旅游微信联盟成立大会,2016第八届中国国际旅游

图103 12月2日,"东义双城游"安徽省合肥市推介会现场(市旅游局提供)

商品博览会,"金华旅游嘉年华"和"浙江(金华)疗休养产品发布会"活动,2016浙江(上海)旅游交易会,"惠行高铁时代·畅游魅力金华"2016金华旅游苏南推介会,"休闲养生金华行"金华旅游(杭州)推广活动,2016中国国际旅游交易会。挖掘乡村旅游资源,培育乡村旅游,与镇乡街道共同策划"春之韵""夏之恋""秋之实"系列乡村休闲旅游节活动20余场,助推"美丽乡村"建设,补齐全市乡村旅游短板。

2月26日,市旅游局召开部分旅行社会议,讨论浙江市场分区域营销和东阳市相关景区优惠政策。

【"东义双城游"旅游推介】 6月6日,义乌东阳横店游客接待中心在义乌火车站出站口投入运营。游客在各大旅游网站、各地旅行社购买高铁直通车旅游套票,旅游直通车定时定点发车,免费接送义乌火车站—义乌国际商贸城—东阳中国木雕城(博物馆)—横店影视城游览乘客。11月29日至12月5日,市旅游局组织横店影视城、东阳中国木雕城,以及义乌市旅游与会展管理委员会、义乌国际商贸城、义乌农贸城到安徽省合肥市、芜湖市、宣城市开展主题为"东阳影视木雕·义乌购物美食游"的"东义双城游"旅游推介会。

【公交旅游专线开通】 9月26日,东阳西站至横店圆明新园的旅游公交车开始试运营,为横店旅游景点开通首条"交通+旅游"模式公交旅游专线。横店圆明新园公交旅游专线先期投放73客位的公交车2辆,日发8班次,东阳西站至横店圆明新园的线路走向为:汽车西站—人民医院—商城—好乐多—南站—南午岭—廿里牌—后岭山—横店木材市场—江南二路—圆明新园,全程25千米,途经32个站点,行程约1个小时,票价6元。

【"东阳味道"系列活动启动】 9月,启动"东阳味道"系列活动之一"舌尖上的旅行,来东阳食酒席",吸引全省各地6000余名游客到东阳市旅游。11月16日,

启动“东阳味道”系列活动之二“品享东阳酒席 体验东阳非遗”，活动以传统美食作为旅游亮点，增加做泥塑、编草鞋、踩高跷、织土布、做汤圆、制蜜枣、切年糖、捶麻糍等非遗项目。

【旅游行业管理】 2016年，市旅游局举办全市旅行社业务培训、全市旅游饭店业务培训等各类培训活动，培训300余人次。签订旅游安全生产目标责任书，明确旅游行业安全生产目标责任；开展旅游行业消防安全培训；联合市场监管、消防等部门在春节、五一、十一节假日开展节前旅游安全检查；开展主题为“强化安全发展观念，提升全民安全素质”的安全生产月活动；执行上级业务部门及东阳市委市政府的规定，开展安全防范工作，平安护航G20杭州峰会。全市未发生重特大旅游安全事故。市旅游局、横店梦幻谷景区被评为全市安全生产先进单位。2月23日，东阳市中青国际旅游有限公司和东阳市旅游有限公司被评为浙江省三星级品质旅行社，全市品质旅行社增至8家。

图104 11月29日，举办全市旅行社业务培训会（市旅游局提供）

东阳宾馆退出三星级旅游饭店；东城宾馆退出二星级旅游饭店。6月，设立东阳市众旅旅游有限公司；12月，设立东阳市畅旅旅行社有限公司。注销杭州西湖旅行社东阳分社。

10月18日，组织东阳市旅游饭店参加金华市饭店业十大招牌菜比赛，东阳市横店贵宾楼大酒店的“宝笔火鳝”、东阳市横店丰景嘉丽大酒店的“金秋蜜语”、东阳市横店东磁大厦的“新百鸟朝凤”获金华市十大招牌菜（热菜）称号；东阳市横店国贸大厦的“婺州宫灯”和东阳市横店贵宾楼大酒店的“累累硕果”获金华市十大招牌菜（冷菜）称号；东阳市旅游局获团体一等奖。

（陈思青）

东白山生态旅游

【概况】 2016年，东白山省级旅游度假区管委会聘请国内知名专家团队对旅游综合开发项目进行高端策划，完善度假区总体规划及基础配套设施建设，启动

图105 1月20日，东白山风光（吴立新/摄）

高山湿地公园项目建设，举办东白山农耕文化节。接待游客27.61万人次。

【东白山机构调整】 8月，成立东阳市东白山省级旅游度假区党工委，组建度假区新的领导班子，由吴梦良兼任东白山度假区党工委书记、度假区管委会主任，朱王件任党工委副书记、度假区管委会副主任，郭跃军任党工委委员、管委会副主任，楼晓锋任党工委委员。建立由度假区管委会、虎鹿镇人民政府、巍山镇人民政府、国有茶场、风电公司组成的度假区联席会议制度。东白山省级旅游度假区管委会“三定”（定编、定岗、定责）方案上报市编办审核。

【东白山规划编制设计】 年初，开展《东阳东白山省级旅游度假区总体规划》环评工作，3月、8月，由省环保厅牵头分两次召开《东阳东白山省级旅游度假区总体规划环境影响总体报告》评审会，完成初步评审工作。7月3日，《东白山生态旅游区惜缘谷、绿野谷控制性详细规划》通过市规划局审批。编制完成《东白山运动休闲产业发展规划》（2015～2030）。启动度假区主干道东延道路设计及立项工作。协同市国土资源局实施度假区土地利用总体规划调整工作，完成度假区内14.67公顷土地利用规划调整，由永久性农田调整为一般性农田。完成“三库”（《招商项目库》《扩大有效投资项目库》《土地资源储备库》）建设并上报市政府汇编成册。

【东白山景点景观建设】 完成环茶场水库道路改造工程（一标）。实施高山湿地公园项目建设，5月，按照市委市政府决策部署，暂停该项目建设及度假区其他在建项目建设。完成核心区供水、东白天池审计工作。完成太白峰一期景观工程扫尾工作，整理工程资料。启动白溪峡谷漂流工程建设，完成漂流主体工程和管理服务中心建设。项目用地方面，完成管理用房、天池管理用房、高山湿地公园管理用房土地0.34公顷的招拍挂工作。引导和扶持区内及周边村落精品民宿发展，完成山洪村“行云山居”度假别墅和白溪村“阿溪山房”等精品民宿项目建设。

【东白山配套设施建设】 推进岭头至磨水仓通景公路建设，完成一期路基工程建设。完成巍东线西垣至茶场段10千米道路升级改造，完成道路路面拓宽和沥青浇筑，该项目总投资500万元。启动并实施度假区岭头至西垣高升村、山洪村连接线工程。启动茶场至磨水仓主干道东延项目。核心区增设移动基站1座，完成太白峰原电信基站的共享；在东白山茶场建造移动基站1座，实现东白山茶场以上区域通讯全覆盖。度假区东白山茶场以上区域基本实现免费公共Wi-Fi覆盖。启动核心区监控二期工程建设，增设一键求助报警系统、实时对讲系统，提升技术防控水平，实现度假区核心区的实时监控。增设警示标牌和提示标语82处。完成度假区管理用房饮水工程、天池污水处理工程、东白天池露营营地、太白峰景观工程（一期）等项目的后续工程。基本完善度假区核心区域道路、供水、供电、通信、监控等基础设施。

【东白山资源普查】 对东白山区域内的土地、山林、水塘、水库、企业等权属性质开展调查。对各类历史遗留矛盾，按照分类处置原则，优先妥善化解处理，确保东白山开发建设无障碍施工。保护生态环境，配备核心区垃圾清运和环卫人员。对核心区块实施绿化造林和边坡修复工程，种植高山杜鹃1100余株。10月，邀请浙江农林大学园林设计院对东白山核心区植物资源进行调查，开展《东白山核心区植物景观绿化详细规划》编制工作。

【东白山综合整治】 建立景区卫生、绿化工作常态化管理机制，成立卫生、绿化等多个工作小组，制定《东白山度假区管理人员手册（初步方案）》。制定《东白山度假区核心区管理方案》，对核心区烧烤、露营、停车、摊位摆放等进行管控。制定《东白山省级旅游度假区安全应急预案》。2016年七夕庙会期间，组织公安、交通、消防、救护、安监等10余家单位400余人参与安保工作。度假区未发生安全责任事故。

【东白山旅游推介】 6月，到上海市参加省旅游局主办的浙江旅游交易会。7月，举办东白山天池百人露营篝火晚会。9月，举办“百名主播东白山露营”活动。11月，举办“百日白马”活动。12月，举办“江南100东白山越野赛”“重返放马湖”作家协会年会活动。

【东白山农耕文化节】 3月26日，东白山农耕文化节暨虎鹿镇第二届旅游节在虎鹿镇白溪村农耕文化园开幕。该活动由市文旅委主办，东白山管委会、市体

图 106 3 月 26 日，东白山农耕文化节暨虎鹿镇第二届旅游节开幕（东白山管委会提供）

育局、虎鹿镇政府承办，主题为“踏青、摄影、骑行”。该届旅游节重点在特色民俗活动和农耕文化上。节庆期间，举办白溪花海TT赛、东白山特色民俗表演、“魅力东白 神奇白溪”摄影比赛、东白山农耕留痕摄影展等活动。活动地点在虎鹿镇东山村、白溪村。东山村有百人拔河赛、现场互动娱乐节目，以及该村特色豆腐小吃；白溪村开展特色腰鼓、舞龙表演、十里红妆、自行车比赛等活动。

【东白山入选“浙江最美山峰”】 2016 年 8 月，在省林业厅开展的“最美山峰 / 峡谷”评选活动中，东白山入选“浙江最美山峰”，并被评为“浙江十大名山”之一。东白山是浙江东部沿海往西的第一座千米高峰，系会稽山脉主峰，海拔 1194.6 米，具有良好的湖、山、林生态环境，有著名的“五高”景观：高山茶园、高山湿地、高山天池、高山香榧、高山草甸，有云海、日出、雪景、雾凇等气象景观。

（曹刚平）

横店影视城

【概况】 2016 年，横店影视城制定的《影视拍摄基地服务规范》被国家标准化管理委员会下文列为国家标准。横店影视城获“中国十大主题乐园奖”“2016 年度卓越影视主题公园奖”“中国旅游产业投资百强企业”“浙江名牌产品”等荣誉。营销公司副总经理吴缙龙被评为“全国旅游系统劳动模范”。接待中外游客 1577 万人次，比上年增长 4%。发放调查问卷 1 万余份，景区满意度指数 93.17，酒店满意度系数 97.79，处理满意率 98.7%。3 家四星级酒店的携程网评分 4.8 分，用户推荐 99%。

【影视拍摄】 接待影视剧组 271 个。演员公会为剧组输送演员 50 余万人次，其中群众演员 431158 人次，特约演员 70785 人次。影视器具制作租赁版块增加道具库房游项目，对演员经纪公司进行重组，签订全约艺人 10 人。接待首次入驻拍摄的影视制作公司 50 余家。建设民国街、民国码头、春秋·唐园、梦外滩摄影棚等基地，增加磐安百丈潭、花溪等 6 家外景基地，增加社会摄影棚 19 个，可供剧组使用的摄影棚 43 个。

【旅游促销】 实施“春节——大庙会”“春季——春游大会”“暑期——全民湿身季”“秋季——影视嘉年华” 四大宣传推广活动，策划“2016 横店春节大庙会”“大宋花朝节”“梦幻谷九年庆”“梦幻海豚湾开业”“中国大妈

图 107 1 月 31 日，举办横店春节大庙会活动（横店影视城提供）

节”“横店儿童奥斯卡”“武林十年遇见七侠镇”“VR盗墓体验”“秦王宫万人长桌宴”“七夕帐篷音乐节”“横店影视节”等旅游节庆活动。策划“关晓彤横店公主加冕礼”“横店公主的暑假日常”、《时尚COSMO》杂志拍摄写真等宣传活动，更新30个公司对外宣传广告和专题视频。全国各地的市场部举办大量旅游推介活动，开展异业联盟。与金华市、东阳市、义乌市旅游局联合，在上海市、安徽省、广东省、江苏省常州市等地举办多场大型终端旅游产品推介会。

【影视新兴产业】 创立以“横店有礼”为主品牌，剧中人、老横店、影视大咖堂、星动横店、横店印象、路人甲等为子品牌的品牌体系。5月18日，横店影视城第一个官方大型购物中心——文创体验中心建成开业。

微电影公司创建游客体验产品体系，以拍摄型产品为主，辅助增值类产品为辅。以“专业公司打通专业渠道”的方式，满足不同层次游客群体的影视体验需求。

中国电影放映机博物馆搜集老物件藏品3506件、影视藏品6267件。与浙江横店体育发展有限公司联手举办全国U16男篮俱乐部联赛、横店马拉松、第32届全球华人篮球邀请赛、阿尔巴蒂尼横店行、全国健身球交流活动、第二届梦幻横店全国老年气排球邀请赛、浙江省青少年乒乓球锦标赛、2016第九届上海·横店国际木兰拳邀请赛等40余项赛事。

【演艺产品升级】 升级改版《小鸟加油》《大话飞鸿》《紫禁大典》《暴雨山洪》《清宫秘戏》《英雄比剑》《八旗马战》等经典演艺秀，演出41896场次。打造《花车巡游》项目，开拓新的演艺品牌——街头秀，106个街头秀涵盖人物秀、技能展示秀、舞蹈秀、器乐秀、魔术秀、表演秀等内容。

【影视城重要工程项目】 2016年，根据《十年规划纲要》的发展目标，建设梦外滩主题公园、花木山庄温泉酒店、广州街民国码头二期、梦幻谷海豚湾等项目。完成总部立项工程71个。

图108　4月10日，2016“中行杯”横店马拉松赛景区赛段（横店影视城提供）

完成梦幻谷海豚湾项目、暴雨山洪舞台景区改造工程；完成民国码头二期、春秋唐园影视基地项目；完成梦外滩23号楼宾馆装修项目、贵宾楼餐厅二期工程改造、影都宾馆客房改造、合欢谷改会议室、影星酒店能源中心拆迁项目、度假村大浴场改物流中心等工作；完成机动车检测中心、文创购物中心等配套工程项目。

完成秦王宫、清明上河图、明清宫苑三大景区主题商业街区等项目的前期规划方案。餐饮美食文化规划通过各景区或集中式餐饮美食平台的打造，宣传“横店八大厨”餐饮品牌。

【媒体合作】 央视四套大型日播旅游栏目《远方的家》栏目组，到各景区报道横店追梦人的奋斗生活。美国三大时事性周刊之一《时代周刊》杂志亚洲版社长、首席记者Hannah beech到横店镇采访在剧组拍摄的群众演员。与河南卫视《壹起去旅行》节目合作横店专场录制，与东方卫视《放开我北鼻》综艺节目（马天宇、于小彤等演员）合作拍摄2期横店专场。接待《华尔街日报》《洛杉矶时报》、好莱坞报道、中央电视台、新浪、搜狐、网易、《中国体育报》《中国旅游报》等中外媒体150余家。

【横店影视城文创体验中心建成】 横店影视城文创体验中心位于横店华夏摄影棚，自2015年11月开始筹建，于2016年5月18日试营业，总面积3600平方米，是横店影视城官方建造的第一个的大型购物体验中心，主要由星光大道、金华酥饼体验馆、金华火腿体验馆、磐安中药材体验馆、台湾体验馆、横店影视城文创体验馆、土特产超市、休闲吧八大部分组成。至年末，文创体验中心接待游客38.8万人次。

【安全生产】 完成安全培训51859人次，特殊岗位持证上岗率100%，举行电梯困人、消防疏散、防踩踏等各类安全演练90次，金华市消防支队等单位参与国贸大厦的护航峰会消防演习。组织安全检查566次。建立危险品仓储库，剧组枪械、烟火剂等统一保管、专人领取，建立危险物品管理档案。

（何红艳）

影视管理

【概况】 2016年，浙江省横店影视文化产业实验区（以下简称"实验区"）入区企业实现营业收入180.9亿元，比上年增长20.35%；上缴税费20.87亿元，比上年增长38.51%；增加企业162家，入区企业807家；增加工作室212家，入区工作室458家。接待剧组271个，接待游客1576.52万人次，比上年增长3.82%。走访企业95家次，为企业提供个性化服务143次。实验区通过各种形式进入资本市场的企业30家，拟上市企业17家。影视产业园项目规划面积60余公顷，总投资30亿元，建造摄影棚46个，被确定为省重大产业示范类项目。

与省广电局进行对接沟通，将电影备案立项和电视剧乙种制作许可证申请办理权限下放到实验区管委会，完成电视剧备案立项146部，电影备案立项24部，办理电视剧拍摄乙种许可证17部。组织横店审片专家到省广电局参加审片业务培训，对原审片室进行改造升级，审查电视剧8部268集。2016年，受理登记作品38部，版权登记154部。

2016年，实验区创建省级文化出口基地。实验区管委会与九州文化传播中心筹建海峡两岸（横店）影视剧交易平台。与中国出口信用保险公司签订合作协议，为影视企业作品出口提供保险，降低影视企业作品出口风险。

根据《东阳市影视拍摄外景基地管理办法》，加强与各镇乡街道对接联系，挖掘全市外景资源。组织召开全市影视拍摄外景基地建设工作会议，发放2015年外景基地奖励补助49万元，命名外景基地12个。

与浙江师范大学文化传媒学院开展影视文化产业合作研究，聘请文化传媒学院夏炜博士为实验区特约研究员，合作编写《2015横店影视文化产业年度报告》。

【影视产业政策扶持】 6月，制定《关于做好"横漂"管理服务工作的实施意见（试行）》。文件内容包括实施"横漂"吸引集聚、培育提升、推荐展示、激励机制、创业发展、关爱保障六大行动，25条具体措施，明确34个责任单位按照工作任务进行分解落实，东阳市财政每年落实不少于120万元的专项资金支撑和保障六大行动计划。

7月，对原外景基地管理暂行办法进行修改完善，制定《东阳市影视拍摄外景基地管理办法》，提高奖励补助标准，取消立面设计规划补助，增加外景基地年度内新建和改造提升的配套道路、停车场、卫生间、景观建设等基础设施建设补助。

10月，制定《关于扶持影视文化产业发展的补充意见》，对入区10年以上企业继续给予扶持，分级实施税收奖励。扩大奖励范围，将微电影、网剧、游戏文化产品企业，网络数字技术服务企业，组织策划综艺文化活动及文体赛事企业，影视衍生产品相关企业，泛娱乐文化企业等纳入实验区招商范围，享受影视企业同等政策。

【东阳三尚传媒股份有限公司挂牌】 2016年4月20日，东阳三尚传媒股份有限公司（证券简称：三尚传媒；证券代码：836597）挂牌申请获批准，并公开转让。东阳三尚传媒股份有限公司成立于2008年9月16日。主营业务为电视剧投资、制作及发行，拍摄电视剧作品以及栏目剧等类作品，主要作品有《三国》《清网风暴》《虎头铡》《封神》《社区书记》。

【浙江东阳星座魔山影视传媒股份有限公司挂牌】 7月28日，浙江东阳星座魔山影视传媒股份有限公司在北京金融街举行新三板挂牌敲钟仪式，证券代码837639。浙江东阳星座魔山影视传媒股份有限公司是一家集影视投资、策划制作、宣传发行为一体的新型文化创意企业，旗下设5家子公司，制作300余集热播电视剧作品，多部网络大电影，获亚洲电视彩虹奖、飞天奖、金鹰奖、地方卫视首播奖、收视贡献奖、最佳播出奖等奖项。

【浙江盛天文化传媒股份有限公司挂牌】 2016年8月16日，浙江盛天文化传媒股份有限公司

图 109　7 月 1 日，东阳市政府、腾讯公司、横店集团、北京微播公司签订战略合作协议，设立横店腾讯众创空间（市影管办提供）

（证券简称：盛天传媒；证券代码：838445）在“新三板”挂牌上市。浙江盛天文化传媒股份有限公司成立于 2006 年 3 月 27 日，是集影视策划、投资、制作、发行、营销宣传、演艺经纪于一体的综合性传媒企业。投资、制作及发行《警察李酒瓶》《马大师》系列、《天道》《孝子》《侦察记》《守望的天空》《左眼见到爱》《源·彩虹》《蜜丝炸弹》等作品。

【影视企业国家高新技术企业申报】 4 月，会同市科技局实地走访东阳市乐视花儿影视文化有限公司等 15 家企业，具体对接国家高新技术企业申报认定工作。8 月，陪同市科技局、市财政局、市国税局、市地税局等相关部门到北京、杭州进行上门服务，开展审查并通过评审。东阳市乐视花儿影视文化有限公司、浙江梦幻星生园影视文化有限公司、千乘影视股份有限公司、浙江强视传媒股份有限公司、横店影视制作有限公司 5 家影视企业被认定为高新技术企业。

【腾讯众创空间落户横店】 7 月 1 日，市政府、横店集团、腾讯公司、北京微播公司签订战略合作协议，腾讯众创空间落户实验区。整合线上线下资源，集聚影视娱乐、移动互联网及文化创意等相关产业，打开实验区发展空间。8 月，召开第一次工作会议，对腾讯众创空间设计方案、运营公司组建等工作进行研究部署。组建运营公司，进行装修设计。

【雅堂“横漂”创业特色街区建设】 对清明上河图路两边街面房出租情况进行摸底调查，雅堂村与 25 户村民（69.5 间街面房）初步签订租房协议，用于入驻影视、“横漂”相关产业，30 余家企业和工作室（演员培训、经纪、武行、化妆、选角中心、服装租赁等）入驻。

【产业数据统计工作】 开展实验区产业月报表统计、省广播影视业季报统计、省服务业集聚示范区季报统计和影视文化企业 GDP 统计等相关工作，实验区获国家新闻出版广电总局“2015 年度广播影视基层统计工作先进集体”，并在表彰会议上做交流发言。

【“横漂”管理服务工作】 组织开展 2016 年第三届“我是横漂”才艺大比拼活动，与东阳电视台、红点影视合作开办综艺节目“我是横漂”，200 余名“横漂”参选，参赛剧本 42 部，网络电影 13 部。

10 月 8 日，组织“横漂”在万盛映象主题街举办“爱党、爱国、爱横店”文艺会演。10 月 11 日，组织“横漂”在雅堂村横漂广场举办“横店城市风貌提升文艺晚会”，受到省委书记夏宝龙的肯定。开展“横漂”职业技能培训，培训 85 期、6650 人。推荐 6 名优秀“横漂”演员参选十四届团省委委员和候补委员，推荐“横漂”党支部书记胡高峰为横店镇第十五次党代会党代表。邀请省电视艺术家协会、省电影家协会的专家对“横漂”开展专业技能培训，举办培训 3 次。

【影视人才服务平台建设】 9 月 26～30 日，联合市委组织部，在北京市举办“影视高层次人才研修班”，对纳税前 40 强企业、新锐企业负责人进行培训。开展金华市“双龙计划”人才申报工作，2 人入选金华市“双龙计划”。建成影视文化人才书苑并投入使用。

【横店影视城演员公会成立】 1 月 29 日，横店影视城演员公会正式登记注册成立，选举产生领导机构，成为服务“横漂”群体的社会公益性组织。演员公会注册演员 3 万余人，为剧组提供 400 余万人次的演员。

图110 10月30日,2016中国(横店)影视文化产业发展论坛在横店贵宾楼举行(马洁如/摄)

【1家影视企业入选“文化企业30强”】 2016年5月12日,横店影视文化产业实验区入区企业华谊兄弟传媒股份有限公司入选中宣部第八届“文化企业30强”名单,继2010年后再次入选,是金华市唯一入选单位。2016年,该公司上缴税费3.58亿元,是2016年度全市“纳税十强企业”。

【4家影视企业入选国家级文化出口重点企业】 2016年,由商务部、中宣部、财政部、文化部和新闻出版广电总局共同认定的2015~2016年度国家文化出口重点企业名单公布,东阳市4家实验区影视企业入选,分别是华谊兄弟传媒股份有限公司、新丽传媒股份有限公司、东阳长城影视传媒有限公司、千乘影视股份有限公司。

【2016横店影视节】 10月29~30日,2016横店影视节在东阳市横店镇举办。该届影视节由省新闻出版广电局、东阳市人民政府、浙江横店影视产业实验区管委会指导,浙江横店影视学院、浙江横店影视城有限公司主办,主题为“梦想·体验·惊喜”,主题口号是“影视改变生活,横店见证梦想”。影视节期间,举办中国(东阳横店)影视文化产业发展大会、2016横店影视产业协会理事扩大会议、2016中国(横店)影视文化产业发展论坛、第三届“文荣奖”颁奖典礼、“梦幻横店影视剧中人”大巡游等活动,推出皇宫汽车音乐节、明星高尔夫赛、影视人物大巡游等“影视嘉年华”活动。

【中国(横店)影视文化产业发展论坛】 10月30日,2016中国(横店)影视文化产业发展论坛在横店贵宾楼举行。全国政协委员、中国广播电影电视社会组织联合会副会长、国家新闻出版广电总局原副局长张丕民,国家新闻出版广电总局电视剧司司长毛羽,中国电视艺术家协会副主席、国家新闻出版广电总局电视剧司原司长李京盛,省新闻出版广电局副局长王国富,省国税局副局长张松青,市领导黄敏、李宝春、楼守威、陈军等出席论坛。华谊兄弟、唐德影视等76家横店影视产业协会理事和部分会员单位代表、著名导演、编剧、制片人、影视企业代表等影视大咖在论坛上共同探讨中国影视文化产业发展大业。该次论坛由横店影视文化产业协会会长、华谊兄弟传媒股份有限公司副董事长兼CEO王中磊主持。论坛的主题是“影视文化产业新活力新未来”。市委书记黄敏、国家新闻出版广电总局电影局副巡视员周建东、国家新闻出版广电总局电视剧司司长毛羽在论坛上致辞。张丕民、李京盛围绕论坛主题发表主旨演讲。

【第三届“文荣奖”】 10月30日,2016年横店影视节第三届“文荣奖”红毯暨颁奖典礼在横店国贸会堂举行。该届“文荣奖”设电视剧和网络两大竞赛单元,有21部影视作品入围,均为2015、2016年内在横店拍摄、申报或由浙江横店影视产业实验区入驻企业出品的,并已经公映(播出)的影视作品。经过评审,颁出第三届“文荣奖”的11个奖项。最佳网络人气奖:《老九门》(上海慈文传媒影视有限公司)。最佳网络电影:《死神的假期》(腾讯视频)。最佳网络剧:《最好的我们》(爱奇艺)。最佳电视剧:《芈月传》。最佳导演:郑晓龙。最佳男主角:黄轩。最佳女主角:赵丽颖。最佳男配角:许文广。最佳女配角:甘婷婷。最佳编剧:《小丈夫》的李潇、于淼。未来之星:陶奕希、应昊茗。年度最佳热播电视剧奖:东阳正午阳光影视有限公司《琅琊榜》。年度电视剧繁荣奖:浙江东阳海梦华元影视文化有限公司。年度最佳合作机构奖:浙江梦幻星生园影视文化有限公司。组委会特别奖:天津唐人影视股份有限公司。

(张 刚)

财政　税收

2016 年 12 月 15 日，横锦水库（吴立新/摄）

财 政

【概况】 2016年,东阳市财政总收入92.4亿元,比上年增长13.8%,其中一般公共预算收入56.26亿元,比上年增长16.8%。全市一般公共预算支出71.42亿元,比上年增长17%。全年财政收支平衡。

【财政收入】 一般公共预算收入占财政总收入的60.9%,比上年增加1个百分点。一般公共预算收入的税收收入50.3亿元,占比89.4%,比上年增加1.39个百分点。组建推广工作组,印发《"金税三期优化版"推广上线工作任务分解表》,完成系统数据匹配,开展"金税三期"系统初始化设置。推进国地税合作,增加横店全智能国地税合作办税分厅,设立东阳木雕城、横店影视产业实验区等9个国地税便民办税网格点。地税部门组织收入76.03亿元,同口径增长31.6%,其中税收收入45.85亿元,同口径增长32.7%。入库社会保险基金27.21亿元,比上年增长34.4%。建立税收征管体系,运用新型税收征管模型。完善"五证合一、一证一码"登记制度改革,办理企业新办、变更税务登记1388户。保障税收,实行股权转让税收前置,办理股权转让608户,入库税款3.76亿元。管理非税收入,非税收入30.18亿元,比上年增长29.8%。其中,全市国有土地使用权出让金收入8.6亿元,比上年下降69.5%。

【扶持企业发展】 保障重大项目实施,拨付政府项目资金11.09亿元。深化横店城市风貌综合提升工作,推进"影视名城"设施建设。促进企业转型升级,安排专项资金1830万元,支持企业发展共性、关键性技术研究与开发,建立研发中心。落实高新技术税收减免优惠政策,落实研发费加计扣除、高新技术减免等各类税费减免3.09亿元,比上年增长78.6%。创新激励引导机制,完成审批转贷797家,使用转贷资金58.36亿元。坚持特色产业扶持,审核入区近570家影视公司、278家艺人工作室实缴税费,兑现资金4.84亿元。

【民生支出】 全市民生支出54.53亿元,比上年增长16.7%,占一般公共预算支出的76.4%。支持"五水共治"工程,统筹安排社会各类资金2.02亿元用于660个村落的"五水共治"项目。支持教育文化事业,教育支出14.5亿元,比上年下降10.3%,占一般公共预算支出的20.3%。强化农村教师待遇保障,下发农村教师特岗津贴。推进重点校区建设,建成东阳二中、东阳经济开发区初级中学等学校。调整义务教育阶段学校和幼儿园建设项目财政保障机制,按建设项目用地指标(每亩3000元)给予工作经费补助。完善社会保障体系,社会保障和就业支出8.08亿元,比上年增长54.4%。制定残疾人生活困难补贴和护理补贴两项补贴办法,强化残疾人生活保障。支付1400万元用于提高医疗救助标准,支付500万元对因灾、因病、因交通事故引起生活暂时性困难的群众提供救助。改革卫生体制,医疗卫生事业支出5.74亿元,比上年增长4.3%。制订基层医疗机构收支核定结算及结余分配方案,全市基层医疗机构医疗收入1.31亿元,比上年增长5.6%。安排2000万元用于医疗卫生机构设备采购,升级基层医疗机构设施。

【政府采购】 2016年,东阳市实际采购36625.65万元,节约资金3720.15万元,资金节约率9.22%。其中:货物类采购20078.89万元,节约资金2447.16万元,资金节约率10.86%;服务类采购16546.76万元,节约资金1272.99万元,资金节约率7.14%。规范管理采购程序,完善操作规程,确保政府采购公开、公平、公正。做好采购前准备工作,对采购单位提出的采购申请及时审核、登记,提出采购方式建议,根据批准的采购方式下达给采购中心或采购单位进行采购。做好政府采购信息公开发布工作,对政府采购项目要求逐项在省级政府采购网、市级政府采购网同步发布招标公告、中标结果和采购信息,采购过程实行全程录音录像。

【财政管理】 公开市级财政"三公"经费预算总额,一般公共预算支出科目细化到款,教育、科技、农林水利支出细化到项。安排资金2756.6万元用于支付城区保洁和社区矫正服务两个政府购买服务试点项目。推进国有企业整合重组,推进原融资平台公司实体化运行,国有投融资公司完成8.45亿元资产注入。完成交投集团、城投集团的组建工作。推进国有资产登记管理。完成公务用车制度改革涉改车辆的保留、移交、处置等工作。印发《关于进一步加强经营性国有公房出租管理的通知》,规范国有资产收益管理,全年组织拍租(卖)10期,收入2808万元。

图 111　1 月 25 日，举行“温暖回家路·报刊伴您行——旅途中的阅读”赠书启动仪式（市财税局提供）

【财政监督】　管理财政绩效，对 50 个部门开展 50 万元以上专项资金绩效目标编报，总财政资金 9.7 亿元。检查专项资金绩效，对 42 个部门、73 个单位开展财政支出项目绩效单位自评，总财政资金 7.9 亿元。控制行政经费支出，落实“三公”经费专项整治行动，加大“三公”经费的压减力度，下降 15%。加强政府投资项目管理，完成投资项目估算、概算、预算、结算审核工作，审核项目 336 个，核减投资额 33.55 亿元。

【会计核算中心工作】　2016 年，东阳市会计核算中心（国库支付中心）完成全市 329 家行政事业单位资金支付工作。集中支付 29.6 亿元（其中授权支付 0.14 亿元，直接支付 29.46 亿元），其他支付 13.51 亿元。完善数据调整，完成 2016 年度行政公务员级别工资和事业单位工作人员工资、机关人员社保五费、机关人员住房公积金的标准调整工作。落实公车改革，完成临时聘用的驾驶员解聘年限的确认以及有关人员工资档案的核查工作，发放补偿金。推进各行政事业单位的核算业务指导和延伸服务管理，加强对 212 家单位财务人员会计科目、预算科目使用、记账凭证整理装订、财务报表打印等业务指导。完成机关事务管理局等 9 家单位的跨年度退库业务。组织人员对“五费扣缴专户”集团账户开展专项清理检查工作，及时清理 8 家有余额的单位。推进全市行政事业单位国库集中支付动态监控系统运用工作，强化各单位国库集中支付资金的日常监控工作。退回各单位以前年度会计账册，由各单位自行保管。

【“送政策下企”活动】　市财政（地税）局开展“送政策下企”活动，做好纳税人端的税收政策培训，召开分行业的企业专场培训会，辅导培训 2000 余人次。从国地税分别抽取 20 个业务的骨干 40 人，分成 20 个小组对 275 家建筑企业进行一对一辅导。开展“聚焦营改增试点，助力供给侧改革”活动，落实“会计证”快递服务，1 月 25 日举行“温暖回家路·报刊伴您行——旅途中的阅读”赠书启动仪式。

（严　靖）

2016 年东阳市一般公共预算收入情况

表 22　　　　单位：万元

项　目	年初预算	本年收入	占预算%	上年同期	增减额	增减%
一、地方财政收入合计	540118	562569	104.2	481706	80863	16.8
（一）税收收入	478339	502999	105.2	423291	79708	18.8
其中：增值税	53905	82200	152.5	87404	-5204	-6.0
营改增值税	47200	63040	133.6	32095	30945	96.4
企业所得税	95138	86671	91.1	76255	10416	13.7
个人所得税	47810	49208	102.9	41274	7934	19.2
营业税	105275	91340	86.8	69048	22292	32.3

续表 22

项　目	年初预算	本年收入	占预算%	上年同期	增减额	增减%
城建税	25200	24093	95.6	22920	1173	5.1
耕地占用税	2200	2182	99.2	1267	915	72.2
契税	32775	36682	111.9	26596	10086	37.9
其他工商税收	68836	67583	98.2	66432	1151	1.7
(二)非税收入	61779	59570	96.4	58415	1155	2.0
其中:专项收入	32350	27951	86.4	40928	-12977	-31.7
行政性收费收入	12000	11972	99.8	7999	3973	49.7
罚没收入	18039	20229	112.1	10760	9469	88.0
国有资本经营收入	-2000	-2000	100.0	-1873	-127	6.8
国有资源有偿使用收入	1390	1284	-	601	683	113.6
利息收入	750	423	56.4	601	-178	-29.6
二、中央收入合计	376587	361449	96.0	330359	31090	9.4
上划增值税、消费税	162165	109675	67.6	111689	-2014	-1.8
上划改征增值税、营业税	-	47957	-	42376	5581	13.2
上划“两项”所得税	214422	203817	95.1	176294	27523	15.6
收入总计	916705	924018	100.8	812065	111953	13.8

2016 年东阳市一般公共预算支出情况

表 23

单位:万元

科　目	预算调整	本年支出	占预算合计%	上年同期	增减额	增减%
支出总计	705591	714162	101.2	610386	103776	17.0
一般公共服务	52716	46391	88.0	46271	120	0.3
国防	393	393	100.0	528	-135	-25.6
公共安全	44221	43018	97.3	41448	1570	3.8
教育	145748	145024	99.5	161588	-16564	-10.3
其中:教育费附加支出	7640	7590	99.3	7202	388	5.4
科学技术	26097	27696	106.1	23885	3811	16.0
文化体育与传媒	9954	10478	105.3	14448	-3970	-27.5
社会保障和就业	80438	80848	100.5	52347	28501	54.4
医疗卫生与计划生育支出	55662	57401	103.1	55056	2345	4.3

续表 23

科　目	预算调整	本年支出	占预算合计%	上年同期	增减额	增减%
节能环保	25009	25471	101.8	27660	-2189	-7.9
城乡社区支出	87711	92201	105.1	34271	57930	169.0
农林水支出	64499	63196	98.0	56643	6553	11.6
交通运输	23033	21487	93.3	33066	-11579	-35.0
资源勘探信息等支出	5123	5429	106.0	8456	-3027	-35.8
商业服务业等支出	52381	51817	98.9	37985	13832	36.4
金融支出	848	897	105.8	968	-71	-7.3
援助其他地区支出	1200	1298	108.2	1202	96	8.0
国土海洋气象等支出	4300	16996	395.3	4537	12459	274.6
住房保障支出	14884	14235	95.6	7478	6757	90.4
粮油物资储备支出	375	540	144.0	651	-111	-17.1
债务付息支出	11000	8945	81.3	1755	7190	409.7
债务发行费用支出	-	401	-	143	258	180.4
预备费	-	-	-	-	-	-
其他支出	-	-	-	-	-	-
年初预留	-	-	-	-	-	-
其他支出(款)	-	-	0.0	-	-	-

（吕　琳）

国有资产管理

【概况】 2016年，全市国有企业82家（包含企业化管理事业单位），总资产259.29亿元，所有者权益148.92亿元。实现营业收入9.1亿元、净利润7661.92万元。

【国有企业整合重组】 推进原融资平台公司实体化运行，清理存量国有资产，向创美投资公司、禹山投资公司、长征投资公司等投融资公司注入账面价值8.45亿元的资产。完成国有集团组建工作及交投集团、城投集团股权划转、人事任免等工作，协调解决集团组建过程中的产权界定、资产划分、职责规范等问题，完成交投集团、城投集团的组建。

【企业国有资产监管】 加强经营业绩考核，优化考核模式，对国有企业考核实行分类管理（对经营性国有企业经营目标责任书一签三年，对公益性国有企业一年一签）。制定《国有企业采购管理办法》，规范国有企业重大资产采购，提高国有企业采购的透明度。加强国有企业财务管理，对全市国有企业统一安排年报审计，反馈整改有关财务审计问题，对国资办直属企业实行财务统一电算化核算。开展国有资本经营预算，完成31户国有企业的资本收益金收缴，总金额659.54万元。完成影视文化投资公司国有股权退出工作，推进木雕城资产重组上市前期准备。

【保障国有资产权益】 印发《关于进一步加强经营性国有公房出租管理的通知》，规范国有资产收益管理，组织拍租（卖）15期，总收入4365万元。开展全市行政事业单位不动产统一确权登记工作。完成公务用车制度改革涉改车辆的保留、移交、处置等工作，公务用车移交788辆，其中，公检法保留244辆，移交公务用车平台207辆。

（严 靖）

地方税务

【概况】 2016年，东阳市地税部门组织各项收入76.03亿元，同口径增长31.55%。其中，税收收入45.85亿元，同口径增长32.7%；社保基金收入27.21亿元，比上年增长34.37%。

【企业税收优惠政策】 落实税收优惠政策，强化企业技改扶持，全市减免技术开发费用加计扣除2.25亿元，减免相关所得税5618.35万元；推进结构性减税政策，落实小微企业税收优惠等政策，小微企业税收优惠减免2875万元。实施普遍性降费政策，11月起停征地方水利建设基金。落实工业企业社保五费集中减征政策，全市减征社保五费2397.49万元；完成地方水利建设基金减免工作，全市减免地方水利建设基金企业1177户，减免5912.09万元；实施城镇土地使用税分类分档减免政策，减免土地使用税5151.68万元。

【征收管理】 完善“五证合一、一证一码”登记制度改革，受理企业新办、变更税务登记1388户。落实省局“百日专项行动”工作部署，整改清理双定户1084户，查补各类地方税费703.62万元。调研新兴税源，推行股权转让税收前置工作，实行“先税后证”的办理流程，全年办理股权转让608户，入库税款3.76亿元。开展资源税政策调整准备工作，做好资源税品目的测算。加快土地增值税结算进程，选取具有代表性的企业分批推开，形成新兴税收增长点。加强非税收入管理，调整工资总额口径，完成社保五费收入分析预测，完成非税收入30.18亿元，比上年增长29.84%。

【部门协作】 开展国地税合作，增加横店全智能国地税办税窗口，形成“南北核”办税圈。核定调整定期定额户，对58217户纳税人开展定期定额核定。开展国地税欠税管理和非正常户管理，对422户欠税企业发布国地税联合欠税公告。开展国地税联合检查，筛选确定20户联合稽查对象，查补税款101万元。开展国地税2016年度联合打击发票犯罪活动，落实税务行政处罚裁量权基准，协同案件审理执行。

【税务稽查】 检查结案128户，入库查补税款（含滞纳金、罚款）3761.45万元。其中大要案8件，自查案件83户，检查入库率93%。开展本级重点检查案源的选取实施工作，从银行、投资管理、外资企业、大型连锁超市以及高收入个人中选取稽查范围。强化稽查案件办案时效督查，强化各项指标体系，明确立案、检查、案审、执行各环节的办案时间，提高案件按期查结率和查补税款入库率。

【“营改增”工作】 完成“营改增”（营业税改征增值税）清票清税工作，对纳入“营改增”试点范围的试点企业进行专项清算。配合国税做好销售不动产和不动产租赁的代开代征工作。加大对营业税、欠税的清理力度，重点清理自建房建筑业营业税、建筑业跨省异地工程项目税款等。

【纳税人满意度调查】 建立领导分级联系包责制度，安排专人负责满意度调查走访统计工作。

图112 5月1日，市行政服务中心财税窗口加班为市民开出全市第一张纳税人销售其取得的不动产委托地税局代征税款和代开增值税发票（包康轩/摄）

开展“大走访、送政策”活动，建立领导带队走访机制。2016年纳税人满意度调查中，东阳市纳税人满意度调查综合成绩在全国400余个区县地税系统中排名第二，其中二维码一次性告知、“12366”服务态度等7个单项获全国第一。

【税收法治】 加强对规范性文件管理工作，明确制发行政规范性文件的“三统一”(统一登记、统一编号、统一公布制度)工作流程、科室职责及办理期限。清理2014年12月31日前发布的行政规范性文件，公布清理后予以保留的143件行政规范性文件目录、54件全文废止或失效的行政规范性文件目录和1件部分条款废止或修改的行政规范性文件目录。调整地税局案审委及案审办职责，重新明确各单位职责分工，执行新的重大案件审理标准和审理流程，全市会议审理审结案件1起，书面审理审结案件6起，涉及税款513.66万元、滞纳金89.26万元、罚款130.34万元。开展2016年税收执法督察和疑点核查工作，对2015～2016年国务院重大政策措施发布文件落实情况、组织收入原则执行情况、加强征收机关事中事后管理情况等开展督察。

【纳税服务】 开展第25个税收宣传月活动，组织全体财税人员参加横店国际马拉松大赛；开展纳税人“营改增”税收政策培训活动，召开红木、影视等分行业的政策专场培训会。建立纳税信用评价管理制度体系，运用纳税信用评价系统进行评价，评定A级企业486户、B级企业2947户、C级企业1126户、D级企业173户。

(严　靖)

国家税务

【概况】 2016年，市国税局入库税收收入45.58亿元，完成省国税局下达任务的107.85%，比上年增长12.27%。推进行政审批制度改革。开展行政审批事项摸底核实和清理工作。做好行政许可公开，每周定期在办税大厅和网站上进行公开。落实商事制度改革，实施“五证合一、一照一码”制度，启动个体工商户工商营业执照、税务登记证“两证整合”改革工作，完善部门信息传递机制，纳税人办证总时限压缩至1～2个工作日。

【“营改增”扩围】 市国税局接收纯地税户12044户（纯地税户，即不在国税管理范围之内，所有税种都由地税征收，这类企业征收营业税而非增值税），共管户5691户（国地税共管户是指由国地税共同管理的企业，即由国税征收增值税，地税征收城建税、教育费附加等地方税种的企业，只要是缴纳增值税的企业都属于国地税共管户）。全局112名党员分区、分片为1943户“营改增”纳税人和高新技术企业提供结对服务，发放宣传资料5000余份、调查问卷550余份，组织座谈会10次。完成建筑、房地产、金融、生活服务四大行业1.7万户纳税人户籍交接及政策培训，做好税控器具及发票准备，加强纳税申报辅导服务，开辟“营改增”咨询专窗和绿色通道，开展税负分析工作，做到办税服务保障到位、政策宣传解读到位、信息技术支撑到位，实现税制转换，确保行业税负只减不增。全市“营改增”减税12.39亿元。

【国地税征管体制改革深化】 制订国税、地税征管体制改革工作方案，承接各项改革任务。落实《国地税合作规范3.0版》，51项合作项目基本落实。市国税局联合市地税局编制宣传资料、组织税宣活动，组织开展“网络问税”、横马宣传活动。国地税联合开展线下培训6次，培训纳税人超过5000人次。对5357户纳税人联合实施纳税信用评价，对58217户纳税人协同开展定期定额核定工作，对422户纳税人联合发布欠税公告。开展相应风险预警、评估工作，推送风险纳税人1627户，查补入库税款8619万元。开展个体户风险应对工作，增加税款437万元。建立干部挂职交流机制，国税、地税互派1名干部挂职锻炼。

【四大试点行业减税】 5月1日起，推开营业税改征增值税试点，增加建筑业、房地产业、金融业、生活服务业为试点行业，5～12月减税6900万元，税负下降3.11%。建筑业减税3341.75万元，税负下降1.65%；房地产业减税175.86万元，税负下降4.76%；金融业减税1423.16万元，税负下降15.48%；生活服务业减税2007.07万元，税负下降27.5%。

【“金税三期”上线工作】 开展税友龙版数据清理、系统初始化、业务演练等工作，发布系统停机、延期申报公告，预先告知纳税人停机信息，宣传解释对外停办业务的原因。开展"金税三期"系统初始化设置，对税务机构、系统参数等数据进行初始化设置。组织人员参与"金税三期"师资培训，牵头组建"金税三期"优化版运行维护团队，负责业务和本地特色软件技术运行维护。在横店镇设立纳税服务大厅，设立6个办税窗口，实行同城通办。

制订单轨上线实施方案、计划表和应急预案，落实领导值班、导税、预约、延时、分流、疏导等各项服务制度。安排业务和技术骨干进驻办税服务大厅，协助办税服务大厅主任做好前台窗口业务运行的支持和业务应急启动工作。互设国地税2个应急窗口，增设6个大厅备用窗口，增设1个自助办税服务区，供纳税人进行自主办税。对涉税大户进行预约，实行专人办理。强化办税服务厅动态管理，10月8日，"金税三期"单轨首日，早上提前开始办税。针对发票验旧针量较多，紧急启动应急窗口2个，进行业务分流，大厅前台办理涉税业务2030笔，叫号1236次。

【落实税收优惠政策】 落实支持"三农"（农业、农村、农民）、改善民生以及促进小微利企业发展等各项税收优惠政策。落实促进小微企业减免1.55亿元，固定资产申报抵扣税额1.68亿元，支持"三农"减免2562万元，福利企业退税3127.95万元，鼓励高新技术减免515.42万元。支持外贸稳定增长，办理出口退免税22.24亿元，比上年下降10.94%（主要是免抵税额5.81亿元，比上年下降26.41%），出口退税16.44亿元，比上年下降3.8%。加强"营改增"效应调研，抽调国地税业务骨干40人对全市建筑企业上门宣传、辅导政策，解决问题68个。

【依法治税】 规范税收执法。按照《征管规范》《纳税服务规范》《出口退（免）税管理工作规范》办理各类涉税事项，限时办结业务。每季选取执法风险点开展税收执法检查工作，及时发现问题并加以整改。整顿税收秩序。创新"互联网+稽查"助力稽查工作，做好税收专项检查和案件查处工作，落实"黑名单"制度。安排检查企业159户，入库总额4631.09万元，调减留底税额614.87万元，弥补以前年度亏损3235.86万元。管理中小税源和个体税收，加强电费数据分析在"个转企"（个体户转企业）"小升规"（小型微型企业转规模以上企业）、支持产业发展、低效用地企业调查等工作中的应用。清理10万度以上电户号1642个，结算企业4898户，补缴税款及滞纳金2695.69万元。

【纳税服务】 推行系列便民办税措施。开展"便民办税春风行动"，开展纳税人信用等级评定和满意度调查工作，坚持推行"一窗式""一站式"服务，推行办税事项"二维码"一次性告知，执行"一次性告知"（指纳税人到办税服务厅办理、咨询国税职责范围内的涉税事宜，承办人员必须一次性告知其所要办理涉税事项的依据、时限、程序、所需的全部资料以及不予办理等事项的制度）"首问责任制"（针对群众对机关内设机构职责分工和办事程序不了解、不熟悉的实际问题，而采取的一项便民工作制度）。"营改增"扩围后，市国税局办税大厅日平均叫号量900个，平均等待时间9分钟，平均办理时间5分钟，窗口评价满意度99%。通过报纸、电视、国税网站、税企QQ群、微信等多种渠道和方式开展税收宣传活动。被省级以上采用45篇，基本反映工作亮点和成效。开展国地税网上局长接待日活动，局领导每月带队参加"网络问税"活动，在线解答纳税人咨询。加强信访舆情和政务公开管理。收到"12366""8890"工单141件，信访件均在时限内及时处理并回复。做好政府信息公开工作，公开政府信息169条，上传市民问政信息92条。做好人大代表、政协委员提案及建议的答复工作，答复提案及建议8件（会办1件，主办7件）。

【税收预警和提醒制度】 2016年，市国税局实行"税收预警和提醒制度"，把刚性执法与纳税提醒服务相结合，从传统的"监督打击型"向"引导遵从型"转变。在税收征收、管理、检查和税收法律救济过程中，通过定期巡查、定期评定税负等形式，开展宣传活动，加强和优化纳税服务。以精准实施预警提醒为主要手段，每年根据按时申报监控系统开展二次预警和提醒服务，针对385户双控红木企业分组落实到人。通过提前提醒函告，减轻企业因纳税行为不符合税法规定而面临补税、罚款以及信誉损害等涉税风险。

（朱兰英）

经济管理与监督

2016 年 12 月 2 日，浙江老汤火腿食品有限公司晒制火腿现场（王江红/摄）

审 计

【概况】 2016年,市审计局完成审计及审计调查项目86个。查出各类违规资金3.1亿元,其中管理不规范金额2.85亿元,审计处理处罚6370万元。审计移送处理线索3件,有关部门处理人员4人。提出并被市政府和有关部门采纳的各类审计建议62条,被上级采用的审计报告与各类信息61篇次,促进制度废改立21项。

【政府预算审计与政府性资金专项审计】 把部分企业少缴土地增值税和地方水利建设基金、部分存量资金未能挖掘增值潜力、部分财政专户资金增值管理不到位、部分农林水项目资金支出成效不高等问题,以及其他完成项目中反映的国有不动产管理、工业功能区保证金押金收缴使用、公务支出公款消费、学前教育政策落实、饮用水水源保护、保障性住房、政府投资项目管理等方面存在的问题,逐项写入《审计工作报告》,落实整改部门和整改措施,在3个月内把整改情况报市人大常委会审议,并对整改情况进行满意度测评。

【公务支出公款消费审计】 针对审计中发现的问题,撰写、上报《审计要情》,市委书记黄敏做出重要批示:要求由常务副市长牵头,其他副市长配合按审计要求抓好审计整改工作。市政府向被审计单位印发《东阳市2015年公务支出公款消费审计情况整改任务分解表》,明确审计发现问题整改的责任单位、责任人、督办领导、整改情况和下一步措施。

【领导干部经济责任审计】 完成经济责任审计项目9个。在全市领导干部任期经济责任审计中,首次把机构编制管理情况纳入审计内容。对屡禁不止津补贴发放问题,市委、市政府制定《关于进一步规范工作奖励资金的使用的通知》,纠正11个市委、市政府下发的违规发放津补贴的问题,规范奖励性资金的用途。

【政策执行审计】 审计"五水共治""医疗废弃物处置情况""三公经费"工作,对保障房跟踪审计,首次对环境容量绩效分配进行审计。抓住项目落地、资金保障、简政放权、政策落实、风险防范5个方面,在政策措施落实、破除改革障碍、提升资金绩效和安全、推动民生改善、助力反腐倡廉等方面取得较好的审计成效。撰写的有关保障房、"三公"经费等专报消息被市政府情况专报采用并得到市领导批示。

【政府投资审计】 完成政府投资审计项目60个,送审金额7.93亿元,审定造价7.46亿元,为政府核减建设资金4724万元。向有关部门移送处理工程监理单位1个,受到单位处理监理人员4人,向市政府报送审计专报1篇并得到市长批示。开展500万元以下报市审计局备案项目抽查工作,纠正和追回工程项目资金186万元。

【审计管理】 整改落实审计发现的问题,制定《"审计整改落实年"活动实施方案》《东阳市审计局审计整改督查工作实施方案》,成立审计整改工作领导小组。三项标准提高,其中:审计查出问题整改率由67%提高到98%,审计移送事项成案率由60%提高到100%,审计成果运用转化率由78%提高到84%。推进审计法治建设。清理审计机关参与政府管理过程协调机构,领导小组41个全部退出;强化审计流程管理,加强审计项目管理和审计报告审计。加强内部审计工作。制定《关于加强内部审计工作的实施意见》,建立健全内部审计工作机制。

（厉伟兰）

规划与发展

【概况】 2016年,东阳市实现生产总值506.49亿元,按可比价计算,比上年增长9.08%。其中,第一产业增加值18.61亿元,比上年增长5.8%;第二产业增加值239.62亿元,比上年增长7.3%;第三产业增加值248.26亿元,比上年增长11.12%。三次产业比重3.7∶47.3∶49.0,第三产业比重比上年提高0.9个百分点。按户籍人口计算,全市人均生产总值60387元(按年平均汇率折合9091.55美元),比上年增长8.64%。完成固定资产投资295.64亿元,比上年增长16.3%。其中,基础设施投资83.3亿元,比上年增长51.7%。完成民间投资219.41亿元,比上年增长4.6%,占全部投资额的比重由上年的82.6%回落至74.2%。532家规模以上工业企业完成增加值128.49亿元,比上年增长6.3%。完成财政总收入92.4亿元,比上年增长13.8%,完成一般公共预算收入56.26亿元,比上年增长16.8%。建立招商引资项目库。

【“十三五”规划编制】 4月，印发《东阳市国民经济和社会发展第十三个五年规划纲要》;6月，印发《东阳市国民经济和社会发展第十三个五年规划纲要主要目标和重点任务分工方案》，开展各部门重点专项规划编制、审核等工作。完成工业转型升级等5个“十三五”配套规划编制。编制完成东阳市“十三五”重大建设项目规划，明确“十三五”时期东阳市重大建设项目主要围绕“产业转型、基础网络、城乡统筹、生态低碳、民生共享”5个投资方向，安排实施类项目344个，总投资2240亿元。

【经济形势分析】 制订年度国民经济和社会发展计划，围绕经济运行出现的新情况新问题，做好每月、每季的经济形势分析、固定资产投资分析、改革分析和价格监测分析。健全监测分析制度，完善经济监测网络，召开经济运行监测预警部门联席会议，完成每季全市经济运行分析报告和工业企业运行监测调查报告。完成实体经济、旅游全域化发展、金义都市区同心圆建设、房地产去库存、东阳市供给侧结构性改革实施意见等课题。

【重点项目建设】 全市安排政府投资项目422个，年度计划投资50.4亿元。其中，重点建设项目25个，一般性建设项目291个，重大前期项目17个，一般性前期项目89个。安排重大产业类项目35个，年度计划投资76.4亿元。推进东阳二中迁建、市体育馆、37省道东阳李宅至义乌青岩刘改建工程、横店临时起降点迁建工程、东阳木雕小镇建设等产业类重点建设项目。27个省重点项目完成实际投资67.67亿元，完成年度计划投资的137.2%。17个省级“411”重大项目全部开工，完成实际投资86.3亿元，完成年度计划投资的151.06%;33个金华市级重点建设项目全部开工，完成实际投资104.13亿元，完成年度计划投资的136.1%;51个金华市扩大有效投资重大项目完成实际投资147.09亿元，完成年度计划投资的135.69%;25个市重点建设项目完成投资17.47亿元，完成年度计划投资的78.24%。组织上报两批8个省重大产业项目，其中富坤省级农副产品物流园区项目等5个项目列入省重大产业项目，在库省重大产业项目23个，项目数列金华市各县（市、区)第一。国家安排的三批专项基金，全市申报31个项目，其中横店城市风貌综合提升、木雕小镇等8个项目获批，获基金总额度14亿元，基金总额列金华市各县市第一。建立“三包四联”(包重点项目重点工作、包精品村创建、包信访案件，联系重点村、联系重点企业、联系困难户、联系部门站所)工作机制，组织开展重点项目“百日推进”“百日攻坚”活动。

【经济体制改革】 组建转型提升工作机构，深化老工业园区改造和低效用地清理，推进工业企业亩产效益评价制度，制定《用能权有偿使用和交易管理办法》。成立建筑、木雕红木等产业管理提升机构。制订提升科技创新能力的扶持政策，理顺市科技孵化中心管理体制。健全土地使用监管机制，制定《土地资源要素差别化和市场化管理实施意见》，建立土地指标切块分配、批后监管等机制。建设东义双城游的游客接待中心，开通义乌火车站—国际商贸城—东阳木雕城—横店影视城旅游专线。改革“四张清单一张网”，完成权力清单责任清单向镇乡街道、行政村延伸覆盖。改革行政审批制度，实施企业投资负面清单管理模式，核准目录外实行备案管理。7月，印发《东阳市投资项目竣工验收代办实施办法》，完善落实全程代办机制。基本完成投资项目网上审批机制，实行全网横向纵向贯通。

（王海霞）

物价管理

【概况】 2016年，全市市场消费价格总体平稳。主要表现在：粮食价格基本平稳、食用油价格稳中有升、猪肉价格震荡下滑、鸡蛋价格先抑后扬、蔬菜价格涨跌相望、建材价格总体上涨、仔猪价格先扬后抑。价格主管部门通过加强价格管理、开展各类价格专项检查、加强市场价格监管、强化价格举报受理工作等措施，维护全市消费物价的稳定。

【价格管理】 对停车收费、物业收费、培训收费、学校学生公寓收费、公共租赁住房租金、上网电价等价格或收费进行调定价。对煤气价格、城乡公交票价、停车收费、药品价格等价格或收费矛盾进行协调。开展行政事业性收费管理工作。对全市行政事业收费单位进行收费统计、审核、汇总、分析等。2016年,行政事业性收费总额37538.12万元,比上年下降29.47%。按收费性质统计,行政性收费比上年下降39.18%,事业性收费比上年下降17.76%。按收费对象统计,涉企收费比上年下降19.44%,其他收费比上年下降33.48%。落实《关于取消和暂停征收一批行政事业性收费有关问题的通知》等减负文件,对取消或暂停的行政事业性收费以及对小微企业免征的行政事业性收费项目进行调查和清理;对涉及东阳市的收费项目,及时办理收费注销手续,通知相关部门执行,网上公示收费政策,督促各收费单位严格执行收费政策。

【价格监测】 开展重要商品的价格监测工作。定期定点开展价格监测,坚持每月发布1期全市价格监测分析报告。做到每期有商品价格数据,分析价格数据变动情况,明确价格走势,对变动幅度较大的商品及时向媒体公布,发出预警信息。开展民生价格信息公开工作。2016年,东阳市增加民生价格监测点1个,至年末,有监测点8个,其中超市3家,农贸市场4个,农产品批发市场1个,8个监测点分别于每月5日、15日、25日上报价格信息,上报的民生价格信息发布在市发展和改革局(物价局)网站的民生价格信息栏。每月5日、25日的民生价格通过《东阳日报》民生栏目刊登。发布民生商品价格公开38期,其中在报刊上发布26期。开展价格预警及应急监测工作。1月20~25日,启动应急价格监测,及时发布预警信息,每日报价。开展农产品成本调查工作。做好早稻,晚稻,国家定点的中药材元胡、白芍的农本调查,掌握农户的收益情况,撰写农产品成本调查报告。定期监审东阳市自来水厂,核减总成本248.92万元;监审非居民用天然气的成本,核减成本26250元。

【价格专项检查】 开展民工子弟学校收费、医疗收费、旅游市场价格、商品房明码标价、涉农、涉企收费、商业零售促销价格行为等专项检查,监管节假日前市场价格。组织开展元旦、春节、五一、中秋、国庆等节日市场检查,重点对粮油、肉禽蛋菜奶、成品油、液化气,客运票价、停车收费等商品价格和服务收费进行检查。

【价格监管】 开展价格法律法规宣传活动。印发《关于进一步规范节日市场价格行为的通知》,合理制定价格。加强元旦、春节等节假日市场价格检查和巡查,规范处理价格违法行为。健全价格举报工作机制,安排专人值守,确保"12358"举报电话24小时畅通。受理价格咨询、投诉举报539件,其中群众来人、来信5件,金华市长信箱3件,有关部门转办22件,"8890"便民服务平台受理230件,"12358"全国价格举报业务平台受理51件(网络举报45件),"12358"平台受理咨询、投诉举报228件,退款6920元。

【价格改革】 规范城市供水价格,开展水价改革工作,完成对综合考评C类和D类企业实行差别水价和非居民用水污水处理费不低于1.4元/立方米的价格改革工作。理顺医疗服务价格,优化医疗服务结构,控制医疗总费用,进行医疗收费改革。

(王海霞)

经济合作交流(招商引资)

【概况】 开展"双对口"工作,落实2016年四川理县对口帮扶资金331万元;开展与四川省、重庆市等对口地区的交流互访活动,组织开展对口地区考察工作。推进山海协作工作,落实支持磐安县开展有关山海协作帮扶建设项目资金150万元,用于乡村基础设施建设。参与国内重大经贸活动,组织全市企业参加全国各类展销会。全市上报引进内资48.33亿元,实际利用外资2758万美元。

【浙商回归工作】 上报金华市浙商回归到位资金32.51亿元。成立以市委书记为组长的招商引资工作领导小组,加强对招商引资工作的统筹协调。初步建立招商引资项目库,实行精准化招商。11月,与上海宝藤生物医药公司达成合作协议。组建工业、木雕红木、文化旅游、建筑业、爱必侬旅游5个专项对接小组,与复星集团在工业、木雕红木、文化旅游、建筑业等方面开展对接。5~7月,浙江省审计厅实施全省支持浙商创业创新政策执行和浙商回归项目落地情况专项审计调查。根据安排,温州市审计局组成审计组到东阳市开展审计。配合审计组做好浙商回归项目审计工作,做好迎审工作方案,组织召开浙商回归专项审计协调会、培训会，梳理浙商回归有关政策，走访项目现场，填写相关表格，准备相关资料，经过两个月的审查和审计，东阳市通过浙商回归落实情况审计。

（李雅芸）

市场监督与管理

·工商行政管理·

【企业及个体户登记】 2016年，登记注册各类市场主体13416户，增加注册资本（金）157.85亿元，比上年分别增长26.75%、110.72%。其中，设立企业2668户，增加注册资本145.65亿元，分别比上年增长67.48%、128.36%；设立个体工商户10748户，增加出资总额12.2亿元，分别比上年增长19.53%、9.61%。

实有各类市场主体64515户，注册资本（金）1144.6亿元，比上年分别增长31.4%、154.27%。其中，企业实有15311户，注册资本总额1091.46亿元；个体工商户实有49204户，出资总额53.14亿元。

首次申请取得外商投资企业登记管理权，设立外商投资企业登记管理科。推进“五证合一、一照一码”（“五证合一”登记制度改革是将原来由工商部门核发的营业执照、质监部门核发的组织机构代码证、税务部门核发的税务登记证、社保部门核发的社保登记证、统计部门核发的统计登记证，改为由工商部门核发加载法人和其他组织统一社会信用代码的营业执照，实行“一照一码”登记模式，取消定期验证和换证制度）制度改革，换发“五证合一”营业执照8895本。实行食品流通与餐饮服务许可“二证合一”。开展“双告知”工作，完善前置改后置改革。对类金融企业市场准入把关。多形式服务建筑企业回归，注册成立112家建筑类企业。

【农贸市场改造提升】 改造提升农贸市场6家。指导横店花厅菜场、横店下湖严菜场、东阳农林产品贸易城开展浙江省放心市场创建工作。指导东阳花园红木家具城创建浙江省五星级文明规范市场、横店花厅菜场创建浙江省三星级文明规范市场、横店下湖严菜场创建浙江省二星级文明规范市场。东阳中国木雕城列入浙江省重点市场榜单。开展城区农贸市场长效管理考核工作。开展农贸市场禽流感防控工作，巡查未关停的镇乡农贸市场，防控禽流感。启动食用农产品追溯体系、检测体系建设，督促农贸市场和经营户做好索证索票、台账登记工作，农产品双体系建设完成75%。做好市场安全工作，督促各市场业主建立健全和落实市场安全管理制度，开展安全知识培训和教育。检查市场187家次，组织市场消防演练6次，责令整改13家市场存在的安全问题。

【合同抵押登记】 组织开展2016年度“守合同、重信用”企业公示工作，新认定国家级“守合同、重信用”企业2家，续展4家；新认定AAA级“守合同、重信用”企业4家，续展12家；新认定AA级“守合同、重信用”企业15家，续展9家；新认定A级“守合同、重信用”企业19家，续展6家。办理动产抵押登记46份，比上年下降11.54%；主债权金额59313万元，比上年增长3.6%。办理拍卖备案69期，成交金额4333万元。

【经济监督检查】 开展“春安行动”“红盾网剑”“蓝剑1号、2号、3号”行动、“雷霆3号”“金剑·秋风”等行动，查处一批制售假劣食品药品、危害市场经济秩序等违法行为。全市查处各类违法案件338件，罚没款697.29万元，移送公安机关涉嫌犯罪案件（线索）6件，移送其他行政机关142件。打击非法传销，推进“无传销社区（村）”“无传销校园”创建活动，突击检查澜庭集东阳总裁会、企业魂创造之旅大型会议。推广商业秘密保护示范点建设，建立泄密侵权行为多渠道发现机制。开展直销企业会议备案工作，开展直销企业（网点）专项检查，对出现问题的企业进行调查核实并及时教育、告诫，限期整改。

【企业监管】 组织开展2015年度企业、个体工商户年度报告工作。全市应参加2015年年度报告的企业12070家、个体工商户39208户、农民专业合作社426户，有11418家企业、36925户个体工商户、388户农民专业合作社申报2015年年度报告，年报率分别为94.6%、94.18%和91.08%。组织开展企业公示信息抽查工作，抽查和现场核查2013年、2014年连续两年未年报企业，抽查152户危化企业的行政许可公示信息，抽查337户企业的年报公示信息和即时信息。加强对申请移出经营异常名录企业的监管工作，有39户企业申请移出经营异常名录。加强无照监管工作，立案查处无照案件135件，案值1625万元，罚没款

160 万元，抄告相关部门 29 批 188 户。

【商标管理】 增加浙江省著名商标 5 件、金华市著名商标 15 件、东阳市知名商标 17 件。全市有国内注册商标 2 万余件，涉外注册商标近 400 件。指导横店集团控股有限公司、新丽传媒股份有限公司的 3 件商标通过行政途径申报驰名商标。横店镇人民政府申报省商标品牌示范乡镇，横店集团得邦照明股份有限公司申报省商标品牌示范企业，横店集团控股有限公司和花园集团有限公司 2 家企业申报金华市商标品牌示范企业。指导推动东阳市食品工业协会申报“东阳红曲酒”地理标志证明商标。立案查处侵犯注册商标专用权案件 55 件，罚款 118.45 万元。

【广告管理】 开展虚假违法广告整治“雷霆 3 号”行动，查处违法广告案件 18 件，罚没款 15.8 万元。开展互联网金融广告、以投资理财名义从事金融活动风险排查专项行动，实地排查企业 380 家，责令改正 2 家，立案查处 2 件；线上排查平台（网站）23 个，责令改正 1 个。加强媒体广告监测和监管，东阳市广播电视台信用指数列全省第一。

【消费维权】 受理消费投诉 2834 起，比上年增长 53.3%，为消费者挽回经济损失 461.63 万元。创新设立东阳市首批 4 家红木家具消费教育基地，首次设立两家“茶为国饮”消费体验示范店。设立新光太平洋等消费维权服务站 4 家，全市有消费维权服务站 56 家。指导横店影视城创建省级放心消费示范区。开展“3·15”系列活动，针对装饰装修服务、养老服务机构等行业出现的问题及百姓关注、社会反映突出的问题，编印《消费警示 68 例》及各类消费警示。强化行政指导，对相关涉网单位进行行政约谈，要求规范网页广告用语。做好“8890”平台转办件及各类投诉举报处理工作。

【首批“创客通”市县联动站点】 8 月 31 日，东阳市首批“创客通”

2016 年东阳市获浙江省著名商标

表 24

序号	商标注册人	商标名称	商标标识
1	东阳市美术用品有限公司	思美	思美
2	东阳市双洋红木家具有限公司	图形	
3	浙江新东阳木雕有限公司(黄小明)	黄小明	HUANGXIAOMING 黄小明
4	浙江省东阳市北卡农业发展有限公司	北卡	北卡
5	拉风传媒股份有限公司	图形	

2016 年东阳市获金华市著名商标

表 25

序号	申报企业	商标名称	商标标识
1	东阳市汇龙特种水产养殖场	月龙	月龙 Yuelong
2	浙江石金玄武岩纤维股份有限公司	GBF	GBF
3	东阳市朗晟橡塑有限公司	朗晟	朗晟
4	东阳市小太阳照明有限公司	SMALL SUN	SMALL SUN
5	东阳市年年香家具有限公司	年年香	年年香
6	东阳市小亲家工艺品厂	小亲家	小亲家
7	浙江唐德影视股份有限公司	唐德影视	唐德影视
8	新丽传媒股份有限公司	新丽	新丽
9	浙江金象科技有限公司	All Shine	All Shine
10	浙江佳友生物科技有限公司	佳友	JIAYOU 佳友
11	东阳市正信红木家具有限公司	振信	振信
12	花园集团有限公司	健园	健园
13	横店集团控股有限公司	横店集团	hg 横店集团 Hengdian Group
14	东阳市旭东工艺品有限公司	旭东红	
15	东阳市驭美服饰有限公司	驭美	驭美 YUMEI

2016 年东阳市知名商标

表 26

序号	企业名称	商标
1	歌山建设集团有限公司	歌山
2	浙江中科磁业有限公司	
3	浙江样样红家具有限公司	
4	东阳市盛泰御品红木家具有限公司	盛泰御品 Shengtaiyupin
5	东阳市德胜生态梨园	
6	东阳市横店勍凌家庭农场	包新雅
7	东阳市千百年红木家具有限公司	横店千百年 HENGDIANQIANBAINIAN
8	东阳市恒达木业有限公司	
9	东阳市现代钓具有限公司	
10	浙江东阳市东通电器厂	东通
11	东阳市时代钓具有限公司	钓圣 diaosheng
12	浙江朋诚科技有限公司	
13	浙江鼎坚玻璃有限公司	
14	浙江省东阳市开源金属制品有限公司	
15	浙江金象科技有限公司	
16	东阳市陈王阁红木家具厂	陳王閣
17	浙江浪人工艺品股份有限公司	雍王府 YONGWANGFU

图 113 3 月 14 日，"3·15" 国际消费者权益日宣传咨询活动在恒业太平洋广场举行（市市场监督管理局提供）

市县联动站点——花园集团"创客通"、横店集团"创客通"站点揭牌成立。"创客通"，全称创客服务全程通。在"创客通"站点，市市场监管局提供证照办理、商标注册、品牌培育、消费维权、咨询投诉、年报公示等服务。

（陆旭燕）

·质量技术监督管理·

【概况】 2016 年，对生产领域磁性材料、红木家具、针织服装等六大类与民生相关的 222 家企业 228 个批次产品进行抽样检测，221 个批次合格，批次合格率 96.9%，综合合格率 99.7%。完成流通领域车用汽柴油、燃气灶具、玩具等 101 个批次产品的抽查检测，62 个批次合格，批次合格率 61.4%。开展 G20 杭州峰会专用产品质量保障工作。从原料管理、工艺处理、制度管理等方面，指导浙江金路达皮具有限公司完成 G20 杭州峰会指定专用产品质量保障工作。

增加浙江省名牌产品 4 个、金华市名牌产品 15 个、东阳市名牌产品 12 个。全市 8 家企业主导或参与 10 余项国家、行业标准的制修订工作。发明专利转化为技术标准 1 项，规模以上企业主导产品采标率 63.3%，3 家企业通过 AAA 级标准化良好行为验收。浙江联宜电机有限公司服务团队获金华市政府质量奖团队贡献奖。

【"浙江制造" 品牌发展工作】 制订《"浙江制造"品牌建设三年行动计划（2016～2018 年）》《东阳市人民政府办公室关于扶持"浙江制造" 品牌发展的实施意见》。浙江联宜电机有限公司成为东阳市首家获 "浙江制造"双

图 114　8 月 31 日，东阳市首批创客通市县联动站点——花园集团“创客通”站点揭牌成立（陈敏 / 摄）

标志认证证书的企业。浙江生物高科股份有限公司的维生素 D3 被列入 2016 年第三批“浙江制造”标准制定目录。

【企业产品标准由备案改为自我声明】　根据省质监局统一安排，4 月起，东阳市企业产品标准不再需要到市场监管部门备案，只需在国家统一的企业标准信息公共服务平台上（http://www.cpbz.gov.cn/index）进行公开自我声明。2016 年，全市有 42 家企业 212 项企业标准在该平台声明公开。

【特种设备安全监察】　全市新注册锅炉、压力容器、起重机械、电梯、场机、大型游乐设施和客运索道 1465 台（条），占全市设备总量的 12.13%。增加数量最多的设备为电梯，占总增量的 68%，新注册登记压力管道 80414 米。落实 G20 杭州峰会安全保障工作。制订 G20 杭州峰会保障工作方案和专项应急预案，建立 G20 杭州峰会保障应急工作体系，成立应急工作领导小组。落实重点行业、重点场所、重点设备的安保工作。开展集中检查，确保横店镇安全。9 月 4～6 日，抽调机关人员、专业技术机构人员到横店镇，组成特种设备、市场安全排查、消费投诉、后勤保障等 7 个工作大组 15 个工作小组，执法检查横店镇辖区经营户，检查特种设备使用单位 52 家，排查隐患 16 个，下发安全监察指令书 6 份，查封问题电梯 5 台。1 月 18 日，市政府印发《东阳市特种设备事故应急预案》，组织 4 次应急预案演练，开展“110”指挥中心应急救援 80 次；现场检查单位 1033 家，排查隐患 512 项，整改 499 项，立案查处 11 起。强化数据库清理，确保每月未检率控制在 1%以内。开展 18 期特种设备作业人员培训班，培训 1941 人次。

【电梯责任保险工作】　3 月 30 日，与市金融办联合印发《关于开展全市电梯安全责任保险工作的通知》，明确保障范围、赔偿限额、保险费标准。在学校、幼儿园、医院、客运中心、商场、体育场馆、展览馆、公园等公众聚集场所、住宅小区电梯等重点场所开展电梯安全责任保险工作，逐步覆盖所有电梯。2016 年签订 450 台电梯安全责任保险。

【计量工作】　监督检查民生计量。对电子秤、水表、加油机、出租车计价器等计量器具进行专项检查，没收作弊电子计价秤 9 台。对 202 台环境监测的计量器具进行登记造册。对医疗机构在用的 2861 件计量器具进行强制检定。开放专业实验室服务企业 800 余家次，组织技术咨询服务 4 场次。开展“5·20”世界计量日活动，服务群众 1200 余人次，发放宣传资料 1800 余份，免费检定民生计量器具 180 台件，检查计量器具 350 台件，没收涉嫌作弊电子计价秤 3 台。

【国家木雕及红木制品质量监督检验中心筹建】　原市木雕工艺美术精品馆工作用房 6000 平方米交付国家质检中心筹建使用。完成实验室装修、400 余万元设备政府采购和 6 名研究生的人才引进等工作。向省质监局申报科研项目主持 1 项，合作项目 1 项，结题《红木家具质量防伪追溯系统的建立》，质量防伪追溯系统正常运行。与企业合作参与专利申请 6 项，加入中国林产工业协会标准化委员会，作为国家木材检测联盟的理事单位。

【省木雕红木家具产品质量检测中心服务工作】　浙江省木雕红木家具产品质量检测中心为 100 余家企业和个人提供技术服务，完成检验报告、家具用材检验证书 2039 余份。实验室开放服务 625 人次，提供免费咨询服务 50 余人次，举办专家专题报告 1 场。市产品质量计量标准检验检测中心通过温湿度计等 3 项计量标准扩项授权考核，19 项计量标准复查考核以及 2016 年度全省计量技术机构监督检查。出具检验报告 1344 份，强制检定器具 8267 台件，非强制检定器具 12497 台件。

（陈婷婷）

·食品药品监督管理·

【概况】 加强食品单位日常监管，开展 16 个专项整治行动，立案查处违法案件 18 起，其中移送公安 5 起。强化风险监测，组织定量抽检 859 批次，合格率 97.4%；定性抽检 6 万批次，合格率 99.7%。下架销毁不合格食品 2086 千克。开展“双体系”建设。在主城区依法设立的农贸市场开展追溯体系、快速检测体系建设，有 6 家市场建成“双体系”，建成率 75%。推进“阳光厨房”建设，创建“阳光厨房”108 家。加强重大活动餐饮安全保障，落实蹲点监督检查制度，完成餐饮服务食品安全保障工作。生产许可新申报 4 家，到期换证 6 家。全市有食品生产企业 87 家，取得生产许可证 103 本。有食品经营单位 8453 户（含食用农产品经营单位 1066 户），其中批发 12 户，批零 196 户，零售 8245 户；婴幼儿配方乳粉经营 196 户，大中型超市 79 家，冷库 55 家。全市增加 25 家连锁药店，对 25 家连锁药店申报资料的审核、现场检查、整改，通过新版 GSP。指导 3 家企业 7 条生产线和品种通过 GMP 认证。

11 月 30 日，省食品药品监督管理局副书记、副局长陈时飞到吴宁分局、“12315”中心、行政审批窗口和市食品药品检验检测中心，听取基层食品药品监管难点工作。

【“五小”行业专项整治】 对 3000 余家小食杂、小餐饮、小作坊、小药店、小菜场“五小”行业开展专项整治，创造“10%示范引领、10%优化评级、10%重点督改”3 个 10%的工作做法，以“三性”（有效性、合法性、安全性）为底线，推行“五化”（食品溯源正规化、设施设备明亮化、用具用品厢式化、商品陈列有序化、市场监管信息化）整治标准。“五小行业”专项整治期间，出动执法人员 5542 人次，开展集中整治 49 次，检查“五小行业”经营户 10905 家次，发放限期办照通知书 328 份、责令改正通知书 1369 份，建立工作台账 954 册，发布 LED 宣传广告 157 条，实施行政处罚案件 3 件。

【食品药品检验检测中心筹建】 2015 年 11 月 27 日，东阳市机构编制委员会下文批复同意将市食品安全检验检测中心更名为市食品药品检验检测中心。2016 年 2 月，更名为东阳市食品药品检验检测中心，更换事业单位法人证书，启用新公章。2016 年 5 月开始试运行，2016 年 11 月 23 日取得食品检验机构资质认定（CMA）资质证书，认定批准通过食品类 60 个产品、361 个参数。2016 年 12 月 23 日，通过省食品药品监督管理局组织的县级食品药品检验检测资源整合建设项目现场验收。

【“春安行动”】 1 月 5 日，召开“春安行动”部署动员会。会议明确，1～3 月，组织开展“春安行动”，重点进行食品生产领域、食品流通环节、餐饮服务单位、保健食品会议营销、特种设备安全、贵细滋补中药材饮片、涉网平台和微商、免费体验类医疗器械、无照经营行为等 11 项大检查。大检查期间，出动执法人员 3188 人次，检查单位 5283 家次，其中检查涉网平台、微商 26 家次，查处违法行为 64 起，取缔无证无照单位 53 户，涉案金额 391.69 万元，受理投诉举报 764 件，处理 701 件，为消费者挽回损失 485.35 万元，抽检食品药品 165 批次，合格 155 批次，通过各类媒体宣传报道 70 次，发放宣传资料 8259 份。在食品安全领域，全市查处食品相关案件 20 余件，抽检重点品种食品及相关产品 126 批次，不合格 4 批次（2 批次筷子大肠杆菌超标，2 批次草莓农药残留超标）。

【全市食品安全工作会议】 3 月 30 日，召开全市食品安全工作会议。市委副书记、市长朱建军，副市长陈军，市政协副主席华伟跃，市食安办主任、市市场监管局局长韦力朝出席会议。会议表彰 2015 年度食品安全工作先进单位和先进个人，部署“三大一严”专项行动及食品安全城市创建等重点工作，签订 2016 年度食品安全工作目标管理责任书。

【镇乡街道食安办规范化建设】 5 月 24 日，印发《东阳市镇乡街道食安办规范化建设实施方案》。统一制作食品安全委员会办公室铜牌、镇乡街道及行政村食品安全工作台账。委托各市场监管所（分局）对辖区镇乡街道食品安全工作每季度指导一次，每半年评估一次。加强对基层食安办规范化建设的实地业务指导，联合辖区基层所（分局）根据《东阳市各镇乡街道食品安全工作检查汇总表》对 18 个镇乡街道食品安全委员会办公室规范化工作进行实地检查和指导，对存在的问题要求根据规范化建设指标整改到位。基层所（分局）对辖区内的协管员进行培训，按照协管员工作证管理规定的流程逐步对培训合格的协管员下发工作证。8月，对第一批9个镇乡街道食品安全委员会办公室规范化建设进行实地验收，全部通过。8月26日，金华市食品安全委员会办公室对湖溪镇和巍山镇食品安全委员会办公室规范化建设以及食品安全工作开展情况进行指导。10月25日，金华市食品安全委员会办公室联合市教育局、市水利局等部门领导对吴宁街道、东阳江镇食品安全委员会办公室规范化建设工作进行抽查。

【“三大一严”专项行动】 3月14日，印发《东阳市食品安全隐患大抽检大排查大整治严打击专项行动方案》。方案明确，自3月至8月末，在食品各个环节开展大抽检大排查大整治活动，打击食品安全违法犯罪行为。活动期间，出动执法人员14314人次，检查重点品种生产经营企业4332家、重点食用农产品种养殖基地数1012家，排查食品安全风险隐患22个，完成整治12个，监管部门行政立案167起，移送公安3起，抽检重点品种26类726批次，不合格20批次，按规定进行处置，发放张贴“三大一严”宣传公告1.2万余份。7月29日，通过金华市食品安全“三大一严”专项行动“五看”督查。金华市督查组在抽查巍山市场监管分局、东阳市东泉食品有限公司、巍山镇食安办，巍山镇农产品检测室、城区北门菜市场等环节后，对东阳市“三大一严”专项行动取得的成效表示肯定。

【食品安全示范店建设】 全市有食品安全示范店205家，新命名食品安全示范店3家，撤销28家。通过检查、适时回访、分类处置、及时清理、择优上报开展食品安全示范店考评工作。通过日常巡查、定期监管、消费者反映、总体考评、优胜劣汰等举措，构建长效管理机制。

【“便民餐车”日常管理】 加强对33处定点“便民餐车”的日常巡查，规范餐车经营行为。处罚违规业主137人次，处罚金额3760元。召开2015年度便民餐车食品安全工作表彰大会，奖励15名表现优秀的便民餐车经营业主，奖励金额18000元。组织开展餐饮服务从业人员法律法规和食品安全知识培训38期，培训9033人次。邀请金华市餐饮协会专家对全市中小学校食堂、幼儿园食堂、大型及以上餐饮单位的420余名食品安全管理员进行培训和考核。

【保健食品、化妆品日常监管】 全市有保健食品生产企业1家，化妆品生产企业34家，其中5家化妆品生产企业停产。完成化妆品经营环节国家抽检任务34批次，保健食品“两非”（非法添加药物，非法宣传功效）抽检2批次、化妆品生产企业浙江省抽检任务10批次，100%完成目标任务；完成金华市抽检任务36批次，完成率100%；完成东阳市抽检任务30批次，完成率100%。对国家抽检、浙江省抽检不合格化妆品进行立案查处，不合格产品核查处置率100%。协助省食品药品监督管理局对东阳佳人日化有限公司和东阳好乐多商贸有限公司进行飞行检查，针对发现的问题对东阳佳人日化有限公司进行约谈，责令限期整改。现场检查4家新开办和22家换证的化妆品生产企业。组织开展美容美发化妆品使用单位风险排查、保健食品等三类食品非法添加非法声称问题专项治理、规范保健食品会议讲座等宣传推销活动和体验式经营场所销售行为的专项检查。

【药品医疗器械监督检查】 全年检查批发连锁公司7家次、药品生产企业34家次、医疗器械生产企业7家次、乡镇以上卫生院50家次、药店220家次，发现15起非法渠道购进案件，责令整改11家次。每日对温湿度在线监控系统、网上电子监管码监管、关键岗位人员QQ视频监管、品种在线监管等进行督查，检查600余家次。

【中药饮片专项整治】 印发《关于开展中药材、中药饮片专项整治的通知》。专项整治期间，检查288家涉药单位，其中中成药生产企业2家，批发企业4家，零售企业160家，医疗机构109家，城乡集贸市场中药材经营户13家，重点抽查浙贝母、金银花、杭白菊等容易硫黄熏制的品种，监督抽样6批次。未发现滥用硫黄熏蒸养护中药材中药饮片的行为。中成药生产企业按注册标准组织生产。

【药械不良反应（事件）监测】 全年上报ADR（药械不良反应）848例，完成金华市下达目标值760例的112%，完成东阳市下达目标值824例的103%。其中严重药品不良反应报告297例，占ADR总数的35%。上报MDR(多重耐药菌)120例，完成金华市下达目标值120例的100%。

【药品零售企业诚信等级评定】 对219家药品零售企业进行诚信等级评定并发文通报，评出“守信等级”企业90家，占44.3%；“基本守信等级”企业106家，占52.2%；“轻微失信等级”企业7家，占3.5%。不参评的药店16家。

（陈婷婷）

安全生产监督管理

【概况】 2016年，全市发生工矿商贸企业事故6起，其中较大事故1起，死亡10人；生产经营性道路交通事故64起，死亡42人；未发生列入统计口径的生产经营性火灾、水上交通、渔业船舶及铁路路外等事故。开展安全生产政务信息工作，向上级安监部门投稿180余篇，其中被国家总局要情采用3篇，总局网站采用4篇，省局办公室、省局网站采用85篇。

【基层安监能力建设】 组织18个镇乡街道及经济开发区的80余名安监人员开展安全生产业务集体培训；督促镇乡街道及时配足配好安监所人员；建立安全生产综合监管队伍，5个镇乡街道组建协管员队伍；运用异地交叉检查等机制，对网格式管理工作进行督查，督促镇乡街道完善通报、考核、奖惩等制度。

【工贸行业企业安全生产标准化样板地区建设】 5月9日，国家安全监管总局办公厅确定东阳市等7个地区为2016年工贸行业企业安全生产标准化样板建设地区。组织各镇乡街道开展标准化建设“回访”活动，在木质家具制造、纺织、金银丝、箱包、机械制造等重点行业领域开展典型示范企业创建工作。扩大标准化建设覆盖面，引导、督促企业开展复评工作，签约207家，其中新创96家，复评111家，全市标准化达标企业975家。

【安全托管服务推进】 推进以小微企业安全托管工作为重点的安全生产社会化服务。提高托管服务覆盖面，完善质量控制体系，建立托管质量监督考评制度，开展中介服务专项整治，维护市场秩序，保障服务质量。东阳市执业的中介服务机构15家。全市2300余家企业实施托管，社会化服务工作较好地解决企业安全生产不会管、无人管、管不好及镇乡街道安全监管力量薄弱的难题。东阳市安全托管服务模式引起省内外关注，北京市、天津市、山东省、江苏省等地安监部门、中国安全生产科学研究院专家及省内30余个县市区相关人员到东阳市学习考察，安全托管服务模式被多个地区学习借鉴。3月9日，召开全省安全生产工作会议，东阳市就小微企业安全生产托管服务工作进行经验交流。金华市市长暨军民就小微企业托管工作做出批示。

【安全生产奖励政策】 强化安全生产保障，连续4年设立安全生产专项经费1000万元，引导企业加大安全投入，改善安全条件。实施奖励政策，对2016年获评国家级、省级、金华市级安全生产标准化企业，分别给予10万元、6万元、2万元的奖励；对年内安装前2000套“智慧用电”系统的企业，给予每套500元的财政补助，通报奖励2015年达标、符合条件的113家企业。

【事故防控能力提升】 按照《浙江省危险化学品重点县安全生产攻坚工作方案》要求，安排专项资金90万元，委托省安全生产科学研究院完成“一主一副”两大医药化工产业集聚区首轮风险评估，督促集聚区内对社会风险贡献值较大的企业落实现有和可预见的风险控制措施，确保区域风险可控。在危化品行业推广十项安全新技术、新方法、新装备，普洛康裕制药在全省范围内率先采用反应风险评估。全市134辆危险品运输车全部安装监控设备，完成监管平台建设，车辆运行情况实现实时监管。

【烟花爆竹经营安全监管】 完成新一轮烟花爆竹经营许可换证工作，烟花爆竹零售店从101家缩减至90家；加强烟花爆竹经营环节安全管理，督促烟花爆竹批发经营企业完善防火、防雷、防爆、防静电设施；实施烟花爆竹零售店“五统一”管理（统一规划布点，统一专店直营，统一进货渠道，统一数字监控，统一日常管理）和“一人一店”联系监管制度；健全市公安局、市安监局、市工商局、市质监局等部门联合执法工作机制，排查整治并打击非法生产、经营、运输、储存烟花爆竹行为，查处各类违法行为9起。2016年，市安监局采取“四不两直”（不发通知、不打招呼、不听汇报、不用陪同接待、直奔基层、直插现场)的方式对重点化工企业、方圆日用品烟花爆竹仓库进行明察暗访。

图 115　11 月 2 日，在横店国防科技园举行 2016“横店杯”金华市第二届危险化学品企业员工应急处置技能比武(包康轩 / 摄)

【用电安全管理系统推广】　编制《企业用电安全规范》，推广智慧式用电安全管理系统。在市文化局、市旅游局、市卫计局、市市场监督管理局、经济开发区、吴宁街道、江北街道、横店镇、南马镇、湖溪镇、千祥镇、虎鹿镇、马宅镇 13 个部门单位开展安装试点工作，推行智慧式用电系统，全市安装 1200 余套，消除 785 家单位存在的设备漏电、线路漏电、温度过高等安全隐患。

【重点行业职业病危害专项整治】　开展迎接国家安监总局“十二五”期间职业病危害评估准备工作，43 家企业开展职业卫生管理工作示范点建设。开展石材加工和冶金两大重点行业的专项整治，完成 104 家石材加工企业和 4 家冶金企业调查摸底工作。开展尘毒企业危害状况调查和申报工作，完成 73 家企业调查和申报工作。开展重点行业职业病危害专项整治，检查企业 37 家，下达执法文书 86 份，发现并整改隐患 116 项，责令停产停业整顿 2 家，经营状况不佳自行关停 7 家。

【安全隐患治理】　完成市建军烟花爆竹有限公司临时仓库库存产品退回工作；解决无证照经营成品油行为查处主体问题；查处 17 起非法生产、经营危化品、烟花爆竹行为，其中，提请上级安监部门吊销经营许可证 1 家，启动关停处置程序 1 家；整治 10 处金华市级挂牌重点事故隐患和 18 处市本级挂牌重点事故隐患，整治加油站周边长时间停车问题。推行镇乡街道异地交叉检查，全市于 3 月、6 月、9 月、12 月组织开展四个季度镇乡安全生产异地检查，检查单位 577 家，整改 1637 个问题和隐患。对全市 71 家化工生产、经营企业，16 家矿山企业和 100 家烟花爆竹企业采取停产限产和停业措施，对 820 家一般工贸行业企业实行停产停业。

【安全监管信息化】　做好全市综合监管平台上线运行工作，完成危化、矿山、烟花爆竹等重点行业、领域和标准化企业数据以及隐患排查、行政执法等监管信息的录入；建立矿山监管人员和企业管理人员共同参与的微信群；在烟花爆竹批发经营企业、零售店应用金华市烟花爆竹流向登记管理系统，建立统一零售网点信息管理网。

【宣传教育培训】　开展新《浙江省安全生产条例》的宣传贯彻工作，在全市镇乡街道党政正职培训班、中青年干部培训班等班次上，开展安全生产法律法规专题培训。开展安全生产知识进文化礼堂活动，向全市 85 家文化礼堂发放安全生产宣传挂图。与市教育局联合组织开展“五个一”宣教活动，参赛作品上报安全画 22 幅、安全提醒语视频 17 个、安全示范课视频课件 14 堂。组织开展第十五个“安全生产月”活动，开展安全生产咨询日、微信传播安全知识、公益宣传、职业卫生安全培训、“安康杯”等 15 项全市性活动。组织开展三类人员的培训，培训企业负责人、安管人员、特种作业人员 3000 余人。开展企业安全培训工作专项执法，立案查处 3 起企业不落实安全培训行为。

【安全生产执法监察】　制定《东阳市受委托镇乡政府、街道办事处、经济开发区办理安全生产违法行政处罚案件程序规定》，对 18 个镇乡街道及经济开发区重新进行委托执法，扩大授权范围和处罚额度。镇乡委托执法工作取得实质性进展，年内办案3起；规范程序，配备便携式移动执法终端，建立现场执法全过程记录制度。打击非法违法行为，非事故案件比重上升，立案84起，罚没款313万元，移交公安机关7人。

【应急管理】 重新修订东阳市较大以上、危险化学品、矿山事故应急救援预案，对危化、矿山应急预案的评审和备案进行规范；健全4支危化、矿山区域性救援队伍的运行管理机制；加强企业应急救援工作，开展安全生产应急管理专项执法检查，督促企业定期开展应急救援演练，组织3600余家企业开展消防灭火、逃生等应急演练。11月2日，承办金华市第二届危险化学品企业员工应急处置技能比武，东阳市3支队伍参赛。以东阳市应急队伍为主组建的金华联队在全省应急救援比武中取得综合第三名的成绩，其中1人获单项第一名。

【科技兴安】 推广先进适用技术和方法，10家涉及液氨、液化烃、甲苯的企业使用万向节管道充装系统卸料；3家液氯使用企业安装液氯泄漏自动吸收安全装置；全市医药化工企业溶媒罐区设置泡沫灭火系统；有机溶剂储罐设置充氮保护系统，对涉及易燃介质分离的离心机安装充氮保护系统和氧含量监测自动联锁装置；有机溶剂输送一律采用气动隔膜泵；有忌水物料的反应釜的夹套介质一律改为导热油；物料输送安装高低限位自动切断装置、回流系统；7家化工企业开展HAZOP（危险与可操作）分析。地下矿山推广机械扒碴、机械运输等机械换人技术，露天矿山淘汰扩壶爆破、不分层的“一面墙”（无台阶）开采等作业方式，在尾矿库安装坝体位移监测、浸润线监测装置；一般工贸企业，重点推行智慧式用电安全管理系统。

（张　帆）

统　计

【概况】 2016年，市统计局完成车辆通行证的申请登记、发放，行政事业单位的固定资产清查，干部人事档案的核查，统一社会信用代码证书的换领等工作。市统计局承编农业、工业、能源、批发零售、住宿餐饮、固定资产投资、建筑、房地产、劳动工资、服务业、科技、基本单位名录库、综合核算等专业统计报表。建设企业统计电子台账，指导新入库的“四上”(指规模以上工业企业、限额以上批发零售和住宿餐饮企业、资质以内的建筑业企业和房地产开发企业、重点服务业）企业建立统计电子台账。开展各镇乡街道基本单位名录库核查自纠工作。推进5个生态型乡镇（虎鹿镇、马宅镇、东阳江镇、佐村镇、三单乡）统计工作规范化建设，8月末，完成全市范围内所有镇乡街道的规范化达标验收工作。江北街道成为省第三批镇乡街道统计工作示范点建设单位。12月，召开各专业统计年报会议，培训统计业务，部署工作任务。2016年，市统计局召开全市专业年报定报会议16场次，参加会议人员1700余人。

【第三次农业普查工作】 2月，市政府发文部署东阳市农业普查工作，成立第三次农业普查领导小组，领导小组下设办公室。6月末，全市18个镇乡街道组建乡镇农业普查领导小组，落实办公经费、设备和场所，选聘指导员518人，普查员2854人，PDA操作员440人。市农普办组织培训65场，培训人员3100余人。完成综合试点、清查摸底及现场

图116　11月，用东阳道情宣传第三次全国农业普查（市统计局提供）

入户登记工作，利用报刊、电视、微信等形式宣传农业普查的重大意义和各项要求。

【扩大统计源工作】 10月19日，召开扩大服务业统计源工作会议。市统计局建立每月分析评估机制，定期召开镇乡街道统计信息中心主任工作例会，每季撰写分析全市经济形势、各专业、行业情况的文章。参与规划扩大统计源专项工作部署会，指导第二产业、投资、第三产业、影视、商贸、个转企等各专项工作会议。

【统计普法宣传】 通过会议、培训、电台、报纸、普查等形式开展统计普法宣传。加强执法检查，对专业联审发现问题的3家企业进行数据质量检查，对重点行业的20家企业进行统计稽查。

【数据联审】 统计资料公布及时、准确、完整，可公开资料在统计信息网上发布。每月及时制作编印《东阳市镇乡街道工业指标完成情况通报》《东阳市GDP核算主要指标完成情况》《东阳市主要经济指标完成情况》卡片及《东阳经济月报》小册子，按月对经济运行情况进行事前、事中、事后深入分析，及时做出预警、预测。为政府工作报告和党代会工作报告及时整理提供各项国民经济发展统计数据，为两会参会代表提供《东阳市经济社会发展报告》及相关专业统计分析文章。提供专业数据证明，各专业人员做好89家企业申报名牌产品、资质验审、综合考评等的数据核实、材料证明工作。撰写统计监测分析文章，加强经济运行态势的季度、月度分析研判，对异常数据及时分析解读，撰写《关于1～2月科技指标工业技改投资的分析》《关于1～2月科技指标新产品产值增速的分析》等统计分析文章。汇编各专业统计分析资料2期。

（吴梅琼）

图117　10月19日，召开扩大服务业统计源工作会议（市统计局提供）

金　融

2016年1月25日，西山公园（吴立新/摄）

概 述

【概况】 2016年，全市金融业增加值39.52亿元，占生产总值的7.9%，占服务业增加值的15.8%。年末，全市金融机构本外币存款余额1012.06亿元，比上年增长12.5%；金融机构本外币贷款余额725.35亿元，比上年增长3.3%。保险机构保费收入21.86亿元，比上年增长12.2%，其中财产险9.09亿元，比上年增长3.3%；人身险12.77亿元，比上年增长19.5%。小额贷款公司发放贷款28.88亿元，净利润1.03亿元，纳税1.29亿元。民间融资服务中心撮合成交余额3.03亿元，撮合成交金额26.82亿元，成交平均年利率13.82%。民间资本管理公司办理短期财务性投资业务280笔，投放金额6.73亿元，股权投资项目1笔，投资额1500万元。

至年末，全市有银行业金融机构18家（年内增加恒丰银行），小额贷款公司7家，民间融资服务中心1家，民间资本管理公司2家（年内增加花园民资、中天钜银），产权交易中心1家，公募基金1家，证券公司分支机构6家，期货公司1家，保险公司分支机构32家（年内增加1家，都邦财险），其中财产保险公司20家、人寿保险公司12家。

（陈致清）

金融管理

·金融办·

【概况】 9月6日，东阳市人民政府成立帮扶办，抽调人员进行实体化运作，制定《关于进一步加强企业风险化解工作的意见》《关于进一步推进延缓代偿工作的通知》等政策，制定《关于府院联动及加快金融债权处置有关工作意见的通知》《关于抵押财产临时解封工作完成实施细则》等相关帮扶政策，加强风险企业帮扶工作。9月30日，制定《东阳市“十三五”金融业发展规划》，优化资本市场扶持政策，制订《关于进一步推动企业利用资本市场加快发展的实施意见》，制订资本市场、民资公司考核办法。

10月24～28日，首次组织全市镇乡街道、经济开发区党工委书记和涉企部门主要领导到省委党校进行为期一周的金融知识专题研讨班学习。

【《东阳市“十三五”金融业发展规划》制定】 9月30日，东阳市人民政府制定金华市范围内首个金融业五年发展规划《东阳市“十三五”金融业发展规划》，提出打造“多元化融资创新示范区”和“金融生态优化试验区”，建设浙江省“特色金融强市”总体思路，以及六大重点任务和四项保障措施。

该规划根据《浙江省金融产业发展规划》《金华市“十三五”金融业发展规划》《东阳市国民经济和社会发展第十三个五年规划纲要》的要求编制，与《东阳市域总体规划（2006～2020）》《东阳市创建浙江省金融创新示范市试点工作规划（2014～2016年）》等相关规划衔接。规划期限为2016～2020年。

东阳市“十三五”金融业发展的具体指标为：金融业总量规模。“十三五”期间，全市金融业增加值占GDP的比重逐年增加，到2020年争取达到10%，占服务业增加值的比重争取达到20%。地方贡献和重点项目保障。到2020年，金融业税收争取达到8亿元。“十三五”期间，基础设施建设及各类重大项目保障资金争取达到300亿元。银行业：至2020年，银行业本外币各项存款余额争取达到1200亿元，各项贷款余额争取达到1000亿元。“十三五”期间争取处置不良资产150亿元以上，将银行不良贷款率控制在2%以下。证券与资本市场：到2020年，争取股份制企业达到100家，上市挂牌企业达到100家。“十三五”期间，直接融资比率稳步提升，到2020年达到40%以上，证券化率达到280%以上；通过IPO和上市公司新增股权融资35亿元；“十三五”期间累计新发债500亿元以上；产业引导基金规模争取扩大至10亿元，引导和撬动各类产业基金投入东阳市产业升级和重大项目建设规模争取达到100亿元以上。保险业：到2020年，保费收入争取超过40亿元，保险深度和保险密度分别达到5.5%和4500元，位居全省平均水平以上。

【上市挂牌和直接融资】 年末，全市上市公司6家，总市值751亿元，在会企业3家，全国中小企业股份转让系统挂牌12家，区域资本市场挂牌88家，股份制企业改造（增加）60家。挂牌上市培育企业25家，其中影视企业8家，工业及其他企业17家。年内增加区域资本市场挂牌57家；股份制改造（增加）完成14家。直接融资152.6亿元，其中全国中小企业股份转让系统挂牌融资4.6亿元，银行间市场融资138亿元，公司债券10亿元。

【金融知识宣传教育活动】 2016年，市金融办开展金融知识宣传教育活动，重点普及民众日常生产所必要的金融知识、金融风险的辨识与防范知识。在《东阳日报》开设金融之窗专栏，刊登两期，展示在健全多层次资本市场体系、促进资本市场健康发展方面市金融办做的主要工作以及成效，介绍资本市场的有关工作。召开资本市场工作培训暨推进会，邀请省专家对相关部门、镇乡街道的工作人员及企业家进行授课。召开上市挂牌服务联络组工作推进会。开展为期一周的金融知识专题研讨班活动。以文化大讲坛为平台举办一期金融知识讲座。联合相关部门召开资本市场培训会。利用电视、广播等媒体进行宣传，通过公众微信号定期推送金融知识，开展金融知识宣传活动。

【荧光夜跑活动】 6月3日，市金融办、东阳广电台联合举办首届“健康理财 由我领跑”荧光夜跑活动。从节庆广场出发，沿江滨南路向西至中山大桥，沿江滨北路折返至艺海大桥，全程成环形路段。市人行、市银监办、各银行、保险公司、证券公司、小额贷款公司、民间融资服务中心、花园民间资本管理有限公司等金融单位员工及广电台听友200余人参加。夜跑活动在东阳电台城市频道、东阳电台新农村频道滚动播出，东阳电台微信公众平台图文推送、报道活动动态，普及夜跑知识，宣传金融方面相关内容。

（陈致清）

图118 6月3日，市金融办、东阳广电台联合举办首届“健康理财 由我领跑”荧光夜跑活动（市金融办提供）

·中国人民银行东阳市支行·

【概况】 制定《货币信贷工作指导意见》，引导金融机构争取资金、授信管理等政策倾斜，合理安排投放计划。制定《关于金融进一步支持建筑业持续健康发展促进转型提升的实施意见》，引导金融机构在深化金融服务、加强金融创新、拓展融资渠道、加大金融支持等方面支持建筑业发展。支持大众就业、万众创新，联合市财政局、市人力社保局制定《东阳市创业担保贷款实施细则》，争取500万元担保基金。开展农业贷款风险和小微企业贷款风险补偿工作，分别申报2015年度74.1万元和469.38万元风险补偿资金。

2016年，召开全市政银企对接洽谈会，17家市本级金融机构与到会企业签订509亿元的综合授信协议。开展“进企连心精准服务”和“送服务 解难题”活动，组织金融机构对企业进行实地走访调研，建立一企一档，对企业提出的金融服务需求进行跟踪落实。与科技、金融机构对接，引导金融机构加大对科技型企业的金融服务。3月，市交通银行办理浙江恒成硬质合金有限公司的专利权质押贷款2518万元。拓展供应链核心企业应收账款融资业务。利用“同筑梦想共享阳光”担保基金平台，支持小微企业发展。引导金融机构在企业转贷、减费、让利等方面加强创新，支持企业降本增效。

【融资渠道拓展】 推广应用企业债务型融资工具，引导全市银行业金融机构利用银行间债券市场，为符合条件的中小企业提供债务融资服务。2016年，横店集团、海天建设、中天建设、华谊兄弟、花园集团等企业发行短期融资券、超短期融资券、中期票据等123亿元，占金华全市发行量的44.5%，居金华各县（市）第1位。

【金融风险防控】 实施企业金融风险监测制度和重大企业风险报告制度。推进不良贷款处置，争取不良贷款处置的倾斜政策，严控增加不良贷款，对不良贷款情况实施监测，引导金融机构利用核销、打包、转让等方式处置不良贷款。配合市政府开展金融风险处置工作，组织金融机构对重点潜在不良企业进行调查，由市政府组织国土、经信、法院、公安等部门开展协调，按“一企一策”进行帮扶。对出现的金融风险，依照法律法规处置。年末，全市不良率1.56%，在金华各县(市)中处于最低水平。

【金融管理与服务】 加强开业管理，批准恒丰银行东阳支行加入金融管理与服务体系。对7家金融机构开展执法检查12次，其中综合执法检查2次、专项执法检查10次，对1家银行实施行政处罚5万元。组织开展2015年营业中的银行业金融机构的综合评价工作，评出A级金融机构1家，B级金融机构15家。规范性文件管理，按要求对行政执法信息进行公示。结合“3·15金融消费权益日”和金融知识普及月活动，与新闻媒体、消保部门以及司法机关合作，妥善处理金融消费者投诉。

【支付服务市场监管】 建立东阳市联整办工作领导小组、秘书处、联络员三层工作协调机制，开展联合整治支付结算违法犯罪工作。组织督促地方法人银行机构加入电信诈骗风险交易管理平台，联合银监部门组织开展打击治理通信网络新型违法犯罪专项行动，各金融机构自主拦截电信诈骗案件情况44起，金额87.77万元，清理非实名账户23个；向公安机关移送线索115条，协助公安机关查询涉案账户2035个，协助公安机关冻结账户447个，冻结资金37750.81万元。开展无证支付机构排查和票据风险排查工作，整治支付环境，防范支付风险。

【外汇业务监督】 根据外汇管理年度工作要求，围绕服务实体经济和防范异常资金流动冲击这一主线，强化对涉外企业窗口指导和政策解释，督促企业加快出口收汇进度，加大对大额异常资金流出的日常监管，开展大额购付汇约谈，指导银行从严控制提前购汇。年内分别对6家企业和3家银行进行约谈。依法行政，打击外汇违法行为。2016年，依法查处与“9·16”案件关联的董某某非法外汇买卖案，查处违法金额543.62万美元，罚款51万元。对金融机构开展综合执法检查1次，综合业务检查1次，国际收支申报专项核查4次，立案查处1家，罚款1万元。

【银行卡网上非法买卖整治】 制定《东阳市联合整治银行卡网上非法买卖专项行动工作方案》。建立银行卡网上非法买卖专项行动联络员微信群，及时交流线索排查的方法和经验。鼓励银行利用科技力量，依托大数据开展线索排查。堵截假银行卡诈骗案件13起，假身份信息办卡开户3起，冒用他人丢失的身份证办卡开户2起，协查客户银行卡网上被盗刷案件2起，为客户追回资金损失16766.49元。协助公安机关破获刑事犯罪案件3起，缴获并扣押涉案非法银行卡178张，涉案金额311万元，抓获犯罪嫌疑人13人。中国人民银行东阳市支行被中国人民银行金华中心支行认定为联合整治银行卡网上非法买卖专项工作先进集体。

【支付体系建设】 组织实施农村金融综合服务站增量扩面工程。开展电子支付应用示范镇、示范村创建工作，推广电子支付业务，完成东阳市城东街道斯村，南马镇东湖村、南湖村和六石街道泗庭芳村4个“电子支付示范村”创建的申报工作。推进银行卡助农服务点增量扩面和规范管理。推进电子商业汇票业务发展，规避纸质商业汇票风险。优化现金管理服务。关注小面额零币兑换、流通情况，协调解决东阳市公交公司20万元硬币库存问题，提高辖内小面额零币流通速度。开展爱护人民币和货币反假宣传工作。

【征信管理与服务】 做好恒丰银行、村镇银行、小贷公司接入征信系统数据测试工作以及开通征信查询工作；对金牛小贷公司、村镇银行接入征信系统工作进行现场调研，提出加强征信管理的要求和措施。建设农村信用体系，加快农户信用信息采集，推进农户信息共享，推进“信用户、信用村、信用乡”创建工作。

【金融服务功能拓展】 规范利率市场行为，督促金融机构按利率市场化改革方向，提高利率定价能力和风险管理水平；进一步加强市场利率定价自律管理。督促金融机构严格按照省级自律机制做好利率定价自律管理，规范存款及账户招投标定价行为，加强与财政部门的沟通，共同维护市场竞争秩序，发挥好自律机制的激励约束作用。加强金融统计和信息服务。推进互联网金融统计，证券业、保险业数据统计等工作；围绕经济金融运行特点、热点、难点问题，组织开展专题调查。提升国库经理水平。配合地税做好“金税三期”系统的上线推广工作，开展国库会计核算数据集中系统新建生产环境切换迁移测试工作，确保各项业务正常运行。深化国库会计标准化管理，强化国库事中监督和事后监督，确保国库监管效能。

【外汇管理有效性提升】 加强与东阳外汇管理部的沟通协调，与东阳外汇管理部共享监管数据，实施联合主体监管，提高监管政策的协同效应。利用各种会议、培训以及柜面服务等有利场合，加强对货物贸易企业的窗口指导和政策解释，增强企业加快货款回笼的积极性和主动性；运用非现场监测系统，及时提取出口少收汇等企业名单，进行非现场核查，引导出口企业加快资金回流速度；指导外汇指定银行强化服务意识，为企业资金汇划提供优质服务。

（张俏珊）

·金华银监分局东阳监管办事处·

【概况】 金华银监分局东阳监管办事处（以下简称“东阳银监办”）是金华银监分局的派出机构，主要职责是根据金华银监分局的授权，负责东阳市银行业金融机构的监管工作，收集有关金融风险的信息并向上级机构报告。人员编制4人。

鼓励本地银行落实有扶有控的差异化信贷政策，制订落后产能企业淘汰名单，做好拟淘汰过剩产能的信贷压缩退出和资产保全工作；引导银行业创新政银企合作模式，提供全方位金融服务，支持优质企业和高新技术企业发展壮大；配合市政府推进“五水共治”“三改一拆”等战略举措，助推全市传统产业转型升级和经济结构调整优化。督促银行机构完善小微贷款尽职免责机制，服务小微信贷，达成小微企业贷款“三个不低于”（小微企业贷款增速不低于各项贷款平均增速，小微企业贷款户数不低于上年同期户数，小微企业申贷获得率不低于上年同期水平）目标；支持银行发行金融债券，推广微贷技术等服务方式，涉农信贷投放实现持续增长。根据《浙江银行业分类帮扶困难企业指导意见》，配合市政府相关部门，督促银行业机构根据企业经营状况、资信等级、产业政策等情况，探索帮扶新手段、新方法，指导银行业开展工作，共同维护好合理债权。

【信用风险防范化解】 推进不良贷款处置。关注东阳经济金融形势，尤其是建筑业、红木家具行业等重点行业动态，引导银行落实好贷款管理和风险化解机制。在市政府牵头组织下，参与多家银行机构的不良协调会议，分析梳理不良贷款形成的原因，讨论协调事项，理清处置思路，鼓励银行运用清收、核销、市场化转让等方式加大不良贷款处置力度，拓宽不良贷款处置渠道。督促“资金链、担保链”（以下简称“两链”）风险防范。针对全市经济特点提出防范和处置企业“两链”风险的建议。要求各行加强对企业“两链”风险的摸底调查和动态监测，探索总结“化圈解链”的有效方法；要求银行认识到资金链风险防范和处置工作对全市经济、金融和社会稳定的影响，开展金融保障工作。联合打击逃废债，配合市政府开展打击逃废债专项行动，对有逃废债倾向的企业开展联合约谈；引导各银行机构对逃废债信息实现共享。

【法人机构单体风险防范】 审核上报各类监管报表，关注各类流动性监管指标，关注不良贷款率、拨备覆盖率、资本充足率、贷款集中度等核心监管指标的变化情况，强化数据质量管理，对数据重要变化情况及时分析。对两家法人机构按季开展风险分析评估，按要求落实各类考核评价，针对存在的问题出具监管意见并督促其整改落实。对被监管机构开展监管评级，持续动态监管，要求东阳农商银行以监管评级考评内容为参照，为各项业务转型升级的具体量化考核指标，实行任务分解、责任落实、考评考核，推进业务转型升级。开展审慎监管会谈、三方会谈、高管谈话，列席被监管机构董事会会议、行务会、年度工作会议，加强监审联动，及时把握机构经营动态。

（周晓珺）

银行业

【概况】 2016年，全市金融机构本外币各项存款余额1012.06亿元，比上年增长12.5%，增幅居金华各县（市）第二位，比年初增加112.43亿元。本外币各项贷款余额725.35亿元，比上年增长3.34%，增幅居金华各县（市）第二位，比年初增加23.42亿元，增量居金华各县（市）第一位。五级不良贷款余额11.63亿元，五级不良率1.6%，为金华市最低。

（张俏珊　周晓珺）

2016年东阳市银行业金融机构情况

表27

机构分类	单位名称
政策性银行（1家）	中国农业发展银行东阳市支行
国有商业银行（5家）	中国工商银行股份有限公司东阳支行 中国农业银行股份有限公司东阳市支行 中国银行股份有限公司东阳支行 中国建设银行股份有限公司东阳支行 交通银行股份有限公司金华东阳支行
农村中小金融机构（2家）	浙江东阳农村商业银行股份有限公司 浙江东阳富民村镇银行股份有限公司
城市商业银行（3家）	金华银行股份有限公司东阳支行 浙江稠州商业银行东阳支行 浙江民泰商业银行金华东阳支行
股份制商业银行（6家）	中信银行股份有限公司金华东阳支行 兴业银行股份有限公司金华东阳支行 平安银行股份有限公司金华东阳支行 浙商银行股份有限公司金华东阳支行 上海浦东发展银行股份有限公司金华东阳支行 恒丰银行金华东阳支行
邮政储蓄银行（1家）	中国邮政储蓄银行股份有限公司东阳市支行

2016年年末东阳市各银行业金融机构存贷款余额（本外币）

表28　　单位：万元

金融机构	年末存款余额			年末贷款余额			
	合计	单位存款	个人存款	合计	短期贷款	中长期贷款	票据融资
合计	10012154	4280824	5687480	7253496	5182536	2011164	59033
农业发展银行	76452	76452	–	119812	29812	90000	–
工商银行	1354241	534393	814081	879384	649510	229874	–
农业银行	1934331	709855	1194044	1076592	809150	266322	1120
中国银行	727283	391336	331672	875923	612569	258971	4264
建设银行	1105736	641742	461925	810171	490023	266500	53649
农商银行	2629694	893574	1735074	1617279	1327270	290009	–
金华银行	326725	185329	141245	254688	208559	45979	–
邮政储蓄银行	854260	32040	822189	192595	71616	120978	–
兴业银行	161687	149788	11899	93501	68068	25434	–
交通银行	161527	134446	27037	143943	91030	52914	–

续表 28

金融机构	年末存款余额			年末贷款余额			
	合 计	单位存款	个人存款	合 计	短期贷款	中长期贷款	票据融资
平安银行	51269	41953	9316	233333	143333	90000	–
稠州银行	77248	41578	35670	93390	89666	3724	–
浙商银行	211947	200094	11853	265381	135281	130101	–
中信银行	204626	169898	34695	330297	242257	88040	–
浦发银行	76775	47715	29060	119900	87400	32003	–
富民村镇银行	34989	16335	18654	107228	86913	20315	–
民泰银行	14183	5613	8569	23679	23679	–	–
恒丰银行	9181	8683	497	16400	16400	–	–

说明:各行(社)存款金额不包含代理财政性存款

(张俏珊)

【中国农业发展银行东阳市支行】 2016年，中国农业发展银行东阳市支行设办公室、信贷部、会计结算部，地址在艺海北路306号，在职员工13人。发放贷款1.58亿元，年末各项贷款余额11.98亿元，比年初减少4.21亿元，下降26%；各项存款余额（不含同业存款）8亿元，比年初增加3.19亿元，增长56.86%；中间业务收入40.59万元；账面盈利3178万元。发放粮食储备贷款7475万元，支持轮入省市地方粮食储备62650吨，其中省储备粮早籼米18993吨；市县地方储备粮：小表16600吨，早籼谷20985吨，晚籼谷6072吨。（王瑞中）

【中国工商银行股份有限公司东阳支行】 中国工商银行股份有限公司东阳支行（以下简称“工行东阳支行”）内设综合管理部、公司业务部、个人业务部、风险管理部4个职能部门，下辖12个网点（其中乡镇网点2个），离行式自助银行23家，另设千祥、巍山、画水3个智能网点，在岗员工227人。至年末，各项存款135.42亿元，各类贷款余额87.94亿元，账面五级分类不良贷款余额1.61亿元，贷款不良率1.83%。

2016年，转变服务模式，变“坐商”为“行商”，开展“行商”活动近700场。组织“金融知识普及”宣传、消费者权益保护宣传、反假币等活动130余场。工行东阳支行智能自助设备从96台增加到170台。工行东阳支行员工陈贵松被评为“爱岗敬业浙江好人”。（吴浩澎）

【中国农业银行股份有限公司东阳市支行】 2016年，中国农业银行股份有限公司东阳市支行（以下简称“农行东阳支行”）内

图119 7月2日，工行东阳支行在东阳市节庆广场举行“E行”——努力践行“爱党、爱国、爱行、爱自己”的快走活动（工行东阳支行提供）

设综合管理部、人力资源部/监察部、个人金融部、公司业务部、运营财会部、风险管理部、国际业务部7个职能部门，下辖21个经营网点，其中，直属营业中心1个，城区网点7个，乡镇网点13个。离行式自助网点13个（包括“三农”工作室1个）。在岗员工378人。年末，各项存款余额193.43亿元，比年初增加25.01亿元，四行占比37.75%。其中，对公存款70.99亿元，储蓄存款119.4亿元。

做强小微企业简速贷款业务，实行评级、授信、用信同步办理，提高小微企业信贷业务审批效率。推行贷款预审批制度，确保各项存量信贷业务在到期日前完成预审批工作，提升法人信贷业务审批效率，实现客户周转贷款“无缝对接”。

助力“三农”发展，组织业务骨干到农村，解决涉农产业融资难题。发挥农村金融自治的核心要义，拓展“美丽乡村”贷业务。扩大农村地区的金融覆盖面，延伸农行金融触点。增加南上湖自助银行、康庄路“三农”工作室，铺设“惠农通”机具258台，覆盖全市190余个行政村。开展各类普惠金融活动605场，受众群众近2万人次。

3月，农行东阳支行联合市委宣传部等单位共同举办“垃圾不落地　东阳更美丽”绿丝带环保公益活动，发放车载垃圾桶20880个、绿丝带1000余条。9月，组织开展送电影下乡活动，播放电影50场，发放宣传资料2000余份。　　　　（俞　乐）

图120　农行江北支行为广大村民办理医保电子缴费（农行东阳支行提供）

【农行东阳支行开通城乡居民医疗保险电子缴费渠道】　5月24日，农行东阳支行医保电子缴费渠道对外开放，东阳市城乡居民除签订委托扣款协议外，还可通过农行柜台、自助通和惠农通进行缴费，居民只需提供身份证号和农行卡（或现金）即可办理。农行东阳支行是全省农行首家开通医保电子缴费业务的金融单位，也是医保缴费可选方式最多的银行。　　　　（俞　乐）

图121　3月5日，农行东阳支行举办“绿丝带”环保公益活动（农行东阳支行提供）

【中国银行股份有限公司东阳支行】　中国银行股份有限公司东阳支行（以下简称“中行东阳支行”）内设综合管理部、公司业务部、个人金融部3个职能部门，下辖营业部、8家经营性支行（其中乡镇网点2家），在岗员工166人。2016年，中行东阳支行本外币各项存款余额72.73亿元，比年初增加14.37亿元；本外币各项贷款余额87.59亿元，比年初增加2.87亿元。中行东阳支行连续2年获省行优秀县域支行、连续3年获金华市分行年度绩效考核优胜单位。

加大对东阳市加快建设“强市名城”战略的金融支持力度，其中人民币公司贷款日均增加投放9.06亿元。创新“影视通宝”特色融资产品，扶植数家影视企业发展。控制授信风险，年末不良贷款余额1.01亿元，不良率1.15%。实现国际结算业务量8.6亿美元，跨境人民币业务量11.76亿元，两项业务量及市场份额均居同行业第一位。5月，组织东阳市“走出去”企业参加金华市“一带一路”项目推进会，举办跨境人民币及外汇政策分析会。（徐敏帅）

【“8890”联名借记卡发放】 3月11日，中行东阳支行与“8890”便民服务中心签订战略合作协议，成为首家参与市政府打造的公益信用“8890”便民服务平台的合作银行，推出为60岁以上的老年用户定制“8890”联名借记卡。至年末，发放联名借记卡1100余张。

中国银行推出的“8890”联名卡，除一般借记IC卡的金融功能外，还具有资费优惠、积分兑换、存款优惠套餐三大优惠功能。该卡减免各类金融资费，除了免收工本费、年费、短信服务费等常见费用外，还免收全国任意ATM机的前三笔取款手续费。“8890”虚拟养老院的老年用户可签约加入积分兑换活动，只需办理相关业务即可获得积分优惠券。活动推广期间，可以指定2名家人一起参加活动，家人获得的积分也将一并计入老年用户名下，此积分可用于支付与“8890”便民服务中心合作商家提供服务的费用。推出专属存款套餐。若持卡人办理活期套餐，则卡内的活期存款灵活存取不受影响，套餐到期后可获得额外收益；若持卡人办理定期套餐，则卡内的定期存款可享受基准利率上浮的优惠利率，发生提前支取时可靠档计息。（徐敏帅）

【中国建设银行股份有限公司东阳支行】 2016年，中国建设银行股份有限公司东阳支行（以下简称“建行东阳支行”）内设综合管理部、业务管理部、风险管理部、运营管理部（渠道管理部）、公司客户部、个人金融部、国际业务部7个部门，下辖本级营业部及10家网点型支行（其中乡镇网点型支行5家，城区网点型支行5家），在职员工196人。至年末，建行东阳支行各项存款余额110.57亿元，其中对公存款余额64.17亿元，个人存款余额46.19亿元；同业存款余额800万元。一般性日均存款余额100.96亿元，年日均增加10.55亿元，其中公司日均存款余额55.7亿元，年日均增加8.96亿元；个人日均存款余额45.26亿元，年日均增加1.59亿元。支行各项贷款余额81.02亿元，比年初减少7.41亿元。各项不良贷款余额15088万元，不良贷款率1.86%。2016年，实现中间业务净收入5675.09万元，其中公司类中间业务收入3037.94万元，个人类中间业务收入2637.15万元。净利息收入30778万元；拨备前利润29489万元（净利润13222万元）。经济增加值4885万元。不良资产现金回收4400万元，处置核销、打包、转让不良信贷资产9240万元（其中打包转让6458万元，核销2782万元）。

实现建行金华分行KPI（经济增加值）综合考核得分200.18分，列金华建行系统县市支行第二位。建行东阳支行继续保持浙江省级文明单位称号，各营业网点拥有全国级青年文明号1家，省级青年文明号2家，省级巾帼文明示范岗2家，省级“十佳女职工网点”1家，连续9年被省公安系统授予“创安先进单位”“省级治安安全示范单位”，获浙江省银行业协会“最安全银行”。建行东阳支行本级营业部获建设银行总行级“五星网点”“中国银行业文明规范服务千佳示范单位”称号。（黄湘乔）

图122 3月11日，中行东阳支行与“8890”便民服务中心签订战略合作协议（中行东阳支行提供）

【浙江东阳农村商业银行股份有限公司】 2016年，浙江东阳农村商业银行股份有限公司(以下简称“东阳农商银行”)下设办公室、计划财务部、信贷管理部、投资银行部、国际业务部、电子银行部、会计结算部、风险合规部、信息科技部、审计部、人力资源部、监察室、行政保障部、安全保卫部和工会办公室15个职能部室，下辖1个营业部、16家支行、52家分理处、25家离行式自助银行，在岗员工819人。各项存款余额262.97亿元，比年初增加37.46亿元，增长16.61%；各项贷款余额161.73亿元，比年初增加14.48亿元，增长9.84%，分别占东阳市金融机构市场份额25.98%和22.3%。为全市3.39万客户提供信贷支持，涉农贷款余额144.82亿元，比年初增加14.2亿元，银监口径小微企业贷款余额93.4亿元，比年初增加10.81亿元，五级不良率1.47%，低于全省银行业及浙江农信系统不良率平均水平，资产质量保持稳定。

辖内吴宁支行获评中国银行业协会“文明规范服务千佳示范单位”，吴宁支行、城东支行名列“文明规范服务五星级营业网点”，获省农信联社“2016走千家、访万户、共成长”劳动竞赛活动竞赛目标一等奖。东阳农商银行创建示范数字档案室。东阳农商银行获省级“模范职工之家”称号、浙江农信系统“普惠金融标兵单位”、省治安安全示范单位、省“平安护航G20”先进单位。

增加贷款九成以上投向涉农贷款，近七成贷款资金投向小额信用贷款，小微企业贷款覆盖率26%。至年末，在344个行政村(社区)、287个单位开展“整村授信”工作，授信总额39.93亿元；普惠快车农户建档28.85万户，建档面91.2%，批量发放30万元以下小额贷款，比年初增加信用贷款14.29亿元，余额37.66亿元；向142户小微企业发放担保基金贷款2.83亿元；在20个行政村、2个商会发放“阳光·普惠贷”金融自助信用贷款573户，金额1.97亿元。成立创新工作领导小组，建设全行创新体系；开发“阳光·出租物业”抵押贷款、阳光·光伏分期宝、阳光·工薪贷等产品；开展大额分期业务；推出“阳光·增瑞存”“阳光·增盈存”“阳光·幸福存”定期存款产品和大额存单。至年末，发行理财产品84期，募集资金42.76亿元。在辖内20个网点开办社保卡开卡、挂失等业务，比年初增加代理发行社保卡4.2万张，代理发行量76.28万张；发放ETC(不停车电子收费系统)1.65万个；开通多渠道缴费签约模式，与56万东阳市民签订城乡居民医疗保险代扣协议，成为全省首家开办通过财政非税电子缴款代扣业务的行社。冠名农商银行救援队、最美东阳人、青年毅行、阳光骑行、畅游东阳江等公益活动，向社会捐款600万元。

推进网上银行、手机银行建设。网银客户8.7万户、手机银行客户10.23万户，电子银行替代率83.98%，比年初上升10.27个百分点；在“丰收家”“丰收购”平台入驻商户357家，上线产品2142款。推出临柜业务处理“1+3”模式，实现“大堂+柜面”、自助机具、移动设备的联动作业，柜面渠道交易笔数下降12.62%。启动微贷中心事业部制改革，微贷客户2207户，贷款余额4.41亿元，规模位居金华农信系统第一。开通国际业务网上银行实时结汇服务功能，上线省农信联社SWIFT外汇清算系统，开通出口信保融资业务，完成国际结算量1.88亿美元；运用“两段式”营运策略提高同业资产盈利能力，年内实现同业业务比上年增收7917万元。自主研发上线“阳光·数据云平台”“阳光·辅助决策系统”“阳光·报表推送”等科技项目；完善反洗钱相关机制，运用微信平台加强宣传，获“金华市反洗钱最优宣传作品奖”。

推行“控大扶小”机制，将500万元以上贷款作为大额贷款管理；个人1000万元以上、企业3000万元以上大额贷款授信审批权限上收董事会审批，原则上不增加3000万元以上的大额贷款；对小额不良贷款实行尽职免责，将60万元以下小额贷款的不良容忍度放宽至1.6%。至年末，大额贷款占比比年初下降0.57个百分点。开展“百日清非”专项行动，专项行动清收表内五级不良贷款本息2809万元，表外核销贷款本息2131万元。推进员工行为网格化管理常态化，该项工作在全省农信系统纪检监察培训上做经验交流；组织开展“两加强、两遏制”等26个审计项目，排查疑点数据1.61万笔，涉及金额105.67亿元；推进审计信息化建设和审计模型研发，年内《从内审视角探究新常态下信贷风险防范——以东阳农商银行为例》获内审协会审计论文二等奖、《创新思路出新招非现结合显成效——以客户经理从业行为专项审计为例》获内审协会内部审计案例三等奖、《“非现场审计中心”创新模式》获内部审计信息化建设成果三等奖；开展“法治规范年”“平安护航G20”等活动，协助或防范案件39起，涉案金额123.82万元。（贾琳巧）

【东阳农商银行红十字应急救援队】 东阳农商银行红十字应急救援队有130余名正式队员，200余名志愿者，内分秘书、通讯、后勤、医疗、信息、山地搜救、水上救援、城市搜救、装备、培训10个部门。2016年，出勤237次，总志愿服务时间超过2万小时。东阳农商银行自2015年起，冠名救援队，每年捐赠20万元，用于应急救援队救援装备购买、救援技能培训等项目。捐赠28万元，为救援队购买保险20万元、更换物料8万元。东阳农商银行红十字应急救援队连续三年被评为“见义勇为先进集体”，获2015年“金华市综治（平安、维稳）先进集体”、2015年“金华市先进联动单位”称号，获浙江省集体三等功。（贾琳巧）

【东阳农商银行开办财政非税电子缴款代扣业务】 2016年，省财政厅确定东阳市作为浙江政务服务网公共支付平台财政非税电子缴款——银联批量代收渠道的首个试点县市，将城乡居民医保缴费项目作为银联批量代收渠道的首个试点项目，明确东阳农商银行为东阳市非税电子缴款——银联批量代收渠道的收单银行，也是全省农信系统第一家获得该渠道收单资格的行社。东阳农商银行完成省联社下达的关于浙江政务服务网公共支付平台财政非税电子缴款——收款银行业务系统上线的任务。5月，医保缴费工作完成系统上线。东阳农商银行在69个营业网点、351家丰收驿站加大签约代扣的宣传和办理力度，发动全行员工与各镇乡街道工作人员协作，投入100余万元开展代扣协议签约工作。至年末，东阳农商银行财政非税电子系统收款54.88万笔，金额1.98亿元。（周英红 陆 拯）

【“虚拟化综合应用平台及灾备系统”获奖】 11月26日，东阳农商银行自主研发的“虚拟化综合应用平台及灾备系统”获中国人民银行总行“银行科技发展奖”三等奖、“2016年度浙江农信创新大赛”冠军。该系统为该行信息科技的建设节约资金投入500余万元，每年中心机房的运维成本可下降60万元以上，服务器投入只需原来的十分之一，每年可节支150万元。“虚拟化综合应用平台及灾备系统”通过虚拟化、存储镜像同步和SRM灾难恢复技术。（贾琳巧）

【金华银行股份有限公司东阳支行】 2016年，金华银行股份有限公司东阳支行设办公室、业务管理科、公司业务科、小微企业科、零售业务科、营业科，下辖城中、城南、人民路、通江、世贸城5个二级支行和中天世纪花城社区支行，在职员工105人。各项存款余额32.67亿元，各项贷款余额25.47万元；实现经济利润3286万元。投放各类贷款23.9亿元；上缴各类税费605万元，获东阳市2016年度纳税百强企业。增加百灵卡1404户，授信总额27047万元；增加惠农贷91户，授信总额1194万元；增加百惠通35户，金额1090万元。

开展信贷业务、零售业务、综合临柜业务、安保等培训42次，参加培训人员2826人次，印发《检辅通报》《督查通报》各12期，处罚违章人员35人次；组织开展重要岗位人员轮岗和强制休假，安排重要岗位人员轮岗35人、强制休假5人；开展信贷风险排查5次。金华银行股份有限公司东阳支行获“省级治安安全

图123 11月26日，省农信联社理事长王小龙（左）在“2016浙江农信创新大赛”上为东阳农商银行信息科技部总经理程瑞东（右）颁奖（东阳农商银行提供）

图 124　4 月 10 日，中国邮政储蓄银行东阳市支行借助“横店马拉松”活动宣传金融知识（邮政储蓄银行东阳市支行提供）

单位”称号，继续保持“浙江省文明单位”称号。　（徐秀强）

【中国邮政储蓄银行股份有限公司东阳市支行】 中国邮政储蓄银行股份有限公司东阳市支行下设综合管理部、个人金融部、公司业务部 3 个部门，直属营业部、横店、巍山、城西、花园 5 个自营网点，4 家离行式自助银行，44 个邮政代理网点。有员工 88 人。年末，各项存款余额 85.43 亿元（其中银行自营余额 13.29 亿元），各项贷款结余 19.26 亿元，不良率 0.42 %，资产质量保持良好。

开展“送金融知识进企业、进农村、进社区”等活动，普及银行卡、理财服务、中小型企业贷款、服务“三农”、非法集资、金融诈骗等内容。举办以“邮爱理财”“服务小微，助企发展”“2016 创新创富大赛”等为主题的银企互动活动；举办互动活动 50 余场，宣传客户 5000 余人，发放宣传折页 2 万余份。

开展“走进乡镇 服务实体经济——2016·邮储阳光行动”活动。召开银企座谈会、融资洽谈会、产品推介会、业务推进会和进企入户等方式，强化银企交流与合作。举办 12 期业务推进会、客户座谈会，现场服务个体工商户、小微企业人员 100 余人次，实地走访规模以上企业 200 余家。

重视行业风险预警及风险排查工作，组织落实“两个加强、两个遏制”实施方案，组织各项排查 30 余次。开展防范电信诈骗宣传工作，营业窗口阻截诈骗风险事件 18 起。　（陈　诚）

【兴业银行股份有限公司金华东阳支行】 2016 年，兴业银行股份有限公司金华东阳支行（以下简称“兴业银行东阳支行”）设综合管理部、企业金融业务部、零售业务部、营业部、财务会计部 5 个部门，下辖小康路社区支行，员工 28 人。至年末，兴业银行东阳支行本外币一般性存款余额 16.17 亿元，本外币贷款余额 9.35 亿元。保持浙江省“青年文明号”、浙江省“巾帼文明岗”、金华市“文明单位”、金华市“创安”先进单位、东阳市十佳“银行业金融机构群众满意服务窗口”等称号。8 月 1 日，完成新址搬迁工作。营业厅配置自助发卡机、网银体验机、便民通等自助终端设备，专设贵宾窗口及贵宾理财室。

兴业银行东阳支行辖属社区银行小康路社区支行（以下简称“社区支行”）是东阳市创立的第一家社区银行，于 2014 年 9 月 28 日开业，社区支行提供协助

图 125　8 月 1 日，兴业银行金华东阳支行搬迁至东阳市中山路 323 号（兴业银行东阳支行提供）

客户办理银行卡、电子银行、代扣代缴等业务。至2016年年末，社区支行办理借记卡1260张，综合金融资产1.05亿元，受理个人贷款2300万元。（孙金燕）

【兴业银行金华东阳支行提供mini双通道自助缴费机】 7月4日，兴业银行金华东阳支行为东阳市妇幼保健院提供全国首台mini双通道（微信和支付宝）自助缴费机。该自助缴费机集支付宝支付和微信支付于一体，通过支付宝或微信扫一扫即可完成缴费。至年末，兴业银行金华东阳支行为东阳市妇幼保健院提供10台mini双通道自助缴费机。（孙金燕）

【交通银行股份有限公司金华东阳支行】 交通银行股份有限公司金华东阳支行（以下简称“交通银行金华东阳支行”）成立于2011年4月18日，位于江滨南路101号，辖内有物理网点（现实中的网点）1个、离行式自助银行1个，在职员工33人。至2016年年末，各项存款余额16.15亿元，日均存款16.03亿元；各项贷款余额14.39亿元，不良贷款率0.35%。被东阳市人民政府评为“纳税超百万企业”，被中国人民银行东阳市支行评为2016年度综合评价A类行和外汇管理考核A类行，交通银行金华东阳支行绩效考核在金华全辖排名第一，获“金华分行先进集体”等称号。

2016年，为某授信企业办理辖内首笔“无还本续贷”业务，金额1600万元。至年末，小微企业户数占比70%；小微企业贷款余额5.53亿元，占总贷款的37.51%。发放个人贷款317笔，个人贷款余额5.69亿元。通过展期、再融资、司法拍卖、现金清收、资产证券化等方式处置不良贷款。至年末，不良贷款余额500万元，不良贷款率0.35%。办理手机银行3000余户，信用卡办卡500余张。

开展“交行五周年、绿色公益行”“乘公交享7折优惠”等活动。“交行五周年、绿色公益行”活动在微信及网站点击超1万人次，参与群众500余人，发放各类宣传材料800余份，为贫困儿童募集善款22000元。至年末，发行东城卡1万余张，借记卡发卡量较2015年同期增加2倍以上；实现东城卡在公交车刷卡交易24万次。（李剑峰）

【交通银行金华东阳支行办理辖内首笔专利权质押业务】 3月，交通银行金华东阳支行办理首笔专利权质押业务，浙江恒成硬质合金有限公司以“一种多面冲头精磨分度夹具”系列专利权为质押，质押金额2518万元，解决科技型企业抵质押物不足的问题。（李剑峰）

【交通银行金华东阳支行引进服务智能机器人】 2016年，交通银行金华东阳支行引进东阳市金融系统首家“能听会说、能思考会判断”的厅堂服务智能机器人——娇娇，可以通过语言识别、触摸交互、肢体语言等方式，开展迎宾、业务引导、业务查询等服务。（李剑峰）

【浙江稠州商业银行东阳支行】 浙江稠州商业银行东阳支行内设办公室、风险管理部、营业部和小微金融一部、小微金融二部、小微金融三部，下辖南马小微企业专营支行，在岗员工47人。年末，各项存款余额7.72亿元，各项贷款余额9.34亿元；实现利润1142万元，上缴各项税收553万元。

全行通过“移动展业平台”走进政府机关、事业单位、工商企业、经营市场、医院、学校等单

图126 6月4日，浙江稠州商业银行东阳支行组织全行员工参加“2016东阳市青年毅行”活动（吴晓宏/摄）

位，开展上门服务。发展小微贷款业务，全行小微贷款余额占比70%。各业务拓展部门按照支行划定的展业区域，制订“一图三表”，合理筛选展业目标。按照“投放一批、储备一批、营销一批”的拓展理念，稳固老客户、扩展新客户、淘汰劣客户，实现信贷资金的有效投放。当贷款客户出现暂时的经营困难和还贷压力时，争取予以后续的信贷支持，通过政府资金转贷、贷款展期和授信重组等多种方式，帮助企业渡过难关。（吴晓宏）

【平安银行股份有限公司金华东阳支行】 平安银行股份有限公司金华东阳支行（以下简称“平安银行东阳支行”）内设办公室、营业部、公司部、理财部、小企业部5个机构，全行员工24人，下设营业网点1家，附行式自助银行1家。至年末，平安银行东阳支行存款余额5.13亿元，比年初减少7.3亿元；贷款余额23.33亿元，比年初增加3.33亿元。净利润834万元。

平安银行东阳支行加大信贷支持力度，信贷重点向中小企业倾斜，贷款余额保持高速增长态势。按照总行关于业务转型的战略，支行业务重点向大零售、非资产业务方向转移，理财、个人业务、中间业务等取得进展。为提高效能，进行人员编制压缩、PKI（公钥基础设施）效能考核、岗位调整的人事改革。开展提高服务质量、提高客户体验满意度为主要内容的“服务提升项目”建设。平安银行东阳支行获2016年度金华市级“综合治理先进单位”称号。（赵 刚）

【浙商银行股份有限公司金华东阳支行】 2016年，浙商银行股份有限公司金华东阳支行（以下简称“浙商银行东阳支行”）下设综合管理部、业务发展一部、业务发展二部、小企业业务一部、小企业业务二部、个人业务部、营业部7个部门，在岗员工43人。年末，本外币存款余额21.19亿元，比年初减少430万元，下降0.2%；本外币贷款余额26.54亿元，比年初增加8.42亿元，增长46.43%；五级不良贷款余额3350万元，不良率1.26%；无经营事故。

7月，浙商银行东阳支行党支部被总行党委评为“先进基层党组织”；获2016年总行业务技能比武团体三等奖；被市政府评为“2016年度纳税超百万企业”。支行小企业业务二部获分行2016年度先进团队；4人分别获分行2016年度优秀共产党员和先进个人。

浙商银行东阳支行与大客户合作6家（上市公司1家、政府性公司3家、大型专业市场和建筑企业各1家），投放贷款10.12亿元。行标小企业贷款余额8.78亿元，比年初增加2.74亿元；个人有效客户数8810户，比年初增加3595户；个人金融资产余额6.11亿元，比年初增加3.78亿元；信用卡发卡量3480张，比年初增加2227张。（吕丽明）

【中信银行股份有限公司金华东阳支行】 中信银行股份有限公司金华东阳支行（以下简称“中信银行金华东阳支行”）成立于2012年，内设综合管理部、公司业务一部、公司业务二部、零售小企业部、营业部5个部门，辖4家离行式自助银行，编内员工25人。至2016年年末，各项存款余额20.46亿元，比年初增加3.5亿元；各项贷款余额33.03亿元，比年初增加8.7亿元，余额存贷比160.9%，存贷比增长246.1%，贷款余额保持股份制商业银行第一。在义乌分行的年度考核中，得分81.86分，列3家异地机构第一，连续四年获义乌分行“先进集体”称号。在杭州分行零

图127 3月19日，中信银行金华东阳支行在黉门广场举行“红动中国”迎春广场舞比赛（中信银行金华东阳支行提供）

售“中信红·迎春季”综合营销竞赛中获“存款增长单项优胜网点”称号。在杭州分行会计达标考核中，获“优秀”达标评级。

重点支持东阳中国木雕城市场建设项目，投放1.8亿元；东阳市中医院授信项目通过上级行的审批；上报交投集团的公路基金项目。为企业提供专项超短融授信4亿元，在杭州分行辖内首次办理股票质押式回购业务，为企业和个人融资24.36亿元。在东阳市首家推出“无抵押、无担保、零资料、全程在线操作”的公积金网络信用贷款。

利用中信金融综合平台优势，创新金融产品，拓宽融资渠道；通过实施“一户多策”，推动处置和化解风险。2016年，中信银行金华东阳支行采用帮扶资金帮企业转贷金额5.44亿元。（王　英）

图128　9月22日，浦发银行金华东阳亭塘社区支行开业（浦发银行金华东阳支行提供）

【上海浦东发展银行股份有限公司金华东阳支行】 上海浦东发展银行股份有限公司金华东阳支行（以下简称“浦发银行金华东阳支行”）隶属于上海浦东发展银行，位于吴宁街道城南东路158号，于2013年5月13日开业，内设行长室、办公室、业务管理部、公司银行一部、公司银行二部、公司银行三部、个人银行部和营业部8个职能部门，下辖1个社区支行，5个离行式自助银行。在编职工26人。至2016年年末，浦发银行金华东阳支行本外币一般性存款余额7.68亿元，比年初下降42.87%；本外币贷款余额11.99亿元，比年初下降0.8%。

2016年9月22日，浦发银行金华东阳亭塘社区支行开业，将营业时间延长至晚上7点，方便社区居民办理金融业务。（吴佳佳）

图129　9月29日，东阳富民村镇银行“我是小小银行家”系列活动进校园（东阳富民村镇银行提供）

【浙江东阳富民村镇银行股份有限公司】 浙江东阳富民村镇银行股份有限公司（以下简称“东阳富民村镇银行”）是由温州鹿城农商行主发起，联合东阳市10家优质民营企业共同设立的新型农村金融机构。2013年10月9日获准筹建，2014年5月26日开业。内设综合管理部、运营部、风险管理部、市场部4个职能部门，下辖花园、画水2家支行，市场部下辖营业部，员工71人，位于人民路69号。

2016年年末，各项存款余额3.5亿元，比年初增加1.15亿元，比上年增长48.86%；日均存款3.08亿元，比年初增加7518.48万元，比上年增长32.27%；存款户数11118户，比年初增加2121户。各项贷款余额10.72亿元，比年初增

加4.56亿元；贷款户数2491户，比年初增加1108户；户均贷款余额43.05万元。　　（宋　南）

【浙江民泰商业银行金华东阳支行】　浙江民泰商业银行金华东阳支行（以下简称“民泰银行金华东阳支行”）成立于2015年1月12日，位于江北街道甘溪东街33～41号，下设综合部、营业部、3个业务部，员工28人。至2016年年末，各项存款余额1.42亿元；存款日均1.45亿元；贷款余额2.37亿元，贷款日均2.39亿元，不良贷款余额181万元，贷款不良率0.77%。

小微企业贷款客户数302户，其中小微企业主贷款客户数74户；小微企业贷款余额16015万元，其中小微企业主贷款余额5823万元。贷款对象由个人向专业街、专业市场、商会等群体发展；创新还贷方式，采用“借新还旧”等还款方式，降低企业还贷压力；响应监管部门关于中间业务收费“提高定价和收费透明度，取消不合理收费和贷款附加条件”的要求，杜绝违规收费，适当减少原有小微企业收费项目，降低小微企业融资成本。利用创新信贷产品——“农惠通”“宜居贷”的产品优势，发展农村村居的批量营销整村授信项目。东湖村、藕荷塘村、麻车村3个农村村居批量项目发放贷款66笔，金额1628万元。开展不良贷款控降工作。不良贷款余额181万元，贷款不良率0.77%。　　（吴晓莉）

【民泰银行金华东阳支行推出个人消费贷款业务】　民泰银行金华东阳支行推出一款面向在职国家公务员、教师(医生)或其他事业单位编制人员、金融行业在编正式员工、电信、电力、石油、烟草等国有大中型企业在编正式职工等人群的个人消费贷款业务——“薪乐贷”，可用于大件耐用消费品、住房装修、旅游、教育、购车等在内的消费品和消费项目。办理个人贷款187笔，金额4563.94万元。　　（吴晓莉）

【恒丰银行金华东阳支行】　恒丰银行金华东阳支行于3月29日获中国银监会金华监管分局开业批准，7月19日开业。开业仪式上，东阳市政府、恒丰银行杭州分行、深圳赛飞软件有限公司签订三方战略合作协议。恒丰银行金华东阳支行向东阳市三单乡中心小学捐赠10万元。

恒丰银行金华东阳支行设行长室、综合业务管理部、公司业务部、营业部4个部门，为二级支行，设贵宾室、对公业务窗口、个人业务窗口、个人理财室，布放自助取款机2台、存取款一体机1台，员工21人。至年末，存款余额9180万元，贷款余额1.64亿元。贷款客户为东阳地区的公司客户，以红木企业、建筑企业、制造业企业为主。审批房产按揭贷款项目2个。举办“东恒学社”活动，定期开展员工技能、法律法规等培训。（郭佳佳）

图130　7月19日，恒丰银行金华东阳支行在开业仪式上向东阳市三单乡中心小学捐赠10万元（恒丰银行）

证券　期货

【证券业概况】　年末，全市有证券公司分支机构6家，存量账户数16.79万户，比上年增长26.57%；12月，增加开户数1514户，比上年下降38.23%；证券交易额316.15亿元，比上年下降47.02%；保证金金额12.81亿元，托管市值余额142.43亿元，净流量（流入～流出）15.37亿元。私募理财产品销售数2050万元，年末融资余额10.38亿元，融券余额163万元。　　（陈致清）

【浙商证券股份有限公司东阳新南路证券营业部】　浙商证券股份有限公司东阳新南路证券营业部（以下简称“浙商证券营业部”）位于东阳市新南路36号，是东阳市最早的证券经营机构，

图 131　1 月 17 日，浙商证券东阳营业部参加东阳市金融工会组织的 2016 年东阳市金融系统迎春文艺晚会(浙商证券东阳营业部提供)

代理沪深两地证券交易、基金、债券、中间介绍及监管部门许可的其他金融业务。浙商证券营业部拥有交易场地 4500 余平方米，设有贵宾室、大中户室和 600 平方米的散户交易大厅，中后台员工和理财顾问、投资顾问团队 34 人。2016 年，获由浙商证券股份有限公司颁发的“2016 年度卓越团队”称号。

至年末，浙商证券营业部客户数 80963 户，存量资产 88.51 亿元。完成 A 股、基金和两融类交易总量 2014 亿元，市场占有率 0.728‰，比上年下降 50.47%。期货 IB 业务完成交易量 188 亿元，比上年下降 65.18%；存量资产 1644 万元，比上年增长 108.1%。融资融券业务日均规模 7.7 亿元。销售各类基金和理财产品 3.5 亿元。　　(蒋舒蓓)

【中信证券股份有限公司东阳中山路营业部】 中信证券股份有限公司东阳中山路营业部(以下简称“中信证券营业部”)经中国证监会浙江监管局批准，东阳市工商局登记，于 2008 年 5 月 22 日开业，营业面积 4700 平方米，内设运营管理部、市场拓展部、财务部、信息技术部 4 个职能部门，在岗员工 40 人。代理沪(深)股票、基金、债券、权证三板及期货代理等证券相关业务。

2016 年，中信证券营业部营业收入 2933.66 万元，手续费净收入 2882.04 万元，托管市值 49.08 亿元，净利润 1359.97 万元，营业利润 1362.02 万元。市场份额 0.034%。开户 18592 户，增加资产 88637 万元。被市政府评为“2016 年度纳税百强企业”。（楼　闽）

【方正证券股份有限公司东阳营业部】 方正证券股份有限公司东阳营业部(以下简称“方正证券营业部”)成立于 2013 年 7 月，设前台、后台两类岗位，员工 30 人。业务范围涵盖：证券经纪、期货经纪、投资银行、证券自营、资产管理、研究咨询、IB 业务、QFII 业务、融资融券、直投业务、证券投资基金业务、场外市场业务、质押式报价回购业务、代销金融产品业务、受托管理保险资金业务及证监会核准的其他业务。至 2016 年年末，方正证券营业部代理交易额 273.86 亿元，手续费收入 924.86 万元，托管市值 8.56 亿元，开户账户 18064 户，实现利润 90.4 万元。

方正证券营业部承揽股票质押、机构户托管市值、“新三板”签约等业务，签约“新三板”企业 1

图 132　5 月 7 日，方正证券东阳营业部参与交通银行五周年绿色公益行“善行东城”公益骑行活动，给参与骑行者提供后勤服务(方正证券东阳营业部提供)

家——浙江思科国祥制冷设备有限公司，完成前期股改。(范议谦)

【财通证券东阳甘溪西街营业部】 财通证券东阳甘溪西街营业部(以下简称“财通证券营业部”)成立于2014年4月，位于东阳市江北街道甘溪西街25-3号，隶属于义乌营业部，信息系统建设模式为C型的二级营业部，营业面积约80平方米。财通证券营业部设置总经理1人、柜面专员2人、营销主管1人和证券经纪人8人。

2016年，财通证券营业部开户202户，核心客户数55户，增加资产4000万元。A股总交易量26.96亿元，客户交易结算资金余额1052万元，指定与托管证券市值1.1亿元，日均客户权益1.18亿元，理财产品销售量3087.58万元。考核收入224.58万元，综合业务收入172.65万元。考核利润123.29万元。(黄莺歌)

【金元证券东阳营业部】 金元证券东阳营业部(以下简称“金元证券营业部”)成立于2014年12月24日，为C类营业部，经营证券经纪业务、证券投资咨询、融资融券业务以及证券投资基金代销、金融产品的代销和股票质押等业务。至2016年年末，金元证券营业部有员工7人。证券经纪人3人。增加客户1221户，总开户数2410户，托管资产2.23亿元，增加0.51亿元，交易量184.44亿元，收入264.2万元，利润总额18.85万元。

开展代销金融产品活动，引进圆融方德紫竹“新三板”证券投资基金和圆融方德紫竹AI-01证券投资基金两只私募投资基金，其中圆融方德紫竹新三板证券投资基金认购金额100万元，公司代销400万元，圆融方德紫竹AI-01证券投资基金公司代销1450万元。(陈臻睿)

【浙商证券股份有限公司横店万盛北街证券营业部】 浙商证券股份有限公司横店万盛北街证券营业部(以下简称“横店营业部”)成立于2013年11月8日，位于横店镇万盛北街106号、108号，营业面积300余平方米，下设财富管理和运行保障两大中心，设有开户大厅、大户室。后台员工和理财顾问、投资顾问、经纪人团队14人。

2016年年末，横店营业部客户数6515户，存量资产7.65亿元，完成A股、基金和两融类交易总量约122亿元。至年末，动员41家企业挂牌浙江股交中心基础层“创新板”。(蔡 虹)

【浙江新世纪期货有限公司东阳营业部】 浙江新世纪期货有限公司东阳营业部于2010年4月6日成立，位于白云街道世贸大道沃德中心A幢1602室，是浙江新世纪期货有限公司下设的营业部。至2016年年末，东阳营业部有员工5人，存量账户数617户，比上年增长4.75%；总成交额188.69亿元，比上年下降86.14%；保证金金额376.78万元，比上年增长8.56%；成交手数383275手，比上年下降12.78%；净流量2003.05万元。比上年增长24.3%。(楼云霞)

保险业

【保险业概况】 全市保险公司分支机构32家，其中财产保险公司20家、人寿保险公司12家。2016年，保费收入21.87亿元，其中财产险9.09亿元，比上年增长3.33%；人身险12.78亿元，比上年增长19.48%；赔款支出9.44亿元，其中财产险4.72亿元、人身险4.72亿元。(卢淑珍)

【中国人民财产保险股份有限公司东阳支公司】 2016年，中国

图133 11月1日，召开东阳市茶叶低温气象指数保险试点专家研讨会(人保财险东阳支公司提供)

人民财产保险股份有限公司东阳支公司(以下简称“人保财险东阳支公司”)内设综合部、财务部、业务管理部、农村保险事业部、重客/银保业务部、出单分中心、理赔分中心、电子商务部、非车险业务部，下辖9个网点，其中有车管所和江北2个城郊网点，横店、南马、千祥、巍山、画水、湖溪、六石7个乡镇网点，在岗员工177人。开办财产保险、责任保险、信用保险、农业保险、意外伤害保险和短期健康保险等60余个险种，年承担风险责任超千亿元，2016年年末，公司保费收入3.46亿元，比上年增长5.15%，市场份额38.04%，位居全市财产险公司第一。赔款支出2.14亿元，整体赔付率61.92%，比上年增长28%。被评为全国系统标杆支公司、全国系统金牌服务示范窗口、全省系统先进单位、金华“巾帼文明示范岗”，为东阳市纳税百强企业。

11月1日，人保财险东阳支公司邀请省气象专家召开东阳

2016年度东阳市保险业运行情况表

表29

单位：万元

保险公司		保费收入	比上年增长(%)	赔款支出	赔付率(%)
财产险	财险合计	90874	3.33	47237	51.98
	人保财险	34565	5.15	21403	61.92
	太平洋财险	9407	-12.72	4636	49.29
	平安财险	18184	11.74	8267	45.46
	天安财险	1417	-30.33	862	60.79
	中华联合财险	1983	-17.85	1270	64.07
	大地财险	5070	16.34	2339	46.13
	阳光财险	2707	-5.34	1462	-
	中银保险	449	-12.88	70	15.66
	民安财险	402	-41.01	428	106.42
	人寿财险	6801	6.07	2762	40.61
	华泰财险	163	-13.31	-	-
	长安保险	1005	-23.81	544	57.41
	安诚财险	2110	20.46	744	35.26
	浙商财险	1104	-3.82	554	50.15
	紫金财险	1279	-	616	48.17
	永安财险	1227	2.74	538	43.83
	太平财险	379	-	84	22.04
	安邦财险	1175	12.51	640	52.63
	华安财险	1083	-	-	-
	都邦财险	361	-	19	5.27%
	人寿合计	127767	19.48	47227	-
	中国人寿	80544	25.95	30353	-
	太平洋人寿	4736	-34.89	2045	-

续表 29

保险公司		保费收入	比上年增长(%)	赔款支出	赔付率(%)
人寿险	平安人寿	21176	34.83	4017	–
	太平人寿	3900	43.17	0	–
	人民人寿	7112	–26.98	10235	–
	信泰人寿	584	21.31	91	–
	幸福人寿	633	56.84	89	–
	泰康人寿	1431	1.23	76	–
	新华人寿	2651	68.79	261	–
	民生人寿	268	–3.73	61	–
	中德安联人寿	1126	53.94	–	–
	华泰人寿	797	–14.54	–	–
	阳光人寿	293	4.98	–	本市无分支机构
	农银人寿	2516	74.28	–	

说明：数据由金华市保险业协会提供

（卢淑珍）

图 134　2 月 26 日，人保财险东阳支公司联系市发改局、市林业局等政府部门报备出险情况，协同查勘（人保财险东阳支公司提供）

市茶叶低温气象指数保险试点专家研讨会，市发改局、市农业局、市财政局、市气象局和东阳当地种茶大户参加会议。

2015 年，市政府为政策性农业保险增加香榧保险，作为主承保单位，人保财险东阳支公司推广该政策性保险。2016 年 2 月，受强暴雪和冷空气影响，人保财险东阳支公司接到多起香榧保险的报案，出险原因为香榧被暴雪压断、冻死，人保财险东阳支公司联系市发改局、市林业局等政府部门报备出险情况，协同查勘，对出险保户逐一查勘定损。将赔款在第一时间汇给受灾农户。（方扬晔）

【中国太平洋财产保险股份有限公司东阳支公司】 中国太平洋财产保险股份有限公司东阳支公司下设综合管理部、客户服务部、理赔中心、企业客户部、电网销业务部、车商业务部 6 个部门，从业人员 42 人。2016 年，保费收入 9407 万元，市场份额 10.33%。支付赔款 4636 万元。上缴税款 288.6 万元。获 2016 年度税费超百万元单位。（卢俊霞）

【中国平安财产保险股份有限公司东阳支公司】 2016 年年末，中国平安财产保险股份有限公司东阳支公司完成实收保费 18184 万元，比上年增长 11.7%。其中企业财产险保费 269.63 万元，赔付率 29.27%；车险保费

16751.97万元，赔付率49.85%。市场份额占东阳市财产险市场份额的20%，列东阳市财产险市场第二位。（金晓婷）

【中华联合财产保险股份有限公司东阳支公司】 中华联合财产保险股份有限公司东阳支公司内设总经理室、综合管理部、业务部、客户服务部4个职能部门，在岗员工20余人。2016年，实现保险收入1983万元，比上年增长23.75%，赔款支付1270万元，比上年增长16.11%。保险服务热线“95585”，制定“快速理赔”“透明修车”“修理厂直赔”“赔款自动支付”等政策，全天24小时接受客户报案、咨询、投诉等服务。（张朝亮）

【中国大地财产保险股份有限公司东阳支公司】 2016年，中国大地财产保险股份有限公司东阳支公司内设综合管理部、理赔部、业管部、综销业务部、车商部、渠道业务部6个智能部门，下辖1个网点——中国大地财产保险股份有限公司东阳市营销服务部，员工32人。保费总收入5070万元，比上年增长25%，全险种自留满期赔付率56.71%、全险种出险年度赔付率49.75%，其中：非车险保费109万元，人身险保费298万元，机构人均保费产能约151万元，市场份额5.92%，在保险市场排名第五位。中国大地财产保险股份有限公司东阳支公司被中国大地财产保险股份有限公司评为2016年度全国卓越俱乐部。（张晓琴）

【阳光财产保险股份有限公司东阳支公司】 阳光财产保险股份有限公司东阳支公司成立于2007年，下设出单中心、理赔服务部、车商部、综拓业务部等部门。2016年，实现保费收入2707万元，完成年度计划的82.35%；赔付率50.77%，与上一年度基本持平。公司结合外部市场，与新车行建立合作关系；开拓意健险、财产险等非车险业务，优化公司业务结构。（叶　楚）

【永安保险东阳营销服务部】 2016年，永安保险东阳营销服务部（以下简称“东阳营销服务部”）内设综合部、理赔部和业务部3个部门，营业场所设在东阳市振兴路344号。配备机构负责人1人，理赔服务人员3人，综合内勤人员1人，业务维护及拓展12人（含营销员5人）。实现保费收入1227万元，其中车险保费收入1159.05万元，财产险保费收入63.32万元，意健险保费收入9.69万元；赔付支出538万元，为1128名客户提供车险理赔服务。

木雕产业是东阳市特色产业之一，是东阳营销服务部近年来承保大项目之一。从2015年起，通过公开招投标的形式中标和承保东阳中国木雕城的保险业务，为重点客户东阳中国木雕城提供全流程的风险保障、防灾防损服务。

东阳营销服务部制订各环节的标准化流程和服务时效承诺，推行微信结案、小额案件快速理赔机制，微信结案占45.58%。（诸葛勇军）

【中国人寿保险股份有限公司东阳市支公司】 2016年，中国人寿保险股份有限公司东阳市支公司（以下简称“东阳支公司”）内设综合管理部、客户服务中心、个险部、团险部、银保部5个部门，下设城区12个营业部、9个农村营销服务部，在册营销员2600余人，内部员工64人。实现总保费收入8.05亿元，受理各类理赔案件10835件，给付赔款3.04亿元。“五好单位”评比行业标准保费位列全省系统第一；十年期保险位列全省系统第一（1.87亿元）；全国系统实力百强县支公司排名第九位。个险销售部、团体业务部、银行保险部三大渠道销售人力2439人，

图135　2月26日，“大众创业万众创新”中国人寿保险创业促进就业大型论坛在东阳剧院举行（太平洋寿险东阳支公司提供）

拥有35余万客户，保险深度和保险密度均位于浙江省系统县（市）级前列。东阳支公司被总公司评为2015年度“全国百强县支公司”称号，全国排名12位，全省第一位。

9月5日，集团公司总裁缪建民、养老险公司总裁苏恒轩到东阳支公司考察指导工作。在座谈会上，金华公司总经理祝勇对金华市社会经济基本情况做介绍，东阳支公司经理严鹏汇报东阳支公司情况及2016年主要工作成绩、公司面临的发展形势和下一步重点工作。

10月，东阳支公司参加东阳电台《行风热线》直播节目。公司各部门负责人对寿险相关话题与听众对话交流。东阳支公司作为东阳保险行业寿险公司代表，参加《行风热线》直播，就听众所关心的如何选择保险产品、如何选择保险公司、如何办理保险理赔等热门话题进行解答，受到社会群众的好评。（韦　华）

【中国太平洋人寿保险股份有限公司东阳支公司】 2016年，中国太平洋人寿保险股份有限公司东阳支公司（以下简称“太平洋寿险东阳支公司”）在售险种200余个，覆盖人寿保险、年金保险、健康保险、意外伤害保险等多个领域，营业网点2家，支公司常驻办公地址设在白云街道望江南路122号，在横店镇设置营销服务部。

太平洋寿险东阳支公司实现保费收入4735.9万元，市场份额占比3.75%。其中新保期缴保费收入超过1587.82万元，比上年增长36%。标保比上年增长59%，保费收入增长24.5%，营销人力203人，支付赔款2045万元。

2016年，太平洋寿险东阳支公司成立18周年，推出“寻找那年的TA”“相约迪斯尼”“24+1”欢乐抢等活动，形成以“神行太保”“中国太保”两大应用平台为主要构成的企业级移动应用体系。（郭红艳）

新型金融组织

【小额贷款公司】 年末，全市有小额贷款公司7家，总注册资本18.5亿元，贷款余额20.36亿元，比年初减少4.93亿元；年化加权平均利率16.53%，比上年减少1.7个百分点；逾期贷款余额5.11亿元，比上年增长83.04%；逾期率25.08%，比上年增加14.04个百分点。发放贷款28.88亿元，比上年下降44.45%；净利润1.03亿元，比上年下降48.95%；纳税1.29亿元，比上年下降28.93%。

7家小贷公司参加全省小额贷款公司2016年度监管评级，凤凰通宝小贷和国丰小贷获A+等级，汇峰文创小贷、金牛小贷、海天小贷、同盈小贷4家公司获A等级，金立小贷获B等级。年内国丰小贷、海天小贷、金立小贷各减资0.5亿元，合计减资1.5亿元。凤凰通宝小贷与中麦科技股份有限公司和北京融世纪信息技术有限公司合作开展网络小额贷款业务，发放网络小额贷款金额3483.74万元，客户426户，年化平均利率10.18%。

【民间融资服务中心】 年末，出借需求登记余额6.1亿元，借入需求登记余额57.2亿元，撮合成交余额3.03亿元，其中自有资金匹配1.12亿元，委托资金匹配1.91亿元，成交平均年利率13.82%。2016年度市政府考核等级为优秀。开展应急转贷业务办理，2014年5月至2016年年末办理1499笔、金额38.7亿元。

【民间资本管理公司】 2015年11月27日，制定《东阳市民间资本管理公司管理办法（试行）》。2016年，成立2家民间资本管理

图136　3月5日，东阳市花园民间资本管理股份有限公司在花园红木家具城举行开业典礼（王江红/摄）

公司(东阳市花园民间资本管理股份有限公司、东阳市钜银民间资本管理股份有限公司),制订民资公司考核办法。

东阳市花园民间资本管理股份有限公司由3家企业和9名自然人联合发起,其中花园集团有限公司作为主发起人。2月4日,公司完成工商注册登记并取得合法经营资格,成为东阳市第一家享有民间资本定向筹集管理、股权投资、债权投资、短期财务性投资、资本管理、受托资产管理、投资管理、投资管理咨询、资本投资咨询、财务咨询等职能的金融管理公司,注册资本1亿元。3月5日,在花园红木家具城举行开业仪式。2016年,公司投资项目83笔,其中短期财务性投资82笔,投资金额9950万元;定向集合资金股权投资1笔,投资金额1500万元。转贷业务办理224笔,金额6.3亿元。2016年度考核等级良好。

东阳市钜银民间资本管理股份有限公司是经省人民政府金融工作办公室批准,由中天集团发起,联合歌山建设、市国有资产投资有限公司等共同设立的新型金融组织,业务范围涉及定向集合资金募集及管理、股权投资、债权投资、资本投资咨询与管理等综合性业务。东阳市钜银民间资本管理股份有限公司4月筹备,8月取得省金融办备案意见,10月24日登记注册,注册资本5000万元。11月28日,东阳市钜银民间资本管理股份有限公司成立。公司成立银行转贷基金,专门服务东阳市中小微企业的银行转贷业务。

图137 10月29日,举行浙江横店影视产权交易中心授牌仪式(黄鸣/摄)

【浙江横店影视产权交易中心有限公司】 9月30日,省政府办公厅复函同意设立浙江横店影视产权交易中心有限公司,是全国唯一专注影视产权交易及相关服务的交易平台。公司成立于10月24日,10月29日挂牌,注册资本1亿元,股东为横店控股集团有限公司(占70%)、浙江横店影视产业实验区服务有限公司(占20%)和东阳市国有资产控股有限公司(占10%)。

【公募基金】 10月19日,全国首家期货系公募南华基金管理有限公司获批。根据证监会《关于核准设立南华基金管理有限公司的批复》,核准设立南华基金管理有限公司,公司经营范围为基金募集、基金销售、资产管理、特定客户资产管理和中国证监会许可的其他业务,核准公司注册资本1.5亿元,南华期货股份有限公司为全资股东。11月17日,公司注册地从宁波市变更为东阳市。

(厉 俊)

城乡建设　环境保护

2016年7月18日，六石街道吴良村农田（包康轩/摄）

国土资源管理

【概况】 2016年，增加建设用地指标285.8公顷。完成建设用地审批30个批次，总面积324.15公顷，增加建设用地271.31公顷、农用地258.08公顷（含耕地205.71公顷）。S218（40省道）东阳市上新屋至里坞段改建工程农用地转用项目获国务院批准。该项目同意东阳市征收农民集体所有农用地8.79公顷、建设用地8.01公顷、未利用地0.89公顷；同意使用国有建设用地10.68公顷、未利用地1.13公顷。新一轮土地利用总体规划中，确定2020年年末耕地保有量任务3万公顷、标准农田保护任务1.73万公顷、基本农田保护任务2.36万公顷，全市耕地实有面积3.13万公顷、标准农田面积1.83万公顷、基本农田面积2.36万公顷。垦造耕地129.4公顷，建成高标准农田1803.9公顷，完成耕作层剥离再利用34.13公顷。连续19年实现耕地占补平衡。实施盘活存量用地174.67公顷，金华各县市中排名第一；城镇低效用地再开发126.87公顷，金华各县市中排名第二；消化批而未供土地220.27公顷，金华各县市中排名第七；闲置土地清理处置率100%。做好土地招拍挂（招标、拍卖、挂牌）规范出让行为，完善土地出让工作程序，土地出让金收入11.23亿元。完成土地征收项目444个，面积289.26公顷。完成被征地农民基本养老保障参保条件审核村80个，办理失地农民保险9005人。

3月4日，市国土资源系统工作会议暨工作推进年能力建设年活动动员大会在市行政中心召开。总结2015年工作，布置2016年工作。推进“四破”攻坚，全市闲置土地清理处置率100%。通过下放“两个试点”，行政审批时间缩短三分之二，加快土地报批供应速度。2016年，市国土资源局打好“耕地保卫战、集约突围战、改革攻坚战”三场硬仗，优化全市土地供应的结构、布局，推进国土资源领域重点改革项目。

【国土资源监察】 建立健全18个镇乡街道全覆盖的市、镇、村三级网格体系，完善由各镇乡街道主导、职能部门共同参与的综合执法队伍，落实“两网化”（网络化、网格化）动态巡查新机制。2016年，全市通过“两网化”系统发现违法用地79宗，总面积24.77公顷；拆除整改56宗，面积22.21公顷。卫片违法图斑138宗，面积23.35公顷，涉及耕地面积10.35公顷。拆除复垦6宗，立案查处52宗，补办合法9宗。

【用地整治亮剑行动】 专项清理临时用地，集中整治违法用地未依法处置问题，排查临时用地107宗，面积5.13公顷（76.91亩），耕地面积1.7公顷（25.51亩），其中17宗涉嫌改变用途、到期拒不退还，拆除整改15宗；排查发现未依法处置违法用地2350宗，其中未立案查处91宗，未处置到位2259宗，拆除整改1532宗。

【矿产资源管理】 2016年，采矿权总量控制在指标内，持证矿山总数33家，未突破金华市局下达的35家的任务，创建市级绿色矿山1家（东阳市南市街道梧坞采石场）。至年末，有国家级绿色矿山1家（东阳市忠信堂萤石矿），省级绿色矿山6家（东阳市忠信堂萤石矿、东阳市矿业有限责任公司佐村萤石矿、东阳市画水镇林村萤石矿、东阳市木棉田莹石有限公司萤石矿、东阳市南马镇大厦萤石矿、东阳市佐村镇恒坑莹石矿），市级绿色矿山2家（东阳市城东街道雅溪村建筑石料矿、东阳市南市街道梧坞采石场）。注销采矿权3家；完成年度矿山粉尘防治任务1家（东阳市南市街道梧坞采石场）；完成新一轮矿产资源规划编制工作。

【地质灾害防治】 不定期排查地质灾害隐患，更新群测群防网络，执行地质灾害汛期24小时值班制，落实重点隐患点、监测点责任人。发放防灾工作明白卡和避险明白卡，排查率100%，未发生人员伤亡事故。排查全市133处地质灾害隐患点，明确防范措施加以落实。完成《地质灾害防治和地质环境保护“十三五”规划》《农村山区地质灾害调查评价》编制工作。完成2个点（受灾人数30人以上）的地质灾害治理工程，分别为巍山镇王宅村滑坡地质灾害治理工程和湖溪镇新东溪村滑坡地质灾害治理工程，完成避让搬迁214人。创建浙江省地质灾害防治高标准“十有县”。

【不动产统一登记工作】 2015年8月13日，根据《东阳市人民政府办公室关于成立东阳市不动产登记工作领导小组的通知》，成立东阳市不动产登记工作领导小组。2015年11月13日，东阳市机构编制委员会印发《关于整合不动产登记职责机构

图 138 8 月 30 日，举行东阳市不动产登记中心授牌暨不动产权证书首发仪式（市国土局提供）

编制等事项的通知》，结合东阳市实际，整合不动产登记职责、机构编制等事项。2016 年 7 月 11 日，东阳市机构编制委员会办公室印发《东阳市不动产登记中心主要职责内设机构和人员编制的规定》，设立东阳市不动产登记中心，为东阳市国土资源局所属全额拨款公益一类事业单位（副科级），明确主要职责、内设机构、派出机构、人员编制。2016 年 8 月 30 日，在东阳市行政服务中心举行东阳市不动产登记中心授牌暨不动产权证书首发仪式，颁发东阳市第一本房产、土地合一的不动产权证。（钟 鸣）

至 2016 年年末，发放不动产权证书 6819 本，不动产登记证明 6946 份，办理注销登记 4109 宗，查封登记 1049 宗，解封 543 宗，办理不动产信息查询 31476 件，权籍调查编制不动产单元号 41562 个，移交档案 12565 宗，完成信访件 30 件，登记相关诉讼案件 9 件，其中 3 件结案撤诉。

【《违法用地监管责任追究实施办法》制定】 12 月 14 日，印发《违法用地监管责任追究实施办法》，明确责任追究对象，对镇乡街道、相关部门主要领导、分管领导以及违法用地负有监管执法职责的直接责任人、村（居）干部明确相对应的追究细则。6 月，歌山镇经查实存在新发违法用地瞒报漏报情况，由市纪委、“三改一拆”办公室联合下文对责任人员进行处理，涉事驻村干部、国土所责任人员调离岗位，取消年度考核评先评优资格；所在村主职干部年度考核不能评为称职。解决基层政府部门“两网化”（网络化、网格化）瞒报漏报难题。

【《东阳市土地资源要素管理实施意见（试行）》制定】 制定《东阳市土地资源要素管理实施意见（试行）》，于 10 月 1 日试行。东阳市少批多建违法多，而重点工程、民生工程项目用地无法保障。根据 2016 年省厅土地资源分配机制改革，结合土地指标分配空间时间双重精准控制的思路，推进土地指标分配公开化、公平化管理，对镇乡街道几项国土工作考核指标完成情况给予用地指标奖励。

【《东阳市耕地保护奖补机制实施细则》制定】 12 月 30 日，印发《东阳市耕地保护奖补机制实施细则》。实施细则突出对村干部奖励，所在村集体一年内、两年内、连续三年以上未发生违法违规用地行为的，分别给予村（社区）班子成员耕地保护工作奖励 1 万元、3 万元、5 万元；突出对村集体的惩罚，所在村集体当年发生违法违规用地行为，未能自行整改到位的采取扣发耕地保护奖补资金的方式进行惩罚。

【全市范围无房户、危房户数据库建立】 在全市范围建立无房户、危房户数据库。通过筛选梳理，全市纳入数据库的有 8000 余户，年初，在城东街道单良村率先进行民主管理试点工作，通过试点工作发挥村级集体经济组织和村民在土地管理中的主体作用，确保农户在审批建房过程中的知情权、参与权和监督权。建立村级民主管理制度，确保三年内解决全市 8000 余户无房户、危房户问题。全市完成农房审批 2380 户，其中无房户 1221 户，危房户 1159 户，完成金华下达任务数的 110%。

【窗口服务调整】 对办事窗口进行人员、职能整合，转让、土地登记窗口“合二为一”，变“两次受理”为“一次受理”。窗口办理时限由原先的 21 个工作日缩短到 7 个工作日，平面式商品房办理转让登记的办理时限缩短到 2 天办结，提高办事效率。

【省国土厅领导到东阳市调研】 8 月 3 日，省国土资源厅厅长陈铁雄带领相关人员，到南马镇、横店镇调研扩大有效投资重大项目用地保障情况及有关国土管理工作情况。陈铁雄一行到南马镇花园新材料股份有限公司，调研年产1000万平方米多功能轻质复合墙板建设项目。参观使用新型材料搭建的样板房及生产车间，听取企业未来发展的相关规划。陈铁雄一行到横店镇，调研横店镇小城市建设(城市风貌综合提升)项目，考察横店镇区城市风貌提升情况、旅游专线及沿线建设和改造情况、横店圆明新园项目建设及发展情况，对各项目土地使用情况进行了解。

(王玫瑰)

城乡规划

【概况】 2016年，市规划局完成城区迎宾大道以西区域控规(控制性详细规划)全覆盖初步方案。完成巍山镇、横店镇区控规全覆盖初步方案，南马镇、湖溪镇控规大纲。批准实施的控规面积34.74平方千米(城区33.09平方千米、横店镇区1.65平方千米)，控规覆盖率63%。

完成城区城市规划项目及旧村改造(调整)规划论证50项，规划公示67项，规划报批63项，出具规划设计条件24项，完成市政府交办件189件。完成镇乡91个村的村庄规划修编及论证、63个村的村庄规划局部调整。组织建设项目规划批前公示72项。受理各类行政审批事项1874项(含城区、村镇、人防)，办结1738项。

查处违法建设案件56起，做出行政处罚9起(其中责令限期拆除3起，罚款6起)，协助镇政府查处违法建设案件32起。

完成人大代表建议、政协委员提案41件，主办16件，会办25件。办结信访、交办件268件，办结“8890”便民服务116件。

8月15日，金华市测绘与地理信息局和兰溪市、浦江县、义乌市测绘主管部门组成联合巡查组，对东阳市4家测绘单位开展测绘资质巡查，通过检查验收。

【城乡规划编制】 完成市域总体规划总规纲要初步方案。与杭温高铁线位及场站布局衔接形成两个高铁新城比选方案。完成城市总体设计规划论证。完成迎宾大道两侧城市设计两个比选方案。完成世贸大道两侧城市设计、老城区慢生活规划思路初步方案。完成综合交通改善规划初步方案。完成中心城区主要街道街心公园规划中3个街道30个街心公园的初步方案及施工图设计。完成公共配套设施有综合交通、医疗卫生设施、中心城区污水、中心城区防灾避险公园、户外广告总体规划、历史文化名城保护实施行动计划等专项规划的论证公示。

【村镇规划编制】 完成歌山镇总体规划、虎鹿镇总体规划初稿。完成佐村镇总体规划初稿审查并反馈意见至镇政府、巍山镇镇区城市设计及控制性详细规划方案初稿。编制南马镇、湖溪镇镇区控制性详细规划方案。完成千祥镇总体规划大纲。启动村庄布局规划修编。完成东阳市基础通讯基站布点专项规划论证、公示。完成东阳市农村基础教育设施专项规划。

完成第三批中国传统村落名录申报，虎鹿镇蔡宅村、巍山镇大爽村列入名录，获首批中央财政专项补助资金各300万元。完成虎鹿镇厦程里村和西坞村、巍山镇白坦村、城东街道李宅村、马宅镇雅坑村、画水镇天鹅村第四批中国传统村落申报公示。

完成横店城市风貌综合提升总体设计和星梦山景观等66项设计。完成横店镇7个重要节点区域城市界面整体提升设计。

印发《东阳市农房带方案审批建设管理办法(试行)》，规范农房建造审批程序，审批农房带方案，带图施工，实现全过程监督管理。推出《东阳市东派民居通用图集》，包含30种风格150套设计方案。

制定《关于进一步落实公路两侧绿化的实施意见》，规范国道、省道、县道公路两侧规划技术控制。

【人防工作】 人防工程通过竣工验收项目78个，在建项目52个。节省45公顷建设用地，实现土地高效利用。可隐蔽人口37万余人，为应急疏散、物资保障、指挥协调等提供保障。举行2次防空防灾警报试鸣，组织防空防灾疏散演练5000余人次。

【基础测绘】 接入地理空间框架的部门单位6家，天地图·东阳总访问量超过10万人次。市情普查工作中增加生态环境普查、重点乡镇建成区普查、城市地区泊车位普查、全市学校教育点普查等14项重点普查内容。2016年，地理信息公共服务平台项目获国家测绘与地理信息协会优秀工程奖。

【金华市村镇规划管理工作会议】 5月12日，金华市村镇规

图 139　5 月 12 日，金华市村镇规划管理工作会议在东阳市召开（市规划局提供）

划管理工作会议在东阳市召开，各县（市）规划（建设）局分管村镇规划工作领导和村镇规划科（站）负责人参加会议。各地代表分别以传统村落保护发展、美丽宜居示范村的创建、村庄规划设计编制、村庄设计、“多规合一”为主题介绍经验做法及特色亮点，分享各自取得的成果，对村镇规划工作面临的共性——“瓶颈”和“短板”展开讨论。与会人员参观中国传统村落虎鹿镇蔡宅村和婺派民居特色村东阳江镇庆泉村。两村实施特色村建设成效显著，成为各具特色的旅游度假村。

【《东阳市东派民居通用图集》推出】 7 月，市规划局推出《东阳市东派民居通用图集》。《东阳市东派民居通用图集》由市规划局和浙江工业大学工程设计集团有限公司共同完成，包含 30 种风格 150 套设计方案，源头管控农房建筑形态风貌。图集分三册三大类别，即东派合院、东派传统和东派现代。东派合院以传统十三间头建筑风格为基础，融入马头墙、披檐、牛腿、木窗等传统建筑元素。通用图集的设计，严格遵循国土部门屋基批准政策、村庄设计导则等规定，符合农村村民建房需求。除了东阳匠作技艺外，东派民居在设计中强调与生态文化、现代文明的结合。在建筑工艺、布局和手法上凸显“传统”，在使用功能上突出“现代”。

图 140　7 月 21 日，市规划局召开东阳市农房设计通用图集意见征求会（市规划局提供）

【住建部村镇建设司司长张学勤到东阳市调研】 8 月 19 日，住建部村镇建设司司长张学勤到东阳市调研确定全国小城镇工作会议地点，了解横店镇环境综合整治及木雕特色小镇建设情况，考察横店镇步行街、花园新农村建设、木雕小镇及中国木雕博物馆。

【《中华人民共和国测绘法》宣传日活动】 8 月 29 日，市规划局（市测绘与地理信息局）开展以“贯彻地图管理条例，更好服务国计民生”为主题的《中华人民共和国测绘法》现场宣传活动。市规划局在人力资源市场现场设立 6 块宣传展板，重点介绍测绘法律法规体系建设、地理信息产业园、地理信息公共服务平台、国情普查及监测、《地图管理条例》、国家版图知识等内容，向市民宣传测绘知识，通过科普讲解、知识竞答等形式，向市民发放《浙江省交通旅游图》《国家版图小知识》、地球仪等各种宣传材料 2000 余份，解答测绘地理信息方面的问题数十个。在《东阳日报》上整版刊登《中华人民共和国测绘法》，用数字东阳、地理国情普查知识进行宣传，利用网络平台、市区 LED 滚动电子屏等进社区宣传《中华人民共和国测绘法》，在城

图 141　8 月 29 日，开展以“贯彻地图管理条例，更好服务国计民生”为主题的《测绘法》现场宣传活动（市规划局提供）

区中小学校开展《中华人民共和国测绘法》知识竞赛和少儿手绘地图大赛。

（周丽霞）

城市建设

【机构改革】 2016 年，启动城乡建设管理体制改革。10 月，东阳市成立城市建设投资集团公司，实现“政企分开、政事分开、管建分开”和建设局行政管理职能提效扩面，明确城乡建设项目主体等改革目标，完善“管建统一”的城乡建设管理体系，城乡建设管理工作进入新时期。

【城区污水管网建设】 完成东阳市第二污水处理厂建设。城区旧居住区截污纳管完成污水管网 3254.8 米、雨水管网 2014 米。完成吴宁街道范围内 8 个排水口中的 6 个排水口整治。完成城区新滨、新世纪、藕荷塘 3 个小区截污改造。完成城区 8 口水塘水系连通建设项目。

【“六类”服务业水污染专项整治】 开展城区“六类”服务业（宾馆、酒店餐饮、美容美发、洗浴、洗车、洗衣）水污染专项整治工作，完成洗车、洗衣、星级宾馆行业整治任务，全市城区“六类”服务业注册经营户 2185 家，排查 1585 家，完成整治 706 家，申领排水许可证 458 家。

【农村生活污水处理】 推进镇级污水处理提升运行和配套管网建设，指导督查 10 个镇级污水处理设施运行管理，基本建成污水管网 13.8 千米。推进农村生活污水治理工作，制订《东阳市农村生活污水治理设施运行维护管理工作实施办法》，成立市、镇乡街道、村各级运维管理机构，建立“五位一体”运维体系和农村生活污水治理日常运维管理制度。

【城中村和危旧房治理】 实施城中村和危旧房治理改造，开展四联、三和、云台、南山小区、野毛墩自然村房屋征收后续工作和西岘社区、一都许区块房屋征收的前期准备工作。指导相关街道城中村改造工作，完成城中村改造 124.84 万平方米。完成治理改造危旧房屋 38 幢，超额完成危旧房治理改造任务。

【城区风貌提升推进】 完成人民路路面改造、江滨南街路面改造（一期）、吴宁东路东延工程（一期）、艺海北路道路拓宽优化工程和乐园路西延拓宽改造。完成三大公园（儿童公园、西山公园、博大公园）提升改造、江滨景观带及周边亮化工程（一期）。推进停车场、停车位建设改造工作，投入停车收费运营的停车位 1269 个，增加停车位 893 个，修复原车位 1318 个。红椿巷区域 A14 地块安置房工程完成总工程量的 70%。

【市政建设】 完成城区道路挖掘行政审批 80 件，排水许可 464 件。完成南市路、树德路、环城北路等 37 条主干道 3200 余只窨井检查井的清淤工作，完成汉宁路、高张路、学士路等 31 处堵塞管网、109 个检查井的疏通工作，完成中山路和兴平路交叉口西北角、南市路 393 号等 13 处积水点、污水外溢改造，完成城区 150 千米市政管道的清淤疏通任务。维修车行道 5869 平方米、人行道 39227 平方米、破损沥青道路 1730 平方米。更换破损雨污水窨井盖 895 个，维修改造破损窨井 118 座，窨井清淤 4000 余个。定期对南干渠、东溪、西溪、雅溪等城区河道进行冲洗、及时清运河道垃圾。开展对城区桥梁常规定期检测、维修养护及中山大桥监控测试等工作。接警并及时处理“110”应急联动突发事件及市民举报400余起、“数字城管”派遣单1679件。

【城市绿化】 完成春秋季补种和迎宾大道、广福街、东义路、市民花园、江堤春晓等20余个区域绿化改造增植，对中山花园、青春广场、节庆广场等区域地面设施进行维修。种植乔木1241株、灌木63.2万株、地被植物14397平方米、各类鲜花506万株。灌木修剪407万平方米、草坪割草396万平方米、行道树整枝6261株。病虫害防治乔木15961株、灌木152.5万平方米。

【园林景观维护】 维修大理石板、青石板3161平方米、雨水盖板维修更换278块、排水沟511米，景观灯更换灯泡424个、电缆铺设306米，安置果壳箱81只、园椅127座，整修树框495个，安装改造树框395个，侧石维修、拆除2169米，绿化带安装扩栏594米、拆除710米，公园、绿地内园林建筑小品油漆维护3857平方米。

【省住建厅副厅长沈敏到东阳市调研】 2月25～26日，省住房和城乡建设厅副厅长沈敏到东阳市调研美丽宜居示范村试点建设、传统村落保护发展、村庄规划设计等工作。沈敏实地考察巍山镇同乐村、白坦村，城东街道李宅社区，六石街道北后周村等地。在城东街道李宅社区，沈敏听取和察看社区美丽宜居示范村建设情况。

（陆先坤）

城市管理

【概况】 2016年，查处违反城市管理案件3849件，其中简易程序案件2352件，一般程序案件1497件，行政罚没款总额961万元；拆除违法建筑1912起，建筑面积43.8万平方米。数字城管采集路面问题信息32668件，办结29160件，办结率92.83%。受理行政许可2223件，“96310”热线举报2898件。城区保洁面积1091万平方米，比上年增加72万平方米，机械清扫面积443.3万平方米，冲洗面积488.2万平方米，日均清扫清运生活垃圾515吨。

【市容管理】 开展流动摊贩、占道经营、户外广告等专项整治，城区查扣流动摊贩493个，查处占道经营172起，取缔落地灯箱392个。8月，数字城管建立“代为整治”制度，对一些责任主体或产权主体不明的问题，以及一些突发问题，按照“优先处置”方式，解决隐患和问题86件。开展金华市精品城市考核工作，每两个月接受金华市城市管理委员会办公室考核一次，6次考核平均成绩97.47分。

开展横店城市管理工作。2015年10月至2016年10月，按“宣传、劝导、整治、巩固”的步骤，对占道经营、流动摊贩、户外广告、乱搭乱建等现象开展集中整治，统一整治46次，7219人次参与，查处市容秩序案件105起，拆除乱搭乱建250处，拆除户外广告1057块，清理占道经营2040处，基本消除镇区范围内主要街道和重点区域的占道经营、流动设摊现象，建成康庄街、万盛南街步行街等市貌示范街。

【环境卫生管理】 调整城区主要街道冲洗机制，主干道从原来的每天2次增加到每天4次，其他路段从每天1次增加到每天2次。增加沿街商户垃圾清运频次，减少垃圾暴露时间。加强“微信督考平台”运行，每天督查整改问题30余起。完成建设路公厕、艺海路公厕、环卫处办公楼公厕的维护改造。东阳市第二生活垃圾卫生填埋场接收处理城乡生活垃圾36.92万吨（城区18.83万吨，镇乡街道18.09万吨），比上年增加4.49万吨，日处置量1008.7吨。

【金华市首个垃圾填埋气发电项目】 东阳市第二生活垃圾卫生填埋场发电项目引进弘翔能源集团有限公司和中船重工（上海）新能源有限公司共同投资、建设和运营，于2015年9月开工建设，2016年3月，完成基础设施建设，2016年8月，完成高压、变压设备、外线线路安装，建成金华市首个垃圾填埋气发电项目，投入生产运行。项目总装机容量3×1067千瓦，填埋气年平均收集气量1222万立方米，年发电量20724兆瓦时（含税）。至年末，发电480万千瓦时。

【白云市场化保洁运营】 1月1日，白云区域引进专业公司，推行市场化运营模式。该区域360.86万平方米的清扫保洁，12座中转站、17座公厕的管理，以及287家单位的垃圾清运，由专业公司清理运营。

【“智慧环卫”系统建成】 投资300万元引进建设“智慧环卫”系

图 142　7 月，“智慧环卫”系统建成并投入运行（市行政执法局提供）

统。7 月，“智慧环卫”系统建成并投入试运行。“智慧环卫”系统能够在 LED 大屏的 12 个镜头中同时看到各清运车、压缩车、洒水车、填埋场、中转站等实时作业情况。

【城市管理执法】 立案查处一般程序案件 1497 件，其中：市容环卫类 227 件，市政公用类 212 件，工商管理类 632 件，绿化管理类 14 件，规划建设类 412 件。受理信访 944 件，其中：规划类 369 件，市容类 330 件，环境类 152 件，纪检类 25 件，其他 17 件，移交信访 51 件。

重点监管在建工程 250 家，“即查即拆”违法抢建 298 起，向国土、规划、房管等部门移交函告信 363 件。6 月 13 日至 8 月 31 日，开展夏季违法建设专项整治，摸排在建工程项目 950 家，增加违建 291 起，存量违建 385 起，信访积案 291 件，立案 676 件，拆违 355 起，建筑面积 8.1 万平方米。配合属地镇乡街道、相关部门拆除违法建筑 1417 起，建筑面积 73.16 万平方米。

（朱三五）

图 143　10 月 11 日，对紫荆庄园三期违法建设实行“即查即拆”（行政执法局提供）

环境保护

【概况】 2016 年，地表水跨行政区域河流交接断面水质考核优秀，2014～2016 年连续三年考核优秀。水环境质量实现“5 个 100%”（全市 3 个出境断面水质达标率 100%，“水十条”国家考核义东桥断面水质达标率 100%，18 个镇乡街道交接断面水质达标率 100%，6 个市控以上地表水断面水质达标率 100%，横锦水库饮用水水源地水质达标率 100%）。改善环境空气质量，$PM_{2.5}$ 改善明显，浓度比上年同期下降 9.5%；空气质量优良率（AQI 指数）92.3%，排名金华市前二。

开展“亮剑”系列、“春雷斩污”“夏霆斩污”“百日执法”等专项执法行动，出动执法人员 21469 人次，检查企业 5573 家次，发放整改通知书 476 份，行政处罚环境违法行为 212 起，关停污染企业 171 家，移送公安追究刑事责任 4 起，采取行政强制措施 8 人，行政约谈企业负责人 126 人，责令 105 家违法排污企业在《东阳日报》上公开道歉，执法力度居金华市前列。

4 月 14 日，东阳市被命名为“浙江省级生态市”。市环保局获浙江省“五水共治”先进集体，在金华市县（市、区）环保局目标责任制考核中被评为优秀。

【排污权有偿使用】 实施排污权有偿使用制度，所有新（扩、改）建项目增加总量必须通过市场交易获得，促进企业间的排污权交易和租赁，开展排污权竞拍和二级市场交易。年末，排污权储备库四项主要污染物总量分别为化学需氧量158.66吨、氨氮37.59吨、二氧化硫498.67吨、氮氧化物26.34吨。

【生态环境治理】 启动创建国家级生态文明示范市规划编制工作，编制东阳市畜禽养殖污染防治规划，拟订《东阳市党政领导干部生态环境损害责任追究实施细则(试行)》。整合中央农村环境综合整治项目与农村生活污水治理工作，全市1111个自然村完成项目设计，944个自然村开工建设，320个行政村、849个自然村基本完成治理任务；增加受益农户12.2万余户。完成南市街道、城东街道、画水镇3家省级生态镇乡街道创建和画水镇12家市级生态村的创建，在佐村镇、东阳江镇、千祥镇完成30家市级生态村的申报。东阳市在2015年度浙江省生态文明建设评价结果在全省54个县（市）和7个区中排名第23位，金华市7个县(市)中排名第二。

【水质治理】 围绕“三年治水目标”，向市委、市政府提出城区污水处理厂扩容的可行性方案以及确保东阳江跨行政区域交接断面(义东桥)水质稳定达到三类水目标的可行性方案。强化镇乡交接断面水质每周监测、每月考核通报；推进市污水处理厂三期工程完成环保“三同时”竣工验收工作、横店污水处理厂完成提标改造工作、歌山镇污水处理工程提标改造工作。推进排污口整治，消除5条劣V类水质的支流。完成城区“六类”服务业中洗衣行业整治工作。

【大气污染防治】 发放机动车环保标志，确保机动车环保标志发放率稳定在90%以上；淘汰黄标车219辆。对349家废气排放企业进行摸底调查，建立全市大气污染排放源清单。督促11家再生金属企业、23台炉窑和1家无机化学工业企业完成废气提标改造。按照《浙江省工业污染防治2016年度实施方案》，完成2家橡胶和塑料制品行业挥发性有机物污染整治重点工程，编制《东阳市横店电子产业园工业污染专项治理方案》。

图144 9月19日，省环保厅党组成员、省环境执法稽查总队总队长单锦炎到东阳市调研(市环保局提供)

【智慧环保】 建成横锦水库饮用水源地水质自动监测站和梓誉水质监测站，筹建东阳技校空气站，完成台口水站总磷、总氮，广厦空气站和环保大楼空气站$PM_{2.5}$等仪器设备更新升级改造。建立固废综合利用信息交换平台，完成危险废物信息化监控平台企业建设，推进工业企业固废综合利用。建立完善包括机动车基本数据、排气污染检测、排气监督抽测、环保标志管理、机动车排气污染维修等内容的管理信息数据库，对接公安、交通运输等部门数据库，提高机动车排气污染防治监督管理效率。

【农村环境连片整治工作验收】 3月2日，省环保厅、省财政厅组织考核验收组，对东阳市2013年度和2014年度农村环境连片整治项目进行考核验收。考核验收组实地走访六石街道鹤峰村炬路、巍山镇同乐村凤仪、横店镇七一村等地，对农村生活污水、截污纳管工程等项目察看验收。

通过农村环境综合整治工作，全市生活废水处理率60%以上，生活垃圾收集处理率90%以上，构建“户保洁、村(居)收集、镇乡(街道)清运、市处理”的城乡生活垃圾处理一体化体系。全市农村环境连片整治建设水源地防护设施49套，水源地污染源治理设施3套，集中式污水处理设施214套，集中式污水处理设施配套管网475千米，农村生活污水处理量6329吨/日，惠及农户21.8万人。

【省环保厅领导调研生态环保工作】 9月19日，省环保厅党组成员、省环境执法稽查总队总队长单锦炎到东阳市调研生态环境保护工作。调研组一行到普洛

图 145　12 月 14～15 日，省政协人口资源环境委员会考察组到东阳市调研（市环保局提供）

得邦制药、横店电镀园区、画水竹溪工业功能区、江滨景观带湿地公园等地，察看厂房结构布局、空气异味治理等情况，询问相关负责人有关环境污染治理工作及存在的问题。调研组对东阳市环保工作取得的成绩给予肯定。

【“环境革命毅起来”青年毅行活动】 6 月 4 日，“环境革命毅起来”青年毅行活动在市节庆广场举行，2600 余人参加。活动由共青团市委、市环保局等单位联合主办，通过“毅行”这种文明、时尚、公益、互助的运动形式，向全市人民宣传绿色环保理念，倡导节能低碳、减少排放污染的生活方式，践行 2016 年“六·五”世界环境日主题——改善环境质量，推动绿色发展。毅行路线从市节庆广场出发，沿江滨南路向西至水豆桥折返，沿江滨北路至学士大桥折返，沿江滨南街回到市节庆广场，全程约 10 千米。

图 146　12 月 21 日，东阳市创建“浙江省环境保护模范城市”考核验收反馈会召开（市环保局提供）

【省政协考察组调研】 12 月 14～15 日，省政协人口资源环境委员会考察组到东阳市调研“五水共治”和“美丽乡村”建设。考察组一行走访六石街道北后周村、城东街道单良村、江滨景观带湿地公园、横店镇中兴联村尚伦庄、南马镇花园村等地，实地了解情况。

全市 1158 个自然村启动“三改一拆”整治行动，319 个行政村完成污水治理工程，521 个自然村通过农村生活垃圾分类减量化处理验收。消灭垃圾河、黑臭河，完成 5 条金华市重点劣五类支流的 23 个整治项目。

【东阳市通过创建“省环境保护模范城市”考核验收】 12 月 21 日，省环保厅副厅长卢春中带领省考核验收组到东阳市对“浙江省环境保护模范城市”创建工作进行考核验收。省考核验收组一行分别到横店镇、泗渡溪、市人民医院、市第二垃圾填埋场、广厦学院大气自动监测站、横锦水库、江滨人工湿地以及部分电镀、洗染企业等地，对横店城市风貌综合提升、工业企业、固废治理、环境质量、饮用水等方面的情况进行现场检查。

在反馈会上，考核组听取东阳市创建工作基本情况的汇报。考核组一行对东阳市的创建工作表示肯定，确认东阳市通过创建“浙江省环境保护模范城市”考核验收。

（厉颖蕾）

交　通

2016 年 9 月 8 日，东阳江上举行龙舟赛(张向平/摄)

概　述

【概况】 2016年，推进44个政府投资项目建设，其中交通重点建设项目7个、重大前期项目1个、一般性政府投资项目30个、一般性前期项目6个。计划完成投资19.8亿元（不包括铁路、航空等）。至年末，全市公路总里程2367.23千米，公路密度135.5千米/百平方千米；完成客运量1762万人次，旅客周转量77471万人千米，货运量917万吨，货物周转量76532万吨千米；完成公交营运里程790万千米，客运量1147万人次。

从公路、设计等单位抽调40余人组成重大项目组，针对横店马拉松赛事、旅游旺季、G20杭州峰会3个时间节点，推进项目建设，完成S218东仙线（原40省道）渡槽至王潭段公路养护大中修工程（提升改造）、镇北路绿化、明清西路、40省道里坞交叉口绿化景观提升等12个交通重大项目建设任务。

【领导调研】 2月25日，省交通厅厅长郭剑彪实地察看G351东阳马宅至磐安段公路改建工程，对线路规划进行完善。3月2日，副省长孙景淼到东阳市调研综合交通规划情况，实地调研东阳市高速公路线路规划、横店通用机场建设以及37省道、40省道改建工程。3月9日，省公路局局长洪秀敏对东阳市“十三五”交通发展规划情况进行调研，指导37省道、40省道改建工程。11月3日，洪秀敏到东阳市调研交通工作，走访37省道李宅至义乌段改建工程、40省道上新屋至里坞段改建工程、东仙线“白改黑”项目，听取有关情况的汇报。

（李健军）

图147　2月25日，省交通厅厅长郭剑彪（左三）调研G351马宅至安文公路（市交通局提供）

交通基础设施建设

【交通重点工程】 S310嵊义线（37省道）东阳李宅至义乌青岩刘改建工程完成路基工程的99%，路面工程的98%，机电完成95%，绿化工程完成90%，交安工程完成50%；S218（40省道）上新屋至里坞段改建工程完成路基工程的98%，隧道工程的100%，路面工程的70%，隧道机电工程的30%，绿化工程的30%；S217（39省道）十里头至官清段改建工程完成施工批复；完成G315国道（原40省道）渡槽至横店高速出口段公路改建工程；S310嵊义线（37省道）三甘塘至尚侃段公路整治工程完成工程量的75%；完成东阳市客运总站地质勘查招标和东阳市江北公交枢纽站项目招标。

图148　7月20日，S310嵊义线（37省道）东阳李宅至义乌青岩刘段改建工程施工现场（孙振华/摄）

【交通重大前期项目】 市交通局与上级部门沟通协调，争取项目列项及资金、土地指标等政策支持，缩短项目报批时间，提高前期工作效能；与沿线镇乡街道、相关部门沟通协调，破解土地征用、房屋拆迁等难题，推进前期项目建设。至年末，S211（22省道）怀鲁至山口段改建工程完成规划选址、初步设计外业勘测工作，进入初步设计咨询招标公告发布，规划选址批复阶段。

【屏岩山隧道全线贯通】 4月24日，40省道屏岩山隧道左洞贯通。5月7日，40省道屏岩山隧道右洞贯通。屏岩山隧道全长2660米，为分离式隧道，是东阳市境内最长的公路隧道，也是40省道改建工程的重要节点工程。

（李健军）

公路管养

【公路管理】 境内公路总里程2367.23千米。按行政等级分，国道102.47千米，省道142.54千米，县道584.21千米，乡道916.8千米，村道621.22千米；按技术等级分，高速公路95.19千米，一级公路20.63千米，二级公路355.83千米，三级公路88.46千米，四级公路1807.12千米；按路面等级分，水泥混凝土1866.7千米，沥青混凝土413.54千米，简易铺装路面82.64千米，未铺装路面4.35千米。公路桥梁728座、33850.57延米，隧道29道、19682延米。加强路面整治修复、桥梁、标志标牌、边沟边坡等公路日常维护，年平均公路技术状况优良率比上年提升，其中干线好路率77.37%、支线好路率69.34%。完成交通事故多发点（段）整治工程4处，其中金华市级2处，东阳市级2处；完成金华市级临水临崖安全治理3处；创建南下线平安道路。

【公路改造提升】 投资1.3亿元，完成S218东仙线渡槽至王潭段、栗树园至长庚段20千米“白改黑”工程；投资1.2亿元，开工建设S310嵊义线三甘塘至李宅段15.48千米“白改黑”工程；完成农村公路大中修工程72千米；完成农村公路提升改造工程和农村公路道路改善工程；完成农村公路安保设施改造工程30千米；完成农村病旧桥梁加固改造工程。

【路政管理】 路政上路巡查率100%、查处结案率100%、准确率100%，无行政复议和行政诉讼案件，上路巡查365天，出动7288人次，制止查处各类路政案件1250件（其中处罚案件231件、处理案件956件、违章建筑63起），查处公路污染车辆686辆次、路产损坏案件270件。整治马路市场流动摊贩872个，清理堆积物9502立方米，拆除违章建筑575平方米，拆除非公路标牌1819幅，查处超限运输车辆231辆次，卸载货物6989吨，卸载率100%。以“爱护路桥，保障安全”为主题，开展路政宣传活动，印刷宣传图册5000本、公开

图149 5月7日，40省道屏岩山隧道右洞贯通（胡扬辉/摄）

信3000份，悬挂横幅宣传标语48幅。

【"美丽公路"创建】 由7名工艺美术大师设计景观，把"两美"新村线S211、"三宅"古建线、迎宾大道—横店—花园、横黄线、画南下线、怀万线、里歌线、S218横店高速出口至磐安段等10条精品线打造成公路景观大道和生态走廊。完成公路绿化种植18千米，补植220千米，种植乔木8166株、球形11112株、色块灌木18.2万株，景观绿化4367平方米，完成省道及重要县道公路土路肩三叶草播种39.7万平方米。

【应急抢险】 在应对暴雪、汛期、台风等自然灾害突发事件中，从物资储备、预防养护、应急抢险等各方面进行调控，投入应急抢险人员2000余次，巡查、养护车辆500余次，出动4辆路面清扫车200余次，清理塌方400余立方米。开展山体悬石治理应急演练、防台抗汛应急演练、消防演练、水上应急演练。

（李健军）

交通管理

【运输管理】 全市有营运车辆1079辆（其中客运班车224辆、旅游包车79辆、机动车11辆，城区公交车177辆、城乡公交车132辆，出租车456辆）；城区公交营运线路43条、城乡公交营运线路89条。出租车公司3家，全市客运线路跨省21条，日发14.84个班次；跨地市39条，日发82个班次；跨县市41条，日发296个班次。341个行政村开通公交车（班车），通达率97.7%。完成车辆检测7.5万余辆次，其中综合性能检测1.2万余辆次，年检年审检测3.1万余辆次，机动车环保尾气检测3.2万余辆次。承办市人大代表建议和意见、政协提案75件，其中人大建议55件，主办52件，政协提案20件，主办16件，2件被列为市人大重点建议。

【交通体制改革】 推进交通管理体制改革，组建东阳市交通投资有限公司（简称"交投公司"）。9月23日，市财政局和市国资委联合印发《关于市三大交通发展有限公司等股权和交通建设指挥部资产划转的批复》，市交通局下属7家公司制企业国有股权划给交投公司，6个交通建设工程指挥部划转交投公司管理。市交通局依法履行行政管理职能，交投公司负责投融资平台和项目建设、运营、管理等工作。

【出租车行业监管】 1月，停止征收出租车有偿使用费。城区426辆出租车安装最新的北斗星导航。结合《金华市网约车管理细则》颁布，成立"黑车"整治组，加大对"黑车"的打击力度，维护出租车市场稳定。

【城乡公交一体化】 开通多条城乡公交线路，对城乡公交的班次、时间以及主要走向等情况进行公示。增加公交首末站2个，调整完善公交线路车辆56辆，增加公交线路1条，增加新能源公交车20辆，增加港湾停靠站136个。

【公共自行车租赁】 8月，横店镇区首批38个站点、1600辆公共自行车投入运行。12月1日，东阳城区第三期公共自行车76个站点开通，新投放公共自行车2000辆。第三期公共自行车站点向江北街道、白云街道一带延伸，主街道的布点范围控制在300~350米，主城区布点范围控制在500~800米。第三期公共自行车投运后，全市共投放公共自行车6600辆，租赁点254个。开通微信、APP扫码租车服务功能。

【车辆征费】 与南马、巍山、虎鹿派出所和交警中队沟通联系，加强警民联动合作，开展违章逃费车辆专项整治活动，打击冲卡、逃缴、绕道逃费等违章行为，处理违章逃费车辆391辆，完成车辆通行费2800余万元。

【安全生产】 与客货运企业签订安全责任书，召开安全管理例会14次，组织对"两客一危"（是指从事旅游的包车、三类以上班线客车和运输危险化学品、烟花爆竹、民用爆炸物品的道路专用车辆）检查500余人次，7份安全隐患整改通知书和2份限期整改通知书整改到位；全市12吨及以上货车、牵引车GPS安装率100%。8月，全市危化车辆驾驶室视频监控平台投入使用。

【水上运输】 完成横锦水库正常航班运行3150班次，加班530班次，完成客运量10.5万人次，周转量84万人千米，实施渡口安全检查26次，整改安全隐患15次，更换破旧救生衣5件、灭火器2个，连续30年实现水上运输安全生产无事故目标。

【运输专项整治】 联合公安交警、市场监管、城管等部门开展

图 150　3 月 14 日，象田至东阳东站的旅游专线投入运营（市交通局提供）

“2 号行动”专项稽查行动，打击违章运输经营行为。出动检查人员 1200 人次，检查客运车辆 4181 辆，查获违章车辆 9 辆，其中站外揽客 3 件、无从业资格证 3 件、无线路核准证和路单 3 件。

【G20 杭州峰会维稳安保】　G20 杭州峰会期间，对东阳汽车东站、西站和横店客运中心实名制售票系统进行升级，跨县以上班车实行实名制售票。加强对“三口一场一厅”（进出站口、安检口、检票口、停车场、侯车厅）等重点部门安全防范工作，加大对公路交通事故易发路段和危桥、危隧整治改造力度，完成全系统“人不惹事，车不出事，行业不生事”的护航总目标，被金华市政府授予“G20 杭州峰会维稳安保先进集体”称号。

【旅游交通专线开通】　结合湖溪镇象田村农村旅游发展，开通东阳汽车东站至湖溪镇象田村的乡村旅游观光专线。结合横店“车票 + 门票”旅游套票产品，开通横店至金华南站旅游专线。结合圆明新园长春园开放，开通东阳汽车西站至圆明新园的旅游公交专线。

【东阳汽校职业培训空间拓展】　拓宽社会短期培训项目，完成成人“双证制”（文化科学教育职业技能培训结合教育培训）、农村劳动力、茶艺师等专业技能培训 8300 余人次，完成从业资格、技术等级、机动车维修等培训 1000 余人次，与浙江广厦建设职业技术学院签订合作办学协议，创办“东阳汽校广厦学院驾驶技能培训中心”。

【交通便民举措】　春运期间，东阳市各车站汽车票预购期延长至 60 天，开通“携程网”网上购票服务，市内 25 个邮政服务网点、175 个信息化村邮站、各大报刊亭都可购票，汽车客运东站、西站售票窗口从 6 个增加到 10 个，购 10 张以上车票的团体实施上门送票服务，专设民工包车，为农民工提供“门对门”服务。

（李健军）

图 151　12 月 14 日，东阳汽校广厦学院驾驶能培训中心举行启动仪式，并投入使用（包康轩 / 摄）

通　信

2016年5月17日，八面山（吴立新/摄）

邮　政

【概况】 2016年,东阳市邮政分公司实现业务收入1.79亿元,完成上级下达计划数的111.08%,收入比上年增长24.54%。收入规模列全省县市第六位,较上年同期提高1位,收入增速列全省第六位。实现利润上缴2202万元,列全省第二位。其中,“头号工程”金融业务实现收入1.12亿元,完成计划数的105.43%,比上年增长15.31%;包裹快递业务实现收入3563万元,完成计划数的127.11%,比上年增长125.51%。建成村邮乐购点438个,其中标准以上站点438个,完成年度计划的132.2%。

2016年,东阳市邮政分公司陈丽卿获全省“明星理财经理”称号,韦彦一获金华市级“创建治安安全单位”工作先进个人、金华市“G20杭州峰会安保治安保卫重点单位先进个人”称号。

【邮政机构调整】 撤销“小包一班”“小包二班”“小包四班”,设立东阳市邮政分公司包裹业务中心营揽经营部,分为营销揽收一班、营销揽收二班;设立包裹投递班、营业收寄班、客服班。完成包裹业务中心营销、揽收岗位人员双向选聘工作。

【金融业务代理】 至年末,储蓄余额规模72.58亿元,净增15.04亿元,比上年增加8.7亿元,活期占比30.07%,比上年减少5.6个百分点,市场占有率12.35%。平均余额净增11.03亿元。实现折算后标准保费5.15亿元,创收入1194万元;销量比上年下降4.05%,收入比上年增长14.48%,点均产能1170万元,完成上级下达标保目标的101%、期交目标的123.9%。省邮政分公司签发贺电,祝贺东阳市邮政分公司储蓄余额突破60亿元。

【包裹快递业务】 实现包裹快递收入3563万元,完成计划数的165.72%,比上年增长109.82%。其中国际小包1853.27万元,快递包裹1574万元。11月11～20日“双11”期间,快递包裹出口量21.87万件,进口量5.9万件,分别是上年同期的619%和307%。6月1日,东阳市邮政分公司与东阳市中医院合作,启动代煎中药快递配送服务。

图152　6月1日,东阳市邮政分公司与市中医院合作,启动代煎中药快递配送服务(市邮政分公司提供)

【农村电商业务】 建设村邮乐购点438个,均为标准以上站点,完成建设指标的132%。全市邮掌柜实现进销存笔数300.62万笔,进销存金额2.76亿元;实现代购业务17715笔,代购金额154万元,完成代购计划的122%;实现批发笔数12926笔,批发金额583万元,完成批销计划的141%。开展线上线下活动72场、双引流活动32场,掌柜发展会员27648人。开办绿卡(邮政储蓄卡)379张,加办短信379条,开办电子银行379个,布放POS机具83台。

【邮政传统业务】 函件业务实现收入420.54万元,完成计划数的99.8%,比上年下降19.63%。集邮业务实现收入515.22万元,完成计划数的149.34%,比上年增长107.82%。报刊业务实现收入962.02万元,完成计划数的97.38%,比上年下降3.85%。拓展校园报刊市场,开展项目营销,推广微信订阅业务。

【邮政新兴业务】 以车险业务为核心的自邮一族业务发展会员5620人,实现保费规模2225万元,完成市公司下达会员计划的100%、保费计划的105.7%,车险会员发展比上年增长134%。结合费改政策的调整,开展送赔下基层活动,设置理赔专员岗位,促进业务发展。短信业务增加用户4.03万户,完成年计划的74%;储蓄短信收入472.68万元,完成年计划的92%,收入比上年增长

12.08%。实行日常分销收入220.8万元,完成年计划的84%。

【邮政平台建设运营】 完成西宅、大联、大阳、洪塘4个网点的装修改造,完成市邮政分公司大院停车场、篮球场、简易生产用房的改造,增加自动机具10台。年末,设自动机具69台,其中ATM机24台,CRS机45台。人民路投递公司搬迁至简易生产用房内,原场地改造后作为包裹业务中心作业场地,增加作业场地500余平方米。在包裹业务中心,购置邮件传输机和钢板收寄平台、营业收寄平台,增加营业收寄席位;在南马、巍山、横店、六石4个农村支局所设立快递包裹收寄点,其中南马支局购置邮件传输机;在农村支局所组开点对点快递包裹专线和南马区域揽收专线,组开分公司至支局所环型区间快递包裹揽收专线,实现揽投适度分离。采用公配和“私车公助”的方式,在城区组建营揽汽车邮路7条、投递汽车邮路15条,在农村组建农村汽车邮路27条,满足村邮站邮件的投递,负责快递包裹的揽收和投递工作。东阳市邮政分公司设汽车邮路49条、摩托车邮路65条,取消自行车邮路。3月22日,东阳市邮政分公司首个“村邮乐购”标杆点在城西天天烟酒超市“村邮乐购”服务点建成。

【邮政系统领导调研】 5月3日,金华市邮政分公司总经理张俊晓到东阳市调研指导“三个一把手工程”业务发展和投递邮路改造相关情况。5月25日,金华市网络经济局、团市委、统计局调查队等部门组成的调研组到东阳市邮政分公司检查“电子商务进万村工程”进展情况。7月16日,省邮政分公司市场部经理杨东辉到东阳市调研包裹快递业务。8月24日,金华市邮政管理局市场监管处处长赵振华到东阳市检查指导邮件生产安全工作。9月9日,金华市邮政分公司总经理张俊晓到东阳市调研,在包裹业务中心、人民路投递班、环城北路网点等地现场检查指导。11月3日,金华市邮政分公司纪委书记、副总经理王跃平带领市邮政分公司监察室、党建部等部室相关人员到东阳市邮政分公司调研指导工作。

图153 5月3日,金华市邮政分公司总经理张俊晓(前排中)到东阳市调研(市邮政分公司提供)

【“万斤农产品进城”项目启动】 7月8日,由市政府主办,虎鹿镇政府和市邮政分公司共同承办的市农村电商“万斤农产品进城”虎鹿东山翠冠梨配送项目在虎鹿镇东山村启动。虎鹿东山翠

图154 7月8日,东阳市农村电商“万斤农产品进城”虎鹿东山翠冠梨配送项目启动(市邮政分公司提供)

冠梨快递配送是东阳市首个“万斤农产品进城”项目，其中线上通过“邮乐东阳馆”、口袋邮局等渠道进行推广，线下以邮掌柜、网点门头屏及报刊亭 LED、商业信函、媒体广告等途径宣传，以线上线下相结合的方式，依托邮政农村电商综合服务平台和投递网络，实现销售订单“开门红”，助推“农产品进城”。该项目销售东山翠冠梨 1600 箱、8000 千克。

【浙江邮政首笔“掌柜贷”】 2016 年，马宅镇一邮掌柜服务点成功申请 6000 元贷款，系浙江邮政在全省的首笔“掌柜贷”试点交易。“掌柜贷”是中国邮政携手邮储银行、邮乐网共同打造的一款互联网普惠金融产品，用以解决农村商店超市经营者的资金周转问题，无抵押、无担保，贷款最高限额 10 万元。

【纪念红军长征胜利 80 周年邮展】 10 月 22 日，由东阳市邮政分公司和市文化广电新闻出版局主办，市集邮协会和市图书馆协办的纪念红军长征胜利 80 周年邮展在市图书馆举行。该次邮展展出的抗战及红色主题邮集作品均来自东阳市集邮协会的会员。

（李巧丹）

电　信

【概况】 2016 年，中国电信股份有限公司东阳分公司（简称“中国电信东阳分公司”）主营收入 2.41 亿元，完成率排全区第二，增长率排全区第二。宽带净增排名全区第一，高速宽带净增排名全区第二，ITV（交互式电视）增加排名全区第三，C 网增加排名全区第三。绩效考核排名全区第二。中国电信东阳分公司下设 4 个部门 13 个分支局，员工 407 人。被评为东阳市纳税超千万元企业。

【电信网络建设】 C 网建设完成 311 个基站、900 余个 RRU 的 FDD-LTE 网络开通，全区开通率 98.6%，在全区排名第三。传统网络建设，望江两台 BAS、城中两台 BAS 到金华上联链路各扩容至 40G，东阳城域网总出口 240G。完成普通 ADSL 的 DSLAM 退网 110739 线，完成退网率 98.32%，在全区排名第二。

图 155　10 月 22 日，纪念红军长征胜利 80 周年邮展在市图书馆举行

【电信信息化项目建设】 完成市政府重点工程市区三期自行车棚光缆 73 个点、二期公共 Wi-Fi 光缆 165 个点建设。东阳市经济和信息化局公共 Wi-Fi 二期服务项目，建设公共区域 1042 个公共 Wi-Fi，完成布线 141 个，光缆布线 126 个。完成市公安局 1～5 期治安监控改造、东阳市第二高级中学智慧校园运营服务项目、浙江师范大学附属东阳花园外国语学校智慧校园综合管线项目、“美丽乡村”建设管线整治、东阳市燃气公司智慧燃气监管系统项目等建设。

横店城市风貌综合提升线路整治 100 余处，施工金额 180 万元。配合 G20 杭州峰会，完成横店治安监控 27 个，城管监控 31 个，金额 11.7 万元。完成交警监控 37 个，交警卡口 17 个，交警高速球机 29 个，交警违章监控 13 个，交警红绿灯监控 16 个，停车场监控 39 个。

【电信服务水平提升】 通报和处罚代理商违规行为，重点稽查有违规记录的代理商；督促各代理商落实实名制工作。加强装维人员（专门从事宽带和固话安装与维护人员）在用光纤代替铜缆、装移机过程中与用户的沟通能力，提高装维服务水平，减少用户投诉。处理工商部门下派单 9 件、“8890” 下派单 154 件、“10000”号下派单 8700 余件。

【网络通信应急保障】 加强网络安全防护和隐患排查，完善通信保障应急预案,完成横店国庆旅游、七夕东白山旅游的通讯保障,参与下载注册“平安浙江”APP的工作;参加“平安东阳”党员志愿巡防行动。重视安全生产,组织消防安全培训讲座。针对防恐需求,开展应急防恐培训与演练。

(徐松涛)

中国移动通信集团浙江有限公司东阳分公司

【概况】 2016年,中国移动通信集团浙江有限公司东阳分公司(简称“中国移动东阳分公司”)完成运营收入6.65亿元,年末,通话用户规模85.8万户,上缴地方税收1648万元。中国移动东阳分公司下设五部(市场部、政企部、网络部、财务部、综合部)七分局(城区、开发区、横店、江北、南马、巍山、千祥),员工近200人,自办营业厅16家,委托加盟厅1家,带店加盟厅2家,社会签约渠道350余家,辐射各镇乡街道,全市行政村移动网络覆盖率100%。完成东阳市交流会通讯保障134次,完成8个重要节日(元旦、春节、元宵、清明、端午、五一、中秋、十一)和各类大型活动通讯保障500万余人次。中国移动东阳分公司获“2016年度东阳市纳税百强企业”等称号。

【移动信息化项目建设】 实施公安行业的诱导屏线路、高点监控、智能交通大数据;江北街道建成“智慧江北”信息化平台,实现“智慧软件平台、大屏、监控”三合一的解决方案,通过表格、图形、视频等形式展现结果。教育行业从“平安校园”“教育云”过渡到“平安校园改造项目”“校园访客系统”,加强校园信息化服务。横店智能交通大数据,把移动大数据的动态人流分析运用到交通指挥,以动态人流的变化来调度现场警力的安排、行车诱导、现场交通的疏导、流量的提早布控,为交通指挥决策提供数据依据。

【移动网络建设】 投资1.3亿元,完成LTE基站LTE基站(移动通信中组成蜂窝小区的基本单元,完成移动通信网和用户之间的通信和管理)建设278个、室分建设162个、小微站建设66个。年末,4G逻辑基站总数1342个,室分站点403个,小微站117个。建造杆路、管道75千米,布放光缆皮长1024千米。年末,杆路、管道总长1673千米,光缆皮长6931千米。完成小区宽带建设213个,增加覆盖用户79407户,城区家宽小区覆盖用户15.1万户,覆盖率97.9%;乡镇覆盖用户数28.3万户,覆盖率95.9%。政企厚覆盖率95.9%,薄覆盖率97.32%。

(蒋嘉峪)

中国联合网络通信有限公司东阳市分公司

【概况】 2016年,中国联合网络通信有限公司东阳市分公司(简称“中国联通东阳分公司”)业务收入6056万元,其中4G收入586.2万元,4G用户增加4326户;3G收入2136万元,3G用户增加2346户;2G收入1160.2万元,2G用户增加20345户;固网收入1326.5万元,增加公众宽带5103线。自有营业厅4家,物流行销渠道7家,实体渠道69家,二级点315家。联通重点通信工程:政府河长制平台建设、东阳公安426辆出租车车载监控、浙江广厦建设职业技术学院30处通信设施开通运行,东阳农商银行69条Wi-Fi专线开通运行,东阳市某部队通信设施开通保障。

【联通网络建设】 增加3G基站76座、4G基站307座,增加2G、3G、4G室内分布系统101套。建造C3、C4主干线路建设598.63千米,实现吴宁街道宽带固话光缆(FTTH)全覆盖建设。配合地方政府完成G20杭州峰会通信保障,开通公安特定基站13座,开通公安350M通信系统9座,开通横店镇、过境高速重保4G基站34座,开通画水镇、南马镇等4个乡镇公共Wi-Fi项目311套。

(马剑云)

教育　体育

2016 年 10 月 1 日，东阳市体育馆（许秀成/摄）

教育概述

【概况】 2016年，全市有中小学幼儿园317所，在校（园）学生（幼儿）154460人。其中普通高中12所，在校学生15659人；职业中学5所，在校学生6762人；初中33所，在校学生28329人；小学86所，在校学生68139人；特殊教育学校1所，在校学生127人；幼儿园180所，在园幼儿35444人。中小学幼儿园教职工11046人，其中专任教师8817人。退休教师3426人，离休教师10人。中小学幼儿园占地总面积462.15万平方米，生均面积30平方米；校舍建筑面积211.17万平方米，生均面积13.67平方米。各类高等院校录取5444人。有高等院校2所，毕业生5173人，2016年招生5668人，在校学生14827人。

【《东阳市教育发展“十三五”规划》发布】 11月30日，《东阳市教育发展“十三五”规划》论证会召开，市编办、市发改局、市教育局、市体育局、市科技局、市公安局、市民政局、市财政局、市人力资源和社会保障局、市国土局、市建设局、市规划局、市卫计局、市市场监管局、浙江广厦建设职业技术学院、浙江横店影视职业学院等单位分管领导参加。12月22日，市十四届政府第七十六次常务会议通过《东阳市教育发展“十三五”规划》并发布。“十三五”期间，按照“创新、协调、绿色、开放、共享”五大发展理念要求，以创建教育现代化市为抓手，重点打造优质均衡师资队伍，推进教育信息技术与教育教学深度融合，持续推进教育改革和开放，加快实施学校基本建设项目，到2020年，达到教育普及化水平全面提升，办学条件继续改善，东阳教育品牌建设更具特色。

【教育投入】 财政性教育经费总投入15.71亿元，比上年13.15亿元增加2.56亿元，增长17.47%，其中：教育事业费拨款投入13.99亿万元，比上年12.55亿万元增加1.44亿元，增长11.51%。教育部门办学校（下同）财政性教育经费总投入14.81亿元，比上年11.2亿元增加3.61亿元，增长32.23%，教育事业费拨款12.44亿元，比上年10.61亿元增加1.83亿元，增长17.2%。预算内年生均教育事业费11764元，比上年10306元增加1458元，增长14.15%。预算内年生均日常公用经费1278.59元，比上年1138元增加140.54元，增长12.35%，其中：市属高中、农村初中、农村小学生均公用经费分别比上年增加1368.72元（其原因在于纳入财政综合预算）、61.72元和53.57元。教育部门教育事业费总支出15.57亿元，比上年14.44亿元增加1.13亿元（说明：自2016年1月1日起，全市中小退休教师的退休费由教育部门“205类教育事业费”划转到东阳市人力社保局统一发放，2016年住房公积金财政预算从原“205类教育事业费”安排调整到“2210201住房公积金”中安排，2015年相关数据调整为与2016年同比口径的数据对比）。

【教育建设项目】 制定《关于调整义务教育段学校和幼儿园新建项目财政保障机制的通知》文件，实现义务教育学校和幼儿园建设项目市财政全额保障。市政府印发《关于东阳市农村教育设施（中小学校、幼儿园）布点专项规划（2015～2020）等3个规划的批复》，完成东阳市教育设施（中小学校、幼儿园）布点专项规划编制工作。完成13所义务教育标准化学校创建，比例从年初的86.7%提升到98.3%。基本建设实施类项目47个，计划总投资67423万元，其中市重点建设项目2个，计划总投资3.1亿万元；一般建设项目45个，计划总投资3.64亿元。前期项目18个，计划总投资14.51亿元。开工建设项目34个（比例72.34%），竣工项目23个（比例48.94%），完成计划投资4.52亿元。完成省、金华市重点工程东阳二中建设项目，8月交付使用。完成斯村小学迁建项目，9月投入使用。12月，完成中小学塑胶跑道运动场地建设项目23个，全市中小学塑胶跑道运动场地实现全覆盖。按计划基本完成高污染锅炉改造项目43个，84个学校完成钢窗更换铝合金项目（5.1万平方米），破旧校舍维修、零星维修项目204个，改善城乡中小学办学条件。

【东阳教育云应用案例入选智慧城市发展报告】 东阳市为全国首批、省唯一的国家教育资源公共服务平台规模化应用试点市，成果报告《漫步“云＋端”智慧“教与学”——浙江省东阳市智慧教育工作探索与实践》入选《新型智慧城市发展报告2015～2016》。《新型智慧城市发展报告2015～2016》由国家发改委、中央网信办牵头发布，是第一本国家层面的智慧城市年度综合发展报告，展示新型智慧城市的发展理念、工作组成员单位最新工作进展、最新研究成果，以及当前各地方和行业优秀案例，对于引导地方务实推进新型智慧城市建设具有重要参考价值。其中收录各部门和社会组织提供、经专家评选出的优秀实践案例47个。

【学校教育质量综合评价改革】根据《东阳市学校教育质量综合评价“十大指标”考核方案》，市教育局抽调相关科室干部和镇乡教研员，对各初中和中心小学、外国语学校、外国语小学的教育质量进行考核，德育、规范办学等部分指标组织现场考评。评出初中教育质量优胜单位一等奖9个、二等奖10个；中心小学教育质量优胜单位一等奖7个、二等奖8个。各镇乡其他小学（含民办学校）的教育质量综合评价“十大指标”考核，由中心学校、城校办、教育处负责组织逐校考评，报市教育局基础教育科备案。10月26日，省教育厅教研室工作人员到东阳市进行中小学教育质量综合评价现场抽测。20所学校（小学12所、初中8所）参加抽测。11月9日，浙江省小学评价改革会议在市外国语小学召开。市外国语小学《小学生核心素养评价实践》成果得到与会领导、专家的肯定。东阳市教育质量综合评价改革试点经验在省级会议上多次向全省介绍和推广。

【教育集团创建】 改革办学体制，整合两所公办职业学校，成立“东阳市职业教育中心学校”，组建吴宁三中教育集团、江北小学教育集团、江北幼教集团。6月，市教育局批复组建吴宁三中教育集团和江北小学教育集团。吴宁三中教育集团下设中山校区（东阳二中原校址）与汉宁校区（开发区初中校址），总部设汉宁校区，两个校区性质不变，在城区学校管理办公室（一）管理下，实行“一套班子、二个校区，统一管理”。江北小学教育集团下设茗田校区（原江北中心小学）与月亮湾校区（原江北第二小学），总部设茗田校区，两个校区性质不变，在城区学校管理办公室（二）管理下，实行“两校区独立法人、一套班子、统一管理、资源共享”。

【学生资助工作】 2016年秋季开始，学前教育贫困生资助面扩大，资助标准从省三级幼儿园保育费的一半提高到全部收费标准；增加义务教育段家庭经济困难寄宿生补助生活费（统称“两免一补”）（小学生每人每天4元，初中生每人每天5元，年在校250天标准，生均分别给予1000元和1250元）。学生资助工作实现从学前教育到大学的全覆盖。全市资助学生19983人次，受助金额9966737元。其中：学前教育资助64人次，金额12.8万元；义务教育段营养餐受助2782人次，金额139.1万元；困难寄宿生生活补助105人次，金额60375元；普通高中资助2676人次，金额267.6万元；普通高中免学费100人次，金额11.13万元；中职学校免学费12599人次，金额399.36万元；国家助学金1495人次，金额149.5万元。东阳市慈善总会对全市家庭经济困难学生资助162人次，金额11.15万元。

【教育信息化工作】 4月21日，东阳市国家教育云规模化应用试点工作接受教育部评估验收。专家组实地察看横店镇横祥小学、横店小学教育集团横店校区的网络同步课堂、双向互动课堂、一对一数字化教学等应用。6月16～17日，在横店小学教育集团横店校区举办东阳市国家教育资源公共服务平台应用推进会，中央电教馆馆长王珠珠、省教育技术中心主任施建国等出席。11月2～3日，教育部——中国电信中小学校长“网络学习空间人人通”培训管理者高级研修班在横店小学教育集团横店校区举办。11月3～5日，教育部——中国电信中小学校长“网络学习空间人人通”专项培训在横店小学教育集团横店校区开展。全国各地的中小学基地学校校长、各省培训项目负责人200余人参加培训。中央电教馆副馆长韩骏、中央电教馆培训中心主任刘峰、省教育技术中心主任施建国到场指导。

开展市级、基地、镇乡三级网络教研106次，开设名师讲堂120节、公益课堂338节、同步课堂430节、微课堂567节，供全市师生共享。义务段学校增加计算机1087台、移动学习终端950台；将义务段、高中、职高的生均增量列入2016年图书采购计划，增加40万册图书；更新音乐、美术器材20.5套；增加35所学校的主要教学场所的无线AP覆盖；依据各高中特点为每个公办普通高中建设创新实验室，为10个义务段学校建设创新实验室；建立录播教室13个，并接入教育云平台。横店小学教育集团横店校区成为全国首家入选国家级“网络学习空间人人通”培训基地学校。东阳中学、市实验小学被评为浙江省首批数字校园示范学校。11所学校获金华市首批数字校园示范校称号，10所学校获金华市信息化特色学校称号。

【城区学区调整】 2016年，东阳市对城区4所初中的学区进行适当调整。调整后的学区自秋季新生入学开始实施，原有在校生在原学区就学。调整后的各学区划分界线以城区主要道路、路段为学区分界线。吴宁一中调整后的招生区域为：人民路以西，通江路—解放路—南街—双岘路以东区域。双岘路—南街以东，东街以南，十字街—朝阳路以西区域设为吴宁一中、吴宁三中初一新生自主选择就读区域。吴宁二中调整后的招生区域为：人民路以东区域；罗屏及原荣跃小学部分范围。人民路以东，吴宁东路以北，艺海路以西区域设为吴宁一中、吴宁二中初一新生自主选择就读区域。吴宁三中教育集团汉宁校区秋季投入使用，吴宁三中调整后的招生区域为：双岘路—南街—解放路—通江路以西，关山路—望江南路以东区域。吴宁三中汉宁校区的招生区域为：关山路—环城北路—望江南路以西区域。如生源不足，可将吴宁三中E类部分学生划入该校（除白云初中招生范围）。

【东阳花园外国语学校建设】 2013年9月10日，花园集团与浙江师范大学签约联合创办学校。2016年3月18日，浙江师范大学附属东阳花园外国语学校开工奠基仪式举行。学校占地面积22.74公顷（341亩），总投资7亿元，110个班级，其中幼儿园18个班、小学36个班、初中18个班、国际高中6个班、职高32个班。2016年10月，主体结顶。至2016年年末，花园集团与浙江师范大学形成从幼儿园到高中的全覆盖式合作体系，其中幼儿园园长及管理团队由浙师大幼教集团下属的杭州幼师幼儿园派驻；中小学由浙江师范大学派驻专家团队负责指导运行及管理，校长及管理团队、骨干教师由浙江师范大学教师教育学院负责在全国范围内公开招聘培训后上岗。

【奖学金设立】 3月4日，东阳江镇教育基金会启动仪式暨颁奖典礼在东阳江镇中心小学举行。东阳江镇12家单位、27个村的220余人捐资34万余元支持基金会发展。7月23日，何品苏奖教助学教育基金成立暨《何品苏纪念文集》首发仪式在杭州歌山品悦大酒店举行。基金由何品苏个人捐资1000万元设立，奖励在教育、教学、管理等方面取得显著成绩的外国语学校、外国语小学、市实验幼儿园教职工，资助上述学校（幼儿园）因遇到天灾人祸造成暂时生活困难的教职员工及在校学生。至年末，有各类奖教奖学基金42个。

【师范生定向培养】 2016年，东阳市建立师范生定向培养机制。被一本师范院校师范专业录取的高中毕业生可在入学前和市教育局签订协议参加师范生定向培养，承诺毕业后回东阳市任教10年以上。每年市财政设立专项经费，用于全额补助定向培养师范生在校期间的学费、住宿费，发放生活补贴，标准为在校期间每月600元，每年发放十个月。

【教师节表彰】 9月9日，通过召开座谈会、表彰优秀教师、文艺表演的形式，庆祝第32个教师节。座谈会上，与会教师代表就提升全市中学教育品质、加大学前教育投入、均衡发展职业教育、公平发展农村教育等方面建言献策；与会部门负责人就如何支持教育事业发展做表态发言；相关市领导就提升东阳教育品质提出要求。在东阳市剧院举行

图156 7月23日，何品苏奖教助学教育基金成立暨《何品苏纪念文集》首发仪式在杭州市举行（市教育局提供）

图 157　9月9日，在东阳剧院举行以“红烛颂·教育梦”为主题的文艺演出（包康轩／摄）

表彰会，表彰2016年度先进教师，举行以“红烛颂·教育梦”为主题的文艺演出。

（吕映珍）

学前教育

【概况】 全市有幼儿园180所(其中教育部门办17所)，班级1330个，毕业生12383人，招生11227人，在园幼儿35444人(其中女生16161人)，园均规模197人。教职工3493人，其中专任教师1743人。幼儿园总占地面积540204平方米，生均15平方米，总建筑面积305902平方米，生均8.63平方米。9月，机关幼儿园江北分园投入使用。市实验幼儿园园长沈群英获东阳市教育“十二五”影响力教师称号，教师徐丽超被确定为金华市第六批教坛名师。横店集团幼儿园园长江宗莲获浙江省“春蚕奖”。市实验幼儿园获浙江省第二届体育运动会幼儿组规定街舞套路啦啦操比赛二等奖。市第二实验幼儿园获东阳市安全生产先进单位称号，《生态科技园 拥抱大自然》获第31届金华市青少年科技创新大赛科学实践活动一等奖。横店集团幼儿园王芳芳、市实验幼儿园张倩倩、胡倩霞获第十九届金华市教师多媒体教育软件活动一等奖。

市政府印发《东阳市住宅小区配套幼儿园建设管理办法(试行)》《东阳市促进学前教育发展奖补暂行办法》。明确新建住宅小区配套幼儿园“四同步”(同步规划、同步建设、同步验收、同步交付使用)原则，原有的配套幼儿园逐步收归教育部门管理；从提升普惠性幼儿园建设、生均经费、持证教师津贴等市财政补助额度等多方面推动学前教育快速发展。普惠性幼儿园覆盖面从年初的62.2%提升到80.6%，幼儿教师持证率从年初的70%提升到91.2%。

【幼儿园布局调整】 全市幼儿园由2015年的189所调整为180所，其中增设幼儿园7所(东阳市金翅膀米奇幼儿园、东阳市白云名博幼儿园、东阳市白云街道嘉华幼儿园、东阳市勤俭幼儿园、东阳市五马塘幼儿园、东阳市七彩泡泡幼儿园、东阳市南市智慧岛幼儿园)；撤销幼儿园1所（东阳市吴宁镇群乐幼儿园)；合并幼儿园15所(东阳市吴宁镇金星幼儿园、东阳市吴宁蓝天幼儿园、东阳市经典宝贝幼儿园、东阳市吴宁望江幼儿园、东阳市横店镇柏塔幼儿园、东阳市横店镇群峰幼儿园、东阳市横店镇新苗幼儿园、东阳市画水镇新厅幼儿园、东阳市江北湖塘幼儿园、东阳市江北新联育蕾幼儿园、东阳市中天国际世纪花城幼儿园、东阳市南马顶呱呱幼儿园、东阳市南马镇红旗小学幼儿园、东阳市千祥镇大路小学幼儿园、东阳市巍山镇七彩阳光幼儿园)。

【省等级幼儿园创建】 东江中心幼儿园、城东中心幼儿园等7所幼儿园通过省二级幼儿园现场复核，评选二级幼儿园1所，创建三级幼儿园25所。全市省等级幼儿园总数167所，其中省一级幼儿园8所，省二级幼儿园22所，省三级幼儿园137所，占总数的92.8%。等级幼儿园比例从年初的78.2%提升到92.8%，覆盖面95%。

（吕映珍）

义务教育

【概况】 全市有小学86所(其中教育部门办80所)，教学点5个，其中吴宁镇成家里小学由教学点调整为小学，横店楼下小学、千祥九峰小学调整为教学点，班级1720个，毕业生10892人，招生11400人，在校学生68139人

（其中女生30981人），校均规模792人；教职工3609人，其中专任教师3431人；小学总占地面积1621491平方米，生均24平方米，建筑面积666118平方米，生均9.78平方米。初中33所（其中教育部门办31所），班级640个，毕业生8794人，招生9859人，在校学生28329人（其中女生13118人），校均规模858人；教职工2078人，其中专任教师2006人；初中总占地面积1128709平方米，生均40平方米，建筑面积522445平方米，生均面积18.44平方米。小学学龄人口入学率、巩固率、小学毕业升初中比例均为100%，初中入学率、巩固率均为100%，义务教育学龄人口入学率100%。2016年，吴宁一中被确定为全国青少年艺术人才培训基地，吴宁二校被评为浙江省教育系统关心下一代工作先进集体，外国语小学被确定为浙江省中小学美丽校园、被授予金华市劳动模范集体称号。上半年全市义务教育段学生98660人（2015年99891人），其中外来务工子女34460人（2015年36101人），占全市学生数的34.9%（2015年36.14%）。符合条件民工子女25689人（2015年26173人），在公办学校就读27122人，占99.5%（2015年98.3%）。

【德育工作】 4月，市委办、市府办制定《关于全面加强中小学德育工作的实施意见》。召开由宣传、文化、综治、教育、公安、司法、市场监管、财政、民政、广电新闻、共青团、妇联等部门参加的中小学德育工作协调会议，专题研究分析中小学德育工作面临的形势和遇到的问题。中小学连续20年开展“孝德文化”实践教育，对中小学德育常规落实情况进行年度考核评价。修订《东阳市中小学德育常规八条》，在升国旗仪式、校园文化、值周岗、特色德育、主题月、导师制、全员育人、家校合作等方面形成规范。创建“美丽校园”，助力环境革命，校园醒目位置都有校旗、校徽、校歌、校训、“两图”、社会主义核心价值观、时政教育专栏、师德承诺、学生守则等标志。开展中小学生垃圾分类、“五水共治”系列活动、红领巾助推“环境革命”等工作。挖掘东阳市德育资源，开展“家训文化”教育。利用中国木雕博物馆“家训馆”资源，组织开展公益性的金华市中小学生“讲家训、写家书、传家风”主题实践活动，引导学生和家长开展校外德育综合实践教育活动。在全市开展“寻找传统家训”和“寻找老故事”活动。参加金华市《郑义门》动漫片观后感征文比赛，推进遵纪守法、廉洁节俭教育。全市学校开展系列德育活动。制订2016年“助力环境革命 建设美丽校园”活动方案，开展“四全四争”活动。开启第二批“美丽校园”创建活动。全市中小学幼儿园开展标语宣传活动。社会主义核心价值观、五大发展理念、四个全面、东阳人文精神、教师职业道德、学生守则、时事政治专栏等在全市中小学全面落实上墙。制定《东阳市中小学主题教育“节日清单”》，推动学校传统文化教育、主题日教育。全市中小学开展“G20与你我他”主题活动；联合市委宣传部开展“社会主义核心价值观”征文比赛；开展中小学“文明寝室”创建活动；与关工委组织开展第十九届全国青少年五好小公民“老师您好，我的好老师”主题教育读书征文。制定《关于全面开展农村留守儿童排查及信息录入工作的通知》，开展本校和组织区域内中小学、幼儿园排查工作，做好学校留守儿童台账。10月25日，全市中小学德育工作会议在市行政中心举行，东阳中学等6家单位做发言，市教育局对全市中小学德育工作进行全面部署。

【全国少先队活动课程建设示范区建设】 全国首创的少先队活动课程“四环建构”东阳模式在全省推广。科研成果《区域构建少先队活动课程常态化操作模式的研究与推广》获浙江省少先队课题研究优秀成果一等奖（全省第一名）。市教科所、少工委的少先队科研成果《队课程“四环建构”东阳模式》获浙江省人民政府基础教育教学成果二等奖。市外国语学校老师陆院获省少先队活动课说课比赛一等奖，代表省参加全国比赛。市外国语学校大队部、吴宁第五小学“爱科学中队”获浙江省少先队先进集体称号，俞国栋被评为浙江省少先队先进工作者，虞海燕、蔡红萍被评为浙江省优秀少先队辅导员。全国优秀辅导员、市总辅导员的论文《立足县域“统筹设计”，促进队课区域落地》在《少先队研究》杂志发表。探索“互联网+”德育模式。依托全国“教育云”规模化应用试点，全国首创“红领巾东阳云”，搭建少先队交流互动网络平台，实现队员空间、辅导员空间、家长空间和队部空间四大空间互联互通，“德育资源”城乡全覆盖。组织学习《习近平总书记给大陈岛老垦荒队员的后代、浙江省台州市椒江区12名小学生的回信》，开展“弘扬大陈岛垦荒精神，争做‘三爱（热爱党、热爱祖国、热爱人民）、三有（有知识、有品德、有作为）’小公民”的主题教育活动。抓好辅导员队伍建设，4月，市教师进修学校和省团校举办第五期“全市中队辅导员（骨干）培训班”。举办2016年东阳市少先队雏鹰争章技能展示比武，选拔6名选手参加金华市比赛。成立“阳光教师”志愿者服务总队，局机关志愿服务队、江北各校阳光教师志愿服务队、城校办（一）各校阳光教师志愿服务队、大美大爱阳光教师志愿服务小队等成立并开展活动，省市各大媒体进行报道。各分队开展志愿活动30余次。东阳中学厉晶晶等5人被评为东阳市“青年岗位能手”。

图158　11月20日，市实验小学举办建校30周年教育教学成果展示活动（市教育局提供）

【义务段学校课程改革实践】5月，浙江省深化义务教育课程改革巡查组7人到东阳市考察全市中小学课改工作。6月，在浙江省义务教育学校课程改革第二次专题研讨会上做课改典型介绍。年内，市教育局召开“2016年春全市基础教育工作例会”，开展学校课程顶层设计校长视频比赛，委托北京师范大学课程改革专家团队，评出一等奖16人、二等奖23人、三等奖21人，邀请北京师范大学教授裴娣娜做学校课程建设专家点评讲座；汇编《学校课程优秀顶层设计精选》，将初中一等奖、二等奖和小学一等奖优秀顶层设计汇编成册；建立教研员联系学校学科课程建设制度；5月13日，市教育局召开教研室教研员联系学校课改工作座谈会；探索拓展性精品课程建设，举行“东阳市首届拓展性精品课程比赛”；6月，给120名义务教育学校校长布置暑期作业：《顶层设计后我校课改的行动和亮点》。

【体育工作】年初，市教育局制定《关于全面推进学校体育设施向社会开放的通知》，对加快开放学校、体育设施、管理规范等提出明确要求。全市有115所学校向社会开放体育设施，其中日常开放型30所、节假日开放型54所、长假开放型31所。东阳中学、三联初中创建为国家级足球特色学校，总数增加到4所；虎鹿镇校、实验小学、江北二小、吴宁一中、巍山镇中、巍山高中6所学校创建为省级足球特色学校，总数增加到11所。巍山镇怀鲁小学在省级网球比赛中获冠军，成为首批全国学校体育工作示范校。吴宁一中学生参加全国中学生田径锦标赛获团体总分第七名，王飞翔、陈嘉伟分别获男子300米跨栏和男子四项全能冠军。画溪小学篮球队参加2016年省青少年学生阳光体育比赛获男子乙组冠军、女子甲组第四名。暑假期间，第二实验小学、横店小学获全国、省级乒乓球比赛前八名13人次，其中全国赛冠军2个，省级冠军4个。4月15～17日，在江北第二小学举办“东阳市首期中小学校园足球教练员培训班”，邀请浙江省大学生足球协会副秘书长、浙江大学足球队主教练柳志鹏授课。组织全市中小学生网球、排球、羽毛球、象棋比赛。

【艺术教育获奖】在教育部主办的全国第五届中小学生艺术展演活动中，市教育局获“优秀组织奖”；城东李宅小学李蔚的“书法小楷”获全国艺术节小学甲组一等奖（金华市唯一）；巍山高中俞宙“传承中国魂”获该届艺术展演“阳光下成长”征文奖。东阳二中、市技术学校、市外国语小学、市实验小学、巍山镇中心小学、吴宁五校、千祥镇中心小学7所学校获金华市学校艺术教育工作先进集体称号；14名教师被授予金华市学校艺术教育工作先进个人。举办“东阳市2016年中小学生艺术节”，现场展演艺术节节目，选拔 8 个节目和一批艺术作品参加金华市中小学生艺术节。在江北中心小学举行“美我家园·喜迎 G20”庆六一儿童书画现场赛，组织参加金华市“迎接 G20·我来画文明”全市少儿绘画作品大赛。吴宁第一小学“八只小鹅”“鸟归林”、横店小学教育集团“美丽的夏牧场”“读书郎”、横店镇第二小学乡村学校少年宫“斑鸠调”“圣洁的哈达”获 2016 年浙江省中小学生艺术节小学组合唱一等奖，虎鹿镇中心小学“婺韵花台”、巍山镇中心小学“夜深沉”获 2016 年浙江省中小学生艺术节小学组合奏一等奖。

【科技教育项目获奖】 在金华市第十四届中小学海陆空模型竞赛中，白云初中等 7 所学校分别获团体一等奖、二等奖，87 名学生获一等奖、二等奖、三等奖，白云银田小学的金婉雯等 3 名老师获优秀指导教师奖。吴宁一中、吴宁二校的机器人灭火项目获第十七届全国中小学电脑制作活动竞赛项目二等奖，吴宁一校能力风暴 WER 能力挑战获全国三等奖。在浙江省第 30 届青少年科技创新大赛中，市第二职校“精雕机智能压料装置”等 10 个参赛项目获省二等奖、三等奖。

【绿色学校创建】 全市中小学开展以环境教育为主要内容的绿色学校创建活动，创建各级绿色学校 11 所，其中浙江省绿色学校 2 所（市实验小学、虎鹿镇初级中学）、金华市绿色学校 4 所（湖溪镇中、南溪小学、复夏小学、建澜小学）、东阳市绿色学校 5 所（三联小学、歌山实验小学、堂鹤小学、中天国际初中、第二实验幼儿园）。全市创建绿色学校 104 所，其中国家级 2 所、省级 20 所、金华市级 39 所、东阳市级 43 所。

图 159 11 月 21 日，首届马生文化节开幕（包康轩 / 摄）

【首届马生文化节开幕】 11 月 21 日，六石街道中心小学为期一周的首届马生文化节开幕。马生文化节期间，该校举行一年级学生“开笔礼”仪式、二年级学生“经典诵读”比赛、三年级学生“对对子”比赛、四年级学生“经典吟唱”比赛、五六年级学生“古诗联唱”比赛。

【4 所学校入围省资助建设标准化中学心理辅导站】 9 月 22 日，省教育厅公布资助偏远地区建设 100 个标准化中学心理健康辅导站受益学校名单，东阳市 4 所中学入围，分别是江北初级中学、画水镇画溪初级中学、南马镇初级中学、横店镇第一初级中学。省政府给予 20 万元建设经费，用于必配设备采购与使用前人员培训。

（吕映珍）

高中教育

【概况】 2016 年，全市公办、民办普通高中 12 所，班级 348 个，毕业生 4470 人，招生 5802 人，在校学生 15659 人（其中女生 8019 人），校均规模 1305 人。教职工 1287 人，其中专任教师 1157 人。教育部门办普通高中 6 所，毕业生 2519 人，招生 3256 人，在校学生 9056 人，教职工 757 人，其中专任教师 720 人。学校占地面积 983585 平方米，校舍建筑面积 449582 平方米。报名参加普通高校招生考试 5136 人，一本（重点）上线 1308 人，上线率 29.16%。市属公办高中上一本线人数 1246 人，上线比例 43.11%。7 人被北京大学、清华大学、香港大学录取。

东阳中学被确定为清华大学 2016 优质生源基地，获全国青少年学生法制知识网络大赛高中组杰出组织奖。东阳二中吴国建获苏步青数学教育奖全国一等奖。巍山高中被评为省无烟单位。

2016年东阳市普通高中办学基本情况

表30

学校名称	学校数(所)	在校学生数(人)	教职工数(人)			学校占地面积(平方米)		校舍建筑面积(平方米)		藏书量(册)		计算机(台)
			总数	专任教师	高级教师	计	生均	计	生均	计	生均	
合计	12	15659	1287	1157	289	983585	62.81	449582	28.71	826461	52.78	4821
其中教育部门办	6	9056	757	720	245	610439	67.41	271745	30.01	512823	56.63	3099
民办	6	6603	530	437	44	373146	56.51	177837	26.93	313638	47.50	1722
东阳中学	1	2277	214	198	78	184268	80.93	82004	36.01	150089	65.92	666
东阳二中	1	1916	150	144	55	151355	79.00	74040	38.64	94570	49.36	859
巍山高中	1	1711	139	137	47	93900	54.88	38073	22.25	112000	65.46	583
东阳三中	1	1127	89	84	15	53651	47.61	30942	27.46	57700	51.20	393
南马高中	1	1254	101	96	30	80629	64.30	30479	24.31	69000	55.02	404
湖溪高中	1	771	64	61	20	46636	60.49	16207	21.02	29464	38.22	194
外国语学校	1	1127	85	85	19	82137	72.88	56367	50.02	64966	57.65	674
中天高中	1	1495	125	106	9	66600	44.55	38787	25.95	87862	58.77	300
顺风高中	1	1879	140	112	4	72450	38.56	26938	14.34	49810	26.51	204
横店高中	1	1239	107	80	12	64600	52.14	32280	26.05	75000	60.53	330
利民高中	1	863	73	54		52026	60.29	15330	17.76	32000	37.08	184
尚学传麒	1	–	13	10	–	35333	–	8135	–	4000	–	30

说明：外国语学校有初中生991人，生均占地面积、校舍建筑面积、藏书量按高中在校学生数计算

【东阳中学优质特色发展】 11月，制定《关于进一步加快东阳中学优质特色发展的若干意见》。意见明确：进一步整合优势教育资源，在加大财政保障力度、优化教师编制管理、加强教师队伍建设、构建特长教育体系等方面开通一系列"绿色通道"，注册东阳中学教育发展有限公司。从2017年开始，财政每年安排1000万元专项资金，支持东阳中学优质特色发展。

【东阳二中搬迁】 8月22日，新东阳二中启用。10月，东阳二中完成整体搬迁（高一、高二年级在8月22日搬入新校区，高三年级在10月选考后搬入新校区），从原环城北路161号搬迁至博士路100号。新校区占地15.14公顷（227亩），总投资2.6亿元，总建筑面积7.6万平方米，可容纳60个班、2400名学生，有省一级特色示范学校标准建设的教学楼、学生宿舍、图书科技中心、多功能选修教室、体艺馆等设施。东阳二中迁建项目是2012年全市政府投资重大前期项目、2013年和2014年浙江省、金华市、东阳市重点建设项目。2014年3月28日，主体工程动工。

（吕映珍）

中等职业教育

【概况】 2016年，全市公办、民办中等职业学校5所，其中教育部门办2所。班级162个，毕业生2155人，招生2355人，在校学生6762人，校均规模1352人。教职工490人，其中专任教师451人；硕士32人（其中东阳技校28人），占专任教师总数的7.1%；双师型教师185人，占专业课、实习指导课教师数的83.33%。学校占地面积337493平方米，生均50平方米；建筑面积162553平方米，生均24.04

平方米。东阳技校被授予首批“浙江省中职教育改革发展示范学校”称号,机电、计算机工会小组被评为“全国模范职工小家”,被确定为省现代学徒制试点学校。东阳技校14人上本科,机电等5个专业上线率100%,有400名学生升入高等院校。花园技校2人上本科,高职考参考率29.85%。

【公办职校资源整合】 5月,制定《东阳市公办中等职业教育整合和集团化办学实施方案》,分整合两所教育部门办职校、组建职业教育集团两步走,市政府和市教育局层面分别成立工作领导小组。10月,金华市人大常委会组织人员到东阳市就《中华人民共和国职业教育法》贯彻执行情况开展调研,明确全市职业教育发展的重点及措施。11月,完成东阳技校和东阳二职两所市公办职校资源整合。12月,市政府制定《东阳市人民政府关于加快发展现代中等职业教育的实施办法》。

【专业建设】 全市中职学校有专业20个,累计34个。东阳技校申报楼江明名师工作室、品牌专业建筑专业、优势特色专业木雕专业3个省中职质量提升工程项目,6家电商企业入驻校内,木雕工艺与设计专业入选全国职业院校民族文化传承与创新示范专业点。5月,承办市“二职”杯汽车维修行业技能大赛,600人参赛,2000人观摩;与湖州职业技术学院合办“汽车运用与维修”五年一贯制大专班,与杭州万象职业技术学院合办“汽车整车与配件营销”“3+2”大专班;从天津职业技术师范大学招聘引进汽修专业(5年制)人才4人;建立汽车专业部,形成集汽车维修、汽车电气维修、汽车美容与装潢、汽车钣金与喷漆、汽车商务等项目于一体的大汽车专业群。

【课程体系建设】 构建“公共课程+核心课程+自选课程”的课程体系,实践“素养+技能+个性”的三维育人模式。东阳技校开设280余门选修课供学生选择,尝试“做中学”“学中做”等新的教学方式,推进和实行“走班制”“学分制”“弹性学制”等现代教育教学组织形式。

(吕映珍)

特殊教育

【概况】 全市有特殊教育学校1所,教学班13个,其中聋哑班3个(小学8人、初中7人、职高10人)、培智班10个(小学82人、初中32人)。2016年,毕业生31人,招生25人,在校学生127人(其中女生41人)。教职员工30人,其中专任教师29人。市特殊教育学校占地1万平方米,建筑面积8400平方米。“三残”(智残、体残、肢残)儿童入学率98.4%,残疾儿童总入学率99.2%。获省特殊教育项目补助资金20万元,专项补助巍山中心小学、六石中心小学的随班就读资源教室建设。投资9.4万元完成市特殊教育学校校史馆建设,设立图书室、美术室、音乐室。特殊教育工作在金华市县党政领导教育发展目标责任制考核中列金华市第二。学校被评为金华市非物质文化遗产优秀传承教学基地、东阳市美丽校园和东阳市四星级安全校园。学校警务室被评为“东阳市规范警务室”。教师金璐茜、郭娇娇获第十九届金华市教师多媒体教育软件活动一等奖。

12月,爱蓝光伏聚能为学校捐助价值10万元的光伏发电系统。康恩贝蔡芍英捐助学校教室10台柜式空调机,总价值5万元。

【领导关怀】 5月9~10日,省特殊教育指导中心16人到东阳市调研特殊教育工作情况,对东阳市的“送教上门”“随班就读”工作、特殊教育学校的木雕职业技术教育表示肯定。5月25日,金华市人大常委会副主任张荣贵到特殊教育学校调研残疾人教育权利保障情况。10月19日,中国残联副理事长程凯、省残联副理事长黄树良、金华市人大常委会副主任王国强、金华市残联理事长骆芳到特殊教育学校考察职业教育情况。

(吕映珍)

成人教育

【概况】 2016年,有镇乡街道成人文化技术学校18所,建校率100%,省标准化成人技校18所,与成人技校合建的社区教育学校15所。各中职学校开展各级各类社会培训18600人次。完成成人“双证制”教育培训1652人,农村家政培训250人。11月2日,举办东阳市全民终身学习活动周启动仪式。申居华银、张晓峰被评为“金华市百姓学习之星”,葛刚红家庭被评为“金华市学习型家庭”,白云街道杨家小区被授予“金华市学习型社区”，农民创业能力培训品牌项目被授予“金华市终身学习品牌项目”。

全市自学考试（学历考试）报考1186课次，合格233课次。毕业18人（本科7人、专科11人）。报考全国计算机等级考试94人，获证43人；报考全国剑桥少儿英语等级考试121人，获证113人；新教师招聘986人，1972课次。

【扫盲教育】 编制“十三五”扫盲计划。按第六次人口普查80万人口计算，有文盲13865人，文盲率1.7%。针对扫盲对象绝大多数在农村、居住分散、年龄较大、妇女比重大的实际情况，通过集中办班、包教包学、送教上门等形式开展教学，至年末，全市脱盲800人，文盲率下降至1.63%，达到省教育现代化县市区评估指标2%的要求。

（吕映珍）

招生考试

【概况】 2016年，组织高考、普通高校招生三项考试（英语听力、技术笔试、通用技术考试）、学业水平考试、自学考试、新高考学考、选考、全国计算机等级考试、全国英语等级考试、剑桥少儿英语等级考试、新教师招聘考试、中考及中考体育、实验、计算机考试等考试21次，报名总数65230人，170875课次（普通高校5136人、高职562人、中考8596人、成人高考502人，教师招聘986人、普通高校招生三项考试4645人、原学业考试1958人、新高考学考、选考14374人，自考及各类证书考试1755人）。普通高中录取4704人，发放普通高中学业考试证书、自学考试毕业生证书、英语等级证书、计算机等级证书6567本，为各类学校招生录取组建纸质和电子档案14796份。全市完成国家教育考试县级考务指挥系统建设。采购、验收260台新型手机屏蔽器，投入使用。市教育局招生自考办公室被浙江省教育考试院评为2015年度“国家教育考试先进集体”（金华市唯一），被东部战区空军政治部评为浙江省2016年度招收空军飞行员工作先进单位；李云良被评为浙江省2016年度招收空军飞行员工作先进个人。

【高校招生考试】 全市报名参加普通高校招生考试5136人，被普通高校录取4584人，其中一本（重点）本科1308人，占29.16%。报名参加高职单考单招562人，被高职院校录取388人，高职考参考率29.85%，其中上本科16人（东阳技校14人、花园技校2人）。被录取为飞行学员5人，其中空军飞行学院2人、中国民航飞行学院3人。根据新高考方案中关于高职单独考试招生“文化考试科目：语文、数学2门，单独命题、单独考试，拟报考有外语要求的学校、专业的考生，可选择参加全国英语等级考试一级（PETS-1）考试”的规定，增设吴宁三中为全国英语等级考试考点。10月，组织新高考实施以来的首场英语高考。自实施新高考以来，全市普通高中学业考试合格率97.56%。

【高中段学校招生考试】 全市初中毕业生8794人，升入高中段各类学校8668人（普通高中5096人、职业高中2355人、其他中专教育1217人），升入高中段学校比例98.57%，普通高中和职业高中招生比1：0.7。3月，制定《东阳中学2016年保送生招生实施办法》；4月，东阳中学首次进行提前招收保送生工作，录取优秀学生106人（本地80人、外县市26人）；5月，制定《东阳市职业中等专业学校与市内公办普通高中“职普融通实验班”实施办法》，在市职教中心东阳技校校区首次招录2个普职融通实验班，通过一个学期培养，有11名符合条件的同学进入东阳二中、巍山高中等普高就读。完善《东阳市初中毕业生学业考试与高中招生工作实施意见》，军人子女中考按照金华市教育局关于落实《教育部、原总政军人子女教育优待办法的实施意见》文件精神执行，对驻艰苦海岛、边远地区军人子女报考高中给予一定优惠；东阳市少体校的毕业生，按相关规定规范录取（2016年起）、注册学籍，初中阶段正常参加体育专项训练，且参加（挂靠）特长生招生试点学校东阳中学体育特长专项测试合格的，普通高中招收体育特长生时最多可在学校录取最低线下浮100分；在填报志愿前公布特长生的分校、分类招生计划。

【成人高校招生考试】 全市报考成人高校502人，其中文史类211人、理工类118人、艺术类170人、体育类3人。实际参加考试486人，上线470人，上线率96.7%。被录取472人，录取率94.02%。

（吕映珍）

教师队伍

【概况】 2016年，全市中小学（包含幼儿园）教职工11046人，专任教师8817人。其中公办学校教职工6321人，专任教师6094人。专任教师学历合格率、学历超标率分别为99.97%和80.4%。金华市党代表3人，市党代表13人，市人大代表9人，市政协委员20人。开展5月、7月、11月春秋季三期办理教师资格认定工作，认定319人，其中具有初级中学教师资格71人，小学教师资格222人，幼儿教师资格26人。

实施城区新教师支教制度，城区义务段学校14人下乡支教，高中段11人兼职支教，3名教师援疆（援藏）。吴宁五校李倩倩被评为东阳市优秀支教教师。

【师德师风建设】 组织开展"两学一做"学习教育活动，建立教师定期集中学习政治理论制度，评选第四届"最美教师"，开展"最美教师"巡回演讲，加大优秀教师宣传力度。制订《名师名校长管理考核办法》《名师名校长工作室专项奖励基金使用管理办法》，制订2016年度中小学校、幼儿园考核办法、考核细则，对学校年度工作开展发展性考绩评议，完善师德师风监督员聘任制度。开展有偿补课专项整治，查处违纪教师7人，其中行政警告处分3人，调离城区学校2人，调离原单位5人，对信访投诉较多的5所学校校长进行约谈。

【"最美教师"评选】 8月25日，东阳中学杜赛俊被评为金华市"最美教师"，马宅镇初级中学马梅咏被评为金华市"最美教师"提名奖。11月29日，三单乡中小学张文良被评为东阳市"最美东阳人"提名奖。12月，陈硕罡、陆美芝、何玲玲、杨群、赵健、朱亮亮、杜黎明、吕红阳、吕红先、吴晓宏、吴助君、许进华12人被评为东阳市第四届"最美教师"。

【教师职称晋升】 有230名教师晋升高级、中级职称，其中50名教师晋升为高级职称，180名教师晋升为中级职称。评审工作向农村中小学教师倾斜，2016年开始农村学校教师论文不需送审鉴定；教学水平测试、专业水平考核、评审委员会评审都分城镇、农村两部分进行，重视申报对象的专业知识、工作业绩的考核，增加专业水平、专业能力、工作实绩的比重。在晋升为高级职称的50人中，农村学校教师占68%。在晋升为中级职称的180人中农村学校教师占72.2%。10月，推行中小学教师职称改革，全市取得专业技术职称任职资格的7066名教师平稳过渡，其中高级职称927人、中级职称3054人、其他3085人。

【新教师招聘】 招聘对象继续对非师范毕业生开放，幼儿教育段列入招聘计划。代课教师招聘列入单招计划。东阳中学、外国语学校、外国语小学、东阳市第

2016年东阳市学校教职工基本情况

表31 单位：人

学段	教职工数	专任教师数		学历				职称			年龄结构							
		合计	其中：女	合格人数	合格率	超标人数	超标率	高级人数	中级人数	初级人数	24岁及以下	25至29岁	30至34岁	35至39岁	40至44岁	45至49岁	50至54岁	55至59岁
小学	3609	3431	2726	3431	100	3381	98.5	98	1659	1446	317	863	764	690	292	210	166	129
初中	2078	2006	1221	2006	100	1883	93.9	362	950	584	148	208	317	261	321	336	274	141
高中	1287	1157	603	1142	98.7	40	3.5	289	397	367	66	204	169	229	176	133	128	52
职中	490	451	234	434	96.2	32	7.1	118	174	102	80	80	55	125	78	60	39	14
幼儿园	3493	1743	1736	1741	99.9	1418	81.4	5	95	802	–	–	–	–	–	–	–	–
特殊教育	30	29	22	29	100	29	100.0	2	8	19	1	14	4	4	2	2	1	1

二职业技术学校、市实验幼儿园以自主招聘的形式进行。8月，完成录用新教师的签约聘用工作。招聘新教师221人，其中高中段(职技校)28人、义务教育段160人（其中面向代课教师招聘7人)、幼儿教育33人。12月，到东北师范大学、华中师范大学、浙江师范大学等高校提前招聘新教师83人。

（吕映珍）

教育管理

【基层党组织建设】 2016年，市教育局直属党组织51个，其中党委2个，党总支6个，党支部43个。党员1392人，其中女党员807人，占党员总数的58%，大专及以上学历党员1342人，占党员总数的96%。发展党员12人，讨论转正党员18人。成立吴宁三中教育集团党支部、江北中心小学教育集团党支部和市职业教育中心学校党总支。组织开展“两学一做”(学党章党规、学系列讲话，做合格党员）学习活动，完成党员组织关系排查和党费补缴、计算工作。开展建党95周年纪念活动，党员关爱基金捐款50579元，慰问先进党员、困难党员和老党员8人次，发放慰问金8000余元。11月，完成金华市、省党代表推选工作和市教育局党委出席东阳市第十五次党代会选举工作，徐文金、王新忠、邵剑、马华莺、王忠林、卢强民、卢雁红、刘向远、吴国强、赵雪燕、项静、徐华俊、麻彩虹13人当选东阳市第十五次党代会代表，徐文金、卢雁红、楼美刚、赵雪燕4人当选金华市第七次党代会代表，卢雁红当选浙江省第十四次党代会代表。12月，完成下属党组织换届选举工作。

【中小学章程建设】 市教育局把中小学章程建设列为全市教育系统重点工作任务之一，采取有效措施，确保按期完成省教育厅下达的任务指标。全市所有公办学校建立学校章程以及管理制度体系，编印成册发给学校全体教职员工和离退休教师，实现学校依章程管理与办学、政府依学校章程监督与评价的学校管理体系。年末，市教育局所属高中段及以上学校普遍建立法律顾问制度。

【平安校园建设】 年初，印发《2016年东阳市教育局学校安全工作要点》《2016年全市学校安全工作行事历》，市教育局与市属学校、中心学校、民办学校签订学校安全工作目标管理责任书、消防安全责任书、交通安全责任书，落实安全管理责任。制订《东阳市学校重大突发事件和紧急敏感情况信息报送工作制度》，建立安全工作QQ群、安全应急信息发布与反馈系统，完善中小学幼儿园安全工作目标管理责任制考核办法，编写《东阳市中小学(幼儿园)安全隐患排查手册》(电子版)。每月召开全市学校安全例会，对可能出现的安全隐患进行预警。开展食品安全“三大一严”专项行动，会同公安和交通部门联合开展8辆专用校车和26辆公交接送车的安全隐患排查整治专项行动，完善40所学校周边道路交通标志标线设置等。各中小学校开展每月一主题安全教育活动，组织全国中小学生安全教育日、防灾减灾宣传周活动，举行地震应急疏散演练，开展全市中小学(幼儿园)防溺水专项教育，落实“学生安全千万家”教师家访、食品安全宣传月、消防安全宣传教育月等活动。年内，投入100万元，按照“八个一”(每人防暴头盔1顶、每人防护盾牌1副、每人防刺背心1套、每人防割手套1副、每人橡胶警棍1支、每人强光电筒1支、每人自卫喷雾剂1支、每人安全钢叉2套)标准配齐全市学校保安值班室的防护器械，设置校门口的防冲撞设施。投资300万元，安装全市公办学校的门禁访客系统。评出规范化校园警务室116个。全市中小学评出等级平安校园139所（AAAAA级35所、AAAA级41所、AAA级62所、AA级1所)。全市公办中小学食堂原材料配送和采购比例100%，A、B等级食堂比例95.7%。品牌超市占校园商店总数的87.5%，食品安全知识知晓率90%以上。市教育局获东阳市安全生产先进单位、食品安全工作先进单位、东阳市禁毒工作先进集体。马宅镇小、画水镇中被评为金华市无邪教校园创建示范单位。江北中心小学被评为东阳市G20杭州峰会维稳安保工作先进集体，外国语小学、市第二实验幼儿园被评为东阳市安全生产先进单位。30所学校被推荐为东阳市道路交通安全宣传教育示范学校。2人被评为金华市校园安全管理先进个人，1人被评为金华市G20杭州峰会维稳安保工作先进个人，4人被评为东阳市G20杭州峰会维稳安保工作先进个人。

【“六五”普法教育】 “六五”普法期间，市教育局整治校园周边环境，聘请法制副校长，落实法治教育责任，开展法治宣传月等活动，加强法治宣传教育。在新教师招聘、教师职称评定、教师提高培训、进修或继续教育等培训中，将法治教育列为必修课或者考核内容，在教师职称评定考核中，教育法律法规占总分的15%。东阳市技术学校被省委省政府命名为全省“六五”法治宣传教育先进集体，市外国语学校、东阳市技术学校、横店小学教育集团、吴宁第五小学4所学校被金华市命名为金华市教育系统“六五”普法教育先进学校，市教育局被东阳市委、市政府命名为全市“六五”法治宣传教育先进集体。

【内部审计工作】 推进教育经费轮审工作，强化内审监督职能；执行审计回访督查制度，确保问题整改落实；突出服务理念，开展教育内审工作。5年来，完成各项审计工作265项，审计金额50.72亿元，发现问题718个，提出审计意见和整改要求335条，出具审计报告和整改通知书222份。《东阳市教育局关于六石中心小学原校长金旦娅同志任期经济责任审计》项目获浙江省优秀内部审计项目表彰奖（金华市教育系统唯一一个）。市教育局被选举为金华市内部审计协会理事单位（东阳4家），韦利华被选举为金华市内部审计协会理事。

（吕映珍）

教育研究

【教育技术应用能力提高】 组织开展第五届中小学教师教育技术应用能力大赛、第十七届中小学生电脑制作活动、第十九届教师自制多媒体软件活动、中小学教育技术优秀论文评选活动，组织参加中央电化教育馆开展的中国教育发展基金会——戴尔“互联创未来”项目城乡协作联盟作品征集、2016年新媒体新技术教学应用研讨会暨第九届全国中小学创新（互动）课堂教学实践观摩、第二十届全国教育教学信息化交流展示等活动。2016年，101名师生在信息技术应用评比中获省级以上个人奖项，92件学校作品获省级以上集体奖。在2016年“一师一优课、一课一名师”活动中晒课3040节，推出东阳市优课271节，获省级优课17节，获部级优课5节。市教育局获2016年浙江省中小学校园微新闻和微电影大赛暨中小学校园电视台评选活动优秀组织奖、第十九届金华市教师多媒体教育软件活动最佳组织奖、金华市中小学教师信息技术应用创新大赛组织奖、金华市教育网络和信息安全先进集体。横店教育处、横店三校、横祥小学获中国教育发展基金会——戴尔“互联创未来”项目城乡协作联盟作品征集活动优秀组织奖。

【科研协作体建设】 市教育局印发《东阳市科研协作体工作手册》，明确协作体4项工作要求（每学期一次“成果共享”活动，每次活动基本具备“五步流程”，每次活动前做好“五项准备”，每次活动后有“五个一档案”），规范协作体“主体学校”5项工作职责和“协同学校”3项工作要求。在江北小学召开11个科研基地学校校长和教导主任工作会议，巩固“科研协作体”，各基地学校开展“顶层设计后学校课程改革的行动及亮点”校校交流活动，推荐两所学校在市层面分享。以11所基地学校为依托，开展“智慧课堂、轻负高效”主题教科研活动。12月2日，举行东阳市小学课程改革成果分享会暨巍山小学拓展性课程展示活动，6所小学的校长进行交流分享，学校开放35门拓展性课程。12月20日，市教育局举行东阳市深化初中课程改革推进会暨吴宁三中教育集团拓展性课程展示活动，6所初中的校长进行交流。市教科所所长做《中小学课程顶层设计与实施的问题与对策》讲座。各学校的“科研协作体”举办科研专题活动，进行课题开题认证、中期检查、成果推广等活动，总结交流基地教研和科研经验。开展“课堂的科研，教师的科研，群体的科研”活动。12月，对“科研协作体”活动进行大检查，科研工作纳入《东阳市中小学教育质量综合评价十大指标》考核。

【课题研究】 立项课题中省级规划课题5项，金华市级重点课题9项，金华市级规划课题75项，东阳市级规划课题167项。完成省级课题8项、金华市级课题76个、东阳市级课题143个。吴宁五校梁晓明负责的《基于概念构图的小学简约课堂研究》获教育部颁发的全国基础教育教学成果三等奖。市外国语小学葛敏辉负责的《小学数学“教学问诊手册”建设的实践研究》获2015年度浙江省教育科学研究优秀成果一等奖。市教育科学研究所沈兵负责的《四环建构：队课程建设东阳模式研究》、市外国语小学葛敏辉负责的《小学数学“教学问诊手册”建设的实践研究》、吴宁二校的《小学教师专业发展“观诊疗”模式研究》3 项成果获浙江省第六届基础教育教学成果奖二等奖。市实验幼儿园沈群英负责的《指向传统文化的“孺雅”课程建构》、南马中心幼儿园贾凤光负责的《四农特色:幼儿园户外体育活动开展的实践研究》、巍山中心小学金俊华负责的《小学“竹韵”拓展性课程的建设与研究》、吴宁二校楼美刚负责的《小学虚实课堂一体化教学实践研究》、白云初中徐海金负责的《“三真式”初中语文拓展性学习的策略研究》、市外国语学校韦红斌负责的《中学课堂“问题链”导学法的实践研究》获金华市教育科学优秀成果评比一等奖,27 项成果获金华市教育科学优秀成果评比二等奖、三等奖。白云初中被评为浙江省教科研孵化基地。

【教育论文获奖】 组织教师参加金华市教科所组织的“课程改革”论文大赛,350 篇论文参评,229 篇获奖,占 65.43%,其中 32 篇论文获一等奖。组织教师参加金华市组织的第九届教育科研专题论文大赛,283 篇参评,204 篇获奖,占 72.08%,其中一等奖 33 篇。选送 625 篇论文参加 2015 年度金华市教科所组织的教育教学优秀论文评比,获一等奖 63 篇、二等奖 108 篇、三等奖 172 篇。参加金华市教育学会论文评比 2 次,273 篇论文参评,188 篇获奖,占 69%,其中 31 篇论文获一等奖。

【心理健康教育】 市教育局将全市教师心理健康教育 C 证持证率和中学 100%建设合格心理咨询室两项指标,列入 2016 年教育民生实事进行考核。拨款 100 万元,为各高中、初中添置检测软件等心理辅导室设施。教科所与金华教育学院联合浙江师范大学,集中举办 6 期东阳市浙江省学校心理健康教育教师 C 级资格培训班。2016 年,义务教育段教师心理健康教育 C 证持证率由年初的 38.45% 提升到 80.9%,初中段 100%建成合格心理咨询室。

(吕映珍)

浙江广厦建设职业技术学院

【概况】 浙江广厦建设职业技术学院占地面积 64.54 公顷(968 亩),校舍建筑面积 32.36 万平方米。投入资金 9.15 亿元,其中房屋、设备等 7.89 亿元,在建工程 1.26 亿元。有专任教师 528 人,兼职教师 134 人,全日制在校生 10673 人,学生教师比例 17.93∶1。开设专科专业 32 个,有“十二五”省级优势专业 1 个,特色专业 3 个;“十三五”期间省级优势专业 2 个,特色专业 5 个,金华市重点学科 3 个。近三年立项厅级以上课题 79 项,学生在省级以上各类技能竞赛中获奖项 356 个。获省高等教育教学成果奖一等奖 2 项。有中央财政支持的实训基地 1 个、省级高职高专示范性实训基地 2 个,省级精品在线开放课程 2 门、省级精品课程 10 门,省重点教材 10 部、省“十二五”期间优秀教材 3 部。获省级教育教学改革项目 6 项、省级课堂教学改革项目 30 项。12 月 11 日,在第一届全国民办高校学报研讨会上,浙江广厦建设职业技术学院学报获“十佳期刊”。

组织开展“党员三联系”“党员亮牌上岗”“我心目中的好老师”评选等活动。开辟“两学一做”学习教育、“优秀教师、优秀学生先进事迹展”等专栏,报道优秀教师和优秀毕业生事迹。开设“学院教授讲座”“管理分院黉门大讲堂”“经外分院人文大讲堂”“艺术分院亭塘大讲堂”等 40 余场“文化大讲堂”。

创新学生管理方法,将公寓辅导员划归二级学院管理。创新军训模式,采取少量部队现役士兵与学院退役复学士兵相结合,组成军训教官队伍实施学生军训。开展“星级寝室”“文明寝室”评比活动,开展国情社情观察、教育关爱服务、美丽浙江实践等实践活动。吕楚楚获 2016 年浙江省第五届校园好声音“十佳歌手”称号。在省等级平安校园考评中,学院特色管理模式获省考评组认可,学院获 AAAA 级平安校园。

【职教专业发展】 建筑工程技术和工程造价专业被列为省高校“十三五”优势专业建设项目,雕刻艺术设计、建筑经济管理、建设工程监理被列为省高校“十三五”特色专业建设项目,《建筑识图与构造》《建筑施工工艺》2 门课程为省教育厅立项首批精品在线开放课程,雕刻艺术设计专业入选第二批全国职业院校民族文化传承与创新示范专业点。3 部教材获省“十二五”期间优秀教材。获批“大数据技术与应用”“会计”“机械制造与自动化”3 个新专业。推进二级管理,制定《关于部分教学管理事项调整的规定》并组织试行,制定《二级教学管理实施细则》,下放部分财务权、考核权，突出分院教学主体地位，激活二级学院办学活力。

雕刻艺术设计专业构建“五引领”（专业建设大师引领、专业教学巧匠引领、作品创意文化引领、技能训练比赛引领、工匠精神榜样引领）木雕非遗传承人才培养模式，培养木雕非遗传承创新技能人才。开展首届“互联网+”大学生创新创业大赛、第八届职业生涯规划大赛，开展创新创业论坛、科技创新成果展等创新实践活动。在浙江省第五届高职高专挑战杯大赛上获社会调研类一等奖1个、三等奖1个，创业计划类三等奖1个，创意竞赛类三等奖1个。获浙江省新苗人才计划立项5个。在第二届“创青春”全国大学生创新创效创业大赛中，获三等奖1项。在浙江省第二届“互联网+”大学生创新创业大赛中，获三等奖2项。学生在省级政府部门及国家部委组织的37项竞赛中，获奖项119个；在省科技竞赛委员会组织的22个学科技能竞赛中，获奖73项，比上年增长43%。

【教育教学】 成立教师发展中心，筹划教师雏鹰计划、骨干教师志远计划、精英教师引领计划三大项目。派出35人参加暑期下企业实践；8人参加访问工程师项目，10人参加创业导师培训，2人参加国培项目，1人参加国（境）外培训，2人参加省教育厅中青年骨干教师培训。与广厦集团下属企业实现资源共享，引进集团中级、高级技术专家20人作为学院的兼职教师，企业专家全程参与人才培养方案制订、课程与教材开发、实训基地建设及实践教学活动。2项科研课题分别获2016年教育部规划基金项目和教育部青年基金项目立项。各类各级课题申报322项，立项122项，在浙江省高校科研管理研究会高职分会年会上，科研处获2016年科研管理先进集体奖。

【技术协作和交流平台搭建】 设立“发展与社会服务处”，搭建技术协作和交流平台，承担行业各类技能培训，服务区域经济。与东阳市汽校合作，在校园内建立并启用驾驶技能培训中心。举办省文化厅省非遗传承人群传统民居营造技艺项目第一期培训班。向社会开展普通话测试考前培训、会计从业资格证培训和AutoCAD技能培训等项目。与市教育局、千祥镇政府、杭州汇道科技有限公司、东阳海德红木家具企业达成合作协议。程娟参与的“面向海绵城市建设的生态铺装关键技术及其应用”获省科学技术进步一等奖。该项目研究和开发的产品及其配套技术应用于城市人行道、广场、停车场、住宅小区和公园等50余项生态透水性铺装工程，铺设面积100余万平方米。学院以工作室为载体开展项目服务。建筑工程技术专业与东阳市中建建筑设计有限公司合作的“建筑设计工作室”团队由专业骨干教师、学生及企业资深设计师组成，4名教师12名学生参与工作室的10个设计项目；鲁班BIM工作室，参与实际工程近50个，援助新疆“广电服务中心”项目，项目占地0.94公顷（14亩），建筑面积8845平方米，总投资5500万元，1名教师带领5名学生承担该项目决算任务。

【招生与就业】 首次实施提前招生，录取200人。确定24个招生专业，增加建筑室内设计专业，调整部分招生前景不佳的专业招生计划。录取新生4305人，实际报到3987人，报到率92.61%，实际报到人数比上年增加348人，新生报到人数比上年增长10%。17个地市人才管理部门应邀组团参加校园招聘会，613家企业为学生提供11354个工作岗位。2016届3917名毕业生中，就业人数3846人，就业率98.19%，比上年增长0.3%。

图160　11月6日，浙江广厦建设职业技术学院艺术学院的书画特长生画墙绘（广厦学院提供）

【学院机构调整】 5月16日，根据《浙江广厦建设职业技术学院章程》，经学院第四届董事会第四次会议研究决定，聘任吕振合为浙江广厦建设职业技术学院院长，解聘许华春浙江广厦建设职业技术学院院长职务。5月26日，广厦控股集团有限公司党委任命徐征宇为中共浙江广厦建设职业技术学院委员会书记，免去楼明中共浙江广厦建设职业技术学院委员会书记职务。

【部级课题立项两项】 6月12日，张伟孝主持的教育部规划基金项目“明清江浙地区木雕装饰纹样研究”、王兴主持的教育部青年基金项目“‘国家教育云’平台规模化应用的评价体系与推广策略实证研究”两项课题，获2016年教育部人文社科项目立项。这是学院首次获该类级别的课题。

【鲁班学院成立】 8月22日，与上海鲁班软件有限公司合作，校政企联合成立浙江广厦建设职业技术学院鲁班学院。基于“6个共同”（共同招生、共同制订培养方案、共同建设课程与实践基地、共同组织实施工学结合、共同培养双元导师队伍、共同管理与考核）实施现代学徒制，首批25名学员进企上岗。

【省级教学成果奖两项】 10月26日，根据浙江省教育厅公布的2016年浙江省教学成果奖名单，学院主持的“‘五引领’木雕非遗传承创新人才培养”和参与的“产教深度融合，高职建筑类专业‘五化’教学体系的研创、应用与推广”2个项目获2016年浙江省高等教育教学成果奖一等奖。

【学生创业园开园】 11月9日，举行学生创业园开园暨东阳市大学生创业基地揭牌仪式。与赛伯乐投资集团有限公司签约成立赛伯乐广厦学院创新中心。创业园主体场地1000平方米，首批40个项目入驻，初步形成一个集科技、商务、服务于一体的综合性创新创业平台。

【中国职教学会民办职教分会2016年年会】 11月25日，中国职业技术教育学会民办职业技术教育分会2016年年会在浙江广厦建设职业技术学院召开，会议由中国职业教育学会民办职业技术教育分会主办，浙江广厦建设职业技术学院承办，浙江横店影视职业学院协办，会议主题是专业建设与特色发展。全国20余个省市、60余所民办职业技术学院的领导和代表150余人参会，韩国映像大学副院长柳在万及数家企业代表应邀参会。会上，中国职业技术教育学会副会长刘占山做主题报告，浙江广厦建设职业技术学院、浙江育英职业技术学院、山东凯文科技职业学院、广东岭南职业技术学院、浙江横店影视职业学院的代表在会上就专业建设特色发展情况做交流发言；韩国映象大学副院长柳在万分享韩国民办大学的发展情况；北京文华在线教育科技股份有限公司副总裁唐京介绍数字化教改提高高职院校人才培养质量的实践探索；深圳国泰安教育技术股份有限公司产品创新设计部总监冯诚介绍“VR”课堂教学模式的情况。

【非遗传承人群项目培训班】 11月29日，举行浙江省非遗传承人群（传统民居营造技艺）项目培训班开学典礼，培训班为期20天，课程分传统民居营造技艺知识、观摩交流、实践技能3个模块。全省各地区的古建筑修缮、古建筑装饰、古建筑保护等专业的60名一线从业人员参加培训，并颁发结业证书。

（张雷珍）

浙江横店影视职业学院

【概况】 浙江横店影视职业学院（以下简称“横店影视学院”）建有63个校内实训室和80个校外实训基地。有教职工307人，其中专任教师233人，副高及以上职称50人，全日制高职学生4236人。横店影视学院有16个专业，分为艺术设计传媒、旅游、财经、文化教育4大类，其中艺术设计传媒大类9个专业、

图161 11月25日，中国职业技术教育学会民办职业技术教育分会2016年年会在浙江广厦建设职业技术学院召开（广厦学院提供）

旅游大类2个专业、财经大类4个专业、文化教育大类1个专业。省级特色专业5个,省级优势专业2个。2016年,引进教师和行政管理人员23人,其中正高2人,副高1人,中级2人,硕士15人,其他3人。

【第八届“青牛奖”】 举办第八届“青牛奖”颁奖典礼,颁发技能、演艺比赛的一、二、三等奖及最佳人气奖、最佳创意奖、最佳仪态奖、最佳风采奖、最佳才艺奖、最佳编剧奖等99个奖项。技能、演艺比赛包括旅游与创意学院组织的第一届中餐摆台大赛、第三届艺术设计大赛、第七届导游之星风采大赛,文化经济学院组织的第二届外语影视歌曲大赛、第四届外文影视配音大赛,表演艺术学院组织的第二届健美操比赛、第二届汉语口语及影视剧配音大赛、第一届创意彩妆大赛,影视制作学院组织的影视制作大赛和摄影大赛,社团联合会组织的社团风采展示赛等。

【党建思政】 2016年,横店影视学院获省级“先进基层党组织”,获省“千名基层好支书”1人、获省高校“优秀共产党员”1人、获省高职院校党建论文三等奖1项,1部党建微视频在金华市党建网播出,1个党建服务案例入选省高校品牌案例。制订“两学一做”学习教育实施方案,召开动员大会,签订“教职工承诺书”,开展“查问题补短板”等工作。与镇委镇政府联合举办“横店城市风貌提升专题党建晚会”,与市委组织部、市广播电视台联合举办“红色记忆·长征永远在路上”主题晚会。

【教学科研】 制订2016级16个高职招生专业、中高职联合办学的9个“3+2”专业、2个“五年一贯制”专业、1个“2+3”专业的人才培养方案。开展课堂教学改革,省级立项2项教改、4项课改,校级立项8项教学改革,组织开展校级教学技能竞赛、教学设计竞赛,推送优秀教师进入省级竞赛。2016年,立项的地市级以上纵向科研项目103项;全院教师公开发表论文195篇,其中核心12篇;科研成果与论文获奖30项,全院开展横向课题44项,项目经费131.5万元;出版主编教材3本。

图162　12月11日,举办第五届横店好声音(横店影视学院提供)

【学生获奖】 横店影视学院参赛43个赛事,获奖196项。国家级竞赛获奖6项,一类大学生技能竞赛获奖105项,一类国家级技能竞赛获奖2项。一类技能竞赛中获奖最多的竞赛为证券投资大赛(二等奖12项、三等奖37项),其次为投资理财大赛(一等奖1项、二等奖6项、三等奖16项)、摄影竞赛(二等奖5项、三等奖12项)、汉语口语大赛(一等奖2项、二等奖1项、三等奖2项)。

【招生工作】 横店影视学院筹划并组建成立“浙江横店影视职业教育联盟(集团)”。2016年,招生计划1440人(全省统招学生数量),省内录取率100%,实际报到1689人,报到率92.12%;提前招生预录取率89.33%,报到率97.02%。扩大“3+2”“五年一贯制”招生规模。2016年,“3+2”招生计划完成数1688人(包括“五年一贯制”学生数量),名列全省第二;“五年一贯制”完成计划指标657人,招生计划数名列全省第五。组织“3+2”及“五年一贯制”班主任工作研讨会,加强与中职校的沟通与交流。

【毕业就业】 横店影视学院2016届毕业生总就业率98.24%,其中签约率88.66%。组织举办两次大型校园招聘会,参加招聘会单位222家,包括餐饮、酒店、服务、旅游、教育、影视传媒、商业、外贸、物流等行业企业。参加招聘会学生2379人次,实际招聘岗位2070个,实际达成就业或实习意向学生792人。

【合作交流】 搭建交流平台，首次实现境外学生到横店影视学院交流。韩国又松大学16名学生到横店影视学院体验中国文化；台湾大仁科技大学18名师生到横店影视学院开展主题交流活动；与台湾大仁科技大学到横店开展游学活动并达成共识；向台湾大叶大学、台南应用科技大学派出研修生3人，向韩国又松大学派出为期一年的交换生9人。与韩国又松大学、顺天乡大学、中国台湾大仁科技大学签署友好合作协议。11月，意大利球星阿尔贝蒂尼参加由横店影视学院举办的2016国际体育交流论坛。

（吴学科　李国跃）

体　育

【概况】 2016年，东阳市开展各级各类体育活动百余次，参加人数13万人次。主办市级活动20余次，承办地市级及省级活动5次，参加人数3000人次，主要活动有浙江省“美丽乡村”老年人健身球操表演赛、浙江省青少年（儿童）乒乓球锦标赛和全国健身球操交流活动等。承办国家级活动5次，参加人数2万人次，主要活动有横店马拉松、第32届全球华人篮球邀请赛、2016年“全国健身球操之乡”交流活动。

省、市重点项目市体育馆完成主体工程建设，进入精装修程序，完成工程量2.6亿元。智能化、精装修等工程及其他分项施工按计划推进。完成游泳馆项目前期、体育馆周边配套项目的土地预审、估算审核、环境评估、可研论证等工作。

“体育强市”创建通过省检查验收。全市有体育彩票销售网点120家，完成体彩销售1.2亿元，列金华各县市前列。浙江横店体育发展有限公司的横店马拉松项目列入省体育产业项目名录库，江北街道国际标准垂钓基地投入使用，歌山镇渔具产业园有入园企业20余家。浙江横店体育发展有限公司举办全国U16男篮俱乐部联赛、“飞梦想”何润东横店公益篮球赛等16项大型活动，2万余人参与。

全市成立市级体育协会19个，其中在市民政局登记12个，体育社团会员人数近4万人。

【体育协会活动】 4月17日，市足球协会换届。7月7日，横店足球协会成立，举行“南江壹号”杯第一届五人制足球比赛。7月15日，市体育总会篮球协会举办2016“奥特莱斯”杯夏季三人制篮球赛。市太极拳协会在江滨景观带亲水区举行“母亲河太极”演练活动，600人参加。市棋类促进会在市老年活动中心举行象棋比赛，各镇乡的30余名象棋爱好者参加比赛。第二届“金不换”杯乒乓球联赛在东阳市举行，70人参赛。8月8日，横店镇老年体育协会组织健身走活动，行程3千米，1205名老人参加活动；同日，市门球协会为庆祝“全民健身日”举办门球比赛。

10月21日，市老年体育协会举办庆祝成立30周年纪念活动，近千名老年人参加。10月27日，市体育总会召开第二次代表大会，大会选举产生市体育总会新一届委员会委员、常委委员，金晓明当选新一届委员会主席。11月5日，湖溪镇湖溪村举行庆祝老协分会成立30周年纪念活动，市武术协会湖溪村分会成立。11月11日，市自行车运动协会成立。11月25日，横店镇老年体协组织地掷球友谊赛。12月24日，市登山协会成立。

【东阳市第七届运动会】 11～12月，东阳市举办以“创建体育强市，建设健康东阳”为主题的第七届运动会，全市18个镇乡街道、40个机关部门单位，1500余名运动员参加，市四大班子主要领导出席开幕式运动会。东阳市第七届运动会历时两个月，全

图163　11月16日，举办以“创建体育强市，建设健康东阳”为主题的东阳市第七届运动会（市体育局提供）

市镇乡街道和机关企事业单位的代表团参加拔河、4×100米、羽毛球、乒乓球、气排球、太极拳、象棋、钓鱼8个大项、14个小项的比赛。镇乡街道部前八名：横店镇、吴宁街道、南马镇、城东街道、江北街道、白云街道、湖溪镇、虎鹿镇；系统部前八名：市教育局、市金融工会、市公安局、市交通局、市供电局、市供销总社、市市场监管局、市人力社保局。体育道德风尚奖：市委办、市人民法院、市发改局、市经信局、市教育局、市民政局、市财政局、歌山镇、画水镇、东阳江镇；组织奖：市府办、市委宣传部、市国土局、市卫计局、市统计局、市经济开发区、吴宁街道、巍山镇、千祥镇、三单乡。

图164　4月10日，横店马拉松获奖选手上台领奖（市体育局提供）

【体育培训】　4月15～17日，全市足球教练员培训班在市江北第二小学举行，70余名老师和足球爱好者参加培训。5月31日，承办全国老年人健身球操教练员培训班，全国各地260余名教练员参加培训。8月1日，承办2016年全国青少年校园足球骨干师资专项培训班，浙江省、江西省、湖南省、福建省4个省的703名中小学校长参加培训。

【东阳市第二十九届中小学生田径运动会】　10月12日，东阳市第二十九届中小学生田径运动会在吴宁一中田径场举行，全市12所高中、32所初中和38所小学的680名运动员参加比赛。7人破市纪录，3人破大会纪录，11人达标二级运动员，17人达标三级运动员。东阳中学、吴宁一中、吴宁四校分别获高中组、初中组、小学组团体总分第一名。

图165　10月12日，东阳市第二十九届中小学生田径运动会在吴宁一中田径场举行（市体育局提供）

【2016年横店"中行杯"马拉松】　4月10日，由东阳市人民政府、横店集团主办，浙江省体育竞赛中心为指导单位的2016年横店"中行杯"马拉松在横店镇举行。比赛设男女半程马拉松（21.1千米）、男女穿越马拉松（6千米）两个项目，包括中国、肯尼亚、埃塞俄比亚等国家和地区在内的10962名选手参加半程马拉松，4674名选手参加穿越马拉松。其中女选手5412人。该届横店马拉松赛道途经环城北路、华夏大道、康庄路、金佛庄路、长征路、秦王宫景区、影视大道、清明上河图景区、秦清路、贵宾楼、度假村、万盛街、华夏文化园景区、明清西路。横店影视城艺术团400余名演员组成古装跑方阵，在横店影视城拍摄的《极品家丁》《柜中美人》《凤凰无双》《寻找前世之旅》《翡翠恋人》《彝海结缘》《射雕英

雄传》《国士无双黄飞鸿》《大军师司马懿》《思美人》《花间提壶方大厨》《荡寇》《义海雄风》《客家风云》《诛仙·青云志》15个影视剧组的主演近百名演员组成明星方阵。肯尼亚选手MWANGI SAMUEL MACHARIA获男子组半程马拉松冠军，肯尼亚选手GATHERU HANNAH WANJIRU获女子组半程马拉松冠军。

【垂钓中心落成暨“楼斌杯”钓鱼大赛】 4月24日，东阳市垂钓中心落成仪式暨“楼斌杯”钓鱼大赛在东阳市浪坑口水库大坝下的垂钓中心举行，浙江省钓鱼协会秘书长孙浙东为垂钓基地授牌，东阳市钓鱼协会主席李趔勋接牌。垂钓中心占地约4.36万平方米，可容纳600余名垂钓运动员参赛，是按国际标准建造的浙江省垂钓基地之一。落成仪式后，全国各地的400余名钓鱼爱好者展开垂钓竞技比赛。

【“全国健身球操之乡”交流活动】 6月3~7日，2016年“全国健身球操之乡”交流活动在东阳市横店镇举行。中国老年体育协会副主席林淑英、浙江省老年体育协会常务副主席杜兆年出席活动。新疆、云南、吉林、西安、浙江等省（市）50支球队、700余名运动员参加比赛。东阳市女队、东阳市横店男队、迎晖社区女队分别获规定套路优胜奖和自编套路优胜奖、体育道德风尚奖，东阳市女队和迎晖社区女队获最佳编排奖。

【浙江“美丽乡村”奥运会老年人健身球操表演竞赛】 6月14~15日，由浙江省老年体育协会主办、金华市老年体育协会、市老年体育协会承办的2016年浙江“美丽乡村”奥运会老年人健身球操表演竞赛在横店影视学院举行，全省15支参赛队200余名运动员参加，横店镇组织1500名健身球操队员为大会开幕式进行千人团体操表演。

【第二届“梦幻横店”全国老年人气排球邀请赛】 6月21~24日，由中国老年人体育协会气排球专项委员会、浙江省老年人体育协会为支持单位，东阳市老年人体育协会主办，横店影视城、浙江横店体育发展有限公司承办的第二届“梦幻横店”全国老年人气排球邀请赛在东阳市横店影视城国贸大厦明星球馆开幕，北京、河北、福建、江苏、浙江、深圳等地的28支代表队280名运动员参加。参赛队员的年龄为男子55~70岁，女子50~70岁。比赛采用循环赛决定名次办法，每队胜一场得2分，负一场得1分。东阳市有3支男队、4支女队参加比赛，其中5支获优胜奖，2支获优秀奖。

图166 6月14日，横店镇千人团体操表演（市体育局提供）

【任梦茜成为东阳市参加夏季奥林匹克运动会的第一人】 7月18日，里约热内卢奥运会中国奥运代表团成立，东阳籍运动员任梦茜名列出征田径队运动员名单，成为东阳市参加夏季奥林匹克运动会的第一人。2月20日，任梦茜在2016年亚洲室内田径锦标赛女子撑竿跳项目中，获亚军；4月17日，在2016年全国田径大奖赛首站比赛中，任梦茜以4.3米的成绩，获女子撑竿跳项目金牌。

【施锦楷在国际运动会乒乓球项目比赛中获奖】 7月11日，在第六届“亚洲儿童”国际运动会乒乓球项目比赛中，15岁的东阳籍运动员施锦楷获男双季军、男单和混双第五。施锦楷，东阳市横店镇人，5岁开始打乒乓球，已获得24个浙江省级乒乓球比赛单打冠军。

【王丽丽在残奥会比赛中获奖】 4月23日，东阳籍运动员王丽丽（肢障）以5分50秒成绩获世界杯赛艇女子A级单人艇1000米比赛冠军，获里约残奥会入场券。9月11日，首次参加残奥会

图 167　9 月 11 日，王丽丽获里约残奥会 AS 女子单人双桨赛艇亚军（市体育局提供）

的东阳籍女选手王丽丽，以 5 分 16 秒 65 的成绩获里约残奥会 AS 女子单人双桨赛艇亚军。

【东阳籍运动员在 2016 年全国中学生田径锦标赛上获奖】 7 月 27 日，由中国中学生体育协会和中国田径协会主办的 2016 年全国中学生田径锦标赛在吉林省长春市举行，全国 217 支代表队、2000 余名中学生选手参赛。在男子 300 米栏项目中，东阳市吴宁一中王飞翔以 38.79 秒的成绩获金牌。吴宁一中陈嘉伟获四项全能第一，蔡晨宇获女子 800 米第三。

【第 32 届全球华人篮球邀请赛】 11 月 24 日，由横店集团控股有限公司、浙江省中老年篮球理事会主办，浙江横店体育发展有限公司承办的第 32 届全球华人篮球邀请赛在浙江省东阳市横店影视城梦外滩主题馆开幕，世界各国 346 支华人篮球队、5000 余名篮球运动员参加。比赛设女子壮年组（年满 35 岁）、女子中年组（年满 45 岁）、女子松柏组（年满 60 岁）；男子壮年 A 组（年满 40 岁）、男子壮年 B 组（年满 45 岁）、男子中年 A 组（年满 50 岁）、男子中年 B 组（年满 55 岁）、男子长青年组（年满 60 岁）、男子松柏年组（年满 65 岁）、男子元老祖（年满 70 岁）。增设一个年满 75 岁的比赛组别。11 月 27 日，历时 4 天的第 32 届全球华人篮球邀请赛在东阳市横店影视城落幕。

2016 年东阳市举办国家级体育赛事

表 32

时　间	赛 事 名 称	参加队伍（人数）
3 月 7 日	全国 U16 男子篮球职业俱乐部比赛	–
4 月 10 日	“中行杯”横店马拉松赛	20 余个国家和地区，15636 人
4 月 24 日	市垂钓中心落成仪式暨“楼斌杯”钓鱼大赛	全国各地 400 余人
5 月 2 日	“牧野杯”全国钓鱼邀请赛浙江站比赛	–
5 月 22 日	“牛师傅杯”全国钓鱼邀请赛	–
6 月 3 ~ 7 日	2016 年“全国健身球操之乡”交流活动	新疆、云南、吉林、西安、浙江等省（市）50 支球队，700 余人
6 月 19 日	第二届时代之星“钓圣杯”全国钓鱼大奖赛（东阳站）	353 人
6 月 20 ~ 24 日	2016 年第二届“梦幻横店”全国老年人气排球邀请赛	全国 28 支代表队，280 余人
6 月 26 日	尚武风云 CKW 世界格斗王者争霸赛	–
10 月 17 ~ 19 日	浙江横店国际木兰拳邀请赛	1800 余人
11 月 23 ~ 27 日	第 32 届全球华人篮球邀请赛	346 支球队，4600 余人

2016 年东阳市举办省级体育赛事

表 33

时间	赛事名称	获得荣誉
6 月 14 ~ 16 日	2016 年浙江省“美丽乡村”老年人健身球操表演赛	–
9 月 20 日	浙江省第二届“美丽乡村”杯篮球赛(横店站)	–

2016 年东阳市参加省级体育赛事

表 34

时间	赛事名称	获得荣誉
6 月 17 ~ 18 日	2016 年浙江省大学生俱乐部联盟杯·3V3 篮球总决赛	–
7 月 2 ~ 6 日	浙江省第十三届少年儿童田径冠军赛暨浙江省第十三届少年儿童田径会	获 1 金、3 银、3 铜,列甲级队 17 名
7 月 6 ~ 8 日	2016 年全国青少年“未来之星”阳光体育大会浙江省分会场暨浙江省青少年学生阳光体育(体育传统项目学校)网球比赛	男乙团冠军、女乙团季军
7 月 24 ~ 30 日	2016 年浙江省青少年(儿童)乒乓球锦标赛	–
7 月 29 ~ 31 日	2016 年第十一届浙江国际传统武术比赛	获 109 金、56 银、21 铜, 总计 186 块奖牌
9 月 26 日	浙江省首届“协会杯”气排球赛	获中年男队和中年女队第一
9 月 26 ~ 27 日	2016 年美丽乡村奥运会老年人柔力球套路表演赛	获优胜奖、最佳创编奖
11 月 9 日	“瑞丽航空杯”全国老年人健身球操交流赛	获女子个人、双人、混双项目优胜奖和最佳表演奖、最佳配乐奖和体育道德风尚奖

2016 年东阳市参加金华体育赛事

表 35

时间	赛事名称	获得荣誉
4 月 11 ~ 17 日	金华市第八届八婺杯篮球赛	获冠军
5 月 26 日	金华市青少年网球分站赛(金华站)	获 6 金、7 银
5 月 29 日	2016 年金华市小学生篮球赛	获男子乙组冠军、女子甲组第二名和女子乙组第三名
6 月 4 日	首届金华市足球超级联赛	获冠军
7 月 5 ~ 6 日	金华市柔道锦标赛	获 2 金、4 银、9 铜,团体总分第 4
9 月 9 ~ 11 日	金华市乒乓球比赛	获 4 金、3 银
9 月 11 ~ 12 日	金华市青少年网球(短网)分站赛(浦江站)	获 7 金
11 月 14 日	金华市秋季校园足球比赛	获亚军

2016 年东阳市级体育赛事

表 36

时 间	赛 事 名 称	参赛队伍(人数)
1 月 1 ~ 2 日	庆元旦"响亮教育杯"气排球邀请赛	–
2 月 19 日	"广丰杯"迎新春暨南市第八届新春乒乓球健身赛	16 人
3 月 26 日	"东白山杯"花海自行车 TT 赛	100 余人
4 月 9 日	全市老年人气排球比赛	–
5 月 1 ~ 16 日	2016 年"光明电建杯"市直属机关男子篮球赛	16 支球队
6 月 10 ~ 11 日	市"世贸奥祥健身杯"乒乓球俱乐部联赛	32 支队伍,158 人
6 月 19 日	第二届江滨 4 小时接力赛	400 人
8 月 6 日	第二届"金不换"杯乒乓球联赛	70 人
8 月 8 日	第八个"全民健身日"	1 万余人
8 月 8 ~ 24 日	市第五届"光明杯"5 人制足球赛	30 支队伍,344 人
9 月 8 日	2016 年"畅游东阳江 共护'母亲河'"活动	360 余人
9 月 19 ~ 25 日	迎国庆"替替车服杯"全民健身走活动	1 万余人次
9 月 26 日至 10 月 7 日	市"总部中心杯"篮球联赛	17 支队伍
10 月 3 ~ 4 日	"横店市政杯"棋类公开赛	100 余人
10 月 6 日	第八届"瀚江府杯"9 人制足球比赛	18 支队伍近 300 人
10 月 9 日	第六届"快乐杯"乒乓球比赛	46 对
10 月 14 日	"东阳银泰城杯"健身球操表演赛	17 支球队,200 余人
10 月 19 日	市"体彩杯"体育舞蹈表演赛	–
11 ~ 12 月	市第七届运动会	全市 18 个镇乡街道、40 个机关部门单位,1500 余人
11 月 5 日	"爱上体育杯"篮球赛	–
11 月 13 日	"金州舞步"健身操展示活动	–
11 月 27 日	"中行伴您平安健步走"活动	–
12 月 10 日	"农普杯"毅行活动	700 余人
12 月 10 日	"动客篮球"邀请赛	–
12 月 11 日	2016 年中国山水四项·"农商银行杯"环东阳骑游大会	300 余人
12 月 20 ~ 25 日	首届"草根杯"乒乓球男子单打比赛	55 人

2016 年东阳市职工体育赛事

表 37

时 间	赛 事 名 称	举 办 单 位	参加队伍(人数)
2 月 16 日	第二届"中天·劲跑"活动	中天集团	3000 余人
2 月 25 日	第二届员工趣味运动会	光明电建公司	–

续表 37

时 间	赛事名称	举办单位	参加队伍(人数)
4 月 18 日	2016 年横店影视城男篮联赛		12 支球队,200 余人
5 月 4 日	“花园杯”气排球联赛	花园集团	–
8 月 13～14 日	第一届职工运动	花园生物公司	–
9 月 28～29 日	第二届气排球比赛	东阳市卫计系统	54 支参赛队,500 余人
10 月 30 日	职工田径运动会	东阳市供电公司	–
11 月 2 日	“黄田畈杯”气排球比赛	供销系统	–
11 月 6 日	第一届职工运动会	东阳农商银行	–
11 月 12 日	职工气排球比赛	财贸系统	–
12 月 18 日	首届趣味运动会	民革东阳市基层委员会	–

2016 年东阳市学校体育赛事

表 38

时 间	赛事名称	参赛队伍(人数)	参赛地点
5 月 12～13 日	全市小学生网球比赛	6 所小学,120 人	怀鲁小学
5 月 13 日	全市小学生中国象棋比赛	12 所小学,60 人	吴宁一校
5 月 18～20 日	全市中小学生排球比赛	5 所初中、8 所小学,300 人	楼西宅小学
5 月 24～27 日	全市小学生羽毛球比赛	15 所小学,200 余人	市外国语小学
10 月 12 日	第二十九届中小学生田径运动会	12 所高中、32 所初中、38 所小学,680 人	吴宁一中
10 月 27 日	全市小学生篮球比赛	11 所小学,200 人	横店镇
11 月 8～25 日	全市中小学生篮球比赛	10 所高中、12 所初中,400 余人	–
11 月 30 日至 12 月 2 日	全市中小学生乒乓球比赛	5 所高中、5 所初中、8 所小学,150 余人	–
12 月 14～16 日	全市中小学生足球比赛	4 所高中、6 所初中、7 所小学,500 人	东阳中学

（金胜男）

科学技术

2016 年 4 月 24 日，东阳市垂钓中心（包康轩/摄）

概　述

【概况】 2016年，市科技局完成研究与试验发展经费（R&D）支出10.06亿元，发明专利授权量152件，规模以上工业企业新产品产值186.24亿元，高新技术产业产值58.76亿元，技术市场交易额0.76亿元，省科技型中小企业数199家，市级以上高新技术企业数161家，其中：国家高新技术企业数52家，市级以上企业研发中心82家，县级以上创新型企业数94家。

东阳市获国家科技部科技支撑计划项目1项，省重点研发计划项目2项，省公益技术研究项目1项，省级新产品试制计划44项，金华市级科技计划项目19项。2016年，增加国家高新技术企业17家，金华市级高新技术企业27家，省科技型中小微企业66家，金华市级创新型企业2家。增加省级重点企业研究院1家，省级企业研究院1家，省级企业研发中心2家，金华市级研发中心5家。

1月8日，市科技局会同市统计局对部分规模以上工业企业统计员进行科技统计业务培训，180家企业参加。

【科技型企业信贷结合推进】 1月，《东阳市科技信贷风险补偿引导资金管理办法(试行)》实施，市科技局联合市财政局、金华银行东阳支行、人保财产保险公司东阳分公司对东阳市的科技型企业发放贷款4笔，发放科技信用贷款590万元。4月，东阳市恒成硬质合金有限公司从交通银行东阳支行获1000万元专利权质押贷款额度。除专利权质押贷款外，推出专利保险等配套激励政策，帮助东阳市企业解决融资难问题。专利保险工作经过两年的试点和探索，有16家企业46件专利投保专利保险。

【打击假冒专利行为联合执法专项行动】 7月19～20日，东阳市组织开展为期两天的打击假冒专利行为联合执法专项行动。联合执法专项行动由东阳市知识产权工作领导小组办公室牵头，市人民检察院、市科技局、市文化局、市市场监管局、市公安局等部门抽调执法人员，分成2个检查组，对东阳城区及横店镇辖区的主要大型商场、超市及东阳国际建材城等近20家商业流通企业销售专利产品情况进行联合执法检查，检查商品种类20余个，检查商品数量300余件，查获涉嫌假冒专利商品31件、专利标识标注不规范商品25件。执法人员给商场负责人分发《把好进货“专利关”，营造有序市场环境》等宣传资料。

【浙江工业大学到东阳市开展暑期科技服务活动】 7月21日，浙江工业大学材料科学与工程学院院长王旭带领学院的教授博士，到东阳市开展2016暑期科技服务活动。市科技局根据教授博士专业特长，走访横店集团东磁股份有限公司、浙江中科磁业有限公司、横店集团得邦工程塑料有限公司3家企业。走访过程中，根据企业所涉及的太阳能光伏产业研发、锂离子动力电池开发、新型材料研发等行业领域，校企双方进行探讨交流，达成多个初步合作意向，在横店集团东磁股份有限公司设立“浙江工业大学材料科学与工程学院大学生实习实践基地”。

【规模以上工业企业“专利清零”行动】 9月20日，东阳市组织召开企业“专利清零”工作会议，安排部署规模以上工业企业“专利清零”行动。各镇乡街道及经济开发区的科技负责人、8家专利代理机构负责人参加会议。东阳市拥有规模以上工业企业539家，其中拥有有效专利的企业160家，占规模以上工业企业总数的29.7%，有379家规模以上工业企业为“零专利”企业。“专利清零”行动邀请若干家专利代理机构成立8个“专利清零”专家组，按镇乡街道划分片区，分工负责。要求镇乡街道和经济开发区指定专人负责，与专家组成员一起走访“零专利”企业，帮助指导企业挖掘专利资源，组织业务培训，提供专利申请代理、权利维权、管理体系建设等方面的服务，共同完成“专利清零”任务。

【科技合作项目对接活动】 4月13～15日，市科技局、市招商局组织4家企业到南京市开展招商引资、科技合作等洽谈交流活动。走访南京才华科技集团有限公司、南京东阳商会、南京大学、河海大学、东南大学、中国人民解放军理工大学、南京航空航天大学、江苏理工学院，与在南京的东阳籍企业家、部分东阳籍博士教授对接交流回归投资意向。5月17日，市科技局组织企业到西安市开展科技合作项目对接活动。走访杨凌嘉德宝自动化科技有限公司、西安市夏溪电子科技有限公司，与西安东阳商会的部分企业家以及在西安高校院所部分东阳籍专家教授进行洽谈。8月10日，市科技局带领医药化工行业的7家企业，到浙江师范大学化学与生命科学学院开展项目技术人才合作交流活动。浙师大生化学院博士、教授介绍科技成果研究方向。各企业负责人和技术人员结合企业自身研发和生产当中遇到的实际问题，特别是在医药产品提纯、金刚烷衍生物研究、医药化工产品杂质检验检测等方面进行对接交流。在人才合作方面，浙江师范大学老师提出通过开展合作项目的形式，提供优秀的学生到企业实习和工作。

【东阳市专利实施奖10个】 2016年3月10日，市政府公布2015年东阳市专利实施奖获奖企业名单，其中一等奖2个、二等奖3个、三等奖5个。对获一等奖、二等奖、三等奖的企业，分别给予奖励15万元、10万元和5万元奖金。浙江巍华化工有限公司、浙江联宜电机股份有限公司获一等奖；浙江思科国祥制冷设备有限公司、浙江瑞邦科技有限公司、浙江石金玄武岩纤维有限公司获二等奖；浙江科冠聚合物有限公司、浙江东驰钢结构有限公司、浙江恒成硬质合金有限公司、浙江鑫宁工贸有限公司、东阳市东政电机有限公司获三等奖。

【2015年专利奖补资金兑现】 2016年6月，东阳市财政下拨2015年专利项目奖励补助资金675万元，近百家企业获奖补资金。其中，用于授权专利和专利维护费补助资金385万元，专利实施奖和中国专利优秀奖奖金105万元，新认定的各级专利示范企业奖励145万元，专利服务券应用项目抵免40万元。专利资金支出总额比上年增长18%。

【省专利示范企业复核】 11月29日，浙江省知识产权局、省经信委员会公布2016年省专利示范企业复核结果，218家企业省专利示范企业复核合格，110家企业因不符合审核要求或未提交复核材料等原因，取消“省专利示范企业”称号。其中，横店集团东磁股份有限公司、浙江普洛家园药业有限公司、浙江联宜电机股份有限公司、横店集团得邦照明有限公司、中天建设集团有限公司通过复核，东阳市时潮喜庆用品有限公司未通过复核，取消“省专利示范企业”称号。

【地震前兆观测】 完善重大建设工程地震安全性评价工作，规范地震前兆观测站和GNSS基本站管理。开展防震减灾宣传工作。5月11日，市教育局和市科技局在江北中心小学举行地震应急演练，全校1760余名师生参加。

【全市地震预案编制培训会议举办】 9月12日，市科技局和市教育局举办全市地震预案编制知识培训会议，邀请有关专家作专题讲课。对地震基础知识、地震应急逃生、地震应急预案的制订和镇乡街道、学校地震预案的编制等做详细的讲解。全市各镇乡街道分管安全领导、速报员和市属学校、各中心学校分管安全领导80余人参加。根据国家和浙江省防震减灾条例要求，各县市区要督促做好镇乡街道和学校等基层地震应急预案的编制工作，按照分级分类管理要求，做好预案审批、备案和发布工作，研究预案编制标准和管理制度，持续动态地制订完善地震应急预案。

（韦倩平）

科技创新创业服务

【概况】 2016年3月，市委、市政府召开全市工业经济和科技创新大会，总结2015年度科技工作，部署2016年工作，表彰市

图168 5月11日，市教育局和市科技局在江北中心小学举行地震应急演练（胡杨辉/摄）

科技成果奖获奖单位和科技标兵。2月和4月，市委常委会召开会议，专题研究2016年度科技政策调整和企业科技创新实施方案，市委十四届十次全会把科技创新列为五大发展的短板之一，明确补齐短板的任务和举措。4月，市政府下文将“十倍增两提高”列入镇乡街道年度工作目标责任制考核。修订《关于进一步提升科技创新能力的若干意见》，明确企业研发经费给予3%的补助，对科技创新主体、实施科技计划项目、创新平台建设、产学研协同合作、科技人才和科技成果奖励、专利创造应用保护等方面进行培育和扶持。12月，制定《东阳市科技中小微企业风险资金池管理办法》。

12月12日，浙江省科技厅对16个拟确定为2016年浙江省领军型创新创业团队对象予以公示，浙江联宜电机有限公司新能源汽车电控系统创新团队列入公示名单。

横店集团东磁股份有限公司获批省政府布局的产业技术创新试点单位，列入省重点企业研究院。浙江普洛得邦制药有限公司获批省级企业研究院。东阳市级研发中心申报完成。推荐上报金华市级研发中心5家。增加省级研发中心1家，金华市级研发中心5家，东阳市级研发中心16家。浙江东阳歌山渔具休闲产业基地列为金华市级科技孵化器。

【科技孵化中心建设】 2016年，市府办召集市科技局、市财政局、经济开发区管委会等部门和单位的有关负责人，对理顺和优化市科技孵化中心管理体制机制有关问题进行专题协调，理顺市科技孵化中心体制机制。8月，通过资料审核和实地查验，并经专家评审和市科技局班子讨论研究，6家企业符合条件入驻科技孵化中心。东阳市科技孵化中心被认定为金华市级科技孵化器。

【高新技术企业认定工作】 2016年，市科技局组织全市180家省科技型中小企业的项目、财务相关负责人参加高新技术企业新政策培训工作会议。对2016年新发布的《高新技术企业认定管理办法》进行政策解读，对操作事物、财务归集处理等业务进行辅导。对2016年培训申报国家高新技术企业进行面上摸排。会同横店影视产业实验区管委会到北京市、杭州市对各类影视企业的申报高新技术企业进行宣传动员。重点走访全市的工业企业，宣传高新技术企业税收优惠、研发费用加计扣除等政策，鼓励符合条件企业申报国家高新技术企业。增加国家高新技术企业17家，重新认定3家，金华市级高新技术企业27家；金华市创新型企业2家；金华市专利示范企业9家。

【腾讯众创空间战略合作协议签约】 7月1日，腾讯众创空间（横店）战略合作协议签约仪式在东阳市政府举行。根据协议，四方（东阳市人民政府、深圳市腾讯计算机系统有限公司、横店集团控股有限公司、微播网络技术北京有限公司）将依托综合资源优势和品牌影响优势，吸引优秀创新创业人才。众创空间是大众创业、万众创新的重要载体。依托腾讯开放平台、腾讯视频、阅文集团在IP资源、线上资源和横店影视制作等线下资源及微播在影游联动、众创空间运营经验，共同建设腾讯众创空间（横店）。

（韦倩平）

产学研合作

【概况】 征集到企业技术难题56项，技术人才需求30项。以浙江大学、浙江工业大学东阳技术转移中心为依托，加强与高校院所的联系，以“走出去请进来”的方式开展科技（人才）合作对接洽谈和交流，组织39家企业的负责人和技术人员45人次到高校院所开展科技项目（人才）合作活动，达成科技合作意向20项。联系科技人才库中303名与东阳市工业主导产业相关的专家、教授和博士，征集到科技成果30项，与上海复星集团进行联系对接。规范科技成果登记，完成东阳市科技成果登记37项，省科技厅科技成果登记16项。

横店集团东磁股份有限公司与浙江大学合作的“低功耗高性能软磁复合材料及关键制备技术”获国家技术发明二等奖。推荐申报省技术发明奖2项，科技进步奖5项；推荐申报金华市科学技术奖20项，其中获金华市科学技术奖一等奖1项、二等奖3项、三等奖1项；申报市科学技术奖33项，科技成果奖9项。申报2016年中国产学研合作创新示范企业、合作创新奖、合作创新成果奖。获省级重点研发项目2项、省级新产品试制计划44项、金华市级科技计划项目19项。征集东阳市级科技计划项目工业类21项、农业类6项、社会发展类15项。5个科技项目入驻科技孵化中心。

（韦倩平）

知识产权管理

【概况】 全市专利申请量和专利授权量分别是2644件和1802件，分别比上年增长29.9%和10%。其中发明专利申请量669件，比上年增长81.8%；发明专利授权量152件，比上年下降12.1%。组织企业、镇乡知识产权负责人28人到国家知识产权培训（镇江）基地——江苏大学参加国家知识产权局举办的企业知识产权管理高级培训班。由东阳市磁性材料行业协会发起成立的浙江省磁性材料产业知识产权联盟核准备案，召开联盟第一次理事会会议。东阳市恒成硬质合金有限公司被评为国家知识产权优势企业，浙江金象科技有限公司被认定为浙江省专利示范企业，横店集团得邦照明有限公司第三次获中国外观设计专利优秀奖，浙江巍华化工有限公司获首届浙江省专利金奖。

【专利导航试点工作调研】 2月25日，国家知识产权局专利管理司副司长张宏到东阳市调研专利导航试点工作，实地考察横店集团东磁股份有限公司软磁、永磁生产线和横店集团英洛华磁业有限公司的钕铁硼生产车间，听取副市长毕伟文对东阳市知识产权工作的情况汇报以及东阳市磁性材料行业协会专利协同运用试点工作情况汇报。

【首届红木家具专利产品展】 4月23日，在第二届中国（东阳）木雕·红木家具交易博览会上，举办首届红木家具专利产品展，浙江省、广东省、福建省等地20余家企业的80余件木雕红木家具专利产品参加展出，会展期间专利产品成交额790万元。结合“4·26”世界知识产权日宣传活动，开展知识产权宣传咨询活动，现场受理专利申请和专利侵权纠纷的投诉。

【企业知识产权管理体系贯标实务培训】 5月11～12日，市科技局举办为期两天的企业知识产权管理体系贯标实务培训班，东阳市40余家企业的知识产权管理人员及相关部门负责人近120人参加培训。围绕《企业知识产权管理规范》的推行和实施，培训班重点解读《企业知识产权管理规范》标准、知识产权管理体系文件编制、体系策划、内部审核实施、管理评审与体系改进、贯标与认证流程、实施技巧及企业知识产权信息管理等方面的内容，为企业讲解和辅导贯标过程中遇到的问题和困难，为企业实施知识产权管理体系贯标工作理清思路、明确方法。培训班邀请通过贯标认证的3家企业知识产权负责人分享优秀企业知识产权管理工作的做法和经验。

【浙江省磁性材料产业知识产权联盟成立】 11月22日，中国电子元件行业协会磁性材料与器件分会、浙江省磁性材料行业协会会员大会在东阳市横店镇举行，全国磁性材料行业的负责人360余人出席会议。会上，举行浙江省磁性材料产业知识产权联盟授牌仪式，省科技厅副厅长杨春明为浙江省磁性材料产业知识产权联盟授牌。浙江省磁性材料产业知识产权联盟由横店集团东磁股份有限公司、浙江省磁性材料行业协会、杭州杭诚专利事务所有限公司等单位发起，是一个面向浙江省磁性材料行业及其上下游关联企业、高校科研院所、知识产权服务机构、政府部门等自愿组成的开放性、专业性、非营利性的合作组织。联盟第一届理事会由横店集团东磁股份有限公司为理事长单位，浙江大学材料与工程学院、中科院宁波材料与工程研究所、天通控股有限公司和浙江英洛华磁业有限公司等为副理事长单位，杭州杭诚专利事务所有限公司为秘书长单位，浙江省磁性材料行业协会、市科技局为副秘书长单位。浙江凯文磁钢有限公司、中国计量大学浙江省磁性材料重点实验室等14家单位为理事单位。联盟设立专家委员会，聘请中科院院士都有为为名誉主任，浙江大学教授严密为主任，按产业技术分类设立4个专家组。

【省知识产权联盟建设工作座谈会】 11月23日，省知识产权局在东阳市召开省知识产权联盟建设工作座谈会，东阳市、绍兴市、台州市、丽水市、舟山市等地知识产权局及重点行业协会负责人参加会议。与会人员现场观摩浙江省磁性材料产业知识产权联盟第一次理事会的召开实况，学习和了解知识产权联盟建设的程序和内容，就知识产业联盟的组织架构、联盟如何运营和发挥其作用、各有关部门单位在联盟建设中的职责及联盟建设的主要困难等问题展开座谈和交流。

【巍华化工获省专利金奖】 11月23日，省科技厅印发关于表彰首届省专利奖获奖项目通报，浙江巍华化工有限公司(以下简称“巍华化工”)成为金华市唯一一家获省专利金奖的企业。巍华化工研发的“一种连续光引发氯化反应合成对氯三氯苄的工业化方法”，对光源结构进行重大的改进，采用新技术，解决内置光源的冷却难题，提高光源的利用率及使用寿命和使用安全性。该发明专利采用连续化、自动化的生产装置，主反应器采用釜式反应器，解决光源的安装及密封面渗漏，并能维持氯化反应的高产能。副反应器采用塔式反应器，增强低浓度氯气和原料的接触反应效果。洗涤塔减少低沸点物料的损失，曝气釜解决传统工艺中惰性气体的带入而降低反应性能的问题。该项发明能提高氯气的利用率，降低氯化尾气中的有机物含量，提高氯化尾气的品质。解决光引发间歇氯化反应中氯气过量率高，操作控制烦琐等问题。

2016 年科技计划项目及新产品

表 39

序号	项目名称	承担单位	计划类别
1	全氟管式烟气换热器(MGGH)关键技术研发及产业化	四达氟塑股份有限公司	省重点研发计划项目
2	机器人用伺服电机研发级产业化	浙江联宜电机股份有限公司	省重点研发计划项目
3	光色可控的智能 LED 灯研发	横店集团得邦照明有限公司	金华市科技计划项目
4	酶法阿莫西林中间体绿色合成工艺技术开发及产业化	浙江普洛医药科技有限公司	金华市科技计划项目
5	盐酸头孢卡品酯关键中间体研发	浙江普洛得邦制药有限公司	金华市科技计划项目
6	抗痛风药物非布司他原料药研发	浙江普洛康裕制药有限公司	金华市科技计划项目
7	基于循环烧结技术和晶界改性的耐高温钕铁硼电机磁钢研发和产业化	浙江中元磁业股份有限公司	金华市科技计划项目
8	一种连续氟化反应制备三氟甲苯的方法研究	浙江巍华化工有限公司	金华市科技计划项目
9	大容积高纯高压气体焊接钢瓶研发	浙江金象科技有限公司	金华市科技计划项目
10	直流变频电机用高性能永磁铁氧体材料研发	东阳市金砖磁业有限公司	金华市科技计划项目
11	恶性淋巴瘤化疗继发糖尿病对预后的影响及其发生机制的初步探讨	东阳市人民医院	金华市科技计划项目
12	内镜下 EVL、EVS 序贯和同时治疗食管胃静脉曲张出血的对比研究	东阳市人民医院	金华市科技计划项目
13	程氏培元壮骨方防治原发性骨质疏松症的临床研究	东阳市中医院	金华市公益计划项目
14	超声引导小针刀松解联合医用臭氧注射治疗颈肩部肌筋膜综合症研究	东阳市中医院	金华市公益计划项目
15	活血通络方治疗气滞血瘀型非动脉炎性前部缺血性视神经病变的临床研究	东阳市中医院	金华市公益计划项目
16	重症超声联合 CVP 监测指导休克患者限制性液体复苏的临床疗效分析	东阳市人民医院	金华市公益计划项目
17	集束化护理模式在颅内出血术后患者的应用研究	东阳市人民医院	金华市公益计划项目
18	右胸切口二尖瓣手术同期房颤射频消融术的临床应用	东阳市人民医院	金华市公益计划项目
19	浙麦冬中肝药酶诱导剂的快速筛选研究	东阳市人民医院	金华市公益计划项目
20	晚期恶性肿瘤全外显子测序指导临床治疗研究	东阳市人民医院	金华市公益计划项目

续表 39

序号	项目名称	承担单位	计划类别
21	术中 PTH 水平对 DTC 甲状腺切除术后甲状旁腺功能低下的预测价值研究	东阳市横店集团医院	金华市公益计划项目
22	UPS 电源用锰锌材料	横店集团东磁股份有限公司	第一批省级新产品
23	苹果 7 代 DC 项目系列产品	横店集团东磁股份有限公司	第一批省级新产品
24	超细低损耗铁镍钼粉末及磁芯的制备	横店集团东磁股份有限公司	第一批省级新产品
25	软磁磁致伸缩系数材料	横店集团东磁股份有限公司	第一批省级新产品
26	抗 LID 掺硼 p 型单晶电池	横店集团东磁股份有限公司	第一批省级新产品
27	抗 EMI 用高阻抗 R12KZ 材料	横店集团东磁股份有限公司	第一批省级新产品
28	钕铁硼应用二极积木	东阳市万利电子有限公司	第一批省级新产品
29	钕铁硼永磁应用磁力片(含连接棒)积木玩具	东阳市万利电子有限公司	第一批省级新产品
30	40GHz 环行器用稀土永磁铁氧体磁体	浙江凯文磁钢有限公司	第一批省级新产品
31	变频压缩机用稀土永磁铁氧体磁体	浙江凯文磁钢有限公司	第一批省级新产品
32	A60 球泡灯用高光束角 PC 光扩散材料	横店集团得邦工程塑料有限公司	第一批省级新产品
33	超低温增韧 B471 高铁复合材料	横店集团得邦工程塑料有限公司	第一批省级新产品
34	57ZWN24-100 直流无刷电机	东阳市中兴电机有限公司	第一批省级新产品
35	低成型收缩率玻纤增强 PBT/ASA 合金	横店集团得邦工程塑料有限公司	第一批省级新产品
36	耐高温高湿 A390 导热尼龙	横店集团得邦工程塑料有限公司	第一批省级新产品
37	超级节能中空玻璃	浙江鼎坚玻璃有限公司	第一批省级新产品
38	高速电脑毛巾刺绣机	浙江东阳市双燕设备有限公司	第一批省级新产品
39	一种缓冲效果好的溜冰鞋	浙江赛诺威工贸有限公司	第一批省级新产品
40	环保型低温发泡 PVC 革	东阳市金茂塑胶有限公司	第一批省级新产品
41	低成本富铈烧结 Nd-Fe-B	横店集团东磁股份有限公司	第一批省级新产品
42	低重稀土 N35UH 烧结钕铁硼永磁材料	横店集团东磁股份有限公司	第一批省级新产品
43	无线控制全彩可调的全方位 A60LED 灯	横店集团得邦照明股份有限公司	第二批省级新产品
44	智能断电自检可调光调色 LED 灯	横店集团得邦照明股份有限公司	第二批省级新产品
45	无线供电技术触控式 LED 台灯(TP100-240_9 瓦)	横店集团得邦照明股份有限公司	第二批省级新产品
46	数控烫孔绣花机	浙江东阳市双燕设备有限公司	第二批省级新产品
47	马度米星铵	浙江普洛康裕生物制药有限公司	第二批省级新产品
48	邻三氟甲基苯胺	浙江巍华化工有限公司	第二批省级新产品
49	3,4,5- 三氯三氟甲苯	浙江巍华化工有限公司	第二批省级新产品
50	高效节能电梯电机用高性能低成本烧结钕铁硼磁体	浙江凯文磁业有限公司	第三批省级新产品
51	微型设备用高精度小尺寸异形烧结钕铁硼磁体	浙江凯文磁业有限公司	第三批省级新产品

续表 39

序号	项目名称	承担单位	计划类别
52	耐腐蚀烧结钕铁硼磁体	浙江南磁实业股份有限公司	第三批省级新产品
53	低速电动车专用直流继电器(01-200 型)	浙江英洛华新能源科技有限公司	第三批省级新产品
54	小型大功率电磁继电器(05-20 型)	浙江英洛华新能源科技有限公司	第三批省级新产品
55	双 4300 电机磁瓦	浙江中科磁业有限公司	第三批省级新产品
56	高可靠性出面机用直流电机 80ZY	东阳市联宜机电有限公司	第三批省级新产品
57	空气净化器用电机 90ZWN-310	东阳市联宜机电有限公司	第三批省级新产品
58	整体式净化型屋顶空调机组	浙江思科国祥制冷设备有限公司	第三批省级新产品
59	一体式螺杆冷水机组	浙江思科国祥制冷设备有限公司	第三批省级新产品
60	全新风冷凝热回收空气处理机组	浙江思科国祥制冷设备有限公司	第三批省级新产品
61	风冷水冷复合源冷热水机组	浙江思科国祥制冷设备有限公司	第三批省级新产品
62	便携式轻型折叠代步车 3454	浙江英洛华康复器材有限公司	第三批省级新产品
63	智能折叠轮椅 5517	浙江英洛华康复器材有限公司	第三批省级新产品
64	用于新能源汽车电机产品 DZ65M01-000(F22.5*12.6*5N35EH)的磁瓦	浙江中科磁业有限公司	第三批省级新产品
65	盐酸屈他维林	浙江普洛康裕制药有限公司	第三批省级新产品

2016 年度东阳市各级科技进步奖项目

表 40

序号	项目名称	主要完成单位及人员	获奖时间	县(市)级	金华市级	省级
1	一种超高矫顽力永磁铁氧体材料	横店集团东磁股份有限公司 丁伯明、韦晓阳、杨武国、樊良军、胡良权、叶华、姚淦	2016	一	-	-
2	盐酸左氧氟沙星原料药生产新工艺及应用(盐酸左氧氟沙星原料药)	浙江普洛康裕制药有限公司 舒理建、张柯华、郭卫锋、沈晓峰、杨平爱、朱晓燕、孙云雷	2016	一	二	-
3	基于 Mesh 组网技术的 LED 蓝牙灯	横店集团得邦照明股份有限公司 倪　强、陈欣平、叶　飞、翁步升、吴彬强、王　彪、胡太荣	2016	一	-	-
4	高速线材轧机用高强耐磨辊轴	浙江朋诚科技有限公司 王勇伟、何耀耀、古宝庭、王永跃、崔永祥	2016	二	-	-
5	用于高速数控切削的高耐磨硬质合金刀片研发及产业化(用于高速数控切削的高耐磨硬质合金刀片)	浙江恒成硬质合金有限公司 黄　椿、王德全、严迪科、李爱林	2016	二	二	-
6	多元素永磁铁氧体材料	浙江凯文磁钢有限公司 卢杨成、赵国法、彭　林、张　林、彭寿村	2016	二	-	-

续表 40

序号	项目名称	主要完成单位及人员	获奖时间	县(市)级	金华市级	省级
7	复方多粘菌素 B 软膏的研制及产业化	浙江日升昌药业有限公司 傅龙云、张涛铸、王富军、单含文、周亦昌	2016	二	–	–
8	1,4,7,10- 四氮杂环十二烷(cyclen)	浙江普洛得邦制药有限公司 祝方猛、吴 兴、阳学文、陈钦明、陈 庆	2016	二	–	–
9	苯基环丙胺中间体	浙江普洛医药科技有限公司 赖安平、卢 鑫、郭国天、陈兆高、陈航娟	2016	二	–	–
10	3- 氯 -2- 氟丙酸甲酯	浙江普洛得邦制药有限公司 祝方猛、吴 兴、阳学文、熊国强、李光超	2016	二	–	–
11	悬空设计的应用正反双向菲涅尔折射技术 LED 灯	横店集团得邦照明股份有限公司 倪 强、胡太荣、陈欣平、药左红、龚 伊	2016	二	–	–
12	小型智能清洗机专用电机 52ZY98-2440G0834-KB	东阳市东政电机有限公司 祝光华、杜朝峰、包华江、胡丹华、朱扬平	2016	二	–	–
13	DMR96 宽温功率材料	横店集团东磁股份有限公司 吕东华、颜 冲	2016	三	–	–
14	R10KZ 宽频高阻抗高磁导率 MnZn 铁氧体材料	横店集团东磁股份有限公司 王朝明、金 鑫、张 璐、张雪强、郭尚忠	2016	三	–	–
15	新型高性能永磁铁氧体材料	浙江凯文磁钢有限公司 卢杨成、赵国法、彭 林、张 林、彭寿村	2016	三	–	–
16	直流变频电机用永磁铁氧体材料	东阳市金砖磁业有限公司 卢晓梅、卢锦锋、许朝民、殷顺华	2016	三	–	–
17	新型合金油膜轴承	浙江朋诚科技有限公司 王勇伟、何耀耀、古宝庭、王永跃、崔永祥	2016	三	–	–
18	高矩形度高 Ms 永磁铁氧体材料	东阳市金砖磁业有限公司 卢晓梅、卢锦锋、许朝民、顾 全	2016	三	–	–
19	(4R-cis)-6- 氰甲基 -2,2- 二甲基 -1,3- 二氧六环 -4- 乙酸叔丁酯	浙江普洛医药科技有限公司 庄程瀚、徐旭宇、李晓黎、徐 超、唐武期	2016	三	–	–
20	复方甲麻口服溶液	浙江普洛康裕制药有限公司 余 岚、郭乐康、何金春、单海东、傅振军	2016	三	–	–
21	葡聚糖铁	浙江普洛医药科技有限公司 王 磊、周雄飞、关 键、朱黎君、刘良友	2016	三	–	–
22	注射用重组人干扰素 a2b	浙江北生药业汉生制药有限公司 马华仕、吴海立、王 强、黄庆春、张春景	2016	三	–	–
23	多索茶碱注射液	浙江北生药业汉生制药有限公司 吴海立、马华仕、徐玉娟、王 强、胡成润	2016	三	–	–
24	横店镇社区卫生服务信息化平台建设研究	东阳市横店医院 蔡松娟、楼瑞桃、李正良、秦海燕、周佳英	2016	三	–	–

续表 40

序号	项目名称	主要完成单位及人员	获奖时间	县(市)级	金华市级	省级
25	手部肌腱断裂术前断端超声定位的临床价值	横店文荣医院 李士杰、张天元、叶旭红、张梅美、潘善锋	2016	三	–	–
26	BLBO1 智能红外感应报警 LED 灯	横店集团得邦照明股份有限公司 王　彪、陈欣平、叶　飞、朱春强、斯俊出	2016	三	–	–
27	G4-TP120-DIM-A19 智能温控可调光全方向 LED 灯	横店集团得邦照明股份有限公司 廖厚望、廖后彩、张　笑、胡太荣、陈　亮	2016	三	–	–
28	高效永磁直流减速电机 80ZY115-20530/60JX56-S	东阳市东政电机有限公司 许卫刚、杜朝峰、王益锋、包华江、胡丹华	2016	三	–	–
29	数控锁式毛巾绣花机	东阳市双燕设备有限公司 冯春祥、马云飞、江　辉、肖泽金	2016	三	–	–
30	超多头双换色电脑刺绣机	东阳市双燕设备有限公司 马云飞、冯春祥、江　辉、肖泽金	2016	三	–	–
31	DMS121-G 高流动性注塑铁氧体颗粒料研发及产业化	横店集团东磁股份有限公司 胡江平、金志洪、李玉平、陈坚城、王环帅	2016	–	二	–
32	对氯三氟甲苯研发及产业化(对氯三氟甲苯)	浙江巍华化工有限公司 陈静华、程伟民、吴江伟、马伟文、王国荣、卜万红、常绚超	2016	2014 年一等奖	一	–
33	钢带热处理综合节能技术及设备的研发与应用	浙江佰耐钢带有限公司、浙江大学 李益明、凌国平、沈红娟、张升才、胡正阳	2016	2015 年二等奖	三	–
34	高性能永磁铁氧体 DM4636 材料	横店集团东磁股份有限公司 丁伯明、胡良权、韦晓阳、樊良军、杨武国、叶　华、姚　淦	2016	2013 年一等奖	2013 年二等奖	三
35	低功耗高性能软磁复合材料及关键制备技术	浙江大学、横店集团东磁股份有限公司、浙江东睦科达磁电有限公司、天通控股股份有限公司 严　密、吴　琛、王新华、何时金、柯　昕、张瑞标	2016	–	–	国家技术发明奖二等奖

2016 年东阳市专利申请 / 授权情况

表 41

申请量(件)				授权量(件)			
发明	实用新型	外观设计	合计	发明	实用新型	外观设计	合计
669	879	1096	2644	152	623	1027	1802

【2016 年增加各级各类企业】

国家高新技术企业 17 家:

东阳市恒达金属波纹管
浙江梦幻星生园影视文化有限公司
千乘影视股份有限公司
东阳市花儿影视文化有限公司
强视传媒有限公司
浙江永尔佳环保科技有限公司
东阳市金茂塑胶有限公司
东阳市朗晟橡塑有限公司
东阳市亿力磁业有限公司
浙江南磁实业股份有限公司
花园新材料股份有限公司
花园金波科技股份有限公司

花园药业股份有限公司
浙江广纳工贸有限公司
横店集团得邦工程塑料有限公司
横店影视制作有限公司
浙江普洛家园药业有限公司

金华市创新型企业 2 家：
浙江石金玄武岩纤维有限公司
浙江野风药业股份有限公司

东阳市创新型企业 7 家：
浙江通达塑业有限公司
浙江骆豪服饰有限公司
东阳市时代钓具有限公司
东阳市金茂塑胶有限公司
浙江全方音响科技有限公司
浙江微度医疗器械有限公司
东阳市小太阳照明有限公司

金华市农业科技型企业 1 家：
东阳市厚山源食品有限公司

金华市高新技术企业 27家：
东阳市沃特塑胶有限公司
浙江鑫宁工贸有限公司
浙江省东阳市伟铭电子有限公司
东阳市陈氏塑胶有限公司
东阳市富士碳素制品有限公司
东阳市百连拉链有限公司
浙江永尔佳环保科技有限公司
浙江全方音响科技有限公司
浙江正消防火门窗有限公司
浙江微度医疗器械有限公司
浙江通达塑业有限公司
浙江南方涂料工业有限公司
东阳市盛林塑胶有限公司
东阳市高强织洗有限公司
浙江斯达克照明有限公司
浙江省东阳市荣盛橡塑制品有限公司
浙江华恒温控器有限公司
东阳市航晓电器有限公司
东阳市波波雪靴有限公司
东阳市铭铄机械设备制造有限公司
东阳市中兴电机有限公司
东阳市白云包装材料有限公司
浙江绿宇制冷配件有限公司
东阳市科灵工贸有限公司
浙江澳亚织造股份有限公司
东阳市郎士服饰有限公司
浙江康柔服饰有限公司

省级高新技术企业研发中心 2 家：
浙江朋诚科技有限公司
浙江思科国祥制冷设备股份有限公司

金华市高新技术企业研发中心 5 家：
东阳市沃诺斯硬直合金有限公司
浙江东峰制冷配件有限公司
浙江凯文磁业有限公司
东阳市金茂塑胶有限公司
浙江鼎坚玻璃有限公司

省科技型中小企业 66 家：
东阳市富士碳素制品有限公司
东阳市高强织洗有限公司
东阳市航晓电器有限公司
东阳市康华化工设备厂
东阳市科灵工贸有限公司
东阳市名仕钓具有限公司
东阳市铭铄机械设备制造有限公司
东阳市元江电工有限公司
浙江宝森波纹管有限公司
浙江嘉豪皮带有限公司
浙江绿宇制冷配件有限公司
浙江省东阳市六丰金银线有限公司
浙江省东阳市三星温度仪表有限公司
浙江省东阳市伟铭电子有限公司
浙江斯达克照明有限公司
浙江微度医疗器械有限公司
浙江鑫宁工贸有限公司
东阳市白坦佳乐金银丝线有限公司
东阳市顶峰磁材有限公司
东阳市亨达塑粉有限公司
东阳市宏达皮具有限公司
东阳市鸿基实业有限公司
东阳市吉田工艺家具厂
东阳市莱驰环保科技有限公司
东阳市乐视花儿影视文化有限公司
东阳市联谊金银线有限公司
东阳市龙泽磁电有限公司
东阳市美田金银线有限公司
东阳市名艺框业有限公司
东阳市耐立电镀化工设备五金厂
东阳市奇智玩具有限公司
东阳市尚佳光电科技有限公司
东阳市神农纺织品有限公司
东阳市特瑞克数控刀具有限公司
浙江永尔佳环保科技有限公司
浙江红点影视制作有限公司
东阳市吉泰环保科技有限公司
横店影视制作有限公司
东阳市大金五金工具有限公司
东阳市奇色新材料科技有限公司
千乘影视股份有限公司
强视传媒有限公司
浙江澳亚织造股份有限公司
浙江鼎坚玻璃有限公司
浙江东峰制冷配件有限公司
浙江谷林生物材料有限公司
浙江广纳工贸有限公司
浙江慧捷衣车有限公司
浙江梦幻星生园影视文化有限公司
浙江南方涂料工业有限公司
浙江全方音响科技有限公司
浙江省东阳市万达皮具有限公司
浙江省东阳市江南电子器件厂
浙江省东阳市玄易科技有限公司
浙江省东阳市雅百威服饰有限公司

浙江省东阳市迪梦莎寝具有限公司
浙江巍巍昆仑缝制设备有限公司
浙江爱卡信息科技有限公司
东阳市东德环保设备有限公司
东阳市琳楷家纺有限公司
东阳市猫人针织有限公司
东阳市慕昕袜业有限公司
东阳市易源环保科技有限公司
东阳市撰绘针织有限公司
东阳市昌捷电气元件有限公司
东阳市永美链条有限公司

省级企业研究院 2 家：

浙江普洛得邦制药有限公司
横店集团东磁股份有限公司

国家知识产权联盟 1 家：

浙江省磁性材料产业知识产权联盟

中国外观设计优秀奖 1 家：

横店集团得邦照明股份有限公司

国家知识产权优势企业 1 家：

浙江恒成硬质合金有限公司

浙江省专利示范企业 1 家：

浙江金象科技有限公司

浙江省专利金奖 1 家：

浙江巍华化工有限公司

金华市专利示范企业 9 家：

东阳市联宜机电有限公司
浙江中科磁业有限公司
浙江中元磁业股份有限公司
浙江科冠聚合物有限公司
东阳市新和电子机械有限公司
浙江全方音响科技有限公司
东阳市沃特塑胶有限公司
浙江大清翰林古典艺术家具有限公司

图 169　7 月 26 日，在浙江英洛华磁业有限公司召开浙江省磁性材料产业知识产权联盟发起单位成员会议（图片来源于网络）

浙江鑫宁工贸有限公司

东阳市专利示范企业 13 家：

浙江中信红木家具有限公司
东阳市荣轩工艺品有限公司
浙江英洛华康复器材有限公司
浙江英洛华新能源科技有限公司
浙江广纳工贸有限公司
东阳市永美链条有限公司
东阳市万利电子有限公司
浙江浪人工艺品股份有限公司
浙江微度医疗器械有限公司
东阳市小太阳照明有限公司
浙江斯达克照明有限公司
东阳市名仕钓具有限公司
浙江凯文磁业有限公司

东阳市专利实施奖 10 家：

一等奖 2 个

浙江全方音响科技有限公司
浙江金象科技有限公司

二等奖 3 个

浙江普洛得邦制药有限公司
冀发集团有限公司
浙江普洛康裕生物制药有限公司

三等奖 5 个

浙江朋诚科技有限公司
浙江花园生物高科股份有限公司
浙江中元磁业股份有限公司
东阳市朗晟橡塑有限公司
东阳市东艺工艺品有限公司

（韦倩平）

文化　传媒

2016年10月12日，婺剧《浴血惊魂》在东阳剧院演出（包康轩/摄）

文化概述

【文化概况】 2016年，东阳市文化广电新闻出版局打造“百姓文化艺术节”“特色广场文化”“百姓文化茶坊”“非遗讲堂”等特色文化品牌。开办“周末惠民剧场”，举办黎巴嫩钢琴家斯嘉丽·萨德的钢琴独奏音乐会，演出俄罗斯远东少儿芭蕾舞团的芭蕾舞剧《灰姑娘》、浙江话剧团的《凤凰》、浙江婺剧艺术研究院的婺剧《宫锦袍》等优秀剧目47场。举办大型文化活动40次，县市间“文化走亲”5次（来回），各类培训及展览58次，参与群众10余万人次。获省级及以上荣誉5项，金华市级荣誉18项。

开展送书、送戏、送电影、送展览、送讲座等系列文化服务活动，送书下乡（包括流通图书）85461册次，开展各类读书活动50场次，举办公益讲座21次，展览11次。演出古装戏76场，综合演出49场，工会演出3场，百场演出66场，景点演出38场。放映农村电影6522场，观众32.07万人次；放映校园电影207场，观众4.05万人次。在10个村的文化礼堂设立固定电影播放点。

提升文化队伍素质，加强对农村文化干部和文艺骨干、文化管理员的培训，举办各类业务培训活动近20期，参训人员8000余人次。成立市文化志愿者总队，指导各镇乡街道成立文化志愿者分队。鼓励各地开展文化品牌创建活动。重点扶持优秀业余文艺团队、农村特色文化活动和广场文化带头人，支持农民工文化队伍建设。推荐东阳市东小婺剧团、东阳市婺剧促进会婺剧团参加2016年浙江省民营文艺表演团体展演活动；承办2016年度全省民营文艺表演团体团长培训东阳班，组织60余名业余文艺团队负责人参加培训。

图170 4月15日，2016欢乐东阳百姓文化艺术节在杜姆山景区开幕（孙振华/摄）

【文化系统机构调整】 2016年，东阳市文化广电新闻出版局与市委宣传部合署办公，行政编制23人。市文化局局长由市委宣传部副部长兼任，副局长3人。内设文化产业发展办公室、群众文化（文物）科、广电新闻出版科、行政审批科（法制科）4个科室。下设文化市场行政执法大队、文化馆、图书馆、博物馆（中国木雕博物馆）、文物管理办公室（东阳市恐龙文化博物馆）、土墩墓群保护研究所、卢宅文物保护管理所、非物质文化遗产保护中心、书画院、婺剧艺术传承中心10个直属文化单位。在编155人，有高级专业技术职务任职资格的26人。

【文化市场管理】 文化窗口受理审批文化经营项目205件，办结率100%。组织文化经营场所安全生产专项检查8次；开展消防专题讲座5次，参训人员600人次。组织灭火疏散演练3次，参训300人次。开展以打击接纳未成年人为重点，以“保障中考、高考环境”为主题的网吧市场专项整治行动等“护苗专项”集中整治行动。联合市公安局治安大队等相关职能部门，对游戏娱乐场所开展联合执法检查。文化执法大队出动日常巡查1105人次，检查场所2983家次。受理举报（督查）6件，行政处罚立案调查17件，办结案件15件（其中一般程序11件、简易程序4件），警告11家次，罚款6.4万元，停业整顿4家次，没收非法所得8613.87元。查缴非法音像制品5167张、书刊2912本、老虎机1台、非法电台主机1台。

【公共文化服务】 建设基层综合性文化服务中心。落实国家和省基本公共文化服务相关标准，依托农村文化礼堂、区域文化活动中心、文化活动室以及闲置的学校、村（社区）党员活动场所、小区公共服务配套设施，建设基层综合性文化服务中心70个。制定《东阳市加快构建现代公共文化服务体系的实施方案》《东阳市基本公共文化服务标准》《东阳市基层综合性文化服务中心建设实施方案》《东阳市文化志愿者管理办法》。在公共文化场馆设置无障碍通道，建立残疾人阅览室，方便老年人和残疾人参与活动；举办未成年人读书节、百姓文化艺术节。开设中老年电脑培训班、残疾人数字阅读班，加强对老年人、残疾人、外来务工人员的辅导培训。

图171　5月15日，婺剧《樊梨花与薛丁山》在东阳剧院演出（孙振华/摄）

【周末惠民剧场】“周末惠民剧场”自2015年6月推出，其主要内容是每个周末晚上在东阳剧院开展精品剧目演出、地方戏曲展演和群众性文艺表演，按照“政府补贴、低价惠民”原则，让市民可以免费或低价观看各类演出。2016年，该活动受惠观众4万余人次。东阳市低价“周末剧场”盘活闲置剧院信息在全省刊发交流。

【农村文化礼堂推行“菜单式”服务】2016年，市文化局制订农村文化礼堂服务菜单，涉及书画流动展、非遗演出、婺剧演出、电影放映、法律知识讲座等21类服务内容。11月，吴宁街道东岘社区、六石街道樟村、横店镇任湖田村、歌山镇潘店村通过“点单”的方式，邀请市图书馆到社区（村）举办“孝文化”主题图片展、“家训家规”主题讲座、“时代新风尚”主题文艺演出。

【文化产业】制定《关于鼓励和扶持文化创意产业发展的若干意见》。配合省文化厅组织召开全省木雕、根雕、石刻产业传承发展与特色小镇建设现场推进会，推动《浙江省人民政府关于扶持木雕、根雕、石刻产业传承发展的指导意见》的贯彻落实。联系落实东阳市工艺美术企业参加第十一届中国（义乌）文化产品交易会。在义乌国际博览中心设立东阳木雕竹编·红木家具专馆，参展企业48家，展位99个，在东阳市设立中国（义乌）文化产品交易会分会场——第二届中国（东阳）木雕·红木家具交易博览会。组织东阳中国木雕城、华谊兄弟、横店影视城参加第十二届深圳文博会。

（单望阳）

图　书

【概况】2016年，市图书馆增加馆藏25156册；纸质图书总流通量333831册次，总馆流通量145670册次；总流通人次337734人次，总馆流通人次222834人次。举办讲座、展览、培训64次；办理图书证2075本。电子阅览室接待读者5317人次；阅览室接待读者54197人次；少儿阅览室接待少儿读者35940人次。外出征集文献50余次，收集整理地方文献资料151种、244册；收

图172　11月22日，以“家训家规”“孝文化”“时代新风尚”为主题的送讲座、送展览、送演出文化下乡活动（市图书馆提供）

图 173　4月7日，第十二届东阳市未成年人读书节在吴宁四校揭幕（市图书馆提供）

集东阳地域报纸10种、期刊21种。送书下乡11万余册次。

【东阳市图书馆志愿者服务队】 市图书馆志愿者服务队从2015年15人的"小小志愿者"小分队，发展到成人志愿者小分队、大学生志愿者小分队、老年志愿者小分队、小小志愿者小分队，有成员147人。志愿者中最大年龄81岁，最小年龄9岁，主力军为80后90后，市图书馆志愿者服务队成员参与志愿服务时间2320小时。

【建筑图书馆建设筹备工作】 2016年，提出在东阳市成立建筑图书馆的构想。3月3日，市文化广电新闻出版局副局长叶钦进到市图书馆召开专门会议，明确分工，市图书馆成立筹备小组。5月31日，市文化广电新闻出版局领导到东阳市建筑业管理局交流，征求部分建筑专家的意见，初步明确下一阶段的工作任务。

【农家书屋提升工程】 2016年，市图书馆进行全市农家书屋调研工作，实地走访乡镇书屋，提交管理和条件较好的书屋名单，确定提升书屋名单，对书屋分类整改。结合有农家书屋的文化礼堂举办各类活动，举办两期农家书屋管理员业务培训。11月，对农家书屋图书采购进行招投标。12月，完成农家书屋图书的配送。

【党风廉政建设图文展】 由市纪委、市委宣传部、市文化局主办，市图书馆承办的"学党规、明党史、守党纪"为主题的党风廉政建设图文展在市行政中心、各镇乡街道、机关单位进行巡展，全市党员领导干部和群众观看并学习展览，展览展出30块展板。

【全民阅读活动】 2016年，市图书馆联合市内的多家学校、幼儿园以及社会教育培训机构开展展览、讲座、互动、亲子等活动64场次，范围辐射到乡镇书屋、农村文化礼堂。完善金华地区的"一卡通"服务，实现与乡镇分馆和部队分馆的"通借通还"服务。制订图书馆资源综合利用方案。10月，市图书馆移动数字图书馆启用。国庆节开始，在一楼大厅设置读者自助阅览区，延长图书馆开放时间。

（杜晓娟）

非物质文化遗产保护

【概况】 组织民乐沙龙、婺剧表演、非遗项目进景区活动。接待游客5万余人，收益130余万元。开展"博物馆日""文化遗产日"系列宣传活动。市博物馆接待国内外游客12.9万余人次，团队48批次、6200余人次，提供讲解服务27次。完成可移动文物普查数据修改完善、审核上传等工作。

【东阳市非物质文化遗产项目代表性传承人和传承基地】 根据《关于公布第五批东阳市非物质文化遗产项目代表性传承人和第六批东阳市非物质文化遗产传承基地的通知》，确定徐荣桃、陈日华、陈洪刚、陈峥嵘4人为第五批东阳市非物质文化遗产项目代表性传承人；确定浙江大清翰林古典艺术家具有限公司、东阳市南马古艺福红木家具厂为第六批东阳市非物质文化遗产传承基地。

【非遗保护】 1月27日，在杭州市召开布展专家论证会，邀请省非遗保护专家商议非遗馆规划建设布展方案。4月末，文化部副部长项兆伦考察东阳市传统民居营造技艺，组织召开座谈会。5月5日，在东阳宾馆召开非遗馆首期布展方案论证会。5月19日，市政府向浙江省文化厅提交《关于提请要求在东阳设立传统民居营造技艺非遗工作站的请示》。6月3日，省文化厅向文化部非遗司提交《关于提请文化部非遗司批准建立浙江东阳传统民居营造技艺工作站的函》。9月21日,组织卢宅营造技艺参加第四届中国非物质文化遗产博览会,卢宅营造技艺传承人吕雄心在传统工艺振兴论坛上发言。展会期间,向文化部领导汇报东阳市国家传统民居营造技艺非遗工作站筹建情况。10月21日,组织卢宅营造技艺到北京市太庙参加由文化部非遗司、北京市总工会、中央美术学院联合主办的"大学与非遗——中央美术学院中青年非遗传承人高级研修创作展"。11月2日,同济大学建筑学院院长吴长福到东阳市考察传统民居营造技艺,在东阳市成立"同济大学东阳传统营造实习基地"。11月5日,中国文物保护技术协会秘书长王时伟到东阳市考察,在东阳市建立传统营造培训基地,开展课题研究、培训等合作项目。11月20日,浙江省传统民居营造技艺传承人群研习培训班在浙江广厦建设职业技术学院开班,省内57名传承人参训。12月20日,到同济大学谈合作意向,同意成立"同济大学东阳传统营造实习基地"。

在各类媒体刊出东阳市非遗报道20余篇;参加省级非遗展2次,金华市级非遗展6次;与东阳中国木雕城联合举办"非遗夏令营"活动;开展"美丽非遗进文化礼堂"活动、"非遗项目进景区"活动。

【第七批东阳市非物质文化遗产代表作】 6月13日,东阳市人民政府公布第七批东阳市非物质文化遗产代表作8项。

第七批东阳市非物质文化遗产代表作

表42

序号	类别	项目名称	申报地(单位)
1	传统舞蹈	陆宅走线狮子	画水镇陆宅村
2	传统舞蹈	古渊头文灯	巍山镇古渊头村
3	传统技艺	婺剧弦乐器制作技艺	市非物质文化遗产保护中心
4	传统技艺	钉秤	南市街道南溪村
5	传统技艺	东阳汤圆	市非物质文化遗产保护中心
6	传统技艺	东阳烤饼·李宅拍拍饼	城东街道李宅社区
7	传统技艺	东阳烤饼·官桥饼	横店镇官桥村
8	民俗	大爽摆茶节	巍山镇大山村大爽自然村

(非遗中心)

文物管理

【中国木雕博物馆接待工作】 2016年,中国木雕博物馆接待观众近20万人次,提供讲解服务1827批次,其中为政府团队免费讲解1290批次,2月8~13日(正月初一至初六免费开放)。接待全国政协原副主席张梅颖,中宣部副部长王世明,国家旅游局副局长刘金平,浙江省政协主席乔传秀,省委常委、组织部部长廖国勋,副省长郑继伟等领导。

【东阳博物馆临时展览】 2016年,市博物馆举办"笔墨丹心——吴江博物馆藏南社书画展""百砚千姿——杭州古越会馆藏古砚特展""书画之乡——浦江县月溶秋韵作品展""墨色传奇——当代名家书画作品巡回展""东阳古木雕珍品展""美籍华侨郭中伦国画作品展""墨笔生花东阳青年书画展""与古为徒,回归经典——东阳市美术家协会会员临摹展"等临时展览。"5·18"世界博物馆日前夕,"佛崎天姥"在东阳市开展,市博物馆是主要联展单位,集聚省内10个博物馆的佛教文物精品。

【古建筑修缮保护】 2016年,投入资金500余万元,组织实施后溪干积庆堂,巍山和致堂、万二殿,西宅滋德堂,李宅宗祠门楼等古建筑修缮保护工程。开展卢宅日常保护修缮工作,完成卢宅文物建筑电气线路改造工程。组织人员对树德堂东厢房、冰玉堂等开展地面、墙体改造。开展卢宅保护利用项目一期回

图 174 7 月 5 日,“墨笔生花”青年书画家作品展在市博物馆展出(孙振华 / 摄)

迁区安置房建设、旅游服务中心建设、公建区域工程和异地安置房建设。

【文物安全保护】 2016 年,东阳市重点推进文物平安工程,数个省保国保单位的安防和消防工程通过方案设计,完成部分工程。出动巡查近 500 人次。完成文物建筑安装独立式感烟火灾探测报警器 3200 余只,更换到期灭火器 350 余只,悬挂公安部和国家文物局发放的《文物建筑消防安全管理十项规定》牌子 150 余块,分送《文物保护与消防知识小册子》500 余本。整改市博物馆线路,安装 9 路智慧式用电安全管理系统,建立微型消防站,举办安全知识讲座 3 次,完善修改各项安全制度及应急预案。

【东阳市省级历史文化名镇、名村】 7 月中旬,浙江省人民政府公布第五批浙江省历史文化名镇名村街区名单,东阳市虎鹿镇列为历史文化名镇、城东街道李宅村列为历史文化名村,分别成为东阳市第一个省级历史文化名镇和名村。虎鹿镇历史悠久,以蔡宅村、厦程里村等村为代表,古民居保存量多质好,有高跷、秋车等民俗文化。李宅村保存着东阳市最古老的民居和最大的宗祠建筑,是东阳市保存古建筑类型最丰富的古村落。

【东阳木雕家训展获精品奖】 6 月,中国木雕博物馆家训馆“小家训大规矩——木雕家训展”被评为第十届全省博物馆陈列展览精品奖。木雕家训馆展厅面积 1400 平方米,是中国木雕博物馆的六大展厅之一。木雕家训馆编写出版《小家训大规矩》,入驻中纪委门户网站“网上展馆”,《人民日报》《中国纪检监察报》《钱江晚报》等多家媒体进行报道。

【第八批东阳市文物保护点】 6 月 8 日,东阳市文化广电新闻出版局公布第八批东阳市文物保护点 24 处,其中古建筑类 17 处、近现代重要史迹及代表性建筑 7 处。东阳市文物保护点增至 211 处。

第八批东阳市文物保护点名单

表 43

序号	名 称	时代	类 别	地 址
1	贻经堂	清	古建筑	白云街道歌山画水公园
2	绣衣第	民国	近现代代表性建筑	白云街道歌山画水公园
3	石板门堂	明	古建筑	白云街道歌山画水公园
4	楼塘贵八公祠	清	古建筑	马宅镇和协村楼塘自然村
5	马上桥树德堂	清	古建筑	湖溪镇镇西村马上桥自然村
6	佐村丰艾堂	清	古建筑	佐村镇佐村村
7	前金陈氏宗祠	清	古建筑	南马镇泉府村前金自然村
8	泉府金大宗祠	民国	近现代代表性建筑	南马镇泉府村

续表 43

序号	名 称	时代	类 别	地 址
9	泉府上面厅	清	古建筑	南马镇泉府村
10	上陈祠堂	明	古建筑	东阳江镇上陈村
11	普济亭	清	古建筑	横店镇桥下社区金宅小区
12	杨塘下聚德厅	民国	近现代代表性建筑	横店镇荆溪社区杨塘下小区
13	大路史大宗祠	清	古建筑	千祥镇大路村
14	龙泉三层楼民居	民国	近现代代表性建筑	千祥镇万祥村龙泉自然村
15	东王王氏宗祠	清	古建筑	千祥镇万祥村东王自然村
16	厦程里崇德堂	清	古建筑	虎鹿镇厦程里村
17	蒋村桥蒋氏宗祠	清	古建筑	虎鹿镇三星村蒋村桥自然村
18	古兰桥	明	古建筑	虎鹿镇葛宅村
19	大里上新屋十一间头	民国	近现代代表性建筑	歌山镇大里村
20	横城蒋氏宗祠	民国	近现代代表性建筑	南市街道横城村
21	文英草堂	民国	近现代代表性建筑	巍山镇古渊头村
22	擎天丘崇德堂	清	古建筑	湖溪镇南塘村擎天丘自然村
23	平原三祝堂	明	古建筑	画水镇陆宅村平原自然村
24	乌竹岭下俞氏宗祠	清	古建筑	巍山镇八字墙村乌竹岭下自然村

（文物办）

市文学艺术界联合会

【概况】 2016年，市文学艺术界联合会组织举办展览、采风、创作、演出、交流等各种文艺活动。配合金华市文学艺术界联合会举办“深入生活，扎根人民——到人民中去”的文艺志愿服务活动；开展“阳光文艺到军营”“走进农村文化礼堂”等活动；举办卢文丽《外婆史诗》新书座谈会；组织全市文艺工作者到农村、基层学习交流，配合浙江省作家协会做好“五水共治”作家东阳采风活动有关工作。建设“三网”（“三网”指东阳文联网、东阳书画网、东阳摄影网）“四刊”（“四刊”指《东阳文艺》《东阳文学》《东阳诗（词）(楹）联》《东阳赏石》)，为会员提供展示平台。陪同中国电视艺术家协会、北京市文学艺术界联合会相关人员到横店镇调研。

【市作家协会】 邀请第三届唐弢文学奖得主、美国斯坦福大学东亚系高级访问学者、东阳中学1985届校友王侃为部分会员做《当今文学的主流》专题讲座，从“量子力学”说起，讲解新历史主义文学思潮及回溯古典的文学思潮，透析当今文学时代。召开会员吴如键长篇小说《天下无摊》的研讨会；召开“中国好诗歌”(第二季）文本创作研讨会；组织部分会员参加浦江“桃岭旧事”笔会；参与《金华新时期文学》的采编工作；创建“东阳文学”“放马湖”微信公众号。会员王秋珍的随笔集《两颗胡桃的爱》、陈志伟的诗文集《三都恋》出版发行；会员应小虎加入中国作家协会。10月，组织开展“走进三单‘东阳西藏’玉溪”采风活动；编印2016年第1期《东阳文学》。

【市书法家协会】 蒋金龙、李阳、胡天华、宗加志、阮葆棠5人的作品选入浙江省书法村作品联展，其中蒋金龙获优秀奖；金妙勇加入中国书法家协会；吕海强入选2016年度浙江省书法家协会“先锋计划”。在浙江省第四届女书法家作品展中，黄逸伦、邢亚云、吴佳燕3人的书法入展，吴冰、张园园2人的书法入选，李江红的篆刻入选。在“聚君堂杯”全国书画精品展中，吴振宇获一等奖，金妙勇、金笑珍获三等奖，金升高、韦凌云、周坤、陈晓丽的作品入展，吴冰、徐新琪、蒋金龙、金大强、蒋海珍、陈云峰、沈跃锋等人的作品入选。在“沙孟海奖”第十届全浙展中，陈金彪、吕海强获三等奖，郭向峰、黄逸伦的作品入展，陈小姣的作品入选。在“吴昌硕奖”第五届浙江省篆刻大展中，陈金彪获铜奖，钟国友、金妙雄的作品入展，张扬明、李江红、陈德鸿的作品入选。在浙江省第四届“温泉杯”书法大赛中，张扬明获二等奖，金笑珍、金妙勇获三等奖，黄逸伦的作品入展，陈小龙、陈云峰、金升高、黄玉平的作品入选。在中国书法家协会主办的第八届中国书坛新人新作展中，吕海民入围面试。在“新语新学·兴我中华”暨浙江省第三届公务员书画展中，韦凌云获二等奖，李阳、吴冰、宗加志、徐新琪、蒋海珍、潘加良获三等奖，朱永春、何文、吴方华、金大强、金升高、蒋小燕、蔡萍芳获优秀作品奖。在金华市机关党员干部“两学一做”迎“七一”书法作品展中，东阳市选送的6名作者全部获奖，其中金升高、金妙雄获一等奖，吴冰获二等奖，吕海强、韦凌云、蔡萍芳获三等奖。

【市摄影家协会】 与市委宣传部联合举办“农村文化礼堂”摄影大赛；举办东阳市湖溪镇第二届“印象象田”乡村旅游节（油菜花节）摄影比赛、“绿色生态共筑和谐——‘供电杯’鸟类”摄影大赛、“聚焦大提升 展示新风貌”摄影大赛、“2016五彩油菜花观赏——桑葚采摘节暨‘东艺工艺品’杯东江之春 美丽乡村”摄影比赛和“神奇东白，魅力白溪”摄影比赛；举办由市政府、浙江省摄影家协会主办的东阳中国木雕城“衣境同源，中国风尚——镜头里的中国风”摄影大赛。

【市音乐舞蹈家协会】 11月26日，市音乐舞蹈家协会第六次会员大会在东阳剧院召开。在浙江省首届“唱响浙江”声乐大赛暨“美丽浙江”群众声乐大赛金华选拔赛中，东阳地区推送8名歌手参加比赛，3名选手（1个民族组，1个美声组，1个流行组）在金华决赛中胜出，晋级7月9日杭州总决赛，获优秀歌手奖。八一建军节，音乐舞蹈家协会的会员们通过送书画、送演出的方式慰问武警东阳市中队战士并送上节日祝福。由东阳银河艺校、东阳银河琴行主办，市文化馆、市音乐舞蹈家协会协办的“筝琴银河，语润金秋”暨童星梦想少儿语言才艺表演大赛第二届横店儿童奥斯卡启动仪式在节庆广场举行。

【市美术家协会】 在金华市第二届黄宾虹艺术奖评比中，张扬明获黄宾虹艺术奖，黄玉平、王晓文、陈国华、徐新德、李晓刚等人获优秀奖。在浙江省“五水共治”书画作品展中，黄玉平获优秀奖（最高奖），贾晨刚、郑丽芳等人的作品入展。组织会员参加“纪念建党95周年、长征胜利80周年”浙江省美术写生创作作品展，张扬明、黄玉平、曹霞、徐新德、王晓文、贾晨刚、詹国英、郑丽芳8人的作品入选。联合市文化广电新闻出版局、市文化馆在市博物馆举办“与古为徒，回归经典”东阳市美术家协会会员临摹作品展，展出60余幅古代经典名画，包含宋元明时期范本临摹作品和部分油画临摹作品。联合市文化馆、市书法家协会在金华市文化馆二楼群星展厅举办“墨笔生花”——东阳市青年书画家作品展，展出作品70余幅。

图175 11月26日，市音乐舞蹈家协会第六次会员大会召开（市文联提供）

【市诗词楹联学会】 编印《东阳诗联》两期，组织会员到南马镇清塘玉佛寺、东阳江镇天山村、歌山镇林头村等地采风创作。

【湖溪镇文联】 《东阳武林录》基本定稿；江南书画院参加东阳市“五一”劳动节8家书画院联展活动；郭宅一村成立江南武术协会分会；婺剧促进分会到金华参加反邪教演出小品《自作自受》。

【市老年书画研究会】 编印《笔墨春秋》第四期；组织会员参加市书画联展和法制宣传活动；组织会员到东白山、蔡宅、古渊头、石林等地采风创作。

【市观赏石协会】 出版《东阳藏石》第二辑；在东阳农贸城花卉市场举办“浙江·东阳第三届观赏石博览会”；组织部分会员到江西、北京、江苏、上海等外省市进行购石交流；组织部分会员参加“2016昆明泛亚石博览会”；组织协会骨干十余人参加第九届柳州国际奇石节。

（陈　娟）

广播电视

【概况】 2016年，广播电视播出新闻9310篇，其中中央24篇、省级122篇、金华市级1776篇。外宣工作电视列金华各（县）市第一名，广播列金华各（县）市第二名。在金华广播电视政府奖评选中，有5件作品获一等奖、1件作品获二等奖、4件作品获三等奖。在2016年度东阳市飘萍新闻奖评选中，有3件作品获一等奖、4件作品获二等奖、4件作品获三等奖。台本级设办公室、总编室、总技室、广播中心、电视中心、广告中心、文艺专题部和新媒体中心8个中心（室）。全台有工作人员140人，其中事业编制54人；专业技术人员130人，其中正式编制的高级职称4人，中级职称22人，初级职称12人。

【广播电视宣传工作】 推出“两学一做见行动”“深化改革进行时”“聚焦东阳环境革命”“弘扬长征精神、决胜全面小康”“回眸十二五、展望十三五”“聚焦杭州G20峰会”“鸟瞰最美东阳”等38个专栏，播出各类专题新闻1481篇，完成“全市干部大会”“环境革命 书记论剑”等大型活动的电视直录播工作。关注各领域民生民情，制作“广播灵灵通”等品牌栏目。举办“青山绿水佐村行”“健康理财、由我领跑”荧光夜跑、第二届中秋诗会等线下活动，推出《东阳客栈第二季》（50集）、东阳百家姓故事、东阳非物质文化遗产名录等节目。

【手机台“歌画东阳”上线启用】 9月30日，手机台“歌画东阳”上线启用，将广播、电视、网站等媒体功能信息融合在移动客户端上，随时随地直播、点播东阳台所有节目、自办栏目、网络剧。新媒体有广播电视台网站、“歌画东阳”客户端、“歌画东阳”微信公众号、“歌画东阳”头条号、“歌画东阳”一点号等平台，开展“最具年味照片”“萌主争霸赛”“亲子烘焙”“最美情侣照” 等活动，通过广播电视活动进行推广。“歌画东阳” 微信公众号粉丝量11万人，“歌画东阳”客户端粉丝量2.7万人。微信公众号阅读量451万人，“今日头条” 阅读量805万人，“一点资讯” 阅读量424万人。

【广播和电视全新改版栏目推出】 10月18日，推出广播和电视全新改版栏目。广播电台重新包装台宣、片头、片花，打造早、晚高峰栏目和本土美食休闲节目《危险味道》，增加“街采”环节，把东阳广播打造成全市车载和伴随第一媒体及最权威的交通发布平台。电视台新闻综合频道《东阳新闻》以双人对播的全新包装和更多元化的新闻内容全新亮相；大型航拍行动《鸟瞰醉美东阳》呈现全市环境革命喜人成果；《阳光行动》推出《直通

图176　9月30日，手机台“歌画东阳”上线启用（市广电台提供）

图 177　1 月 4 日,《市民问政》多媒体并机直播(市广电台提供)

8890》;对农栏目《田野的风》增加乡镇板块;影视生活频道推出《生活帮》《铮眼看世界》《东阳依讲大话》《胡说大话》栏目。

【广播电视节目安全播出】 完成中央广播电视节目无线数字化数字地面电视覆盖工程。在G20 杭州峰会重要保障期间,强化机房设备巡查,加强值班力量,做到技术安播"软件""硬件"措施两手抓,双保险。开展全台G20 杭州峰会安全宣传教育活动,确保 G20 杭州峰会期间广播电视安全播出无事故。

【广播电视开拓经营】 广告中心完成百姓节服装展销会、2016首届房产博览会、母婴博览会、婚庆博览会、苏宁家电团购节、万人汽车团购节 6 场次活动。开办文化旅游类栏目《东游记》,完成广告创收任务。文艺专题部寻找第三方合作平台,采用独立制片人制。完成企事业单位、政府部门 14 个汇报专题片的拍摄制作,完成《田野的风》《时代先锋》《生活现在时》等栏目的制作,举办"排舞大赛""公益骑行""我是横漂"等大型活动。

【《行风热线》栏目】 《行风热线》栏目直播 221 期,反映问题2190 件, 转办 306 件。《阳光行动》联动《行风热线》播出新闻693 篇。《市民问政》播出 14 期,关注城区和横店风貌整治、乡村旅游、"8890"便民服务平台等内容,邀请相关领导和市民进行面对面沟通交流,1 月 4 日,《市民问政》以多媒体并机直播的方式进行,共话"推进强市名城,加快'两美东阳'建设"。

【"环境革命 书记论剑"活动】 2016 年,东阳电视台全程策划并牵头联合市委组织部、市农办推出"环境革命 书记论剑"活动。4~6 月,南马镇花园村、巍山镇王宅村、虎鹿镇蔡宅村等村的 18名书记参加节目录制,录制节目 6期,地点分别在花园村、王宅村、蔡宅村,节目录制完成后分两周一期在东阳电视台新闻综合频道播出,播出时长为每期 1 个小时。录制从室内改室外,由电视直播车直接开到农村实景地进行录制。每次录制涉及 3 个村庄。该活动的节目视频在电视频道和微信公众号都可观看,节目收视率和微信公众号视频点击量高。

【东阳电台品牌活动】 2016 年,东阳电台举办相亲会、夜跑和中秋诗会等品牌活动。1 月 31 日,举办首届东阳电台"跨年不单身"相约龙景雷迪森庄园大型相恋 Party。5 月 7 日,与佐村镇政府联合举办绿水青山佐村行——疯狂沙滩、快乐烧烤岱溪亲子节,"东阳城市广播"微信公众号推送的活动微信点击量过万。6 月 4 日,与市金融办联合举办"健康理财,由我领跑"金融之夏荧光夜跑活动,该活动是东阳电台主办的第二届夜跑。9 月 14 日(中秋前夕),举办东阳电台第二届中秋诗会,诗会通过映客全程直播,1.5 万余人通过映客收看。

(吴宛凝　王　越)

数字电视

【概况】 2016 年,东阳市华数广电网络有限公司设综合办、财务部、大众市场部、集团客户部、客户服务部、工程维护部、技术运维部 7 个部门,18 个华数广电站。实现网格化管理,把下属的15 个经营单元划分为 44 个网格,16 个营业厅,明确各网格服务区域。2013 年 4 月 1 日,按照省委、省政府"一省一网"(组建统一的省级广播电视网络公司)的总体要求,东阳市广播电视台通过行政推动、市场运作,完成台网分离,广电有线网络机构转企改制,成立东阳市华数广电网络有限公司。2014 年 12 月 22日,东阳市第十四届人民代表大会常务委员会第二十四次会议,听取和审议市人民政府《关于加快实施全市广电网络"一省一网"整合发展情况的报告》,批准

图 178　11 月 8 日，东阳华数旗舰店在甘溪东街 28 号开业（东阳华数提供）

东阳市华数广电网络有限公司加入浙江省华数广电网络股份有限公司。2015 年 8 月 20 日，东阳市华数广电网络有限公司加入浙江省华数广电网络股份有限公司，成为浙江省华数广电网络股份有限公司全资子公司。主要负责有线广播电视传输前端（不含播出前端）、传输网络（含农村）及用户终端的经营、管理和建设，保留广电台网络中心和镇乡街道广电站的机构，承担市委、市政府的公益事业建设、广播电视宣传、安全播出等职能。

实施“广电低保”工程，为全市 4844 户低保用户减免视听维护费 122.06 万元，为全市 7448 户优抚军人减免视听维护费 93.84 万元。

【网络建设优化】 开展城区、山区的双向网络覆盖建设和改造工程，同步推进网络优化，完成全市范围内 9800 余个 ONU，4 万余只个交换机的系统整理工作。完成宽带扩容、MAC 地址扩容工作，建立监控专网，总带宽从 10G 扩容到 100G，升级全市各行政村及小区网络的安全传输等级、传输能力、传输质量，提升网络容量。

【个性化首页面试点村建设】 2016 年，江北街道亭塘社区骆店小区 198 户覆盖华数产品，包括数字电视、双向互动、华数云宽带、监控、无线 Wi-Fi、智慧屏、地下管道等设施，增加 1∶1 定制的“本地信息”栏目，实时更新村情概况、基层党建、三务公开、信息动态及便民服务，骆店小区成为全省个性化定制首页面的试点村。

【旗舰店开业】 11 月 8 日，东阳华数旗舰店在甘溪东街 28 号开业。店内设有用户体验区、节目演示区、机顶盒维修中心，提供有线数字电视、互动点播电视、宽带无线覆盖、视频监控等服务。华数旗舰店为客户提供一对一导购式服务。

【华数版《东阳客栈》】 《东阳客栈》是一档每周五 19:00，在东阳电视台影视生活频道播出的系列方言轻喜剧。2016 年，东阳市华数广电网络有限公司与东阳电视台编辑制作 6 集电视连续剧《东阳客栈》，把华数数字电视、宽带、付费节目点播、监控 Wi-Fi、在线支付等业务与剧情结合。

【G20 杭州峰会广播有线电视信号安全保障任务】 G20 杭州峰会期间，东阳市华数广电网络有限公司制定《G20 杭州峰会安保攻坚行动实施方案》，建立安全专责小组，构建安全播出、反恐应急协调指挥联动体系，加强网络、机房设备日常监测维护，重点区域一日一巡查，排查整改安全隐患，制订整改时间表，落实整改措施，责任明确到人。完成巡查维

图 179　2016 年，骆店小区成为全省个性化定制首页面的试点村（东阳华数提供）

护杆线和管道2010条、6035余千米，光缆电缆线路抢修72起，更换电杆4根，光缆抢修熔接361芯，处理用户故障5621起，机房设备运行故障处置16起。

【卫星锅整治】 打击非法生产、销售、安装和使用境外卫星电视接收设施的行为。东阳市华数广电网络有限公司开展卫星锅拆除后的有线数字电视收视覆盖工作，组织人员入户安装。活动期间，安装、回归、激活用户2680户。

【公共Wi-Fi二期项目建设】 8月，东阳市华数广电网络有限公司与东阳市经济和信息化局签订公共Wi-Fi二期服务项目合同，规定由东阳华数负责投资建设室内AP371个、室外AP18个，覆盖歌山镇、巍山镇、虎鹿镇、佐村镇、东阳江镇的政务区域和相关公共场所，提供SSID“i-zhejiang-DY”“i-zhejiang-东阳”的无线网络覆盖和接入服务，给市民、游客、商人的智能终端（至少包括手机、PAD的终端）免费接入无线，负责平台日常维护与管理，服务期限为两年。12月末，东阳市华数广电网络有限公司按照合同要求完成项目建设。

【应急广播建设】 东阳市华数广电网络有限公司利用数字广播电视网络系统和原有的“村村响”广播系统，采用基于广电IP数字传输模式，把应急广播内容信号和控制信号按照IP协议打包后融入广电有线网络传输，通过专用设备转换成射频信号后播出，日常广播、应急插播、紧急通知实现市到乡镇、行政村三级联播联控。该工程覆盖东阳全市392个行政村，每个行政村部署3个IP音柱，每个自然村部署1个IP音柱，通过IP接受控制器覆盖原有的大功率喇叭3298个，部署公共应急接收终端数5376个。

【“智慧安防”华数眼】 东阳市华数广电网络有限公司跟进实施“技防村”工程，在乡村各路口安装高清摄像头。2015年9月，与横店镇荆溪社区荆浦小区签订第一个监控系统安装工程施工合同，按期完成20个监控点的系统管线铺设、设备安装及接线、系统调试、系统配合验收、操作培训工作。2016年，在农村地区推广大众版治安监控视频系统建设，东阳市华数广电网络有限公司签约华数眼村级监控286个自然村，监控点位3636个。

（徐瑞玲　方东方）

东阳日报社

【概况】 《东阳日报》为对开双面彩色报纸，周一、周四为对开12版，周二、周三为对开8版，周六为对开4版，周日为四开16版。出版346期，期发数4.3万份，订阅价228元。营业总收入5300万元，上缴税收320万元，拥有固定资产4100万元。年末职工数135人，有正高职称2人、副高职称3人、中级职称18人、初级职称6人。东阳日报社获“浙江省级文明单位”、2016年度全国报刊广告“金推手”奖优秀单位奖。《东阳日报》获2016年度浙江省县市区域报最佳媒体奖“媒体影响力奖”。职工中有1人被评为金华市劳动模范，2人获中国县市区域报“百佳报人”，2人被评为“浙报先锋”。2个项目获第三届中国县市报成功案例银奖，3个栏目被评为市民最喜爱的栏目。举办春夏秋季汽车展销会、百万寒衣送温暖等活动近百次。9月7日，“2015～2016中国报刊经营价值排行榜”在南京市揭晓，《东阳日报》被评为“融合创新优秀报刊”。

【重点工作宣传报道】 2016年，对“两学一做”学习教育、“五城同创”、环境革命等重点工作制订宣传报道计划，开辟专栏开展宣传报道。刊发“开展环境革命，补齐农村短板”之镇乡方略19篇，“走进最美村”20篇，编排多个专版，策划“五字诀”解读等专题报道。通过《每周聚焦》《帮办》等栏目及时报道市民关注度高、社会影响大的事件。利用浙江新闻东阳频道、《东阳日报》微信公众号和微博、东阳新闻网等全媒体发布平台，推动各项重点工作的开展和落实。及时关注在外东阳人的大事，刊发关于潘建伟获国家自然科学奖一等奖、量子研究等方面的稿子10余篇；报道和解读G20杭州峰会中的东阳元素，增添专版报道东阳选手首获残奥会奖牌等新闻，对甬金铁路、杭温高铁、金义东轻轨等重大项目的进展进行重点报道。

【横店城市风貌综合提升系列报道】 3月9日，东阳市召开千人誓师大会，推进横店城市风貌综合提升工作，东阳日报社横店新闻中心工作人员对横店城市风貌综合提升工作进行动态报道，刊发“横店十八变”、横店风貌提升大家谈系列报道，编印《蝶变——横店城市风貌综合提升工作纪实》，记录横店镇容镇貌实现“洁化、绿化、亮化、序化、影视化”、镇区设施功能趋于完备、影视文化景观与镇区融合、“镇区景区化、景区全域化”从愿景变成实景的过程。

【G20杭州峰会服务】 9月，G20杭州峰会召开。自8月5日起，实施领导和重点岗位24小时值班制，对上级的要求和通知精神第一时间传达到位，取消休假，增派人手到采编一线。确保G20杭州峰会期间新闻宣传、安全方面无疏漏和问题。

【媒体融合发展】 融入新媒体技术，报纸和新媒体用户数超过50万个。通过微信、视频推送“寻找最美治水人”“横店十八变”等栏目。在“与镇乡书记面对面”栏目中，对镇乡街道党（工）委书记进行视频专访。开展多次微信图文直播，对市“两会”、高考、横店“文荣奖”颁奖、第十一届东博会进行直播，其中横店“文荣奖”颁奖直播阅读数6.2万人次、第十一届东博会直播阅读数3万人次。12月，对东阳市召开的“中国县市报研究会第31次年会”进行首次视频直播，当天点击量超过6万人次。

2月4日，市委书记黄敏到东阳日报社全媒体发布中心和新媒体中心，了解媒体融合发展情况。6月15日，黄敏到东阳日报社调研，在电脑上点击发布调研活动新闻，查看浙江新闻东阳频道客户端的实时点击率，对报社媒体融合发展表示肯定。

【中国县市报研究会第31次年会】 12月1～3日，东阳日报社承办的中国县市报研究会第31次年会在东阳市举行，全国60余家县市区域报的总编辑、分管领导130余人参加。12月2日，举行与横店集团创始人徐文荣的见面会，听取徐文荣的创业介绍，召开年会主题论坛。12月3日，与会代表参观横店圆明新园、中国木雕博物馆。

【《东方艺·木雕红木》编印】 11月，东阳日报社主办《东方艺·木雕红木》杂志创刊，市委书记黄敏为创刊号作序，创刊号发行10000册。《东方艺·木雕红木》杂志以“传播品牌价值，品味中式生活”为办刊定位，包含“行业聚焦”“大师之窗”“盛世收藏”“企业风采”“家具专题”“怡情悦性”“美在这里”等内容。

（王　健）

图180　12月1～3日，中国县市报研究会第31次年会在东阳市举行（包康轩/摄）

金华日报社东阳分社

【概况】 《金报东阳》创刊于2013年7月12日，由金华日报报业传媒集团主管主办，周二至周五出版。2016年，出版196期，期发行量近3万份。“金报东阳”微信公众号是报纸的网络版，每周二至周五固定推送5~8条原创新闻，结合美食福利等活动，与读者互动。金华日报社东阳分社有员工20人，其中高级职称2人。

【环境革命报道工作】 2月19日，《金报东阳》推出环境革命报道两个版的新闻报道。第一版《“美丽乡村”建设 东阳如何攻玉?》，记者到浦江县多地采访，介绍浦江县在环境革命中的经验，供东阳市借鉴。第二版《“一手五指”掀起环境革命》一文，介绍巍山镇在新农村建设中的先进做法。报道见报后，市委书记黄敏在全市干部大会上予以表扬。3月1日，《金报东阳》用二三连版推出《“美丽乡村”建设的“巍山速度与激情”》，介绍巍山镇10个村的经验和做法，供全市各镇乡街道学习。3月18日起，开辟《开展环境革命》相关专栏，反映东阳全市上下迅速推进、比学赶超的情况。9月8日，《金报东阳》用二三连版推出《东阳环境革命的十大战法》，对各镇乡街道的经验做法进行总结，提炼出政策激励法、“群”上比拼法、会议赶超法、分类评比法、进度排名法、参观洗脑法、党员表率法、公开曝光法、宣讲指导法、氛围营造法“十大战法”。10月14日，《金报东阳》用二三连版推出《东阳环境革命的“三十六计”》，总结出36条环境革命策略，供各地在建设实践中学习和参考。12月8日起，推出12个版的《东阳环境革命的“七十二变”》，分“净”“绿”“美”“富”“和”五篇，展示农村环境面貌发生的“七十二变”。“三十六计”“十大战法”是东阳市环境革命的方法论，其中“十大战法”是宏观层面的战术指导，“三十六计”是微观层面的操作宝典，而“七十二变”则主要报道“环境革命”取得的成果。两名主创记者到东阳市18个镇乡街道的100余个自然村，采写大量事例。系列报道全部完成后，市农办将报道编印成册。该组报道获2016年度中国城市党报新闻奖评选一等奖。

【系列报道工作】 《金报东阳》从5月17日起推出“倡导理性消费 提振消费信心”系列报道，刊出《东阳消费市场怎么了？》《振兴路商业街夜市为何这样火？》《东阳人花在服饰上的钱少了》《酒水越来越被东阳人“嫌弃”?》等文章。8月3日起，《金报东阳》推出“释放改革红利 激发发展活力”系列报道，介绍各机关部门的工作亮点，刊发《向存量要空间 向改革要发展》《让城乡孩子共享“教育阳光”》《高效审批为项目落地“加速度”》《“科技翅膀”，带着经济一起飞》《守信者一路畅通 失信者寸步难行》《农村宅基地确权登记提档加速》《“村庄客厅”:演绎最美“欢乐颂”》《在“家门口”挂上专家号》《完善“河长制”净化东阳水》《不唯领域引人才 不拘一格用人才》《东阳“亮剑”木雕红木产业》《做大“影视圈”打造“大片场”》等文章。8月18日起，《金报东阳》推出“打好‘经济仗’，冲刺四季度”系列报道，刊发《东阳江：邀“招商大使”赴西北招商》《市经信局：多措并举，全力冲刺保增长》《南马：突破亩产税收低的瓶颈》《歌山:“营改增”改出发展“加速度”》《白云：“倒逼式发展”让企业更主动》《南市：建立工业经济“三个库”》《深化校企合作 补强创新短板》等文章。

【G20杭州峰会保障工作专栏】 4月15日，头版头条刊出《平安护航G20，东阳发出动员令》。5月24日，头版头条刊发《千人誓师 平安护航G20》，东阳市召开G20杭州峰会维稳安保“百日攻坚”大会。7月1日，整版推出《一个身影，就是一个动人故事》，介绍市公安局交警大队助力G20杭州峰会安保工作的做法。G20杭州峰会结束后，《金报东阳》挖掘G20杭州峰会上的东阳元素，刊发《东阳木雕为何屡获国际盛事青睐？》《G20杭州峰会“总统包”东阳造》等文章。

【《横店蝶变》报道】 2016年“两会”召开之际，推出《横店蝶变》报道。两名主创记者张益晓、陈启宇到横店镇各地采访两个星期，精选出值得报道的事件、人物，形成主题报道。文章初稿1.5万字，提炼、浓缩3次之后最终刊发出6000余字。作品从顶层设计、部门行动、人物故事、区块变化入手，反映出横店城市风貌综合提升行动的宏观意义和微观行动，获金华新闻奖二等奖。

（金大军　张益晓）

东阳新闻网

【概况】 2016年，东阳新闻网发布新闻1.4万余条，策划推出

《寻访最美治水人》《“新起点、新发展、新跨越”——与镇乡书记面对面》《横店十八变》等系列特色主题报道。“两会”期间，东阳新闻网首次推出微信图文直播，利用互联网平台优势，全方位报道“两会”。开展多次微信图文＋视频直播，其中横店“文荣奖”颁奖直播阅读数6.2万条、第十一届东博会直播阅读数3万条。

2016年，东阳新闻网获“浙江在线2016年度先进支站”称号。作品《寻访最美治水人》获2016年度中国县市区域报新闻奖二等奖；《横店十八变》获2016年度中国县市区域报新闻奖评选二等奖、2016年度金华新闻奖二等奖；《今天，影视界半壁江山都来这里了，“文荣奖”花落谁家小编告诉你》获2016年度中国县市区域报新闻奖评选三等奖。

【专题采访活动】 围绕“五水共治”工作，组织人员到镇乡街道一线采访，以“文字＋图片＋视频”的形式，策划推出《寻访最美治水人》主题采访活动，寻找治水工作中的典型。与《东阳日报》配合，推出《“新起点、新发展、新跨越”——与镇乡书记面对面》，通过对镇乡街道新上任党委书记的视频专访，了解工作思路，推动下一步工作。采取文字、图片、视频结合的形式，通过报纸、微信、网站推送。

图181 8月3日，新华书店工作人员分类整理各类教科书（包康轩／摄）

【线上线下活动】 组织开展植树节植树、东阳青年毅行、七夕单身青年联谊、端午水果特卖会、铁皮石斛展、东风雪铁龙团购会、三人制篮球赛等线上线下活动，以及《青苗》优秀书画作品评选、“最美老板娘”评选、红木家具行业“双十佳”评选等线上活动，组织开展大型儿童剧《白雪公主》演出活动。

【网络管理宣传工作】 完成各类舆情管理和网络宣传工作，开展重点时期论坛管控工作和新闻转载把关工作。在G20杭州峰会和世界互联网大会期间，采取24小时值班制度。开展春节回家过年的正面宣传工作；组织参与“网络中国节——九九重阳敬老正当时”“推进环境革命、补齐农村短板”“横店城市风貌综合提升”等活动的专题报道。

（王　祥）

新华书店

【概况】 2016年，新华书店完成总销售7710万元。新发展1家小连锁，有小连锁9家，分布在横店镇、湖溪镇、六石镇、千祥镇、南马镇、画水镇、巍山镇、江北新区和人民路。东阳书城围绕体验性和互动性，策划读者互动交流活动30场，搭建服务平台，助推全民阅读。

【业务建设】 开展各项精品活动、名家（冰波、张之路、许友彬、沈石溪）进校园以及东阳市第七届暑期亲子读书等活动。策划多项卖场活动方案，其中“2016百日教科文营销创意活动”获省集团公司的一等奖。完成全市学习资料、“三读丛书”及幼儿教材的征订和发放工作。

（胡康莉）

医疗卫生

2016年8月11日，东阳江江滨夜景（吴立新/摄）

概 述

【概况】 2016年，全市有医疗卫生机构536个，其中医院、卫生院（含社区卫生服务中心）29个，门诊部11个，妇幼保健院1个，疾病预防控制中心1个，卫生监督所1个，其他卫生机构3个，诊所、医务室、村卫生室、社区卫生服务站490个。拥有床位4696张，其中医院、卫生院床位4346张，妇幼保健院床位350张，每万人口拥有床位55.99张。有卫生技术人员6679人，其中执业医师2139人，执业助理医师394人，注册护士2376人，其他卫生技术人员1770人。每万人口拥有医生数30.2人。医疗卫生单位固定资产总值10.34亿元，房屋建筑面积81.99万平方米，其中业务用房60.17万平方米。

市人民医院“重症医学”获浙江省第五批县级医学龙头学科。六石街道社区卫生服务中心陈雯代表浙江省参加全国基层综合技能竞赛，获大赛第一名。

【公立医院综合改革】 3月16日，东阳市公立医院的医疗服务价格提高到全省平均水平。建立分级诊疗新制度，6月初联合财政、医保等部门制订东阳市实施方案，以慢性病基层就诊为突破点，慢性病用药覆盖到乡镇卫生院。拉大大医院和基层的报销比例差距，引导病人基层就诊。推进医学共享中心建设，完成影像、心电诊断中心的信息平台建设；以医联体为依托组建5个区域消毒供应中心。建立心梗、脑卒中急救网络，通过急救网络系统，成功救治心梗病人32例、脑卒中病人15例。8月31日，《东阳日报》头版头条报道“急救网络，为生命争分夺秒——市卫计系统狠抓院前医疗急救工作”。（楼晓昉）

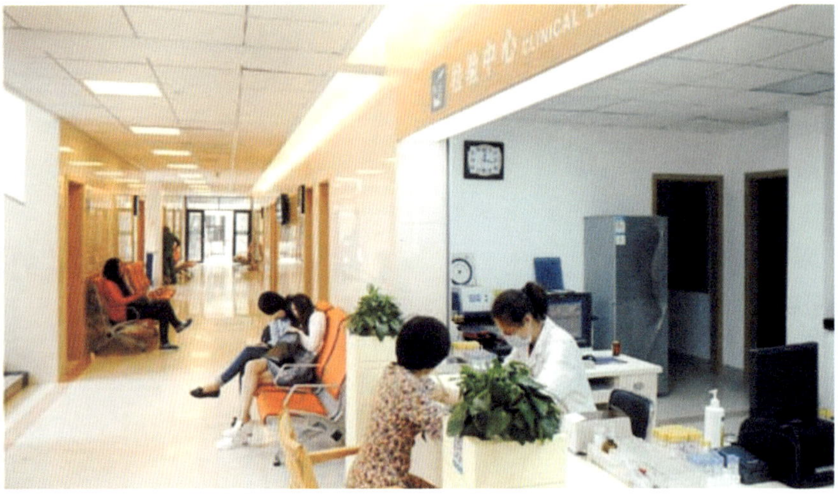

图182 市红十字会医院门诊大楼改造装修完工，图为医院门诊大楼一角（包康轩／摄）

【妇幼计生资源整合】 3月15日，东阳市召开会议部署妇幼保健和计划生育技术服务资源整合工作。撤销市计划生育宣传技术指导站和市妇幼保健院，组建市妇幼保健计划生育服务中心，增挂“市妇幼保健院”和“市妇女儿童医院”牌子，划入原由市计划生育宣传技术指导站承担的职责和原由市妇幼保健院承担的职责；撤销增挂在镇乡街道社会事务办公室的“计划生育服务站”牌子，在各乡镇卫生院（街道社区卫生服务中心）增挂“妇幼保健计划生育服务站”牌子，划入原由镇乡街道计划生育服务站承担的计划生育技术服务职责。

【医院规划建设】 2016年，东阳市人民医院多层停车场通过竣工验收并投入使用。该项目总建筑面积19268平方米，地上三层，地下一层，停车位647个，总投资6334万元。投资398万元的江北街道社区卫生服务中心公共卫生综合楼投入使用，占地面积450平方米，建筑面积1800平方米。东阳市横店医院住院楼修建项目、六石街道社区卫生服务中心门诊楼维修改造工程、东阳市红十字会医院门诊楼、综合楼修建项目完工并投入使用。市中医院门诊简易房、城东街道社区卫生服务中心职工宿舍楼主体完工。编制《东阳市城区医疗机构布局专项规划（2016～2020）》，明确市中医院迁移至兴平区域江滨南街附近、市红十字会医院搬迁至江北街道甘溪路附近，实现与吴宁街道社区卫生服务中心分设、市妇幼保健院保留现状位置。对卫计系统“十三五”政府投资基本建设项目进行规划，明确项目建设主体、内容和规模。其中，市中医院迁建工程、市妇幼保健院住院部改造项目、佐村镇中心卫生院公共卫生综合楼项目、千祥镇中心卫生院宿舍楼项目、南马医院附楼改造工程等列入2017年度政府投资建设项目。

【市妇幼保健院在全国性会议上做经验交流】 2016年5月17日，全国综合医院中医药工作经验交流视频会议召开，市妇幼保健院作为全国唯一妇幼保健机构参加会议，在会上做经验交流。市妇幼保健院全方位引入中医药服务，形成“无中医不保健”服务格局，获2014年度“全国妇幼健康服务先进集体”，为省内妇幼健康系统唯一的全国中医药工作示范单位。

【市疾控中心启用血防查螺图账电子化绘图】 9月，市疾控中心召集4名有螺乡镇的血防疾控人员进行钉螺调查方案培训，血防疾控人员结合历史血防资料对有螺村进行实地勘察，形成钉螺滋生环境分布矢量图。完成4个有螺乡镇有螺村的查螺图账电子化绘图。

【全国中医药专修学校落户东阳】 3月12日，全国妇幼保健机构中医药专修学校开学典礼暨首届院长高峰论坛开幕式在东阳市妇女儿童医院举行，全国18个省市区的120余名代表参加开幕式。学习期间，120名院长、专家分享《发展中医药——国家战略》《中医药助推妇幼健康》《中医药+妇幼健康的探索与实践》《大保健思维下的中西医结合探讨模式》等专题报告，实地参观该院国医馆、小儿推拿科、养胎中心、中西医结合备孕中心等科室，学习东阳市妇幼保健院中医药适宜技术“全链条式”广覆盖的做法。

【上海市第一人民医院东阳分院成立】 12月9日，上海市第一人民医院东阳分院在市人民医院成立。上海市第一人民医院有150余年的历史，发展成为学科齐全、技术精湛、医教研全面协调发展的大型三级甲等综合性医院。市人民医院是东阳市三级乙等综合性医院，是东阳市医疗机构龙头、医学中心。上海市第一人民医院东阳分院成立，标志着市人民医院成为上海市第一人民医院的集团成员之一，挂牌为“上海市第一人民医院集团医院”“上海市第一人民医院东阳分院”。上海市第一人民医院在学科建设、技术指导等方面给予市人民医院帮助，与市人民医院部分专科进行合作。

（吕奕全）

图183 3月12日，全国妇幼保健机构中医药专修学校开学典礼暨首届院长高峰论坛举行（孙振华/摄）

公共卫生服务

【概况】 2016年，东阳市居民平均期望寿命为79.83岁（男性77.69岁，女性80.85岁），高于全省平均水平。居民前五位死亡原因为恶性肿瘤、脑血管疾病、呼吸系统疾病、心脏病、损伤和中毒，占总死亡的85.02%。恶性肿瘤、糖尿病、脑卒中、冠心病急性事件发病率分别为449.55/10万、459.93/10万、553.85/10万、57.16/10万，恶性肿瘤发病前5位为肺癌、肠癌、胃癌、甲状腺癌和肝癌，占所有部位肿瘤的58.08%。

【传染病防治】 2016年，全市报告甲类传染病0例，乙类传染病14种2088例，报告发病率254.19/10万，比上年增长1.16%。处置游泳馆腺病毒感染、学校聚集性传染病、输入性登革热、本地感染狂犬病等多起疫情及3起一犬伤多人事件。开展鼠疫、霍乱、人感染H7N9、蚊子布雷图指数、肾综合性出血热、手足口病、细菌性痢疾、四害密度等传染病病原变化、外环境及媒介生物感染等情况的监测。完成查螺面积116.53万平方米，查螺3651工，指导横店镇、湖溪镇、巍山镇、佐村镇等有螺地区的灭螺和环境改造工作。

【艾滋病综合防治】 各镇乡卫生院（街道社区卫生服务中心）开展对暗娼、吸毒人群、男男性接触者等高危人群的艾滋病行为干预工作；各医疗机构加强艾滋病监测检测工作，检测212077人，发现艾滋病抗体阳性111人（包括既往阳性8人）。

11月30日，市卫计局、市疾控中心、浙江广厦建设职业技术学院、团市委、红十字会在浙江广厦建设职业技术学院举行“艾滋病防治宣传校园行”活动，通过发放宣传资料、有奖竞猜、现场讲解等方式宣传艾滋病预防知识。

【结核病防治】 开展结核病人免费痰检、痰培养、肝功能检测、X线胸片检查，确诊肺结核病人524例，耐多药肺结核患者5例，对确诊的肺结核病人免费提供抗结核药品固定剂量复合制剂。

【预防接种】 实施扩大免疫规划，提供11种疫苗免费接种，可相应预防12种传染病，通过常规免疫、查漏补种、儿童入托入学查验证、应急接种等手段接种一类疫苗308615人次，“各苗”单苗接种率均为95%以上。加强预防接种门诊建设，吴宁街道南片社区卫生服务中心（市妇女儿童医院）接种门诊通过省卫计委五星级接种门诊评审。

【慢性病综合防控】 全市高血压患者登记人数98741例，发现率11.76%；管理人数90954例，管理率55.23%；规范管理人数66957例，规范管理率73.62%；血压控制人数65565例，血压控制率72.09%。糖尿病患者登记人数23897例，糖尿病发现率2.85%；管理人数21200例，管理率51.06%；规范管理人数14224例，规范管理率67.09%；血糖控制人数14719例，血糖控制率69.43%。

【卫生信息化建设】 2016年，卫生信息中心建成区域影像信息平台，实现全市放射、心电、B超、内窥镜、病理报告信息的互通共享；建成全科医生签约服务系统，推进基层医疗单位全科医生签约服务，完成签约居民18.4万余人，其中规范签约居民15万余人，有效签约居民3.4万余人。完成南马镇、画水镇中心卫生院移动医疗系统建设，实现医嘱信息的闭环管理。完成全市双向转诊服务平台、卫生监督信息系统等应用系统的建设。开发“健康东阳”移动端应用，完成“健康东阳”服务平台与政务服务网移动应用汇聚平台的整合接入，实现统一身份认证功能。完成市级和横店镇社区卫生服务中心区域HIS系统部署，实现全市社区卫生服务中心区域HIS系统全覆盖。完成免疫规划信息系统、慢病管理信息系统、出生医学证明管理信息系统及严重精神障碍信息管理系统等业务系统与省卫生专网的互通和接入。完成卫生会计核算系统的建设和部署。通过信息安全等级保护整改工作，加强保障各业务的信息安全。

（鲁世俊）

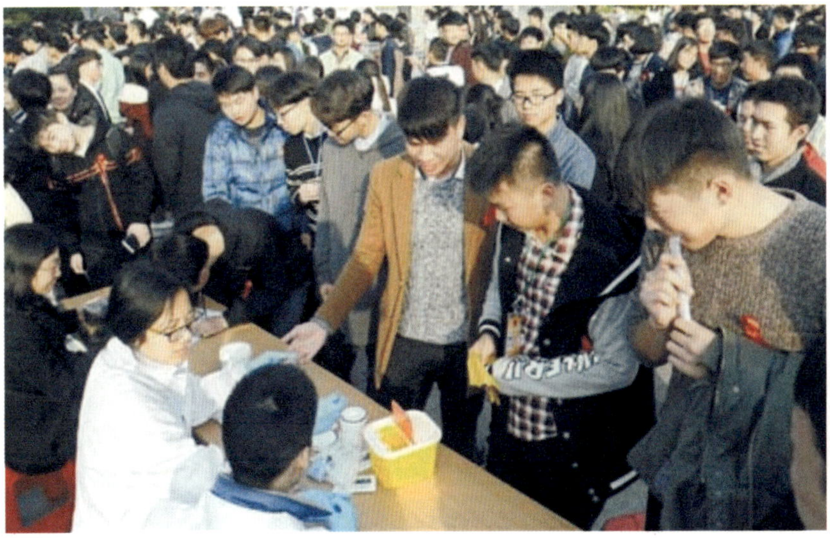

图184 11月30日，举行“艾滋病防治宣传校园行”活动（包康轩/摄）

妇幼保健

【妇幼保健工作】 推进全市妇幼健康工作，建成规范化村级卫生计生室69个，免费避孕药具发放点1493个，制作10集“生儿育女”宣传主题片在《东阳客栈》栏目推送。6家市级接产单位扩增为产前筛查采血点，选派6家基层接产单位的20名产科医生到市人民医院、市妇幼保健院接受为期一个月的产前顶岗培训，组织12家接产单位医护人员开展产科急救演练比赛。加强终止妊娠药品管理，终止妊娠引产术实行承诺制，出生人口实名制信息平台运转顺利，开展5个国家级、18个省级妇幼卫生监测工作。市妇幼保健院创办“全国妇幼保健机构中医药专修学校”，培养新型管理和实用人才，创建省级“三优指导”示范点、省级儿童早期发展示范基地。

2016年，全市产妇总数7907人，建卡率99.87%，高危妊娠管理率100%，住院分娩率100%，孕产妇系统管理率98.65%，孕产妇死亡率37.58/10万，围产儿死亡率5.86‰，5岁以下儿童死亡率3.88‰，婴儿死亡率

2.94‰，新生儿死亡率2.12‰，7岁以下儿童保健系统管理率99.28%，3岁以下儿童保健系统管理率98.55%，托幼机构卫生合格率100%。

全市初婚免费婚检率100%，全市妇女病普查完成率104.72%，两癌筛查任务完成率100%，新生儿疾病筛查率98.57%，新生儿听力筛查率98.39%，确诊CH（先天性甲状腺功能低下）病人12例，G6PD（遗传性葡萄糖-6-磷酸脱氢酶缺乏症）病人39例，确诊耳聋新生儿5例，可疑及确诊病例追踪随访治疗到位。孕产妇艾滋病、梅毒检测率100%，发现艾滋病病毒感染孕妇1例、梅毒感染孕产妇38例，及时实施母婴阻断措施。

（徐云萍）

爱国卫生

【概况】 巩固发展国家卫生城市创建成果，通过省级蚊虫密度控制水平C级评估认可。实施城乡整洁行动和小城镇环境综合整治行动，实现"金华市卫生乡镇"全覆盖。实施道路优化工程和老旧公园改造提升工程，组织开展"无裸土无围墙"专项行动，创建精品示范严管街；在白云街道区域实行环卫保洁市场化运作试点工作；扩大城区停车收费区域范围，完成城区"双禁"扩面工作和卢宅石材加工搬迁工作，坚持"市领导每周一督办"工作制度和11个创卫考核体系的考核工作。制订《关于加强新时期爱国卫生工作的实施意见》。启动国家卫生城市复审迎检工作，制定《东阳市迎接国家卫生城市复审工作实施方案》。

【病媒生物防制工作】 开展蚊虫密度控制水平评审工作，通过省级蚊虫密度控制水平C级评估认可。组织开展夏秋季灭蚊蝇蟑和秋季灭鼠活动，发放灭蚊蝇药剂1170千克、杀蟑粉剂9万瓶、杀蟑饵剂9万包、杀蟑方便贴1万盒、苏云金杆菌4.9万包、球形芽孢杆菌170千克、灭鼠毒饵2000千克，印发宣传单5万张、《"四害"防治知识小册子》1万本，建造室外灭鼠毒饵站2000座。开展清洁家园除"四害"安全健康保峰会工作，举办"清洁家园、灭蚊防病"现场会。调整完善各街道除"四害"工作队伍，开展"四害"滋生地调查和分类处置工作及"四害"密度监测工作。

【健康素养提升工作】 申报开展健康城市试点工作，完成健康城市评价工作。开展居民健康素养监测调查，举办健康教育技能培训及演讲比赛活动。开展第29个"世界无烟日"宣传活动，评选无烟单位8家。市中医院通过浙江省健康促进医院考核，市红十字会医院和横店医院申报创建浙江省健康促进医院。

【农村改水改厕工作】 开展全市改水基线调查和农村集中式供水水质检测工作、农村改水改厕的统计年报及技术指导工作。全市自来水普及率94.41%，卫生厕所普及率97.79%，其中无害化卫生户厕普及率94.95%。配合市"五水共治"办开展农村生活污水治理项目的督导和考核验收工作。

【基层爱国卫生运动】 推进小城镇环境综合整治行动，指导南马镇、歌山镇、千祥镇、画水镇、虎鹿镇、东阳江镇、佐村镇、三单乡通过"金华市卫生乡镇"考评。组织开展第28个爱国卫生月活动。申报创建卫生先进单位（卫生村）39个，其中省级3个，金华市级11个，东阳市级25个；16个省级卫生先进单位（卫生村）通过复查。参与横店城市风貌综合提升行动。

（张鑫阳）

卫生应急工作

【卫生应急管理】 建立"分类管理、分级负责、条块结合、属地为主"的卫生应急管理体制。将公共卫生和卫生应急工作经费纳入市、镇两级财政预算，建立卫生应急投入保障机制。建立由28名专家组成的卫生应急专家咨询委员会、80余名业务骨干组成的卫生应急处置和医疗救援机动队。

【卫生应急演练】 11月，在横店文荣医院举办2016年全市食物中毒应急处置演练，25家医疗卫生单位100余人参加。演练采用桌面推演和情景模拟两种方式，从事件的发现与报告、应急响应、现场调查、样品采集、提出控制措施等方面进行演练，取得检验预案、锻炼队伍、协同配合的目的。

（鲁世俊）

卫生监督执法

【概况】 2016年，市卫生监督所被监管单位2490家（不包括职业卫生的企业数），从业人员

1.07万余人。出动卫生监督人员5008人次,监督检查各类生产经营单位9245户次数,抽检健康相关产品6大类480份,合格461份,合格率96%。开展公共场所环境卫生第三方检测365家,开展各类专项整治和专项检查活动18次,完成各类重大会议、活动及节庆期间卫生安全保障工作。举办卫生知识培训班84期,培训各行业从业人员6795人次。受理卫生许可证申请679起,现场查勘679家次,发放卫生许可证547家次,发放从业人员健康证和卫生知识培训合格证6795人次。立案查处违法案件181起,罚没款637539元,至9月末(10月起,"96301"投诉举报电话并轨"8890"),接待各种渠道投诉举报及查询咨询282起。发生突发公共卫生事件1起,处置及时无人员伤亡。

市卫生监督所连续14年保持"金华市文明单位"称号,连续5年保持金华市卫生监督综合年度考核第一名,获"金华市卫计系统先进集体"称号。

(包春华)

计划生育

【概况】 2016年,全市出生人口上报10401人,比上年增加2385人,人口出生率12.39‰,出生人口性别比104.91(女为100);二孩出生5529人,二孩出生率53.16%;计划生育率96.84%。严厉打击"两非"(非医学需要的胎儿性别鉴定、非医学需要的人工终止妊娠),立案处理15人。征收抚养费8000余万元。开展"5·29"会员活动日、"7·11"世界人口日大型咨询宣传活动,举办"三优"(优生、优育、优教)、青春健康等各类知识讲座23期,发放宣传资料12万余份、避孕药具37523份、宣传抽纸400余箱,悬挂宣传标语180条。走访失独家庭和困难户333户,发放公益金141.9万元。为育龄家庭投入四项手术险、独生子女家庭意外险和特殊家庭险108.88万元,理赔236件,理赔额28.13万元。投资3万元在横店影视城广州街香港街景区创建全市首个计划生育协会母婴室。

(陆建贞　张晓凌)

【计划生育家庭奖扶特扶工作】 开展农村部分计划生育家庭奖扶特扶工作。5886人享受独生子女奖励扶助,奖励扶助金706.28万元;303人享受特别扶助,特别扶助金222.12万元;双农二女户5268人,奖励扶助金379.3万元。审批放弃再生育对象29对,走访独生子女失独家庭15户,发放慰问金7万元;补助失独家庭辅助生育1户,发放诊疗服务费用5万余元;补助计划生育手术并发症7人,发放诊疗费用补助19937元;公益金补助233人,补助41.3万元。 (杜明华)

【流动人口计划生育管理】 全市流入全员469258人,其中流入育龄妇女168154人。其中流出育龄妇女28135人。浙江省流动人口全员平台应接收反馈39565条,完成重点对象反馈8995条,应反馈通报4560条,应入库通报4356条。上传公安数据424982条。吴宁街道、白云街道、横店镇、南马镇、画水镇、虎鹿镇6个镇乡街道中的12个村(居)定为全国流出人口动态监测抽样点,核查户籍人口600户,录入调查问卷180份。3~6月,吴宁街道、白云街道、江北街道、横店镇4个镇乡街道中的8个村(居)抽为全国流入人口动态监测样本点,调查流入人口800人次,录入调查问卷160份。

(周瑶新)

红十字会

【概况】 11月24日,东阳市红十字会联合市教育局制定《关于中小学校创建红十字达标校(示范校)的通知》,在全市中小学校建立基层学校红十字会,至年末,92所学校建立基层学校红十字会。东阳市红十字会被评为2016年度金华市重点工作考评综合优秀单位,东阳市红十字救援队志愿服务项目"爸妈,我们回家——关爱阿尔兹海默症患者"(暨"平安东阳 联你回家"项目)获2016年度红十字工作创新奖。东阳市人民医院获2015年度浙江省"红十字功勋奖"银奖。

【红十字会筹资募捐】 筹资267.12万元、物资价值15.9万元,主要用于"博爱送万家"活动、救援队购买设备、专项救助基金等项目。8月,由东阳市红十字会设立、东阳市人民医院筹资的"慈善复明基金"救助项目筹资197.12万元,主要用于金华地区白内障患者的复明手术。东阳市农商银行捐赠20万元,用于救援队队员购买人身保险。东阳富仕特磁业有限公司捐赠16万元,用于购买救援指挥车、新农村建设及贫困家庭救助。东阳市交通运输有限公司捐赠10万元,用于购买救援车辆。成都旌寿坊乌木艺术制品有限公司和冀发集团有限公司分别捐赠5万元，用于四川省青川县观音店乡扶贫帮困。其余爱心人士捐赠的款项用于“博爱送万家”等活动。“博爱送万家”活动走访慰问贫困户94户（其中困难群众74户，麻风病人7人，造血干细胞捐献者、器官、遗体角膜捐献者家属13人），救助资金6.16万元、物资价值840元。

图185　5月21日，举办第二期东阳义工协会应急救护培训（市红十字会提供）

【红十字会帮贫助困】　实施2个省级红十字会救助项目、4个本级救助项目、6个专项救助项目，救助828人，发放救助金300.49万元。“康心救助基金”项目救助心脏病患者87人，发放救助资金171.78万元。为外来务工人员困难家庭设立“母婴平安”项目，救助高危孕产妇患者196人，救助资金26.03万元。“徐丹丹救助基金”为徐丹丹姐弟拨付救助资金3.6万元，用于保障三姐弟的生活学习。“母亲康乐”项目救助2人，发放救助金2.3万元；“广济助医基金”救助13人次，发放救助金36.41万元。

【红十字会慈善复明基金】　8月，由东阳市人民医院筹措资金，与市红十字会合作设立专项救助基金——慈善复明基金，开展“慈善复明行动”。期限3年，每年筹资不少于200万元，主要用于白内障患者的复明手术救助。2016年，救助白内障患者924人，发放救助金174.38万元。

【红十字会救护培训】　开展救护员培训21期，培训红十字救护员2106人。开展普及培训38期，参加培训2.04万余人。开展安全教育培训10余次，普及救护知识4000余人次。7～11月，联合东阳市电视台、市红十字会医院，录制14集专题片“救在身边”，在东阳电视台播出。12月20日，浙江广厦建设职业技术学院组织全院师生9000余人在学院报告厅通过主会场现场直播的形式进行现场救护普及培训。

【红十字会关爱生命】　组织红十字志愿者开展宣传活动，普及无偿献血知识，推动造血干细胞、角膜、遗体和器官捐献工作。超额完成造血干细胞采样任务，年度采样105例。登记器官捐献113人、遗体捐献49人、角膜捐献103人。实现器官捐献3例、角膜捐献5例、遗体捐献6例。

6月7日，湖北籍外来务工人员宋某突遭意外，其家人帮其捐献肝脏、肾脏、眼角膜。8月22日，东阳市南马镇赵某某意外死亡，捐献肝脏、双肾脏。市民孙宝仙、金某、陈金其、孙满银、周才娜、周芳良在身后分别捐献遗体、眼角膜。巍山医院医

图186　11月4日，东阳市红十字志愿服务总队举行器官捐献倡议活动暨意愿签约仪式（包康轩／摄）

生孙赛洪在父母病危期间为父母和自己分别填写遗体和角膜捐献志愿书，父母先后去世，捐献父母（孙满银、孙宝仙）遗体和角膜。6 月 23 日，东阳市中医院 53 名医务人员集体填写《中国人体器官捐献志愿登记表》。11 月 4 日,市红十字志愿者举办“让生命延续”活动，宣传器官捐献相关知识，活动现场 37 名志愿者填写《中国人体器官捐献志愿登记表》。市中医院集体签下器官捐献志愿书的 53 名医务人员获“2016 年度最美东阳人集体”。12 月 24 日，市红十字会联合市文明办、市民政局、东阳义工协会，在黉门前广场举办“器官捐献 生命接力”大型宣传活动，50 余名志愿者和市民填写《中国人体器官捐献志愿登记表》。

【红十字救援队】 东阳市红十字救援队组织救援出勤 53 次（水上救援 16 次，山地救援 4 次，城市寻救 18 次，森林灭火 6 次，其他 9 次），安全演练 2 次，参与走失人员搜救 12 次（找回 11 人），组织队员外派训练 4 次、安全宣导讲座 18 余次（受益人数 3000 余人次）、大型活动应急保障 4 次，开展救援技术培训体能训练、体能及技术考试等活动 22 次，出动队员 5658 人次。2016 年，东阳市红十字救援队获“浙江好人”（集体）称号，队员蒋献阳获“浙江好人”（个人）称号，徐晓群获 2016 年度“最美东阳人”称号。

2 月，浦江县建光村 3 名孩子走失，东阳市红十字救援队接到救援命令后，组织队员带上救援设备第一时间到达救援现场展开搜救工作，和其他救援队一起找到走失的 3 名孩子。中央电视台等新闻媒体对该次救援进行跟踪报道，中国红十字总会、省、市人民政府及各级部门给予高度评价，对参与救援的所有人员进行表彰和奖励。

图 187　4 月 13 日，“平安东阳‘联’你回家”关爱痴呆老人公益项目启动仪式在黉门前广场举行（市红十字会提供）

【“平安东阳‘联’你回家”关爱痴呆老人公益项目】 4 月 13 日，“平安东阳‘联’你回家”关爱痴呆老人公益项目启动仪式在黉门前广场举行，免费为全市的老年痴呆（精神）家庭提供可追踪的终端设备智能定位器——“平安云”，发放“平安云”智能定位器 221 台，通过“平安云”找回走失老人 4 起。对于部分家庭困难、符合条件的市民免费送上“平安云”并安装。12 月，东阳市红十字救援队志愿服务项目“爸妈，我们回家——关爱阿尔兹海默症患者”（暨“平安东阳 联你回家”项目）在宁波市举办的第三届中国青年志愿服务项目大赛中获银奖，是东阳市首个入选国赛的志愿服务项目。

（李晓媚）

街道镇乡

2016年7月25日，湖溪镇象田向日葵（吴立新/摄）

吴宁街道

【概况】 2016年，行政区域面积31平方千米，辖卢宅、江滨、东街、西街、东岘、迎晖、朝阳、城南、西园、荷塘、兴平11个社区31个经济合作社，下分65个居民小区。辖区总户数32063户，总人口85236人，其中男性41773人、女性43463人。出生人口981人，人口出生率1.26%，出生人口性别比115(女为100)，人口自然增长率1.04‰。办事处驻青春路11号。完成税收5.09亿元。城镇居民人均可支配收入44542元，农村居民人均纯收入24556元。

【吴宁工业】 吴宁街道有工业企业229家，建筑房产企业156家，批零商业企业4515家(含个体)，住宿餐饮业667家（含个体），服务业1846家（含个体），金融机构8家。主要以服装、针织、木雕工艺品、机械加工等行业为主。11家规模以上企业完成工业总产值29.47亿元，比上年增长5%；完成规模以上工业增加值5.17亿元，比上年增长6%。完成外贸出口销售额2.6亿元；完成工业性投入（技改项目建设）1.4亿元；完成浙商回归2.3亿元；引进内资5757万元；完成个转企28家；培育2000万元以上企业1家(东阳市圣宝龙服饰有限公司)，增加限额以上贸易企业3家(东阳市广厦进出口有限公司、东阳市交通石化有限公司、东阳市国大水管批发有限公司)。

【吴宁农业】 农业总产值4120万元，粮食播种面积80.2公顷，粮食总产量351.9吨，种粮大户1户，承包及流转耕地13公顷。建设成家里、西岘两个蔬菜基地，防控重大动植物疫病；完成98台拖拉机和110名驾驶员的年度检审验工作。

【吴宁“三改一拆”】 拆除石材加工市场违建面积19.98万平方米，拆除违建厂区14宗、16927平方米，拆除广告设施247宗、23776平方米。拆除违章建筑636宗、37.41万平方米；改造旧住宅区157户、14.94万平方米；改造城中村6191户、79.84万平方米；改造旧厂区4.88万平方米，创建“无违建小区”55个。

【吴宁“五水共治”】 落实境内10条河流及支流“河长制”工作机制，对每条黑臭河制订一河一策的治理方案，组织人员勘测检查新老东溪、南干渠全线，明确每个排污口的整治方案、责任单位和责任人。制订河库塘淤（污）泥情况调查表和3年河库塘清淤（污）泥实施计划表。东阳江、南干渠、新老东溪、雅溪、卢三溪完成排污口整改195个，管网建设总长1193米，总金额256.66万元；完成河道清淤6条、1.76万立方米（其中卢三溪的水质达到Ⅳ类水标准），池塘清淤25口、3.92万立方米。

【吴宁城区风貌提升】 整治乱堆乱放，清理堆积物及建筑垃圾3万余吨、公共楼道6100个，取缔废品收购站16个；整治空地2万平方米，种植苗木27万株；整治道路两侧违规设置或破损屋顶、灯箱、墙体广告2000块；整治“蓝色屋顶”23宗、5.07万平方米；拆除围墙22幅、5390米；完成空闲地绿化提升18幅、23.18万平方米；完成空闲地停车场提升6幅、2.14万平方米。

【吴宁重点工程建设】 市重点建设项目——37省道改建工程涉及的南山房屋拆迁工作基本完成。8月22日，作为省、金华市、东阳市三级重点工程，占地15.14公顷、总建筑面积7.6万平方米、总投资2.6亿元的新东阳二中启用。

【吴宁文教卫生】 设幼儿园27所、小学9所、初中3所、高中2所。图书馆、文化站2个。剧场、影剧院4个。各级各类医疗卫生机构74家，医疗卫生机构床位数914床，执业（助理）医师数585人。

开展文化走亲13场次，举办第十一届邻居节和重阳节文艺联欢活动。5月，东岘社区举办第十二届健身运动会。10月21日，在节庆广场举办以“提升城区风貌，建设美丽吴宁”为主题的街道文艺会演。开展第28个爱国卫生月活动，组织活动38次，发动人员1702人次，投入资金75.32万元，电视广播宣传12次，报纸、黑板报宣传38次，电子显示屏等其他宣传2013次。清除垃圾754.5吨，清除卫生死角3176个，清理臭水池（塘）34个，清理积水坛缸136个，清除露天粪缸、棚厕、旱厕23个，疏通阴沟及下水道33条，清理“四害”滋生地46个，整治道路36千米，增加绿化面积8875平方米。开展夏、秋两季除“四害”工作，发放灭蟑饵剂4.8万包、灭蟑粉剂4.8万包、灭蟑方便贴1000盒、灭蚊蝇药剂410千克、灭蚊蚴药剂490千克、灭蚊蚴颗粒剂

2016年吴宁街道社区基本情况

表44

社区名称	小区(个)	组数(个)	社区支部书记	社区主任
卢宅社区	7	26	金　芳	郭江明
江滨社区	6	26	陈　坚	卢希梁
东街社区	6	35	毛志群	马瑛瑛
西街社区	5	30	楼赵龙	张鹏丽
东岘社区	7	49	麻银火	邢方浩
迎晖社区	7	58	卢胜华	马百胜
朝阳社区	6	55	郭旭军	孙云才
城南社区	4	29	胡筱阳	杜　宁
西园社区	7	25	吴赟鹏	王国兆
荷塘社区	6	23	包振波	–
兴平社区	4	8	卢彩萍	–

1.4万包、灭鼠毒饵6200包、室外灭鼠蜡块250千克。

【吴宁社会保障】 推进街道、社区两级365便民服务体系建设，街道365便民服务中心为居民办理各类事项6998件，完成“8890”热线交办事项592件。办理城镇居民医疗保险22762人，增加城镇居民医疗保险参保对象711人；办理城乡居民社会养老保险7人，办理城乡居民社会养老保险补交手续81人，注销城乡居民社会养老保险25人。发放低保、五保107人，53万元，临时救济款12万元，医疗救助金18万元，助学金2万元，慈善助困金4.6万元；为431名重度残疾人、190名困难残疾人办理护理及生活补贴。办理申报灵活就业人员“4050”社保补贴1560人，办理“创业失业登记证”510本，协助创业者申报创业及经营场所租金补贴11人，协助农村电商创业帮扶2人。完成退休人员资格认证16238人（含异地退休）、居民医疗保险和补征地资格认证2340人。

【吴宁社会管理】 实施安全生产“网格式”管理，签订2016年安全目标管理责任书355家，落实安全生产标准化创建6家、复评1家，完成小微企业安全生产托管39家，制订安全生产有关方案8个，建立社区微型消防站11个。检查企业2460家(次)，其中高危企业370家(次)，查出隐患232条(家)，当场整改212条(家)，发出整改指令书20家，完成整改20家；检查出租房2531家，其中30人(含)以上的出租房25家，10人(含)以上30人以下的出租房397家，对要求整改的出租房安装独立式感烟火灾探测报警器45家，完成10.5%；检查房屋安全隐患排查35630户，存在安全隐患504户；燃气安全排查17826户、32311瓶(其中居民户16898户、29889瓶，工商业928户、2422瓶)；联合市场监管分局检查吴宁辖区内食品药品单位17次，处置群众举报的食品安全案件3起。受理劳动保障监察举报投诉工资案件126件，结案115件，涉及金额1435876元；处理工伤类案件7件，涉及金额197256元，工伤类简易程序14件，涉及金额6752.16元；调处矛盾纠纷242起，调处成功242起，其中疑难纠纷13件，调处率100%，成功率100%，涉及金额181.1万元；受理信访件71件，办结68件。

【吴宁组织建设】 组织机关集中学习44次、各支部学习1650次，发放学习资料16908份，制作党日活动导学8期1200余份。街道组织检查指导12次，梳理支部问题清单160份、党员问题清单4200余份。对所有党员的组织关系进行集中排查，录入基本情况登记表4100余份，整理归类党员档案2000余份，统计上报多余档案493份，上报失联党员4人。规范发展党员工作，确定发展对象39名，审核列入考察对象42人，审批预备党员24人、预备转正41人。卢二小区党支部和园丁小区党支部创建为东阳市级党建示范点。开展党风廉政、机关效能检查23次、效能教育9次，查办党员违纪案件9件，受理报结纪检信访25件。

（徐凌子）

白云街道

【概况】 2016年，行政区域面积57平方千米，辖8个社区。辖区总户数56464户，其中本地户数

15864户,外来户数40600户。总人口162852人,其中本地人口41057人,外来人口121795人。本地人口中男性20255人,女性20802人。出生人口614人,出生人口性别比120(女为100)。办事处驻中山社区望江北路2号。完成税收9.72亿元,比上年增长41.2%。

街道(园区)内设党政综合办公室、经济发展办公室(经济发展局)、社会事务管理办公室(社会事务局)、城镇管理办公室(地政规划局)、市场发展办公室(市场发展局)、计划生育办公室、社会治安综合办公室、365便民服务中心和开发总公司。各社区建有中共总支部,设司法调解、环境卫生、社会救助、计划生育、警务等服务点,各小区建立中共支部和团、民、妇、老等群众组织,分别设有社区服务职能的联系人。6月18日,白云街道杨家农民工租住地工会举办文艺晚会庆祝工会成立8周年。

【白云工业】 白云街道是东阳市重要工业基地,基本形成以生产经营电子机械类产品为主的西城工业园、以生产经营服装针织类产品为主的服装工业园、以生产经营工艺品类产品为主的小商品工业园。完成工业总产值180亿元,比上年增长8%,其中84家规模以上企业完成工业总产值62.22亿元,比上年增长4.9%;完成规模以上工业增加值13.77亿元,比上年增长4.3%。工业投资额9.9亿元,固定资产投资额47.85亿元。引进内资9.86亿元、外资703万美元,浙商回归12亿元,培育"小升规"企业6家,培育商贸服务业"下升上"5家。"三改一拆"完成旧厂区改造15.4万平方米(任务6万平方米)。

【白云商贸服务业】 白云街道是东阳市"商贸联动"的主战场,形成东阳中国木雕城、东阳红木家具市场、东阳国际建材装饰城、中国古典工艺城、东阳国际汽配城、东阳针织服装市场、东阳中国木雕文化博览城、浙中华泰皮革商贸城等专业市场,以及宝马、奔驰、奥迪等汽车4S店。东阳中国木雕城等7个专业市场、世贸君澜大酒店等10个配套项目以及奔驰、宝马、奥迪等22家一级汽车4S店营业额160亿元。实施市重点商贸服务业项目14个,完成投资10余亿元。其中东阳中国木雕城二期项目完成总工程量的85%,檀公馆办公商务楼交房,高层结顶,B2市场区主体结顶,红星美凯龙项目签约入驻;世贸广场项目(银泰城)项目主体结构施工结顶,内外装修施工完成项目总工程量的85%,银泰购物中心招商完成90%;浙中名品港奥特莱斯广场A馆、B馆主体封顶,大润发购物广场签约入驻,意向性招商80%;远疆天域项目完成项目施工图图审;"多维"东作云项目建设11家省级体验中心及69家城市社区体验馆,电商平台2.0版本上线,移动APP2.0版本开发并投入使用;振恒商务大楼东义古典商务酒店开业;汽车城二期中汽名车平行进口车馆开业;东阳市白云清瓦台浴场、聚君堂文博艺术馆开业。

图188 6月18日,白云街道杨家农民工租住地工会举办文艺晚会(白云街道提供)

【白云农业】 常用耕地面积60.87公顷,可利用林地面积636.33公顷。农村集体收入11786.75万元,固定资产在建工程17009.43万元,现金存款43494.66万元。

【白云重点工程】 实施江滨南街西延和农房改造工程2个市重点工程项目。江滨南街西延(西一路——南田路段)完成雨污水总管的埋设和道路塘渣层铺设以及6米便道稳定层施工;遗留的3户拆迁户中2户农户签订拆迁协议。农房改造涉及笠里、金星、下南田、珊瑚里、白殿、上进6个小区1192户,拆迁建筑面积242046平方米。签订拆迁协议736户,拆除旧房672

户，安置169户。市重点工程东阳经济开发区初级中学完成土建工程和附属配套建设，通过验收。

【白云村镇建设】 完成辖区40个小区"无违建"创建，通过金华市无违建创建先进街道的考核验收。完成上进小区房屋征收协议签订工作，签订协议116户，占地面积11530.83平方米，建筑面积27353.12平方米，完成上进拆迁安置小区的地面附属物处理等工作，完成上进小区被征收人旧房拆除工作；完成珊瑚里小区房屋征收协议签订工作，签订协议147户，占地面积13289.4平方米，建筑面积27540.5平方米；完成金星拆迁小区房屋征收协议签订工作，签订协议211户，占地面积19854.37平方米，建筑面积48047.75平方米；完成白殿小区城市拆迁前期4个自然村约400户被征收人房屋现场丈量评估工作；完成笠里小区腾空验收、旧房拆除工作,完成招投标及屋基抽签工作。

推进"五水共治"工作，设置河长公示牌108块。开展农村生活污水治理工作，投入资金1000余万元，铺设雨污管道长度18千米。

开展"三改一拆"工作。拆除各类违法建筑161276.4平方米，完成年度目标的268.79%；旧住宅区改造991户、102741.28平方米，完成年度目标的205.48%；旧厂区改造4户、154046平方米，完成年度目标的256.7%；城中村改造3500户、746084平方米，完成年度目标的414.49%；拆除违法广告牌598宗、11962.9平方米；"蓝色屋面"专项整治65宗、19.86万平方米。

【白云文教卫生】 设街道综合文化站、广播电视站各1处，农民工文化活动中心4个，市级文化示范村6个，农家书屋8个。幼儿园25所，在园幼儿5876人，专任教师452人；小学7所，在校生7258人，专任教师386人；初中2所，在校生2795人，专任教师192人，九年义务教育覆盖率100%。各级各类医疗卫生机构2个，街道卫生院7所；病床1782张，专业卫生人员68人，执业医师523人，执业助理医师3人，注册护士10人。医疗机构（门诊部以上）完成诊疗11.2万人次。农村安全饮用水普及率100%，农村卫生厕所普及率100%。

【白云社会保障】 城镇最低生活保障户25户、27人，支出16.2万元。农村最低生活保障户130户、141人，支出47.38万元，比上年增长103%，月人均280元，比上年增长3%。国家抚恤、补助各类优抚对象48人，抚恤事业费支出69.12万元，比上年下降2%。社区服务设施19个，其中社区服务中心8个、社区服务站8个、其他社区服务设施3个。

【白云社会管理】 按规定办理上级转交的信访件50件。每月15日信访接待日接待群众来访108批、224人次，在办理过程中执行信访条例有关细则，做到登记接访100%，向上级反馈100%，向信访人答复意见书100%，未发生非正常到省赴京上访。7月，重点开展涉疆人员的排查工作。调处各类矛盾纠纷374起、重大疑难纠纷10起，其中非正常死亡纠纷5起，纠纷标的额1230万元；开展春节、元宵节、"两会"等重要节假日安保工作4次；走访重点社区矫正人员50人次，在册吸毒史人员50人，其中社区戒毒6人、社区康复3人；开展普法宣传活动，在杨家农民工文化活动中心成立农民工法制培训学校，发放各类法制宣传挂图200余份、书籍50余本、图册6000余份，开展法律服务讲座2次。受理"8890"事项546项，办结546项。落实7家社区居家养老服务中心；救助困难群众175人，发放救助款25

2016年白云街道社区基本情况

表45

社区名称	小区(个)	社区支部书记	社区主任
中山社区	5	张梁俊	楼炬华
接官厅社区	5	叶华锋	张　斌
望江社区	4	蔡国盛	虞大伟
白云社区	5	卢竹山	张红华
十里头社区	4	赵美弟	李桂芳
蓝天社区	7	叶　敬	单朝阳
昆溪社区	6	包日进	吕金文
莲花山社区	4	郭兰芳	厉杭江

万元；大病救助、优抚补助 18.2 万元。

【白云城市风貌提升工作】 白云街道计划实施城市风貌提升项目 36 个，总投资 1.8 亿元。计划建造、改造提升街心公园 11 个，其中改造提升 1 个，建造 10 个，总投资 1281 万元。计划打通西城 5 号路和昌盛路（江滨南街至世贸大道）两条路，总投资 900 万元。实施道路地下管网工程项目 9 个，总投资 2570 万元。计划建设水豆桥至望江大桥绿道、巧溪绿道、江滨驿站 3 个项目，总投资约 480 万元。实施重点风貌提升项目 4 个，总投资 1.14 亿元，其中望江路风貌提升项目实施侧石施工，歌山路西侧空闲地及东义路（望江路至八华路）2 个绿化提升项目施工，望江大桥西侧公园完成规划设计，白云路道路改造、西塘路道路拓宽改造等建设项目完成招标。开展无围墙、无裸土整治工作，拆除各类围墙 6200 米（计划拆除围墙 8170 米），增加绿化面积 8 万平方米，种植各类苗木 34.7 万株。

（俞欢慧）

江北街道

【概况】 2016 年，行政区域面积 89 平方千米，辖 10 个社区（77 个小区）、3 个行政村，有茗田花园、金鑫花园、世纪花园、世纪花城、黄金北岸、欧景花园、东方诚品等居民区。辖区总户数 24973 户，总人口 62893 人，其中男性 31537 人、女性 31356 人，流动人口 78070 人。出生人口 837 人，出生人口性别比 105（女为 100）。办事处驻翠竹路 1 号。完成税收 43988 万元，比上年增长 3.2%。其中国税 20788 万元，比上年增长 15%；地税 23200 万元，比上年增长 22.7%。有工业企业 435 家，其中规模以上工业企业 47 家。6 月，原上卢管理处并入江北街道办事处。

【江北工业】 江北高新产业园区建成高科技产业、先进轻工制造业两大园区。园区内入驻企业 435 家，有伟成塑胶、澳亚织带、日升昌药业、弄潮制衣等大中型企业 74 家，形成医药、针织、机械、服装等为主的产业结构。47 家规模以上企业完成工业总产值 27.15 亿元，比上年增长 8.3%；完成规模以上工业增加值 5.75 亿元，比上年增长 7.1%。完成工业性投入 14.5 亿元，比上年增长 11.6%。浙商回归资金 2.78 亿元，完成目标任务的 102%，引进内资 3.52 亿元，完成目标任务的 104%。工业重点建造项目 1 个，重点技改项目 2 个，“两化”融合项目 4 个，其中炜晟包装项目通过验收。列入“小升规”企业培育 8 家，其中有 5 家完成“小升规”任务。

【江北农业】 农作物播种面积 1881.1 公顷，其中稻谷 642.1 公顷，玉米 140.3 公顷，小麦 60.5 公顷，其他谷物 22.9 公顷，豆类 186.5 公顷，薯类 206 公顷，油料 81.06 公顷，棉花 9.7 公顷，中药材 4.5 公顷，蔬菜（含菜用瓜）388.7 公顷，果用瓜 70.14 公顷，甘庶 22.8 公顷，花卉苗木 30.5 公顷，其他作物 15.4 公顷。粮食总产量 18875 吨，豆类 279.8 吨。茶园 2 公顷，总产茶叶 1.9 吨。果园面积 19.6 公顷，产柑橘、果用瓜等 396.8 吨。年末生猪存栏 850 头，年内生猪出栏 800 头，年末家禽存栏 11200 只，年内出栏活鸡 16912 只、活鸭 3959 只、活鹅 1800 只，年末兔存栏 2700 只，年内兔出栏 6400 只。

【江北林业】 建立山林生态环境管理和保护机制，完成森林资源调查工作，发动群众绿化造林。实施“绿地工程”，治理青山，治理周店、光耀、楼宅采石场及废弃矿山。与经济开发区对接，启动上卢片区公墓扩建工作。开展“移风易俗，文明祭祀，保护北山生态休闲区”公益活动。发放文明祭祀宣传册 3 万余册，张贴防火护林宣传标语 400 余幅，签订党员干部、村（居民）代表文明祭祀承诺书 2200 余份。成立 16 人的护林员队伍，分片开展 1074.87 公顷公益林及辖区内统管山的护林巡查工作。制订江北街道森林防火工作预案，成立 116 人的专业扑火队伍，配备更新灭火器材，定期开展森林消防培训。开展北山旅游休闲区前期建设工作，休闲区规划内的塘下村 90%农户签订土地流转合同，种植金桂等苗木 4000 余株。投入 1000 余万元完成北四路等 10 条道路绿化，增加绿化面积 4200 平方米。

【江北重点工程建设】 投资项目 34 项，其中实施类项目 19 项、前期项目 15 项。总部中心拆迁配套项目列入金华市重点工程，在全市重点工程建设评比中排名第二，获二等奖。望江北路北延（北四路至北五路）完成雨污水管网埋设、箱涵建设和有指标段的道路沥青铺设；艺海北路北延（广福路至北三路）完成道路建设，并通车。完成石门、骆店、青山头、东溪、新联局部、上王局部、东丰小区东富自然村、东丰小区猴塘角和东埠头安置区9个小区的雨污水管网埋设，骆店、石门、上王等小区完成道路硬化工作。

【江北文教卫生】 江北辖区设高中1所，初中2所，小学8所，幼儿园23所。有教师446人，其中教办10人，中学教师120人，小学教师316人。在编幼儿园教师11人。有初中生1809人，小学生7275人，入园幼儿3857人。在东阳市阅读理解优质课评比中，7人获一等奖，18人分别获二等奖、三等奖。举办第三届江北“七星教育奖励基金”颁奖典礼，奖励师生20余万元。

江北街道卫生服务中心（卫生院）管辖亭塘社区、月亮湾社区、凤凰社区服务站和5个村卫生所及7家私人诊所。卫生服务中心总收入1838.1万元，比上年增加503万元，增长37.7%。医疗总收入780万元，比上年增加120万元，增长18.2%。门诊就诊127649人次，比上年增加18964人次，增长17.4%。中心规范化建档57484人，规范建档率92.57%，电子档案基础信息完善人数36953人，完善率64.27%。通过35周岁门诊首诊测血压、健康体检、联村医生上门服务等方法发现高血压患者7123人、糖尿病1761人、重性精神疾病267人、脑卒中1074人、肿瘤687人，均按规范开展随访。医务人员下乡讲课68次，接受教育3528人次。邀请健康教育专家讲师团到辖区讲课4次，教育1008人次。刊出黑板报12期，更新电子屏11次，发放健康博览信息12次、1272份，更新宣传画7次、707份；健康咨询9次、508人。开展各类宣传活动，受益3000余人。免费健康体检25893人，其中60岁以上老人6582人，体检率65.4%，其他成年人2848人，中小学生9212人，外出返乡HIV抗体检测208人，入托体检1753人，妇女病普查5290人。

江北广播电视站发展单向数字电视用户385户，发展双向数字电视用户1965户，安装宽带856户，完成视频监控28个村，业务资金95万元。完成数字化双向网改造9千米，其中铺设地下管线400米，熔接光缆640芯、光节点80个，安装光网络单元（ONU）80只。出动抢修和上门服务9500人次，抢修各类故障6000起，其中晚上抢修14起、抢修重大故障32起；安装工业园区有线电视资金7万元。免费为低保户安装有线数字电视21户，减免视听维护费5200元。

【江北社会保障】 享受职工退休养老保险10131人，其中茗田社区1512人、猴塘社区892人、亭塘社区932人、临江社区793人、凤凰社区774人、月亮湾社区957人、湖沧社区804人、夏渠社区840人、华店社区1031人、上卢社区1342人、永久村3人、甘溪村177人、社姆新村74人。每人每月最低领取1510元。参加医疗保险36449人，其中850元保险项目12346人，260元保险项目22125人，参加未成年人项目保险1805人，低保保险173人。低保户114户，低保人数146人，发放补助款18万元。

【江北基础设施建设】 完成荣跃、恬里、甘东、东丰、王峰、亭塘、革成等小区周边空闲地整治30.8万平方米，拆除围墙10500米，铺设人行道8万平方米；完成211省道的绿化种植、人行道铺设和“赤膊房”整治工作，上王翻板门工程、浪坑溪（江滨北街至广福路）绿道和北辰塔道路工程基本完工，上王桥梁和骆店桥梁完成施工通车，改善北山精品线周店、王户口、楼宅、毛蓬等小区环境，绿化面积1.8万平方米；完成广福路段（人民路至中山路）人行道树种植，浪坑溪、人民路以东（国丰小额贷款公司以北）、学士路以东（欧景花园以北）等5个街心公园完成方案论证、施工图纸设计和预算编制工作，完成望江北路（广福路至湖莲西街）和人民路（北四路以北）道路内绿化带建设。完成54个小区（自然村）的市级综合验收初验工作，永久金家庄、甘溪等小区成为第一批通过市级综合验收小区；完成锦坊、永久金家庄、塘下、下社姆、楼里等22个小区27个污水处理终端设施建设，其余小区污水纳入城市污水管网。完成新联、下宅口、金家、塘里、下范、上王等13个小区农户的雨污分流整治，271家供地企业中140家企业完成内部的雨污分流。完成重点支流、库塘等清淤工作，清理河塘水库淤泥11万立方米。清理上王小区3口池塘淤泥1200立方米。

【江北社会管理】 江北街道社会服务管理中心受理便民事项2071项，坚持每月15日“两代表一委员”联合接访和矛盾纠纷排查机制，处理矛盾纠纷361起。发挥劳动保障平台作用，调处劳资纠纷385起，涉及金额1418万元。各小区（村）组成298人的小

2016年江北街道社区(村)基本情况

表46

社区(村)名称	小区(自然村)(个)	组数(个)	社区(村)支部(总支)书记	社区(村委)主任
茗田社区	5	14	斯宏晓	朱伟东
亭塘社区	5	7	徐锋平	郑挺钢
月亮湾社区	10	10	蒋　波	傅晓峰
猴塘社区	10	16	杜志赛	杜一风
临江社区	5	8	王开开	厉小军
凤凰社区	5	5	申屠文彪	蒋丽艳
上卢社区	14	14	程锦锦	蔡旭东
夏渠社区	8	8	金光泓	金国良
华店社区	7	7	杜　峰	马玲玲
湖沧社区	8	8	蒋国剑	马　江
甘　溪	5	6	李章兴	王德福
永　久	3	3	金文龙	金龙德
社姆新村	7	7	吴薛祥	何盛行

区(村)安全生产网格员队伍,划分责任区,绘制责任区域图,实现对农户和企业的消防安全、排水排污等监管。各小区(村)基本完成农村股份制经济合作社改革。开设上王、下宅口、王户口、山口、许村、月亮湾花园6个小区居家养老中心。公益性生态公墓完成选址工作。

【江北社会治理综合指挥平台研发】 江北街道自主研发社会治理综合指挥平台("智慧江北"),将重点工作、视频监控、"平安通"、微信公众平台、"8890"等信息统一纳入,为居民走访、矛盾纠纷化解、消防安全、环境治理、城市管理、治安防范、案件侦破等提供平台支撑。实现事件受理、分流处理、调度指挥、分析研判、督办反馈平台。该平台与"平安通"信息平台衔接,实现数据信息资源共享,街道社会治理指挥大屏与29个小区(村)1320个摄像头联网,形成云数据库。西范小区社会治理服务中队被评为"最美东阳人"称号。

【东阳北山垂钓中心建成】 4月24日,位于江北街道浪坑口水库大坝下的市垂钓中心举行建成仪式,省钓鱼协会授予该中心"浙江省垂钓基地"的铜牌。由市政府主办、江北街道承办、市钓鱼协会协办的"楼斌杯"钓鱼大赛在北山垂钓中心举行,全国各地400余名钓鱼爱好者参加比赛。东阳市北山垂钓中心是浙江省垂钓基地之一,2015年被列为东阳市重点实施的"十大文化创新工程"之一。项目占地面积约4.36万平方米,一期建成17米×100米、21米×100米的鱼池各2个,可同时容纳600名垂钓运动员竞技。该工程建设摒弃钢筋水泥修筑堤岸的方法,鱼池壁采用浆砌块石。

【首届陶艺文化旅游节开幕】 2016年11月3日,东阳市首届陶艺文化旅游节在江北街道王户口村开幕,开展品尝烤红薯、玉米棒,品酒会,免费抓鱼,独轮车拉钵头体验,打草鞋,观摩放麻绳,篝火晚会,露营等多个项目。王户口村的陶艺制作始于20世纪60年代初,一度成为村里的支柱产业。20年后走向衰落,村里的陶厂于20世纪80年代

图189 4月24日,举办东阳北山垂钓中心落成典礼暨"楼斌杯"钓鱼大赛(江北街道提供)

图 190　11 月 3 日，2016 东阳市首届陶艺文化旅游节举行（周晓刚 / 摄）

停产歇业。随着“环境革命”的推进，结合各村特色进行产业植入成为东阳美丽乡村建设的一大特色。2016 年 9 月，王户口村重拾陶艺，在原老龙窑遗址上重建新窑，1300 余个陶罐叠放排成长龙，向市民开放陶艺体验馆。

（张道驰）

六石街道

【概况】 2016 年，行政区域面积 65 平方千米，辖 1 个社区、22 个行政村。辖区总户数 15792 户，总人口 40261 人，其中男性 20182 人、女性 20079 人。出生人口 470 人，出生人口性别比 116（女为 100）。办事处驻中学北路 8 号。完成税收 29012 万元，比上年增长 35%，其中国税 16533 万元，比上年增长 21.6%；地税 12479 万元，比上年增长 77.5%。2016 年，获市委、市政府目标责任制考核一等奖。

【六石工业】 61 家规模以上企业（含上卢管理处）完成工业总产值 44.28 亿元，比上年增长 12.3%；完成规模以上工业增加值 9.44 亿元，比上年增长 11.8%。规模以上企业用电量 9808 万千瓦时，比上年增长 7.6%；工业投资额 27.51 亿元，比上年增长 13.1%；固定资产投资额 38.65 亿元，比上年增长 26.8%；规模以上工业出口交货值 8.03 亿元，比上年增长 17.65%；规模以上新产品产值 11.81 亿元，比上年增长 30.8%。

【六石农业】 完成粮食播种面积 1666.67 公顷，建成粮食生产功能区 92.67 公顷。结合“美丽乡村”建设，引导各村种植高粱、向日葵、果树等农作物，培育一批风景点。建成单体大棚 21300 平方米、联体大棚 5500 平方米的火龙果基地。吴良村发展水果基地 66.67 公顷，樟村桃树坞发展水蜜桃基地 8.67 公顷。7 月 19～20 日，省粮食产业“机器换人”现场会在东阳市召开，六石街道为分会场。

【六石新农村建设】 完成 S211 省道精品线建设，完成沿线景观节点 13 个，道路两侧建造花坛 115 个，铺设人行道 1600 平方米，种植竹子 4.5 万株，种植桂花、香泡、樟树等大中型乔木近 350 棵，摆设太湖石 450 吨，绿化面积 2.5 万平方米。结合中小河流整治，打造总长约 6.3 千米的休闲步道。以河长制为抓手，实行市、镇街、村居三级“河长制”全覆盖。开通“六石治水”公众号，建立 5 个镇级河溪微信群，完善河长公示牌。建立河道警长制度，打击电鱼、网鱼行为，保持河道生态。完成清淤任务，清理池塘 60 口，清理淤泥 18 万立方米，清理石马溪、鹤岩溪、吴良溪河道淤泥 3.29 万立方米。完成

图 191　7 月 19 日，浙江省粮食产业“机器换人”现场会的与会代表在六石街道碧得丰粮食专业合作社参观（包康轩 / 摄）

69个自然村的施工图纸设计、图纸会审、财政审价和招投标工作，在招标的基础上65个自然村开工建设，62个自然村完成管网施工，40个自然村完成终端建设。投资1000万元，完成大兴街、振兴路、针织园区截污工程及镇西路雨水管道改造。总投资3000万元的中小河流治理项目完成95%工程量。总投资6000万元的白溪江整治完成初步设计。联合妇工委、义工协会开展垃圾分类培训60余次。拆除违章建筑约9.39万平方米，完成任务的187.8%；旧住宅区改造、城中村改造完成1601户29.48万平方米，完成任务的346.85%。开展“两路两侧”专项整治和“蓝色屋面”专项整治，投资650万元对“两路两侧”进行绿化美化及乡愁地标建设，整治“蓝色屋面”9.02万平方米。5月26日，全市“蓝色屋面”整治现场会在六石街道召开。

【六石重点项目建设】 基本完成涉及木雕小镇二期土地征用(9个村)工作，征用土地40公顷；完成东阳木材交易中心土地征用(2个村)11.34公顷；完成裘家岭地质灾害搬迁安置地块土地征用10公顷，完成青塘安村和涉及纬六路拆迁农户的房屋评估工作，初步完成甬金铁路建设用地的勘探工作。开展建筑业招商工作。走访项目经理90余人，走访建筑公司20余家。招引项目经理6个，签订合作确认书，合同金额15亿元；注册劳务公司、商贸公司7家。

【六石文教卫生】 设文化站、广播电视站各1个，高中1所、初中1所、小学3所、幼儿园10所；设各级各类医疗卫生机构12家，社区服务中心1个，卫生服务站11个，医务人员92人。

图192 2月15日，北后周村民参加集体跳绳比赛(陈林旭/摄)

组织开展各类大型活动20余次，开展各类培训12次。组织六石朵朵金花舞蹈队参加东阳市第二届“文化礼堂”杯排舞大赛，获金奖；成立六石太极拳分会并举办培训，参训人数100余人次；成立旗袍社，开展旗袍走秀活动5次。投资737万元完成六石小学食堂、宿舍建设；投资65万元完成六石初中塑胶跑道建设；投资65万元建设的樟村小学塑胶操场、吴良小学塑胶操场完成验收。

2月15日，六石街道北后周村举办第五届农民运动会，300余人开展拔河、集体跳绳、纳鞋底、夫妻同步跑、跳房子、摸石头过河、定点投篮等11个项目比赛。

【六石社会保障】 城镇低保户数6户，人数6人，支出3万余元；农村低保生活户数352户，人数547人，支出252万余元；五保供养14人，支出11.1万元；国家抚恤、补助各类优抚对象71人，支出114万余元；社会医疗救助41人次，支出18.4万元；重点优抚对象医疗救助23人次，支出5万元；社会临时救助和慈善临时救助128人次，支出15万元；慈善助学5人次，支出2.5万元。敬老院1所，常设床位105张，建成24家农村居家养老服务机构，29个行政村建立村级便民服务中心。

【六石影视旅游】 成立“产业植入”领导小组，以北后周村为示范，打造古风民俗村，植入影视外景拍摄、非遗体验、“美丽乡村”游学三大块产业项目，引进影视剧组4个，开展非遗体验活动10期，国庆期间游客2万余人，开展“美丽乡村”游学班一期。规划9个拍摄区以及5个体验项目的红树林影视文化公园，完成树林、战壕群、碉堡、古村落4个拍摄区，以及包括地牢、宫殿在内的大型摄影棚3个，接待剧组50个。12月6日，东盟十国相关机构官员及电影导演、编剧和演员代表参观考察北后周村。

2016 年六石街道社区(村)基本情况

表 47

社区(村)名称	小区(自然村)(个)	社区(村)支部(总支)书记	社区(村委)主任
樟　村	3	赵劲松	韦国强
康　夏	2	韦建春	韦建春
鹤　峰	3	王加元	周国天
石塔山	3	陈仲浩	陈金渭
石　马	4	吴美仁	王国良
金　鸡	4	陈宝生	陈明星
横　塘	7	陈晓浩	陈曙晖
裘家岭	2	潘茂荣	潘茂余
王　村	1	王培林	王晓良
吴　良	1	吴永良	吴永良
夏溪潭	3	吴友尧	吴新才
紫　光	2	金朝生	王美跃
蟠　松	3	蒋世良	吴维扬
枫树下	3	王新华	徐元华
里宝塘	3	吴仲彬	吴寿福
后　里	3	厉新勇	张向阳
岩　口	1	吴其永	吴金宝
六石社区	7	许志明	许时伟
新　建	5	徐雪仙	虞康民
徐　庄	4	王海水	严成效
湖心塘	3	吴子祥	吴伟平
桐　坑	1	楼胡林	楼小欢
北后周	1	卢豪杰	卢国庆

【红树林影视基地经营权首次公开竞标】 2016 年 3 月 25 日,红树林影视外景拍摄基地首次举行经营权公开竞标,标底 25 万元,有 20 人报名,其中 19 人参与竞标。经多轮公开举牌叫价,竞拍人最终以 73.5 万元中标。红树林影视外景基地坐落于六石街道枫树下、夏溪潭、祥湖、上石塘交界处,占地 20 余公顷,主要为松树林、矮山坡,交通便利,适合剧组取景。2011 年起,接待各类剧组数十个。

【光伏发电项目签约】 横店集团东磁股份有限公司在六石街道夏溪潭村西、祥湖村南、大圳村东区域投资 1784140 万元,建设 25 兆瓦农光互补光伏电站项目,涉及用地 56.67 公顷。完成正泰 25 兆瓦农光互补光伏发电项目签约工作,协商土地补偿等事宜。

【农村创业创新培训班开班】 12 月,由六石街道、市供销总社主办,市供销学校、六石供销社承办的东阳市农村创业创新培训班在六石街道办事处开班。培训分为理论授课、实地参观教学、论文写作与实践指导四大部分,历时 9 天,140 余人参加。

【社会治理综合指挥平台启用】 建设社会治理综合指挥平台,提升“两网融合”,完善综合治理体系。六石街道 22 个行政村 1 个社区安装监控探头,313 个监控探头接入社会治理综合指挥室,落实 1 名专职工作人员。8 月 10 日,社会治理综合指挥平台启用。

(陈　雯)

城东街道

【概况】 2016 年,行政区域面积 61 平方千米,辖李宅、塘西、罗屏 3 个工作片,1 个社区、18 个行政村。社区总户数 15175 户,总人口 41812 人,其中男性 20985 人、女性 20827 人。出生人口 499 人,出生人口性别比 94(女为 100)。办事处驻吴宁街道工人路 90 号。完成税收 10608 万元,比上年增长 32.3%,其中国税 6444 万元,比上年增长 22.21%;地税 4163.7 万元,比上年增长 89.55%。耕地面积 1620 公顷。培育“小升规”企业2家。3月，城东街道开展农村财务培训工作，培训为期两天，19个行政村（社区）76人次参加培训。11月，城东街道李宅村入选第四批中国传统村落名录。

【城东工业】 城东街道有168家企业，16家规模以上企业完成工业总产值13.63亿元，比上年增长10.2%；完成规模以上工业增加值2.99亿元，比上年增长9.1%。规模以上工业主营业务收入103711万元，比上年增长6.7%；规模以上企业用电量13606万千瓦时；工业投资额82301万元，比上年下降0.4%；固定资产投资额162475万元，比上年增长29.9%；完成外贸出口总额15869万美元，比上年增长11.8%。

完善李三、案卢、东联工业功能区规划，与案卢工业区连成一片，形成案卢、李宅磁性行业集聚。两家劳务公司（东阳市晨辉建筑劳务有限公司和东阳市圣力建筑劳务有限公司）在城东街道注册成立，与新大集团签订8亿元项目的投资协议。推进老工业区改造提升工程，扶持提升浙江凯文磁业有限公司、浙江欣旺科技材料有限公司、东阳富仕特磁业有限公司、浙江朗晟橡塑有限公司等企业，淘汰落后企业，加快企业转型升级。

【城东农业】 粮食总产量11908.8吨、谷物11068.8吨，油料293.6吨、棉花15.4吨、甘蔗1957.5吨、药材4625.4吨、蔬菜17081.6吨、瓜果528.8吨，种植花卉苗木73.2公顷；农林牧渔服务业产值685万元；果园面积99.74公顷，水果产量2589.8吨；茶园总面积19.87公顷，茶叶总产量3.3吨；封山育林面积2800公顷，造林面积25.34公顷，育苗面积增加4公顷，零星植树2.3万株。

【城东新农村建设】 完成“蓝色屋面”改造144674平方米。土地开发完成5个工程，其中高标准农田改造完成133.34公顷，造田造地13.6公顷。拆除违章建筑总面积184453.36平方米，占地面积164292.86平方米。32个自然村通过无违建验收。推进集镇基础设施建设，包括农贸市场整治、公厕的改造提升、新建街等主要道路的“白改黑”，建造李一、李二休闲公园，完善集镇服务功能，设立镇、村两级便民服务中心、居家养老中心。85%的村完成生活污水截污纳管，100%的村建立水体保洁长效机制。在环卫所设护河队，将村际间的水体纳入护河队统一管理。96%的村通过市农办的垃圾分类验收，建立长效保洁分类机制。投资600万元开展精品线建设，基本完成辖区内310省道和40省道两侧花坛改造。57%的村通过市农办的“三整一拆”验收，单良村被评为省级精品村，同兴村被评为市级精品村。

【城东文教卫生】 设初级中学2所25个班，学生1125人，教师78人；小学8所82个班，学生3484人，教师162人；幼儿园8所，入学幼儿1144人，幼儿教师96人。适龄儿童入学率和小学升初中升学率100%。市政府投资4000万元的斯村小学扩建工程，按24个班规模建设投入使用，所有学校通过省级标准化学校验收。完善农村文化礼堂运行机制，开展“学家训、立家训、树家风”主题活动。先锋影视基地接待剧组60余个，增加集体经济收入70余万元。

【城东社会保障】 城东街道低保户393户413人。大病救助60人次、资金28万元；临时救助9.5万元，慈善补助救助4.5万元，完成居家养老服务中心16家。完成大型移民工程项目5个，建设生态基地2个，完成“两路两侧”“三沿五区”综合治理。

【“婺风·美丽非遗农村文化礼堂行——走进单良”活动】 4月12日，由金华市文化广电新闻出版局、东阳市委宣传部主办的“婺风·美丽非遗农村文化礼堂

图193　7月26日，游客在城东街道单良村观赏丝瓜长廊下取景拍摄（包康轩/摄）

行——走进单良”活动在城东街道单良村综合楼广场举行，非遗传承人展示中国结、核雕、面塑等传统技艺。单良小学的270余名学生观看非遗表演。

图194　4月12日，“婺风·美丽非遗农村文化礼堂行——走进单良”活动在单良村综合楼广场举行（李磊/摄）

【省文化科技卫生“三下乡”菜单式服务暨送影院系统进农村文化礼堂启动仪式】 4月12日，浙江省文化科技卫生“三下乡”菜单式服务暨送影院系统进农村文化礼堂启动仪式在城东街道单良村文化礼堂进行。在启动仪式上，省文明办、省教育厅、省科技厅、省司法厅等11家单位，对提供的“服务菜单”进行现场亮牌公示。省文明办提供文化培训等6项服务菜单；省教育厅提供参与“美丽乡村”规划培训等10项服务菜单；省科技厅提供果蔬栽培等为主要内容的19项服务菜单；省司法厅提供律师服务农村送法下乡等7项服务菜单；省农业厅提供新型职业农民培训、农产品质量安全检测技术讲座等41项服务菜单；省文化厅提供公共文化服务菜单112项；省卫计委提供以讲座和义诊为主的常见病防治、中医养生、妇幼保健等15项内容；省新闻出版广电局组织开展流动舞台进村演出、送书下乡等内容；团省委提供农村产业培训等11项服务菜单；省妇联提供家庭教育知识讲座等5项内容；省科协提供科普大篷车进礼堂等5类菜单式服务。“服务菜单”共200余项。“三下乡”服务菜单通过“浙江发布”向全社会公布，推动服务菜单上网公布，接受点单。

【九天谷未来健康生态园建设项目】 九天谷未来健康生态园于2015年被列为省级重大产业项目，建设地点位于迎宾大道立交桥以东的东升村五仓塘自然村。项目一期用地13.34公顷，建筑占地6.54公顷，建筑面积15万平方米。养老中心床位数800张，建筑面积27000平方米。养生中心床位数200张，建筑面积41577平方米。服务配套中心建筑面积56000平方米，建有医院一座，病床100张。建设公共服务中心（职工生活用房、养老活动及服务用房、养生活动及服务用房）、养老中心、养生中心。城东街道协助企业与市相关部门及村协调，基础设施建设于2016年5月动工，资金到位3188万元。

图195　4月12日，全省文化科技卫生“三下乡”与会代表参观文化礼堂（城东街道提供）

【东阳富坤省级农副产品物流园区建设项目】 9月，东阳富坤省级农副产品物流园区获“省级重大产业项目”的批文。该项目是东阳市“一港二园三心四站”为核心的物流节点体系的重点项目，为江浙地区规模最大的农副产品物流园区。建设内容包括大型综合批发展销中心，物流运输、货运平台、配载码头建设，电子商务中心及配套设施建设，农

2016 年城东街道社区(村)基本情况

表 48

社区(村)名称	小区(自然村)(个)	组数(个)	社区(村)支部(总支)书记	社区(村委)主任
李宅社区	7	32	李长春	李康红
徐　田	3	8	徐守强	徐天伟
寀　卢	1	16	卢阳春	卢阳春
奎吾堂	2	9	张才金	李惠彪
堂　鹤	3	18	李茂良	李成斌
东　安	2	8	王瑞荷	黄新平
五　四	1	8	李财洪	王振伟
单　良	1	8	单章新	单南平
东　光	4	10	单红标(主持工作)	单志荣
塘　西	6	14	王志龙	王志龙
湖　店	3	12	华美绍	胡柏忠
东　锋	4	9	郑承阳	洪国良
东　兴	3	17	李世亮	李世跃
东　升	4	15	斯文兵	斯福良
斯　村	4	16	胡凤鸣	王万成
和　堂	3	24	楼一品	楼瑞强
东　联	3	13	楼金岳(主持工作)	徐德军
东　屏	3	13	卢志高	卢志高
雅　溪	2	12	楼正其	楼正其

产品深加工园区建设，物流金融、质量检测及商业配套项目建设，现代农业产业种植和开发。项目总用地面积 399940 平方米，总建筑面积 463611 平方米，总投资额 209041.2 万元，是金华市唯一的农副产品物流类省级重大产业龙头项目。

（王梦婷）

南市街道

【概况】 2016 年，行政区域面积 83 平方千米，辖 26 个村民委员会；下设 166 个村民小组。辖区总户数 16366 户，总人口 44849 人，其中男性 23023 人、女性 21826 人，出生人口 550 人，出生人口性别比 114（女为 100）。办事处驻吴宁街道城南社区新苑小区朝龙路 8 号。完成税收 8744 万元，其中地税 3005 万元、国税 5739 万元。有工业企业 436 家，金融机构 3 家。省道东永线、宁画线贯穿全境。

【南市工业】 南市工业以家纺、磁性电子、皮具箱包、塑料塑胶、红木木雕家具五大产业为主导。完成工业总产值 39.54 亿元，比上年增长 11.1%，其中 30 家规模以上企业完成工业总产值 21.54 亿元，比上年增长 9.3%；完成规模以上工业增加值 4.52 亿元，比上年增长 8.2%。规模以上工业销售产值 19.66 亿元，比上年增长 8.7%；完成固定资产投资额 9.54 亿元，比上年增长 34.4%；完成外贸出口总额 17455 万元，比上年增长 26.2%。

南市街道有红木企业 312 家，主要分布在大联片区一带。红木产业年产值 19.78 亿元，销售额 18.5 亿元。规模以上红木企业 8 家（大清翰林、国祥红木、港龙红木、铭华红木、富万家红木、恒达木业、富华红木、会六红木），亿元以上红木企业 2 家（国祥红木、大清翰林），浙江股权交易中心“创新板”挂牌红木企业 9 家（国祥红木、明清宝典、乔老爷家具、恒达木业、铭华红木、来者富红木、港龙红木、富万家红木、鲁创红木）。“浙江名牌”2 个（大清翰林、国祥红木），“浙江省著名商标”1 个（大清翰林）。箱包业年产值 5.2 亿元，税收 600 余万元，主要企业有浙江金路达皮具有限公司和东阳市恒达皮具有限公司。

【南市农业】 年末，常用耕地面积 1481.84 公顷，其中水田面积 1252.95 公顷。农村经济总收入 96318 万元，农民人均所得 2.1 万元。以种植粮食作物和经济作物为主，有家庭农场 12 家、南乡农机等农民专业合作社 5 家，特色农产品有南枣、蜜枣、草丝、元胡、草莓等。农林牧渔业总产值 17356 万元，其中粮食作物产值 41897 万元。农作物播种总面积 2207.1 公顷，其中粮食播种面积

1553 公顷，粮食总产量 9784.8 吨，粮食作物以水稻为主。主要经济作物播种面积 579.53 公顷，总产量 7486.2 吨。

南市街道被称为青枣之乡，青枣种植面积 700 公顷，以南溪片区为主，是南市街道的主要经济作物，一般加工成蜜枣和南枣。南枣年产量 170 余吨，产值 2300 万元；蜜枣年产量 300 吨，产值 500 万元。南枣加工户 7 家，蜜枣加工户约 50 家。

图 196　南市街道梨枫村梨坑环境整治后新貌(南市街道提供)

【南市“三改一拆”】 南市（大联）老工业区拆除旧厂房占地 10.8 万平方米，规划面积 13.6 万平方米，建筑面积 46.1 万平方米，总投资 7.1 亿元。完成溪边、麻塘、沧江等 7 个区块改造，建成标准厂房 19.6 万平方米，投入改造资金 2.12 亿元，入驻企业 23 家。拆除违法建筑 41.52 万平方米；后赵、紫溪、西坞等村完成农房改造 1118 户 21.85 万平方米；大联村桂铭红木、天时达磁业、乔氏玩具、宏业麻纺、大联园仙箱包等企业拆除旧厂房 20181 平方米，完成旧厂房改造 97385 平方米。

图 197　4 月 14 日，市委书记黄敏(前排左一)在浙江金路达皮具有限公司了解企业生产经营情况(南市街道提供)

【南市文教卫生】 设幼儿园 12 所，在园幼儿 2187 人，专任教师 77 人；小学 5 所，在校学生 3265 人，专任教师 148 人；初中 3 所，在校学生 1659 人，专任教师 121 人，九年义务教育覆盖率 100%。教育经费 5118.38 万元。

【南市社会保障】 设公办南市敬老院和民营南市亲乐园两家养老机构。南市养老中心亲乐园公寓集养老公寓、居家养生公寓、亲和医院、APP 养老服务为一体，首期投资 10.8 亿元，建筑面积 12.8 万平方米，入住老人 1000 余人。投资 1 亿元的东阳亲和医院，开设 3 个病区、1 个康复训练中心，住院病床 99 张，医务工作人员 57 人，住院病人 120 余人。

【G20 杭州峰会“总统包”东阳造】 9 月 7 日，G20 杭州峰会召开，2 万套代表用包和 100 只总统用包由浙江金路达皮具有限公司制造。专用包纯手工制作，融入江南丝绸特色，包内里采用的是仿

表 49

2016 年南市街道行政村基本情况

行政村名称	自然村（个）	组数（个）	村支部（总支）书记	村委主任
官清岭	3	3	葛立辉	朱敏强
官　清	6	6	朱建民	朱建民
广　丰	4	4	吕仕康	蒋军卫
大　联	7	15	张卫勇	张伟鑫
沧　江	2	6	乔立新	乔大寨
西　雅	3	3	厉朝平	陆德根
柳　塘	1	3	陈会金	陈会金
陈　宅	2	8	陈孝春	陈有明
紫　溪	3	8	邵立宏	邵英杰
山　联	3	3	陈贺龙	陈惠平
高　潮	4	4	吴能民	吴方洪
南　峰	3	3	胡志金	胡军民
五　一	5	5	厉文化	孙俊杰
槐　堂	6	6	厉国标	方学如
廿里牌	3	6	葛浩仁	葛天财
后　赵	1	3	周秀华	周秀华
岘　峰	3	3	吴成信	厉剑传
南　溪	2	15	杜加祝	贾天申
安　儒	5	17	蒋贤民	蒋顺鑫
梨　枫	2	6	刘瑞千	刘成义
石　盆	1	10	吴云良	吴忠明
横　城	6	6	胡承土	蒋金余
西　坞	3	3	潘有星	吴永福
上　朱	1	6	朱贡跃	朱正相
后　塘	3	8	杜龙游	陈湖斌
贾　宅	1	6	贾钦月	贾志忠

真丝面料。商标体现断桥风景的寓意。浙江金路达皮具有限公司为南市街道龙头企业。7 月，签约成为浙江省博物馆文创衍生产品箱包唯一开发合作企业。8 月，被评为故宫博物院 2015～2016 年度优秀文创产品研发单位，为 G20 杭州峰会官方指定会议用包供应商、第三届世界互联网大会纪念包供应商，年销售产值 4 亿元。

（邵　剑）

横店镇

【概况】 2016 年，行政区域面积 121 平方千米。辖 10 个社区，18 个行政村。辖区总户数 33632 户，总人口 92177 人，其中男性 45855 人、女性 46322 人。常住总人口 173307 人。出生人口 1239 人，出生人口性别比 107（女为 100）。建成区面积 13.7 平方千米。完成地区生产总值 150.16 亿元，比上年增长 8.72%；农民人均纯收入 33509 元，比上年增长 11.62%。财政总收入 43.37 亿元，比上年增长 25.42%。镇政府驻华夏大道 563 号（商贸城）。完成税收 38.32 亿元，比上年增长 26.89%，其中国税 22.12 亿元，比上年增长 13.27%；地税 16.2 亿元，比上年增长 52%。有规模以上企业 79 家，个体户 7428 户，各类金融机构 10 家，集贸市场 14 个，大型超市连锁店及综合商场 13 家。

2016 年，横店镇获全省小城市培育年度考核第一名，晋升全国综合实力百强镇第 30 位、全省工业百强镇第四位、金华工业十强镇综合评价第一名，入选首批中国特色小镇。省委书记夏宝龙，省政协主席乔传秀，省委常委、宣传部长葛慧君，省人大常委会副主任袁荣祥，省政协副主席陈加元，副省长熊建平等领导到横店镇调研。

【横店工业商贸】 76 家规模以上企业完成工业总产值 200.6 亿元，比上年增长 5.8%；完成规模以上工业增加值 50.7 亿元，比上年增长 5.3%。工业投资额 18.95 亿元，比上年下降 13.3%；固定资产投资额 64.2 亿元，比上年增长

16.95%。完成企业股改24家，增加上市企业2家、借壳上市4家、"新三板"挂牌11家；设立小额贷款公司1家。加强磁性材料、高科医药、电子电气等为主导的产业集群建设，创建省级知识产权示范园区，投资38亿元完成技改项目77个，投资2.3亿元完成"两化"融合项目80个。推进电子产业园区、红木园区、电镀集聚区平台建设，培育规模以上企业41家，累计59家，其中培育亿元以上企业10家。开展企业双龙计划、千人计划的申报工作，增加省千人才1人，双龙计划项目6个。全镇有三星级以上宾馆8家，床位数3120张，住宿餐饮企业73家，实现社会消费品零售总额62亿元。有19项市重点技改项目，计划总投资22.18亿元，完成投资15.25亿元。其中横店集团下属企业申报的7个项目(全市9个)被列入浙江省技术改造重点项目计划。开展军民结合基地建设，依托横店东磁、英洛华磁业、联宜电机、中核苏阀等军民结合企业，发展军工企业。11月，横店电子产业园区成为全省7个"省级军民结合示范基地"之一。

横店镇推进低效工业用地清理和旧厂房改造工作，占地0.2公顷以上的200余家企业中，初步认定为低效用地企业184家，通过和低效工业用地企业签订《低效用地整改协议》和收取税收保证金的方式推进低效工业用地清理，签订协议书50份。旧厂区改造有5个拆改建项目，完成改造面积71475平方米。其中拆除面积9933平方米，改造后增加建筑面积61542平方米。

【横店影视文化产业】 影视文化产业实验区成为国家级文化和科技融合示范基地。至年末，入区企业计807家，拍摄影视剧791部。接待剧组1800余个，拍摄影视剧4.6万余部(集)，占全国影视剧的25%，其中古装剧占全国的66.7%。实现营业收入180.9亿元，上缴税费20.87亿元，提前5年完成"到2020年，实验区总收入力争突破150亿元"的目标。与深圳腾讯公司、北京微播公司签订战略合作协议，在横店镇设立腾讯众创空间，整合线上线下资源，加快影视娱乐、移动互联网及文化创意等相关产业的集聚。实验区有红点影视、非凡传媒等后期制作公司，拥有国内首条4K/3D影视后期制作生产线。进入资本市场的企业29家，谋求上市的企业18家。

图198 10月12日，省委书记夏宝龙(中)考察横店镇万盛映象步行街(横店镇提供)

【横店农业】 开展农村生活污水治理工程。全镇146个自然村(小区)完成招标数108个，完工102个，在建6个。2016年任务数23个，完成招标20个，其中完工16个，在建4个。12个省检项目基本完工。农村生活污水治理工程行政村全覆盖，自然村80%以上，沈坎头村初步落实利用终端尾水建立无土栽培有机蔬菜基地2公顷。

以218省道和横黄线两条精品线为重点，种植千亩油菜；发展屋基丘、洪塘头两个百亩籽莲基地，在屋基丘村举办横店镇首届荷花节；沈坎头—夏阳山千亩晚稻高产示范畈最高亩产930千克。夏阳山村、上东村、五官塘村开展"元胡+晚稻"栽培模式的试验示范。南上湖粮食专业合作社的"禹东大米"被评为"2016浙江好稻米"十大金奖产品。

开展造田造地和高标准农田建设。完成屋基丘村2公顷、张山坞村2.67公顷造田造地和0.47公顷宅基地整理地项目。

开展农村集体土地承包经营确权登记前期准备工作；完成农民信箱、城乡一体化住户调查、农作物抽样调查和粮食功能区种植面积调查工作。

【横店特色村建设】 金马村申报省级农家乐特色村，申报四星级农家乐经营户6户；鸿丰农庄申报金华市级农家乐特色点，月圆家庭农场完成申报省级示范性家庭农场。申报东阳市级示范性家庭农场2个，东阳市示范性农机专业合作社1个。东阳市横店忠福家庭农场投资30余万元，开展粮食深加工选色机项目建设；完成土地流转60余公顷。圆月葡萄、宗金火腿、恒业蔬菜和张宸牌土鸡被评为金华市著名商标和金华市名牌产品。建成省级示范性家庭农场1家、金华市级示范性家庭农场2家，建成金华市级以上生态村12个。横店镇获国家级生态镇、浙江省生态城镇等称号。

【横店“美丽乡村”建设】 开展环境革命“美丽乡村”建设工作。横店镇146个自然村有79个村通过市美村办初步验收，完成率59.8%；18个村基本完成上报工作。官桥精品村和张山坞、杨店、尚伦庄3个先进村建设任务完成并通过验收。开展精品线建设，完成横黄线和后葛线两条市级精品线和影视大道1条镇级精品线道路沿线的绿化和美化。荆浦、良渡、双月塘、塘溪、屋基丘、张山坞等村农房改造拆除旧住房占地面积约2万平方米。

【横店农业执法和动植物防疫检疫工作】 以禽流感防控和养猪场整治为重点，会同工商、城管、畜牧等有关部门对全镇15个菜市场活禽交易点进行检查和培训，签订防控责任书，开展一年两次春秋动物防疫工作，免疫数禽89529羽(其中规模场86445羽)，生猪4506头（其中规模场1312头）；开展养猪场关停整治工作，全镇5头以上养猪场(户)60家基本得到整治。开展农产品质量安全示范县创建活动和农药废弃瓶、袋回收工作，农业面源污染得到控制，开展农产品安全监管工作，举办农产品安全生产培训班2期，受训人次300余人，开展农产品安全检测300批次。

【横店防汛防涝和森林资源保护工作】 对全镇6座小(2)型水库、47座山塘和溪流检查，消除安全隐患。加大宣传和巡查力度，确保无重大森林火灾发生；开展森林二类资源调查和病虫防治工作，全镇500年以上古树名木有17棵，完成塘溪、横山两个森林村庄创建工作。

图199 横店镇迎宾大道航拍(横店镇提供)

【横店第三次农业普查工作】 完成城头、夏溪滩、文南3个抽样调查村的农作物遥感调查，开展农业普查前期各项准备工作，对全镇各普查小区400余名普查员、指导员进行分期二次培训。横店镇利用东阳道情宣传农业普查的方式得到省市农普办的肯定，制作PPT培训课件作为典型材料上交省农办。

【横店文教卫生】 横店镇设高职院校1所，普通高中、中等职业学校在校学生1223人、教师1009人（其中中高级职称教师数量为571人），在园幼儿5882人(其中等级幼儿园在园幼儿5882人)。

设各级各类医疗卫生机构74家，其中横店医院1所，横店集团医院1所，精神病专科医院1所，社区卫生门诊部12所，医疗卫生服务站63家。医疗床位960张，专业卫技人员791人，其中中高级职称卫技人员240人，中高级职称卫技人员占比30.34%。

后岭山小学、南上湖小学新校区投入使用，小学段扩容48个班，每年扩招7个班。完成横店小学教育集团横店校区的教学楼、餐厅扩建工程，南上湖校区的附属绿化工程、报告厅装修工程以及横店三校足球场项目。横幼集团中心园区的综合楼工程完成竣工初验，横店二校综合楼建设、餐厅扩建结顶，完成中间验收，横幼集团梦上海园区完成招标、开工建设，横店三校综合楼建造工程、横店校区门厅附属工程开工建设，横店一中科技楼完成初步设计，落实横店镇第四初级中学筹建工作土地指标。

横店小学教育集团聘请浙师大专业团队开发影视校本课程，开发“道具制作”“编剧”“表演”等30余门选修课程；横店二中、横店三校聘请横店集团体育公司教练指导足球课程；横店小学教育集团四年级体育、三至六年级的思维训练课尝试走班教学；12月，全镇中小学举行课程改革大巡礼活动。

6月，教育部“网络学习空间人人通”培训暨教育云推进会在横店镇举行，《东阳日报》刊登“创新教育云应用 开启横店智慧教育”一文，介绍横店镇教育云应用经验做法。11月，承办国家教育部中小学校长“网络学习空间人人通”培训管理者高级研修班。

推行名师名校长培养工程，50余人到浙师大开展脱产培训。音体美等技课教师省级及以上个人获奖103人次，学生省级及以上个人获奖81人次；学生省级及以上团队获奖35项。横店小学教育集团横店校区“七彩阳光电视台”入选浙江省优秀电视台（金华市唯一一个）。

2016年，横店镇相继举办2016年横店国际马拉松赛、全国中老年气排球比赛、FWH世界拳王超级争霸赛《悍战英雄》横店站比赛、第二届“梦幻横店”全国气排球邀请赛、“横店影视城杯”第9届上海国际木兰拳邀请赛、第32届全球华人篮球邀请赛等赛事，举办2016年全国青少年校园足球骨干师资专项培训班，举行东阳市横店武术协会成立大会。10月30日，第三届“文荣奖”颁奖典礼在国贸会堂举行。

2016年横店镇社区（村）基本情况

表50

社区（村）名称	自然村（个）	组数（个）	社区（村）支部（总支）书记	社区（村委）主任
横店社区	10	45	吕永苗	华鸣春
桥下社区	11	11	马立育	王　伟
禹阳社区	10	41	黄云山	申屠德明
禹山社区	11	26	张伟中	马阿弟
屏岩社区	11	44	韦国强	吴卫华
荆溪社区	12	46	傅晓峰	朱骏义
南上湖社区	8	8	徐伟疆	郑云钢
禹东社区	5	5	蒋远飞	应朝勇
米塘社区	8	8	金　芳	包洪其
维风社区	8	8	潘忠浩	陈晓南
七　一	6	9	张惠仁	王拥军
八　一	7	7	陈正华	吴天根
绕　溪	1	5	李光明	李贵娟
烈光坞	2	4	董国庆	董国庆
湖　口	1	1	楼跃群	周钢洪
六　联	6	6	朱加帅	单松寿
马山前	4	7	张德金	曹文清
富贤塘	1	2	张锐荣	张能松
五官塘	4	6	何一华	金营军
联　盟	3	4	包君进	包秀军
金　马	2	2	贾钦寿	贾镇君
中兴联	4	4	舒旺盛	潘革明
荷栖泽	4	4	吕勇钢	张欣兰
柏　塔	1	4	陈洪范	陈梓年
官　桥	3	10	陈晓华	陈国平
仁　棠	1	6	陈正洪	陈志伟
路　西	1	4	胡全威	胡加明
环　龙	1	1	贾学武	贾新乐

【横店社会保障】 救助困难群众374人，发放慈善救助金和民政救助金38.88万元。9月，开展助学活动，给16人发放人均2000元的助学金。农村政策性住房保险参保率99.6%，参保农户26254户，家庭财产险4737户，符合市考核指标95%。至年末，横店镇有敬老院1所，社区养老机构37所，有床位571张。养老中心有21家中心运营较好，七

一、联盟两家养老中心获评三星级居家养老中心。

投资60余万元完成镇第五公墓的道路硬化和池塘建设；投资11万元完成第一公墓沟渠修建；投资12万元完成第二公墓的墓区硬化工程、第三公墓池塘改造和沟渠三面光工程，完成“两路两侧”绿化工作，种植柏树6000株。水库移民后扶项目10个，完成环龙、岩前、屋基丘、尚伦庄4个村完成水库移民后扶项目建设。

【横店社会管理】 开展占道经营、流动摊贩、乱搭乱建、户外广告、建筑工地、“十小”行业（食品加工小作坊、小食杂店、小餐饮店、小药店、小农资店、小菜场、小音像店、小美容美发店、小客运、小液化气供应点）、文化经营场所、汽修店、洗车店、客运秩序专项整治，集中整治441次，检查“十小”行业单位7710家次，检查车辆2.1万辆次，清理拆除各类横幅广告5760处、占道经营2040处、人行道接坡6420米、水龙头、水槽2040处，取缔落地灯箱318只；拆除乱搭乱建4070平方米，查处流动摊贩105起、市容秩序案件112起；创建餐饮示范户74家、副食示范户48家；40家“四小”行业（小餐饮店、小熟食店、小食品店、小超市）单位实现量化分级升级，达到市级安全文明生产标准化工地要求；取缔马路市场9个，规范提升6个。以护航G20杭州峰会为重点，强化街面警力布控。活动期间，处置以暴力或其他手段阻碍执行职务案件8起，刑事拘留3人、行政拘留5人；以打击站街招嫖、聚众赌博为重点，开展集中整治行动50余次，查处卖淫嫖娼38起，捣毁赌博窝点4个，刑事拘留46人，行政拘留138人。

【横店镇入选第一批中国特色小镇】 10月13日，中国特色小（城）镇建设经验交流会在杭州召开，住建部公布第一批中国特色小镇名单，东阳市横店镇名列其中，成为首批中国特色小镇。横店镇是浙江省首批27个小城市培育试点镇之一，连续五年被评为全省小城市培育试点优秀单位，连续两年考核成绩名列第一。进入小城市培育以来，横店镇投资突破百亿元、GDP总量超百亿元、财政总收入每年保持20%左右的增长。通过小城市培育行动，上一年横店在全国综合实力百强镇中列第30位，位次前移19位，是金华市唯一的入围镇。

（史缜睿）

南马镇

【概况】 2016年，行政区域面积103平方千米，设镇中、镇西、防军3个工作片，辖30个行政村，93个自然村，年末耕地面积1143.2公顷。辖区总户数22328户，总人口60317人，其中男性31258人、女性29059人。出生人口723人，出生人口性别比103（女为100）。镇政府驻泉府村。完成税收2.79亿元，比上年增长12.5%。农村经济总收入14251万元，农民人均收入25450元，财政总收入23373.46万元。7月，南马镇花园村党委被评为“全国先进基层党组织”。9月，花园村被评为“中国十大国际名村”。

【南马工业】 南马镇有工业企业2017家，完成工业总产值135.14亿元，比上年增长10.2%。54家规模以上企业完成工业总产值87.17亿元，比上年增长8.6%；完成规模以上工业增加值14.94亿元，比上年增长4.2%。工业投资额16.84亿元，引进内资4.05亿元，比上年增长12.5%，增加规模以上企业4家。

浙江花园新材料股份有限公司年产1000万平方米多功能轻质复合墙板项目列入省重点建设项目和省重大产业项目。扩大有效投资固定资产投资23.6亿元，比上年增长25.4%。完成技改项目8个，技改投入5.7亿元，筹划“十三五”期间投资项目库名录63个，总投资261亿元，其中工业30个，拟投资73亿元；申报市“十三五”期间重大建设项目28个，计划总投资85亿元，其中工业18个，投资42亿元。花园药业股份有限公司成为花园集团第4家完成股份制改造的企业。广东长城建设和广东中誉建设完成企业预登记手续，引进在外项目经理4人，3名项目经理达成回归意向。

【南马农业】 粮食播种面积1772.87公顷，粮食总产量10552.5吨，农作物以粮食为主，主要经济作物以席草、蔬菜、果用瓜为主，其中席草种植面积12.07公顷，总产量130吨；蔬菜种植面积220.94公顷，总产量10583吨；水果种植面积36.54公顷，总产量3444.3吨。畜牧业以猪、家禽为主，肥猪出栏3288头，生猪年末存栏2350头，饲养量5638头，家禽年末存栏37280只，年末出栏52120只。农民专业合作社16家，其中加工竹席、草席专业合作社6家。养殖业专业合作社6家，种植专业合作社4家。年末流转土地面积836.36公顷，土地流转率72.6%。龙山村周塘自然村、下安恬村申报创建东阳市级森林村庄。全镇建造花坛2252个，绿化面积36.8万平方米，种植绿化乔木27.1万株，建造公园52个，创建林业产业化项目2个。红阳自然村葛国华承包邻村农户荒地，建设花卉苗圃基地66.67公顷。

【南马文教卫生】 设镇综合文化站1处，专职人员3人，村级文化活动中心30处，省市级文物保护单位27处。全镇有文体团队9个，人数51人。非物质文化遗产6项，南马草席制作技艺为省级非物质文化遗产。花园村文化礼堂舞蹈队选送的排舞“天后”获2016年浙江省第三届文化礼堂乡村排舞大赛金奖。花园艺术团获浙江省民营文艺表演“优秀剧团”称号。举办各类文化业务培训6次，参训人数320人。

全镇有幼儿园14所，在园幼儿2784人，专任教师138人；小学7所，在校学生5650人，专任教师260人；初中2所，在校学生2336人，专任教师151人；高中1所，在校学生1254人，专任教师96人。防军小学完成异地建设，9月投入使用。安恬小学完成校园内道路硬化工程、校园绿化工程和塑胶运动场建设工程。南马镇中完成教室、宿舍楼附近荒地绿化工程、车棚改造工程、教工宿舍和学生寝室外墙美化工程。南湖小学完成前后校门绿化工程和塑胶操场工程；防军初中配电房增容，食堂设备更新；完成南马镇小综合楼改造，教工宿舍投入使用。下格村富国

2016年南马镇行政村基本情况

表51

行政村名称	自然村（个）	组数（个）	村支部（总支）书记	村委主任
泉　府	2	11	金拱法	金士亮
下　格	1	6	何　健	陈文虎
和　庄	2	5	吴立青	吴猛虎
联　合	2	6	蔡险峰	张永进
葛　府	2	8	丁跃进	吴洪卫
双溪口	2	10	金德月	包跃权
华　西	6	17	葛天中	徐芳卿
长　畈	1	12	赵洪仪	楼顺德
南　新	8	29	张德明	张福全
南　马	4	15	吴惠胜	吴军波
前　宅	1	16	吴兴华	吴国纲
花　园	10	10	邵钦祥	邵君伟
下安恬	4	28	马进文	马军江
上安恬	2	17	马顺淼	马长华
龙　山	2	14	杜文德	杜军伟
西山脚	2	8	马茂大	马四弟
新五联	5	9	陈子根	陈汉余
绕　川	3	7	许文权	许星全
防　军	4	35	–	包红中
夏　届	2	10	申屠忠良	申屠忠良
南　湖	4	25	胡天清	胡国胜
东　湖	5	30	胡德富	胡永吉
双　峰	5	18	周康为（副书记主持）	吕灵明
双　溪	5	28	方向正	钟福友
石舍塘	1	5	包清阳	包清阳
和　平	3	8	蔡志威	徐得富
雅　村	2	9	骆寅福	骆寅福
大　仁	1	7	陈志庆	包民富
大　夏	1	13	马必成	朱红阳
溪　西	1	9	厉大庆	厉世雨

学校通过省“标准化学校”验收，防军初中、防军小学、南湖小学、安恬小学通过市“美丽校园”验收。

设医疗卫生机构1个、社区服务站5个，病床30张，每万人拥有病床5张，固定资产总值1965.5万元。有专业卫生人员94人，其中执业医师32人、执业助理医师15人、注册护士27人、其他20人。医疗机构（社区卫生服务站）完成诊疗24.74万人次。30个行政村的40840人参加新型农村合作医疗，参保率100%。投资26万元，重新装修南马卫生院职工食堂。南马卫生院中医科从二楼迁到一楼，设置疼痛科。设立东阳市人民医院专家门诊，每周有副主任医师坐诊。

【南马社会保障】 农村最低生活保障228人，救助金额51856元；低保重残65人，救助金额34380元；“五保”户44人，救助金额29216元；“三无”人员1人，救助金额664元；孤儿1人，救助金额664元。完成托安养申请27人，特困残疾人申请33人，“无障碍设施家庭”业务申请2户，受理白内障申请22人，助视助听12人，小额贷款2人，就业创业补贴2人，种养殖肥料补贴21人。全镇护理补贴上报546人，金额144375元；生活补贴128人，金额20468元。镇慈善分会自助41户家庭支出救助金84500元，大病医疗救助97人，金额318212元。建设居家养老服务中心27家，其中正常运行13家；设敬老院2家，在院人数200余人。

【南马社会管理】 对3名涉教人员，采取建立跟踪档案管理，做好转化工作2人。涉毒人员实行“一人一档”，实时管控到位，社区戒毒1人，社区康复2人，辖区内11名涉毒人员按规定定期报道和尿检，确保戒毒和康复。落实重点人员管控，梳理出各类管控人员47人。开展矛盾纠纷排查工作，调处各类矛盾纠纷31起，其中重大疑难纠纷9起，涉及金额386.66万元，完成省长、市长信箱案件34件，市级领导接访6件，报结普通信访73件。每月定时开展市、镇两级领导信访接待活动。落实安全生产责任制，签订目标管理责任承诺书769份，开展各类隐患排查整治活动，建立各行业领域及网格（村）组织，检查组38个，检查845人次，受检企业单位3487个次，发现隐患6358个，其中当场整改6133个，限期整改225个。2016年，南马镇被评为G20杭州峰会安保先进集体。

【南马小城镇环境整治】 开展小城镇环境综合整治工作，启动镇区控规和小城镇环境综合整治专项规划编制工作，规范南马集市及交流会摊位设置，由镇城管和南马村选派人员进行管理，制订“美丽集镇”交通畅通方案，改变集镇“乱、脏、差”现象。完成人民北路交叉路口改造、南马老桥修缮工程和泉府大桥亮化工程、花园大道“白改黑”和交通标线工程，增加绿化面积17.15万平方米。推进集镇区域拆建工作，完善基础设施，西区污水处理厂主体工程投资830万元，完成工程量的75%。实施夏厝至丹瑞塘农村公路硬化和南千公路古高段的“白改黑”工程，完成横黄线塔山下至长畈路口路面硬化，完成110千伏防军变电工程。拆除镇区违法建筑198宗（处），面积26.8万平方米，对南马村1宗超建3层的违法建筑进行拆除。2016年，南马镇被评为东阳市市容环境卫生先进集体。

【南马村镇建设】 完成拆违48.22万平方米，完成年度任务的110.2%，旧村改造完成609户、1494万平方米，旧厂房改造完成4.65万平方米。“无违建创建”上报验收35个自然村，通过验收20个，“蓝色屋面”整治22.11万平方米，完成省、金华市交办公路两侧环境整治问题点

图200　1月13日，浙江大学经济产业转型升级学习培训班的30余名学员在南马镇花园陈列馆里了解花园村的发展历程以及产业分布等情况（包康轩/摄）

11处，东阳市交办公路两侧问题整改122处。加快农村生活污水治理，开工16个，完工12个，终端完工3个。完成池塘清淤65口，清淤8.98万立方米。完成河道清淤5条，清淤2.93万立方米。南江护岸长畈、南新、上安恬段护岸工程完成工程量的90%，完成绕川坑横溪段堤岸整治，夏屠村百莲塘山塘整治完成工程量的75%。全镇落实"河长制"，对镇区15条重点河道加强巡查，镇级河长每周不少于1次，村级河长每周不少于2次。

图202　8月9日，省司法厅党委书记、厅长马柏伟（右四）到南马镇花园村调研（南马镇提供）

【花园村党委获全国先进基层党组织】　7月1日，北京人民大会堂里举行庆祝中国共产党成立95周年大会，作为全国300个先进基层党组织之一的东阳市南马镇花园村党委，接受党中央表彰，成为2016年金华市唯一获此称号的党组织。花园村党委设4个党支部，党员304人。花园村坚持抓制度促规范，以党建引领发展，在新农村建设以及城镇化建设中，走出一条"以工富农、以工强村、共同富裕、全面小康"的发展之路，实现从"两创"到"两富"再到"两美"的转型。

图201　7月1日，南马镇花园村党委获全国先进基层党组织（王江红/摄）

【省司法厅厅长到南马镇花园村调研】　8月9日，浙江省司法厅党委书记、厅长马柏伟到南马镇花园村调研花园村民主法治工作以及新农村建设情况，走访花园陈列馆、花园保安大楼以及花园村办公大楼等地，对花园村在经济快速发展的同时注重民主法治建设并取得一定的成绩表示充分肯定。

【全省人大财经工作座谈会在花园村举行】　12月8日，全省人大财经工作座谈会在南马镇花园村举行。省人大常委会副主任冯明，金华市人大常委会副主任王国强，市委副书记、代市长姚激扬，市人大常委会副主任徐立刚等参加会议。省人大财经委完成预算审查监督条例起草和安全生产条例立法初审工作，开展"四张清单一张网"改革工作、"五水共治"工作等专项督查。突出经济转型升级，增强经济工作监督实效；推动《中华人民共和国预算法》贯彻实施，提高预算审查监督实效；加强财经重点领域立法，做好财经立法工作；加强与代表联系，发挥代表主体作用；注重加强自身建设，提高履职能力。

【花园铜业年产10万吨高精度宽幅铜板带生产线（一期）投产】　2016年6月6日，浙江花园铜业有限公司年产10万吨高精度宽幅铜板带生产线（一期）投产，项目总投资6.7亿元。中国有色金属加工工业协会副理事长兼秘书长章吉林、金华市经信委主任王志强、市委书记黄敏、常务副市长李宝春等到场祝贺。浙江花

图 203　6 月 6 日，花园铜业公司年产 10 万吨高精度宽幅铜板带生产线投产（王江红 / 摄）

园铜业有限公司年产 10 万吨高精度宽幅铜板带生产线项目，被列入国家火炬计划产业化示范项目和浙江省重大产业项目。一期年产 3 万吨，采用感应熔炼—立式半连铸—热轧—铣面—冷轧—光亮退火—精整工艺，设计生产幅宽 1250 毫米紫铜产品。项目自 2014 年 6 月开始建设，2016 年 2 月进入设备调试阶段，2016 年 5 月全线贯通。浙江花园铜业有限公司成立于 2010 年，主要生产紫铜板带及紫铜排棒，年生产能力为 2 万吨。增加的“年产十万吨高精度宽幅铜板带（一期）”项目，主要以高档铜门板、变压器铜带、军工产品为主。

（吴海有）

巍山镇

【概况】 2016 年，行政区域面积 178 平方千米，设胡村、象岗、中心、古光、怀鲁、罗山 6 个工作片，辖巍山、巍屏 2 个社区，29 个村民委员会，119 个自然村。辖区总户数 26389 户，总人口 71142 人，其中男性 35927 人、女性 35215 人。出生人口 687 人，出生人口性别比 111（女为 100）。实施全面二孩政策，计生和卫生合并为卫计部门。二孩改审批为登记，计划生育率 96.49%，综合避孕率 88.45%。慰问 4 户计生困难家庭和失独家庭。镇政府驻巍山社区工人南路 1 号。完成国地税收入 1.81 亿元。全镇实现工农业总产值 67.3 亿元，居民人均纯收入 2.2 万元。巍山镇是国家级生态镇、浙江省森林城镇。巍山镇白坦村入选第四批中国传统村落名录。大爽村获省传统村落保护一事一议补助资金 150 万元，古渊头历史文化村被中央电视台播放宣传。

【巍山工业】 形成以氟化工、缝配机械、金银丝产业为主的工业体系。完成工业总产值 32 亿元，比上年增长 9.3%；44 家规模以上企业完成工业总产值 32.11 亿元，比上年增长 9.3%；完成规模以上工业增加值 5.77 亿元，比上年增长 10.8%。工业投资额 6.88 亿元，比上年增长 4.1%；固定资产投资额 9.79 亿元，比上年增长 28.01%；引进内资 2.8 亿元，引进浙商回归资金 1.84 亿元。

完成六怀工业功能区开发 63.34 公顷，基础设施投入 3800 余万元，入区企业增加 14 家，税收超过 1600 万元，成为全镇经济发展新动源。推进白坦金银丝老园区改造，完成 150 余个黑烟囱黑锅炉整治，旧厂房改造 15 万平方米。投资 8.4 亿元完成 17 个市级重点技改项目，投资 6800 万元完成 19 个两化融合项目，清理整顿低效用地企业 67 个，关停低小散、污染等限制行业 67 户，拆除违章厂房及消防通道 15 万平方米。开展“个转企”“小升规”“规改股”培育工作，5 年增加亿元企业 3 家，完成“个转企”93 家，“小升规”27 家，培育启动股改企业 3 家。

【巍山农业】 年末，常用耕地面积 2581.47 公顷，其中有效灌溉面积 2295.13 公顷。农业总产值 22150 万元，其中粮食作物总产值 9299 万元、经济类作物总产值 8995 万元、养殖业总产值 3856 万元。粮食总产量 26850 吨，粮食作物有水稻、麦、玉米、豆类、油菜、花生等近 20 个种类，以水稻为主，水稻 18889 吨，小麦 1452 吨，玉米 39 吨，豆类 1115 吨。土地流转 1733.34 公顷，增加粮食功能区 12 个，单季晚稻亩产连续 7 年打破全市纪录。沈良村 77 公顷水稻定量栽培示范中心畈最高亩产 1070.5 千克，平均亩产 981.6 千克。

投资 471.67 万元建设 733.34 公顷高标准农田，涉及光里湖、桓松、巍山三村、施家田、燥塘、白坦等村。投资 176 万元建设东山干造田造地项目，投资

46万元建设莘桥头旱改水项目，投资121万元建设楼下畈造田造地项目，投资498万元建设学典旱改水项目，投资45万元建设东新造田造地。完成光里湖、施家田、古渊头、尚誉、莘塘下等村3500米的渠道三面光建设。完成岭典、尚武宅、前光、市前等村的2600米清水河道建设，并通过验收。投资86万元建设胡村小天山塘，投资100万元建设八字墙荷花山塘。完成低收入农户调查和认定，全镇涉及户数1170户、人数2197人。

【巍山林业】 造林面积33.34公顷，封山育林面积70公顷，低产林改造面积14.34公顷，零星种植树木16万株。生产木材280立方米、毛竹9.2万根、杂竹7.8吨、坚果45吨、油茶籽1.6吨、笋干11吨。森林面积14372.8公顷，生态公益林面积1593.33公顷，森林覆盖率52.7%；镇区园林绿地面积8.5公顷，林木绿化覆盖率11%，人均绿地8.4平方米。香榧经济林区466.67公顷。增加绿化景观面积74.67公顷，创建东阳市森林村庄24个、金华市绿化示范村22个、省森林村庄11个。

【巍山建筑业】 建筑企业完成税收2589.6万元，其中浙江巍山建设集团有限公司768.56万元，浙江宏成建设集团有限公司343.53万元，东阳市永盛房地产开发有限公司316.54万元，浙江中垚建设集团有限公司244.52万元，浙江广扬建设集团有限公司227.47万元，其他688.98万元。

【巍山村镇建设】 完成巍山镇城市总体规划修编工作，怀万线、工人南路、长安南路等主干交通道路建成通车，东嵊线实行“白改黑”；完成镇区兴商路、长安路、工人路、东嵊公路、应宅街3.5千米污水管网铺设；完成垃圾中转站、环卫所、消防站等设施建设；增加6处红绿灯设施，设立泊车位420个、临时停车场6处，完成物质交流会秩序整治工作，取缔三百田夜市、东嵊线占道经营市场。基本完成72个自然村的环境综合整治。

完成旧住宅改造18万平方米，解决545户住房困难户；拆除违法建筑4276宗、57万平方米。36个行政村（小区）通过“无违建”村创建验收，完成“赤膊房”整治372户、10.17万平方米。65个自然村通过市级初步验收，首批培育建设24个示范村。

剿灭劣V类水体，清淤池塘90口，清淤河段5条，20条河道落实河长制，设立17名镇级河长、34名村级河长，手机APP巡河次数1000余次，聘用10名专业保洁人员对河道进行保洁，119个自然村（小区）各设立1名村级保洁员，实现河塘沟渠全方位排查整治。实施垃圾分类工作，119个自然村实现全覆盖，105个自然村通过市级验收。

巍山镇在全市率先成立“美丽乡村”建设指导团，为“美丽乡村”建设提出指导意见，24个自然村被列为首批重点培育村，成为东阳市唯一省级“美丽乡村”示范乡镇。巍山镇“美丽乡村”建设已形成“巍山模式”，3万余人到巍山镇参观学习。举办山头金贡枣采摘节，枣农收入比上年增长50%。山洪民宿基地初步建成，举办尚誉第一届相亲节。建设影视外景基地，增加施家田、甲丘、尚誉、恒松4个外景拍摄基地，获东阳市外景基地组织奖。

【巍山文教卫生】 设镇文化站、广播电视站各1个；小学4所、89个班，在校学生3694人，毕业生715人，专任教师177人，其中大学本科学历137人、专科学历36人。初中2所、41个班，在校学生1912人，毕业生598人，专任教师140人，其中大学本科学历126人、专科学历14人。九年制义务教育覆盖率100%。

巍山镇中心小学被评为“金华市中小学艺术教育先进集体”“金华市教育教学类信息化特色学校”，获浙江省教育厅组织的“浙江省中小学艺术节器乐合奏节目”一等奖。

怀鲁小学获浙江省青少年学生阳光体育运动会网球比赛小学男子乙组团体总分第一、浙江省青少年学生阳光体育短式网球比赛男子甲组团体总分第一，潘益民获“2016年省级优秀教师暨省农村教师突出贡献奖”。

设医疗卫生院（室）29家，专业卫生人员465人。执业医师186人，执业助理医师22人，注册护士179人。平均每千人拥有卫生技术人员6.5人，平均每千人拥有执业医师2.6人，平均每千人拥有注册护士2.5人。

完成巍山镇第二小学前期设施建设，义务教育标准化学习创建率100%，举办巍山镇中心小学建校110周年庆祝活动，开放中小学体育设施。农家书屋实现行政村全覆盖，创建山头金、尚武宅2个文化礼堂。4月29日，东阳市农村文化礼堂建设工作推进会在巍山镇王宅村召开。

2016 年巍山镇社区(村)基本情况

表 52

社区(村)名称	小区(自然村)(个)	组数(个)	社区(村)支部(总支)书记	社区(村委)主任
巍山社区	7	57	赵闻樵	赵闻樵
沈　良	2	12	金孝英	沈永明
曙　光	4	11	吴忠良	赵庚余
象　岗	5	32	吕小华	周潮森
环　峰	3	20	吴式青	应明强
上卜宅	6	29	赵再杨	卜东来
王　宅	5	26	王庆浩	王庆浩
胡　村	2	22	胡国平	胡文明
楼下畈	2	7	王品余	邢洪明
麻　家	2	5	麻洪仁	楼世明
尚　誉	1	4	何文锦	金德忠
巍屏社区	10	25	冯跃进	金立伟
茶　场	4	18	王保华	王利明
金　鑫	3	7	金向晨	金国新
白　坦	2	27	吴绍亮	吕满珍
古渊头	3	23	李惠康	李江平
光里湖	5	32	叶桂芳	徐生良
雅　联	3	25	斯大潮	应梦侠
尚武宅	4	18	赵伯仁	赵玉成
清　溪	2	6	王高良	何旭辉
市　前	2	6	楼桂阳	楼仁保
怀　鲁	6	35	马国良	陈忠红
八字墙	4	28	王国忠	王全心
同　乐	3	20	李荣贵	俞中初
东方红	4	17	朱益群	叶国栋
东莘桥	3	15	李文良	方斯文
仙学塘	4	21	吴跃华	吕跃生
罗　店	5	23	戚美忠	徐方云
甲　丘	5	13	虞希龙	朱安华
大　山	4	19	楼荷光	楼坚
岭　典	3	17	王有金	王樟龙

【巍山社会保障】 全镇参加城乡居民医疗保险 45527 人，参保率 96%。开展困难群众、大病医疗等救助工作，救助 189 人，发放救助金 68.55 万元。全镇最低生活保障人数 769 人，发放最低生活保障 260.85 万元。集中供养 34 人。实现医疗救助 54 人次、7.6 万元，慈善救助 24 人次、4 万元。对全镇 162 名重点优抚对象做好优抚安置宣传、慰问工作。设象岗、王宅、山头金、中甲、尚武宅、西坑沿、岭典村岭下、大山村笑山等 34 家居家养老中心，有 25 家正常运行。其中山头金、甲丘、市前养老中心被评为 2016 年度全市星级居家养老中心。

【巍山综合治理】 完成巍山镇综合治理智慧中心建设，形成以“浙江省平安创建信息系统”为骨干平台的信息处理大网。开展 G20 杭州峰会安保工作。全镇排查矛盾纠纷 385 起，化解 385 起(其中人民调解 15 起)。协调处理劳资和工伤纠纷 41 起，涉案金额 38.5 万元。建立安全生产定期排查制度，完成 10 家企业安全生产标准化创建，推行小微企业安全托管服务 42 家，建立智慧式用电 1 家。完成食安办规范化建设创建。

【巍山基础设施】 甬金高速公路、诸永高速公路过境，境内长 25 千米，双向 4 车道，设怀鲁 1 个出口。通往金华、宁波、杭州、温州等地。有 S211、S310 两条省道，境内长 47 千米，双向 4 车道。设汽车客运站 3 个，长途往返杭州、上海等地；城乡公交汽车线路 2 条；变电所 1 座。自来水受益村 31 个，通有线电视村 31 个，通宽带村 31 个。投资 27

万元，建设山口到清溪段公路0.9千米，怀万线到燥塘0.4千米，中甲到金满塘0.5千米。

【东阳市首个"美丽乡村"建设公约制订】 1月，巍山镇结合农村工作实际，制订全市首个"美丽乡村"建设公约，经镇人代会审议通过，成为镇农户参与"美丽乡村"建设的行动指南。"美丽乡村"公约包括无乱搭乱建、无污水直排、无乱堆乱放、无赤膊砖房、无坍塌危房、无露天散养、无垃圾混投、无臭水沟塘、无管线乱接、无空闲荒地10个方面内容。该镇将公约融入村规民约，基本完成以"十无"为内容的环境综合整治。在全市最先成立"美丽乡村"建设指导团，为"美丽乡村"建设提出指导意见，24个自然村被列为首批重点培育村，巍山镇成为全市唯一省级"美丽乡村"示范乡镇。全镇"美丽乡村"建设成果被《浙江日报》采编报道。

【全市环境革命建设"美丽乡村"现场会】 3月8日，全市环境革命建设美丽乡村现场会在巍山镇举行。30余个考察团的与会人员参观仙学塘村高大、八字墙村西坑沿、东莘桥村莘桥头、王宅村等村庄。市长姚激扬指出，推进环境革命，打造美好生活，要围绕"美丽乡村"建设，补短板，强特色，开展乡村文明、垃圾分类、农村治污、打造乡愁地标、保护利用古建筑等工作。全市确定"3+1"精品线，各镇乡街道根据当地实际，选择有窗口意义的线路创建精品线。

2月19日，《金报东阳》推出环境革命报道两个版的新闻报道。第二版《"一手五指"掀起环境革命》一文，介绍巍山镇在新农村建设中的先进做法。3月1日，《金报东阳》用二三连版推出《"美丽乡村"建设的"巍山速度与激情"》，介绍巍山镇10个村的经验和做法，供全市各镇乡街道学习。

（何玲玲）

歌山镇

【概况】 2016年，行政区域面积64平方千米，辖21个行政村、75个自然村、314个村民小组。辖区总户数15503户，总人口41853人，其中男性21183人、女性20670人。计划生育率95.47%，出生人口501人，出生人口性别比117（女为100）。财政总收入2.03亿元，比上年增加2790万元。镇政府驻楼西宅1号。完成税收2.03亿元，比上年增长32.9%，其中国税1.11亿元，比上年增长59.9%；地税9136万元，比上年增长19.1%。有乡镇企业510家，各类金融机构3家。

2016年，歌山镇获东阳市森林消防工作先进单位二等奖、全市禁毒工作先进集体、土地开发先进单位一等奖、平安镇乡街道、全市信访工作先进单位、工业竞赛年终考评优胜奖、建筑业招商和营改增工作先进镇（二等奖）、安全生产目标责任制考核一等奖、镇乡街道工作目标责任制考核二等奖、G20杭州峰会维稳安保工作先进集体等称号，歌山镇前涨潭溪治理工程被省水利厅命名为河道生态建设示范工程。

【歌山工业】 31家规模以上企业完成工业总产值27.54亿元，比上年增长11%；完成规模以上工业增加值5.74亿元，比上年增长11.1%。完成销售产值22.95亿元，比上年增长8.5%。工业性投入6.36亿元，比上年增长2.3%。

开展低效用地企业清理工作，推进北江农垦场改造提升项目工程，盘活存量建设用地4.56公顷。完成5个技改项目建设，完成"两化"融合企业4家，完成"小上规"培育企业6家。

【歌山农业】 年末常用耕地面积1526.67公顷。家庭承包耕地流转面积909.94公顷，比上年增长1.15%，其中转包596.54公顷，出租313.4公顷。增加家庭农场6家，被认定为县级以上示范性家庭农场5家，通过农产品质量认证3家，注册农产品商标1个；农产品年销售总值847万元，比上年增长11.89%。完成"一事一议"建设项目3个，总投资300.3万元。

【歌山重点工程建设】 完成歌山镇集镇污水处理终端工程、S310省道精品线绿化景观工程、歌山镇江滨公园（南段）道路工程；被列为省重点工程、总投资5.5亿元的中天凤凰谷项目的休闲度假中心完成建设；推进村级污水管网设施建设工程。

【歌山村镇建设】 完成投资6000余万元的东阳江护岸工程、总投资2000万元的人工湿地污水预处理工程、镇级污水管道改造工程；中小河流治理重点县工程完成工程量的98%。开展"集中护河"行动，围绕垃圾河、黑河、臭河清理和门前塘整治，推动水生态修复，改善水域环境。

推进“三改一拆”，完成旧厂房改造2.24万平方米，旧住宅改造16.49万平方米，拆除违法建筑16.44万平方米，完成16个自然村的“无违建村庄”创建工作。开展“四边三化”工作，完成东阳江沿线绿化工程，支持东嵊、徐巍、里歌公路沿线村庄绿化，创建森林村庄3个。

【歌山文教卫生】 投入300万元建设凤山（大园）文化礼堂，歌山金色年华艺术团下村巡回演出20场，举办第十届歌山镇农村文艺会演。歌山镇中心幼儿园第一期工程完工，上蒋幼儿园竣工验收，删干小学门房建成投入使用。全镇所有中小学完成浙江省标准化学校建设，校园完成塑胶运动场地改造，体育设施对外定时开放。组织承办“百人千场”名师送教活动。各中小学（幼）组织地、市级教科研活动20余次，在各类比赛中，获奖380人次。歌山一中被市教育局评为2015～2016初中教育质量“十大指标”考核优胜单位。

3月23日，歌山镇林头村举行“夕阳红”书画展。该村10余名老年书画爱好者每月15日聚集在活动室绘画、写字。

图204　3月23日，歌山镇林头村举行“夕阳红”书画展（胡扬辉／摄）

【歌山社会保障】 农村最低生活保障户数167户，人数187人，支出65.42万元；医疗救助42人次，支出21.16万元；“五保”供养11人，支出8.32万元。全镇参加城乡居民养老医疗保险人数12591人，参保率98.6%；企业退休人员社会管理服务3422人次，管理率100%；调处劳资纠纷38起，涉及人数125人，金额92万元。

【歌山社会管理】 全镇有治保调解信息员26人，定期开展村治保主任调解培训。每月开展两次以上治安巡逻。调解纠纷20起，调处成功20起。办理市转信访案件51件，办结51件。

【歌山基础设施建设】 诸永高速公路过境，境内长5.4千米，双向4车道，设有歌山出口，通往温州、诸暨、杭州等地。310省道1条，境内长10.4千米，双向4车道。有县级公路楼怀线、里歌线2条，境内长18.34千米。乡道19条，总长37.9千米；村道48条，总长61.46千米。跨东阳江桥梁10座，总长800米。310省道“白改黑”工程开始动工，路边两侧绿化亮化，规范路面标志标线，控制沿线村庄出口（21个）。

【《歌山村志》出版发行】 12月20日，《歌山村志》出版发行仪式在歌山村举行。该书由东阳《歌山村志》编纂委员会编，文史爱好者郭承豪主编，方志出版社出版。全书626千字，计31章，采用小编结构，前有序言、题词、概述、大事记，后有跋、参考文献，分章节目三档记述，以章统节，以节统目，横排纵叙。记述上限至事物的发端，下限至2016年3月20日，记载歌山村自然环境、经济政治、民情文化诸方面的历史与现状，反映时代特色及地方特点。全书资料翔实、内容全面，重点突出古代文明、建筑业、遭受日军细菌战危害、跨国诉讼、咏吟歌山等歌山特色。

【东阳（歌山）渔具休闲产业基地】 东阳（歌山）渔具休闲产业基地入驻企业23家，其中16家企业开展电子商务业务。全镇实际从事渔线生产加工的企业200余家，歌山渔线在国内的市场占有率70%以上。东阳市制订优惠政策进行招商选商，以基地统一打包形式争取房租、金融、物流、光纤等优惠扶持政策。在租金扶持上，对渔具休闲产业租用标准厂房给予最大优惠，入驻电子商务区块的企业可享受三年“先交后补”的房租补助政策；在金融扶持上，东阳农商银行明确对入驻基地的企业和经营户给予30万元～100万元的免抵押信用贷款，不仅手续简便，而且贷款利

2016 年歌山镇行政村基本情况

表 53

行政村名称	自然村（个）	组数（个）	村支部（总支）书记	村委主任
乾　兴	3	6	何忠明	陈兴仙
四　汇	4	9	厉荣桂	厉荣桂
楼村头	2	9	郭炳洪	楼小明
林　头	5	30	徐月星	何玉亮
尚　侃	3	10	金长法	金桂良
象塘夏楼	2	10	-	楼航峰
歌　山	1	8	郭乔良	郭阳伟
王村光	3	10	王利杨	王福跃
剛　干	6	15	金光明	金美强
陈塘沿	1	4	吴巧芳	吴海忠
五　祥	6	6	吴星强	吴洪亮
大　里	1	17	俞大明	蒋少华
石　潭	2	16	俞国尧	俞　敏
凤　山	10	31	楼国荣	楼永久
塘　下	4	6	吴红良	吴红良
泮　田	3	6	吴品火	吴正葵
上　蒋	5	19	金桂法	林韵蔚
安　溪	4	15	陈德新	蒋生荣
西　宅	7	31	卢淑华	胡耀良
双　村	2	10	何正林	胡伟钢
淑　玉	1	6	金晓红	金晓红

率降低 10%左右。从单一式渔线加工到国内最大钓具生产基地之一，“歌山渔具”在 20 余年内形成集渔线、渔线轮、钓饵、钓竿等多品种生产为一体的产业发展模式，打造集生产加工区、市场交易区、电子商务区、垂钓休闲区和生活配套区“五位一体”的东阳（歌山）渔具休闲产业基地，带动渔具产业和地方经济发展。

（张雅雯）

千祥镇

【概况】 2016 年，行政区域面积 104 平方千米。辖 33 个行政村、88 个自然村。辖区总户数 17788 户，总人口 45553 人，其中男性 23574 人、女性 21979 人。出生人口 487 人，出生人口性别比 109（女为 100）。镇政府驻千祥南路 127 号。完成税收 4487 万元，比上年下降 4.8%。其中，地税 889.2 万元，比上年下降 21%；国税 3598 万元，比上年增长 0.22%。有乡镇企业 357 家，各类金融机构 5 家。

【千祥工业】 实现工业总产值 27.01 亿元，比上年增长 3%。其中 15 家规模以上企业完成工业总产值 6.89 亿元，比上年增长 4.4%；完成规模以上工业增加值 1.78 亿元，比上年增长 2.5%。固定资产投资额 2.54 亿元。外贸出口 3.43 亿元；完成限额以上工业性收入 1.203 亿元。全镇有各类箱包企业及加工点 866 家，从业人员 1.5 万余人。

完善田心工业功能区建设，平整土地 32.67 公顷，总投资 2800 万元；改造升级老工业园区，通过“腾笼换鸟”等方式引先进企业入驻，成立统计信息中心，健全镇干部联企制度。整治落后产能，分类清理整改低效用地企业 10 家，取缔关停木制品及红木家具企业 8 家，整治高污染燃料锅炉 27 个。引进内资 6560 万元，浙商回归 5100 万元，建筑业企业招商 5 家，其中歌山建设集团有限公司为一级资质建筑企业。

【千祥农业】 全镇有耕地面积 1461.6 公顷。农林牧渔业总产值 15486 万元，其中粮食作物产值 3259 万元。粮食播种面积 1741.27 公顷，粮食总产量 10508 吨。粮食作物以水稻为主，主要经济作物有元胡、浙贝母、杭白芍、席草、蓝莓。投资 514 万元完成造田造地 15.26 公顷；投资 418 万元完成旱改水 10.52 公顷。

建成浙贝母无公害标准化生产基地 146.67 公顷、省级生态循环种植模式示范基地 21.67 公顷、省级旱粮示范基地30公顷，其中晚稻高产示范田13.34公顷；形成集中连片的标准化中药材示范区206.67公顷，其中省级中药材示范区提升项目15.34公顷，元胡品种试验、繁育1公顷。示范区良种覆盖率90.3%。申报上甘棠省级水果观光采摘生产基地建设项目。完成镇级农业产业化项目6个。推进农村股改，村集体量化资产总额1.28亿元。

【千祥重点工程建设】 打通集镇道路，延伸镇区框架，促进镇区整体面貌改善。千祥入城口休闲广场公园建设完成招投标，千祥新街改造提升工程完成管网铺设及慢行系统建设和路面“白改黑”工程，西阳村完成整体改造提升工作。千四村剧院初步完成室内装修，总占地0.67公顷的千祥幼儿园建设工程完成前期地基铺设。

【千祥新农村建设】 推动画南下线精品线建设，完成市交办问题整改点27处，完成沿线违章搭建、墙体广告清理等工作，沿线10处重要景观节点完成设计规划，10个沿线村路口花坛改造施工，3200米高品质花坛改造提升工程初步完工；培育胡山、前巷、西阳等一批特色化精品村。

开展“无违建”创建工作，落实农村私人建房审批管理、多部门联动巡查的常态化制度。拆除违法建筑251宗、10.2万平方米，完成年度任务数的116.5%；完成旧住宅区改造186户、6.24万平方米，基本完成74个自然村“无违建”台账整理工作，申报“无违建”村验收49个。

完成岭脚深塘水库综合整治工程，完成麻田丹坞水库的地质

2016年千祥镇行政村基本情况

表54

行政村名称	自然村（个）	组数（个）	村支部（总支）书记	村委主任
金　村	3	21	马世东	马旭平
怪　溪	3	9	马丁灯	马为民
云　头	2	5	陈松勤	陈宝金
万　祥	3	14	马福兴	王冬菊
千　南	2	18	陈鸿翔	陈鸿翔
千　二	2	14	吕荣刚	吕荣刚
千　一	2	12	叶长华	叶秉春
东　一	3	8	黄亚民	黄亚民
甘　棠	4	30	马旭标	马旭标
后　马	3	12	陈国水	陈凤华
上东陈	2	10	陈金彬	陈永明
下东陈	2	10	陈新明	陈新明
胡　山	2	10	胡志康	胡义东
升　楼	3	6	楼文献	楼阳春
秀　溪	3	12	楼跃进	楼联军
新　民	3	18	黄雁南	黄德才
九峰一村	3	12	黄永清	黄永清
九峰二村	3	12	赵计划	包淳兴
三　联	3	16	陈元宝	陈元宝
四　友	4	20	卢裕民	卢之江
前　马	3	8	陈国宝	胡文正
高　宅	2	19	李丁寿	李丁寿
南王坑	2	8	陈章新	陈柏兴
石门张宅	2	16	张新忠	卢祖送
三　宝	5	26	许金燕	厉先光
光　周	2	3	陈炳春	陈继康
后　周	2	16	李跃光	马红军
隔　塘	1	10	黄学敏	黄学敏
民　宅	1	4	叶汝龙	陈文龙
林　甘	1	8	马光强	马方宝
麻　田	3	14	陈香菊	马卫春

续表 54

行政村名称	自然村（个）	组数（个）	村支部（总支）书记	村委主任
大　路	6	26	史德刚	史永安
岭　脚	3	21	陈拥军	黄卫大

勘探及水库安全评估工作，高宅龙塘寺山塘整治工程开工；完成胡前庄、马墅、楼门村清水河道项目的建设；完成胡前庄、高宅、王园的农田渠道建设。实施绿网工程，重点推进金村—柽溪—南下线连接口等公路沿线的绿化升级改造；完成火烧迹地造林和油茶经济林 13.34 公顷；创建石门、张宅等 4 个金华市级森林村庄及东一、后马等 4 个东阳市级森林村庄。完成 10 个行政村的土地实地丈量工作。投资 2800 余万元的柽溪江综合治理工程基本完工；投资 500 余万元的镇区休闲广场完成土地平整和规划论证，挖石 6 万余立方米。投资 170 万元的南下线—养老中心连接道路完成路基工程的 80%。

【千祥文教卫生】 设镇综合文化站、广播电视站各 1 处，浙江省级文化示范村 2 个，金华市级文化示范村 3 个，区域文化中心 6 个，文化达标村 12 个，各类图书室 33 个、藏书 6.6 万册。群众文体团队 68 支，东阳市级文物保护单位 6 处。幼儿园 4 所，幼儿教学点 4 个，在园幼儿 980 人，专任教师 45 人；小学 4 所，在校学生 2630 人，专任教师 135 人；初中 2 所，在校学生 1163 人，专任教师 102 人。九年义务教育覆盖率 100%。新三联小学建成，9 月投入使用。

建设甘棠村文化礼堂，共建成 9 个文化礼堂。组织开展文化走亲等各类活动，举办跨区域文艺晚会和文艺会演等大型文化活动 10 余次。组建千祥镇社会公益志愿者协会，创建九峰一村为金华市级文化示范村。完善“千祥微讯”公众号日常运营，加强网络宣传工作，信息平均阅读量 1500 余人次。

设各级各类医疗卫生机构 22 家，其中镇中心卫生院 1 家，病床 30 张。专业卫生人员 101 人，其中执业医师 45 人，执业助理医师 24 人，注册护士 21 人，其他 11 人。

【千祥社会保障】 完成低收入农户调查 248 户，413 人。开展城乡居民医疗保险工作，全镇参保人数 30935 人，参保率 98.7%。城乡居民社会养老保险参保人数 23889 人，参保率 52%，其中城乡居民养老保险享受待遇 8818 人。

【千祥社会管理】 规范完善“村规民约”的修订，化解各类矛盾纠纷，建立健全基层平安建设信息系统，开通手机“平安通”APP，上报处理事件 231 件，办结 231 件。定期开展信访接待工作，受理接待 56 批、75 人次，办理信访 52 件；调处各类劳资、工伤纠纷 40 起；发挥处置和防范非法集资工作领导小组作用，加强对非法集资的防处，管控民间借贷引发的金融风险。完成“8890”平台交办 165 件，办结 159 件，按时办结率 95.65%，回访满意率 100%。完成 G20 杭州峰会维稳、互联网大会安保工作。

【千祥组织建设】 建立农村基层组织、“两新”组织党建工作例会制度，完善“学思课堂”QQ 群、千祥微党建等交流平台。建立村干部积分管理办法，将全镇 307 名村两委干部纳入积分管理。开展党建示范点创建工作，创建下东陈、石门张宅 2 个农村基层党建示范点以及定达、万达 2 个“两新”组织党建示范点建设。开展“不守规矩”专项体检，指导各村全面排查问题，列出 4 张清单；开展不守规矩“十种现象”专项整治，建立农村干部守法合规个人档案 352 份；加强与国土、计生等部门联系，依规查处各类违法违纪行为，完成不守规矩重点关注问题整转 26 人次；实施“廉洁工程”，实施招投标项目 37 项，交易额 2346 余万元，节约资金 87.63 万元。

【千祥基础设施】 东永高速公路全线通车，境内长 7 千米，双向 4 车道，连接诸永高速公路与金丽温高速公路，东永高速公路千祥互通口位于云头村。诸永高速公路过境，境内长 4 千米，双向 4 车道，通往温州、诸暨等地。县级公路有双徐线、下新线、琴千线、画南下线 4 条，总长 39.5 千米。设邮政支局 1 处，邮政营业所 3 处，电信服务网点 7 个。

镇区道路总长度 9.6 千米，道路铺装面积 10.8 万平方米。汽车客运站 1 个，日间往返东阳、磐安、义乌、金华、杭州等地；城乡公交汽车线路 3 条。供电营业所 1 处，高压输电线路 4 条。

【千祥环境综合整治】 2 月 28 日，千祥镇召开干部大会暨“环境革命”动员部署会议。开展“五水共治”“三改一拆”“四边三化”、生活垃圾分类处理、“美丽乡村”“美丽县城”、风貌提升、“空心村”整治等各项环境整治工作，打造宜居农村环境。推进农村生活污水治理，全镇有72个自然村开工建设，其中完成管网建设72个，完成终端建设58个；提升集镇污水处理能力，建设集镇污水总管网DN300以上0.5千米投入使用，镇污水处理站污水处理设施重新投入使用；推进农村生活垃圾分类处理，全镇建成垃圾分类机器房1个和太阳能垃圾收集房3个。开展垃圾分类村56个，通过市级验收32个；推进畜禽养殖污染扩面整治工作，对14家规模养猪场（户）进行巩固提升，完成整治13家，关停1家。全镇45个自然村开展池塘清淤工作，完成池塘清淤50口，清理淤泥10.6万立方米。

【千祥民生实事工程】 规范云头、金村等18个村的生态墓地建设；规范全镇33个居家养老服务照料中心日常运营；投资447万元建设大路、麻田等8个村小型水库移民解困项目；开展人口计生服务工作，组织大型宣传培训活动4次；投资1500余万元的农民饮用水工程投入使用，日供水量2400吨；投资500余万元的镇区休闲广场完成土地平整和规划设计；协调解决东永高速公路工程建设遗留问题；完成城乡公交一体化改造，12月，开通东阳城区—千祥的城乡公交。

【千祥“美丽乡村”建设】 千祥镇的特色元素是席草、箱包、药材和羊肉。建成浙贝母无公害标准化生产基地，形成集中连片的标准化中药材示范区，培育出药材、羊肉、席草等各类产业特色村11个。特色元素植入“美丽乡村”建设，种植油菜、芍药、向日葵等兼具观赏和实用价值的经济作物，沿着南下线建成田园景观带。

（王　蕾）

湖溪镇

【概况】 2016年，行政区域面积98平方千米，设镇东、镇西、镇北3个工作片，辖28个行政村。辖区总户数16434户，总人口42094人，其中男性21181人、女性20913人。出生人口432人，出生人口性别比114（女为100）。镇政府驻镇西村郭宅自然村通新路10号。完成税收8667万元，比上年增长13.3%，其中地税2477万元、国税6190万元。有工业企业195家，其中规模以上工业企业24家，各类金融机构4家。

【湖溪工业】 完成工业总产值33.39亿元，比上年增长12.5%。其中24家规模以上企业完成工业总产值12.14亿元，比上年增长7.4%；完成规模以上工业增加值2.62亿元，比上年增长7.2%。规模以上工业销售产值10.57亿元，比上年增长8.4%，规模以上工业主营业务收入9.14亿元，比上年增长12.7%；规模以上工业用电量3183万千瓦时；工业投资额2.34亿元，比上年增长0.2%；固定资产投资额3.51亿元，比上年增长33.7%；完成外贸出口总额2391万美元，比上年下降31.5%。实际利用外资5万美元。

开展低效用地清理工作，实施东园、永禄老工业园区改造，完成改造面积5500万平方米，优化企业服务，践行“一企一负责人”跟踪服务制度，协调解决企业发展难题。

【湖溪农业】 常用耕地面积1501.92公顷，农作物播种面积3754.2公顷，其中粮食种植面积2097.6公顷。粮食总产量14206吨，其中谷物13006吨、豆类345.5吨、薯类853.5吨。油料417.4吨，甘蔗产量360.8吨，中草药材类189.6吨，蔬菜类7760.8吨，八里湾蔬菜常年供应市场需求。果用瓜4557.8吨，其中西瓜4275.3吨。席草150.7吨，为中国墙纸原料。投资5000万元开展高标准农田建设，投资3000万元实施中小河流治理重点县项目，完成规模土地流转288公顷，建设农业产业化项目34个，家庭农庄24家。

【湖溪文教卫生】 全镇有幼儿园3所，在园幼儿834人，专任幼师32人；小学5所，在校学生1862人，专任教师106人；初中1所，在校学生883人，专任教师68人。九年制义务教育覆盖率100%。高中1所，在校学生766人，专任教师65人；成人文化技术学校1所。教育经费3385.92万元，其中镇政府投入30万元。学校重大工程1项（湖溪镇中心幼儿园建造1期项目）。全镇有医疗卫生机构7家，其中镇中心卫生院1所，社区卫生服务站6家；每千人拥有医疗床位1.5张；专业卫生人员63人，其中执业医师24人、执业助理医师6人、执业护士13人，其他卫生技术人员（药剂、检验、麻醉）20人。湖溪镇通过省卫生镇复评。1月，湖溪卫生院获“全国群众满意卫生院”称号。

【湖溪新农村建设】 建成镇级垃圾中转站和机器处理房，全镇生活垃圾清运市场化运作，垃圾分类行政村全覆盖，发放分类垃圾桶16832只，63个自然村通过市垃圾分类验收。全镇村级污水管网建设基本建成，实施15个村农房连片改造12.9万平方米，开展青山、坑头、后山坞下山移民搬迁工程；完成拆违21.9万平方米，创建金华市首批“基本无违建乡镇”，溪南村、上红湖村、镇西村、上田村、石洞口村列为精品村建设，64个自然村通过市“三整一拆”考核验收。整治诸永高速公路、里歌线两侧“赤膊房”4.3万平方米，整治“蓝色屋顶”11.5万平方米。

湖溪酒厂为国家级红曲酒传承基地，清潭村家庭农场有蓝莓基地、火龙果基地，郭上坞鸽子养殖场年产2万羽肉鸽，马上桥“立新”西瓜为农业畅销品牌。

图205　2月4日，湖溪镇东雅村投资150万元的“圆梦桥”通车（湖溪镇提供）

【湖溪重点工程建设】 新兴路改造提升工程投资1200万元，南湖路改造提升工程投资950万元，江滨北路改造绿化提升工程投资190万元，镇区道路改造提升工程投资260万元。2月4日，湖溪镇东雅村投资150万元的“圆梦桥”通车。

【湖溪社会保障】 城镇最低生活保障户7户7人，农村最低生活保障户364户558人，医疗救助67人次，救助金额78.25万元，五保供养23人，国家抚恤补助类对象67人。敬老院3所，26个行政村建成村级居家养老照料中心，农村医保征收25689人，参保率98.9%。

【湖溪社会管理】 健全每月15日镇信访接待日和10日镇村联合接访日制度，排查矛盾纠纷289起，镇司法所受理纠纷49起，成功调处49起，成功率100%。调解劳资纠纷28起。登记疏解东阳市鼎立集团非法集资案，化解赴藏退伍军人到京上访事件，未发生信访群体性事件。重视治安防控体系，完成43个技防村建设，创建“全国无邪教示范乡镇”。建立安全生产网格化管理体系，每月一次安全大检查，开出整改通知书154份，关停违章企业8家。无工伤死亡事故和重特大安全生产事故。开辟“微信晒场”对镇干部进行管理。为村民代办事项3万余件。

【湖溪象田乡村旅游】 象田村坐落于湖溪镇郭宅北面，距东阳城区28千米，有直达象田的乡村旅游班车，是“东阳摄影艺术

图206　3月19日，2016东阳市“春之韵”乡村休闲旅游节开幕式在湖溪镇郭宅一村象田油菜花基地举行（包康轩／摄）

2016 年湖溪镇行政村基本情况

表 55

行政村名称	自然村（个）	组数（个）	村支部（总支）书记	村委主任
南　塘	3	8	张永兴	张鼎华
湖　溪	1	11	张　耕	张永新
大　连	5	10	严长春	姚军民
溪　南	4	6	王春芳	叶大新
上红湖	3	8	宣克明	葛红旗
东　雅	2	12	郭炳良	张航平
清　潭	2	10	李国栋	李昔阳
南　江	4	9	吕中明	卢志新
十八坞	5	10	卢德花	叶德忠
楼　店	3	13	楼锦祥	吕向阳
后　西	4	15	杜天章	杜徽东
后　东	3	14	杜培基	杜锦群
罗　青	1	12	杜永生	申屠华民
罗青郭	2	6	郭振金	郭立新
八里湾	4	7	严智时	张海阳
镇　西	3	10	张立明	吕向阳
郭　一	2	18	郭栋梁	郭兵权
郭　二	2	23	郭跃良	郭培龙
郭　三	2	12	郭庆元	郭向东
三甲村	2	11	杜金民	周新田
新　塘	3	15	何云潭	金红强
夏　黄	1	6	黄　刚	黄江能
前山何	2	19	何济亚	何林华
金　宅	3	14	金利平	王　阳
白水口	2	12	蔡希新	蔡省城
郭上坞	3	17	蔡红军	郭　杰
康　庄	3	14	程珍仙	胡向阳
蛟　塘	1	14	蔡喜庆	李带全

创作基地”“横店影视城外景拍摄基地”“民革联盟同心实践基地”。湖溪镇象田村相继举办东阳市 2016“春之韵”乡村旅游节、2016“印象象田”葵花节。清明假期各地到象田村旅游 6 万余人次，在象田农家乐就餐 6000 余人；“五一”期间，举办风车节、风筝节、旗袍走秀、瑜伽和太极展示等多项大型活动。湖溪象田乡村旅游成为湖溪镇首张乡村旅游的“金名片”。

【湖溪群众文化】 全镇 92%的行政村完成文化达标村创建，完成 8 个自然村的文化礼堂建设，举办湖溪镇第六届文化艺术周，有 45 支文化礼堂表演队，群众演员 2250 人，演出场次 28 场，观众 14000 人。3 月，省电视台专题播出湖溪镇群众文化活动。12 月，湖溪镇被评为省民间文化艺术之乡。年末，制成文本非遗项目 117 项，其中省级非遗项目 3 项，金华市非遗项目 7 项，东阳市级非遗项目 16 项。有较大影响的是郭宅大蜡烛、后山店罗汉班、后山店棕艺、马上桥红曲酒、下田心刺绣、前山何砖雕、楼店龙凤盘车、三甲村三十六行、金宅抬花轿、湖溪魁星点魁、白水口旱船舞、镇西村龙腾狮跃等项目。湖溪罗汉班(后山店村为主)起源于明朝中叶戚继光抗倭斗争，以操练盾牌舞变化而来，抗日战争时组成抗日自卫队，中华人民共和国成立后改造成文化活动。湖溪镇文联是全省首家乡镇文学团体，相继成立江南书画院、婺剧促进会、太极协会、摄影分会。

6 月 24 日，湖溪镇举办“寻找乡愁、记住美丽”暨镇第五届“美丽乡村”摄影比赛活动。9 月 24 日，浙江工商大学人文学院教授张亦辉到家乡湖溪镇罗青村文化礼堂举办文学创作讲座，湖溪镇各村的宣传委员、宣传员、图书管理员、文艺骨干等近 300 人参加。

图 207　3 月 5 日，湖溪镇妇联组织开展“垃圾分类 巾帼先行”志愿者活动（湖溪镇提供）

【湖溪垃圾分类宣传活动】　3 月 4 日，由湖溪镇团委组织发起以“青春践行垃圾分类，志愿服务两美湖溪”为主题的垃圾分类宣传活动。活动分为培训和宣传两个阶段。培训活动中，对垃圾分类知识进行专题辅导，转发团市委垃圾分类小动画，组织团员青年进村入户发放倡议书及垃圾桶。该镇 35 名团员青年骑着公共自行车由镇西村出发，经湖溪、东雅、清潭至南江村等 5 个行政村，送发宣传资料 320 余份。3 月 5 日，湖溪镇妇联组织开展“垃圾分类 巾帼先行”志愿者活动。100 余名巾帼志愿者上街开展垃圾分类宣传活动，分发垃圾分类宣传资料 5000 份，开展现场垃圾分类比赛活动。湖溪镇成立的 28 支垃圾分类巾帼志愿者队伍，每支队伍有 8～10 名村妇代会干部参加，每月定期开展活动。

【省政协副主席陈加元到湖溪镇调研】　7 月 13 日，由省政协党组副书记、副主席陈加元带队的省政协调研组到东阳市，围绕“完善村干部监督机制、保障新农村建设健康发展”进行专题调研。陈加元到湖溪镇镇西村、清潭村，横店镇雅堂小区，调研农村干部积分制管理和村务监督情况。陈加元察看镇西村两委干部、党员、村民代表亮分栏，走进村便民服务中心，查看阳光村务平台运行情况。在清潭村，陈加元登录村便民服务平台，查看“三务”公开情况。在雅堂小区，陈加元考察横漂长廊，看该小区的积分制管理和“三务”公开情况。

【湖溪镇第五届文化艺术周开幕】　11 月 14 日，湖溪镇纪念长征胜利 80 周年暨第五届文化艺术周活动开幕。文化周开展非公企业职工专场文艺演出、文艺演出队文艺大比拼、教育系统专场文艺演出、书画作品展览、广场舞比赛、佳木斯广场舞展演等多场活动。开幕式后，举行“金州舞步”健身操展示，600 人参加活动。

（黄有福）

画水镇

【概况】　2016 年，行政区域面积 120 平方千米，其中陆地面积 100 平方千米。辖 18 个行政村、74 个自然村、444 个村民小组。辖区总户数 21050 户，总人口 55013 人，其中男性 28432 人、女性 26581 人。出生人口 697 人，出生人口性别比 101（女为 100）。镇政府驻黄田畈村旭光自然村画宁路 20 号。完成税收 7013 万元。11 月，画水镇天鹅村入选第四批中国传统村落名录。

【画水工业】　22 家规模以上企业完成工业总产值 12.18 亿元，比上年增长 6.7%；完成规模以上工业增加值 2.57 亿元，比上年增长 7.6%。销售产值 10.49 亿元，主营业务收入 8.8 亿元，实现利润总额 3479 万元。固定资产投资额 9.1 亿元，工业投资额 7.3 亿元，完成外贸出口总额 1.1 亿美元，引进内资 2.19 亿元，浙商回归 1.62 亿元。区域资本市场挂牌 13 家，创建金华名牌 4 个，浙江著名商标 1 个。

完成上坞老工业区和宁画线沿线控规编制，6.8 公顷土地挂牌，在建改造项目 20 个，增加改造面积 20 万平方米。启动 10 个微创园建设，总用地 43.34 公顷，完成控规编制和企业建设方案的设计，其中 5.73 公顷土地完成国有土地征收，许宅村微创园完成前期准备工作。

【画水农业】　年末常用耕地面积 1793.4 公顷，其中水田 1655.8 公顷。农林牧渔业总产值 1.78 亿元。完成粮食复种面积 1666.67 公顷，粮食总产量 2 万余吨。水稻机械化插秧面积 600 余公顷。主要经济作物蔬菜的播种面积 210.67 公顷，总产量 3804.6 吨。有绿色农产品基地 1 个，无公害农产品基地 7 个，东阳市级农业龙头企业3家，农民专业合作社19家。完成画溪三村、洪塘村土地流转18.74公顷。启动王凡、南门、新华、菱角、洪塘5个村的土地整理项目，盘活土地3.8公顷。

2016年画水镇行政村基本情况

表56

行政村名称	自然村（个）	组数（个）	村支部（总支）书记	村委主任
莪溪	4	30	朱潭有	朱胡海
联丰	3	13	王会德	王国良
画溪	6	56	王会山	王国强
西山	1	10	许锦春	许庆进
画塔	4	22	李宝明	钟永航
明焕	6	25	蒋斌	金德进
月峰	5	19	陆枝富	陆洪全
陆秀	4	21	陆国兴	陆文勇
吴宅	2	13	吴国洪	陆苏燕
画南	4	26	陆金木	–
黄田畈	10	60	蒋正伟	蒋云进
陆宅	6	37	陆枝高	吴有元
四和	4	18	叶芹辉	许炳火
王凡	4	13	胡森财	胡国献
紫薇	1	7	许明清	许国有
许宅	5	32	许基平	许锡富
洪塘	4	25	郭昌献	郭良君
林村	1	8	金洪武	金提飞

【画水新农村建设】 组织各村党员干部及代表5300余人外出考察。开展洁美庭院、美好家庭、美丽乡村、靓美精品线、美丽集镇的创建评选活动，坚持每半个月召开一次现场会，每个月进行一次考核排名。组织年轻干部参与“美丽乡村我代言”活动，在黄山、新华、菱角、高平、溪南等村开展微创意景观设计，营造“美丽乡村”建设的氛围。全镇有51个村通过市级“三整一拆”验收。完成池塘清淤45口、7.86万立方米，河道清淤3.2万立方米。建设农村生活污水治理设施，67个自然村完成管网埋设、农户接管和终端建设，60个自然村通过市级综合验收。拆除违法建筑50.58万平方米，完成旧住宅区改造22.01万平方米、旧厂房改造12.25万平方米。

【画水综合治理】 制订三年工作计划，建立每周班子领导巡查制度，开展环境卫生、城镇秩序、乡容镇貌整治等工作。完成牛皮癣整治360处，劝导乱占道经营120起，拆除乱搭建20余处，查处乱停车60起，清理乱堆放100余处，整治广告牌30块。成立党员义务巡逻队，加强对重点人员、重点区域的管控，对精神病人落实专人监护，对粉尘企业、加油站、学校、网吧、超市、出租房等场所进行排查。开展居住出租房消防安全整治工作，对排查出的400余户出租房建立数据库进行动态管理。画水镇被评为G20杭州峰会安保先进单位。

【画水文教卫生】 设镇综合文化站1个，文化休闲广场28个，村级文化活动室18个，文化达标村7个，各类群众文体队伍50余支，图书室19个，各类藏书6.4万册。省级文物保护单位1处，市级文物保护单位11处，市级文物保护点20处。幼儿园13所，在园幼儿1840人，专任教师80人；初中2所，教职工92人，在校生1042人；小学4所，教职工168人，在校生3761人。九年制义务教育覆盖率100%。中心卫生院1所，社区医院4个，医护人员86人。

【画水基础设施建设】 投资580余万元完成宁画线“白改黑”工程近3万平方米，投资741万元完成宁画线沿线雨污水管改造9200米。投资1900余万元的黄田畈菜市场开业。辖区内有省级公路金义东快速通道1条，境内总长6千米。县级公路佛王线、稠岭线、黄横线、佛画线4条，总长23千米。全镇设邮政网点3个、村邮站16个、电信服务网点2个。镇区道路总长度4.9千米；桥梁3座，总长度360米。汽车客运站1个，日间往返东阳市区、义乌、金华等地。有变电所2座，高压输电线路12条。

【全市农村环境革命工作现场推进会】 7月13日，在画水镇举行全市农村环境革命工作现场推进会。会议布置下一阶段环境革命工作的七个方面：要结合当前形势，以环境革命中展现出来的能力作风来考察任用干部；真正把握全民参与、全民动员；把环境革命作为新时期组织建设的有效平台；抓方法、抓步骤、抓节奏，有序推进环境革命工作；环境革命要把精品线作为重中之重来狠抓、实抓；提升眼光，注重细节，以精工善艺的东阳人文精神做好精致秀美工作；强指导、强合理，乡镇部门协同配合，共同推进环境革命各项工作。与会人员先后参观画水镇陆宅村高平、陆秀村新华和王凡村等地。

（赵悠扬）

虎鹿镇

2016年虎鹿镇行政村基本情况

表57

行政村名称	自然村（个）	组数（个）	村支部（总支）书记	村委主任
蔡　宅	1	15	蔡淑贞	蔡倡东
葛　宅	3	15	葛忠兰	葛茂荣
虎　峰	3	16	张文华	吕荣孝
合　力	4	11	黄金良	张飞高
燕　山	1	3	徐忠明	徐满元
孙　宅	2	12	曹德其	孙金浩
东　山	1	12	孙洪华	孙燕康
白　峰	2	16	卢云东	张明亮
厦程里	4	32	程增尧	程生泉
溪　口	6	17	刘华田	刘　俊
新周村	4	14	–	周益山
三　星	4	15	蒋益明	斯庆平
尚　周	1	8	刘生阳	刘立德
西　垣	3	11	刘晓锋	刘旭平
白　溪	4	25	朱位高	朱喜浩
夏　岩	2	7	蒋小新	郑海熔
潦　溪	2	8	王顺扬	朱金耀
仙芝陵	1	6	裘寿成	裘明仙

【概况】 2016年，行政区域面积97平方千米，辖18个行政村，分设溪东、溪西、溪口、白溪4个工作片。香榧、茶叶是该镇特色优势农林产品，缝纫配件是特色的工业产品和支柱产业。辖区总户数11224户，总人口30726人，其中男性15689人、女性15037人。出生人口359人，出生人口性别比107（女为100），生育全过程管理100%。镇政府驻厦程里村。完成税收3096万元，其中国税1170万元、地税1926万元。

2016年，虎鹿镇蔡宅村获省传统村落保护“一事一议”奖补资金150万元。7月12日，虎鹿镇入选第五批浙江省历史文化名镇名录。11月，虎鹿镇厦程里村、虎鹿镇西坞村入选第四批中国传统村落名录。

【虎鹿工业】 6家规模以上企业完成工业总产值4.23亿元；完成规模以上工业增加值0.81亿元，比上年增长0.6%。完成销售41100万元，比上年增长3%。完成限额以上工业性投入10000万元，完成年计划任务的100%；完成浙商回归1600万元，引进内资1820万元。

市级重点技改项目浙江华洋缝制有限公司缝纫机梭芯套数控技术改造项目，投入2000余万元，部分机器设备到位；东阳市东白新陈标牌工艺厂（建筑面积3000平方米）完成主厂房建设；东阳市顺隆装饰材料有限公司年产PS框条1200万条扩建项目，厂房扩建；东阳市港辉新能源科技有限公司开始筹建。技改立项4个，分别是东阳市虎鹿倡东刀片厂年产280万张缝纫机刀片生产线技改项目、东阳市明浩缝配厂年产200万张缝纫机刀片生产线技改项目、东阳市东升医用敷料有限公司年产1亿圈医用绷带生产线技改项目、东阳市德恒阁红木家具有限公司年产5000套红木家具生产线技改项目。对39家企业进行调查摸底,3家企业(明浩缝配厂、德友缝配、华洋)进行旧厂房改造。开展浙商回归工程,推进招商引资。天津一方实验室技术有限公司与虎鹿镇签订投资协议书,项目总投资5000万元。制定经济发展激励政策,设立工业专项奖金,颁发东白之星、金虎奖、神鹿奖、发展之星等奖项,对纳税大户、亩产税收最高、增幅最快的各类企业发放26万元奖补扶持。

虎鹿缝配产业园占地面积10公顷,有营业房750间、经营户438户。缝配产业成交额20亿元。

图208 6月8日,虎鹿镇蔡宅村第二届旅游节开幕(虎鹿镇提供)

【虎鹿农业】 年末,常用耕地面积15808.71公顷,其中水田10468.09公顷。粮食播种面积2145.8公顷,总产量11342.1吨。茶叶总产量119吨;蔬菜播种面积326.67公顷,总产量7595吨。无公害农产品基地12个,其中茶叶基地5个、蔬菜基地6个、其他1个。专业合作社15家,农业龙头企业3家。

推进基地建设,建设香榧基地26.67公顷、苗木基地3.34公顷;落实一般性农业产业化补助项目5项。实施造田造地项目3个,造田造地13.11公顷,高标准农田建设项目1个,建设高标准农田158.34公顷,总投资1000余万元。投入绿化建设资金450余万元。

【虎鹿古村落旅游】 创建省级历史文化名镇,厦程里村、西坞村成功申报中国传统村。推进古村落保护和开发工作,结合市政府力推的"蔡宅—卢宅—李宅"三宅古民居游,挖掘蔡宅村名人文化内涵,推进蔡宅古村落旅游开发。举办全市健身球比赛、小记者变形计、农耕文化节、梨花节等活动,接待千人规模旅游团10余批、游客10万余人。

【虎鹿文教卫生】 设镇文化站、广播电视站各1个,村级文化活动中心18个。设初中1所,教职员工47人,在校学生641人;小学5所,教职员工73人,在校学生1179人;幼儿园5所,教职员工41人,入园幼儿538人。九年制义务教育覆盖率100%。设各级各类医疗卫生机构13家,其中镇医院1家,卫生服务站3个,服务中心1个,医务人员39人。农村安全饮用水普及率100%,农村卫生厕所普及率96%。

【虎鹿社会保障】 开展城乡居民医疗保险征缴工作,全镇参保19838人,参保金额758335元,参保率98.8%。未成年人医保参保778人,保费13770元。办理60岁以上人员新农保一次性补缴205人,死亡人员丧葬补助210人,办理新农保参保人员94人,变更档次125人,办理外伤伤情认定135人。

【虎鹿新农村建设】 落实"周三护河日""党员干部公益活动日"等制度,开展河湖库清淤工作,监测水质达Ⅱ类水标准。推进垃圾分类,改进镇级垃圾清运模式,建有19座阳光房,29个自然村通过市垃圾分类办验收。开展农村生活污水治理工程,45个自然村完工。组织党员干部1600余人次外出参观学习。投入500万元,13个自然村实施靓丽村口工程,18个自然村通过美丽乡村办验收。

【虎鹿基础设施】 甬金高速公路过境,境内长11千米,双向4车道,有蔡宅1个高速出口,通往宁波市、金华市。310省道1条,境内长10千米,双向4车道。县级公路1条,总长18千米。有连村道路42条,总长74.83千米。设邮政局1处、邮政网点3处、电信服务网点1个,电信业务收入400余万元。

完善公共基础设施建设，推进37省道巍东线连接线曹宅段"白改黑"工程、虎鹿镇中"白改黑"工程、溪口—尚周段公路削边拓宽工程。占地面积2.27公顷，建设面积11675.92平方米的新中心小学建设初步设计通过评审。中小河流治理重点县综合整治及水系连通试点虎鹿镇项目区完工。

（杨德桦）

东阳江镇

【概况】 2016年，行政区域面积140平方千米，其中山区面积86平方千米。辖镇中、镇西、八达3个工作片、27个行政村。辖区总户数8149户，总人口22425人，其中男性11500人，女性10925人。镇区人口5947人；出生人口247人，出生人口性别比103（女为100），计生率97.7%，流动人口计划均等化服务目标人群覆盖率93%。镇政府驻地茜畴村。完成税收1664万元，比上年增长19.4%，其中国税1028万元、地税636万元。

【东阳江工业】 工业总产值7.1亿元，比上年增长10%，其中3家规模以上企业完成工业总产值2.43亿元，比上年增长5.5%；完成规模以上工业增加值0.66亿元，比上年增长2.1%。工业投资额850万元，固定资产投资额1亿元。

加快浙商回归工作，引进浙商回归资金800万元。推进建筑业招商和"营改增"工作，引进建筑业及相关企业11家，项目经理6人，实现计税金额（应纳税所得额）894万元，增值税缴纳90万元。

2016年东阳江镇行政村基本情况

表58

行政村名称	自然村（个）	组数（个）	村支部（总支）书记	村委主任
五　星	5	19	郭跃群	张兆平
紫　阳	2	11	杜荣仁	许峰峰
下街头	2	10	杜文辉	郭明强
召塘里	3	6	吕安东	吕安东
上　陈	5	25	陈恩林	冯先锋
三甲院	2	20	李云明	李云初
茜　畴	2	11	叶光荣	叶光荣
枫树头	1	7	卢跃明	卢跃明
横　锦	1	5	叶天生	王洪良
三　兴	3	6	王召荣	施海明
双　合	2	8	厉洪良	厉进生
天　山	1	7	厉福强	厉妙够
锦　源	3	6	厉巍良	张忠强
东　门	1	4	张荣民	周汉标
上　柴	2	4	陈新潭	陈炉明
新　东	2	5	吴洵行	周正强
八　达	2	13	任国平	吕群芳
黄　铺	3	10	施光兰	叶文生
学　陶	1	7	徐仁德	徐文彬
东　风	2	7	徐明文	徐国强
岭下施	1	6	施利芳	施利群
岭　下	1	4	徐忠明	徐国强
金　浦	3	8	徐明孝	徐拥军
庆　泉	2	5	何正龙	吕新权
尚　锦	1	5	吕财灯	吕财灯
尚　舒	3	6	汪杨钟	汪淑明
天　秀	3	8	袁火根	金光生

【东阳江农业】 全镇有耕地981.27公顷，其中水田656.8公顷。完成高标准农田建设项目，开展投资1400万元涉及9个村566.67公顷高标准农田建设项目，完成各村水利、田间道路等工程建设，推进实施包含两

个区块75.34公顷的粮食功能区建设。创新试种五彩油菜8公顷，增加桑葚种植6.67公顷，白茶13.34公顷，香榧26.67公顷。建设以农业龙头企业为核心、合作社为纽带、家庭农场为基础的产业组织。全镇有农业企业10家，其中农业龙头企业2家；农村专业合作社23家，其中规范化专业合作社4家；家庭农场17家，其中示范性家庭农场1家。

【东阳江旅游业】 以横锦水库为轴，以“天山—东门—新东”“白泉—八达—学陶”两条旅游精品线为两翼，建设慢生活旅游示范区。利用天山云海、白泉“美丽乡村”、周家庄山间古村落、横锦水库库区风光等休闲旅游项目资源，通过精品线沿线旅游项目建设，形成旅游景区；打造八达村、白泉村、天山村、新东村等地的旅游景观，建造配套休闲项目。白泉村建造休闲钓鱼塘2座、文化长廊1条、休闲观光果园13.34公顷、游步道4000余米、文化墙1000余平方米。天山村投资400余万元进行综合楼改造、公共厕所建设、村内主干道改造及柏油路面建设、路灯改造、村内池塘清淤整治、旅游步行道铺设、十八松岗古枫谷公园建设。新东村建造桃源仙境，增加广天公园、江边休闲观光带，公厕2座。举办“东江之春·美丽乡村”休闲旅游系列活动、2016东阳市“夏之恋”乡村休闲旅游节暨东阳江镇第二届新东桑葚节、东阳市2016年乡村休闲旅游节暨东阳江镇首届荷花节等旅游节庆活动，通过新闻媒介、微信等平台宣传乡村休闲旅游。

图209　2月26日，东阳江镇团委组织青年志愿者开展“垃圾分类·人人参与”主题签名活动（东阳江镇提供）

【东阳江村镇建设】 完成小城镇初步方案设计，以“里歌精品线镇区段、东阳江水库大坝至上陈段江滨景观带”为重点，融入山水生态文化，打造美丽集镇。加快实施镇区风貌提升工程，实施镇区道路改造提升，完成镇区里歌线“白改黑”工程，完成镇区主要干道亮化工程，实施主干道路灯建设3000米，修建花坛409个，种植乔木7000余株、灌木近4万平方米，池塘清淤1.3万立方米，设立美丽节点31处。完成镇区里歌线排水系统建设，提升镇区排涝能力。开展“两违”（违法、违规）、户外广告等专项整治，完成友谊路、里歌线破损立面改造，改善城镇面貌。对镇区主干道、两侧及可视范围内环境卫生保洁工作实行“市场化运作，物业化管理”，实现环境卫生全天保洁，垃圾日产日清。建立城建综合执法中队，执行沿街商户“门前三包”制度，严禁出店经营、占道经营、乱搭乱建和不文明经营行为。

开展白泉、八达等村农房改造建设工作，推进上陈、紫阳（高楼下）两个村的“空心村”整治工作，全镇农房改造拆除688户，建筑面积11.69万平方米。五星村创建金华市级森林村庄。实施12个村的移民补助项目建设（完成10个村）。

细化“河长制”工作机制，成立9支护河小分队，落实“周三集中护河日”制度，采用向社会购买服务等方式完善长效保洁机制。开展农村生活污水处理设施项目建设，全镇47个自然村完工。实施自来水提升项目，八达山区11个行政村、21个自然村安装分散式自来水。实施八达杨梅山、召坞后园、横锦水库长蛇坞农林基地节水灌溉工程，节水灌溉面积近千亩。开展镇区排涝工程，项目总投资300万元，修建镇区排涝管道2千米，工程于10月完工。

推进垃圾分类工作，每村召开户主大会，绘制垃圾分类墙画，配备垃圾分类收集车74辆、保洁员74人，分发8200余只分类垃圾桶，25个行政村完成阳光房建设，59个自然村通过市级验收，9个自然村创建为市级示范村。完成“三整一拆”进步村52个，白泉村、曹塘村被评为先进示范村，新城村被评为精品村。

全镇拆除违法建筑2.69万平方米；整治交通主干道两侧违法建筑14处，完成处置率100%。拆除旧住宅11.69万平方米，拆除旧厂区1万平方米。

拓宽歌山镇楼村头村至东阳江镇金浦村的道路；投资70万元修复水毁道路24处；完成东风村至黄铺尖岩村3000米水泥路面浇筑和监控安装。

【东阳江社会保障】 全镇享受农村低保272户326人，人均月救助300元，其中五保户37户37人，人均月救助1120元；孤儿3户3人，人均月救助1142元。养老服务补贴12人，人均月救助1000元。市慈善总会救助19人，人均救助2000元；慈善助学5人，人均救助5000元。市民政局临时救助163人，人均救助1000元。医疗救助67人，救助金额30.6万元。申请无障碍设施20个项目，包括拐杖、助行器、轮椅、GPS定位监护系统等辅助器具配送，1家卫生间改造补贴5000元；完成残疾人抢救性康复救助2人，人均年补助1.2万元；残疾人康复医疗救助1人、1万元；精神康复补助10人、6000元。助听器免费配送25例，补贴5万元。假肢免费安装1例，补贴8000元。安排福利企业就业培训12人，组织全镇残疾人水果种植专业户41人参加市残联组织水果种植培训课程，给予种养殖补贴。完成就业帮扶201户，残疾人贴息1户1万元。残疾人燃油补贴8人，人均年补贴600元。市残联临时救助17人，人均救助300元。自然灾害受灾人数77人，倒塌房屋72间，直接救济损失54万元，救灾支出15万元。

参加城乡医保基金保险14623人，成年人参保率98%；城乡居民养老待遇领取人员、企退人员认证5200人；7314户农户参加农村住房保险；政府下拨大中型水库移民后扶项目补助资金474万元，完成项目33个；27个村的居家养老照料中心建设并正常运行，341人参加居家养老，完成26个村的生态公墓规范化建设；给特困党员、退休村主职干部发放慰问补助金4.5万余元。

【东阳江社会综合治理】 全镇所有行政村安装监控系统，建成电子屏幕指挥平台，配备两名专职人员，实现综治视联网与综治指挥平台对接联网；落实重点时期的安保工作，开展矛盾纠纷大排查，成立包案领导小组，对全镇精神障碍人员进行摸底排查，评估危险级别落实管控，实行流动人口出租房登记管理；落实部门联勤联动、每月10日镇村联合接访和信访维稳每日一报等工作制度，加强社区矫正和矛盾纠纷化解工作，是全市唯一一个矫正人员“零重新犯罪”乡镇。

组织开展“安全生产月”宣传活动，制定宣传标语256条，发放宣传资料202份，出黑板报32期，开展租用厂房安全生产、烟花爆竹售卖点、红木家具企业、可燃爆粉尘企业、简易货梯等专项整治工作，对8家小微企业实行安全生产托管，推广智慧式用电管理系统7套，包括工业企业5家、敬老院2家，减少和杜绝电线路引起的火灾、人员伤害；重视汛期防汛工作，实现安全事故“零增长”，水上交通安全连续30年“零事故”。

【东阳江文教卫生】 设幼儿园2所、小学1所、初中1所。九年一贯制学校1所，九年义务教育覆盖率100%。有各级各类医疗卫生机构7个。

完成紫阳村、下街头村文化礼堂建设，举办第五届东阳江镇农民运动会，开展春节好戏连台、文化交流会、文化走亲、好戏连连看、文化漂流、文化进校园等活动20余场，推出节目320个，观看人数2万人次。浙江尚学传麒实验学校以“生态化教学”为理念开展活动，推动东阳江镇民办教育的发展；通过省级体育强镇复评，东阳江镇创建为省级体育强镇。

6月18日，由市政府主办，市旅游局、上海老教授协会、东阳江镇政府、市中医院承办的“万名教授游东阳，医疗专家送健康”首场义诊活动在白泉村举行。上海六院等医院的10余名知名专家参加义诊活动。9月13日，东阳江镇文化志愿服务队成立仪式在该镇庆泉村白泉举行，是全市第一支镇级组织的文化志愿者服务队，首批文化志愿者有100余人。

【彩色微马健康长跑活动】 4月2日，由东阳江镇主办，市摄影家协会、市长跑协会、市东艺工艺品有限公司承办的东阳江镇“东艺工艺品”杯五彩油菜摄影比赛暨彩色微马健康长跑活动在该镇东门村举行。五彩油菜摄影比赛彩色微马健康长跑活动沿东阳江镇环库水文化生态休闲精

图 210　4 月 2 日，"东艺工艺品"杯五彩油菜摄影比赛暨彩色微马健康长跑活动在东阳江镇东门村举行（东阳江镇提供）

品线进行，分为东门村至新东村5千米段，及东门村、新东村、东门村、和乐村25千米段，120余名长跑爱好者参加。

（曹航鑫）

马宅镇

【概况】 2016年，行政区域面积112平方千米，辖17个行政村、68个自然村，分设中心、青联、徐山3个工作片，辖区总户数9855户，总人口25406人，其中男性12984人、女性12422人。计生率96.29%，出生人口271人，出生人口性别比107（女为100）。镇政府驻马宅村。完成税收2267.9万元，其中国税1368万元、地税899.9万元。11月，马宅镇雅坑村入选第四批中国传统村落名录。

【马宅工业】 实现工业总产值4.78亿元，比上年增长8.21%；5家规模以上企业完成工业总产值2.79亿元，比上年增长6%；完成规模以上工业增加值6200万元，比上年增长7.8%。规模以上工业完成销售产值2.79亿元，比上年增长6.04%。工业投资额3424万元，完成任务的142.67%；固定资产投资额1.19亿元；引进内资6035.85万元，完成任务的201.2%。

完成"两化"融合企业2家；开展低效用地清理工作，分类处置3宗、1.32公顷。2个建设工程项目达成回归意向，建安产值近8亿元；10名马宅籍项目经理达成回归注册企业意向，完成6家企业注册登记相关手续，注册资金2650万元。兑现工业奖励资金32.44万元。完成全程代理服务15项，解决企业发展难题60个；调处劳资纠纷4起，追讨工资5万元；协调解决工伤事故3起，涉及金额7.5万元。

【马宅农业】 以元胡、鸢尾、白芍、浙贝、白术等为主的中药材以及茶叶、草莓等为特色农产品。耕地面积949.27公顷，其中水田面积679公顷。完成元胡标准化栽培技术示范等5个农业产业化项目验收。培育市级效益农业项目3个。水稻良种示范基地21.34公顷，产量5160吨。抽检农产品质量安全315批次，合格率100%。组织开展农业技术人才培训5次，培训700余人次。注册家庭农场2家。

【马宅重点工程建设】 完成投资107万元的集镇区道路硬化工程；完成投资80余万元的画南下线马宅村段边沟改造及人行道铺设工作；完成投资30余万元的镇区排水管建设；完成投资30万元的填埋场道路建设工程。启动实施镇区主要道路"白改黑"、画南下线亮化、镇区农贸市场改造等工程建设。完成一事一议项目3个，水库后扶项目5个，河道整治项目4个，山塘水库标准化建设5个。完成农民饮用水管网延伸工程2个，农民饮用水管网提升工程2个。

【马宅"五水共治"】 明确全镇范围内的43条河道（段）的镇村两级河长和工作职责，消灭镇域范围内的黑河、臭河、垃圾河，水质基本稳定在Ⅲ类标准。对柽溪江、木巨溪两条主要河道实行市场化管理，开展综合整治前期工作。完成38口池塘和4条河道的清淤工作。镇级污水处理设施投入运行，建设农村生活污水治理项目16个，61个自然村农村生活污水处理工程开工建设，51个自然村通过市级综合验收。开展养猪场污染整治工作，规范治理养猪场4家，整治生猪散养户10家。

【马宅新农村建设】 启动农村生活垃圾分类减量化处理。建成机械化处理房1座、太阳能垃圾处理房18座，实现行政村全覆

2016 年马宅镇行政村基本情况

表 59

行政村名称	自然村（个）	组数（个）	村支部（总支）书记	村委主任
下　陈	3	2	陈阿娜	陈重进
和　协	5	8	陈先进（副书记，主持工作）	沈德海
张　塘	2	5	张旭刚	张昕波
三　和	3	6	张添强	杨常伟
马　宅	7	16	马海荣（副书记，主持工作）	马正东
祥　旺	3	9	徐涵周	叶　土
七秩塘	3	8	葛中伟	陈世忠
杨　岩	4	12	杨伟强	杨水龙
王　楼	2	12	王国平（王潭支部） 郭良丰（北楼支部）	徐有军
屠　梁	3	14	申屠立民	申屠金华
瑶昌桥	3	6	申屠斌	申屠秋高
白岩坞	3	5	王新爱	王航峰
雅　坑	5	10	张　伟	张宝阳
塘　里	2	14	马宝其	许根木
徐　宅	10	18	徐　来	徐军良
岭　山	5	13	陈为海	顾荣华
宅　溪	5	8	厉公民	厉红娟 （村务负责人）

盖，52 个自然村通过市正常运行机组验收，正常运行率 76.5%。拆违 2.73 万平方米，完成市下达任务的 156%；完成旧住宅区改造 169 户、3.7 万平方米；拆除卫片执法图斑 2 宗 0.11 公顷。开展农村环境革命活动，44 个自然村通过市级“三整一拆”验收。启动 S218、画南下线精品线建设，完成乱堆乱放整治 252 处，违章拆除 70 户，立面整治 45 户，在建节点 3 处，种植桂花 800 余株，建设花坛 3500 平方米。完成“两路两侧”生态化改造 842 处，栽种树苗 6735 株。

【马宅社会保障】 健全社会养老服务体系，南江养老中心运营正常，规范化运行居家养老服务中心 18 家，服务站 4 家。完成城乡居民医疗保险收缴工作，参保 16537 人（包括成年人和未成年人），参保率 99%。完成居保退休认证 4657 人。

发放医疗救助 91 人次、48 万余元，临时救助 113 人次、12 万元，完成对 130 余名困难群众的低保政策扩面工作。加强对 229 名低保人员和 681 名残疾人的关爱保障，落实各项帮扶措施，发放救助金 220 万余元。消除家庭人均年收入 4600 元以下的贫困户。

【马宅文教卫生】 设幼儿园 1 所，在园幼儿 260 人，专任教师 18 人；小学 1 所，在校学生 656 人，专任教师 38 人，小学适龄儿童入学率 100%；初中 1 所，在校学生 389 人，专任教师 37 人，初中适龄人口入学率 100%，小升初升学率 100%，九年制义务教育覆盖率 100%。教育经费 1843 余万元。2016 年，马宅教育发展基金奖教奖学助学 25 万元、370 人次。

设医疗卫生机构 16 家，其中镇卫生院 1 家、社区卫生服务站 4 家、村卫生室 11 家。专业卫生人员 52 人。农村安全饮用水普及率 97%，农村饮用水合格率 96%，农村卫生厕所普及率 100%。参加健康体检 7878 人。

建设文化礼堂 2 个。发挥 6 个村文化礼堂的作用，保障活动经费，定期开展村级文化走亲活动。

【马宅社会管理】 加强农村私人建房纠纷、涉军涉债等各类矛盾纠纷的排查化解，排查处理历史遗留或重大矛盾纠纷 23 起，办结上级交办各类信访件 186 件。加强安全生产检查力度，排查发现各类隐患 1200 余起，整改率 100%；签订各类消防安全承诺书、安全责任书 466 份。完成 1 家企业安全生产标准化建设，智慧用电设备安装的企业和单位 7 家，安全生产托管小微企业 28 家。设专职消防员 8 人，消防站出警 45 起，挽回经济损失近 800 万元。20 家企业开展消防安全演练。加强森林灭火队的建设，定期开展业务培训和镇配备风力灭火机的检修工作。完成征兵工作。

（吴　佳）

佐村镇

【概况】 2016年，行政区域面积154平方千米，设佐村、罗峰、宅口、上村、西营5个分中心，辖25个村民委员会，253个村民小组。辖区总户数9313户，总人口25296人，其中男性13256人、女性12040人。出生人口275人，计划生育率98.4%，出生人口性别比101（女为100）。镇政府驻佐村村。完成税收1523万元，其中国税610万元、地税913万元。全镇完成工农业产值6.9亿元，比上年增长9.5%。有乡镇工业企业21家，各类金融机构5家。全镇有县级公路新怀万线、老怀万线、佐桥线、上岭线、桑尚线5条。乡村公路总长145.5千米。设邮政网点5个、电信服务网点1个。市场2家，50平方米以上的超市4家。25个行政村村村通公交车、宽带、自来水。

2016年，佐村镇创建金华市卫生乡镇，获市先进镇乡街道、落实党风廉政建设责任制先进集体、镇乡街道工作目标责任制考核一等奖、东阳市“五水共治”工作先进集体、全市信访工作先进单位、平安镇乡街道、东阳市综治维稳工作先进集体、“三改一拆”“无违建”创建工作先进单位等称号。

2016年佐村镇行政村基本情况

表60

行政村名称	自然村（个）	组数（个）	村支部（总支）书记	村委主任
佐　村	3	18	斯佩华	周伟忠
桑　梓	4	22	王荣良	王红兰
上林口	1	5	吴正其	刘忠良
谷　岱	5	22	金永德	马利荣
斯　光	2	6	郭秩云	郭满堂
前　塘	2	6	赵茂朝	赵炳华
罗　峰	7	16	应维尧	马荣辉
友　谊	3	9	王龙华	钱飞鹏
厦　城	3	12	金章伟	张银塘
宅　口	4	18	梁正岗	金福元
山　合	5	8	金尧龙	金尧龙
珊　门	1	4	王今治	金和忠
流贵塘	1	4	王　飞	张美龙
香　溪	2	10	楼雪花	蔡桂跃
大塘光	3	8	应鸣龙	王毅峰
上　村	3	12	王维龙	张宝兰
石　桥	3	6	吴国良	吴召干
白牛畈	2	5	许响彬	王巧萍
五　联	5	14	徐顺福	徐顺福
五　丰	5	14	陈德孝	陈伟强
西　营	3	11	楼钢田	楼晓辉
赵　楼	2	5	赵生伟	金爱良
石井坑	3	8	王康来	楼召兰
俞　家	2	5	俞云标	俞晓红
平　坑	3	5	徐林刚	楼齐平

【佐村工业】 完成工业总产值4.32亿元，比上年增长10.3%；3家规模以上企业完成工业总产值3.37亿元，比上年增长4.4%；完成规模以上工业增加值0.64亿元，比上年增长4.9%。

完成项目库建设，筹划9个项目，其中生态旅游类项目6个，观光农业类项目2个，现代农业类项目1个，7个项目落实投资主体，1个项目落实签约。引进内资800万元，浙商回归1800万元。开展建筑业招商工作，引进建筑公司1家，注册劳务公司1家，招引项目经理1人，有回归意向项目经理3人，初步达成1家材料公司回归。

【佐村农业】 年末，常用耕地面积1464公顷，其中水田面积238公顷。农村集体经济总收入1926万元，农村常住居民人均可支配收入15769元。推进茶叶、毛竹、香榧、油茶、高山蔬菜、银杏、金银花7大产业的建设。增加土地流转18公顷，完成农业产业化项目18个、林业产业化项目9个，培育5户种粮大户，其中1户种植面积47.27公顷；培育梦的香榧、合旺香榧两个品牌。开展"美丽田园"建设，在佐村、新立、斯光等村连片种植60余公顷观赏性油菜花，在平岩顶等村培育66.67公顷树莓等特色农业产业，其他特色水果66.67公顷，完成平坑、香溪、友谊、五联等村高山蔬菜基地建设40公顷。

【佐村村镇建设】 实施农村生活污水工程建设，70个自然村完成管网建设，完成终端建设75个；推进农村生活垃圾分类工作，建成阳光房24个。根据集镇总体规划编制，重点做好新区的基础设施建设，完成农贸市场项目设计，镇区排水管网建设完工，完成佐村到怀万线连接线段道路的绿化、亮化工程，对镇区人行道重新铺设。对镇区进行美化，建成70米的景观围墙，建设64个花坛，完成5000平方米的绿化。完成佐村片上岭线至前塘道路大中修工程，完成上村片大山岭脚至大山道路、西营片石井坑至三单段道路的提升改造工程，完成罗峰片恒坑、厦城至怀万线的连接线工程。完成佐桥线金家庄至怀万线的连接线工程。开展罗峰片新立至怀万线连接线的前期工作，岱溪至怀万线道路开工。

【佐村文教卫生】 镇级成人技术学校1所，创建省级标准化技校，设宅口和上村分校教学点。有中心幼儿园1所，创建省二级幼儿园，在园幼儿118人，专任教师4人；小学3所，其中佐村中小学和宅口小学创建省级标准化学校，在校学生445人，专任教师31人；初中1所，在校学生285人，专任教师24人，九年义务教育覆盖率100%。广播电视站1处。启动"教育云"应用，将现代化教育技术运用到山区教育，创建阳光食堂透明厨房。2016年，国家财政性教育经费1374.15万元，财政预算内教育经费1373.25万元。

各级各类医疗卫生机构14家，其中镇中心卫生院1家、社区卫生服务站8个、村级卫生室5家；专业卫生人员31人，其中执业医师和助理22人、注册护士7人、药师和检验师各1人。开展第七轮农民健康体检工作，全镇60岁以上老人健康体检率65.7%。农村安全饮用水普及率100%，新型农村合作医疗参保人数17779人。

【佐村社会保障】 投资400余万元的罗峰敬老院投入使用，有21名孤寡老人入住。加强对全镇27家居家养老中心运行的督查，开展最低生活保障、助学助老等系列活动，对低保对象实行动态管理。加强生态墓地规范化管理工作，上报谷岱等15个村的生态墓地规范化建设项目，采集57个自然村的公墓信息，录入省政务地理信息资源平台。落实79名自然村社会救助义务监督员，录入留守儿童的信息。开展退伍军人的关爱工作。加强镇365便民服务中心窗口管理，受理镇村两级服务事件13522件。完成谷岱、大塘光2个村的山塘整治工程，桐坑水库完成浙江省水利工程标准化管理建设工作。推进五丰、平坑、山合和友谊4个村的"一事一议"项目，完成桑梓、白牛畈2个村的水库移民工程项目验收。梳理出138项创业承诺事项，完成道路绿化、休闲广场等民生工程的建设。

【佐村社会管理】 接待来信来访86批次、187人次，市级转交办信件20批次，回复率100%，办结率100%。办理"8890"转办事项147项，满意度93.2%。每月10日镇村干部参与联合接访800人次，处理群众来访30批次，办结率100%。将全镇重新划分为69个网格，增加69名网格信息员。建立6支森林志愿消防队，投资80余万元建成佐村镇专职消防队，在全镇21个村、3所中小学校和全镇公路安装90余个视频监控，连续12年获"平安镇乡"称号，获市社会管理综合治理工作先进集体。加强流动人口的管理，流动人口在册登记255人，出租房19户，流动人员登记率100%。

【"三只松鼠"香榧基地落户东阳市】 2016年9月22日，浙江合旺香榧股份有限公司（以下简称"合旺香榧"）和三只松鼠股份有限公司（以下简称"三只松鼠"）签约，"三只松鼠"全球签约基地（香榧基地）落户东阳市。合旺香榧与"三只松鼠"合作，成为互联网坚果零食领先品牌"三只松鼠"的主要供货商。

【地质灾害应急演练现场会在佐村镇岱溪村举行】 6月28日，市人民政府主办，市应急办、市国土资源局、市水务局、市佐村镇政府承办的以"珍爱生命，避让灾害"为主题的东阳市佐村镇岱溪村地质灾害应急演练现场会

图 211 6 月 28 日，地质灾害应急演练现场会在佐村镇岱溪村举行（包康轩 / 摄）

在岱溪村举行，市领导和 28 个地质灾害防治领导小组成员单位、各镇乡街道相关负责人观摩演练。东阳市是浙江省地质灾害多发、易发地区之一，频发、多发的地质灾害主要有崩塌、滑坡、泥石流等类型。举办以“珍爱生命，避让灾害”为主题的地质灾害应急演练是为进一步提高东阳市面对突发性地质灾害的应急反应能力，提高广大人民群众的防灾避灾意识，确保在发生突发地质灾害的情况下，各镇乡、各部门能够安全、迅速、高效、有序的撤离危险区群众，做好地质灾害的应急抢险救援工作，最大限度地减轻地质灾害造成的损失，维护人民群众的生命财产安全。

（马凯琳）

三单乡

【概况】 2016 年，行政区域面积 89 平方千米，下设三单片、青溪片、玉溪片 3 个工作片，14 个行政村，26 个自然村，141 个村民小组。辖区总户数 4175 户，总人口 11405 人，其中男性 5986 人、女性 5419 人。出生人口 114 人，出生人口性别比 97（女为 100），计生率 97.4%。乡政府驻三单村底吉 1 号。完成税收 30 万元，固定资产投资 3210 万元，无规模以上企业，人均收入 8928 元。

三单乡城区团委联络点——“莳光记”，是 1 家青少年综合服务中心，有会员 200 人，每周三定期组织开展活动。2016 年，被团中央推荐提名为第二届全国基层团建创新典型案例。

【三单农业】 三单乡主要经济作物为茶叶、香榧、小京生、高山蔬菜。茶园面积 953.34 公顷，主要以炒制浙江龙井茶为主，茶叶品种有龙井 43 号、乌牛早、银霜、黄金叶黄茶、白茶。香榧种植面积 740 公顷，小京生种植面积 66.67 公顷，高山蔬菜种植面积 333.34 公顷。辖内有浙江榧哥农林开发有限公司、旺盛花生专业合作社、海明白茶专业合作社、九妹峰茶叶专业合作社等农林开发公司和合作社。

【三单新农村建设】 拆除违法建筑面积 1.03 万平方米，占任务数的 118%。完成全乡 25 个自然

2016 年三单乡行政村基本情况

表 61

行政村名称	自然村（个）	组数（个）	村支部（总支）书记	村委主任
三　单	3	17	单立良	单国朝
前　田	1	18	单春华	单兴尧
搭　钩	1	5	单涨跃	单成良
中　村	1	5	单万荣	单万荣
山　背	1	5	单法良	胡甘伟
华　阳	3	16	金法龙	楼福华
青　溪	2	6	黄锦荣	-
金　航	1	7	楼善良	楼立峰
钱　溪	2	13	曹志强	曹江云
下西楼	3	8	曹生良	曹明亮
玉　溪	3	10	张卫良	张忠良
阁　溪	3	6	张富良	张向良
大蟠溪	2	14	陈宏良	何永干
华　孙	1	13	何炉明	何黎明

村的生活污水管网铺设，搭钩村采用污水处理净化槽设施。综合治理池塘9口，清淤0.58万立方米，青溪河水质常年保持Ⅱ类水标准。完成三单村怀万线接线接坡的绿化美化、青溪河三单段的河道治理等工程建设，通过三单村集镇建设规划论证。召开2次“美丽乡村”建设工作现场推进会，14个行政村推进农村“环境革命”，22个自然村通过市级“三整一拆”验收，实现垃圾分类全覆盖。三单村、钱溪村、阁溪村申报市级“三整一拆”先进村。完成新怀万线至西佑村、老怀万线前田段、三单村至联合村的道路大中修工程，总长度7.8千米。

图212　7月6日，市委书记黄敏（左五）调研星月理想庄园项目（三单乡提供）

【三单文教卫生】 2016年，设中心校1所，在校学生795人、专任教师66人。幼儿园1所，在园幼儿178人，专任教师10人。九年制义务教育覆盖率100%。推进信息化教育战略。在中小学启动“陪你读书”活动。

设乡卫生院1家、社区卫生服务站5家，专业卫生人员16人。乡中心卫生院于2016年法定报告传染病发病率为4/10万，农村安全饮用水普及率100%，新型农村合作医疗参保人数7636人，参保率97%。

年末，设乡文化站1个、村级文化活动中心14个。乡内有民俗文化活动——“兴案”。10月，举办三单乡“纪念建党95周年”文艺会演。参加全市“建党95周年”大合唱。

【三单社会保障】 农村最低生活保障户数216户，发放各类补助款40余万元，开展临时救助98人次，医疗救助29人次。推进三单乡敬老院规范化建设。

【三单社会管理】 年内未发生安全生产事故，开展G20杭州峰会期间的维稳工作。健全基层网格化管理，通过村规民约创新基层协同共治，邀请市司法局到三单乡开展普法宣传活动。打击违法犯罪活动，信访维稳工作连续多年处于全市先进水平。

【灵岩景区旅游开发项目】 3月7日，全市“十三五”重大建设项目灵岩景区旅游开发项目开工。项目建设包括常乐寺修复、居士林建设、茶园建设、登山健身步道、五圣洞等景点修复，规划景区面积80公顷，建筑规划5公顷。

【星月理想庄园项目】 3月18日，三单乡首个重大项目，全市“十三五”重大建设项目星月理想庄园项目开工。项目占地面积37.34公顷，计划投资1.18亿元，可同时接待800人活动、200人住宿。星月理想庄园项目是西楼星空小镇项目一期工程，以天文观测科普活动为主题，打造国内首家台地天文主题乐园、国家级天文科普教育基地、星空主题野奢民宿，主要建筑包括天文科技馆、天象馆、科研级天文观测台和西楼接待中心、天龙座星空帐篷别墅、仙后座星空树屋、梵高“星空”休憩活动区，配套星空休闲吧、树顶书吧、SPA水疗中心、无边际泳池、星空静修中心等休闲度假设施，重点开发月球漫步、时光隧道等天文参与体验式项目。

（吴　昊）

人物和表彰

2016 年 2 月 9 日，城东街道李宅花灯（吴立新/摄）

人物简介

【全国“五一劳动奖章”获得者吴海尧】 吴海尧，男，1966年2月出生，中共党员，东阳市歌山镇人，东阳中学党委书记、校长。曾获浙江省优秀教师、金华市劳动模范、金华市“新苗奖”、东阳市首届中小学名校长等称号。2016年4月29日，获中华全国总工会授予全国“五一劳动奖章”。

1988年7月，吴海尧毕业于浙江师范大学物理系，曾在东阳市巍山高中、东阳市外国语学校任职。2003年，吴海尧担任东阳市外国语学校党委书记、校长，开始创办东阳市外国语学校高中部，探索寄宿制、小班化、语言特色的办学实践。2014年8月，吴海尧担任东阳中学党委书记、校长，创新普通高中教育的育人模式，东阳中学于2015年8月通过浙江省一级特色示范学校的评估。吴海尧重视数字化教育，2016年1月，东阳中学成为全省第一个通过数字校园示范校建设评估的高中。

（市总工会）

名　录

【2015年度东阳市文明单位、文明村】 2016年1月16日，中共东阳市委、东阳市人民政府命名表彰2015年度东阳市文明单位、文明村：

一、东阳市文明单位

东阳市华数广电网络有限公司
东阳市人力资源和社会保障局信息中心
东阳市环境卫生管理处
东阳市城市管理行政执法局横店分局
东阳市城市管理行政执法局吴宁大队
东阳市城市管理行政执法局白云大队
东阳市南马国土资源分局
浙江东阳农村商业银行股份有限公司城东支行
浙江东阳农村商业银行股份有限公司巍门支行
东阳市方中古典园林有限公司
东阳市城市建设投资有限公司
东阳市萧山商会
东阳市经纬达机械制造厂

二、东阳市文明村

城东街道：五四村
歌山镇：淑玉村
千祥镇：千一村、后马村、南王坑村
湖溪镇：溪南村
画水镇：四和村

【2015年度先进镇乡街道、部门】 2016年2月17日，中共东阳市委、东阳市人民政府表彰2015年度先进镇乡街道、部门：

一、先进镇乡街道

白云街道　江北街道
六石街道　横店镇
巍山镇　歌山镇
画水镇　佐村镇

二、先进部门

法　院　检察院　纪　委
组织部　宣传部　统战部
政法委　农　办　发改局
经信局　教育局　公安局
财税局　人力社保局
国土局　交通局　农业局
林业局　环保局　安监局
国税局　检验检疫办
供电公司　农商银行

【先进基层党组织、优秀共产党员和优秀党务工作者】 2016年7月13日，中共东阳市委表彰先进基层党组织、优秀共产党员和优秀党务工作者：

东阳市先进基层党组织名单（66个）

吴宁街道西园社区胡家小区党支部
吴宁街道江滨社区江南小区党支部
东阳市保安服务公司党总支
白云街道莲花山社区里坞门小区党支部
白云街道中山社区关山小区党支部
浙江恒成硬质合金有限公司党支部
江北街道凤凰社区上王小区党支部
江北街道猴塘社区东丰小区党支部
浙江伟成塑胶有限公司党支部
六石街道樟村村党支部
六石街道湖心塘村党支部
浙江凯文磁钢有限公司党支部
城东街道斯村村党委
南市街道梨枫村党支部
南市街道大联村党支部
浙江金路达皮具有限公司党支部
东阳市明堂红木家俱有限公司党支部
市城市管理行政执法局横店分局党支部
横店镇金马村党支部
横店镇横店社区良渡小区党支部
横店镇荆溪社区文南小区党支部
南马镇泉府村党支部
南马镇长畈村党支部
南马镇专职消防队党支部
花园集团党委
巍山镇沈良村党支部

魏山镇楼下畈村党支部
魏山镇中心小学党支部
浙江巍华化工有限公司党支部
野风集团有限公司党委
歌山镇王村光村党支部
歌山镇淑玉村党支部
千祥镇胡山村党支部
千祥镇石门张宅村党支部
东阳市定达皮具有限公司党支部
湖溪镇白水口村党支部
湖溪镇南塘村党支部
画水镇许宅村旧厅党支部
画水镇月峰村上街党支部
东阳市富德豪胶粘制品有限公司党支部
虎鹿镇葛宅村党支部
虎鹿镇白溪村党支部
东阳江镇上陈村党支部
东阳江镇新东村党支部
马宅镇徐宅村党支部
马宅镇王楼村王潭党支部
佐村镇白牛畈村党支部
佐村镇石井坑村党支部
三单乡三单村党支部
浙江金象科技有限公司党总支
市外国语小学党支部
市妇幼保健院党总支
市农商银行巍山支行党支部
市公安局南马派出所党支部
市人民法院南马人民法庭党支部
市林业局林业总场党支部
市农机管理总站党支部
海天建设集团有限公司党委
市园林管理处党支部
市公路管理局党总支
市委办机关支部
市委组织部机关支部
市委宣传部（文化局）机关第一支部
中天建设集团有限公司党委
浙江天都实业有限公司党支部
横店集团得邦照明股份有限公司党总支

东阳市优秀共产党员名单（68 人）

张鹏丽　吴宁街道西街社区
金德龙　吴宁街道办事处
郭偶兰　吴宁街道东岘社区
郭丹芳　东阳市圣华工艺品有限公司
金黎明　白云街道十里头社区
杜禅玉　白云街道昆溪社区
卢金华　江北街道猴塘社区
虞永生　江北街道临江社区
陈宝生　六石街道金鸡村
俞荣新　六石街道六石社区
徐良龙　城东街道李宅社区
郑承阳　城东街道东锋村
周秀华　南市街道后赵村
吕仕康　南市街道广丰村
李　靓　横店镇教育处
翁德法　横店镇横店社区
楼跃群　横店镇湖口村
陈松木　横店镇荆溪社区
陈　伟　横店镇中兴联村
虞君康　横店镇桥下社区
胡建军　南马镇双溪村
杜文德　南马镇龙山村
楼桂琴　浙江新亚实业有限公司
何国强　巍山镇光里湖村
李克文　巍山镇东莘桥村
李世海　巍山镇政府
楼国荣　歌山镇凤山村
何掌权　歌山建设集团有限公司
金乐甜　歌山镇政府
吕荣刚　千祥镇千二村
陈鸿翔　千祥镇千南村
陈元宝　千祥镇三联村
厉江生　湖溪镇政府
叶大新　湖溪镇溪南村
杜金明　湖溪镇三甲村
叶芹辉　画水镇四和村
郭锦云　画水镇政府
黄金良　虎鹿镇合力村
杜文辉　东阳江镇下街头村
徐忠明　东阳江镇岭下村
葛中伟　马宅镇七秩塘村
陈永民　马宅镇雅坑村
陈　敏　佐村镇政府
王荣良　佐村镇桑梓村
王金良　三单乡政府
蔡士标　上卢管理处上卢社区
王秀权　市经济开发区管委会
唐利民　市城区学校管理办公室（1）
吴海英　市人民医院
贾伯俊　市方圆医药有限公司
方辉亮　市司法局
包公平　市公安局
李小安　市公安局
王国阳　东阳市思源供水有限公司
卢六中　新东阳建设集团有限公司
陈晓莉　中国邮政集团浙江省东阳市分公司金融业务局
赵丽娅　市府办
吴晓阳　市人民检察院
葛丰平　市农业局
陈英强　横店集团医院
张友才　中国木雕城有限公司
贾惠花　横店圆明新园有限公司
许妍枫　市“三改一拆”行动领导小组办公室
何军华　市“五水共治”工作领导小组办公室
吴宇寅　横店通用机场航空机场目领导小组办公室
毛丰华　横店风貌综合提升工作领导小组
王　克　市委第七农村基层巡察组
蒋玉翔　非法集资案件处置领导小组办公室

东阳市优秀党务工作者名单（20人）

方雪飞　巍山镇党委
单玲琳　江北街道党工委
楼响亮　横店镇党委
贾　玉　佐村镇党委
张洪亮　吴宁街道党工委
胡洪民　城东街道党工委
吴教红　巍山镇党委
蒋　波　虎鹿镇党委
王　群　经济开发区党委
邵　剑　市教育局党委
叶雪芳　市粮食局党委
赵海峰　市人民法院第六党支部
黄　璇　市林业局森林资源综合服务中心党支部
朱军卫　市行政执法局江北大队党支部
马志民　市电信局城区电信支局党支部
应黎斌　市纪委机关第二党支部
冯汉潮　市审计局机关党支部
王红霞　市市场监管局系统党总支
徐征宇　广厦建设职业技术学院党委
张万强　兰州市场党支部

【2015年度东阳市市长质量奖】 2016年3月9日，东阳市人民政府表彰2015年度东阳市市长质量奖：

2015年度东阳市市长质量奖（组织）

浙江东峰制冷配件有限公司
浙江思科国祥制冷设备有限公司
东阳市明堂红木家俱有限公司

团队贡献奖

直流电机事业部（浙江联宜电机有限公司）

个人贡献奖

何时金　（横店集团东磁股份有限公司）

【2015年度政府特别奖】 2016年3月10日，中共东阳市委、东阳市人民政府表彰2015年度政府特别奖：

一、贡献奖（30家）

（一）工业企业贡献奖（18家）

1.税收总额十强（2家）

浙江普洛得邦制药有限公司
浙江联宜电机有限公司

2.税收增幅奖（6家）

浙江日升昌药业有限公司
浙江野风药业股份有限公司
浙江金象科技有限公司
东阳市中信五金工具有限公司
浙江新衣诚服装有限公司
东阳市景萱服装有限公司

3.亩产税收十强（10家）

东阳市东政电机有限公司
浙江日升昌药业有限公司
东阳阿尔巴兹服饰有限公司
浙江康峰化工有限公司
浙江省东阳市荣盛橡塑制品有限公司
东阳市吉荣塑料实业有限公司
浙江新衣诚服装有限公司
浙江飞翔线业有限公司
浙江宝森波纹管有限公司
东阳市扬名建筑工具有限公司

（二）建安企业贡献奖（3家）

海天建设集团有限公司
浙江横店建筑工程有限公司
歌山建设集团有限公司

（三）服务型企业贡献奖（9家）

浙江横店影视城有限公司
东阳市花园红木家具开发有限公司
浙江中服投资开发有限公司
华谊兄弟传媒股份有限公司
华谊兄弟传媒股份有限公司浙江分公司
新丽电视文化投资有限公司
浙江新光建材装饰城开发有限公司
横店集团房地产开发有限公司
东阳市中天房地产开发有限公司

（四）农业企业贡献奖（无）

二、综合实力奖（1家）

浙江省东阳第三建筑工程有限公司

三、品牌奖（15家）

浙江东驰钢结构有限公司
浙江卓木王红木家俱有限公司
东阳市御乾堂宫廷红木家具有限公司
东阳市东艺工艺品有限公司
华谊兄弟传媒股份有限公司
东阳市国祥红木家具有限公司
浙江卓木王红木家俱有限公司
浙江大清翰林古典艺术家具有限公司
浙江思科国祥制冷设备有限公司
浙江联宜电机有限公司
浙江省东阳市塑料有限公司
东阳富仕特磁业有限公司
东阳市御乾堂宫廷红木家具有限公司
浙江吴宁府商贸有限公司
中天建设集团有限公司

四、开放型经济奖（5家）

1.外贸工业企业（3家）

横店集团东磁股份有限公司
浙江同力服装有限公司
冀发集团有限公司

2.外经企业（2家）

浙江东阳第三建筑工程有限公司
中天建设集团有限公司

五、标准化奖（8家）

浙江普洛医药科技有限公司
东阳市东政电机有限公司
东阳市富顺绝缘材料有限公司
浙江联宜电机有限公司
中核苏阀横店机械有限公司

中天建设集团有限公司
东阳市永美链条有限公司
浙江鑫宁工贸有限公司
六、招商引资奖(8家)
1.利用外资工作成绩突出
横店镇　江北街道　湖溪镇
2.引进内资工作成绩突出
经济开发区　白云街道
横店镇　画水镇　马宅镇
七、减排奖(7家)
东阳中持水务有限公司
东阳市横店污水处理厂
东阳市皇野生态农业有限公司
新东方农庄养殖场
横店集团东磁有限公司
浙江横店热电有限公司
浙江省东阳市兴华化工有限公司
八、企业升级奖(63家)
浙江日升昌药业有限公司
东阳市星榜文化创意有限公司
东阳市伟群制衣有限公司
浙江南天投资有限公司
东阳市亲情树服装有限公司
东阳市凯彤工艺品有限公司
浙江同力服装有限公司
东阳市双雄电器有限公司
东阳市梦雅家纺有限公司
浙江俊超针织袜业有限公司
浙江卓诗琳服饰有限公司
东阳市鑫嘉服饰有限公司
东阳市小太阳照明有限公司
东阳市帛泰纺织有限公司
浙江首信工贸有限公司
浙江瑞邦科技有限公司
东阳市佳先机械制造有限公司
浙江亚德工贸有限公司
东阳得邦光电有限公司
东阳市沃特塑胶有限公司
浙江正蓝节能科技股份有限公司
东阳市添齐电机磁瓦有限公司
东阳市盛丰机械有限公司
东阳市可瑞斯环保科技有限公司
浙江省东阳市开源金属制品有限公司
东阳市经纬达机械制造厂
东阳市天禧红木家具有限公司
东阳市百连拉链有限公司
东阳市瑞启富泰巄红木家具有限公司
东阳市蓝坤塑胶有限公司
浙江赛诺威工贸有限公司
东阳市明智服饰有限公司
东阳市欧帝尔体育用品有限公司
东阳市秀之美针织服饰有限公司
东阳市高远闪光材料有限公司
东阳市佳丝缇针织有限公司
浙江正辉彩印包装有限公司
东阳彩羊实业有限公司
东阳市景萱服装有限公司
东阳市旺盛塑胶有限公司
东阳市科灵工贸有限公司
东阳市高杉针纺有限公司
东阳市卡克工贸有限公司
东阳市奥隆机械设备有限公司
东阳市艾诗曼针织内衣有限公司
东阳市索普搪瓷装饰材料有限公司
浙江广纳工贸有限公司
东阳市博泰日用品有限公司
东阳市骏禾纺织有限公司
东阳市富华红木家具有限公司
东阳市铭华古典红木家具有限公司
东阳市恒达皮具有限公司
东阳市富万家红木家私有限公司
浙江省东阳市宏兴塑胶有限公司
浙江省东阳市祥裕箱包有限公司
东阳市荣耀食品有限公司
浙江泰源节能幕墙门窗有限公司
东阳市沃诺斯硬质合金有限公司
东阳市华鼎金银线有限公司
东阳市晶辉金银丝有限公司
东阳市铭铄机械设备制造有限公司
东阳市鑫宏建材有限公司
浙江星月门业有限公司东阳分公司

【2016年度东阳市文明单位、文明村(社区)】 2017年1月10日,中共东阳市委、东阳市人民政府命名表彰2016年度东阳市文明单位、文明村(社区):

一、东阳市文明单位
六石街道办事处
东阳富民村镇银行
市第二实验幼儿园
浙江横店圆明新园有限公司
横店镇任湖田小学
湖溪国土资源所
东阳市横店医院
南马镇中心卫生院
南马镇中心小学
白云中心小学
市城市管理行政执法局直属大队
市城市管理行政执法局江北大队
市城市管理行政执法局城北大队
市城市管理行政执法局城东大队
金华谷实百祥创业投资合伙企业
浙江欧南工贸有限公司
浙江城正建设工程有限公司
二、东阳市文明村(社区)
吴宁街道:西园社区
六石街道:石塔山村、夏溪潭村
南马镇:下格村
千祥镇:东一村、麻田村

湖溪镇：八里湾村
东阳江镇：双合村、锦源村、
尚锦村、召塘里村
佐村镇：白牛畈村

【2015~2016 年度“十佳学习型党组织”“十佳学习型党员干部”】 2017 年 1 月 25 日，中共东阳市委办公室表彰 2015~2016 年度“十佳学习型党组织”“十佳学习型党员干部”：

一、十佳学习型党组织

市委组织部机关党支部
市人民法院第一党支部
市行政服务中心第一党支部
市公路管理局党支部
东阳中学党支部
江北街道夏渠小区党支部
横店镇横山小区党支部
湖溪镇镇西村党支部
千祥镇三联村党支部
市农商银行巍山支行党支部

二、十佳学习型党员干部

陆津津（市委宣传部）
葛一军（市安监局）
吴国建（东阳二中）
陈国红（江北街道东丰小区）
赵劲松（六石街道樟村村）
米亚萍（画水镇政府）
王　政（马宅镇卫生院）
陈鸿翔（千祥镇千南村）
单涨跃（三单乡搭钩村）
程瑞东（市农商银行）

【2016 年度先进镇乡街道、部门】 2017 年 1 月 26 日，中共东阳市委、东阳市人民政府表彰 2016 年度先进镇乡街道、部门：

一、先进镇乡街道

吴宁街道　白云街道
六石街道　南马镇　湖溪镇
画水镇　东阳江镇　佐村镇

二、先进部门

法　院　检察院　纪　委
组织部　宣传部　统战部
政法委　信访局　农　办
发改局　经信局　教育局
公安局　民政局　司法局
财税局　国土局　交通局
环保局　国税局　供电公司
移动公司　农商银行
东阳日报社　人力社保局
市场监管局　经济开发区

（东　鉴）

【市内晋升高级专业技术职务知识分子名单】 2016 年，市内晋升高级专业技术职务知识分子 314 人。

高级经济师（21 人）

金良清　东阳市直属审计所
孙　俏　东阳市房地产管理局
邵宏宝　浙江花园铜业有限公司
厉惠英　花园集团有限公司
卢苗丽　浙江小九天建设集团有限公司
蔡孝屏　东阳市盛华房地产开发有限公司
金芝花　白云街道事业综合服务中心
陈柏青　东阳市公共资源交易中心
周标棠　浙江佳和建设有限公司
李君辉　中天建设集团有限公司
吴湛东　中天建设集团有限公司
卢杨权　东阳市凯文房地产开发有限公司
骆光孝　浙江凯瑞建设工程有限公司
韦晓敏　广厦建设集团有限责任公司
厉晓君　浙江金鲁建设有限公司
赵能选　普洛药业股份有限公司
陈慧珍　东阳市益特贸易有限公司
楼赛英　浙江宏成建设集团有限公司
翁天生　东阳横店供水有限公司
厉宝平　横店集团控股有限公司
吕航群　东阳市市政环境工程有限公司

高级工程师（82 人）

吕朝伟　浙江省东阳鸿达市政园林有限公司
胡永红　浙江中艺建设有限公司
吕晓洪　东阳市宏远建设有限公司
王建宏　浙江省东阳第三建筑工程有限公司
方全红　浙江省东阳第三建筑工程有限公司
吴　妍　浙江省东阳第三建筑工程有限公司
陈金桥　浙江宏成建设集团有限公司
周永华　浙江同凯建设有限公司
贾卫东　浙江广宏建设有限公司
赵美女　浙江厦美建设有限公司
俞奇能　浙江厦美建设有限公司
曲升级　浙江海蓝建设有限公司
王　庆　中凌建设有限公司
费丽渊　杜班建设集团有限公司
李巧斌　浙江横店建筑工程有限公司
杜　钢　东阳市横店市政建设工程有限公司

杜孟刚　浙江省东阳市天工建设有限公司
胡江娇　浙江中特建设有限公司
吴肖锋　东阳市天元建设有限公司
李建生　海天建设集团有限公司
吕广阳　海天建设集团有限公司
倪　敏　海天建设集团有限公司
洪建兵　浙江省东阳市南方建筑工程有限公司
何红明　歌山建设集团有限公司
王一芳　广厦建设集团有限责任公司
陈耀进　广厦建设集团有限责任公司
黄帮秀　浙江广扬建设集团有限公司
蒋美君　浙江君傲建设有限公司
方　燕　浙江君傲建设有限公司
方　婧　浙江君傲建设有限公司
李　青　浙江艺阳建设有限公司
华学严　中天建设集团有限公司
俞可刚　中天建设集团有限公司
斯　勇　中天建设集团有限公司
潘旭艳　中天建设集团有限公司
苏　健　中天建设集团有限公司
朱　欣　中天建设集团有限公司
楼国栋　中天建设集团有限公司
李朝阳　中天建设集团有限公司
陈利芳　中天建设集团有限公司
马　亮　中天建设集团有限公司
李君辉　中天建设集团有限公司
周剑扬　中天建设集团有限公司
陈赛菊　中天建设集团有限公司
林锦洪　中天建设集团有限公司
楼朝航　中天建设集团有限公司
任立生　广厦建设集团有限责任公司
许丽宾　东阳市直属审计所
卢晓阳　东阳市规划建筑设计院
项成忠　浙江华厦建设集团有限公司
吕伟平　浙江省东阳第三建筑工程有限公司
吕武良　浙江同凯建设有限公司
应红亮　东阳市名晨园林建设工程有限公司
倪晓红　东阳市文物建筑修缮有限公司
蒋文珠　浙江省东阳市木雕装饰工程有限公司
葛　晓　中天建设集团有限公司
郭君忠　东阳市直属审计所
邢松尧　浙江宏成建设集团有限公司
张永辉　浙江东阳建工集团有限公司
楼绍中　浙江省东阳第三建筑工程有限公司
严进军　浙江省东阳市公路管理段
马　列　浙江省东阳市公路管理段
李华明　浙江省东阳市公路管理段
郑江洪　浙江金顺路桥建设有限公司
马丽航　浙江金顺路桥建设有限公司
杜丽萍　东阳市公路设施有限公司
吴艳霞　利越集团有限公司
张万明　利越集团有限公司
张　军　横店集团得邦照明股份有限公司
吴　兴　浙江普洛得邦制药有限公司
李兰杰　浙江普洛得邦制药有限公司
祝方猛　浙江普洛得邦制药有限公司
马向红　浙江普洛得邦制药有限公司
郭卫锋　浙江普洛康裕制药有限公司
皋海涛　浙江普洛医药科技有限公司
傅龙云　浙江日升昌药业有限公司
王富军　浙江日升昌药业有限公司
程益民　浙江省东阳市金鑫化学工业有限公司
周卫国　浙江野风药业股份有限公司
孙玉民　横店集团得邦照明股份有限公司
金　浩　浙江省水电建筑机械有限公司
吕玲萍　浙江省东阳化工有限公司

教授级高级工程师（3人）

蒋相阳　海天建设集团有限公司

孙鸿恩　中天建设集团有限公司
江　涛　中天建设集团有限公司

副研究馆员(4人)

吴新雷　东阳市卢宅文保所
朱志祥　东阳市虎鹿镇文化站
李晓琴　东阳市公路管理局
郭贤彬　东阳市工艺精品馆

二级演奏员(1人)

陈文君　东阳市婺剧艺术传承中心

高级工艺美术师(2人)

吴文彬　东阳市东鼎木雕工艺品有限公司
吴其良　东阳市华林木雕工艺品厂

高级会计师(8人)

卢巧君　金华职工中等卫生学校
虞肖荷　普洛药业股份有限公司
卢　峰　东阳市人民医院
谢丽萍　浙江普洛康裕制药有限公司
周明娟　浙江花园铜业有限公司
华红英　东阳市湖溪中心卫生院
郭红霞　横店集团控股有限公司
张新阳　东阳市通诚磁材有限公司

高级农艺师(1人)

陈立军　东阳市农业技术推广中心

高级政工师(2人)

蔡永福　东阳市环境卫生管理处
王　宁　广厦控股集团有限公司

信息系统项目管理师(2人)

赵韩英　浙江广厦建设职业技术学院
葛建立　东阳市人力资源和社会保障局信息中心

刑侦高级(1人)

胡胜利　东阳市公安局刑侦大队

主任医师(37人)

周忠良　东阳市人民医院
范荣林　东阳市人民医院
黄必飞　东阳市人民医院
卜兰英　东阳市人民医院
刘妙珍　东阳市人民医院
戚伟珍　东阳市人民医院
蒋　燕　东阳市人民医院
蔡晓红　东阳市人民医院
许红超　东阳市人民医院
金桂龙　东阳市人民医院
陈　艳　东阳市人民医院
厉景南　东阳市人民医院
楼红萍　东阳市人民医院
赵晓兰　东阳市人民医院
杜英勋　东阳市人民医院
任祖华　东阳市人民医院
邵军进　东阳市人民医院
楼晓佳　东阳市人民医院
胡希宏　东阳市人民医院
张如芳　东阳市人民医院
王霞飞　东阳市人民医院
吕孝珍　东阳市人民医院
陈立军　东阳市人民医院
吴功强　东阳市人民医院
张大海　东阳市人民医院
李更天　东阳市中医院
吕宏云　东阳市中医院
郭　伟　东阳市妇幼保健院
金　霞　东阳市红十字会医院
陈建民　东阳市皮肤病(性病)医院
单红卫　东阳市六石街道社区卫生服务中心
包扬俊　东阳市横店医院
张跃君　东阳市横店医院
李新禾　东阳市横店集团医院
金正跃　东阳市横店集团医院
郭婉姣　东阳市横店集团医院
马向明　东阳市横店集团医院

主任中医师(7人)

赵淑芳　东阳市人民医院
杜奋飞　东阳市人民医院
刘志英　东阳市人民医院
杨　平　东阳市中医院
韦莉莉　东阳市中医院
何向东　东阳市横店医院
黄桃园　东阳市横店医院

主任药师(2人)

张丽进　东阳市人民医院
郭好水　东阳市人民医院

主任技师(2人)

任海清　东阳市红十字会医院
张勇军　东阳市人民医院

主任护师(4人)

蔡承红　东阳市人民医院
蒋丽莉　东阳市人民医院
王秀兰　东阳市人民医院
王志琴　东阳市人民医院

副主任医师(76人)

彭继仁　东阳市人民医院
贾闪闪　东阳市人民医院
吴代强　东阳市人民医院
赵书山　东阳市人民医院
陈剑平　东阳市人民医院
吴木莹　东阳市人民医院
王维凯　东阳市人民医院
俞鸣翔　东阳市人民医院
王锦宏　东阳市人民医院
张跃军　东阳市人民医院
许航燕　东阳市人民医院
程美萍　东阳市人民医院
马海锋　东阳市人民医院
朱伟华　东阳市人民医院
易战雄　东阳市人民医院
吴　超　东阳市人民医院
徐巧阳　东阳市人民医院
任　琅　东阳市人民医院
李君权　东阳市人民医院
韦朝霞　东阳市人民医院
徐黎霞　东阳市人民医院
厉剑锋　东阳市人民医院
周方伦　东阳市人民医院

熊　冰　东阳市人民医院
蔡巧英　东阳市人民医院
李文臣　东阳市人民医院
刘子明　东阳市人民医院
吕响银　东阳市人民医院
王婷婷　东阳市人民医院
胡益山　东阳市人民医院
金凯频　东阳市人民医院
张海红　东阳市人民医院
周莉莉　东阳市人民医院
邵淋淋　东阳市中医院
施永胜　东阳市中医院
张敬之　东阳市中医院
楼兰芳　东阳市妇幼保健院
郁凌飞　东阳市妇幼保健院
周　剑　东阳市妇幼保健院
吴春燕　东阳市红十字会医院
张颜丽　东阳市红十字会医院
刘燕燕　东阳市红十字会医院
曾永文　东阳市红十字会医院
王星田　东阳市疾病预防控制中心
郭　斌　东阳市疾病预防控制中心
张欣欣　东阳市计划生育宣传技术指导站
王伟良　东阳市精神病医院
朱金萍　东阳市江北街道社区卫生服务中心
徐晓峰　东阳市江北街道社区卫生服务中心
吴小峰　东阳市六石街道社区卫生服务中心
周江红　东阳市城东街道社区卫生服务中心
何福民　东阳市南市街道卫生院
周松芳　东阳市巍山镇中心卫生院
吕梅英　东阳市巍山镇中心卫生院
葛正天　东阳市歌山镇卫生院
吴英杰　东阳市画水镇中心卫生院
朱国星　东阳市画水镇中心卫生院
蒋剑锋　东阳广福医院
桑边娟　东阳市横店医院
蒋昊靖　东阳市横店医院
卢晓龙　东阳市横店医院
王　斌　东阳市横店医院
聂　根　东阳市横店集团医院
周共庆　东阳市横店集团医院
李士杰　东阳市横店集团医院
张旭春　东阳市横店集团医院
陈英强　东阳市横店集团医院
金玲玲　东阳市横店集团医院
王晓红　东阳市横店集团医院
岳增良　东阳市横店集团医院
周军胜　东阳市横店集团医院
方航锋　东阳市横店集团医院
吴恒刚　东阳市横店集团医院
黄旭军　东阳市横店集团医院
张跃正　东阳市花园田氏医院
蒋兴德　东阳市花园田氏医院

副主任中医师（8 人）

卜爽剡　东阳市人民医院
王华燕　东阳市人民医院
吴　婷　东阳市人民医院
任萍萍　东阳市中医院
黄耀生　东阳市中医院
许伶伶　东阳市中医院
许鸿画　东阳市城东街道社区卫生服务中心
单江英　东阳市横店医院

副主任药师（3 人）

杜　娟　东阳市中医院
陈晶晶　东阳市中医院
楼作跃　东阳市横店医院

副主任中药师（2 人）

金朝阳　东阳市人民医院
张红萍　东阳市人民医院

副主任技师（12 人）

郑成新　东阳广福医院
蔡东飞　东阳市妇幼保健院
吴叶飞　东阳市横店医院
陈向阳　东阳市红十字会医院
孙鑫鑫　东阳市人民医院
朱军仲　东阳市横店集团医院
金向红　东阳市横店集团医院
陈乐宝　东阳市横店医院
曹利蕉　东阳市人民医院
王巧燕　东阳市人民医院
杨重旺　东阳市人民医院
张美萍　东阳市人民医院

副主任护师（34 人）

何亦红　东阳市人民医院
翁玉英　东阳市人民医院
蔡珍兰　东阳市人民医院
方向华　东阳市人民医院
胡红燕　东阳市人民医院
胡远超　东阳市人民医院
卢福姣　东阳市人民医院
张江艳　东阳市人民医院
董丽群　东阳市人民医院
何杭英　东阳市人民医院
卢晓蓉　东阳市人民医院
许巧蓉　东阳市人民医院
陈建英　东阳市人民医院
何丽琳　东阳市人民医院
蒋列琴　东阳市人民医院
金平芳　东阳市人民医院
吴晓云　东阳市人民医院
严景凤　东阳市人民医院
张锦芳　东阳市人民医院
张　晓　东阳市人民医院
周　正　东阳市人民医院
金平兰　东阳市中医院
张芙蓉　东阳市中医院
陈飞燕　东阳市中医院
虞晓玲　东阳市中医院
马啸雁　东阳市妇幼保健院
陈　艳　东阳市妇幼保健院
李雪英　东阳市妇幼保健院
任晓花　东阳市皮肤病（性病）医院
郭东晓　东阳市横店医院
舒凤英　东阳市横店医院
陈君兰　东阳市横店医院
陈文英　东阳市横店集团医院
沈立燕　东阳市横店集团医院

（司松松）

东阳市 2016 年度纳税百强企业

表 62　　　　单位：万元

序号	纳税人名称	法人代表	国地税全部税费合计
一、纳税十强企业			
1	横店集团东磁股份有限公司	何时金	52104.04
2	中天建设集团有限公司	楼永良	35994.47
3	华谊兄弟传媒股份有限公司	王忠军	35811.89
4	浙江东阳农村商业银行股份有限公司	韦凯华	25391.88
5	横店集团得邦照明股份有限公司	倪　强	22578.67
6	浙江新光建材装饰城开发有限公司	虞云新	14974.57
7	国网浙江东阳市供电公司	汪志奕	14397.27
8	东阳市中天房地产开发有限公司	张益堂	12202.45
9	浙江横店影视城有限公司	桑小庆	11620.97
10	金华市烟草公司东阳分公司	王世平	11558.00
二、纳税超亿元企业			
11	浙江普洛康裕制药有限公司	葛萌芽	11214.73
12	浙江普洛得邦制药有限公司	马向红	11019.06
13	印纪影视娱乐传媒有限公司	吴　冰	10945.93
14	东阳市乐视花儿影视文化有限公司	曹　勇	10904.29
三、纳税超五千万元企业			
15	浙江天弘光耀传媒有限公司	吴　冰	9734.42
16	欢瑞世纪(东阳)影视传媒有限公司	陈　援	8841.92
17	横店影视股份有限公司	徐天福	7382.02
18	海天建设集团有限公司	应培新	7240.82
19	浙江巍华化工有限公司	吴顺华	6952.13
20	浙江联宜电机有限公司	许晓华	6642.01
21	浙江凯文控股集团有限公司	卢楷文	6380.92
22	东阳盟将威影视文化有限公司	徐佳暄	5957.88
23	浙江东阳浩瀚影视娱乐有限公司	王忠磊	5785.27
24	浙江省东阳第三建筑工程有限公司	楼正文	5766.20
25	浙江东阳中国木雕城有限公司	张友才	5706.47
26	浙江横店普洛进出口有限公司	吴　兴	5434.75
27	东阳市金牛小额贷款有限公司	胡天高	5320.84

续表 62

序号	纳税人名称	法人代表	国地税全部税费合计
28	东阳正午阳光影视有限公司	侯鸿亮	5309.62
29	浙江横店建筑工程有限公司	项正军	5246.08
30	歌山建设集团有限公司	何向全	5091.01
	四、纳税百强企业		
31	浙江东阳美拉传媒有限公司	王忠磊	4483.51
32	东阳市蓝天白云置业有限公司	李　君	4464.04
33	浙江英洛华磁业有限公司	魏中华	4316.91
34	浙江同力服装有限公司	龚松林	4180.16
35	浙江梦幻星生园影视文化有限公司	王　力	4121.47
36	横店集团房地产开发有限公司	徐飞宇	3774.74
37	冀发集团有限公司	王　骥	3692.32
38	华谊兄弟传媒股份有限公司浙江分公司	王忠军	3656.21
39	强视传媒有限公司	游建鸣	3541.25
40	浙江省东阳市新兴房地产开发有限公司	李德尧	3293.49
41	中国农业银行股份有限公司东阳市支行	马政良	3235.12
42	浙江东匠建设有限公司	张向阳	2988.20
43	浙江优盛影视文化有限公司	侯传杲	2981.71
44	拉风传媒股份有限公司	陈美麟	2946.96
45	浙江东阳天娱影视文化有限公司	龙丹妮	2912.42
46	东阳市广诚置业有限公司	吕　航	2835.53
47	浙江华谊兄弟影业投资有限公司	王忠磊	2834.22
48	新丽传媒股份有限公司	曹华益	2831.30
49	浙江新亚实业有限公司	金常青	2791.79
50	东阳市三阳银泰置业有限公司	张永平	2787.80
51	浙江唐德影视股份有限公司	吴宏亮	2775.98
52	浙江新东阳建设集团有限公司	卢大根	2711.05
53	东阳市凤凰通宝小额贷款有限公司	韦中总	2710.44
54	浙江花园建设集团有限公司	朱建平	2655.58
55	浙江思科国祥制冷设备有限公司	陈俊健	2574.21
56	浙江花园生物高科股份有限公司	邵钦祥	2480.63
57	浙江日升昌药业有限公司	傅龙云	2416.57

续表 62

序号	纳税人名称	法人代表	国地税全部税费合计
58	中国工商银行股份有限公司东阳支行	楼巧云	2357.96
59	东阳市横店共荣置业有限公司	周建伟	2290.15
60	浙江野风药业股份有限公司	周卫国	2142.77
61	浙江诸永高速公路有限公司	蒋建军	2113.36
62	中国银行股份有限公司东阳支行	田军毅	2082.06
63	东阳市国丰小额贷款有限公司	金尧龙	2047.31
64	中国建设银行股份有限公司东阳支行	张伟青	2010.81
65	浙商证券股份有限公司东阳新南路证券营业部	俞刚平	1976.52
66	浙江常升影视制作有限公司	王忠磊	1968.23
67	广厦传媒有限公司	卢英英	1931.53
68	浙江中元磁业股份有限公司	任元月	1916.21
69	东阳市众业房地产开发有限公司	张向阳	1900.17
70	中信证券股份有限公司东阳中山路证券营业部	许国胜	1888.36
71	浙江博纳影视制作有限公司	于　冬	1887.95
72	东阳市金立小额贷款有限公司	赵　狄	1874.71
73	东阳市光明电力建设有限公司	徐晓泉	1816.36
74	千乘影视股份有限公司	周之光	1810.18
75	横店影视制作有限公司	徐天福	1801.39
76	横店集团控股有限公司	徐永安	1795.10
77	浙江海森药业有限公司	王式跃	1776.89
78	金华银行股份有限公司东阳支行	杜晓弟	1736.03
79	东阳市汇峰文创小额贷款有限公司	葛　率	1709.33
80	东阳市易承置业有限公司	陈剑平	1684.90
81	中国人寿保险股份有限公司东阳市支公司	严　鹏	1682.69
82	中国移动通信集团浙江有限公司东阳分公司	贾丽娟	1670.47
83	东阳市同盈小额贷款有限公司	龚松林	1654.14
84	东阳市东杜投资有限公司	虞方定	1641.95
85	天祥建设集团股份有限公司	胡刚锋	1618.61
86	浙江省东阳市海德房地产开发有限公司	李黎明	1614.47
87	浙江华厦建设集团有限公司	许宝鸿	1611.51
88	东阳雅筑房地产开发有限公司	张益堂	1515.61

续表 62

序号	纳税人名称	法人代表	国地税全部税费合计
89	浙江中腾置业有限公司	李大彬	1512.14
90	东阳市德兴房地产开发有限公司	黄孝富	1500.00
91	中国人民财产保险股份有限公司东阳支公司	张健蕾	1496.50
92	东阳市广杰置业有限公司	金从杰	1436.50
93	东阳市花园红木家具开发有限公司	邵钦培	1427.32
94	浙江利星汽车有限公司	颜健生	1426.46
95	浙江好乐多商贸有限公司	王立辉	1411.82
96	浙江绿宇制冷配件有限公司	葛富民	1408.35
97	浙江南广影视发展有限公司	徐　云	1405.85
98	浙江东峰制冷配件有限公司	陈尚进	1403.54
99	花园集团有限公司	邵钦祥	1394.67
100	花园新材料股份有限公司	邵徐君	1386.97

2016 年度东阳市获党委、政府表彰的先进集体

表 63

序号	获表彰集体	荣誉名称	表彰单位 / 表彰文号	表彰时间
		一、省　级		
1	东阳市	2015 年度全省扩大有效投资优秀单位	浙政办发〔2016〕32 号	2016 年 3 月
2	东阳市	2015 年度平安市、县(市、区)	浙委发〔2016〕7 号	2016 年 3 月
3	东阳市	2015 年度社会主义新农村建设优秀单位	浙委发〔2016〕11 号	2016 年 4 月
4	东阳市	2016 年度浙江政务服务网建设绩效考评优秀单位	浙政办发函〔2017〕13 号	2017 年 3 月
5	东阳市	2016 年度森林浙江建设目标责任制考核优秀单位	浙政办发〔2017〕44 号	2017 年 5 月
6	东阳市	2016 年度征兵工作先进县(市、区)	浙政办发〔2017〕76 号	2017 年 7 月
7	虎鹿镇	第五批浙江省历史文化名镇	浙政发〔2016〕21 号	2016 年 7 月
8	城东街道李宅村	第五批浙江省历史文化名称	浙政发〔2016〕21 号	2016 年 7 月
9	东阳技校	浙江省“六五”法治宣传教育先进集体	省委、省政府	2016 年 8 月
10	公安局	浙江省 G20 杭州峰会安保工作先进集体	浙委发〔2016〕29 号	2016 年 9 月
11	南马镇	G20 杭州峰会安保先进集体	省委 省政府	2016 年 9 月
12	东阳“农商银行”红十字应急救援队	丽水市莲都区“11·13”山体滑坡抢险救援先进集体三等功	浙政发〔2016〕42 号	2016 年 10 月
13	林业局	浙江省国有林场改革工作先进集体	省政府	2016 年 11 月
14	环保局	2016 年度全省“五水共治”工作先进集体	浙委办发〔2017〕16 号	2017 年 3 月

续表 63

序号	获表彰集体	荣 誉 名 称	表彰单位 / 表彰文号	表彰时间
		二、金华市级		
15	东阳市	县(市、区)、开发主体综合考评一等奖	金委发〔2017〕3 号	2017 年 1 月
16	东阳市	2016 年度人口和计划生育目标管理责任制考核优胜单位	金委办发〔2017〕6 号	2017 年 3 月
17	东阳市	2016 年度金华市招商引资和支持浙(婺)商创业创新工作最佳投资环境奖	金委发〔2017〕16 号	2017 年 4 月
18	东阳市人民政府	2016 年度“611”耕地保护工程先进县(市、区)	金政发〔2017〕17 号	2017 年 2 月
19	东阳市人民政府	2016 年度全市工业经济综合目标责任制考核二等奖	金政发〔2017〕9 号	2017 年 2 月
20	东阳市人民政府	2016 年度全市“腾笼换鸟”工作先进单位		
21	东阳市人民政府	2016 年度全市“三名”工程培育工作二等奖		
22	东阳市人民政府	2016 年度外贸工作先进单位二等奖	金政发〔2017〕21 号	2017 年 3 月
23	东阳市人民政府	2016 年度利用外资先进单位二等奖		
24	东阳市人民政府	2016 年度商贸流通先进单位三等奖		
25	东阳市人民政府	2016 年度全市“百日攻坚、百日招商、百日服务”活动竞赛先进集体	金政办发〔2017〕28号	2017 年 3 月
26	东阳市人民政府	2016 年度金华市招商引资和支持浙(婺)商创业创新工作综合奖	金委发〔2017〕16 号	2017 年 4 月
27	东阳市人民政府	2016 年度扩大有效投资先进单位	金政发〔2017〕31 号	2017 年 5 月
28	公安局白云派出所党支部	金华市先进基层党组织	金委发〔2016〕23 号	2016 年 6 月
29	信访局	金华市 G20 杭州峰会维稳安保工作先进集体	金委发〔2016〕31 号	2016 年 9 月
30	南马镇专职消防队	2014 ~ 2016 年金华市森林消防工作先进单位	金政发〔2016〕61 号	2016 年 11 月
31	吴宁街道办事处	2016 年“8890”最佳服务乡镇(街道办事处)	金政发〔2016〕59 号	2016 年 11 月
32	横店电子产业园区管委会	2016 年度全市经济开发区(工业园区)综合考核二等奖	金政发〔2017〕9 号	2017 年 2 月
33	横店镇	2016 年度全市十强工业强镇(乡、街道)	金政发〔2017〕9 号	2017 年 2 月
34	南马镇			
35	横店集团东磁有限公司	2016 年度全市十强工业企业	金政发〔2017〕9 号	2017 年 2 月
36	横店集团得邦照明股份有限公司			
37	浙江金象科技有限公司	2016 年度金华市高成长标杆企业	金政发〔2017〕9 号	2017 年 2 月
38	国土资源局	2016 年度“611”耕地保护工程先进集体	金政发〔2017〕17 号	2017 年 2 月
39	浙江横店得邦进出口有限公司	2016 年度外贸先进企业	金政发〔2017〕21 号	2017 年 3 月

续表 63

序号	获表彰集体	荣 誉 名 称	表彰单位 / 表彰文号	表彰时间
40	浙江横店普洛进出口有限公司	2016 年度外贸先进企业	金政发〔2017〕21 号	2017 年 3 月
41	横店集团东磁股份有限公司			
42	华谊兄弟传媒股份有限公司（境外投资）	2016 年度外资外经十强企业	金政发〔2017〕21 号	2017 年 3 月
43	浙江省东阳第三建筑工程有限公司（对外承包工程）			
44	中天建设集团有限公司（对外承包工程）			
45	华谊兄弟传媒股份有限公司	2016 年度服务贸易十强企业	金政发〔2017〕21 号	2017 年 3 月
46	新丽传媒股份有限公司			
47	浙江横店得进出口有限公司	一般贸易出口先进企业（超 15 亿元的流通企业）	金政发〔2017〕21 号	2017 年 3 月
48	浙江横店普洛进出口有限公司			
49	横店集团东磁股份有限公司	一般贸易出口先进企业（超 10 亿元的生产企业）	金政发〔2017〕21 号	2017 年 3 月
50	浙江同力服装有限公司	一般贸易出口先进企业（超 5 亿元的生产企业）	金政发〔2017〕21 号	2017 年 3 月
51	浙江巍山化工有限公司	一般贸易出口先进企业（超 3 亿元的生产企业）	金政发〔2017〕21 号	2017 年 3 月
52	浙江普洛康裕制药有限公司	一般贸易出口先进企业（超 2 亿元的生产企业）	金政发〔2017〕21 号	2017 年 3 月
53	东阳得邦照明有限公司			
54	浙江联宜电机股份有限公司			
55	浙江新亚休闲用品有限公司	一般贸易出口先进企业（超 1 亿元的生产企业）	金政发〔2017〕21 号	2017 年 3 月
56	浙江花园生物高科股份有限公司			
57	东阳市巍华制冷材料有限公司			
58	浙江明凯照明有限公司			
59	浙江东园进出口有限公司	自营进口先进企业（超 2 亿元的企业）	金政发〔2017〕21 号	2017 年 3 月
60	横店集团东磁股份有限公司			
61	浙江横店普洛进出口有限公司	自营进口先进企业（超 1 亿元的企业）	金政发〔2017〕21 号	2017 年 3 月
62	浙江横店得邦进出口有限公司			
63	横店集团浙江英洛华国际贸易有限公司			

续表 63

序号	获表彰集体	荣 誉 名 称	表彰单位/表彰文号	表彰时间
64	城东街道	2016 年征兵工作先进单位	金政发〔2017〕40 号	2017 年 7 月
65	马宅镇			
66	巍山镇			
67	国土资源局	金华市法治政府建设(依法行政)示范单位	金政办发〔2017〕74 号	2017 年 8 月
68	江北街道	2016 年度"无违建乡镇(街道)"	金政发〔2017〕46 号	2017 年 8 月
69	湖溪镇			
70	虎鹿镇	2016 年度"基本无违建乡镇(街道)"	金政发〔2017〕46 号	2017 年 8 月
71	马宅镇			
72	佐村镇			
73	三单乡			

2016 年度东阳市获党委、政府表彰的先进个人

表 64

序号	姓 名	工 作 单 位	荣 誉 称 号	表彰单位/表彰文号	表彰时间
			一、省 级		
1	申屠向明	南马镇夏屠村	浙江省第五届优秀中国特色社会主义事业建设者	省委 省政府	2016 年 4 月
2	厉一民	东阳江镇综治办、司法所	浙江省优秀共产党员	省委	2016 年 6 月
3	胡锡炎	司法局	2011～2015 年全省法治宣传教育先进个人	浙委办发〔2016〕45 号	2016 年 7 月
4	李 强	公安局	浙江省 G20 杭州峰会安保工作先进个人	浙委发〔2016〕29 号	2016 年 9 月
5	厉国强				
6	黄 斌				
7	傅前云				
8	金国祥	信访局	浙江省 G20 杭州峰会工作先进个人	浙委发〔2016〕29 号	2016 年 9 月
9	徐德胜				
10	楼伟忠	吴宁街道办事处	浙江省 G20 杭州峰会工作先进个人	浙江省省委、省政府	2016 年 9 月
11	吴坚强	东阳农商银行红十字应急救援队	丽水市莲都区"11·13"山体滑坡抢险救援先进个人二等功	浙政发〔2016〕42 号	2016 年 10 月
12	叶可为	东阳农商银行红十字应急救援队	丽水市莲都区"11·13"山体滑坡抢险救援先进个人三等功	浙政发〔2016〕42 号	2016 年 10 月
13	傅建军				
14	虞乐生	东阳市人民政府	浙江省国有林场改革工作先进个人	省政府	2016 年 11 月
15	吴南平	畜牧兽医局	浙江省畜牧业转型升级先进个人	浙委办发〔2016〕80 号	2016 年 11 月

续表 64

序号	姓名	工作单位	荣誉称号	表彰单位/表彰文号	表彰时间
16	康益民	慈善总会	浙江省慈善工作奖	浙政发〔2016〕48号	2016年12月
17	华伟跃	政协东阳市委员会	2016年度全省“五水共治”工作先进个人	浙委办发〔2017〕16号	2017年3月
			二、金华市级		
18	厉国智	东阳市人民法院	法治金华建设十周年工作先进个人	金华市委	2016年5月
19	舒理建	浙江普洛康裕制药有限公司	“盐酸左氧氟沙星原料药生产新工艺及应用”项目获金华市科学技术二等奖	金华市人民政府	2016年9月
20	金惠卿	信访局	金华市G20杭州峰会维稳安保工作先进个人	金委发〔2016〕31号	2016年9月
21	杜响亮	信访局			
22	詹国健	公安局			
23	徐伟峰				
24	张阿军				
25	周晓东				
26	徐超群				
27	包公平				
28	吕峰波				
29	徐　翔				
30	徐　帅				
31	马步新				
32	郝继军				
33	赵跃辉				
34	赵巍巍				
35	蒋　晟				
36	许阳剑				
37	华骏阳				
38	蒋　翱				
39	葛永阳				
40	周康康				
41	俞　斌				
42	丁小津				
43	王伟进				
44	郭智杰	东阳市人民法院			
45	何　冰	东阳市8890便民服务分中心	2016年“8890”金牌话务员	金政发〔2016〕59号	2016年11月

续表 64

序号	姓名	工作单位	荣誉称号	表彰单位/表彰文号	表彰时间
46	陆兼备	林业局	2014～2016 年金华市森林消防工作先进个人	金政发〔2016〕61 号	2016 年 11 月
47	李康军	公安局吴宁派出所	2016 年度金华市禁毒工作先进个人	金政办发〔2017〕13 号	2017 年 2 月
48	李　东	东阳市土地开发整理中心	2016 年度“611”耕地保护工程先进个人	金政发〔2017〕17 号	2017 年 2 月
49	蔡静峰	发改局	2016 年度全市“百日攻坚、百日招商、百日服务”活动竞赛先进个人	金政办发〔2017〕28 号	2017 年 3 月
50	戈金辉	人武部	2016 年征兵工作先进个人	金政发〔2017〕40 号	2017 年 7 月
51	厉国强	公安局			
52	张忠延	东阳市人民医院巍山分院			
53	刘育华	巍山镇武装部			

2016 年度东阳市获条线表彰的先进集体

表 65

序号	获表彰单位	荣誉名称	表彰单位/表彰文号	表彰时间
一、国家级				
1	东阳市响铃枣业有限公司	第二批国家林业重点龙头企业	国家林业局	2016 年 5 月
2	东阳市人民法院	全国老年法律维权工作先进集体	全国老龄办	2016 年 5 月
3	教育局	全国第五届中小学生艺术展演活动优秀组织奖	教育部	2016 年 7 月
4	东阳技校木雕工艺与设计	第二批全国职业院校民族文化传承与创新示范专业点	教育部	2016 年 7 月
5	花园集团	中国民营企业 500 强第 313 位	中华全国工商业联合会	2016 年 8 月
6	花园集团	中国民营企业制造业 500 强第 189 位	中华全国工商业联合会	2016 年 8 月
7	普法依法治市领导小组办公室	2011～2015 年全国法治宣传教育先进普法办公室	中央宣传部 司法部	2016 年 8 月
8	浙江省横店影视文化产业实验区管委会	2015 年度广播影视基层统计工作先进集体	国家新闻出版广电总局 新广发〔2016〕90 号	2016 年 9 月
9	南马镇花园村	中国十大国际名村	中国村社发展促进会特色工作委员会 “名村影响力”研究评价课题组	2016 年 9 月
10	巍山镇怀鲁小学	全国首批学校体育工作示范学校	教育部	2016 年 9 月
11	教育局	全国第五届中小学生艺术展演活动优秀组织奖	教育部	2016 年 9 月
12	东阳技校机电工会小组	全国模范职工小家	全国总工会基层组织建设部	2016 年 9 月
13	东阳技校计算机工会小组			
14	东阳农商银行	“银行科技发展奖”三等奖	中国人民银行总行 银发〔2016〕272 号	2016 年 10 月

续表 65

序号	获表彰单位	荣誉名称	表彰单位 / 表彰文号	表彰时间
15	横店小学教育集团	教育部网络学习空间人人通国家级培训基地	教育部	2016 年 10 月
16	东阳市人民检察院	全国检察宣传先进单位	最高人民检察院 检报发〔2016〕9 号	2016 年 11 月
17	东阳中学	2016 年全国青少年校园足球特色学校	教育部	2016 年 11 月
18	千祥镇三联初中			
19	林业局	第 9 届中国义乌国际森林博览会最佳展台奖	中国义乌国际森林产品博览会组织委员会	2016 年 11 月
20	浙江森太农林果开发有限公司	金奖（森太商标）		
21	东阳市虎鹿西垣泰山干果制品厂	金奖（圣山商标）		
22	东阳市东白山土特产开发有限公司	金奖（西湾商标）		
23	东阳市西垣玉山香榧专业合作社	金奖（纯香源商标）		
24	浙江康大科技股份有限公司	金奖（东康大王商标）		
25	东阳市梦的农庄有限公司	金奖（梦的农庄商标）		
26	浙江合旺香榧股份有限公司	优质奖（合旺商标）		
27	吴宁一中	全国青少年艺术人才培训基地	中国关心下一代工作委员会	2016 年 12 月
28	东阳农商银行红十字应急救援队（“爸妈，我们回家”志愿服务项目）	第三届中国青年志愿服务项目大赛银奖	全组发〔2016〕9 号	2016 年 12 月
29	东阳市人民法院	2016 年度司法新闻宣传工作通报表扬	最高人民法院	2016 年
30	东阳市人民法院	2016 年度司法理论宣传工作通报表扬	最高人民法院	2016 年
31	供电公司光明电建工程部	2016 年“全国质量信得过班组”	中国质量协会 中华全国总工会 中华全国妇女联合会中国科学技术协会	2016 年
32	公安局	2016 年度现场勘查优秀县级公安局	公刑〔2017〕333 号	2017 年 1 月
33	公安局东阳江镇派出所	2015～2016 年度全国青年文明号	公安部	2017 年 3 月
34	公安局刑侦大队	全国优秀公安基层单位	公安部	2017 年 5 月
35	市委党史研究室（《东阳年鉴（2015）》）	全国地方志优秀成果一等年鉴（2015~2016 年出版）	中指组字〔2017〕4 号	2017 年 8 月
		二、省　级		
36	东阳市	浙江省农产品质量安全放心县	省农业厅	2016年10月

续表 65

序号	获表彰单位	荣誉名称	表彰单位/表彰文号	表彰时间
37	东阳市	浙江省福利彩票四星级视频票销售厅	浙彩发〔2016〕70号	2016年12月
38	东阳市	2016年度全省城镇危旧房治理改造综合排位优秀县(市、区)	浙住房委办〔2017〕3号	2017年2月
39	东阳市	浙江省环境保护模范城市	浙环函〔2017〕58号	2017年2月
40	吴宁二校	浙江省教育系统关心下一代工作先进集体	浙江省关心下一代工作委员会	2016年1月
41	东阳农商银行吴宁支行	中国银行业协会文明规范服务千佳示范单位	浙银协发〔2016〕4号	2016年1月
42	东阳农商银行城东支行	中国银行业协会文明规范服务五星级营业网点		
43	财政局	2015年度财政支农工作绩效考核优秀单位	浙财农〔2016〕9号	2016年1月
44	民政局	2015年度全省民政工作先进县(市、区)	浙民办〔2016〕24号	2016年2月
45	民政局	2015年度水库移民工作优秀县(市、区)	浙移综〔2016〕15号	2016年2月
46	老龄办	2015年度全省先进县(市、区)老龄办	浙老工委办〔2016〕5号	2016年2月
47	地方税务局	2015年度全省纳税服务工作绩效考核突出单位	浙地税函〔2016〕54号	2016年2月
48	财政局	2015年度会计管理绩效考核优秀单位	浙财会〔2016〕9号	2016年2月
49	烟草专卖局(分公司)	2015年浙江省“示范数字档案室”单位	浙档发〔2016〕6号	2016年2月
50	东阳市林业总场	省级现代林业园区(香榧精品园)	省林业厅	2016年2月
51	森林公安局“11·10”专案组	集体三等功	省森林公安局	2016年3月
52	地方税务局横店分局办税服务厅	2015年度省级“青年文明号”	浙青文〔2016〕1号	2016年3月
53	东阳技校	浙江省中职教育改革发展示范学校	省教育厅	2016年5月
54	白云初中	浙江省教科研孵化基地	省教育厅 省教科院	2016年5月
55	横店集团东磁有限公司	2016年省电子信息产业百家重点企业	省经济和信息化委员会	2016年6月
56	横店集团得邦照明股份有限公司			
57	东阳农商银行	“‘2016’走千家、访万户、共成长”劳动竞赛活动竞赛目标一等奖	浙信联办〔2016〕81号	2016年6月
58	烟草专卖局(分公司)	2011～2015年全省法制宣传教育先进集体	浙普〔2016〕2号	2016年6月
59	民政局	《社会工作伦理视角下流浪儿童救助困境探析》获浙江省民政政策理论研究成果优秀奖	省民政厅	2016年7月
60	东阳市人民法院	裁判文书公开工作成绩突出予以通报表扬	省高院办公室	2016年8月

续表 65

序号	获表彰单位	荣誉名称	表彰单位/表彰文号	表彰时间
61	烟草专卖局(分公司)	优秀县级局(分公司)标兵单位	浙江省烟草专卖局(公司) 浙烟政联〔2016〕82 号	2016 年 8 月
62	东白山	浙江最美山峰	省林业厅	2016 年 8 月
63	东白山	浙江十大名山	省林业厅	2016 年 8 月
64	花园集团	浙江省制造业百强企业 浙江省村成长性最快民营企业	浙江省企业联合会 浙江省企业家协会 浙江省工业经济联合会	2016 年 9 月
65	财政局	2015 年度基层财政管理工作综合先进单位	浙财办发〔2016〕85 号	2016 年 9 月
66	东阳市人民检察院	全省检察机关文明接待示范窗口	浙检发政字〔2016〕87 号	2016 年 9 月
67	市场监管局	全省工商(市场监管)系统 G20 杭州峰会维稳安保工作先进集体	省工商行政管理局 浙工商综〔2016〕41 号	2016 年 9 月
68	“农商银行”红十字应急救援队	2016 年浙江省青年社会组织志愿服务项目大赛金奖	共青团浙江省委、省志工委办公室、省文明办、省民政厅、省环保厅、省水利厅、省残联	2016 年 9 月
69	环境卫生管理处	浙江省城市市容环境卫生工作先进集体	省住房和城乡建设厅 浙建城〔2016〕102 号	2016 年 10 月
70	教育局	浙江省招收空军飞行员工作先进单位	南京军区空军政治部	2016 年 10 月
71	教育局	浙江教育网络电视先进工作单位	省教育技术中心	2016 年 10 月
72	东阳市人民检察院司法警察大队	全省检察机关平安护航 G20 峰会先进集体	浙检发政字〔2016〕94 号	2016 年 10 月
73	东阳中学	浙江省首批数字校园示范学校	省教育厅	2016 年 10 月
74	实验小学	浙江省首批数字校园示范学校	省教育厅	2016 年 10 月
75	中国民主促进会东阳市支部委员会	民进浙江省委会参政议政工作先进集体	浙进〔2016〕69 号	2016 年 10 月
76	公安局治安大队	全省公安机关 G20 杭州峰会安保先进集体	浙公发〔2016〕6 号	2016 年 10 月
77	市场监管局	全省质量技术监督局系统 G20 杭州峰会维稳安保工作作出特殊贡献先进集体	浙质发〔2016〕6 号	2016 年 10 月
78	道路运输管理局	G20 杭州峰会交通运输服务保障工作先进集体	浙交〔2016〕187 号	2016 年 10 月
79	公路管理局	G20 杭州峰会交通运输服务保障工作先进集体	浙交〔2016〕187 号	2016 年 10 月
80	东阳市人民法院	G20 杭州峰会维稳安保先进集体	省高级人民法院	2016 年 10 月
81	浙江日升昌药业有限公司	2016 浙江省成长性科技型百强企业	省高新技术企业协会	2016 年 11 月
82	财政局	2016 年度财政信息工作考核良好单位	浙财办发〔2016〕139 号	2016 年 11 月

续表 65

序号	获表彰单位	荣誉名称	表彰单位/表彰文号	表彰时间
83	财政局	2015 年度全省预算执行工作质量综合考核优秀单位	浙财办发〔2016〕116 号	2016 年 11 月
84	森林消防直属大队红十字救援队	G20 杭州峰会森林消防安保工作先进单位	省政府森林消防指挥部 省林业厅	2016 年 11 月
85	浙江日升昌药业有限公司	浙江省 2016 年度第一批高新技术企业	全国高新技术企业认定管理工作领导小组办公室	2016 年 11 月
86	巍山高中	第二批浙江省校园足球特色学校	省教育厅	2016 年 11 月
87	吴宁一中			
88	巍山镇中			
89	实验小学			
90	江北第二小学			
91	教育局	浙江省内部审计优秀项目表彰奖	省内部审计协会	2016 年 11 月
92	外国语小学	浙江省中小学美丽校园	省教育厅	2016 年 11 月
93	南马镇专职消防队	首届浙江 119 消防奖先进集体	省公安厅	2016 年 11 月
94	东阳农商银行	2016 年度浙江农信创新大赛	浙信联办〔2016〕137 号	2016 年 11 月
95	横店影视产业实验区	2015 年度省级现代服务业集聚示范区第 10 名，创意产业园第 1 名	浙发改经贸〔2016〕715 号	2016 年 11 月
96	东阳农商银行	省“平安护航 G20”先进单位	浙公通字〔2016〕86 号	2016 年 11 月
97	浙江横店影视文化产业实验区	浙江省重点文化产业园区（2015～2016 年度）	浙宣〔2016〕66 号	2016 年 12 月
98	浙江横店影视文化产业实验区	浙江省文化出口基地	浙商务发〔2016〕201 号	2016 年 12 月
99	歌山镇	浙江省森林城镇	省关注森林组织委员会	2016 年 12 月
100	千祥镇金村	第七批“浙江省森林村庄”	省关注森林组织委员会	2016 年 12 月
101	巍山镇王宅村			
102	歌山镇上周村			
103	慈善总会	浙江省抗癌爱心单位	省科学技术协会 浙江红十字会 省慈善总会 省抗癌协会	2016 年 12 月
104	东阳市人民医院巍山分院	浙江省卫生先进单位	省爱国卫生运动委员会	2016 年 12 月
105	地方税务局横店分局	全省地税系统先进集体	浙人社发〔2016〕127 号	2016 年 12 月
106	老龄办	2016 年度全省老龄信息工作先进单位	浙老工委办〔2016〕25 号	2016 年 12 月
107	中国民主促进会东阳市支部委员会	民进浙江省委会优秀基层组织	浙进〔2016〕92 号	2016 年 12 月

续表 65

序号	获表彰单位	荣誉名称	表彰单位/表彰文号	表彰时间
108	公安局警务保障科	2016 年度全省公安“138 工程”建设成绩突出集体	浙公办〔2016〕252 号	2016 年 12 月
109	三单乡关工委	浙江省关心下一代工作先进集体	浙关工委〔2016〕9 号	2016 年 12 月
110	实验小学	浙江省绿色学校	省环境保护厅 省教育厅	2016 年 12 月
111	科技局	2016 年度市、县(市、区)“公众创业创新服务行动”优秀县	浙科发条〔2016〕233 号	2016 年 12 月
112	虎鹿镇中	浙江省绿色学校	省环境保护厅 省教育厅	2016 年 12 月
113	少先队东阳市外国语学校大队	浙江省少先队先进集体	共青团浙江省委 省教育厅	2016 年 12 月
114	少先队东阳市吴宁第五小学五(1)爱科学中队	浙江省少先队先进集体	共青团浙江省委 省教育厅	2016 年 12 月
115	教育局	浙江省教育考试工作先进集体	省考试院	2016 年 12 月
116	花园艺术团	浙江省民营文艺表演优秀剧团	省文化厅	2016 年 12 月
117	三单乡关工委	浙江省关心下一代工作先进集体	浙关工委〔2016〕9 号	2016 年 12 月
118	城市管理行政执法局	2016 年度全省智慧城管工作先进集体	浙城管协〔2016〕14 号	2016 年 12 月
119	花园集团	浙江省企业文化示范基地	省企业联合会 省企业家协会	2016 年 12 月
120	横店集团东磁股份有限公司	2016 年度浙江省企业文化建设优秀成果	省企业联合会 企业家协会	2016 年 12 月
121	花园图书馆	读者最爱的乡镇(街道)图书馆	省图书馆学会 浙江图书馆	2016 年
122	地方税务局	2016 年全国纳税人满意度调查工作集体二等功	浙地税函〔2016〕343 号	2017 年 1 月
123	东阳市人民法院	2015～2016 年度全省政法系统先进集体	省政法委 省人力社保局	2017 年 1 月
124	公安局	2016 年度全省公安队伍正规化建设优秀单位	浙公通字〔2017〕8 号	2017 年 1 月
125	公安局	2016 年度全省公安机关执法质量优秀单位	浙公通字〔2017〕6 号	2017 年 1 月
126	公安局	2016 年度全省公安机关“数字档案室”示范单位	省公安厅 省档案局 浙公通字〔2017〕11 号	2017 年 1 月
127	公安局	2016 年度全省公安信访工作考核县级优秀单位	浙公通字〔2017〕14 号	2017 年 1 月
128	公安局刑侦大队	2016 年度全省公安队伍正规化建设示范单位	浙公网传〔2017〕96 号	2017 年 1 月

续表 65

序号	获表彰单位	荣誉名称	表彰单位/表彰文号	表彰时间
129	公安局禁毒大队	2016年度全省禁毒业务工作成绩突出集体	浙禁毒办〔2017〕7号	2017年1月
130	东阳农商银行	示范数字档案室	浙档发〔2017〕5号	2017年1月
131	供电公司横店供电所	浙江省电力公司标准化“五星供电所”(工人先锋号)	国网浙江省电力公司	2017年1月
132	供电公司	2015～2016年度后勤工作先进单位	国网浙江省电力公司	2017年1月
133	供电公司(九域劳模创新工作室)	2016年度A级劳模创新工作室		
134	科技局	2013～2015年度全省科技工作先进集体	浙科发政〔2017〕4号	2017年1月
135	东阳农商银行	全省农信系统“信息宣传工作先进集体”	浙信联办〔2017〕12号	2017年1月
136	东阳新闻网	2016年度先进支站	浙江在线新闻网站	2017年1月
137	市场监管局	全省食品药品监督管理系统先进集体	浙人社发〔2017〕3号	2017年1月
138	东阳市人民检察院	2016年度省级先进基层人民检察院	浙检发政字〔2017〕3号	2017年1月
139	粮食局	2016年度浙江省粮食收购工作先进单位	浙粮发〔2017〕8号	2017年2月
140	公安局经济犯罪侦查大队	2016年度全省公安机关“猎狐行动”成绩突出集体	浙公办〔2017〕35号	2017年2月
141	公安局	2016年度全省公安机关命案侦破工作成绩突出集体	浙公办〔2017〕31号	2017年2月
142	东阳农商银行	全省农信系统“优胜单位”	浙信联发〔2017〕5号	2017年2月
143	东阳农商银行	全省农信系统“普惠金融标兵单位”	浙信联发〔2017〕7号	2017年2月
144	供销总社	2016年度全省供销系统综合业绩考核优秀奖	浙合指〔2017〕10号	2017年2月
145	市场监管局	2014～2016年度全省农贸市场提升发展工作先进单位	浙市提〔2017〕3号	2017年3月
146	公安局江北派出所	2016年全省公安机关缉枪治爆专项行动成绩突出集体	浙公网传〔2017〕328号	2017年3月
147	公安局交警大队横店中队	全省公安基层基础工作成绩突出所队	浙公通字〔2017〕31号	2017年3月
148	东阳农商银行	省治安安全示范单位	浙公通字〔2016〕28号	2017年3月

2016年度东阳市获条线表彰的先进个人

表 66

序号	姓名	工作单位	荣誉名称	表彰单位/表彰文号	表彰时间
			一、国家级		
1	张伟忠		全国青少年学生法制知识网络大赛优秀指导教师	教育部全国教育普法领导小组办公室 全国青少年学生法制知识网络大赛组委会 教育部全国青少年普法网	2016年3月

续表 66

序号	姓名	工作单位	荣誉名称	表彰单位/表彰文号	表彰时间
2	赵忠明	林业局	2013～2015 年度全国森林防火工作先进个人	国家森林消防指挥部	2016 年 4 月
3	吴兆震	中国农工民主党东阳市委员会	2016 全国“最美家庭”	中华全国妇女联合会	2016 年 5 月
4	陈悦诚	横店集团东磁股份有限公司	2016 年全国优秀首席信息官	中国电子学会 中国首席信息官联盟 中国工业大数据创新发展联盟 四川省信息安全产业发展推进小组办公室 中国国际贸易促进委员会四川省分会	2016 年 8 月
5	王东辉	林业局	全国生态建设突出贡献奖(林业科技先进个人)	国家林业局	2016 年 9 月
6	陆金龙	市场监管局	全国质检系统 G20 杭州峰会保障工作作出特殊贡献先进个人	国家质量监督检验检疫总局 国质检人〔2016〕523 号	2016 年 10 月
7	何时金	横店集团东磁股份有限公司	2016 中国优秀创新企业家	中国生产力学会创新推进委员会	2016 年 11 月
8	吴国建	东阳二中	苏步青数学教育奖全国一等奖	教育部	2016 年 11 月
9	蔡龙弟	林业局	第 9 届中国义乌国际森林产品博览会先进工作者	中国义乌国际森林产品博览会组织委员会	2016 年 11 月
10	赵忠明	林业局	中国林业产业突出贡献奖	中国林业产业联合会	2016 年 12 月
11	何时金	横店集团东磁股份有限公司	2016 年全国电子信息行业优秀企业家(行业影响力人物)	中国电子企业协会	2016 年 12 月
12	倪　强	横店集团得邦照明股份有限公司	2016 年全国电子信息行业优秀企业家(杰出企业家)		
13	邵宏宝	花园金波科技股份有限公司	2016 年全国电子信息行业优秀企业家(创新典范)		
14	许晓华	浙江联宜电机有限公司	2016 年全国电子信息行业优秀企业家(创新典范)		
15	徐文荣	横店集团	2016 中国全面小康十大贡献人物	中国扶贫开发协会 《小康》杂志社	2016 年 12 月
16	李　强	公安局	2016 年度现场勘查优秀县级公安局负责人	公刑〔2017〕333 号	2017 年 1 月
17	黄文龙	公安局	全国优秀人民警察	公安部	2017 年 5 月
二、省　级					
18	朱晓凯	档案局	浙江省档案系统先进工作者	省人力资源和社会保障厅 省档案局	2016 年 1 月
19	丁国君	森林公安局	三等功	省森林公安局	2016 年 3 月

续表 66

序号	姓名	工作单位	荣誉名称	表彰单位/表彰文号	表彰时间
20	吴兆震	中国农工民主党东阳市委员会	2015 年度浙江"最美家庭"	省精神文明建设委员会办公室 省妇女联合会	2016 年 4 月
21	吴正平	市场监管局	浙江省第二批"千名好支书"	中共浙江省委组织部 浙组通〔2016〕31 号	2016 年 5 月
22	楼慧峰	测绘管理处	"十二五"浙江省测绘与地理信息科技工作先进个人	省测绘与地理信息局 浙测〔2016〕53 号	2016 年 6 月
23	陈云水	民政局	"十二五"办学先进工作者	浙老教〔2016〕5 号	2016 年 6 月
24	单倩倩	司法局	2015 年度全省司法行政新闻和网络宣传工作成绩突出个人	浙司办〔2016〕53 号	2016 年 6 月
25	杜良晓	烟草专卖局(分公司)	优秀党务工作者	中共浙江省烟草专卖局党组 浙烟党〔2016〕34 号	2016 年 6 月
26	蔡红萍	巍山镇校	浙江省优秀少先队辅导员	团省委 教育厅 少工委	2016 年 6 月
27	韦　炜	浙江和盛传媒有限公司	2015 年度浙江优秀创业创新人物	浙江省创业风险投资行业协会 浙江经视	2016 年 6 月
28	张新贞	东阳中学	2016 年浙江省中小学师德楷模	浙教人〔2016〕119 号	2016 年 8 月
29	王立强	东阳二中	浙江省第二十六届"春蚕奖"	省人民教育基金会	2016 年 9 月
30	蒋慧玲	外国语学校			
31	徐海金	白云初级中学			
32	江宗莲	横店集团幼儿园			
33	金旭东	财政局	浙江省"绿叶奖"	省人民教育基金会	2016 年 9 月
34	厉岗玲	横店小学教育集团	2016 年省农村教师突出贡献奖	省人力资源和社会保障厅 省教育厅 省财政厅	2016 年 9 月
35	潘益民	巍山镇怀鲁小学			
36	金伟华	佐村中小学			
37	程利泉	南马镇专职消防队	G20 杭州峰会森林消防安保工作先进个人	省人民政府森林消防指挥部 省林业厅	2016 年 9 月
38	周明亮	东阳市人民检察院	全省检察机关平安护航 G20 峰会先进个人	浙检发政字〔2016〕94 号	2016 年 10 月
39	刘玮侃	东阳市人民法院	G20 杭州峰会维稳安保先进个人	省高级人民法院	2016 年 10 月
40	舒跃平	公安局	全省公安机关 G20 杭州峰会安保先进个人	浙公发〔2016〕6 号	2016 年 10 月
41	徐雨含				
42	胡　翾				
43	赵磊磊				
44	王海明				

续表 66

序号	姓名	工作单位	荣誉名称	表彰单位/表彰文号	表彰时间
45	邵宇梁	公安局	全省公安机关 G20 杭州峰会安保先进个人	浙公发〔2016〕6 号	2016 年 10月
46	吕　凯				
47	沈凌峰	司法局	个人三等功	浙司〔2016〕115 号	2016 年 10 月
48	康华阳	市场监管局	浙江省质量技术监督局系统 G20 杭州峰会维稳安保工作作出特殊贡献先进个人	浙质发〔2016〕6 号	2016 年 10月
49	李云良	教育局	浙江省招收空军飞行员工作先进个人	南京军区空军政治部	2016 年 10 月
50	杨　军	环境卫生管理处	浙江省“优秀城市美容师”	浙建城〔2016〕102 号	2016 年 10月
51	金大可				
52	程利泉	南马镇专职消防队	首届 119 消防奖先进队	省公安厅	2016 年 11 月
53	舒理建	浙江普洛康裕制药有限公司	2016 年度浙江省优秀科技工作者	省委组织部 省人力资源和社会保障厅 省科学技术协会	2016 年 11月
54	吴高强	林业局	G20 杭州峰会森林消防安保工作先进个人	省政府森林消防指挥部 省林业厅	2016 年 11月
55	程利泉	南马镇森林消防队			
56	赵仙芳	吴宁街道森林消防队			
57	赵依平	巍山镇森林消防队			
58	赵仙芳	吴宁街道办事处			
59	孙　俊	公安局	第三届世界互联网大会安保工作成绩突出个人	浙公网传〔2016〕274 号	2016 年 11月
60	厉　锋	东阳市林业总场	第二届“浙江林业科技标兵”	省林学会	2016 年 12 月
61	陈云水	民政局	2016 年度全省老龄信息工作优秀信息员	浙老工委办〔2016〕25 号	2016 年 12 月
62	陈云水	民政局	《基层老年人协会规范管理和设施建设情况调查与思考》一文获“2016 年全省老龄系统优秀调研成果二等奖”	浙老工委办〔2016〕26 号	2016 年 12月
63	朱航军	地方税务局	全省地税系统先进工作者	浙人社发〔2016〕127 号	2016 年 12 月
64	邵钦祥	花园集团有限公司	2016 年度浙江省企业文化建设突出贡献人物	省企业联合会 省企业家协会	2016 年 12月
65	张向荣	东阳市明堂红木家俱有限公司	2016 浙商工匠精神奖	《浙商》杂志	2016 年 12月
66	胡国江	市第二职业技术学校	浙江省关心下一代工作先进个人	浙关工委〔2016〕9 号	2016 年 12月
67	叶飘飘	烟草专卖局（分公司）	第四届烟草制品购销职业技能竞赛获奖个人	浙烟综〔2016〕94 号	2016 年 12 月
68	胡岳彪	老干部局	全省先进老干部工作者	省委组织部、省委老干部局、省人力资源和社会保障厅	2016 年 12月
69	俞国栋	实验小学	浙江省少先队先进工作者	共青团浙江省委、省教育厅、少先队浙江省工作委员	2016 年 12月

续表 66

序号	姓名	工作单位	荣誉名称	表彰单位/表彰文号	表彰时间
70	虞海燕	城校办(二)	浙江省优秀少先队辅导员	共青团浙江省委、省教育厅 少先队浙江省工作委员	2016年12月
71	蔡红萍	巍山镇中心小学			
72	沈　奇	公安局	全省公安机关峰会安保好民警	浙公通字〔2017〕12号	2017年1月
73	冯振科	公安局	全省公安机关“千名好民警(辅警)”	浙公通字〔2017〕12号	2017年1月
74	汪　超				
75	吕良军				
76	李金龙				
77	金　亮				
78	杜　军				
79	黄文龙				
80	李小安				
81	孙炎明				
82	马　康	农村能源办公室	浙江省农村能源工作先进个人	省农业生态与能源办公室	2017年1月
83	胡益科	科技局	省科技工作先进个人(2013–2015)	浙科发政〔2017〕4号	2017年1月
84	杜　丹	地方税务局	2016年全国纳税人满意度调查工作个人三等功	浙地税函〔2016〕343号	2017年1月
85	张昀瑛	地方税务局	全省地税系统“金税三期”工程优化版推广工作个人嘉奖	浙地税函〔2016〕348号	2017年1月
86	何剑锋				
87	吕美丽	东阳市人民法院	个人二等功	省高级人民法院	2017年1月
88	吴明宏				
89	吴明宏	东阳市人民法院	全省法院司法警察标兵	省高院司法警察总队	2017年1月
90	徐杭东	市场监管局	全省市场监管系统“十佳基层所长”	省工商行政管理局、省食品药品监督管理局、浙工商基〔2017〕3号	2017年2月
91	王小全	公安局	2016年度全省公安机关打击侵财犯罪专项行动成绩突出个人	浙公办〔2017〕32号	2017年2月
92	卢丽君	森林公安局	全省严厉打击涉林违法犯罪专项行动先进个人	省林业厅	2017年2月
93	朱航彬	公安局	全省公安基层基础工作成绩突出个人	浙公通字〔2017〕31号	2017年3月
94	陈国律	公安局	2016“护校安园行动成绩突出个人”	浙公通字〔2017〕29号	2017年3月
95	朱兆剑	市场监管局	2014～2016年度全省农贸市场提升发展工作先进个人	浙市提〔2017〕3号	2017年3月
96	杨　进				
97	胡益科	科技局	2016年度全省科技政务信息工作先进个人	浙科函〔2017〕15号	2017年4月

（东　鉴）

附　录

2016年2月13日，八达溪（杜小敏/摄）

重要文件目录

2016 年中共东阳市委文件目录

表 67

发文字号	文件标题	发文日期
东委发〔2016〕1 号	关于加快推进 2016 年度农业农村工作的若干意见	2016 年 2 月 1 日
东委发〔2016〕2 号	关于制定东阳市国民经济和社会发展第十三个五年规划的建议	2016 年 1 月 18 日
东委发〔2016〕3 号	关于印发 2016 年度全市各类重点项目的通知	2016 年 2 月 17 日
东委发〔2016〕4 号	关于命名表彰 2015 年度东阳市文明单位、文明村的决定	2016 年 1 月 11 日
东委发〔2016〕6 号	关于印发《中共东阳市委常委会 2016 年工作要点及任务分解方案》的通知	2016 年 1 月 26 日
东委发〔2016〕7 号	关于表彰 2015 年度东阳市社会治安综合治理先进集体和命名平安镇乡街道的决定	2016 年 2 月 1 日
东委发〔2016〕8 号	关于授予丁林贤等四十九名同志"东阳市拔尖人才"称号的决定	2016 年 2 月 2 日
东委发〔2016〕9 号	关于表彰 2015 年度东阳市"五水共治"工作先进集体和先进个人的决定	2016 年 2 月 4 日
东委发〔2016〕10 号	关于印发《东阳市 2016 年全面深化改革工作要点》的通知	2016 年 2 月 5 日
东委发〔2016〕12 号	关于进一步促进建筑业持续健康发展的若干意见	2016 年 2 月 16 日
东委发〔2016〕13 号	关于表彰 2015 年度落实党风廉政建设责任制先进集体的通报	2016 年 2 月 16 日
东委发〔2016〕14 号	关于 2015 年度镇乡街道和市机关部门单位党政正职考核优秀等次的通报	2016 年 2 月 17 日
东委发〔2016〕15 号	关于表彰 2015 年度抓基层党建优秀镇乡街道党(工)委书记的通报	2016 年 2 月 17 日
东委发〔2016〕16 号	关于表彰 2015 年度先进镇乡街道、部门的决定	2016 年 2 月 17 日
东委发〔2016〕17 号	关于建立东阳市建筑产业发展联盟的通知	2016 年 2 月 18 日
东委发〔2016〕18 号	关于进一步推动企业利用资本市场加快发展的意见	2016 年 2 月 18 日
东委发〔2016〕19 号	关于成立市横店城市风貌综合提升工作领导小组的通知	2016 年 2 月 22 日
东委发〔2016〕20 号	关于表彰 2015 年度市功勋企业家、市经济建设杰出人物的决定	2016 年 2 月 26 日
东委发〔2016〕21 号	印发《关于落实省委巡视组反馈意见"八从严八整治"活动实施方案》的通知	2016 年 3 月 4 日
东委发〔2016〕23 号	关于表彰 2015 年度政府特别奖的通报	2016 年 3 月 10 日
东委发〔2016〕24 号	关于命名 2015 年度市级航母企业、巨人企业与小巨人企业的决定	2016 年 3 月 10 日
东委发〔2016〕25 号	关于进一步加快工业经济发展的若干意见	2016 年 3 月 10 日
东委发〔2016〕26 号	关于进一步提升科技创新能力的若干意见	2016 年 3 月 10 日
东委发〔2016〕27 号	关于表彰 2015 年度"三改一拆"和"无违建"创建工作先进单位和先进个人的通报	2016 年 3 月 10 日
东委发〔2016〕28 号	关于进一步做好 2016 年扩大有效投资工作的若干意见	2016 年 3 月 15 日
东委发〔2016〕29 号	关于深入开展招商引资活动的若干意见	2016 年 3 月 15 日
东委发〔2016〕30 号	关于表彰 2015 年度全市信访工作先进单位和先进个人的通报	2016 年 4 月 13 日
东委发〔2016〕32 号	关于实施市领导"三包四联"工作考核的意见	2016 年 4 月 12 日
东委发〔2016〕33 号	关于加强人民政协协商民主建设的实施意见	2016 年 4 月 13 日

续表 67

发文字号	文 件 标 题	发文日期
东委发〔2016〕34 号	关于进一步加大人大工作和建设的实施意见	2016 年 4 月 15 日
东委发〔2016〕35 号	关于成立东阳市文化旅游发展委员会的通知	2016 年 4 月 28 日
东委发〔2016〕36 号	关于成立东阳市工业企业转型升级领导小组的通知	2016 年 4 月 28 日
东委发〔2016〕37 号	关于成立东阳市木雕红木产业发展领导小组的通知	2016 年 4 月 28 日
东委发〔2016〕38 号	关于表彰 2015 年度人口和计划生育工作先进单位和先进个人的通报	2016 年 5 月 23 日
东委发〔2016〕39 号	2016 年度市级机关部门工作目标责任制考核意见	2016 年 6 月 1 日
东委发〔2016〕40 号	2016 年度镇乡街道工作目标责任制考核意见	2016 年 6 月 1 日
东委发〔2016〕41 号	中共东阳市委关于补短板抓落实的若干意见	2016 年 6 月 3 日
东委发〔2016〕42 号	关于印发《东阳经济开发区管理体制调整实施方案》的通知	2016 年 4 月 25 日
东委发〔2016〕43 号	关于印发《东阳市双拥工作四年规划(2016～2019)》的通知	2016 年 7 月 11 日
东委发〔2016〕44 号	关于表彰先进基层党组织、优秀共产党员和优秀常务工作者的决定	2016 年 7 月 13 日
东委发〔2016〕45 号	关于成立东阳市农房改造工作领导小组的通知	2016 年 7 月 18 日
东委发〔2016〕46 号	关于建立东阳市政协机关等单位党组织的决定	2016 年 8 月 17 日
东委发〔2016〕49 号	关于成立东阳市城区横店一体化领导小组的通知	2016 年 8 月 28 日
东委发〔2016〕50 号	关于成立东阳市东义同城化领导小组的通知	2016 年 8 月 28 日
东委发〔2016〕51 号	关于做好 2016 年乡镇党代会代表选举和会议组织工作的通知	2016 年 9 月 5 日
东委发〔2016〕52 号	转发《中共东阳市委普法依法治市领导小组关于在全市公民中开展法治宣传教育的第七个五年规划(2016～2020 年)》的通知	2016 年 9 月 13 日
东委发〔2016〕53 号	关于印发《关于进一步深化绿化管理体制的改革方案》的通知	2016 年 9 月 13 日
东委发〔2016〕55 号	关于成立市促进提升建筑业发展领导小组的通知	2016 年 10 月 8 日
东委发〔2016〕56 号	关于深化横店镇行政管理体制改革加强横店镇城市管理工作的实施意见	2016 年 10 月 12 日
东委发〔2016〕57 号	关于表彰东阳市第十七个中国记者节"优秀新闻工作者"的通报	2016 年 10 月 26 日
东委发〔2016〕58 号	关于表彰 2016 年度东阳市"飘萍新闻奖"的通报	2016 年 10 月 26 日
东委发〔2016〕59 号	关于中国共产党东阳市第十五次代表大会代表选举工作的通知	2016 年 10 月 28 日

（杨相桢）

2016 年东阳市人民政府文件目录

表 68

发文字号	文 件 标 题	发文日期
东政发〔2016〕1 号	关于全面推进"三名"工程的实施意见	2016 年 1 月 18 日
东政发〔2016〕2 号	关于表彰第十届东阳市科技标兵的通知	2016 年 1 月 22 日
东政发〔2016〕3 号	关于公布 2015 年度东阳市科学技术奖的通知	2016 年 1 月 22 日
东政发〔2016〕4 号	关于 2015 年度认定和延续(复评)确认东阳市知名商标和东阳市名牌产品的通知	2016 年 1 月 24 日
东政发〔2016〕5 号	关于表彰 2015 年度东阳市"纳税十强企业""纳税超亿元企业""纳税超五千万元企业""纳税百强企业"的通报	2016 年 1 月 24 日

续表 68

发文字号	文件标题	发文日期
东政发〔2016〕7 号	关于表彰命名 2015 年度涉农先进单位和先进个人的决定	2016 年 2 月 2 日
东政发〔2016〕8 号	关于表彰 2015 年度东阳市建筑业发展功臣等先进个人的通报	2016 年 2 月 3 日
东政发〔2016〕9 号	关于命名 2015 年度“建企航母”等各类先进单位的决定	2016 年 2 月 3 日
东政发〔2016〕10 号	关于表彰 2015 年度市重点项目建设、重大前期项目工作优胜奖和重点项目建设优质服务奖的通知	2016 年 2 月 17 日
东政发〔2016〕11 号	关于开展第三次农业普查的通知	2016 年 2 月 29 日
东政发〔2016〕12 号	关于支持大众创业促进就业的实施意见	2016 年 2 月 29 日
东政发〔2016〕13 号	关于表彰 2015 年度食品安全工作先进集体和先进个人的通报	2016 年 3 月 7 日
东政发〔2016〕14 号	关于公布 2015 年东阳市专利实施奖的通知	2016 年 3 月 8 日
东政发〔2016〕15 号	关于表彰 2015 年度武装工作先进单位和先进个人的通报	2016 年 3 月 8 日
东政发〔2016〕16 号	关于表彰 2015 年度东阳市市长质量奖的通报	2016 年 3 月 9 日
东政发〔2016〕17 号	关于表彰 2015 年度东阳市十佳商贸服务企业和东阳市十佳商贸服务业优秀经营者的通报	2016 年 3 月 15 日
东政发〔2016〕20 号	关于印发《东阳市国民经济和社会发展第十三个五年规划纲要》的通知	2016 年 4 月 12 日
东政发〔2016〕25 号	关于印发《东阳市临时救助办法》的通知	2016 年 5 月 19 日
东政发〔2016〕30 号	关于加快推进残疾人全面小康进程的实施意见	2016 年 5 月 24 日
东政发〔2016〕31 号	关于印发《东阳市市长质量奖评审管理办法(2016 年修订)》的通知	2016 年 5 月 26 日
东政发〔2016〕34 号	关于公布第七批东阳市非物质文化遗产代表性项目的通知	2016 年 6 月 13 日
东政发〔2016〕37 号	关于印发《东阳市政府产业基金管理办法(试行)》的通知	2016 年 6 月 20 日
东政发〔2016〕42 号	关于东阳市第四届人文社会科学优秀成果奖评选结果的通报	2016 年 6 月 28 日
东政发〔2016〕43 号	关于印发《东阳市耕地保护奖补机制实施细则》的通知	2016 年 12 月 30 日
东政发〔2016〕52 号	关于印发《东阳市政府投资项目前期工作管理办法(2016 年修订)》的通知	2016 年 8 月 10 日
东政发〔2016〕56 号	关于加强新时期爱国卫生工作的实施意见	2016 年 9 月 14 日
东政发〔2016〕58 号	关于进一步加强工业企业亩产税收清理和规范工作的实施意见	2016 年 9 月 21 日
东政发〔2016〕59 号	关于开展小额贷款保证保险试点工作的实施意见	2016 年 9 月 29 日
东政发〔2016〕60 号	关于印发《东阳市“十三五”金融业发展规划》的通知	2016 年 9 月 30 日
东政发〔2016〕61 号	关于印发《东阳市国有建设用地使用权转让和土地利用条件改变管理办法(2016 年修订)》的通知	2016 年 9 月 28 日
东政发〔2016〕62 号	关于命名表彰 2016 年度“东阳市市容环境卫生工作先进集体”“东阳市优秀城市美容师”的决定	2016 年 10 月 17 日
东政发〔2016〕63 号	关于印发《东阳市用能权有偿使用和交易管理办法(试行)》的通知	2016 年 10 月 28 日
东政发〔2016〕69 号	关于进一步加强体育工作的意见	2016 年 12 月 7 日
东政发〔2016〕71 号	关于印发《东阳市全民健身实施计划(2016～2020 年)》的通知	2016 年 12 月 17 日
东政发〔2016〕73 号	关于印发《东阳市工业转型升级“十三五”规划》的通知	2016 年 12 月 27 日

(赵丽娅)

统计资料

地理位置、人口和自然资源

表 69

指 标 名 称	2016 年
一、地理位置	
东经	120° 04′ 17″ —120° 44′ 3″
北纬	28° 58′ 8″ —29° 29′ 55″
南北跨度	58.7 千米
东西跨度	64.5 千米
二、人 口	
年末总人口	839515 人
人口密度	480 人 / 平方千米
三、土 地	
土地总面积	1746.81 平方千米
四、气 候	
年平均气温	19.0 摄氏度
年极端最高气温	40.1 摄氏度
年极端最低气温	–8.3 摄氏度
年降水量	1748.8 毫米
年降水日数	166 天
年日照时数	1571.2 小时
灰霾日数	45 天
无霜期	279 天
五、水文水利	
主要河流年径流量	15.4600 亿立方米
南江	7.1270 亿立方米
东阳江	8.3330 亿立方米
水资源总量	12.7874 亿立方米
六、森 林	
森林面积	104803 公顷
森林覆盖率	60.00%
森林蓄积量	510 万立方米
七、矿产资源	
萤石保有储量	37.96 万吨
钾长石储量	768 万吨

2016年东阳市经济社会主要指标

表70

指标名称	计量单位	2015年	2016年
一、综　合			
常住人口	万人	83.07	83.34
户籍人口	万人	83.64	83.95
地区生产总值	亿元	464.31	506.49
第一产业	亿元	17.59	18.61
第二产业	亿元	223.31	239.62
第三产业	亿元	223.41	248.26
人均生产总值(按常住人口计算)	元	56140	60873
二、财政、金融、保险			
财政预算总收入	亿元	81.19	92.40
公共财政预算收入	亿元	48.62	56.26
税收收入	亿元	42.79	50.30
公共财政预算支出	亿元	61.04	71.42
年末金融机构各项存款余额(本外币)	亿元	899.63	1012.06
住户存款	亿元	481.33	568.75
年末金融机构各项贷款余额(本外币)	亿元	701.93	725.35
保费收入	亿元	19.49	21.86
赔款、给付	亿元	6.00	7.56
三、农　业			
粮食作物播种面积	公顷	19019	19807
粮食总产量	吨	119284	120067
肉类总产量	吨	12995	13046
水产品产量	吨	7581	7253
四、工　业			
规模以上工业企业单位数	家	538	529
规模以上工业总产值	亿元	516.47	549.76
规模以上工业企业主营业务收入	亿元	474.46	498.55
规模以上工业企业利润总额	亿元	24.44	28.40

续表 70

指标名称	单位	2015 年	2016 年
五、建筑业、投资、房地产			
建筑业企业单位数	家	201	187
建筑业企业总产值	亿元	2228.77	2386.76
固定资产投资额	亿元	254.21	295.64
工业投资	亿元	127.93	128.94
服务业投资	亿元	122.03	164.93
房地产开发投资额	亿元	45.09	51.70
商品房销售面积	万平方米	48.59	65.07
住宅	万平方米	44.59	58.10
六、交通、邮电、电力			
公路里程	千米	2351	2367
民用汽车拥有量	辆	180823	209847
年末公交车路数	路	131	134
年末实有公共汽(电)车营运车辆数	辆	170	309
年末实有出租汽车数	辆	456	456
邮政业务收入	亿元	1.41	1.79
电信业务收入	亿元	9.32	9.55
全社会用电量	万千瓦时	376467	413040
工业用电	万千瓦时	249229	268637
居民生活用电量	万千瓦时	67886	77356
七、内外贸易、旅游			
社会消费品零售总额	亿元	229.90	250.46
出口总额	亿美元	25.44	169.78
进口总额	亿美元	1.80	13.72
当年实际使用外资金额	万美元	2005	2758
星级饭店客房总数	间	3001	2841
国内外游客人数	万人次	1825	2055
旅游总收入	亿元	137.73	165.41
八、教育、科技、文化、卫生			
普通高等学校数	所	2	2
中等职业教育学校数	所	5	5

续表 70

指 标 名 称	计量单位	2015 年	2016 年
普通中学学校数	所	44	45
小学学校数	所	87	86
普通高等学校学生数	人	14724	14934
中等职业教育学校在校学生数	人	6682	6762
普通中学在校学生数	人	42715	43988
小学在校学生数	人	71582	68139
全年专利申请受理量	项	2035	2644
全年专利授权数	项	1638	1802
发明	项	173	152
公共图书馆图书总藏量	千册	358	377
剧场、影剧院个数	个	4	6
体育场馆个数	个	15	15
医疗卫生机构数	个	534	536
医院	个	14	14
医疗卫生机构床位数	张	4462	4696
医疗卫生机构技术人员	人	6240	6679
医生（执业医师＋执业助理医师）	人	2351	2533
九、人民生活			
全体居民人均可支配收入	元	33578	36461
全体居民人均消费支出	元	24331	26587
城镇常住居民人均可支配收入	元	41229	44542
城镇常住居民人均消费支出	元	29739	32615
农村常住居民人均可支配收入	元	22430	24556
农村常住居民人均消费支出	元	16451	18376
十、社会保障			
各种社会福利收养性单位数	个	27	28
各种社会福利收养性单位床位数	张	6668	6988
城镇职工基本养老保险参保人数	人	261385	288078
城镇居民社会养老保险参保人数	人	232182	221038
城镇职工基本医疗保险参保人数	人	214330	207953
城镇居民基本医疗保险参保人数	人	651928	641903
失业保险参保人数	人	115307	118727

续表 70

指 标 名 称	计量单位	2015 年	2016 年
城镇居民最低生活保障人数	人	92	199
农村居民最低生活保障人数	人	4795	7830
十一、资源与环境			
森林面积	公顷	99391	104803
工业废水排放量	万吨	1181	995
工业二氧化硫排放量	吨	3870	1915
工业氮氧化物排放量	吨	1428	1052
工业烟(粉)尘排放量	吨	6664	2265
污水处理厂集中处理率	%	89.4	95.4
城区空气质量优良以上天数	天	318	322

说明：1.2016 年开始进出口计量单位为亿元；
2.医疗卫生机构数为全社会口径

2016 年东阳市农林牧渔业总产值

表 71

单位：万元

指标名称	2015 年	2016 年	指标名称	2015 年	2016 年
农林牧渔业总产值	270107	285686	12.其他农作物	3347	3477
一、农业产值	199057	209057	二、林业产值	11473	12432
其中：副产品产值	1921	1997	1.人造林木生长	3921	4394
1.粮食作物	39258	40443	2.林产品	672	813
2.油　类	2088	2743	3.竹木采运	3271	3841
3.棉　花	265	238	4.采集野生植物	3609	3384
4.生　麻	0	0	三、牧业产值	39598	43539
5.甘　蔗	7797	5193	1.牲　畜	29751	31991
6.烟　草	76	54	2.家禽饲养	3905	2874
7.中草药材	19463	22929	3.活的畜禽产品	3796	3852
8.蔬　菜	72090	79438	4.捕猎野兽野禽	561	284
9.食用菌	25	36	5.其他动物饲养	1585	4538
10.花卉园艺	12205	10979	四、渔业产值	9758	9889
11.茶、桑、水果、坚果	42443	43527	五、农林牧渔服务业	10221	10769

2016年东阳市规模以上工业企业主要经济指标

表72

单位:万元

指标名称	2015年	2016年	指标名称	2015年	2016年
企业单位数(个)	538	529	主营业务收入	4744636	4985547
亏损企业	81	68	主营业务成本	4010498	4199440
工业总产值(当年价格)	5164720	5497643	主营业务税金及附加	27568	27181
新产品产值	1312546	1862443	营业费用	123705	137418
工业销售产值(当年价格)	4833731	5055559	管理费用	299382	317891
出口交货值	1193162	1236047	财务费用	85045	72158
资产总计	4952884	5007614	利息支出	94911	77147
应收账款	761340	788647	利润总额	244433	283988
存　货	618691	617581	亏损企业亏损总额	20290	24359
产成品	258807	263334	利税总额	395845	459023
流动资产合计	2765556	2794309	本年应付职工薪酬	388188	398816
本年折旧	132978	137354	本年应交增值税	123363	146454
固定资产合计	1419458	1488787	全部从业人员年平均人数(人)	84499	82758
负债合计	2932607	2753087	银行贷款余额	1243947	1095584

东阳市历年城乡居民生活基本情况

表73

年份	人均可支配收入(元)			人均消费支出(元)			人均住房面积(平方米)			恩格尔系数(%)		
	全体居民	城镇居民家庭	农村居民家庭	全体居民	城镇居民家庭	农村居民家庭	全体居民	城镇居民家庭	农村居民家庭	全体居民	城镇居民家庭	农村居民家庭
2010	–	23250	11412	–	16827	8615	–	49.9	68.0	–	30.1	30.7
2011	–	27256	13403	–	19840	10109	–	53.4	80.5	–	26.4	32.4
2012	–	30395	15008	–	21876	10725	–	56.9	82.0	–	27.0	29.3
2013	–	33350	16634	–	21658	12455	–	57.4	82.0	–	26.0	29.7
2014	30908	38105	20466	22583	27421	15622	–	67.0	73.4	21.8	20.7	24.8
2015	33578	41229	22430	24331	29739	16451	–	70.2	78.0	21.7	20.5	24.8
2016	36461	44542	24556	26857	32615	18376	73.8	71.0	78.0	21.3	19.6	25.6

说明:1.2013年起,国家统计局开展了城乡一体化住户收支与生活状况调查,与一体化改革前的分城镇和农村住户调查的调查范围、调查方法、指标口径有所不同,2014年开始公布城乡一体化调查数据;

2.2013年及以前农村居民人均可支配收入为人均纯收入;

3.2007年起城镇人均住房使用面积为建筑面积

(市统计局)

索 引

2016 年月 25 日，学生足球队在东阳中学足球场上比赛(包康轩/摄)

索引说明：

一、本索引分数字索引、主题词索引、表格索引三部分。

二、数字索引按首位数字大小顺序排列；主题词索引按汉语拼音顺序排列，同音字按声调排列，同音同调字按下一字的音序排列；表格索引按表格顺序排列。

三、索引词后的阿拉伯数字表示内容所在的页码。

四、同一主题的内容在文中多处出现的，在其索引词后用不同的页码标明。

五、本年鉴的“特载”“专辑”“大事记”“组织机构及其负责人”“附录”未作索引。

数字索引

主题词索引

A

B

C

D

E

F

G

H

J

K

L

M

N

R

S

T

W

X

Y

Z

表格索引